21世纪高等院校教材·法学系列

证据法学

周章金 著

科学出版社
北京

内 容 简 介

本书本着求真务实的学风，对我国有关证据的立法和司法实践中运用证据的经验进行实事求是的分析；对国外的证据制度、证据法学理论进行适当的介绍和评价，有吸收也有摒弃；对理论探讨中的重要问题和不同观点进行客观的阐述，并以翔实的材料和严密的逻辑论证自己的观点。本书以我国现行的刑事诉讼法、民事诉讼法和行政诉讼法及有关司法解释为根据，系统地叙述了我国的证据制度；坚持理论与实践相结合，既阐述了证据法学的基本理论，又密切联系运用证据的司法实践。本书篇幅适度，文字深入浅出。

本书可以作为高等学校法学专业的教科书，也可供其他专业选用和社会读者阅读。

图书在版编目（CIP）数据

证据法学 / 周章金著.—北京：科学出版社，2017.9
21世纪高等院校教材・法学系列
ISBN 978-7-03-054788-0
I. ①证… Ⅱ. ①周… Ⅲ. ①证据-法学-中国 Ⅳ. ①D925.013
中国版本图书馆CIP数据核字（2017）第247709号

责任编辑：王京苏 / 责任校对：邹慧卿
责任印制：吴兆东 / 封面设计：蓝正设计

科学出版社出版
北京东黄城根北街16号
邮政编码：100717
http://www.sciencep.com
北京京华虎彩印刷有限公司 印刷
科学出版社发行　各地新华书店经销
*
2017年9月第 一 版　开本：787×1092 1/16
2018年1月第二次印刷　印张：25 1/4
字数：596 000
定价：75.00 元
（如有印装质量问题，我社负责调换）

作 者 简 介

周章金，1963 年出生于福建宁德蕉城区，1984 年毕业于西南政法学院法律专业，现为福建师范大学法学院副教授，福建大中律师事务所律师。2003 年至今担任福建省法学会刑事诉讼法研究会干事，先后参加海峡福建论坛、宪法专题研讨会、律师论文研讨会等活动。主要学术兴趣是刑法、刑事诉讼法、律师制度和证据法学。还承担过“远程庭审——刑事案件审判方式的创新”基金课题项目（JB12029S）。先后在《福建师范大学学报》《福建论坛》《法学杂志》等发表论文三十多篇，参编《律师与公证》教材一部，并独立出版学术专著《远程庭审研究》《中国和俄罗斯联邦刑事诉讼法典比较研究》，两部合计 65 万字。

2006 年，在专著《中国和俄罗斯联邦刑事诉讼法典比较研究》一书中，最早提出了远程庭审这一新概念。2007 年，论文《关于在刑事二审程序中创建远程庭审方式的构想》发表在《福建师范大学学报》2007 年第 5 期，这是全国第一篇研究刑事远程庭审理论的论文。学报编辑李庆树老师称赞其是“中华研究远程庭审的第一人”。2008 年，《远程庭审研究》一书出版，这是全国第一部研究刑事远程庭审理论的专著。

前　言

《证据法学》是一部以证据法和证据问题为研究对象的法学教科书。由于我国目前尚未对证据制度单独立法，本书以 2012 年《中华人民共和国刑事诉讼法》、2012 年《中华人民共和国民事诉讼法》和 2014 年《中华人民共和国行政诉讼法》等所确立的证据规则为基本线索，全面阐述证据法的基本概念、基本理论和基本证据制度。本书主要作为法学本科生的证据法学教材，也可以作为研究生、律师、法官、检察官、警察及其他法律工作者学习和研究证据法和证据问题的重要参考书，还可以作为群众的普法教材。

本书分为“绪论”、“证据论”和“证明论”三编十八章共计七十六节的内容，不仅全面论述了证据法的概念、渊源，讨论了证据的概念、理论分类、法定形式、证明对象、证明责任、证明标准、证明过程和证明结果等基本证据法和证据问题，还系统总结了证据法的理论基础、基本原则、证据规则和证据的补正及排除等前沿性证据理论问题，以帮助学生对中国证据制度有更为深入的理解，并对中国证据制度的未来发展作出一些理论上的预测和评论。

本书的特点是在每一章的开头部分将真实案例作为引例导入，以吸引学生的注意力和激发学生学习证据法学的兴趣，通过论述证据法和证据的基本问题，学生学习和掌握证据法学的基本知识，再安排课堂讨论，以启发式的教学方法，帮助学生将证据法学的基本理论和司法实践结合，最后链接司法考试真题，帮助学生及时巩固证据法学的基本知识。

本书的宗旨是鼓励学生深入司法实践，不断将证据理论与司法实践相结合。“打官司就是打证据”，这充分说明证据的重要性。因为证据是事实认定的基础，而事实认定是法律适用的前提和司法公正的保障。因此，希望大家今后在办理具体案件的过程中，积极地总结运用证据的实践经验，不断提升我国的证据理论水平，创建我国特有的证据规则，发展和完善我国的证据立法，为我国法制建设作贡献。

周章金

2017 年 3 月 15 日

目　　录

第一编　绪　　论

第二编　证　据　论

第三编 证 明 论

第一编　绪　　论

第一章　证据法概述

【案例导入】陈某（女）在 7 岁时被抱养为童养媳，20 岁时与 31 岁的邹某于 1980 年按民间仪式结婚。后陈某在外打工时隐瞒已婚事实，与王某到民政局骗取结婚登记，并生有一女。

邹某不服要打官司。那么，邹某应打何种官司？刑事诉讼、民事诉讼、行政诉讼？谁负责举证？该案是不是证据法学研究的对象？

第一节　证据法的概念和渊源

一、证据法的概念和地位

一般意义上的证据法有狭义和广义之分。狭义的证据法，又称形式意义上的证据法，是指由国家制定并颁布的关于证据和证明的专门性法典，如美国的《加利福尼亚州证据法典》《联邦证据规则》与英国的《1995 年民事证据法》《1984 年警察与刑事证据法》《1999 年青少年审判和刑事证据法》等。广义的证据法，又称实质意义上的证据法，是指所有涉及证据和运用证据进行证明的法律规范的总称，即除了专门性的证据法典、法规以外，还包括相关诉讼法、实体法，以及其他法律法规中有关证据及其运用的法律规范。因此，广义的证据法可分为诉讼证据法和非诉讼证据法。诉讼证据法，是指在诉讼活动中，公安司法机关和诉讼当事人运用证据证明相关案件中的证明对象时应遵循的法律规范的总称。诉讼证据法又可分为刑事诉讼证据法、民事诉讼证据法和行政诉讼证据法。非诉讼证据法，是指在行政监察、公证、仲裁、税务执法和工商管理等非诉讼活动中，相关机关和当事人运用证据证明相关案件中的证明对象时，应遵循的法律规范的总称。非诉讼证据法又可分为行政证据法、仲裁证据法和公证证据法等。本书主要研究诉讼证据法。

关于证据法的概念，学界有多种说法，但从证据法规定的内容来看主要有二：一是证据，包括证据规则、证据制度、证据的概念和证据的法定形式等；二是证明，包括证明主体、证明对象、证明责任和证明标准等。所以，证据法是指一切以调整有关诉讼证据与司法证明活动为内容的法律规范的总称，如英国的《1984 年警察与刑事证据法》和《1999 年青少年审判和刑事证据法》。有的教科书常常举美国的《联邦证据规则》作为证据法的例子，这虽然是正确的，但这有时会导致学生将证据法与证据规则混为一谈。实际上，证据法与证据规则是有区别和联系的。证据法是一种有关调整诉讼证据与司法证明活动的部门法，它既可称为证据法典，如美国的《加利福尼亚州证据法典》；也可称为证据规则，如美国的《联邦证据规则》，不管其称呼有多么不同，但其表现形式相同，都表现为法律文件。而证据规则是指一切确认证据的范围、调整和约束证明行为的法律规则，如相关性规则、最佳证据规则、传闻证据规则等。证据法与证据规则之间不仅存在区别，也有密切的联系。证据规则是证据法的法律文件规定的内容之一，证据法的法律条文是证据规则的表现形式，但并不是所有的证据法的法律文件都直接规定证据规则，也不是证据法的每一条文都完整地表述一个证据规则或只表述一个证据规则。所以，初学者要注意证据法与证据规则之间的区别与联系。

樊崇义认为“证据法是诉讼法的有机组成部分”。但是，笔者认为，如果将证据法始终定位为诉讼法的有机组成部分，将会阻碍证据法的不断完善与发展，证据法应当发展为一门独立的部门法，并在国家的法律体系中占有重要的地位，属于基本法律的范畴。如此，国家的法律体系根据法律的内容来分类，大体上可分为实体法、程序法和证据法三大类。实体法是规定具体权利义务内容或者法律保护的具体情况的法律，如民法、合同法、婚姻法、公司法等。程序法是以规定保证权利和职权得以实现或行使，义务和责任得以履行的有关程序为主要内容的法律，如行政诉讼法、行政程序法、民事诉讼法、刑事诉讼法、立法程序法等。证据法是规定实现或保护具体权利义务内容时需要哪些证据与如何进行证明的法律。三者既有联系又有区别，既不可分离又不可替代，共同组成现代法治国家的三大法律框架。

二、证据法的渊源和立法体例

我国证据法的渊源是一个多层次的法律规范体系，具体包括以下几个层面。

首先，是一级渊源。证据法的渊源来自专门性的证据法典。但是，我国至今尚未制定专门性的证据法典，因而笔者建议我国应当学习英国的立法经验，尽快制定专门性的证据法典。英国早在1898年就有刑事证据法。从19世纪到20世纪，英国开始进行一系列证据法的编纂。自1964年起，英国刑事法律修订委员会对证据法进行全面审查，1972年的建议报告促成了《1984年警察与刑事证据法》和《1988年刑事审判法》的修正。20世纪七八十年代，英国证据立法进入了一个高峰期。其后的《1994年审判与公共秩序法》《1996年刑事诉讼与侦查法》《1998年犯罪与妨害治安法》《1999年青少年审判和刑事证据法》等，构成了21世纪之前英国证据法的基本体系。迈入21世纪后，大法官罗宾·奥德勋爵主持的《对英格兰和威尔士刑事法院的评审报告》，以及2002年7月由英国内政大臣、司法大臣和总检察长向议会提出的司法改革白皮书《所有人的正义》，掀起了一轮崭新而彻底的司法证据变革浪潮，并由此促成了《2003年刑事审判法》的颁行。2005年颁行的《严重有组织犯罪与警察法》对《1984年警察与刑事证据法》进行了重大修改。总之，英国的证据制度在世界法制史具有深远影响，其最大特色就是确立了以排除规则为主体的证据规则体系。

其次，是二级渊源。第一，从其他法律层面而言，证据法的渊源来自程序法和综合性专门法律两个方面。其中，程序法部分的相关条款，如《中华人民共和国刑事诉讼法》第 5 章的规定；综合性专门法律部分的相关条款，如 2017 年 3 月 15 日第十二届全国人民代表大会第五次会议通过的自 2017 年 10 月 1 日起施行的《中华人民共和国民法总则》第 15 条的规定、《中华人民共和国电子签名法》第 4~8 条的规定。第二，从国际条约层面而言，证据法的渊源是我国已参加并承认的国际条约中有关适用证据的规定，如联合国的《打击跨国有组织犯罪公约》《反腐败公约》等，它们规定了国际互相协助调取证据的规则。

再次，是三级渊源。从法律解释层面而言，证据法的渊源来自全国人民代表大会常务委员会、最高人民法院和最高人民检察院等机关联合发布实施和单独颁布实施的法律解释。其中，全国人民代表大会常务委员会颁布实施的法律解释，如 2005 年 2 月 28 日第十届全国人民代表大会常务委员会第十四次会议通过的《全国人民代表大会常务委员会关于司法鉴定管理问题的决定》(以下简称《决定》)；联合发布实施的法律解释，如最高人民法院、最高人民检察院、公安部、国家安全部、司法部《关于办理死刑案件审查判断证据若干问题的规定》，最高人民法院、最高人民检察院、公安部、国家安全部、司法部《关于办理刑事案件排除非法证据若干问题的规定》(法发〔2010〕20 号)；最高人民法院单独颁布实施的法律解释，如《最高人民法院关于执行〈中华人民共和国刑事诉讼法〉若干问题的解释》，《最高人民法院关于与案件有直接利害关系的人能否当证人问题的复函》，《最高人民法院关于严格执行公开审判制度的若干规定》第 5 条的规定，《最高人民法院关于审理未成年人刑事案件的若干规定》第 21、22 条的规定，《最高人民法院关于审理未成年人刑事案件具体应用法律若干问题的解释》第 4 条的规定；最高人民检察院单独颁布实施的法律解释，如《人民检察院刑事诉讼规则(试行)》第 265、282、283、285 条的规定，《最高人民检察院关于 CPS 多道心理测试鉴定结论能否作为诉讼证据使用问题的批复》、《中华人民共和国最高人民检察院关于“骨龄鉴定”能否作为确定刑事责任年龄证据使用的批复》等；还有联合颁布实施的法律解释，如最高人民法院、最高人民检察院、公安部、国家安全部、司法部《关于办理死刑案件审查判断证据若干问题的规定》等。

最后，是四级渊源。从部门规章层面而言，证据法的渊源来自国务院的各大部委，如公安部等颁布的有关适用证据的规范性文件。其中，公安部颁布的有关适用证据的规范性文件，如《公安机关办理刑事案件程序规定》第 50~59 条的规定。

综上可见，我国现行的证据法律规范体系非常复杂、混乱，有必要加以修改与完善。目前学界对于我国证据法律制度的立法体例如何建构有着各自不同的主张，主要如下：①“统一证据法典体例”说，即将民事诉讼证据规范、行政诉讼证据规范和刑事诉讼证据规范统一规定于一部证据法典；②“专门证据法典体例”说，即分别制定民事诉讼证据法、行政诉讼证据法和刑事诉讼证据法；③“现行立法体例”说，即将民事诉讼证据法规范、行政诉讼证据法规范和刑事诉讼证据法规范分别规定在民事诉讼法典、行政诉讼法典和刑事诉讼法典中。笔者认为在我国的证据立法方面，不应当学习美国证据立法的民刑统一模式，即美国的成文证据法不分民事证据法和刑事证据法，采取二者合一的立法模式，而应当学习英国在证据立法方面采取的民刑分立模式。因此，笔者主张我国应当制定专门的证据法典，主要理由是：现行的立法体例限制了我国证据法的发展，而统一证据法典体例虽有优点，即刑事诉讼法、民事诉讼法和行政诉讼法三者存在的一些共同问题，如将证据种类、证据规则、司法认知、证据的审查和认定等内容和规范规定在一部证据法典中，避免了立法上的重复规定，但是，其最大的弊端是：三大诉讼的性质和任务不同，有许多相异的问题，如果将这些相异的问题规定在一部证据法典中，并规定采取不同的做法，则导致证据法在执行和操作上的混乱，即不便于当事人和司法人员对相异问题的理解和掌握。因此，只有制定专门的证据法典才符合我国的国情，是我国证据法的发展之路。

第二节　证据法的原理和基本原则

一、证据法原理的概念与内容

证据法原理，即证据法的理论基础，是指为研究证据法与证据法学提供基本理论指导的思想、方法和理念。研究证据法原理的意义在于，证据法原理不仅对证据法学研究和证据立法提供基本理论指导，还对适用证据法、解决司法实践中的问题提供基本理论指导。

证据法原理主要通过研究证据法学与哲学、法哲学和诉讼法学的关系，揭示证据法学的理论基础。因此，对于证据法原理的基本内容，虽然有不同的观点，但大多数人认为主要有两大内容：一是辩证唯物主义认识论；二是程序正义论。由于篇幅所限，本书不予展开。

二、证据法基本原则的概念与特征

证据法基本原则，是指贯穿于全部证据法规范，指导和制约证据法适用活动的具有全局性和根本性意义的准则。它不同于证据法原理，证据法原理研究的是证据法学与哲学、法哲学和诉讼法学的关系，揭示证据法学的理论基础；而证据法基本原则是证据法原理的下位概念，是对原理的具体化，是介于原则与规则的概念。证据法基本原则主要有三个特征：第一，证据法基本原则必须是能够贯穿全部证据法规范的原则。是否能够贯穿全部证据法规范是区别证据法基本原则与证据规则的重要标准。证据法基本原则必须能够贯穿全部证据法规范，如证据裁判原则，又称为证据为本原则；而证据规则只是解决确认证据的范围，调整和约束证明行为的某些具体问题，而不能贯穿全部证据法规范。例如，相关性规则只能解决确认证据的相关性问题而不能解决确认证据的合法性和真实性问题，更不能贯穿全部证据法规范，因而不能成为证据法基本原则。第二，证据法基本原则必须具有指导和制约全部的证据立法和司法证明活动的意义。证据法基本原则是从证据立法和司法证明活动中概括和提炼出来的通用的价值准则，对全部的证据立法和司法证明活动具有宏观的指导作用和具体的制约作用。例如，直接言词原则是诉讼法的基本原则，也是证据法的基本原则，具有指导和制约全部证据立法和司法证明活动的意义。有人认为，自由评价原则（自由心证原则）是证据法的基本原则，这是错误的。因为自由评价原则属于一种证据制度，如果将自由评价原则归属于证据法的基本原则，则混淆了证据制度与证据法基本原则的界限。第三，证据法基本原则必须体现我国现代法制的基本性质和基本精神。一项原则如果不能体现我国现代法制的基本性质和基本精神，即使对全部的证据立法和司法证明活动具有宏观的指导作用和具体的制约作用，也不属于证据法的基本原则。证据法基本原则通过调整有关证据与证明的活动体现我国现代法制的基本性质和基本精神，如实事求是原则，又称为真实发现原则，这是毛泽东为中国共产党创立的思想路线和一切工作的指导原则，是对辩证唯物主义和历史唯物主义的高度概括，是证据法的精髓。

三、证据法基本原则的内容

根据上述对证据法基本原则的含义与特征的理解，结合我国证据法的立法情况，笔者认为，我国证据法的基本原则有以下三个，即实事求是原则、证据裁判原则和直接言词原则。

（一）实事求是原则

史书上最早见“实事求是”是班固撰《汉书·河间献王刘德传》，“修学好古，实事求是”。从上下文看，“修学”是指“修礼乐”“学举六艺”，“好古”是指“所得书皆古先秦旧书”。“实事求是”，颜师古注曰“务得事实，每求真是也”。班固认为，刘德在学经典、修礼乐时，喜好先秦诸子的古书，对旧书“求真是”“留其正本”。也就是说，刘德的“实事求是”是考证古书时求其真本，即实证的治学态度和方法。可见，“实事求是”的原意是：对实际存在和发生的事（实事）进行研究、探讨，以“求”得真理性的结论（是）。“实事求是”思维方式的基础是客观事实，核心则在于“求是”。但长久以来，在中国的政治和文化生活中，“实事求是”一词被滥用，并且庸俗化、简单化，将“实事求是”这一完整、科学的思维方式曲解和简化为名词“客观真实”。现在人们谈到对某事应该“实事求是”时，是指要客观真实，并不包括“求是”的科学过程。在延安时期，毛泽东在总结中国共产党的历史经验教训时，借用中国古典，提出了“实事求是”的口号，这一口号后来被作为党的思想路线的概括表述。改革开放之初，邓小平总结中华人民共和国成立以来中国共产党的成败得失，面对“两个凡是”的错误主张，提出了“解放思想，开动脑筋，实事求是，团结一致向前看”的口号，丰富了“实事求是”思想路线的内涵。进入 21 世纪，习近平总书记针对世情、国情、党情的深刻变化，提出“空谈误国，实干兴邦”的口号，特别是 2012 年 11 月 29 日在国家博物馆参观“复兴之路”展览时所发表的重要讲话，阐述了引发广泛共鸣的“中国梦”话题。中华民族伟大复兴的目标，这不仅是党的梦想、国家的梦想，更是每一个中国人的梦想。只有祖国强大了，我们每一个人的幸福生活才能有保证，每一个人的理想才能实现。这又进一步丰富了党的思想路线内涵。

作为我国证据法基本原则之一的实事求是原则,其含义是指从案件的实际对象出发,探求案件事实的内部联系及其发展的规律性，从而发现案件事实的真实情况。因而，实事求是原则，又称为真实发现原则。实事求是原则在证据法中的体现，可从以下几方面加以说明。

（1）在立法上的体现。例如，我国刑事诉讼法要求准确查明犯罪事实，保障无罪的人不受刑事追究，以事实为根据，“有被告人供述，没有其他证据的，不能认定被告人有罪和处以刑罚”就体现了实事求是原则。

（2）在司法活动中的体现。从本质上讲，在司法活动中运用证据查明和证明案件事实就是一种“实事求是的活动”，或者说实事求是原则高度概括了司法证明活动的本质属性。无论是发现提取证据还是评断使用证据，其基本宗旨都是要从案件的客观实际情况出发，对案件中的事实问题作出正确的认定。

实事求是原则的基础是案件的客观事实，核心则在于“发现真实”，即发现案件的真实事实。这不仅是实事求是原则的核心，也是诉讼中证明的目的。但是，何谓“真实”？如何达到“真实”？由于人们的价值取向不同，人为设定的衡量标准也就不同，主要有以下相互对称的标准：①实质真实与形式真实；②事实真实与法律真实；③客观真实与主观真实；④绝对真实与相对真实。

实质真实、客观真实、事实真实、绝对真实是相似的概念，往往被当做同一概念使用。实质真实强调的是真实的实质性，客观真实强调的是外在于人的认识的客观存在的真实，事实真实强调的是真实的本原性，绝对真实强调的是非比较意义上的真实。上述概念强调的侧重点虽然有微妙差别，但说它们属于同一概念，并无不妥。形式真实、法律真实、主观真实、相对真实也颇相似，但有时也因使用者指称的对象不尽相同而具有明显的差别。形式真实以满足一定形式上的要求为真实的标准，一般只要符合法律规定的形式，即视为真实。主观真实往往以主观上认为其真实为满足，尽管人在确认实质真实时，其主观状态也表现为主观上相信其为真实，但主观真实往往不是指这种情况，而是认为世界乃人的感觉的组合，人只能凭自己的感觉、依据经验进行判断，当自己相信其为真实则确认其为真实，至于是否与实际情况相符，则因不可获知而不必考虑。法律真实,是指司法工作人员运用证据认定的案件事实达到了法律所规定的视为真实的标准。法律真实又可称为主观真实或推定真实。相对真实是比较意义上的真实，不要求寻根溯源、达到绝对真实。例如，在诉讼的证明活动中，真实的相对性表现如下：①有一部分案件由于种种原因和条件的限制，在法定期限内甚至永远未能查明案件事实真相，某些案件成为疑案，无法确证被追诉者为有罪或无罪；②已经侦破的案件，查明了犯罪行为的实施者，但不可能把一切犯罪事实细节都查清，有的案件某些与定罪量刑有关的情节（如动机等）也难以查清。

有的学者认为在诉讼中客观真实是不可能满足的，因而不主张客观真实，而主张以法律真实取而代之。例如，刑事诉讼中经常适用两种事实推定：一是有罪证据不足的，推定为无罪；二是罪轻、罪重查不清的，推定为罪轻。这两种推定显然都不是客观真实，而是法律真实。笔者认为此论大有商榷之必要。诉讼中的客观真实乃是绝对真实与相对真实的辩证统一，把客观真实绝对化是片面的，但否认客观真实中有绝对真实的内容也是不对的。在诉讼中我们应当追求且有可能实现客观真实，在一定条件下必须辅之以法律真实。如果在诉讼中普遍适用法律真实而否定客观真实，不仅不符合认识论的规律，还容易出现错案、冤案。现代世界各国的诉讼法和证据法为了查明案件事实真相，都制定了一系列的证据规则，如最佳证据规则、直接言词规则、类似事实不能作为证据规则、被告人口供必须有佐证才能定案规则等，我国的刑事诉讼法不仅作出“重证据、重调查研究、不轻信口供”“必须忠实于事实真相”等原则性的规定，还规定了证据的客观真实性以及如何收集书证、物证和言词证据等，以保证最大限度地查明案情。为了查明案件真相，公、检、法机关尽可能地把科学技术转化为诉讼证明的手段。例如，DNA（deoxyribonucleic acid）的鉴定使许多案件的事实证明显得快捷而可靠，测谎器的不断完善也在破案中逐渐发挥一定的辅助作用。随着科学技术的进一步发展，将有更多先进、可靠的破案手段应用于诉讼之中。如果不承认客观真实这一原理，那么在诉讼中科学技术手段的运用和提高就没有意义。

值得注意的是，在诉讼中，我们要根据案件的不同特点，把追求实现客观真实与不同程度上的适用法律真实辩证地结合起来，才能真正实现司法公正。因为追求实现客观真实是我们办案的目标，但是在现实工作中执行实事求是原则时，可能会遇到一些障碍，主要有如下几个：①客观障碍，如证据灭失，无法发现真实。②主观障碍，如伪造、隐匿证据或者刑讯逼供等，发现的是不真实的事实。③制度障碍，如证据制度不完善，法官自由裁量权过大，可能人为地曲解事实。④证明规则障碍，如片面强调各证据相互印证才能认定案情的规则，导致侦查人员为了完成办案任务在收集口供、证言等证据时，在笔录上事先虚假设计和伪造相互印证的情节。例如，李某高贩毒一案，由于李某高否认贩毒，侦查人员为了证明李某高贩毒成立，在只有梁某指认向李某高购毒外，便虚假设计和伪造林某凤和韦某华看见梁某向李某高购毒的情节，以期达到相互印证的目的。结果在二审的法庭上，林某凤和韦某华均说梁某去购毒那天根本没有看见李某高本人。可是，在卷宗笔录上是相互印证的。司法实践中有的法官根本不管被告人在法庭上的不同的无罪的供述，而直接按侦查人员事先设计的能相互印证的卷宗笔录来认定法律真实，人为地曲解事实，造成许多冤假错案。这样开庭就没有实际意义了。因此，客观真实与法律真实的主要区别在于：客观真实是永恒的真实，法律真实是暂时的真实而不是永恒的真实。

在司法实践中，为了追求实现客观真实，除了克服上述障碍外，还需要完善我国的证据制度，主要采取如下两项措施：①设立被告人在法庭上自白的证明力应优先于法庭外所作自白的规则。过去的法定证据制度，虽然有许多缺点需要摒弃，但也有优点，即其法律规定均是历年办案经验的总结，因此我们应当吸收其有益的精髓，解决在法庭上发现案件真实时所遇到的障碍。例如，1853 年的《奥地利刑事诉讼法》规定，在法庭上的被告人自白是完全的证据，而被告人在法庭外所作的自白经具有信用的证人加以证明，才可以成为有一半效力的证据。该规定不但符合现在的直接言词原则，而且体现了一个科学的证明力优先规则。所以，笔者认为，我国应当吸收有益经验，设立被告人在法庭上的自白是重要的证据且其证明力应优先于法庭外所作自白的规则，以利于在法庭上发现案件真实。这样，可以防止冤假错案的发生，是真正贯彻实事求是原则的重大举措。②限制法官自由裁量权。在自由评价的情况下，危险可能来自以下几个方面：证据材料，如证据材料已经变化，证人作伪证等；认识能力，由于当事人举证和法官认识的局限性，可能出现错误认定；偏见和枉法。因此，为了避免自由评价可能带来的危险，对法官评判证据进行适当约束便成为必要。具体措施有以下几点。

（1）事前制度约束。这主要有法律设立的回避制度、合议制和法官的用人制度。回避制度可以保持法官的客观公正，对于与案件或案件当事人有利益关系或者其他关系的法官，法律禁止其参与审理活动。合议制是集体审判制，可以阻却由单个法官决策可能出现的主观臆断的现象。法官的用人制度可以让具备良好素质的法官充实审判队伍，这是正确行使自由裁量权，确保司法公正的前提。

（2）事中规则约束。通过关联性规则、非法证据排除规则、非法自白排除规则、传闻证据排除规则、意见证据规则、最佳证据规则和证明标准的限制等来约束法官的自由裁量权。

（3）事后救济和监督约束。这主要包括上诉救济程序和审判监督程序。对不服判决的，可提起上诉，通过二审程序进行救济；对已经生效的判决，可提起申诉，通过审判监督程序进行再审救济。

总而言之，通过上述三项措施，可以确保实现审判的理想状态，即发现案件的实质真实并在此基础上正确适用法律。

（二）证据裁判原则

1. 证据裁判原则的历史发展考察

我国诉讼法学者对于证据制度沿革的传统观点往往以欧洲大陆为视角，认为证明方式的演进主要经历了三个阶段，即神判证据制度阶段、法定证据制度阶段和自由心证证据制度阶段。陈光中教授认为，这种以欧洲大陆国家证明方式的演进作为人类社会证据制度历史阶段划分的观点有一定的局限性。如果突破欧洲大陆的地域限制，将视野扩展至世界范围，将三个阶段分为神明裁判、口供裁判和证据裁判阶段则更为准确，这三个阶段也是人类对诉讼的认识由非理性走向理性的过程。

1）神明裁判阶段

神明裁判即以神示证据作为裁判的依据。在生产力落后和人类认识水平较低的历史阶段，人们发现案件真实的能力较弱，因此往往借助于神的力量进行裁判。在当时的社会条件下，神意影响着社会生活的方方面面，诉讼活动也不例外。诉讼中如果双方当事人对案件事实存在争议，而又无法证明各自的主张，就将“神的指示”作为裁断的最终依据或唯一依据。神明裁判是一种非理性的证明方式，但又是在当时历史条件下的必然选择。世界各国古代社会均存在神明裁判，但其方式繁多，各不相同。

虽然中国史籍上没有神明裁判的确切记载，但在最古老的传说中还可以看到神判法的痕迹，例如，《墨子》中记载了这样一个故事：齐庄公有两个臣子——王里国和中里徼，打了3年官司，案件还无法判决，齐庄公想把他们都杀了，却怕冤枉无辜者；想把他们都放了，又怕放纵有罪者，于是他让这两个人准备一头羊到齐国的神社去宣誓，宣誓时，刺羊出血，洒之于社，同时让他们两人读誓词，王里国顺利地读完了自己的誓词，而中里徼的誓词还没有读完一半，羊就把他顶死了。这些文献记载说明中国古代曾经存在神明裁判的方式，只是由于消失得比较早，在古代法典上没有找到明确的规定。由此可见，神明裁判制度是各个民族共同经历过的证明方式，具有世界范围内的普遍性。

2）口供裁判阶段

口供裁判，是指以被告人的口供作为定案的主要依据的证据制度。口供裁判是一种半理性的证明方式，从神明裁判走向口供裁判是伴随着人类生产力水平和认识能力的提高而实现的，这一制度之典型可见于中世纪欧洲大陆和封建专制主义时代的中国。欧洲大陆的法定证据制度可以被划归为口供裁判阶段。法定证据制度主要盛行于中世纪的欧洲大陆国家，主要代表性的法典有 1532 年神圣罗马帝国查理五世制定的《加洛林纳法典》、1853 年《奥地利刑事诉讼法》和 1857 年《俄罗斯帝国法规全书》。

法定证据制度的主要特点在于：第一，口供被认为是最有价值的证据，《加洛林纳法典》是规定口供至上的代表性法律，其规定被告人在法庭上的供认是证据中最好的证据，被告人的口供被看做“证据之王”。第二，采用合法的刑讯手段以得到口供。例如，在日耳曼的刑事诉讼中，刑讯是刑事诉讼“整个大厦的中心”，《加洛林纳法典》和法国 1670 年颁布的刑事诉讼敕令都规定，调查官为查明“事实真相”可以采取一切手段，包括对嫌疑人和证人实施秘密或公开的刑讯逼供。

中国古代不存在典型的法定证据制度，但口供主义始终盛行于古代封建专制主义司法之中，明清两代尤甚。例如，《清史稿·刑法志》指出：“断罪必取输服供词。”在古代中国，口供裁判总是与合法的刑讯制度结合在一起，唐律规定：“事须讯问者，立案同判，然后拷讯，违者杖六十。”《清律》规定：“强盗、人命及情罪重大案件，正犯及干连有罪人犯，或证据已明，再三详究，不吐实情，或先已招认明白，后竟改供，准夹讯外，其别项小事，概不许滥用夹棍。”口供为主的证明方式与合法的刑讯构成了口供裁判阶段的基本证明形态，尽管不排斥物证、书证和证人证言等其他证据，但口供是定案的主要依据。

3）证据裁判阶段

证据裁判制度是一种理性的证明方式，证据裁判与口供裁判的分野不在于口供是否作为定案的证据，而在于是否以口供作为主要证据。证据裁判是在资产阶级追求民主、自由、人权与对口供裁判制度的激烈批判及深刻反思的基础上，伴随着自由心证制度的确立而建立起来的。

自由心证制度起源于资产阶级大革命后的法国。1790 年 12 月 26 日，杜波耳向法国宪法会议提出革新草案，建议废除形式证据，只把法官的内心确信作为诉讼的基础，以自由心证制度取代法定证据制度。资产阶级革命后的 1808 年的《法国刑事诉讼法典》第 342 条确立了自由心证制度，现行的《法国刑事诉讼法典》第 353 条基本沿袭了这一规定的主要内容。随后自由心证制度在整个大陆法系得到了广泛的采纳，成为大陆法系的基本诉讼原则。《德国刑事诉讼法》第 261 条规定：“对证据调查的结果，由法庭根据它在审理的全过程中建立起来的内心确信而决定。”1892 年俄国《刑事诉讼条例》第 119 条规定了内心确信原则，苏联《苏俄刑事诉讼法典》沿袭了这一原则，以“社会主义的法律意识”置换了西方自由心证证据制度所要求的“良心”“良知”，现行《俄罗斯联邦刑事诉讼法典》第 17 条规定：“法官、陪审员以及检察长、侦查员、调查人员根据自己基于刑事案件中已有全部证据的总和而形成的内心确信，同时遵循法律和良知对证据进行评价。任何证据均不具有事先确定的效力。”

由此可见，证据裁判原则正是从口供裁判阶段转向证据裁判阶段的过程中诞生的。但是，一个值得注意的现象是：从欧洲大陆各国的法律条文看，现行的《法国刑事诉讼法典》《德国刑事诉讼法》《俄罗斯联邦刑事诉讼法典》《意大利刑事诉讼法》，均仅规定了自由评价原则及其相关内容，并未将证据裁判作为独立的原则规定于条文之中。而法国卡斯东·斯特法尼等所著的《法国刑事诉讼法精义》和德国罗科信教授所著的《德国刑事诉讼法》均未将证据裁判原则作为证据法的一个基本原则加以明确阐述。以罗科信的《德国刑事诉讼法》为例，在“证据原则”一章中称证据原则乃指调查原则、直接原则、自由心证原则及罪疑唯轻原则，而未提及证据裁判原则，这表明欧洲大陆国家的学者并不认为证据裁判原则是其法律明确规定的证据法原则。

证据裁判原则固然可以逐本溯源于欧洲大陆国家，但其在法律条文上的真正确立始于日本。日本于 1876 年制定的《断罪依证律》，把《改定律例》规定的“凡断罪，依口供结案”修改为“凡断罪，依证据”，并规定“依证据断罪，完全由法官确定”。根据笔者所掌握的资料，这是法律文件对证据裁判原则的最早规定，将欧洲大陆的自由评价原则一分为二，区分了证据裁判原则和自由心证原则，也标志证据裁判原则正式在法律上确立。证据裁判原则的确立实际上也是对法官自由心证的一种限制。这一条文为现行《日本刑事诉讼法》所继承，该法第 317 条规定：“认定事实，应当依据证据。”此外，这一规定也影响了亚洲其他国家或地区的立法，如韩国与我国台湾地区。我国台湾地区“刑事诉讼法”第 154 条也明确规定：“犯罪事实应依证据认定之，无证据不得认定其犯罪事实”。

英美法系国家没有明确规定证据裁判原则并非是对该原则的否认，而是认为证据裁判原则是不言自明的。英美法系国家的证据制度中有大量关于证据关联性和可采性的规则，这些规则与证据裁判原则的基本精神完全一致，事实上表明这些国家非常强调案件事实的认定必须依靠证据。当然，这一原则在英美法系并非绝对。例如，陪审团有不顾事实和证据作出裁判的权利，但证据裁判作为其证据制度实际上的基本原则是毋庸置疑的。而在英美法系国家，不但法律中没有证据裁判原则的直接规定，甚至英语中也没有“证据裁判原则”这样一个成形的词组。美国不但《联邦证据规则》没有关于证据裁判原则的规定，作为州证据立法典型的《加州证据法典》也没有此种规定；加拿大《证据法》、澳大利亚联邦《1995 年证据法》、新西兰《1908 年证据法》及其十三个修正法案均没有规定证据裁判原则。著名的证据法学专著或教材，如《麦考密克论证据》、《墨菲论证据》、摩根教授所著的《证据法之基本问题》，以及近年来被中国大陆学者译成中文的乔恩·R. 华尔兹所著的《刑事证据大全》、理查德·梅所著的《刑事证据》和罗纳德·J. 艾伦所著《证据法：文本、问题和案例》等均没有论及证据裁判原则。

尽管大多数国家没有在法律中明确规定证据裁判原则，但通过对其法律的分析，可知证据裁判原则的精神已为民主法治国家所公认。随着我国司法体制改革的深入，证据裁判原则也漂洋过海来到中国。民事和行政诉讼中早有证据裁判原则的相关规定,《最高人民法院关于民事诉讼证据的若干规定》第 63 条规定:“人民法院应当以证据能够证明的案件事实为依据依法作出裁判”;《最高人民法院关于行政诉讼证据若干问题的规定》第 53 条规定:“人民法院裁判行政案件,应当以证据证明的案件事实为依据。”

但是,2007 年,我国最高人民法院、最高人民检察院、公安部、司法部联合出台的《关于进一步严格依法办案确保办理死刑案件质量的意见》提出:“坚持证据裁判原则,重证据、不轻信口供。”2010 年《办理死刑案件证据规定》规定:“认定案件事实,必须以证据为根据”,表明中国刑事诉讼证据裁判原则的正式确立,2012 年《中华人民共和国刑事诉讼法》(以下简称 2012 年刑事诉讼法)第 53 条的规定也体现了证据裁判原则的一些精神。这对于反对口供至上主义和刑讯逼供、追求司法真实、保障人权都具有重大的意义。

总之,证据裁判原则的优点是弱化了口供的作用。例如,我国“只有被告人供述,没有其他证据的不能认定被告人有罪和处以刑罚;没有被告人供述,证据充分、确实的,可以认定被告人有罪和处以刑罚”。但是,证据裁判原则在我国司法实践中实际执行的结果是不理想的。据说我国现已出现冤假错案 101 个,2017 年最高人民法院公布有 34 个案件改判无罪。因此,我们认为证据裁判原则也存在一定的缺点。笔者认为,证据裁判原则的缺点是忽视了被告人在法庭上自白的证明力作用——经常被蔑视为“狡辩”,法官对聂树斌等在法庭上的喊冤和无罪辩解,麻木不仁,甚至不予采纳,无情地排除他的无罪辩解,使开庭流于形式,失去了应有的意义。实际上被告人在法庭上的自白,对防止和纠正错案的发生作用是很大的。因此,笔者建议司法证明方式今后应演进、发展到第四阶段“被告人在法庭上自白+补强证据”裁判阶段,即自白与补强证据并重阶段。对于在法庭上喊冤和做无罪辩解的被告人,不能判处死刑,应当留有余地。

2. 证据裁判原则的基本含义

证据裁判原则,又称为证据裁判主义,其基本含义是在诉讼中对于事实的认定应依据有关的证据作出;没有证据,则不得认定事实,据以作出裁判的证据必须达到相应的要求。从证据裁判原则的基本含义可以看出,证据裁判原则有如下几个要求。

1)对案件事实问题的裁判必须依靠证据,没有证据不得认定案件事实

诉讼证明中对案件事实的裁判应当依据证据,这是证据裁判的基本要求。因此,对于要证的案件事实必须靠证据说话,没有证据就等于没有该项案件事实。例如,我国 2012 年刑事诉讼法第 53 条规定:“对一切案件的判处都要重证据,重调查研究,不轻信口供。只有被告人供述,没有其他证据的,不能认定被告人有罪和处以刑罚;没有被告人供述,证据确实、充分的,可以认定被告人有罪和处以刑罚。”《最高人民法院关于民事诉讼证据的若干规定》第 63 条规定:“人民法院应当以证据能够证明的案件事实为依据依法作出裁判”;《最高人民法院关于行政诉讼证据若干问题的规定》第 53 条规定:“人民法院裁判行政案件,应当以证据证明的案件事实为依据。”这就直接体现了证据裁判原则的“裁判以证据为依据”的要求。

这里在证据裁判原则中所讲的“事实”,是指需要依证据认定的案件事实,或称待证

事实；对于没有必要运用证据证实的事实，则不受证据裁判原则的约束。作为证明对象的待证事实通常具有以下特征：①通常与控辩双方的诉讼主张相联系，具有一定法律意义的事实，因而构成各项裁判的事实基础；②均为法律明文规定的事实；③需要运用证据加以证明的事实。众所周知的事实与推定事实都是无须运用证据证实的事实，亦称免证事实。在我国，免证事实在理论上通常包括众所周知的事实、司法认知事实、生效判决确定的事实及推定事实等。

2）裁判所依据的必须是具有证据能力的证据

证据裁判原则要求裁判所依据的必须是具有证据能力的证据。这里必须明确：第一，刑事证据与民事证据、行政证据不同。刑事证据必须是在刑事诉讼过程中依照法定程序由合法主体收集的证据。例如，笔者办理的一个刑事案件中，将另一个民事案件中的相关当事人委托评估的车辆价值鉴定书作为刑案的裁判依据，是不合法的。第二，证据必须符合法定的证据形式。大陆法系国家强调认定事实中证据方法的严格性，即认定案件事实应依法定的证据方法，如人证、物证和书证；我国刑事诉讼法则规定了物证、书证等 8 种法定证据形式（亦称证据种类），对案件事实的认定必须建立在 8 种证据形式上。换言之，在刑事诉讼中，主观猜测、预断、妄想等都不能作为认定事实的根据。第三，证据必须具有证据能力。所谓证据能力，又称证据的可容许性或证据的法律资格，是指那些允许证据出现在法庭上的资格和条件。无论是以德国为代表的大陆法系国家证据使用禁止的规定，还是英美法系国家以证据规则为核心的证据可采性规定，都反映出立法对证据能力的要求。证据在事实上具有相关性的同时，在法律上不得违背其对证据的各项要求。例如，《日本刑事诉讼法》第 319 条规定："出于强制、拷问或威胁的自白，在经过不适当的长期扣留或拘禁后的自白，以及其他可能怀疑为并非出于自由意志的自白，都不得作为证据。"美国证据法中相关性规则（含品格证据规则）、传闻证据规则、证人特权规则、意见证据规则、非法证据排除规则等都对证据的资格和范围进行了限定。在我国，证据裁判原则特别强调证据的合法性，证据的收集和取得必须遵守法律规定的程序，对于非法取得的证据应当排除，不能作为定案的根据。《办理死刑案件证据规定》明确了应当排除的具体情形，如以刑讯逼供等非法手段取得的口供，以暴力、威胁等方法取得的证人证言，勘验、检查笔录存在明显不符合法律及有关规定的情形，并且不能作出合理解释或者说明的等，旨在强调遵守法定程序、严格依法取证的重要性。

3）裁判所依据的证据必须是经过法庭查证属实的证据

这是证据裁判原则对证据的真实性所做的要求。证据裁判原则的核心是裁判者对案件事实的认识必须以证据为根据，而证据本身必须是经过法庭查证属实的才能作为裁判的依据。刑事诉讼法第 48 条规定：可以用于证明案件事实的材料，都是证据。证据包括：①物证；②书证；③证人证言；④被害人陈述；⑤犯罪嫌疑人、被告人供述和辩解；⑥鉴定意见；⑦勘验、检查、辨认、侦查实验等笔录；⑧视听资料、电子数据。证据必须经过查证属实，才能作为定案的根据。《最高人民法院关于民事诉讼证据的若干规定》第 47 条规定："证据应当在法庭上出示由当事人质证。未经质证的证据，不能作为认定案件事实的依据。"因此，这些规定体现了证据裁判原则对证据的真实性所做的要求。

此外，证据应达到法定的证明标准。一方面，证据裁判原则依据的证据只有达到法定的证明标准才能作出有罪的裁决。刑事案件的有罪判决标准应为最高证明标准，与英美法系“排除合理怀疑”标准相对应，我国刑事诉讼法中有罪判决的标准为“案件事实清楚、证据确实充分”，《办理死刑案件证据规定》第5条将“证据确实、充分”细化如下：①定罪量刑的事实都有证据证明；②每一个定案的证据均已经法定程序查证属实；③证据与证据之间、证据与案件事实之间不存在矛盾或者矛盾得以合理排除，强调必须排除其他可能性；④共同犯罪案件中被告人的地位、作用均已查清；⑤根据证据推断案件事实的过程符合逻辑和经验规则，由证据得出的结论具有唯一性。另一方面，如果既有证据没有达到上述证明标准，法官也不得拒绝裁判，而应依证明责任的分配原则，作出疑罪从无的无罪判决。

综上，证据裁判原则，是指对案件事实的认定必须以证据为根据；没有证据则不能认定案件事实。在司法实践中，对于只有猜测没有法定证据的、因取证违法不具有证据能力的、未经法庭依法进行证据调查的，以及未达到证明标准的情况，均应视为没有证据，不能作出不利于被告人的裁判。

3. 证据裁判原则中的“裁判”

以往学界对证据裁判原则多是从狭义上理解，将“裁判”单纯理解为法官的裁判，将证据裁判原则的作用局限于审判阶段。其实，“裁判”一词有多种含义，它具有判断、决定、裁断等内容，在刑事诉讼中可以理解为公安、司法机关依据证据作出的判决、裁定及决定等各项裁决。樊崇义教授曾指出，从证据裁判原则的角度来看，“裁判”一词是指认定事实、适用法律，就此而言，在刑事诉讼的不同阶段均存在“裁判”，只不过裁判的主体、内容、方式和具体的程序各异。裁判并非专指狭义上的审判。证据裁判原则的内在精神要求，在刑事诉讼不同阶段进行的各类裁判均必须依靠证据进行。笔者主张在我国对证据裁判原则作广义理解，即在刑事诉讼中，侦查人员、检察人员、审判人员对案件事实作出各项裁决时，必须根据证据，没有证据就不能作出任何裁决。由于适用的阶段不同，对于事实与证据的要求不同及证明方式的差别，笔者将该原则在审判程序中完全满足上述“事实”与“证据”条件的适用称为严格的证据裁判，以区别于广义的证据裁判原则。与严格的证据裁判原则不同，广义的证据裁判原则对证据能力的要求不是十分严格，对证据也无须进行质证，但是该原则要求根据证据认定案件事实、依法定程序收集证据的核心思想没有改变，同时也要求达到与所处程序及诉讼环节相适应的证明标准。

对证据裁判原则作广义理解是由我国刑事诉讼结构的特点所决定的。我国刑事诉讼结构不同于西方国家普遍遵行的“裁判中心主义”，而是公、检、法三个几乎完全独立并行的“流水作业式”诉讼构造。其体现在审前程序中，对关涉公民基本权利的强制性措施裁决的作出没有引入司法审查机制；检察机关提起公诉的决定也缺乏必要的司法控制；一系列证据规则的缺失导致无法切断侦查与审判的实质联系，从一定意义上说，在我国，“侦查中心主义”的特征十分明显。基于上述分析，证据裁判原则仅直接作用于审判或者通过审判间接规制审前程序的制度设计是不符合中国现实的，无助于有效规范侦查、检察及审判人员运用证据对案件事实的认定。

4. 证据裁判原则的适用

1）证据裁判原则适用的主体及阶段

作为证据法的基本原则，证据裁判原则发挥效力的空间是仅局限于审判阶段，还是适用于包括侦查、起诉及审判在内的刑事诉讼全过程？对此学界存在不同观点，一种观点认为，适用证据裁判主义的主体只能是承办具体案件的法官，证据裁判主义直接规范的阶段只能是审判阶段；另一种观点认为，证据裁判原则的内在精神，要求刑事诉讼不同阶段进行的各类裁判均必须依靠证据进行。笔者赞同后一种主张。

首先，"认定案件事实"是公、检、法三机关在刑事诉讼中都需要面对和解决的问题。审前程序中追诉机关对案件事实的认定虽不具有终结性，但是对被追诉人的权利保障构成重大影响。例如，追诉机关作出的移送起诉的决定、提起公诉的决定，表明了国家对被追诉人发动刑事追诉的立场；拘留、逮捕的决定直接剥夺了被追诉人的人身自由，如果上述决定没有根据证据作出，对于被追诉人而言无疑是一场灾难；在我国，审前程序中对案件事实的认定通常会直接影响审判结果，导致案件实体处理的不公正。"赵作海案"的审理就是一个例证，该案法庭审理仅用了20多分钟的时间，完全照搬公安机关的侦讯笔录，无非是通过审判将侦查机关刑讯逼供取得的"证据"加盖了合法的印章。正是由于"认定案件事实"关系到公检法司几个部门的共同努力、制约与协作，前述两个证据规定才由最高人民法院、最高人民检察院、公安部、国家安全部和司法部联合发布，以期求得几个部门共同遵行。

其次，作为"以事实为根据，以法律为准绳"原则的深化和延展，证据裁判原则应贯穿整个刑事诉讼，发挥证据法基本原则的指导作用。我们不能为了深化"以事实为根据，以法律为准绳"原则，而人为地缩小这一原则的适用范围，切断立法的延续性，这不符合立法的本意和逻辑。与一般的证据规则不同，证据法的基本原则应具有统摄性，不仅适用于证明活动，也必然规范审前程序中证据收集、审查判断和运用。在刑事诉讼的每一阶段，侦查、检察及审判人员均应自觉遵守这一原则，根据证据对案件事实作出正确的认定；如果违反此原则，被追诉人有权进行控告、启动权利救济程序。

2）证据裁判原则适用的案件事实范围

一种观点认为，按照通说，严格意义上的证据裁判适用于实体法事实的认定。尽管在对程序法事实进行的自由证明中，也需要依据证据，但证据裁判原则对程序法事实的认定，并不发挥支配作用。另一种观点认为，我国立法应当明确，在诉讼中对事实的认定包括实体法上之事实及程序法上之事实的认定，均须以证据为其认定的根据。笔者倾向于第二种观点，认为重大程序法事实的认定亦应遵循证据裁判原则，但并非全部程序法事实都需受该原则的规制。

程序法事实是由刑事诉讼法规定的程序性事项，包括程序性争议与程序性请求两类。程序性争议事项，是指控辩双方对某一程序事实的合法性发生的争议，实践中通常由辩方向已就某一程序事项作出决定的公权力机关提出，要求其对该程序事项的合法性进行证明，以维护自身的合法权益。例如，关于搜查、逮捕等强制性措施的合法性，是否存在超期羁押、讯问的合法性及管辖争议等。程序性请求，是指控方或辩方为启动某一程序或实现某项程序权利向法官（或有权机关）提出的请求事项。对控方而言，通常表现为审前程序中提请批捕，搜查、监听等强制性措施的申请。由于证据裁判原则主要旨在通过证据和程序防止公权力的滥用并保障被追诉人的权利，故对于控辩双方的程序性争议事实及控方主张的采取强制性措施的事实需要适用证据裁判原则，以凸显对公权力行使的控制；与此相对应，辩方提出的有利于己方的程序性请求中相关事实的证明，则无须受到该原则的限制，如此区分可在实现诉讼公正的同时尽可能地提高诉讼效率，防止诉讼拖延。

随着刑事法治的逐步推进，程序法事实证明的重要性也越发凸显。传统的证据裁判原则主要针对实体法事实的认定发挥作用，旨在规制定罪权的滥用，随着民主与人权呼声的逐渐高涨，证据裁判原则对于规范动态程序中公权力的发动及行使，切实保障被追诉人的基本权利亦将发挥积极有效的作用。易言之，随着时代的发展与法治的进步，证据裁判原则的适用范围不应一成不变，应与时俱进，从原有的实体法事实的证明拓展到程序法事实的证明，即对于重大程序法事实的认定需要以证据为根据，没有证据不能作出裁决。

3）证据裁判原则适用的例外情形

在刑事诉讼方面，最高人民法院、最高人民检察院、司法部《关于适用简易程序审理公诉案件的若干意见》（已废除）第 7 条第 4 项规定："被告人自愿认罪，并对起诉书所指控的犯罪事实无异议的，法庭可以直接作出有罪判决。"这体现了证据裁判原则在刑事诉讼中的例外性规定。在民事诉讼方面，适用证据裁判原则的例外情形主要如下：①自认，如《最高人民法院关于民事诉讼证据的若干规定》第 8 条"诉讼过程中，一方当事人对另一方当事人陈述的案件事实明确表示承认的，另一方当事人无需举证。但涉及身份关系的案件除外。"②免证事实，如《最高人民法院关于民事诉讼证据的若干规定》第 9 条规定："下列事实，当事人无需举证证明：（一）众所周知的事实；（二）自然规律及定理；（三）根据法律规定或者已知事实和日常生活经验法则，能推定出的另一事实；（四）已为人民法院发生法律效力的裁判所确认的事实；（五）已为仲裁机构的生效裁决所确认的事实；（六）已为有效公证文书所证明的事实。"③推定，如《最高人民法院关于民事诉讼证据的若干规定》第 75 条规定："有证据证明一方当事人持有证据无正当理由拒不提供，如果对方当事人主张该证据的内容不利于证据持有人，可以推定该主张成立。"对此，人民法院无须当事人举证。在行政诉讼方面，《最高人民法院关于行政诉讼证据若干问题的规定》第 68 条也有类似的规定。

5. 证据裁判原则的意义

（1）证据裁判原则是诉讼进步与文明的表现。日本学者田口守一教授将证据裁判原则概括为两层含义：①从历史意义上否定所谓的神判，认定事实必须依据证据，其他任何东西都不是认定事实的根据；②规范意义，必须根据具有证据能力的证据，而且只有经过调查之后才能认定构成犯罪核心内容的事实。前一种意义的证据裁判，充分体现了诉讼的进步和文明，是对神明裁判和口供主义证据制度的批判。相对于神示证据制度下的水审、火审等通过神的意志发现事实真相，以及中世纪专制制度下通过刑讯逼供获取口供认定案情的做法，证据裁判无疑是诉讼历史上的巨大进步。

（2）证据裁判原则是无罪推定原则的展现。"'无证据不得推定其犯罪事实'，从反面来看，既然有证据始能推定被告之犯罪事实，则亦表示被告受无罪推定之保护，在确认能够推定其犯罪事实的证据之前，被告应受无罪之推定，此即无罪推定原则的展现。"

（3）证据裁判原则可以防止法官恣意擅断，滥用自由心证，没有约束地任意判断证据。证据裁判主义不仅要求法官必须依证据而为事实之认定，而且对于一定之证据限制法官为自由心证，如无证据能力、未经合法调查，显与事理有违或与认定事实不符之证据，不得作为自由心证之依据。除此之外，补强证据之有无，及科学证据之取舍，法官亦无自由判断之余地。

（4）证据裁判原则是司法公正的体现。证据裁判原则是增加司法裁判的确定性和权威性的重要保障。证据裁判原则能够增加司法的确定性。而且，通过证据裁判原则，减少裁判形成过程中的争议，限定裁判形成者自由裁量的范围，能够增加裁判的信服力，维护司法的权威。

（三）直接言词原则

1. 直接言词原则的概念

一般而言，直接言词原则是诉讼法的一个原则，是大陆法系各国刑事审判中普遍确立的基本原则。虽然英美法系国家没有明确规定直接言词原则，但其传闻证据规则与直接言词原则具有极为相似的功能。不仅如此，这种传闻证据规则在诸多方面甚至体现出比直接言词原则更为严格的要求。从这一意义上来说，直接言词原则又是一项世界性的刑事审判原则。但同时我们认为，直接言词原则作为证据法的原则也具有重要的理论和现实意义。因为诉讼活动的中心是"法庭审判"，而审判活动最终作出何种裁判的依据是证据，因而证据的调查收集和判断采纳就成为证据法规范的主要内容。直接言词原则恰好对证据的调查收集和判断采纳，乃至对案件事实的真理性和正当性认识都具有重大影响。又由于我国在立法上对直接言词原则规定得并不完善，实践中贯彻得并不理想，在事实上对证据的调查、事实的认定造成了消极的影响。所以，我们认为有必要将直接言词原则作为证据法的原则加以分析。

所谓直接言词原则，是指在诉讼中法官必须在法庭上亲自听取当事人、证人及其他诉讼参与人的口头陈述，案件事实和证据必须由控辩双方当庭口头提出并以口头辩论和质证的方式进行调查。直接言词原则包括直接原则和言词原则，因二者均以有关诉讼参与人出席法庭为先决条件，紧密联系，理论上合称为直接言词原则。

所谓直接原则，是指在诉讼中法官必须与当事人及其他诉讼参与人直接接触，直接审查案件事实和证据。直接原则又可分为直接审理原则和直接采证原则。前者是指法官审理案件时，公诉人、当事人及其他诉讼参与人应当在场，除法律另有特别规定外，如果上述人员不在场，不得进行法庭审理；否则，审判活动无效。在这一意义上，直接审理原则也称为在场原则。直接采证原则，是指在诉讼中法官对证据的调查必须亲自进行，不能由他人代为实施，而且必须当庭直接听证和直接查证，不得将未经当庭亲自听证和查证的证据加以采纳，不得以书面审查方式采信证据。

所谓言词原则，是指在诉讼中法庭审理须以口头陈述的方式进行，包括控辩双方要以口头进行陈述、举证和辩论，证人、鉴定人要口头作证或陈述，法官要以口头的形式进行询问、调查。除非法律有特别规定，凡是未经口头调查之证据，不得作为定案的依据采纳。

直接原则与言词原则虽然侧重点不同，如直接原则强调法庭直接审理和直接采证，言词原则则强调法庭审理和采证应当以言词（即口头）陈述的方式进行，但是我们不能忽视二者之间的密切关系，在通常情况下，直接审理和直接采证都会以言词形式进行；而言词形式有助于法庭直接审理和直接采证，达到“声、色、情”并茂的三维立体效果。同时，言词形式要求公诉人、当事人和法官必须亲自到庭，进行直接举证、直接质证和直接认证，严禁以控诉方提交的书面卷宗材料作为法庭裁判的依据，故而二者相互贯通、相互兼容、相互补充。因此，理论上将它们结合在一起，称为直接言词原则。

直接言词原则是大陆法系国家普遍采用的一项原则。而英美法系国家虽然不使用直接言词原则的概念，但是其传闻证据排除规则实际上具有同样的效果。按照传闻证据规则，证人证言必须以口头言词的方式在法庭上直接提出，并接受对方律师的交叉询问，以便法官和陪审团审查评断证据。证人在法庭之外所做的陈述笔录或者在审判之前提供的书面证言都属于传闻，一般来说应当排除。坚持这一原则，就必须要求并保证证人出庭作证。由此可见，大陆法系的直接言词原则和英美法系的传闻证据排除规则具有异曲同工之处。

2. 直接言词原则的适用

我国刑事诉讼法虽然没有明确规定直接言词原则，但关于第一审程序和第二审程序的有关通知证人、鉴定人出庭的规定，关于控辩双方和被害人当庭质证的规定，关于公诉人、被害人、被告人、辩护人经审判长许可可以直接向证人、鉴定人发问的规定，以及控辩双方当庭进行辩论和被告人有权进行最后陈述的规定等，都体现了审理的直接性和言词性原则。例如，2012 年刑事诉讼法第 59 条“证人证言必须在法庭上经过公诉人、被害人和被告人、辩护人双方质证并且查实以后，才能作为定案的根据”，第 180 条“合议庭开庭审理并且评议后，应当作出判决”，第 181 条“人民法院对提起公诉的案件进行审查后，对于起诉书中有明确的指控犯罪事实的，应当决定开庭审判”，这些规定体现了直接言词原则的亲历性和直接审理原则，避免了“审者不判，判者不审”的错误。依据刑事诉讼法的规定，贯彻直接言词原则，人民法院应做到以下几点：①及时通知有关人员出庭。②开庭审理过程中，合议庭的审判人员必须始终在庭，参加庭审的全过程。③所有证据包括法庭依当事人申请或依职权收集的证据，都必须当庭出示，当庭质证。证人出庭作证应作为一般原则，不出庭只能是例外。④保证控辩双方有充分的陈述、辩论的机会和时间。

直接言词原则在按普通程序审理的过程中应当严格遵循，但按简易程序审理的案件可以例外。因为简易程序的价值就在于提高审判的效率，如果完全按直接言词原则的要求进行举证、质证和辩论，就不再具有简易的特点和快捷的效果。

此外，直接言词原则在民事诉讼和行政诉讼中也有所体现。例如，《最高人民法院关于民事诉讼证据的若干规定》第47条规定“证据应当在法庭上出示，由当事人质证。未经质证的证据，不能作为认定案件事实的依据”；第55条“证人应当出庭作证，接受当事人的质询。证人在人民法院组织双方当事人交换证据时出席陈述证言的，可视为出庭作证”；第59条“鉴定人应当出庭接受当事人质询”。《最高人民法院关于行政诉讼证据若干问题的规定》第35条“证据应当在法庭上出示，并经庭审质证。未经庭审质证的证据，不能作为定案的依据”；第45条“证人出庭作证时，应当出示证明其身份的证件。法庭应当告知其诚实作证的法律义务和作伪证的法律责任”；第47条“当事人要求鉴定人出庭接受询问的，鉴定人应当出庭”。上述规定体现了直接言词原则。

3. 直接言词原则的意义

直接言词原则对于实现公正审判有着重要的意义。

首先，直接言词原则实践了司法的亲历性。诉讼或司法是一种察言观色的法律活动。我国古代“以五声听狱讼”也反映了司法的亲历性。我们多有这样的日常经验和体会，对于同样事实的陈述，不同的人在心理上感知其陈述的真实性或可信度高低有别，我们常常会说“我相信甲说的话，不相信乙说的话”，造成这种感知或心证差异的原因是多样的，其中陈述者的相貌、陈述时的态度和情状往往对听者产生不同的影响，这种影响是客观存在的并且往往能够反映真情。法官在诉讼中同样能够产生和具有这样的经验和体会，从而实际影响法官“心证”的形成。法官在与当事人和证人“面对面”的活动中，通过当事人和证人的相貌、诉讼时的态度和情状能够获悉语言所无法传递的案情信息（即“无言之知”），有意无意中影响法官的“心证”。研究表明，人与人之间的沟通有50%以上是通过身体语言，如眼神、声音、小动作、身体姿势等，事实上法官在审判中也会有意无意地运用这样的“无言之知”与其长期审判实践所形成的“个人技艺”或“个人知识”。我国有位法官这样说道：“法官应当训练自己具备一种从当事人言词之外另行获取案件重要信息的感知能力”；“在庭审中，我一般都两眼直视着当事人，尤其当事人陈述关键案情的时候，一定要认真注视对方。在与法官的对视中，有的当事人可能会转移视线，语音打颤，有的当事人则目光坚定，言词恳切，这为准确地判断案情提供了宝贵的第六感……”以上所述揭示了采纳直接言词原则和强调司法亲历性的经验和心理上的根据。

其次，直接言词原则有助于发现真实和提高效率。该原则要求法官、当事人和证人等在法庭上直接接触，法官亲自聆听当事人陈述辩论和证人言词作证，从而可以直接观察当事人和证人等的表情态度，直接察看证据实际状况，有利于审查判断证据的真实性，易于准确掌握案件事实，有利于查明案件事实真相，对案件事实作出准确的判断，形成可靠的心证，最终作出公正的裁判。同时，法官、当事人和证人等直接见面，加之言词方式具有传达简便快捷的优点，有助于法官和当事人尽快发现争议和及时解决问题，从而推动诉讼迅速进行。

最后，有利于实现程序公正。当事人尤其是被告人直接参与法庭审理，其他诉讼参与人亲自到庭，使控辩双方能够平等地行使举证、质证和辩论的权利，保障了当事人的审判参与权，并使法律规定的各项审判制度、原则和程序得到真正的贯彻，有利于实现程序公正。

总之，直接言词原则体现了诉讼或司法的一个特性——过程与结果非截然两分，即案件最终的判决往往是法官在听审过程中客观因素和主观因素累积的结果。该特性与发现案件真实和提高诉讼效率是相辅相成的。直接言词原则所体现的精神或价值是现代诉讼基本原理的重要组成部分。在现代法治社会，直接言词原则与公开原则、辩论原则等一并被视为使诉讼和证据制度贴近当事人的必要手段。

第三节　证据法的体系和解释

一、证据法的体系

证据法的体系，可分为广义的证据法体系和狭义的证据法体系。广义的证据法体系，是指证据法的各种渊源及其相互关系；狭义的证据法体系，是指证据法典的组成和结构。证据法典目前尚未制定，笔者认为今后我国制定的证据法典可由两编组成，第 1 编为总则，第 2 编为分则。总则为一般规定，分则为具体规定；总则规定不仅适用于分则，还适用于其他有关规定证据和证明的法律（但其他法律有特别规定的除外）。编下为章。总则共 5 章，即第 1 章证据法的基本原则、第 2 章证据规则、第 3 章证明规则、第 4 章证据制度、第 5 章证据概念和证据的法定形式。分则共 12 章，即第 1 章物证，第 2 章书证，第 3 章证人证言，第 4 章被害人陈述，第 5 章犯罪嫌疑人、被告人供述和辩解，第 6 章视听资料，第 7 章电子数据，第 8 章鉴定意见，第 9 章勘验、检查、辨认、侦查实验等笔录，第 10 章证明，第 11 章证据的收集与保全，第 12 章证据在审判中的审查判断与运用。

二、证据法的解释

证据法的解释是指对证据法规定的真实意义的说明。证据法解释有助于人们正确理解证据法规定的含义与精神，有利于证据法的统一正确实施，有利于克服证据法的某些缺陷，有利于证据法的发展和完善。证据法的解释对象是证据法的规定，证据法又是以文字作出规定的，因此，证据法解释不能超出证据法用语可能具有的含义，否则便有违反法定主义原则之嫌。

证据法解释按其效力分为三种：①立法解释，即由立法机关对证据法所作的解释，具有与法律同等的效力。通常认为立法解释包括三种情况，一是在证据法典或相关法律中所作的解释性规定；二是在“法律的起草说明”中所作的解释；三是在证据法施行过程中对发生歧义的规定所作的解释。严格意义上的立法解释是指第三种解释，这种立法解释不能采取类推解释的方法。②司法解释，即最高人民法院和最高人民检察院就审判和检察工作中如何具体应用证据法的问题所作的解释，具有普遍适用的效力。司法解释必须遵守解释原理，不得进行类推解释。③学理解释，即未经国家授权的机关、团体、社会组织、学术机构及公民个人对证据法所作的解释，它们虽然没有法律效力，但对于司法乃至立法活动具有重要参考价值。

依解释方法分类，证据法解释可分为两大类，即文理解释与论理解释。文理解释是指根据证据法用语的文义及其通常使用方式阐释证据法意义的解释方法。文理解释的根据主要是语词的含义、语法、标点及标题。文理解释是一种基本的但并非简单的解释方法。如果文理解释的结论合理，则没有必要采取论理解释的方法；如果文理解释的结论不合理或者产生多种结论，则必须进行论理解释。论理解释是指参酌证据法产生的原因、理由、沿革及其他相关事项，按照立法精神，阐明证据法真实含义的解释方法。论理解释主要有以下几种：①扩大解释，即证据法条文字面的通常含义比证据法的真实含义狭隘，于是扩张字面含义，使其符合证据法的真实含义。扩大解释是对用语通常含义的扩张，不能超出用语可能具有的含义；如果完全超出用语可能具有的含义，则违反了法定主义原则的类推解释。②缩小解释，即证据法条文的字面通常含义比证据法的真实含义广，于是限制字面含义，使其符合证据法的真实含义。③当然解释，即证据法规定虽未明示某一事项，但依形式逻辑、规范目的及事物属性的自然规律，将该事项解释为包括在该规定的适用范围之内。④反对解释，即根据证据法条文的正面表述，推导其反面含义的解释方法。⑤补正解释，即在证据法文字发生错误时，统观证据法全文加以补正，以阐明证据法真实含义的解释方法。⑥体系解释，即根据证据法条文在整个证据法中的地位，联系相关法条的含义，阐明其规范意旨的解释方法。体系解释的目的在于避免断章取义，以便证据法整体协调。对于一个条文的解释结论必须能够得到其他条文的印证；遇到不明确的规定时，应当通过明确的规定来阐释不明确的部分；不能使证据法条文之间产生矛盾与冲突。体系解释并不意味着对证据法中的任何用语都必须作出完全一致的解释，也不意味着证据法用语必须与其他法律用语的含义相吻合。由于语言的特点等原因，证据法中的许多用语具有相对性，即同一用语在不同条款甚至在同一条款中可能具有不同含义。肯定证据法用语的相对性是为了实现证据法的协调与正义，所以，对用语作相对解释，实质上也是体系解释。⑦历史解释，即根据制定证据法时的历史背景及证据法发展的源流，阐明证据法条文真实含义的解释方法。⑧比较解释，即将证据法的相关规定或外国立法与判例作为参考资料，借以阐明证据法规定的真实含义的解释方法。⑨目的解释，是指根据证据法规范的目的，阐明证据法条文真实含义的解释方法。任何解释都或多或少包含目的解释；当不同的解释方法得出多种结论或不能得出妥当结论时，就以目的解释来最终决定。

第四节　证据法和证据法学的关系

一、证据法学的概念及其溯源

证据法学，是研究关于证据的法律规范和诉讼或非诉讼法律事务过程中运用证据证明和认定案件事实或其他法律事实的规律、方法和规则的学科，是现代法学体系中的一个重要组成部分。

证据法学可分为狭义证据法学和广义证据法学。所谓狭义证据法学，又称为诉讼证据法学，是专门研究诉讼法律中有关证据的规定和诉讼过程中证据运用实践的学科。广义证据法学，除了研究诉讼证据外，还研究在处理其他法律事务，如行政执法、仲裁、公证、监察等活动中如何运用证据的问题，有人也称之为法律证据学。也就是说，广义证据法学，以是否涉讼为标准可分为诉讼证据法学和非诉讼证据法学。而诉讼证据法学，根据现代程序法的分类和不同诉讼中证据运用的特点，还可进一步细分为刑事证据法学、民事证据法学和行政证据法学。

证据法学作为一门学科的兴起，可以追溯到 18 世纪的英国。在此之前，虽然法律上有一些零星的证据规则，也有人写过证据法的散论，但是并没有引起人们的足够注意。英国学者吉尔伯特（Gilbert）于 1754 年出版的《证据法》（*The Law of Evidence*）被认为是第一本关于证据法学的专著，标志着英美证据法学专门化研究的开端。严格来说，吉尔伯特的《证据法》掺杂了很多证据学的内容，但其影响力持续了几乎半个世纪。直到 1827 年边沁（Bentham）出版了《司法证据的理论基础》（*Rational of Jlldicial Evidence*）一书，才真正把证据法学从“基于司法实践而务实地发展出来的凌乱的技术性证据规则”上升到理论高度的著作，为后来的证据法研究奠定了基础。从此，证据法学开始从证据学中逐步独立出来。

二、证据法和证据法学的关系

证据法是证据法学重要的研究对象。我国台湾地区著名学者李学灯先生在其《证据法比较研究》序中曾经指出：“惟在法治社会之定分止争，首以证据为正义之基础，既需寻求事实，又需顾及法律上其他政策。认定事实，每为适用法律之前提。因而产生各种证据法则，遂为认事用法之所本。”除此之外，证据法学的研究对象还包括以下几个方面。

（1）与证据和证明有关的其他法律规范。例如，《中华人民共和国民事诉讼法》第 6 章的规定，《中华人民共和国行政诉讼法》第 5 章的规定，《中华人民共和国行政处罚法》第 36、37 条的规定，《中华人民共和国海事诉讼特别程序法》第 5 章的规定，《中华人民共和国仲裁法》第 43~46 条的规定；综合性专门法律部分的相关条款，如《中华人民共和国电子签名法》第 4~8 条的规定，《中华人民共和国国家安全法》第 6~11、26 条的规定，《中华人民共和国道路交通安全法》第 73、114 条的规定，《中华人民共和国治安管理处罚法》第 77~90 条的规定。这些法律规范均涉及证据和证明的内容。

（2）与证据和证明有关的司法实践。如果说与证据和证据运用有关的法律规范是证据法学相对静止的研究对象，那么，司法和执法活动中关于证据和证据运用的成功经验和存在的问题，则是证据法学动态的并且更加多姿多彩的研究对象。这些与证据和证据运用有关的司法和执法实践，既为证据立法和证据理论研究提供了丰富的素材，也对证据立法和证据理论研究提出了要求，更是检验证据立法是否完善、证据理论研究是否科学的标准。

（3）证据和证明的方法、规律和规则。陈瑞华教授在《法商研究》2006 年第 3 期上发表了《从“证据学”走向“证据法学”——兼论刑事证据法的体系和功能》一文，倡导从“证据学”到“证据法学”的理论转型，并主张“刑事证据法体系由两种证据规则组成：一是有关证据法律资格的规则；二是有关司法证明的规则”。笔者认为，该文围绕证据法学的学科属性所作的分析可谓鞭辟入里，然而，究竟证据法学研究的核心是证据规则还是证明规则，仍然是一个悬而未决的问题。在回顾国内外证据理论演变历程的基础上，探索证据法学研究的内在规律，可预见我国证据法学的未来走向——从规则到证明。因为在当今世界，英美证据法最为发达。“大陆法系之法律关于证据法虽大都有所规定，然皆述焉不详，与英美法系中之证据法相较，不啻瞠乎其后。”所以，研究证据法学的学者无不对英美证据法趋之若鹜。然而，目前英美证据法学研究也正在经历一场变革，其主旨是“从规则到证明”，即证据法学的研究重心正在由证据的可采性转向证据的证明力。我国的证据理论将从“证据法学”走向“证明法学”，这是证据法学研究的基本趋势。

（4）古今中外的证据制度和证据理论，以及对证据和证明有影响的科学技术。古今中外的证据制度和证据理论是证据法学发展的基础。当今迅猛发展的科学技术，如 DNA 技术、秘密监听技术等对证据和证明产生了巨大的影响。证据法学是一门开放、与时俱进的科学，这不仅表现在对其他国家证据制度和证据理论的借鉴，还表现在对最新科学成果的及时采纳和吸收。只有把这些科学成果纳入证据法学的研究对象中，证据法学才能成为一门适应时代发展、具有永久生命力的科学。

【课堂讨论】

被告张某因经营烟、茶、酒小生意需要资金曾多次向原告姚某借款。被告在归还原告部分本息后，2014 年 12 月 15 日双方进行结算，被告出具借条重新认借原告 11 800 元。后双方发生纠纷，被告提出已于 2015 年 6 月 15 日付还原告 8 000 元，原告予以否认。被告便提出原告在收取 8 000 元时当即在借条的左下角予以注明。原告出示借条原件进行质证时，该借条长 18cm，宽 14cm，有几条明显的折痕，左下角缺损，缺损面积约占借条的 1/4，缺损部分呈梯形，高 8cm，上边长 8cm，下边长 4.5cm，缺损边缘糜烂，除“此、某甲、2014 年 12”几个字所在地方稍微有浸水的痕迹外，其他地方均保持完好。原告对借条的缺损是这样解释的：由于被告拒绝还款，他将借条折叠后长期放在裤后袋或衣袋中以便向被告催讨，借条被汗水浸透而缺损。

请你运用日常生活经验法则判断本案借条被汗水浸透而缺损的说法是否成立。

【司法考试真题链接】

1. 某银行被盗，侦查机关将沈某确定为犯罪嫌疑人。在进行警犬辨认时，一“功勋警犬”在案发银行四处闻了闻后，猛地扑向沈某。随后，侦查人员又对沈某进行了心理测试，测试结果显示，只要犯罪嫌疑人说没偷，测谎仪就显示其撒谎。关于可否作为认定案件事实的根据，下列哪一选项是正确的？（　　）（2008 年卷二单选第 30 题）

A. 警犬辨认和心理测试结论均可以

B. 警犬辨认可以，心理测试结论不可以

C. 警犬辨认不可以，心理测试结论可以

D. 警犬辨认和心理测试结论均不可以

2. 下列案件能够作出有罪认定的是哪一选项？（ ）（2008 年卷二单选第 32 题）

A. 甲供认自己强奸了乙，乙否认，该案没有其他证据

B. 甲指认乙强奸了自己，乙坚决否认，该案没有其他证据

C. 某单位资金 30 万元去向不明，会计说局长用了，局长说会计用了，该案没有其他证据

D. 甲乙二人没有通谋，各自埋伏，几乎同时向丙开枪，后查明丙身中一弹，甲乙对各自犯罪行为供认不讳，但收集到的证据无法查明这一枪到底是谁打中的

3. 公安机关在一盗窃案现场收集到犯罪嫌疑人张某书写的一张字条，收缴了被盗电视剧录像带、DVD 光盘、书籍等，被盗超市提供了被盗物品清单。下列哪一选项是正确的？（ ）（2008 年·四川卷二单选第 22 题）

A. 该字条是书证

B. 电视剧录像带和 DVD 光盘是物证

C. 收缴的被盗书籍是书证

D. 被盗物品清单属于证人证言

4. 下列哪一种证据属于直接证据？（ ）（2005 年卷二单选第 26 题）

A. 韩某杀人案，证明被告人到过案发现场的证人证言

B. 马某盗窃案，被害人陈某关于犯罪给自己造成物质损害的陈述

C. 高某放火案，表明大火系由电器短路引起的录像

D. 吴某投毒案，证明被告人指纹与现场提取的指纹同一的鉴定结论

5. 关于证据理论分类的表述，下列哪一选项是正确的？（ ）（2009 年卷二单选第 40 题）

A. 传来证据有可能是直接证据

B. 诉讼中原告提出的证据都是本证，被告提出的证据都是反证

C. 证人转述他人所见的案件事实都属于间接证据

D. 一个客观与合法的间接证据可以单独作为认定案件事实的依据

第二章 证据规则

【案例导入】被告人范某因运输毒品26千克被逮捕并进入审判程序后，在其律师会见时告知律师：侦查人员某边防支队刑事侦查队的李某等干警三人，在某年9月21日、22日、24日、25日、26日，五天五次在该看守所六区23号房间采取吊打、用书垫胸部再用拳击的方法，逼迫其违背意愿承认有贩毒行为，造成其多次吐血和昏迷。这些刑讯逼供的非法取证行为，该看守所的管教干部刘某可作证。因此，律师向人民法院申请排除以非法方法收集的范某在某年9月24日、25日的口供。

我国的司法机关应如何排除以非法方法收集的证据？应适用哪个证据规则？

第一节 证据规则概述

一、证据规则的概念和特征

（一）证据规则的概念

证据规则有不同的称呼。在英文中，证据规则是“rules of evidence”。在英美法系国家，证据规则是在长期的司法实践中逐渐积累起来的，它通常表现为习惯、案例或司法解释，是普通法的组成部分。但是，自英美法系国家推行法典化运动以来，证据规则亦逐步法典化，《美国联邦证据规则》是这方面的代表。证据规则，在我国台湾地区称为证据法则，如台湾地区学者陈朴生在《刑事证据法》一书中写道：“何种资料，可为证据，如何收集及如何利用，此与认定之事实是否真实，及适用之法律能否正确，极其重要。为使依证据认定之事实真实，及适用之法律正确，不能无一定之法则，以资准绳。称此法则，为证据法则。”由此可见，台湾地区学者认为证据法则主要是关于什么可以作为证据使用、如何收集证据和利用证据的法律规定，具体包括推定、证据能力、自白、司法认知、传闻证据规则、意见证据规则、举证责任、证据力之辩论、法庭上对证人之询问和诘问等内容。

证据规则有不同的含义。但中国大陆的学者对证据规则含义的看法并不完全统一。有的学者从广义的角度对证据规则含义进行解释，认为证据规则是指确认证据的范围、调整和约束证明行为的法律规范的总称，是证据法的集中体现。证据规则首先是确认证据范围的法律规范。所谓证据范围，是指什么样的事实材料是证据，什么样的事实材料不是证据或者不能作为证据使用，以及有关的划分标准是什么。证据规则还包括调整证明行为的法律规范。所谓证明行为，是指形成、发现、展示、质辩、采纳或排除证据以证明特定案件事实的专门活动。这种观点将证据规则直接等同于证据法或证据制度，混淆了证据规则与证据法和证据制度三者之间的界限。也有学者从狭义的角度对证据规则含义进行解释，认为“证据规则就是指在收集证据、采用证据、核实证据、运用证据时必须遵循的一系列准则。换句话说，就是在诉讼中与证据有关的具有可操作性的程序性准则”。这种观点将证据规则看做证据法的某项具体规范，从而将作为个别规范的证据规则与作为全体规范的证据法和作为整体制度的证据制度区别开来是有理论意义的。但不足之处是没有涉及确认证据能力的内容。证据能力即证据资格是证据规则需要解决的首要问题。因此，笔者认为证据规则，是指在确认证据能力和范围、规范证明力，以及运用证据进行证明的环节必须遵循的一系列准则。证据规则主要包括四方面的内容，首先是确认证据能力的法律规范。所谓证据能力，又称为证据资格，是指成为证据应当具备的资格和条件，如相关性规则。其次是确认证据范围的法律规范。所谓证据范围，又称为证据的法定形式，是指诉讼法规定的证据种类，如证据法定规则。再次是规范证明力的法律规范。所谓证明力，是指证据对待证事实证明上的强弱程度，即证据在多大程度上对待证事实有证明作用，如证据的证明力确定规则。最后是证明环节的法律规范。所谓证明的环节，是指取证、举证、质证、认证和运用证据进行定案的过程，如举证规则、质证规则等。

（二）证据规则的特征

从以上定义可知，证据规则具有以下的特征。

（1）具有法律的强制性。证据规则是司法机关、律师和当事人证明案件事实的行为规范。证据规则具有法律的约束力，司法机关、律师和当事人应当遵守；否则，其行为构成违法行为，不能产生预期的法律后果，因此其所收集的证据无效，所作出的裁判可能被撤销。例如，在美国著名的米兰达案件中，警察没有事先向米兰达声明其享有的诉讼权利，导致警察所收集证据无效。

（2）具有明确的指导性。证据规则都是具体的操作规程，司法机关、律师、当事人和其他诉讼参与人可以直接从证据规则中得出自己应当做什么、可以做什么和不能做什么的答案。毫无疑问，证据规则中蕴涵着更高层次、抽象的原理原则，但是，其本身不是原则，而只是具体的行为规范。例如，传闻证据排除规则中蕴涵着直接原则、言词原则和辩论原则，非法证据排除规则中蕴涵着法治原则和公正原则，但是，对于具体的司法人员、律师、当事人而言，仅意味着取证和采证时的注意事项。

（3）具有明显的程序性。目前证据规则总体上仍属于诉讼程序法的范畴，是诉讼程序法中一个相对独立的组成部分。证据规则也与刑法等实体法存在密切的联系。一方面，证据规则是执行实体法的手段之一，其着眼点在于案件事实的证明过程，主要任务是为适用实体法而提供必要的事实要件；另一方面，实体法规定是形成或确立证据规则的根据之一，在证明对象和举证责任的分配等方面，实体法的规定起决定性的作用。但是，证据规则本质上是程序法，是当事人之间进行公平“竞赛”的规则。

二、证据规则的功能

（一）查明案件事实真相的功能

许多证据规则是为了查明案件事实真相而设计或规定的，因而其有助于事实真相之发现，如相关性规则是查明案件事实真相的最基本的规则。可以说，如果证据规则一旦完全丧失了发现真相的功能，那么也就失去了正当性的基础。例如，传闻证据（hearsay evidence）排除规则就是为了避免证言经过多渠道传播而产生失真的可能性，而是通过促进证人作证排除庭外陈述，从而达到发现事实真相的目的；意见证据规则是排除普通证人在耳闻目睹之外的主观意见，让其客观陈述，目的也是揭示真相；而对于品格证据排除规则，由于一个人以前的品行与以后事实的发生根本没有关联性而丧失证据的资格；此外，如最佳证据规则、交叉询问规则都是发现真相、识别虚假的良好办法。因此，发现事实，确保证据的客观性，避免证据失真，不能说不是证据规则最大的贡献。

然而，我们也要意识到，证据规则就如“双刃剑”，它在客观上具有一定的负面影响，在一定程度上又会制约事实真相的发现。例如，证人特权规则、犯罪嫌疑人、被告人不被强迫自证其罪规则，其目的显然不是发现真相，而是维护特定的社会利益，按照这种证据规则运行，诉讼就相当于一场“障碍赛跑”，由此所得出的事实只能是一种“相对事实”“法律事实”。同时，规则的复杂性，即使目的系确保发现真实的证据规则，由于确立了大量的例外，其适用存在巨大的模糊性。例如，对于传闻证据规则，不仅确立了该规则的几十项例外，甚至又产生“例外之例外”，其细密性和复杂性与追求效率的现代司法不相符。

（二）侧重保护其他社会价值的功能

证据规则除了具有发现事实的功能以外，还具有多项社会价值。通过不同的证据规则，发挥一种政策导向作用，保护更为重要的社会利益。例如，证人特权规则，美国法学家萨尔斯堡解释说：美国人很珍视特权，因为我们除了审判外，还有生活中的其他价值。我们不是为了作证而是为了生活来到美国。我们保护有特权的社会关系，是因为它们对于社会生活至关重要。夫妻之间的免证特权就是此类规则的一个典型例子，其设定的目的就是保护婚姻的稳定、维护婚姻秘密和防止出现公众不愿看到的配偶在法庭上互相指责的可悲场面。因此，证人特权规则是证据规则具有发现事实功能的例外，是侧重保护其他社会价值的需要。

（三）兼有发现真实和保护人权的功能

我国台湾学者黄朝义认为，“证据之存在，一方面即使得以达成事实认定之重要功能”，另一方面“在为证据之处理上对其予以法律上之规制也就变为事实认定时之重要课题”，或者说，“证据是否具有证据能力以及是否得以采用，原则上系借助于实体之正义（真实发现）与程序之正义（人权保障）两者之利益衡量而为价值判断”。例如，沉默权规则，即犯罪嫌疑人、被告人享有的不被强迫自证其罪的权利，其直接目的就是保障人权；对于非法证据排除规则和证据禁止理论，属于此类之证据即使拥有极高之证明力，但由于某种政策上的考量和对社会正义的维护而排除其作为证据的资格。这一程序性制裁机制倘能得到真正实施，将会有效地约束办案机关的行为，极大限度地限制刑讯逼供、威胁、引诱、欺骗等违法行为的发生。在此情况下，保证被告人供述任意性的需要远远超过了逼取口供发现事实的价值。

（四）追求诉讼效率的功能

诉讼有期限，国家司法资源也有限。因此，在有限的时间里追求诉讼效率，是司法工作的永恒主题。最高人民法院原院长肖扬说过“公正与效率是二十一世纪人民法院的工作主题”，而证据规则正是追求诉讼效率的一个重要的手段。例如，推定和司法认知规则，准许法院通过对事实直接予以认定的方式，减轻当事人的举证责任，明确案件的争议要点，从而达到提高诉讼效率、迅速结案的目的。

（五）防止法官主观臆断、约束自由裁量权的功能

根据证据规则的历史发展，可以看出人类历史在诉讼证明领域，经历了完全无证据规则的神示证据制度、完全依赖证据规则的法定证据制度、排斥证据规则的自由心证证据制度、相对有证据规则限制的英美法系证据制度和基于自由心证主义而又规定相应证据规则的大陆法系证据制度。英美法系证据制度认为，诉讼的证明应当是自由的，这是首先应当遵守的原则，但是为了某种特定的需要，也可以对证明进行一定限度的规制。大陆法系职权主义的证据制度可以说是以自由心证为其根本内容，其缺陷是反映自由心证的思想往往可能走向一个极端：完全的自由证明会导致诉讼进行无规则可循，证据的证据能力不能得到限制，不仅可能会导致与查明实质真实的目的相反，也为法官擅断打开方便之门。正是由于自由心证证据制度存在如此的缺陷，日本诉讼法和我国台湾地区的“诉讼法”才参照英美法系证据制度引进了一些主要的证据规则。我们认为，诉讼的证明应当是自由的，即审判者有权对证据的证明力加以自由判断；但是，为了保护更为重要的一些价值或者利益，这种自由应当得到一定的限制。简言之，在证明的问题上，自由是原则，规制是例外。至于应当确立哪些证据规则对证明进行规制，应由各国根据国情来决定。

三、证据规则的分类和意义

（一）证据规则的分类

证据规则，根据不同的标准可作出不同的分类。依据证据规则是否具有法律效力为标准可分为示范证据规则和法定证据规则。示范证据规则，是指有关的国家机关或社会组织拟定或推荐的证据规则。例如，1953 年美国统一州法委员会和美国律师协会批准的《统一证据规则》，1942 年美国法律学会拟定的《模范证据法典》，都是社会组织自行拟

定的示范证据规则，没有法律的约束力。法定证据规则，是指立法机关通过立法程序制定、公布的证据规则。例如，美国国会于1975年通过的《联邦证据规则》，是正式的法律，具有法律约束力。按照诉讼的进行阶段划分，证据规则可分为以下几种：①取证规则，包括有罪证据由控方收集；辩护方有权调查取证；不被强迫自证其罪，包括严禁刑讯逼供和沉默权问题；证人必须履行作证义务等。②采证规则，是指确定证据是否具有可采性的证据规则，也就是证据能否被作为证据在法庭上提出。这类规则主要是指传闻证据规则、最佳证据规则、非法证据排除规则和相关性规则。③查证规则，包括控辩双方提出证据须经申请、交叉询问规则、法庭当庭认证的规则、推定和司法认知的规则。④定案规则。这些规则应当包括证据证明力的判断规则；起诉的证明标准与审判时定罪的证明标准是否相同；有罪判决的证明标准；补强证据规则；疑罪从无规则，即对证据不足的案件，应当作无罪处理。

笔者认为，证据规则应以其客体和程序为标准，将其分为规范证据能力的规则、规范证明行为的规则，以及规范证据运用程序的规则三个方面。具体如下：①规范证据能力的规则，是指确认和调整证据的范围和资格的行为规则，其主要内容是什么样的事实材料可以作为证据被采纳。在英美法系国家，规范证据能力的规则表现为一系列有关证据的可采性的规则，如非法证据排除规则、传闻证据排除规则（直接言词证据规则）、关联性证据规则、意见证据排除规则。②规范证明行为的规则，是指确认和调整证据的证明力及其大小的行为规则，其主要内容是什么样的事实材料具有证明力，以及对案件事实的证明作用。规范证明力的规则主要包括证据的证明力确定规则、最佳证据规则、补强证据规则、原始证据优先规则。③规范证据运用程序的规则，是指有关证据的制作、调查收集、审查判断和举证、质证、认证的行为规则，其主要包括瑕疵证据的补正规则、举证规则、质证规则、认证规则、证据互相印证规则。

（二）证据规则的意义

首先，确立证据规则，对于树立正确的诉讼观念和保护个人的合法权利具有重大作用。长期以来，我国偏重于社会整体利益保护而忽视个人权利保护的诉讼观念一直占据主要地位。目前，单一注重国家利益、集体利益保护的诉讼观念已经得到突破，很多学者认为个人权利必须得到认可和尊重，个人权利与集体利益至少应当是并重的。由于国家相对于个人而言权力过于强大，在刑事诉讼中应更加注意个人权利的保护，防止个人权利受到非法侵害。疑罪从无原则的确立就是这种诉讼价值观念转变的立法反映。

其次，确立证据规则，对于规范审判行为和监督审判机关及其工作人员，促进程序公正，具有重大作用。为了保证审判人员准确认定案件事实，一方面，需要审判人员充分发挥其主观能动性，赋予其相应的裁量权；另一方面，一些经实践反复证明和检验的经验和教训，应当以法律规范的形式及时肯定下来，使审判人员及时采取科学的做法，不再重复同样的错误，而证据规则正是审判经验和教训的规范化。在我国，裁量权过大是执法中存在的一个严重的问题，而证据规则有利于从事实方面控制裁量权。通过明确证据的范围、调查收集和审查判断证据的程序和方法及举证质证规则，可以使侦查人员、检察人员和审判人员的取证行为和采证行为置于法律的约束和当事人监督之下，促进程序公正。

第二节 我国现有的证据规则

理论界对我国现有的证据规则有不同的观点。廖永安、李蓉认为，我国已初步确立了一系列证据规则，主要如下：①相关性规则；②非法言词证据排除规则；③非法物证排除规则；④传闻证据排除规则；⑤意见证据规则；⑥最佳证据规则；⑦自认规则；⑧补强证据规则。而樊崇义认为我国现有的证据规则如下：①证据裁判原则；②程序法定原则；③非法证据排除规则；④相关性规则；⑤意见证据排除规则；⑥补强证据规则；⑦原始证据优先规则；⑧直接言词证据规则；⑨证据的证明力确定规则等。笔者认为，直接言词证据规则和证据裁判原则不是证据规则，而是证据法的原则；程序法定原则不是证据规则，而是诉讼法的原则。在研究证据规则时，一定要把证据规则与证据法的原则和诉讼法的原则区别开来，不能混为一谈。非法言词证据排除规则和非法物证排除规则应当合并为非法证据排除规则；“自认”多为民事当事人自认，但刑事被告人广义上的自白也包含“自认”，因此可将自认规则和补强证据规则合并为自白和补强证据规则；原始证据优先规则与最佳证据规则比较相近，暂时以最佳证据规则来分类；证据的证明力确定规则，国际上没有此提法，故暂不列入分类。因此，从国际视野和二者相同视野进行概括，我国现有的证据规则如下：①非法证据排除规则；②相关性规则；③传闻证据排除规则；④自白和补强证据规则；⑤最佳证据规则；⑥意见证据排除规则。

一、非法证据排除规则

非法证据排除规则起源于美国。从法制史观察，美国非法证据排除规则实际上是近代时期的产物。虽然早在 1886 年，美国联邦最高法院的判决中曾约略提及违反宪法规定为搜索所得证据的排除规则，然而美国依然继承英国习惯法的见解，即凡与系争待证事实具有关联性与重要性的证据，都认为有证据能力，纵使该证据的取得是出于不正当的方法，或有违宪法的规范，仍然不妨碍其证据能力的认定。直至 1914 年，联邦最高法院在 Weeks v. U.S. 一案中，将违反宪法第四修正案规定的搜索、扣押所取得的证据予以排除，扬弃了上述的英国传统证据法则，正式行非法证据排除规则。然而各州之间、州与联邦之间，此规则并未推行，很多州议员根据银盘原理①，逃避此规则的使用。直至 1961 年，美国最高法院在对 Mapp v. Ohio 一案的裁定，才使非法证据排除规则普遍适用于各州法院。而 1966 年联邦最高法院对米兰达一案的判决，标志着非法证据排除规则在美国全国范围内完全确立。随后，非法证据排除规则在世界各国也得到普遍的发展，各国几乎都建立了自己的非法证据排除规则。到现在，非法证据排除规则已被联合国的法律文

① 银盘原理即“silverplatter doctrine”，西方国家的服务员常用银盘托着账单或钱物向顾客传递，以此比喻州警察把非法证据向联邦警察传递。

件肯定。联合国大会于1975年12月9日通过的《保护人人不受酷刑和其他残忍、不人道或有辱人格待遇或处罚宣言》第12条规定："如经证实是因为受酷刑和其他残忍、不人道或有辱人格待遇或处罚而作的供词，不得在任何诉讼中援引为指控有关的人或其他人的证据。"该宣言已正式将非法证据排除规则确立为一项刑事诉讼国际标准。

中国2012年刑事诉讼法和两个证据规定也设定了非法证据排除规则。除此之外，在我国的民事诉讼和行政诉讼中也设定了非法证据排除规则。例如，1995年《最高人民法院关于未经对方当事人同意私自录制其谈话取得的资料不能作为证据使用的批复》规定："未经对方当事人同意私自录制其谈话，系不合法行为，以这种手段取得的录音资料，不能作为证据使用。"2001年《最高人民法院关于民事诉讼证据的若干规定》第68条规定："以侵害他人合法权益或者违反法律禁止性规定的方法取得的证据，不能作为认定案件事实的依据。"2002年《最高人民法院关于行政诉讼证据若干问题的规定》第58条规定："以违反法律禁止性规定或者侵犯他人合法权益的方法取得的证据，不能作为认定案件事实的依据。"上述依据其第57条规定，主要如下：①严重违反法定程序收集的证据材料；②以偷拍、偷录、窃听等手段获取侵害他人合法权益的证据材料；③以利诱、欺诈、胁迫、暴力等不正当手段获取的证据材料。可见，非法证据排除规则既适用于我国的刑事诉讼，也适用于我国的民事诉讼和行政诉讼。本书仅重点从刑事诉讼角度探讨非法证据排除规则。

至于非法证据排除规则的含义，理论界却有诸多争议。笔者认为，我国的非法证据排除规则是指在刑事诉讼中，除法律另有特别规定的，对侦查、检察、审判人员采用刑讯逼供等非法方法收集的犯罪嫌疑人、被告人供述和采用暴力、威胁等非法方法收集的证人证言、被害人陈述，以及收集的物证、书证不符合法定程序，可能严重影响司法公正的，应当依法予以排除且不得作为证据采纳的统称。由于我国设定非法证据排除规则的历史不长，在刑事诉讼的司法实践中，适用我国的非法证据排除规则时必须注意以下几个问题。

（一）我国非法证据排除规则的适用对象必须是非法的证据

所谓非法证据是"合法证据"的对称，其是指在刑事诉讼中，侦查、检察、审判人员采用刑讯逼供等非法方法收集的犯罪嫌疑人、被告人供述和采用暴力、威胁等非法方法收集的证人证言、被害人陈述，以及收集的不符合法定程序、可能严重影响司法公正的物证、书证。2012年最高人民法院《关于适用〈中华人民共和国刑事诉讼法〉的解释》规定：使用肉刑或者变相肉刑，或者采用其他使被告人在肉体上或者精神上遭受剧烈疼痛或者痛苦的方法，迫使被告人违背意愿供述的，应当认定为"刑讯逼供等非法方法"。2012年《人民检察院刑事诉讼规则（试行）》规定：可能严重影响司法公正是指收集物证、书证不符合法定程序的行为明显违法或者情节严重，可能对司法机关办理案件的公正性造成严重损害。2012年最高人民法院《关于适用〈中华人民共和国刑事诉讼法〉的解释》规定：认定"可能严重影响司法公正"，应当综合考虑收集物证、书证违反法定程序及所造成后果的严重程度等情况。

非法证据与"不合法证据"不同。不合法证据包含非法证据和其他不合法证据。其他不合法证据包括不符合法定形式的证据材料和不符合法定的主体收集的证据材料，如商场保安收集的物证、书证等。非法证据与其他不合法证据区别的关键是收集证据的主体不同。非法证据是法定主体即侦查、检察、审判人员采用非法方法或者不符合法定程序收集的证据材料；而其他不合法证据是不符合法定的主体收集的证据材料。

非法证据有广义与狭义之分。广义的非法证据是指在刑事诉讼中，因采用刑讯逼供等非法方法收集或者不符合法定程序收集的、不具有可采性的证据材料。而狭义的非法证据仅指在刑事诉讼中，因采用刑讯逼供等非法方法收集、不具有可采性的证据材料，即绝对排除的非法证据。我们应当注意我国的非法证据排除规则的适用对象必须是广义的非法证据。

广义的非法证据，包括绝对排除的非法证据和相对排除的瑕疵证据。所谓瑕疵证据，一般是指侦查、检察、审判人员违反法律规定的权限、程序，或用其他非正当方法收集，用以确定犯罪事实是否存在及其他有关案件真实情况的一切事实材料，如收集调取物证的照片、录像或者复制品，书证的副本、复制件未注明与原件核对无异，无复制时间、无被收集、调取人（单位）签名（盖章）等。瑕疵证据至少具有以下两个特征：其一，实体的真实性和相关性，即瑕疵证据是客观存在的事实，反映案件真相，是不以人的意志为转移的，瑕疵证据与案件事实之间存在关联性，必须是与指控的犯罪事实是否发生、被指控人是否构成法定犯罪条件、罪责轻重如何等有关联的事实；其二，违法性，即该类证据在收集程序、方式上不符合法律规定或存在缺陷。因此，瑕疵证据应当纳入广义的非法证据的范围，只是证据法不再称其为非法证据，而是直接称为瑕疵证据。2010 年 7 月，最高人民法院、最高人民检察院会同其他三个部门颁布的《关于办理死刑案件审查判断证据若干问题的规定》和《办理死刑案件证据规定》，对证据的审查判断作了一系列新的规定，并对瑕疵证据作了明确的列举。

广义的非法证据从形式上来划分，又可分为非法的言词证据和非法的实物证据。最高人民法院、最高人民检察院、公安部、国家安全部、司法部《关于办理刑事案件排除非法证据若干问题的规定》第 1 条规定："采用刑讯逼供等非法手段取得的犯罪嫌疑人、被告人供述和采用暴力、威胁等非法手段取得的证人证言、被害人陈述，属于非法言词证据。"因此，非法的言词证据又包括非法的口供、证人证言、被害人陈述等言词证据材料。非法的实物证据是指在刑事诉讼中，因取得的程序违法而不具有可采性的物证、书证等实物证据材料。

我国非法证据排除规则的适用对象与美国的进行比较，可知美国的较为宽泛。例如，综合美国联邦最高法院及其他各级法院多年来有关证据排除的判决加以归纳分析，证据排除法则的适用，最主要是在排除因违反宪法第四、第五、第六、第十四修正案及其相关规定所取得的证据。也就是说，该法则一般针对非法搜查、扣押、违法通信监察、非法取得自白、强制自证己罪、违反正当法律程序及侵害辩护权等情形而取得的证据予以排除。因此，我国非法证据排除规则适用对象的范围有待进一步完善。

（二）我国非法证据排除规则的适用方式是实行绝对排除和相对排除的区别对待原则

在适用非法证据排除规则时，各国的态度不一。英国采用法官权衡原则，法国、德国一般采取对非法取得的口供和实物区别对待的原则，美国的态度最为严厉，规定一般予以排除，但对于“毒树之果”又规定了善意的例外、最终必将发现的例外和无损害失误的例外等。我国在适用非法证据排除规则时必须注意绝对排除和相对排除的区别对待原则，即对侦查、检察、审判人员采用刑讯逼供等非法方法收集的犯罪嫌疑人、被告人供述和采用暴力、威胁等非法方法收集的证人证言、被害人陈述予以绝对排除；对于不符合法定程序收集的、可能严重影响司法公正的物证、书证予以相对排除。

在证据法理论上，非法证据排除规则有两种基本的分类：一是绝对排除，又称为自动排除或强制性的排除，也就是法院一经将某一控方证据确认为非法证据，即可将其自动排除于法庭之外，而不拥有排除或者不排除的自由裁量权。例如，最高人民法院、最高人民检察院、公安部、国家安全部、司法部《关于办理死刑案件审查判断证据若干问题的规定》规定：“采用刑讯逼供等非法手段取得的被告人供述，不能作为定案的根据。”“具有下列情形之一的被告人供述，不能作为定案的根据：（一）讯问笔录没有经被告人核对确认并签名（盖章）、捺指印的；（二）讯问聋哑人、不通晓当地通用语言、文字的人员时，应当提供通晓聋、哑手势的人员或者翻译人员而未提供的。”二是相对排除，又称为自由裁量的排除，亦即法院即便将某一证据确认为非法证据，也不一定否定其证据能力，而是要考虑非法取证行为的严重性、损害的法益、采纳该非法证据对司法公正的影响等若干因素，并对诸多方面的利益进行一定的权衡，然后再作出是否排除非法证据的裁决。例如，《关于办理死刑案件审查判断证据若干问题的规定》规定，讯问笔录有下列瑕疵：笔录填写的讯问时间、讯问人、记录人、法定代理人等有误或者存在矛盾的；讯问人没有签名的；首次讯问笔录没有记录告知被讯问人诉讼权利内容的。对于上述情形，如果有关办案人员能够补正或者作出合理解释，则可以采用；如果有关办案人员不能够补正或者作出合理解释，则作出排除瑕疵证据的裁决。

绝对排除和相对排除具有以下三个重要区别：①所针对的非法证据不同，前者主要针对的是采用严重违法手段获取的言词证据，后者则主要适用于那些违法情节不太严重的实物证据；②在法官是否享有自由裁量权方面明显不同，前者属于绝对的排除或者自动的排除，只要法官确认了相关非法证据的存在，就应无条件地予以排除，后者则属于相对的排除，给予法官一定的自由裁量权，通过综合考虑违法侦查行为的严重程度，以及一旦采纳所可能带来的后果作出是否排除的决定；③在是否补正方面明显不同，前者属于不可补正的排除，法官不会给予公诉方对非法证据进行补正的机会，而后者则属于可补正的排除，法官一般会给予办案人员进行程序补正的机会，或者责令办案人员对非法证据给出合理的解释，然后再作出是否排除的决定。

1. 对以非法方式获得的言词证据的排除

对非法获取的言词证据的排除，现代各国一般认为非法取得的言词证据没有证据效力。《德国刑事诉讼法典》第 136 条 a（一）规定：“对被指控人决定和确定自己意志的自白，不允许用虐待、疲劳战术、伤害身体、服用药物、折磨、欺诈或者催眠等方法予以侵犯，只允许在刑事诉讼法准许的范围内实施强制。禁止以刑事诉讼法不准许的措施相威胁，禁止以法律没有规定的利益相许诺。”同条（二）规定：“有损害指控人记忆力、理解力的措施，禁止使用。”同条（三）规定：“对违反这些禁止所获得的陈述，即使被指控人同意，也不允许使用。”日本《刑事诉讼法》第319条第1款规定：“强制、拷问或胁迫获得的自白，因长期不当拘留后作出的自白及其他非自愿的自白，不能作为证据。”早在18世纪末期，英国通过判例就已经确立了被告人的非任意性自白的排除规则。根据这一规则，被告人自白可采的条件在于它的完全自愿性。在现代的英国法律和司法实践中，非任意性自白问题一直是被关注的重点之一，而且与以往的判例相比，发生了一些重要的变化：①以成文法的形式将非任意性自白的排除规则在立法上进一步明确化。例如，《法官条例》规定：“在刑事诉讼中，被告人部分或全部认罪的自白可被起诉方用作指控被告人有罪的证据，只要它是自愿的，即证据不是因为被告人被不公正地对待、被司法机关威胁、压制或希望得到好处获得。”②该规则有关非法取证手段的规定内容也比过去有了很大的发展，现在不但以刑讯逼供、暴力威胁手段取得的自白应当被排除，侵犯律师在场权所获得的自白也应予以排除。③对被告人自白排除的范围也呈扩大趋势。司法实践中，警察在讯问时未作同时记录，或未将讯问笔录交给被告人阅读和签名，也可能导致定罪被上诉法院撤销。英国对非任意性自白排除规则的认识有一个逐步加深的过程，最初将被告人非任意性自白予以排除，是为了确保自白的真实性；而随着社会的发展，刑事诉讼被告人的权利越来越得到更多的关注，于是该规则的价值和理论基础就从实体真相的发现转向了对被告人沉默权的保障和维护。对非法证据的采用是否对程序公正产生不利影响，也就因此成为对非法获得的自白首要的考虑。对被告人非任意性自白的排除规则虽然起源于英国，但自产生不久就为美国所移植，并得到了极大的发展。美国宪法第14条修正案规定：“无论何州，不得指定或施行剥夺合众国公民之特权或特免的法律；亦不得于未经正当法律手续前使任何人丧失其生命、自由、或财产。”这一规定被联邦最高法院作为非法证据排除规则的宪法依据而引用。美国联邦最高法院为制止使用侵犯公民的宪法性权利的手段而获取有罪供述，通过判例确立了一系列的证据可采性规则，并由这些规则确立了非任意性自白的判断标准，即自愿的自白应当是自由意志和正常智力的产物，违反这一原则的无疑就是非任意性自白。美国的非任意性自白规则也经历了一个从相对宽松到严格的发展过程。直到20世纪40年代以前，被告人自白仍以“任意性”为限，之后，最高法院的判例表明有关自白法则的争议由“供述的任意性”转向“程序的违法性”，即如果自白为联邦官员在延长被告拘禁期内所得或侵犯其律师帮助权或未遵守沉默权告知规则，不问此项自由是否可信与自愿，联邦法院不予采用。

而中国2012年刑事诉讼法第54条规定“采用刑讯逼供等非法方法收集的犯罪嫌疑人、被告人供述和采用暴力、威胁等非法方法收集的证人证言、被害人陈述，应当予以排除。”最高人民法院、最高人民检察院、公安部、国家安全部、司法部《关于办理刑事案件排除非法证据若干问题的规定》第1条规定：“采用刑讯逼供等非法手段取得的犯罪嫌疑人、被告人供述和采用暴力、威胁等非法手段取得的证人证言、被害人陈述，属于非法言词证据。”根据上述规定，在我国排除的非法言词证据的范围比较大，包括非法方法收集的口供、证人证言、被害人陈述。

2. 对以非法方式获得的实物证据的排除

在对待非法获取的实物证据的法律效力上，由于法律传统的差异，以及为适应国内法治需要和在不同时期犯罪率的变化，各国存在不同的诉讼理论和立法抉择。在德国，对于非法取得的实物证据，以“利益权衡”的原则加以处理，即侵犯人格尊严和人的自由所取得的证据应予以禁止采用；但对于严重的刑事犯罪，即使是由非法搜查、没收、扣押取得的证据，其是否禁用，应基于各种利益的比较和权衡。

对于违反法定程序搜查、扣押取得的证据是否具有证明力的问题，日本宪法和刑事诉讼法没有明文规定，而是采取了回避的态度。根据日本最高法院在 1978 年审判的一起吸毒案，排除违法收集的证据必须同时具备两个条件：第一，收集证据的程序上存在抹杀令状主义精神的重大违法情况；第二，如果许可违法收集的证据物件作为证据使用，不利于将来抑制违法侦查。

在英国，对于以非法搜查、扣押或类似行为取得的证据并非完全予以排除，而是要求法官根据案件的具体情况通过行使其自由裁量权来进行。法官在排除某一证据的可采性时必须对该证据的证明价值和其对诉讼的公正性可能产生的不利影响加以权衡。法官在行使自由裁量权时所要把握的尺度是：保证被告人获得公正的审判，并排除所有严重妨碍被告人获得公正审判的证据。对于“毒树之果”问题，英国普通法和成文法采取了“排除毒树”但“食毒树之果”的原则。

在美国，基于控制犯罪与保障人权的利益考虑，较为彻底地采用了非法物证排除规则，即“毒树之果”规则。此规则创立于美国 20 世纪 20 年代“西尔弗索恩木材公司诉合众国”案中，著名的霍姆斯大法官提出“禁止以不当方式取证的实质并非仅仅意味着非法获得的证据不应当被法院采用，而是完全不得被使用”。此判例对警方办案和公众对判决的接受产生了挑战，20 世纪 60 年代，随着民权运动的兴起，美国联邦最高法院以微弱优势正式确立了“毒树之果”规则，即“美国联邦政府机构违反美国宪法规定所取得的证据材料，在审判中不具有证明力”。

而中国 2012 年刑事诉讼法第 54 条规定：“收集物证、书证不符合法定程序，可能严重影响司法公正的，应当予以补正或者作出合理解释；不能补正或者作出合理解释的，对该证据应当予以排除。”可见中国对以非法方式获得的实物证据予以排除，须具备三个条件：其一，收集的物证、书证不符合法定程序；其二，使用该物证、书证可能会严重影响司法公正；其三，举证方对该证据不能补正或者作出合理解释的，应当予以排除。2012 年《人民检察院刑事诉讼规则（试行）》规定：补正是指对取证程序上的非实质性瑕疵进行补救；合理解释是指对取证程序的瑕疵作出符合常理及逻辑的解释。

（三）我国非法证据排除规则适用的例外情形——补正的可采性

可采性是指执法机关是否可以将非法证据作为证据使用。如果认为非法证据具有证据能力，作为证据加以使用就具有证据的可采性；如果认为非法证据不具有证据能力，不作为证据加以采用就是对非法证据的排除，即不具有证据的可采性。当前对非法证据是否可采的问题，学理上存在采纳说、排除说、衡量采证说和例外说。衡量采证说认为，执法人员可以根据案件的实际情况确定是否采纳非法证据，才能保证执法的社会效果。裁量的主要标准是调查取证行为违法的程度、案件的社会影响及采纳非法证据的成本等。笔者认为，衡量采证说比较适合我国。因为司法实践经验表明，非法证据排除规则在适用范围上一定要受到适度的限制，不能无限制地扩张。例如，美国在1920年的西尔弗索恩木材公司诉合众国一案中确立了“毒树之果”规则后，非法证据排除规则适用范围大为扩张。但是，20世纪80年代以来，在新一轮犯罪浪潮的冲击下，加强刑事诉讼惩罚犯罪功能的呼声越来越强烈，人们纷纷提出了限制非法证据排除规则适用的要求。为此，美国最高法院针对非法证据排除规则制定了一系列例外原则，从而使法官在非法证据的采用上拥有了更大的灵活性。这些例外原则如下：①稀释原则。如果因为被告人后来的自愿行为的介入而有效地打破了受污染的证据与警察机关最初的非法取证行为之间的因果链条，那么就会稀释证据本身的违法性，从而使证据变得可以被采纳。②“必然发现”原则。警察通过违宪所获得的证据，如果能够证明通过合法的侦查行为也能够发现，则该事实仍然能够为法庭所采纳。③“独立来源”原则。警察通过违宪所获得的证据，如果并不是必然无法得到的，警察能够证明该事实还可以通过与违法搜查、扣押行为不相联系的独立来源得到，那么这一事实仍然可以被法庭采纳。④善意原则。如果警察是善意地侵犯被告人权利，则其所获证据可以在法庭上采用。

我国为了使法官在非法证据的采用上拥有一定的灵活性，2012年刑事诉讼法第54条和最高人民法院针对非法证据排除规则的适用，也制定了一系列例外情形。例如，《关于办理死刑案件审查判断证据若干问题的规定》在第9、14、17、21、30条分别对物证、书证、证人证言、被害人陈述、被告人的讯问和辨认笔录的收集程序、方式存在瑕疵的，允许通过有关办案人员的补正或者作出合理的解释，可以作为证据采用。对此，笔者称其为补正的可采性或合理解释的可采性，这是中国刑事证据法独创的制度安排，给予公诉方对那些程序瑕疵进行补救的机会。事实上，“强制性的排除”作为一种“不可补正的排除”，属于一种带有“极端性”的程序性制裁机制。这种排除规则一旦得到适用，就可能导致侦查行为的合法性受到否定，使公诉方的证据体系受到削弱，甚至可能造成公诉方追诉犯罪的努力归于失败。这种“不可补救”的宣告无效制度既然具有如此严厉的制裁后果，那么，在适用范围上就不能不受到适度的限制。

但是，对于那些带有技术性违法性质的程序瑕疵，法庭如果动辄采取“强制性的排除”，显然违背比例性原则，使宣告无效的制裁行为与非法取证行为的严重程度不相适应，并且容易导致其他重要利益受到不应有的损害。所谓程序瑕疵，主要是指那些在程序方法、步骤、时间、地点、签名等技术环节存在违法情节的调查取证行为。这种技术手续上的非法取证行为，由于没有违反重大的法律准则，没有侵犯重大的利益，没有违反法律明文规定的禁令，也没有造成严重的后果，没有必要采取强制性的排除，而应给予公诉方补救的机会。

（四）我国适用非法证据排除规则的诉讼阶段

非法证据排除发生的诉讼阶段在各国是不同的。美国有事实审理者与法律审理者的区分及高度发达的审前准备程序，为避免非专业的陪审团成员接触到那些非法取得的证据，并形成不恰当的事实判断，就要在事实审理之前确定哪些证据不能进入庭审。因此，其证据排除是发生在审前阶段。然而，职业法官作为法律审理者和事实审理者在高度信任的司法理念影响下，德国法律并不禁止法官接触到那些“违背证据取得禁止”规定所获得的证据，所以德国法律中的证据排除发生在案件的审理过程中。

从上述比较可知，一些国家关于非法证据排除的职能主体问题主要是针对法院而言的。但是，在我国，为了进一步严格规范侦查机关的取证行为，规范检察机关提起公诉的行为，维护国家法律的统一正确实施，2012 年刑事诉讼法第 54 条第 2 款规定：“在侦查、审查起诉、审判时发现有应当排除的证据的，应当依法予以排除，不得作为起诉意见、起诉决定和判决的依据。”因此，这条规定是我国非法证据排除规则的一个重要的特征，即在整个诉讼的过程中，侦查、起诉、审判的各个阶段均可以排除非法证据。

（五）我国适用非法证据排除规则的程序

关于如何排除非法证据，2012 年刑事诉讼法以诉讼阶段为标准，以公检法三机关分工配合、互相监督、互相制约的原则为基础规定了以下具体的操作规程。

1. 侦查机关进行自查自纠的程序

在侦查阶段排除非法证据，主要由侦查机关进行自查自纠。根据 2012 年刑事诉讼法第 54 条第 2 款规定，侦查机关对非法证据有义务自查自纠，在侦查时发现有应当排除的证据的，应当依法予以排除，不得作为起诉意见的依据。这里的侦查机关不仅包括公安机关、安全机关、人民检察院的自侦部门，还包括军队保卫部门、监狱等有行使侦查权的机关。2012 年《公安机关办理刑事案件程序规定》第 67 条规定：“在侦查阶段发现有应当排除的证据的，经县级以上公安机关负责人批准，应当依法予以排除，不得作为提请批准逮捕、移送审查起诉的依据。人民检察院认为可能存在以非法方法收集证据情形，要求公安机关进行说明的，公安机关应当及时进行调查，并向人民检察院作出书面说明。”

2. 检察机关监督查处的程序

检察机关对非法证据不仅有义务自查自纠，在审查起诉阶段发现有应当排除的证据的，应当依法予以排除，不得作为起诉的依据；而且在侦查阶段具有监督查处的权力。2012 年刑事诉讼法第 55 条第 1 款规定：“人民检察院接到报案、控告、举报或者发现侦查人员以非法方法收集证据的，应当进行调查核实。对于确有以非法方法收集证据情形的，应当提出纠正意见；构成犯罪的，依法追究刑事责任。”所以，人民检察院对排除非法证据的问题负有监督查处的职责。2012 年《人民检察院刑事诉讼规则（试行）》第 65~75 条规定：对采用刑讯逼供等非法方法收集的犯罪嫌疑人供述和采用暴力、威胁等非法方法收集的证人证言、被害人陈述，应当依法排除，不得作为报请逮捕、批准或者决定逮捕、移送审查起诉以及提起公诉的依据。收集物证、书证不符合法定程序，可能严重影响司法公正的，人民检察院应当及时要求侦查机关补正或者作出书面解释；不能补正或者无法作出合理解释的，对该证据应当予以排除。对侦查机关的补正或者解释，人民检察院应当予以审查。经侦查机关补正或者作出合理解释的，可以作为批准或者决定逮捕、提起公诉的依据。人民检察院经审查发现存在刑事诉讼法第 54 条规定的非法取证行为，依法对该证据予以排除后，其他证据不能证明犯罪嫌疑人实施犯罪行为的，应当不批准或者决定逮捕，已经移送审查起诉的，可以将案件退回侦查机关补充侦查或者作出不起诉决定。在侦查、审查起诉和审判阶段，人民检察院发现侦查人员以非法方法收集证据的，应当报经检察长批准，及时进行调查核实。当事人及其辩护人、诉讼代理人报案、控告、举报侦查人员采用刑讯逼供等非法方法收集证据并提供涉嫌非法取证的人员、时间、地点、方式和内容等材料或者线索的，人民检察院应当受理并进行审查，对于根据现有材料无法证明证据收集合法性的，应当报经检察长批准，及时进行调查核实。上一级人民检察院接到对侦查人员采用刑讯逼供等非法方法收集证据的报案、控告、举报的，可以直接进行调查核实，也可以交由下级人民检察院调查核实。交由下级人民检察院调查核实的，下级人民检察院应当及时将调查结果报告上一级人民检察院。人民检察院决定调查核实的，应当及时通知办案机关。对于非法证据的调查核实，在侦查阶段由侦查监督部门负责；在审查起诉、审判阶段由公诉部门负责。必要时，渎职侵权检察部门可以派员参加。人民检察院可以采取以下方式对非法取证行为进行调查核实：①讯问犯罪嫌疑人；②询问办案人员；③询问在场人员及证人；④听取辩护律师意见；⑤调取讯问笔录、讯问录音、录像；⑥调取、查询犯罪嫌疑人出入看守所的身体检查记录及相关材料；⑦进行伤情、病情检查或者鉴定；⑧其他调查核实方式。人民检察院调查完毕后，应当制作调查报告，根据查明的情况提出处理意见，报请检察长决定后依法处理。办案人员在审查逮捕、审查起诉中经调查核实依法排除非法证据的，应当在调查报告中予以说明。被排除的非法证据应当随案移送。对于确有以非法方法收集证据情形、尚未构成犯罪的，应当依法向被调查人所在机关提出纠正意见。对于需要补正或者作出合理解释的，应当提出明确要求。经审查，认为非法取证行为构成犯罪需要追究刑事责任的，应当依法移送立案侦查。人民检察院认为存在以非法方法收集证据情形的，可以书面要求侦查机关对证据收集的合法性进行说明，说明应当加盖单位公章，并由侦查人员签名。对于公安机关立案侦查的案件，存在下列情形之一的，人民检察院在审查逮捕、审查起诉和审判阶段，可以调取公安机关讯问犯罪嫌疑人的录音、录像，对证据收集的合法性及犯罪嫌疑人、被告人供述的真实性进行审查：①认为讯问活动可能存在刑讯逼供等非法取证行为的；②犯罪嫌疑人、被告人或者辩护人提出犯罪嫌疑人、被告人供述系非法取得，并提供相关线索或者材料的；③犯罪嫌疑人、被告人对讯问活动合法性提出异议或者翻供，并提供相关线索或者材料的；④案情重大、疑难、复杂的。

人民检察院直接受理立案侦查的案件，侦查部门移送审查逮捕、审查起诉时，应当将讯问录音、录像连同案卷材料一并移送审查。对于提起公诉的案件，被告人及其辩护人提出审前供述系非法取得，并提供相关线索或者材料的，人民检察院可以将讯问录音、录像连同案卷材料一并移送人民法院。在法庭审理过程中，被告人或者辩护人对讯问活动合法性提出异议，公诉人可以要求被告人及其辩护人提供相关线索或者材料。必要时，公诉人可以提请法庭当庭播放相关时段的讯问录音、录像，对有关异议或者事实进行质证。需要播放的讯问录音、录像中涉及国家秘密、商业秘密、个人隐私或者含有其他不宜公开的内容的，公诉人应当建议在法庭组成人员、公诉人、侦查人员、被告人及其辩护人范围内播放。涉及国家秘密、商业秘密、个人隐私或者其他犯罪线索等内容的，人民检察院对讯问录音、录像的相关内容作技术处理的，公诉人应当向法庭作出说明。

3. 审判机关的审理程序

（1）审理程序的启动。在审判阶段，我国适用非法证据排除规则的审理程序，主要由诉讼参与人申请排除非法证据而启动。一般来说，在开庭审理前或庭审过程中，被告人及其辩护人有权提出其审判前供述是非法取得的意见，并提供相关线索和证据。修改后的2012年刑事诉讼法第56条第2款规定："当事人及其辩护人、诉讼代理人有权申请人民法院对以非法方法收集的证据依法予以排除。申请排除以非法方法收集的证据的，应当提供相关线索或者材料。"这一规定表明，启动的主体仅限于当事人及其辩护人、诉讼代理人，其他诉讼参与人则无权启动审理程序，证人对暴力取证行为不服的，只能向人民检察院等机关报案、控告、举报；启动的形式可以是书面申请，也可以是口头申请；启动的时间，可以在开庭前也可以在庭审中，根据修改后的2012年刑事诉讼法第182条规定，在开庭以前，审判人员可以召集公诉人、当事人和辩护人、诉讼代理人，对"非法证据排除等与审判相关的问题，了解情况，听取意见"。据此规定，申请人有权在开庭前提出；启动审理程序的责任是"应当提供相关线索或者材料"。2012年最高人民法院《关于适用〈中华人民共和国刑事诉讼法〉的解释》第96条规定：当事人和辩护人、诉讼代理人"应当提供涉嫌非法取证的人员、时间、地点、方式、内容等相关线索或者材料"。但是，对于由辩方启动并提供相关线索或者材料的责任是举证责任还是行使辩护权的问题，在理论界存在争议。笔者认为这是当事人行使辩护权的一项重要的诉讼权利，不能混同为证明责任，更不能随意认为是"证明责任倒置"。因为法律规定当事人"应当提供相关线索或者材料"的责任，可防止其恶意拖延诉讼，也可以为检察机关对非法证据的监督查处提供明确的方向。故这一规定是必要的，但禁止将该责任升格并进而影响或限制当事人申请排除非法证据之程序的启动。

（2）庭前的准备工作。人民法院的庭前准备工作有三：其一，告知被告人及其辩护人申请排除非法证据的时间；其二，将相关的申请资料的复制件送交人民检察院；其三，召开庭前会议。2012年最高人民法院《关于适用〈中华人民共和国刑事诉讼法〉的解释》第97~99条规定：人民法院向被告人及其辩护人送达起诉书副本时，应当告知其申请排除非法证据的，应当在开庭审理前提出，但在庭审期间才发现相关线索或者材料的除外。开庭审理前，当事人及其辩护人、诉讼代理人申请人民法院排除非法证据的，人民法院应当在开庭前及时将申请书或者申请笔录及相关线索、材料的复制件送交人民检察院。开庭审理前，当事人及其辩护人、诉讼代理人申请排除非法证据，人民法院经审查，对证据收集的合法性有疑问的，应当依照刑事诉讼法第182条第2款的规定召开庭前会议，就非法证据排除等问题了解情况，听取意见。人民检察院可以通过出示有关证据材料等方式，对证据收集的合法性加以说明。

（3）庭审调查。修改后的2012年刑事诉讼法第56条第1款规定："法庭审理过程中，审判人员认为可能存在本法第五十四条规定的以非法方法收集证据情形的，应当对证据收集的合法性进行法庭调查。"2012年最高人民法院《关于适用〈中华人民共和国刑事诉讼法〉的解释》第100条规定：法庭审理过程中，当事人及其辩护人、诉讼代理人申请排除非法证据的，法庭应当进行审查。经审查，对证据收集的合法性有疑问的，应当进行调查；没有疑问的，应当当庭说明情况和理由，继续法庭审理。当事人及其辩护人、诉讼代理人以相同理由再次申请排除非法证据的，法庭不再进行审查。对证据收集合法性的调查，根据具体情况，可以在当事人及其辩护人、诉讼代理人提出排除非法证据的申请后进行，也可以在法庭调查结束前一并进行。法庭审理过程中，当事人及其辩护人、诉讼代理人申请排除非法证据，人民法院经审查，不符合本解释第97条规定的，应当在法庭调查结束前一并进行审查，并决定是否进行证据收集合法性的调查。

（4）控方举证和证明的方法。公诉人应当提供必要的证据对被告人供述取得的合法性予以证明，包括向法庭提供讯问笔录、原始的讯问过程录音录像或者其他证据，提请法庭通知讯问时其他在场人员或者其他证人出庭作证，仍不能排除刑讯逼供嫌疑的，提请法庭通知讯问人员出庭作证。公诉人举证后，控辩双方可以就被告人审判前供述取得是否合法的问题进行质证、辩论。修改后的2012年刑事诉讼法第57条规定："在对证据收集的合法性进行法庭调查的过程中，人民检察院应当对证据收集的合法性加以证明。"这一规定把排除非法证据的证明责任，明确由控方承担，而且在该条第2款还规定证明的方法，即"现有证据材料不能证明证据收集的合法性的，人民检察院可以提请人民法院通知有关侦查人员或者其他人员出庭说明情况；人民法院可以通知有关侦查人员或者其他人员出庭说明情况。有关侦查人员或者其他人员也可以要求出庭说明情况。经人民法院通知，有关人员应当出庭"。2012年最高人民法院《关于适用〈中华人民共和国刑事诉讼法〉的解释》第101条规定：法庭决定对证据收集的合法性进行调查的，可以由公诉人通过出示、宣读讯问笔录或者其他证据，有针对性地播放讯问过程的录音、录像，提请法庭通知有关侦查人员或者其他人员出庭说明情况等方式，证明证据收集的合法性。公诉人提交的取证过程合法的说明材料，应当经有关侦查人员签名，并加盖公章。未经有关侦查人员签名的，不得作为证据使用。上述说明材料不能单独作为证明取证过程合法的根据。司法实践中，根据我国法律规定，法庭对于控辩双方提供的证据有疑问的，可以对证据进行调查核实，但这并不意味着法院实际上承担了一部分证明责任。法院的责任在于裁断控诉方是否已完成其证明责任从而作出裁判，在事实出现真伪不明时，法官所要做的是根据证明责任分配原理，作出有利于被告人的认定。可见，法院并不会承担举证不能的不利后果和风险，其依法所做的调查活动只是为了最大限度地查明案件真相，从而保证控辩双方的平等对抗。

（5）经过法庭审理的处理程序。2012年刑事诉讼法第58条规定："对于经过法庭审理，确认或者不能排除存在本法第五十四条规定的以非法方法收集证据情形的，对有关证据应当予以排除。"根据这一规定，对于经过庭审，即当事人等的申请、法庭调查、控方举证、质证和辩论，法庭能够确认为非法证据的，应当予以排除；不能排除存在以非法方法收集证据情形的，即对于该证据的合法性，控方不能提供证据加以证明，或者已提供的证据不够确实、充分的，该证据也不能作为定案的根据，亦应当依法予以排除。我们认为，在刑事诉讼中，公诉机关承担提供证据指控被告人犯罪的职责，对于被告人及其辩护人所提被告人庭前供述系非法取得的线索和证据，理应同样承担证明被告人庭前供述系合法取得的证明责任。在公诉机关不举证或者已提供的证据不够确实、充分的情况下，就应承担不能以该证据证明指控的犯罪事实的法律后果。

（6）告知调查结论和不得作为判决的依据。2012 年最高人民法院《关于适用〈中华人民共和国刑事诉讼法〉的解释》第 102 条规定："人民法院对证据收集的合法性进行调查后，应当将调查结论告知公诉人、当事人和辩护人、诉讼代理人。"修改后的 2012 年刑事诉讼法第 54 条规定：法庭在审判时如果发现有应当排除的证据的，应当依法予以排除，不得作为判决的依据。

（7）二审救济程序。2012 年最高人民法院《关于适用〈中华人民共和国刑事诉讼法〉的解释》第 103 条规定："具有下列情形之一的，第二审人民法院应当对证据收集的合法性进行审查，并根据刑事诉讼法和本解释的有关规定作出处理：①第一审人民法院对当事人及其辩护人、诉讼代理人排除非法证据的申请没有审查，且以该证据作为定案根据的；②人民检察院或者被告人、自诉人及其法定代理人不服第一审人民法院作出的有关证据收集合法性的调查结论，提出抗诉、上诉的；③当事人及其辩护人、诉讼代理人在第一审结束后才发现相关线索或者材料，申请人民法院排除非法证据的。"

（8）死刑复核程序的救济。笔者认为，最高人民法院在进行死刑复核时，遇到下列情形之一的，应当对证据收集的合法性进行审查，并根据刑事诉讼法的有关规定作出不予核准的处理：①地方各级人民法院对当事人及其辩护人、诉讼代理人排除非法证据的申请没有审查，且以该证据作为定案根据的；②人民检察院或者被告人不服人民法院作出的有关证据收集合法性的调查结论，提出抗诉、上诉的；③被告人及其辩护人在死刑复核期间才发现相关线索或者材料，申请最高人民法院排除非法证据的。

二、相关性规则

（一）相关性规则的概念、地位和调整的对象

相关性规则又称关联性规则，是指只有与本案有关的事实材料才能作为证据使用。只有与诉讼中待定事实具有关联性的证据才可以采纳，凡是没有关联性的证据均不具有可采性。

相关性规则在所有证据规则中处于基础性的地位。相关性规则不仅是英美法系的一项基础性证据规则，也是我国的一项基础性证据规则。在英美证据法中，关联性规则被视为规范证据可采性的"黄金规则"。美国学者格雷厄姆·利利认为，"证据的相关性，是融汇于证据规则中带有根本性和一贯性的原则……由于相关性这一含义适用于所有举出的证据，因此，也渗透于庭审的全部过程。所有具备可采性的证据首先与要证事实具有相关性，至少当对方举证或就证据的相关性质疑时，必须首先证实其具有相关性"。

相关性规则的基础性地位体现在以下两个方面：第一，相关性规则涉及的是特定证据材料与待证事实之间的关系，而不是该证据的存在形式。因此，相关性规则适用于任何形式的证据资料，在适用范围上具有广泛性。第二，相关性是具有证据资格的基础条件。尽管具有相关性的证据并不必然具有证据资格（或可采性），但是，没有相关性的证

据必然不具有证据资格。

相关性规则调整的对象具有明确性，即相关性规则明确规定对证据的相关性进行重点调整。证据的相关性也即关联性，既是证据采纳标准之一，也是决定证据价值的基本要素之一。所以，把握相关性规则的关键在于准确理解证据相关性的概念。那么，何谓相关性？笔者认为，相关性即证据应该与案件事实或案件争点有实质性的联系并具有证明力。美国证据法专家乔恩·R. 华尔兹对相关性定义为“实质性和证明性加在一起就等于相关性”。实质性是指无针对性或无意义性，如那些与案件事实不着边际的证据资料就属于这种情形。证明性是指证据具有逻辑地推导出案件事实的能力，其实质是本身具备说明案件事实有序性的内在品质。相关性实际上是一个经验和逻辑问题，而完全不是法律问题。英国证据学家塞耶教授明确指出“法律没有提供相关性的检验标准。作为一种策略，要靠逻辑和经验判断相关性”。对于相关性的解释，《美国联邦证据规则》第 401 条将其定义如下：“相关证据，指证据具有某种倾向，使决定某项在诉讼中待确认的事实的存在比没有该项证据时更有可能或更无可能。”可见，证据的相关性必须同时具备两项独特的要素：其一，它必须有助于证明或否定一个事实结论；其二，证据所说明的事实与有关法律存在实质性或因果关系。但是，在实际工作中对证据关联性进行界定时需要考虑以下因素：其一，关联性是证据的一种客观属性，即证据事实同案件事实的联系是客观联系，而不是办案人员的主观想象和强加的联系。其二，证据的关联性具有实质性意义，即应与案件的基本事实相关。在刑事案件中是指关系当事人是否犯罪、犯罪性质及罪责的轻重等基本事实。与这些事实无关的证据材料，被视为无关联性。在由诉讼双方举证的情况下，注意所提问题及所举证据的实质关联性十分重要。因为这有利于防止纠缠细枝末节拖延诉讼，也有利于弄清案件的基本事实。其三，关联的形式或渠道多种多样。联系的基本类型包括直接相关和间接相关、必然关联和偶然关联、肯定性关联与否定性关联、单因素关联及重合关联等。这里，应当注意关联性需达到一定程度。如果关联过于间接，关联性十分微弱，此证据可能被视为不具有关联性。其四，关联性的实质意义在于证明力，即有助于证明案件事实。因此，考察分析证据的关联性，其落脚点在证据的证明力。

在理论上还应当注意关联性与关联性规则的区别。关联性和关联性规则是两个不同的概念，关联性是一个事实概念，涉及证据内容或实体问题，而并非是证据的形式或方法问题，即它涉及证据的实质性与本体的证明价值，与有关证据存在或表现形式无关，在本质上是一个经验问题。但是，证据关联性规则是一个法律概念，不仅涉及证据的内容或实体问题，同时涉及证据存在或表现形式。关联性和关联性规则之间存在必然的联系。由于关联性规则是对证据和案件事实之间关联问题的规定，所以证据的关联性是关联性规则的基础。整个关联性规则以证据关联性为前提，只有正确界定关联性的内涵，才能判断哪些证据和案件事实存在关联，没有关联的材料不能作为证据使用。但是，关联性规则不是以证据的关联性为其内容的全部，它是诉讼中的一项基础性证据规则，其基础性地位体现在：关联性规则适用于任何形式的证据资料，适用范围具有广泛性；是任何证据具有证据资格的基础条件，需要考虑诉讼中的综合价值。关联性是证据本身固有的属性，而关联性规则是程序上的适用规则。某些在实体上存在证明价值的证据材料，因不符合程序上的设置而不应被采纳。易言之，这些证据虽然具有关联性，但是不符合关联性规则的要求而不能被采纳；反之，某些证据虽然具有证据能力，也符合诉讼中程序规则的设置，但是证明力极低（关联性极弱或极偶然）也可不予采纳。

此外，相关性规则在实际运行中会产生一定的规律，英国证据学家塞耶教授曾将关联性规则的运行规律总结为两条著名的原则：①消极原则，即除非具有关联性，否则证据不可采纳；②积极原则，即一切有关联性的证据都可采纳，除非按照可采性规则被排除。这一概括充分体现了关联性与可采性的关系：可采性以关联性为前提，凡是可以采纳的证据，首先都必须具有关联性。但是该命题反过来不能成立，具有关联性的证据不一定都可以采纳，而仍有可能被其他特殊规则排除。

（二）各国有关相关性规则的规定

世界上有许多国家的证据法都明确规定了关联性规则。例如，《美国联邦证据规则》第 402 条规定，所有具有相关性的证据均可采纳，但美国宪法、国会立法、本证据规则及联邦最高法院根据立法授权确立的其他规则另有规定的除外，没有相关性的证据不能采纳。澳大利亚联邦《1995 年证据法》第 56 条也规定，除本法另有规定外，诉讼程序中有关联的证据在诉讼中应予采纳。在诉讼程序中不相关的证据不得采纳。《英国证据法》虽无此规定，但其证据理论也承认这一规则。

中国 2012 年刑事诉讼法也规定了关联性规则。例如，2012 年刑事诉讼法第 118 条规定："侦查人员在讯问犯罪嫌疑人的时候，应当首先讯问犯罪嫌疑人是否有犯罪行为，让他陈述有罪的情节或者无罪的辩解，然后向他提出问题。犯罪嫌疑人对侦查人员的提问，应当如实回答。但是对与本案无关的问题，有拒绝回答的权利。侦查人员在讯问犯罪嫌疑人的时候，应当告知犯罪嫌疑人如实供述自己罪行可以从宽处理的法律规定。"该条从犯罪嫌疑人权利的角度确立了犯罪嫌疑人陈述的相关性，同时也要求侦查人员只能讯问与本案有关的问题。又如，该法第 139 条规定："在侦查活动中发现的可用以证明犯罪嫌疑人有罪或者无罪的各种财物、文件，应当查封、扣押；与案件无关的财物、文件，不得查封、扣押。对查封、扣押的财物、文件，要妥善保管或者封存，不得使用、调换或者损毁。"由此可见，我国已经确立了相关性规则，没有相关性的证据是没有可采性的。

但是，我国确立的相关性规则与英美法系国家的相关性规则有以下区别。

1. 我国确立相关性规则的目的与英美法系国家不同

英美法系国家设立相关性规则的目的如下：①防止当事人将没有关联性的证据提供给陪审团考虑，导致陪审团错误地认定案件事实；②限定调查证据的范围。英美法实行当事人主义，证据的提出是当事人的责任，提出何种证据完全由当事人决定，如不加以限制，会使案件证据的调查没有终结，导致审判旷日持久，影响诉讼的顺利进行。而我国确立相关性规则的目的：①保护犯罪嫌疑人的权利才确立了犯罪嫌疑人陈述的相关性，对与本案无关的问题，犯罪嫌疑人有拒绝回答的权利。②规范侦查人员的侦查行为而确立相关性规则，即要求侦查人员对犯罪嫌疑人只能讯问与本案有关的问题；对与案件无关的财物、文件，不得查封、扣押。

2. 我国确立的相关性规则在适用范围上是否存在例外情况与英美法系国家不同

我国的相关性规则在适用范围上，目前尚未明确规定品格证据等的例外情况。而英美法系国家的相关性规则存在品格证据、类似事实证据的例外。品格证据是指用以证明一个人品德、品行好坏的证据。品格证据包括被告人的品格证据、被害人的品格证据及证人的品格证据。“类似事实证据”是英国的用语，是指证明过去的犯罪及不端行为的证据，即不利于被告人的证据。而美国通常称其为“其他犯罪的证据”“作为犯罪证据的不良品格”“类似事件”等。对品格证据和类似事实证据，一般认为其与待证事实无关联性而原则上予以排除，故称品格证据排除规则和类似事实证据排除规则。其基本法理是“一次做贼、永远是贼”的逻辑推论是不能得到承认的法律准则。《美国联邦证据规则》第404条规定：“为证明某人在具体场合曾按其品格行事而提出有关此人品格或品格特征的证据，无可采性。”但是，它不是绝对的，也有例外。品格证据排除规则的例外情况有以下几种。

（1）被告人品格证据的例外。《美国联邦证据规则》第404条第1款第1项规定，“由被告人提供的关于其品格的某一项相关特征的证据，或者由起诉方提供的、用于对此进行反驳的证据”，具有可采性。下述关于被告人品格的证据可以采纳：①被告人可以提出能证明自己优良品格的证据。这有时被称为“把某人的品格提交争论”。那么，由于被告人已“打开大门”，所以公诉方也可以提出反驳证据证明该被告人的不良品格。②被告人的品格是所控犯罪的构成要件时。③被告人提出无罪证据而被交叉询问时，询问人在发问时可以涉及过去的罪行及品格。④被告人在被定罪后，法官在判刑前，可以查询和采纳有关其前科和品格的证据。

（2）被害人品格证据的例外。同样，在刑事诉讼中，为了支持辩护，刑事案件的被告人有时被准许提出有关其宣称的被害人品格的证据。根据《美国联邦证据规则》第404条第1款第2项规定，“由被告人提供的、关于犯罪被害人品格的某一项相关特征的证据，或者由起诉方提供的、用于对此进行反驳的证据，或者在杀人案件中由起诉方提供的、用于对证明被害人首先发动攻击的证据进行反驳的、关于被害人性格温和的证据”，具有可采性。例如，在刑事案件中，被告人为了支持正当防卫的辩护主张，可以提出证明该声称的受害人具有暴力性格的证据，这样做是为了得出该受害人是首先进攻者的推论。但是，由于妇女权利日益受到尊重，美国国会和几乎所有州的立法机关都已颁布法律努力限制在强奸和性侵害案件中使用以前的性行为证据。禁止在交叉盘问中查问该被害人与被告人以外者的性行为。其理由是：该被害人过去同意的与该被告人的性行为对所控侵害事件中是否同意的问题具有可争议的相关性，而关系被害人名声的证据与以前同意和其他人性行为的具体证据则不具有相关性。为此，美国国会于1978年为联邦证据规则增加了被称之为“强奸盾牌条款”的第412条。该条规定，有关得出强奸指控的被害人以前的具体性行为的证据不可采纳，除非该证据属于下列情形：①宪法规定应当采用的。②发现该被告人不是该精液来源的证据或者该被告人并没有造成被害人所受伤害的证据。③表明被告人自己过去与该被害人的性关系的证据。强奸案件被告人提出以上可采纳的证据时，应当遵守特别程序规则。

（3）证人品格证据的例外。证人的品格，可以受到名声或意见证据的攻击或支持，还可以受到有罪判决之证明的攻击。《美国联邦证据规则》第 404 条第 1 款第 3 项规定，关于证人品格的证据，适用第 607、608 和 609 条的规定。而根据这些规定，任何一方当事人都可以对证人的可靠性提出质疑，证人的可靠性可以通过意见证据和名声证据进行抨击和支持。但须受到下列限制：①证据只能针对可信或不可信的品行；②关于可信品行的证据，只能在该证人的可信品行已受到意见证据或名声证据及其他证据的攻击之后，才具有可采性。出于抨击证人的目的，有关证人曾被定罪的证据，该罪可判处死刑或 1 年以上监禁的，可以采纳；该罪行涉及不正当行为或提供虚伪陈述的，只要时间相隔不远，也可以采纳。

三、传闻证据排除规则

（一）传闻与传闻证据的概念

传闻，在日常的语义中是指“辗转流传的消息”，相当于“风闻，谣传，道听途说”。作为法律用语的传闻（hearsay）一词来源于英国判例法。在普通法时代，关于传闻的定义，英美学者曾经众说纷纭，莫衷一是。美国学者曾作过统计，在《美国联邦证据规则》颁布之前，关于传闻的定义竟有上百种之多，但没有一个定义能为大家所接受。《美国联邦证据规则》第 801 条（c）项规定：“‘传闻’是指除陈述者在审理或听证作证时所作陈述外的陈述，行为人提供其旨在用作证据来证明所主张事实的真实性。”可见，传闻一般是指庭外的陈述。传闻一词是作为证据来源意义上讲的，一旦作为证明方式提出，即为传闻证据（hearsayevidence）。当然，这里的证据并非在“查证属实的事实”的意义上使用，而是作为“证明材料”或“证明的根据”来理解，否则就不可能有“传闻证据”一说。

什么是传闻证据？各国学者基本上都同意它的内涵，即“用来证明所述事实为真的庭外陈述”，但对于其外延存在较大的分歧。按照台湾学者的理解，“传闻证据，本有广狭二义，从狭义言，系专指言词而言，即证人并非陈述自己亲身经理之事实，而仅就他人在审判外所为之陈述（原供述），代为提出以作自己之供述者而言；从广义言，则除上述言词外，书面之陈述亦包括之”。例如，中国有学者认为，传闻证据是“证人在法庭上所提供的证言不是就亲身感知的事实进行陈述，而是就从他人处听来的事实进行陈述”。这就属于狭义的解释（当然，其表述上存在一些偏差），持这种见解的学者已经不多。美国证据法学者罗特斯坦因（Rothstein）认为，“传闻证据是在法庭之外作出却在法庭之内作为证据使用的口头或者书面的陈述，用于证明该证据本身所涉及事件的真实性”。英国证据法学家麦考密克（McCormick）也认为，传闻证据是指在法院之外作出的、在法院之内作为证据使用的陈述，或者是口头的，或者是书面的，用于证明该陈述本身所声明事件的真实性。他们将传闻证据的形式限定为口头和书面两种，这是较为广义的理解。中国台湾地区学者陈朴生甚至指出，不以他人的供述为内容的证据，不产生传闻证据的概念。但是按照美国证据法学家华尔兹教授的定义，传闻证据是指“在审判或询问时作证的证人以外的人所表达或作出的，被作为证据提出以证实其所包含的事实是否真实的，一种口头或书面的意思表示或有意无意地带有某种意思表示的非语言行为”。这个定义不仅包括口头和书面形式，还提到“非语言行为”。在学理上表示并不局限于口头和书面的意思表示，还应当包括带有意思表示的动作（assertiveconduct），故华尔兹教授所说的“非语言行为”与陈述相当。例如，故意杀人案的被害人甲受伤住院治疗，当侦查人员提供犯罪嫌疑人的相片要其指认时，甲从中抽出乙的照片交给了警察，若警察于审判期日到庭作证陈述被害人甲挑出了乙的照片，即使甲未作任何言词陈述，该项动作也属传闻，因为甲将照片抽出来交给警察的动作，显然等同于试图主张“就是照片上的这个人想杀我”，故无论甲在抽出照片时是保持沉默还是指着照片说就是这个人，均具有相同的传闻之危险，因此警察于审判期日以此被害人审判外的叙述性动作作为陈述的内容，应属于传闻证据。

华尔兹教授关于传闻证据的定义，较为全面地概括了传闻证据的特征。传闻证据的定义应当包含三层意思：第一，传闻证据的形式可以是口头或书面的陈述，也可以是意图表示某主张的行为（如点头、打手势），无意识的行为不在此列。第二，传闻证据是在法庭上提出法庭外的人作出的意思表示，也就是说，原作出意思者并没有出庭。第三，提出传闻证据的目的是证明其内容为真。这一点尤为关键，也是诸多学者能够达成共识之处。所以，要判断一项证据是否为传闻证据，一条比较简单的规则就是明确提出该证据的目的，即是证明某人曾经说过这样的话，还是证明其所说的话是真实的。一项证据是否属于传闻证据，与什么是案件的争议问题息息相关。区别传闻证据和非传闻证据的方法主要是提出证据的目的。当然，有的证据同时有传闻和非传闻两种成分，对于如何界定这种证据，证据法学者和法官内部还存在分歧。

（二）传闻证据规则的含义

虽然现代证据规则的某些内容可以追溯到中世纪，但它们真正开始发展源于17~18世纪的普通法判例。这些判例所创设的内容包括限制证人资格的规则和排除规则，前者早已消失；后者，如排除意见规则、品格证据规则及传闻证据规则，这些普通法规则虽然经历了19~20世纪的制定法改革，却一直存留。其中，传闻证据规则（或反传闻规则）及其衍生的诸多例外，已经成为当今英美证据法中非常重要的一项内容。最早确立传闻证据规则的国家是英国。这与英国的陪审制度密切相关。在英国，最早的陪审团是一种“知情陪审团”，相当于证人，陪审员了解案情的途径并不重要，无论是他们直接得知还是道听途说，都可以作为判决的依据，除非有人证明其来源不可靠。如果在判决作出之后，发现陪审员是在酒馆或其他地方听一个醉汉或者其他不值得信赖的人说的，那么判决就会被推翻。后来，法官意识到运用传闻证据定案的危险性，开始禁止传闻证据在诉讼中使用。在17世纪后期（1675~1690年），正式形成了传闻证据规则。

传闻证据规则（the hearsay rule）又称反传闻规则（the rule against hearsay），是指在审判中一般不能采纳传闻证据，已经在法庭上提出的，不得交陪审团作为评议的依据。《美国联邦证据规则》第802条规定：“传闻证据，除本法或联邦最高法院依法定授权制定的其他规则或国会立法另有规定外，不予采纳。”澳大利亚《1995年证据法》第59条规定："不得采纳他人先前陈述的证据，以证明该人陈述所宣称的事实。"有学者认为，传闻证据规则是英美法系独有的规定，大陆法系并无类似的规定。这种观点若在早期来说是正确的，传闻证据规则确实为英美法系所创，在同时期的大陆法系并无传闻规则，一切传闻证据都可以在法庭上提出，是否采纳由法官自由心证决定。中国有学者认为，大陆法系也有传闻规则，"传闻规则，是指在大陆法的证据法原则上不排除传闻证据，只要能证实其来源的真实性和可靠性即可"。这纯粹是一种曲解。但是，传闻规则对大陆法系的影响不可否认。赫尔曼教授曾指出，在德国刑事诉讼中，有三项原则与传闻证据在诉讼中的使用相关，即听取陈述原则、口证原则和直接原则。随着书面审理制度在大陆法系的废止，直接言词原则在许多大陆法系国家得以确立，根据该原则，直接感知案件事实的人必须出庭作证，这与传闻证据规则可谓"殊途同归"。例如，德国《刑事诉讼法》第 250 条规定："对事实的证明如果是建立在一个人的感觉之上的时候，要在审判中对他进行询问。询问不允许以宣读以前的询问笔录或者书面证言而代替。"中国台湾地区 2003 年修订的"刑事诉讼法"第 159 条规定："被告以外之人于审判外之言词或书面陈述，除法律有规定者外，不得作为证据。"深受美国影响的日本刑事诉讼法在第 320 条明确规定了"禁止使用传闻证据规则"。所以，直接审理主义与传闻证据规则的落脚点是一致的，两者的差别主要在于诉讼模式的不同而引起的程序差异。也就是说，在程序方面，传闻法则主要强调的是当事人的反询问权，而直接审理主义则强调法官询问证人。因此，有学者认为，"直接审理主义加当事人之反对询问权即变成传闻法则"。

（三）传闻证据规则的理由

关于设立传闻证据规则的理由存在着诸多说法。英美传统经验认为，证人陈述证言通常必须遵守三大条件，即宣誓、到庭及接受交叉询问。有人认为，"为保证能遵守这三个理想条件，才设置了传闻证据规则"。由于英美法系对传统的宣誓义务有了放宽，证人不宣誓也可以提供证言，所以宣誓并不能构成排除传闻的理由。笔者认为，传闻证据存在的首要风险可能是存在陈述虚假的危险，这应当是排除传闻证据的第一个理由。

确立传闻证据规则的第二个理由，与英美法系的诉讼程序相关。英美法系国家庭审采用对抗式，证据由一方提出，而由另一方进行反驳，对证人的交叉询问是其中最重要也是最精彩的一环。特别是反询问，通过质疑证人的可靠性、揭露证言的虚假性，能够更好地发现事实的真相。如果采纳传闻证据，原陈述人就不用出庭作证，另一方当事人就不能（通过律师）进行反询问，其感知能力、记忆能力、语言表达能力及是否诚实都得不到审查，而这些都是构成证言可靠性的基本元素。当然，传闻证据规则的这条理由并非强调证言真实性的保障，而是强调当事人反询问的程序性权利的保障。美国宪法第六修正案就规定，在所有的刑事指控中，被告人都应当有权与证人对质，而联合国《公民权利和政治权利公约》第 14 条也规定，与证人对质是被告人的权利。在崇尚个人权利的英美法系，传闻证据规则的设立符合正当程序的精神。该条理由是传闻证据规则存在的最主要理由。

排除传闻证据的第三个理由，与作为事实审理者的法官和陪审团有关。在证人出庭的时候，法官和陪审团可以观察证人面容、证人态度、证人表情，可以听见证人声音及说话情绪，这些都是审查判断证言必不可少的态度证据（demeanor evidence）。如果采纳传闻，证人证言所蕴涵的这些丰富信息都将无从知晓。

（四）传闻规则的例外

传闻规则的要求如下：除非法律另有规定，间接转述他人亲身感知经历的陈述及代替亲自陈述的书面记录均不得作为法庭证明的证据提交法庭进行调查质证；已经在法庭出示的，不得提交陪审团作为评议的根据。但是，如果严格排除一切传闻证据，则有可能导致相当一部分案件的真相根本无法查明，或者查明真相的成本过大。因此，在普通法的发展历史上，一些传闻证据的可采性相继被判例法肯定，形成了传闻规则的例外。英国传闻证据规则的例外可以分为普通法的传闻例外和成文法的传闻例外。普通法的传闻例外可谓源远流长，在传闻证据规则几百年的发展历史上占据重要地位，但在 1964 年的迈尔斯案件后，英国成文法的传闻例外开始大量确立。普通法的某些传闻例外已被成文法吸收，但有些传闻证据仍只能根据普通法的传闻例外才具备可采性。在普通法，传闻证据规则的例外有好几类，其中如“死者生前所作的陈述”（statements of deceased persons）。普通法之所以将死者生前的陈述作为传闻证据规则的例外，主要是因为陈述者在案件审理时已经死亡，无法提出更好的证据，而且死者生前所作陈述的环境通常能够保证陈述的可靠性。《美国联邦证据规则》也明文规定了传闻规则的例外。美国在制定法中也规定了传闻证据的例外，主要规定在《美国联邦证据规则》的第 803~807 条中。

（五）传闻规则在我国法律中的体现

樊崇义教授认为，传闻证据排除规则在我国刑事诉讼法中的规定主要是：“证人证言必须在法庭上经过公诉人、被害人和被告人、辩护人双方质证并且查实以后，才能作为定案的根据。”这一条可以理解为在法律上，证人不出庭以书面陈述代替出庭作证，是不具有证据能力的。但刑事诉讼法随后关于可以当庭宣读不出庭证人证言的规定，无疑极大地削弱了此规定的作用。还有人认为，《最高人民法院关于民事诉讼证据的若干规定》第 55 条规定“证人应当出庭作证，接受当事人的质询”，也是传闻证据排除规则在我国法律中的体现。笔者认为，2012 年刑事诉讼法第 59 条的上述规定和最高人民法院《关于民事诉讼证据的若干规定》第 55 条应当体现了直接言词原则，而不是传闻证据排除规则。直接言词原则与传闻证据排除规则的主要区别在于传闻证据排除规则必须有传闻证据“不得作为定案根据”的法律依据。没有法律依据不得排除传闻证据的适用，否则会造成司法资源的浪费和影响案件事实的查明、认定。

实际上，我国目前能够体现传闻证据排除规则的法律，只有 2012 年最高人民法院《关于适用〈中华人民共和国刑事诉讼法〉的解释》第 78 条规定：“证人当庭作出的证言，经控辩双方质证、法庭查证属实的，应当作为定案的根据。证人当庭作出的证言与其庭前证言矛盾，证人能够作出合理解释，并有相关证据印证的，应当采信其庭审证言；不能作出合理解释，而其庭前证言有相关证据印证的，可以采信其庭前证言。经人民法院通知，证人没有正当理由拒绝出庭或者出庭后拒绝作证，法庭对其证言的真实性无法确认的，该证人证言不得作为定案的根据。”这条规定表明，我国已确立了传闻证据排除规则。

四、自白和补强证据规则

（一）自白的概念

关于自白的概念，理论界有不同的说法。樊崇义教授认为自白有广义和狭义之分，狭义的自白是指被告人在法庭审判中对犯罪事实的自认，而广义的自白则包括被告人在法庭审判外所作的关于犯罪的承认。在当事人主义的诉讼中，只有广义的自白才在证据法上有意义。因为被告如果在法庭开始审判时自认犯罪，则基于当事人可以处分其利益的原则，应视为被告对争议事实已经自认，从而法院可以据以定案，不必再调查证据。这一点与职权主义诉讼有显著区别。而有的学者的说法正好相反。他们认为，自白有广义和狭义之分。广义上的自白包括自认，即对所涉嫌的犯罪事实的部分承认或有保留的承认；狭义上的自白则专指对所涉嫌的犯罪事实的全部供认。自白规则所针对的是狭义上的自白。还有学者认为，自白的内涵范围相当于我国刑事诉讼中的“犯罪嫌疑人、被告人供述”，即“犯罪嫌疑人、被告人承认自己犯罪并就有关事实所作出的供述”。也有学者直接将自白与口供等同，认为自白是刑事犯罪嫌疑人或被告人对自己的犯罪事实的陈述，又称为被告人的口供。

笔者认为，我国的口供与英美法系的自白，既有相同之处，又有不同之处。首先，从内容上看，我国的口供包括有罪供述、无罪辩解和攀供，而英美法系的自白仅指有罪供述，不包括无罪辩解和攀供，二者相同之处仅指有罪供述部分；其次，有罪供述在英美法系具有程序和证据两种意义。我国的口供也具有这两种意义。

第一，程序意义。在英美法系，其对抗式审判得以开展的一个必要前提是控辩双方立场的对立，如果控辩双方在被告人的罪责问题上已经达成了某种妥协，那么就失去了对抗式审判赖以进行的基础。为了确保所有进入审判程序的刑事案件具备这一基本条件，英美法系在审前特意设置了法官传讯程序进行分流。被告人在审判前的传讯程序中对指控的犯罪事实进行答辩，如果答辩无罪，则进入审判程序，通过审判解决被告人的罪责问题；如果答辩有罪，则直接进入量刑程序。此时的有罪答辩就构成英美法系“正式的承认”，在经过简单的聆讯之后，法官就可以根据该“正式的承认”定罪。但是，法官也不是必然接受这种有罪答辩。如果法官没有接受这种有罪答辩，在进入审判程序之后，被告人先前在法官传讯程序中的有罪答辩不能用作证明其犯有指控罪行的证据。而在我国也有相似的做法，即在审判前法官在送达起诉书和提讯时，被告人对指控的犯罪事实进行认罪的，可依据简易程序审理或普通程序简化审理。

第二，证据意义。在英美证据法中，自白可以作为被告人有罪的证据是如下情形：一是法庭审理中的自白，即一般是被告人在传讯程序中作了无罪答辩，而在法庭审理过程中又改变答辩所作的自白；二是法庭外的自白，即警察讯问过程中作出的有罪陈述。这种供述通常以警察书面记录的方式保存下来，并在审判时由检控方作为控诉证据提交给法庭。控诉方之所以要将这种证据提交法庭，一般是因为被告人在警察讯问时作了有罪供述，而在法庭审判过程中又矢口否认自己的罪行。法庭只要对被告人在审判前的警察讯问阶段所作的供述进行审查，认为它符合法定的条件而具有可采性，就可以将它作为对被告人定罪的根据。我国的口供也是一种证据的法定形式。

（二）自白的证据能力和排除规则

证据能力是指证据资料在法律上允许其作为证据的资格。具体来说，就是法律对证据资格的限制。自白的证据能力就是自白作为证据应当具备的法定条件。根据自白的特点，其作为证据应当具备的法定条件是自白的真实性、合法性和任意性。所谓自白的真实性，是指刑事犯罪嫌疑人或被告人对自己的犯罪事实的陈述，必须是客观真实、可靠的，而不是弄虚作假的。所谓自白的合法性，是指警察收集的刑事犯罪嫌疑人或被告人对自己的犯罪事实的供述，必须是符合法律的规定，而不是违反法定程序收集的非法自白。所谓自白的任意性，是指犯罪嫌疑人或被告人对自己的犯罪事实所作出的有罪陈述，必须是其自愿作出的“明知、明智和明确的”自白。

自白的真实性、合法性和任意性，三者是评价自白的证据能力缺一不可的资格条件。但是，我们必须注意三者的辩证关系。也就是说，违反法定程序而强制收集自白的非法性，影响和决定了自白的任意性；而自白的任意性程度对自白的真实性程度有重要的影响，但是二者并不是必然的因果关系。任意的自白并不一定是真实的自白，相反，非任意的自白也并非是虚假的自白。

在刑事诉讼中，只有基于被追诉人自由意志而作出的客观真实、可靠的自白（即承认有罪的供述），才具有证据能力；违背当事人意愿或违反法定程序而强制作出的供述不是自白，而是逼供，不具有可采性，必须予以排除。但是，排除没有证据能力的自白，必须慎重遵守一定的排除规则。

英国是最早确立非法自白排除规则的国家，历史上其规则被称为考门罗原则①。该原则规定基于不当的自白或不自由的自白，必须从证据中排除出去，不得作为定案的根据使用。美国继承并发展了非法自白排除规则，并由“自愿性”渐渐转向“程序正当性”。但是，美国非法自白排除规则的法律依据主要是宪法第五、第六和第十四修正案，因此违反不同修正案所取得自白应当排除的标准也各不相同。一般来说，非法自白的排除规则和适用的标准有以下几个。

1. 自白任意性规则

自白任意性规则，又称自白自愿性（voluntary）规则，是指被告人基于自由意志而作出的表示自己真实意思的有罪供述，可以作为定罪量刑的证据使用。这一规则，在美国、日本及英国的诉讼程序法中均有体现，其中以美国为最典型的代表，而且其已经将“自白的任意性”推进到“程序的合法性”，也就是“自白”不仅要反映被告人的真实意

① 考门罗原则，是指 1215 年 6 月 15 日英国的贵族迫使国王约翰颁布宪法性文件《大宪章》，意在把基于不当的自白或不自由的自白从证据中排除出去。在早于米兰达案一百多年前的 1783 年，英国法院就在“英国诉沃利克沙尔”案的判决中表达了这种思想，即任何人都享有免除自证有罪的特权，以防取得的供认有不可靠的危险。

思，还要遵守法律的程序性规定，如果对程序有所违背，那么即使“自白”是被告人任意、真实地作出的，仍然为非法。

2. 麦克纳布–马洛里规则

从1943年的麦克纳布诉合众国案起，美国最高法院开始发展另一套理论，即通过缩短嫌疑人被警察拘禁的时间并使法官尽早介入，以减少讯问过程中最严重的刑讯。这一规则后称为麦克纳布–马洛里规则，该规则要求排除任何未能保障被告人在逮捕后被迅速带见司法官的权利而在拘禁期间取得的自白。该规则较正当程序“任意性标准”扩大适用无疑是自愿的自白，即若违反该规则，不必再判断其自白是否为自愿即被排除。但是仅适用于联邦法院，州法院是否适用取决于各州的法律，而各州对该规则的适用并不积极，大多数州则是完全拒绝适用。

3. 马修规则

1964年通过马修案明确规定，在对抗诉讼中如果未经被告同意，在律师不在场时进行讯问所取得的口供侵犯了律师帮助权，认定为非法证据，要予以排除。因此，马修规则就是确立律师在场权和获得律师帮助权的规则。

4. 米兰达规则

米兰达规则最初在美国宪法修正案第5条中规定“任何人……不得在任何刑事案件中被强迫作反对自己的证人”，即在反对强迫性自我归罪的宪法特权上，由美国最高法院法官通过案例和一些证据法典而扩展到第五修正案的文字之外所产生的著名规则。米兰达规则主要有如下内容：①除非被拘禁中的犯罪嫌疑人被告知享有沉默权与律师帮助权，警察不得侦讯（如果违反，则犯罪嫌疑人的口供无效）；②如果犯罪嫌疑人表示沉默，侦讯必须停止（否则所取得的口供不具有证据效力）；③当犯罪嫌疑人要求律师帮助时，在该律师到达之前或犯罪嫌疑人无能力选择指定律师到达前，讯问应当停止；等等。

与英美法系国家不同，大陆法传统上并不实行口供排除规则。但是受国际上人权保障潮流的影响，各传统的大陆法系国家开始逐渐重视通过排除非法取得的口供而维护人权。尤其在欧洲人权公约签署以后，成员国公民可以以违反人权或侵犯基本自由为由，向欧洲人权法院提出申诉，这对各签约国的刑事诉讼产生了重大影响。现在，大陆法系各国家均注重通过排除以非法手段获得的口供来消除警察逼取口供的诱因。《德国刑事诉讼法典》明确规定，如果违背刑事诉讼法典第136条（A）第1款、第2款的规定，对被告人使用非法、折磨、疲劳战术、妨害身体、服用药品、拷问、诈欺或催眠方法、威胁、许诺，以及使用损害被告人记忆力和理解力的方法所得到的陈述，即使被告人同意，也不得采用。意大利刑事诉讼法典以保障被告人的精神自由为目的，要求“不得使用足以影响人的自由决定权或者足以改变对事实的记忆和评价能力的方法或技术，即便关系人同意”。该法典第191条规定，违背该法律禁令而获取的证据不得加以使用，辩护方在诉讼的任何阶段和审级中都有权要求排除此项证据。

日本传统上属于大陆法系国家，但其刑事诉讼制度在第二次世界大战后实行了诉讼模式的根本性转变，关于自白，则深受美国法的影响。《日本国宪法》第38条第2款规定，出于强制、拷问或胁迫的自白，在经过不适当的长期扣留或拘禁后的自白，不得作为证据；日本刑事诉讼法第319条第1款在此基础上增加了“以及其他可以怀疑为并非出于自由意志的自白”。这是自白排除法则的法律依据。在日本，自白采广义说。依照诉讼法理论的解释，之所以确立自白排除法则，是为了防止虚假自白、保障人权和排除违法。依照判例，否定自白任意性的要件如下：一是自白的获得程序违法或不适当；二是该违法或不适当程序和自白之间存在因果关系。

我国2012年刑事诉讼法第50条规定：“审判人员、检察人员、侦查人员必须依照法定程序，收集能够证实犯罪嫌疑人、被告人有罪或者无罪、犯罪情节轻重的各种证据。严禁刑讯逼供和以威胁、引诱、欺骗以及其他非法方法收集证据，不得强迫任何人证实自己有罪。”这说明我国也确立了不得强迫自证其罪的规则，即自白任意性规则。

（三）自白的证明力和补强证据规则

证明力又称为证据价值，是指证据材料对案件事实是否有证明作用和证明作用的程度，换言之，即证明作用的大小。在现代证据制度中，法律一般不对证据的证明力作出规定，而是由法官根据经验自由判断，但是被告人自白的证明力则是为数不多的几个例外之一。自白的证明力因被告人虚假供述或被告人受强制缺乏任意性的原因，出现自白与事实不符而影响其证明力，因而很多国家和地区的法律都规定，被告人自白只有在有其他证据进行补强的情况下才能够被用来认定被告人有罪，这就是所谓的自白补强证据规则或自白补强证据法则，我国也有学者将其称为口供补强证据规则。所谓自白补强规则，是指对于某些证据，认为它们存在弱点，必须与其他证据合并提出才能认定主要待证事实的规则。但是，自白补强规则主要存在于英美法系国家与深受英美法影响的日本等国家和我国台湾地区。例如，日本刑事诉讼法规定，不问是否为被告人在公审庭上的自白，当该自白是对被告人不利的唯一证据时，不得认定被告人有罪。要认定其有罪，在自白之外，还须有其他证据。日本确立补强法则，一是为了防止误判；二是为了防止偏重自白。成为自白的补强证据的，必须是有证据能力的证据，且必须是本人供述（自白）以外的证据。但是，对于本人记载的日记、笔记及备忘录等，并非是预料到侦查、公审而记载的，则可以成为本人自白的补强证据。补强规则无论是对于证据规则的概念，还是对自由心证制度，都构成一个特殊的例外。英美法系证据规则是用以规范证据能力或证据资格的，补强规则却是对证据证明力的限制或规范。证据的证明力，在现代刑事诉讼中都委诸于法官或陪审团自由判断，因此，补强规则对证明力的限制又构成了自由心证制度的例外。在日本，口供补强规则包括三方面内容：①补强的范围，解决什么样的事实需要补强的问题。②补强证据的证据能力。补强证据也是用于认定犯罪事实的证据，因而必须具有严格的证明方式所要求的资格。而且，既然是用于补足自白的证据，则还必须是独立于被告人口供的证据。③共犯口供的补强问题。对于该问题，日本有两种不同的意见，积极说强调单独被告人与共案被告人口供的同质性，认为补强规则的旨趣在于防止偏重自白和避免误判，而在这一点上，被告人的自白与共案被告人的自白并无不同。因此，共犯口供也需要补强。消极说强调单独被告人与共案被告人口供的异质性，认为共案被告人的口供具有“第三者陈述”的性质，因为不需要补强。

我国 2012 年刑事诉讼法第 53 条规定："对一切案件的判处都要重证据，重调查研究，不轻信口供。只有被告人供述，没有其他证据的，不能认定被告人有罪和处以刑罚；没有被告人供述，证据确实、充分的，可以认定被告人有罪和处以刑罚。"这是自白补强证据规则在我国刑事诉讼法中的体现。我国自白补强证据规则的内容主要包括自白补强的范围、补强证据的证据能力和补强的程度及共犯自白的补强。

1. 自白补强的范围

自白补强的范围主要涉及三个问题：自白补强证据规则是否适用于一切刑事案件；自白补强证据规则是否适用于法庭上自白；自白的何种事实需要补强，即自白的哪些部分需要补强证据。

1）自白补强证据规则是否适用于一切刑事案件

自白补强证据规则是否适用于一般刑事案件，各个国家和地区的法律规定不尽相同。例如，在英国法中，自白补强证据规则仅适用于杀人罪（homicide）等重罪，并不适用于一般犯罪。从我国 2012 年刑事诉讼法第 53 条规定来看，我国对于自白补强证据规则适用的案件范围没有作出限制，也就是说，在我国自白补强证据规则适用于一切刑事案件。

2）自白补强证据规则是否适用于法庭上自白

自白按照是否是在法庭上作出的，可以分为法庭上自白（judicial confession）和法庭外自白（extra judicial confession）。一般而言，法庭外自白没有法庭上自白的可信度高，因此，各个国家和地区均要求对法庭外自白进行补强，但是对于自白补强证据规则是否适用于法庭上自白，有关国家和地区的规定则存在分歧。近年来美国有些州规定某些重罪案件中的法庭上自白也需要补强证据，如《纽约州刑事诉讼法》第 332 条明确规定，不得因有罪答辩而为死刑判决。

我国 2012 年的刑事诉讼法第 53 条的规定没有区分法庭上自白与法庭外自白。但是其第 208 条和第 213 条规定，对案件事实清楚、证据充分的和被告人承认自己所犯罪行，以及对指控的犯罪事实没有异议的，适用简易程序审理案件，不受讯问被告人、询问证人、鉴定人、出示证据程序规定的限制。由此可以看出，在适用简易程序审理刑事案件时，被告人在法庭上的自白可以不适用自白补强证据规则。

3）自白的哪些部分需要补强证据

对于自白的哪些部分需要补强证据，有罪体说和实质说之分。罪体说认为，对于罪体即犯罪构成的客观要件需要补强证据。与此相反，实质说认为，补强的范围只要能补强自白事实的真实性即可。许多国家和地区在实务中采用的都是实质说或者存在从罪体说向实质说的转变。例如，我国台湾地区在实务上采用实质说，1984 年台上字第 5638 号判例认为："被告之自白固不得作为认定犯罪之唯一根据，而需以补强证据证明其确与事实相符，然兹所谓之补强证据，并非以证明犯罪构成要件之全部为必要，倘其得以佐证自白之犯罪非属虚构，能保障自白事实之真实性，即以充分。"因此，我们也应当借鉴这些国家或地区的经验，将对自白的补强限定在实质说的范围内，即只要补强证据能够保证自白的真实性即可，而不应在补强的范围上作形式上的要求。

2. 补强证据的证据能力和补强的程度

补强证据的证据能力是指哪些证据可以用来作为补强证据。对此，日本要求补强证据必须同时具备两个条件。首先，补强证据必须符合对一般证据证据能力的要求。其次，补强证据必须是被告人自白以外的证据（如被告人的日记、笔记等），在没有意识到侦查正在进行的情况下写成的，则可以认为具有补强证据的证据能力。

我国 2012 年刑事诉讼法没有关于补强证据证据能力的相关规定，实践中具体操作也不统一。很显然，首先，补强证据必须具备作为一般证据的证据能力。这是对所有证据的要求，补强证据当然也不能例外。其次，日本要求补强证据必须是独立于被补强的自白，有一定的合理性，值得我国借鉴。

另外，补强应当达到什么程度？对此，理论上和司法实践中主要有两种主张：一种是要求补强证据大体上能独立证明犯罪事实的存在，这是较高的要求；另一种是要求达到与自白一致，并能保证有罪供认的真实性，这是低限度要求。在美国，“如果有足够的独立证据存在，独立证据和自白在决定犯罪是否已经达到排除合理怀疑的程度上可以一并考虑。通常只要求有较弱的补强证据，既可以是直接证据，也可以是间接证据”。日本的判例也认为，与补强证据相比更应受到重视的是自白的真实性，补强证据的证明力只要达到与自白基本一致并且能够担保自白的真实性即可。因此，我国应当采取低限度要求作为补强的程度，并将补强证据与自白结合综合判断能否对有罪产生确信。

3. 共犯自白的补强

在司法实践中，共犯自白主要涉及两个与补强证据规则相关的问题：一是共犯自白在作为认定其他共犯犯罪的证据时是否需要补强证据；二是共犯自白是否可以作为其他共犯自白的补强证据。

对于第一个问题，日本关于共犯自白是否需要补强证据，主要有两种意见。这在前文已述，在此不再重复。而我国台湾地区“刑事诉讼法”对于共犯自白在作为认定其他共犯犯罪的证据时是否需要补强证据没有作出规定。学术界认为，“惟利用共犯之自白，为他共犯之罪证，仍与被告之自白同有防止偏重自白，发生误判之危险”，因此需要有补强证据。由于共犯之间存在一定的利益关系，共犯在自白时极有可能推卸责任，避重就轻，嫁祸于人。因此，在我国，无论是分开审理的共犯的自白，还是同案审理的共犯的自白，只有在有补强证据进行补强的情况下，才能被用来直接认定其他共犯有罪。

对于第二个问题，即共犯自白是否可以作为其他共犯自白的补强证据，英美法系国家的做法与大陆法系国家的存在显著的差别。在英国和美国，由于强调被告人对质诘问权的保障，共犯自白一般不具有指控其他共犯的证据能力，因此共犯自白当然不能作为其他共犯自白的补强证据。根据大陆证据法的一般原则，在共同犯罪案件中，一人的自白可以使用另一人的自白加以补强。在日本，“用共犯人的自白补强被告人自白时，并不存在特殊的问题”。也就是说，共犯的自白可以作为其他共犯自白的补强证据。我国多数人认为，共犯自白一致，在符合一定条件的情况下可以用来补强。这些条件如下：经过种种艰苦努力仍无法取得其他证据；共犯之间无串供可能；排除了以指供、诱供、刑讯逼供等非法手段获取自白的情况等。还有法律依据，如为了有效地打击毒品犯罪，最高人民法院在《全国法院审理毒品犯罪案件工作座谈纪要》中指出："有些毒品犯罪案件，往往由于毒品、毒资等证据已不存在，或者被告人翻供，导致审查证据和认定事实困难，……只有当被告人的口供与同案其他被告人的口供吻合，并且完全排除诱供、逼供、串供等情形，被告人与同案被告人的口供才可以作为定案的证据。对于仅有被告人的口供和同案被告人的口供，因能互相印证而作为定案依据的，对被告人判处死刑立即执行要特别慎重。"由此可以看出，最高人民法院认可了在毒品犯罪案件中共犯自白一致可以用来补强的观点，甚至在对被告人判处死刑立即执行时也是如此，只不过需要特别慎重。既然在毒品犯罪案件中共犯自白可以被用来作为其他共犯自白的补强证据，那么可以推论在毒品犯罪以外的其他案件中，如果穷尽了所有方法仍然无法取得其他证据，在完全排除指供、诱供、逼供、串供等情形时，共犯自白也可以被用来作为其他共犯自白的补强证据。

五、最佳证据规则

（一）最佳证据规则概述

1. 最佳证据规则的起源和演变

最佳证据规则起源于英国古代司法证明中的"文书审"。所谓"文书审"，就是在与某文书所确立的权利义务关系有关的诉讼中，法官必须而且只能依据该文书进行裁决。实际上，在"神明裁判"依然盛行的时候，法官就已经开始在审判中重视文书的证明作用。一旦某件文书被用作确定法律权利的依据，即使对"神明裁判"情有独钟的法官也会觉得他在认定案件事实或确认当事人权利时不能忽视该文书的存在。在"神明裁判"退出历史舞台之后，"文书审"便成为审判的一种重要形式。在当时的英国社会，制作文书是有知识的贵族或富人专有的技能，因此，"文书审"主要适用于贵族或富人之间的诉讼纠纷，如遗产纠纷、土地转让纠纷等。在"文书审"中，诉讼当事人把有关的文书提交给法官，以便后者裁定当事人的主张是否在该文书中有足够的依据。法官在这种审判中的核心任务就是审查该文书的真实性，主要是文书制作形式上的真实性。例如，该文书是否为本案当事人制作，上面是否有当事人的印章，而且一般都要把印章的比对结论作为判决的主要依据。

英国历史上的"文书审"是严格形式主义的产物。法官在这种审判中只能视文书若神明，机械地遵从，不能有任何自由裁量权。但是，随着社会的发展，随着司法实践经验的丰富，也随着司法理念的变化，"文书审"逐渐演变为"契约之诉"，"文书审"的原则也逐渐进化为适用范围更加广泛的文书证据规则。早期英国文书证据规则有三条基本的原则：原始文书的不可阙如；从文书见证人的不可或缺；从契约不容反悔。第一条原则发展为最佳证据规则。

从原始文书的不可阙如到最佳证据规则，如前所述，"文书审"的规则之一是当事人在此类诉讼中必须提供原始文书，没有原始文书，就没有法院的审判。后来，"原始文书不可阙如"的规则发生了一些变化：这一规则所适用的案件范围扩大了；这一规则在适用中的灵活性增加了。

“原始文书不可阙如”的规则本来仅适用于遗嘱纠纷、不动产合同纠纷等“文书审”案件中，在其他案件中并不适用。但是，随着社会的发展和各种文书在社会生活中的普及，书证在审判中的使用越来越广泛，已经远远超出传统的“文书审”案件范围。即使在一些普通的刑事案件和民事诉讼中，当事人也可能向法庭提交文书证据。于是，“文书审”必须提供原始文书的规则也就扩大到其他各类案件的审判之中。

然而，在各类案件的审判中一律适用“文书审”的规则也确实给法官判案增加了困难。如果法官在涉及书证的案件中都按照传统，机械地要求当事人必须提供原始文书，那就会导致一些诉讼当事人的正当诉讼请求得不到法院的支持，既影响司法公正，也影响司法效率。因此，司法实践要求法官在运用这一文书证据规则时必须具有一定的灵活性。在这个问题上，衡平法（equity law）发挥了很重要的作用。

在英国法律制度的发展进程中，衡平法是作为普通法的灵活性补充登上历史舞台的。当普通法那些颇为僵化的规则难以在审判实践中维护司法公正时，诉讼当事人——起初只是具有贵族身份的当事人——只好去求助于国王，后者便按照“公平且善良”（exaequoetbono）的衡平原则作出裁判。后来，国王把这种权力授予作为贵族院首领的大法官（Chancellor），让其以“国王良知守护人”（keeper of the King sconscience）的身份对普通法难以解决的诉讼纠纷进行衡平法裁决，并逐渐把这一做法推广到普通人的诉讼中。大约在 15 世纪，衡平法在英国已经形成独立的法律体系，而且有了独立的衡平法院系统。

由于普通法院在“文书审”传统的影响下，在审判中，机械甚至僵硬地坚持“原始文书不可阙如”的规则，那些由于文书遗失、损坏或其他原因而无法提交原始文书的当事人只好求助于衡平法院。衡平法院则根据具体案件的情况，允许那些确实有正当理由的当事人在没有原始文书的情况下提起诉讼并获得司法救济。衡平法院的做法不仅改变了“原始文书不可阙如”的规则，还动摇了“文书审”的核心或根基，即“文书本身包含判决”的司法公正观念。

在衡平法的影响下，普通法院的法官也开始通过判例的方式为“原始文书不可阙如”的规则增设例外，以便削弱其负面影响。例如，如果某案件的当事人向法庭证明其确实无法提供原始文书，而且具有正当理由，换言之，他既不是故意隐藏原始文书，也不是没有尽力去获取原始文书，那么法官就会允许其用其他证据来证明诉讼主张，包括没有当事人封印的复制或复印文书，以及能够证明该文书内容的证人证言。

随着社会生活和经济活动中公共管理职能的增强，公司注册登记和人员管理档案等各种公共记录文书的数量不断增加，作用也不断增强。在司法实践中，这些文书也越来越频繁地成为诉讼的证据，但当事人往往很难拿到这些文书的原件，而只能向法庭提供文书的副本或复制件。于是，法院不得不进一步放宽对非原始文书的禁令。大约在 18 世纪后半期，英国的法院一般都允许当事人根据公共记录档案的副本或复制件提起诉讼，而不必提交原始文书。

经过上述发展，原来非常刻板的原始文书规则就演化为比较灵活的最佳证据规则。按照这一规则，诉讼当事人在使用书面证明材料时一般都要提供原始书证。但是法律也规定了一些例外情况。例如，文书的原件已经损毁或遗失，文书的载体过于沉重或庞大而不便移送法庭，文书的原件在第三人掌握之下且第三人有权拒绝提供，文书的原件属于必须由官方保存的档案等。在这些情况下，法庭会允许当事人提供文书的复印件或复制件作为证据。由此可见，最佳证据规则已经走出了“文书审”墨守成规的司法公正理念。

2. 最佳证据规则的概念、法理基础和适用范围

最佳证据规则是英美法中的一项关于文字材料的证据可采性规则，即认为原始文字材料（包括录音、录像、摄影材料等）作为证据，其效力优于复制品，因而是最佳的，也有的学者称之为原始文书规则（或反对第二位证据规则）。大陆法系国家虽然没有明确规定最佳证据规则，但是大陆法系国家有规定直接言词原则，与最佳证据规则有异曲同工之妙。

最佳证据规则是英美法系国家在普通法上确立的一项基本原则，其含义是：以文字材料的内容证明案情时，必须提交该文字材料的原件。根据《美国联邦证据规则》第1001条的规定，文书或记录的原件是指该文书或记录本身，或者签署或执行该文书或记录者意图使其具有与该文件或记录相同效果之文书；照片的原件包括照片的底片或者由底片冲洗出来的照片；对于储存于电脑或类似设备的资料，任何能够准确反映该资料的打印品或其他输出物，均属于原件。具体而言，根据普通法的判例，对于原件的判断可以区分几种情况：①当一份通知以手写的方式复制了两份，一份向相对人发出，另一份留存时，任何一份均可视为原件而不必出示另一份。②如果某份文件被当做当事人行为的依据，则只需出示该文件即可，而不问该文件是首次制成还是由其他文件复制而成。例如，在刑事案件中，行为人宣读或张贴的文书，无论其是否从其他地方复制而成，均可作为证明犯罪行为的文书原件。③在两个或多个文书中，如果其中一些是从另一些文书复制而成，并且根据实体法的规定，其中一个文书属于该实体法所规定的实质要件，则无论该文书是否由其他文书复制而成，均属于原件。例如，在电报文书的术语方面，究竟是收报人实际收到的那一份属于原件，还是发报人发出的那一份属于原件，就取决于具体实体法的规定。如果是一方当事人起诉另一方错误地向第三人披露其财务状况导致其遭受损失的诉讼，则发报人发出的电报就是该电报文书的原件；而如果是收报人起诉电报局延误发送电报，则该收件人收到的那份电报就是该电报文书的原件。

最佳证据规则仅适用于以其所载内容证明案情的文字材料。所以，适用最佳证据规则必须具备两个条件：第一，该证据属于文字材料。所谓文字材料，除了通常意义上的信件、电文、合同、地图、照片外，还包括通过磁脉冲、机械或电子录音及其他形式的数据汇编记载的内容，以及X射线胶片、录像带、唱片等现代信息载体。并非所有的文字材料都写在纸上，它可能是带编号的警徽，刻字的订婚戒指，或者是刻有文字的墓碑。第二，该文字材料以其所载内容为证明手段。如果该文字材料并非以所载内容为证明手段，或者该文字材料所载内容虽有证明作用，但并非用以证明案件事实，则不适用最佳证据规则。

最佳证据规则的法理基础，人们一般通过生活常识即能理解。首先，与原件相比，复制件更有可能出现错误，无论这种错误的造成是无意还是有意。其次，原件不仅比副本可靠，通常还包含很多副本没有的内容，如笔迹的特征、原本所用的纸张等，这些内容往往能为对方当事人就文书的意义进行反驳和评判提供重要的依据。最后，当证明对象为文书的内容时，与建立在记忆基础上的口头证据比较，文书更为可靠，也较少可能出现由记忆错误造成的缺陷。

最佳证据规则的适用范围，即文书、照片与记录。在普通法传统上，原件要求只适用于文书（writing）；后来发展到一体适用于照片、录音及类似的记录等。《美国联邦证据规则》第 1002 条将原件要求限定于文书（writing）、照片（photograph）和记录（recordings）。所谓文书、记录，通常是指以手写、打字、印刷、复印、照相、磁性脉冲、机械或电子记录，或者其他形式之资料编纂等方法形成的字母、文字或数字及其他意义相当之物；所谓图片，则包括照片、X 光片、视频磁带及动画片。可见，现代最佳证据规则显然包括所有以其信息内容证明案件真实情况的载体。与案件有关的实物不属于文书、记录或照片的，则不适用最佳证据规则。

3. 最佳证据规则的例外

《美国联邦证据规则》第 1002 条规定，文书、录音或照相，应该提交原件，除非本法或国会立法另有规定。第 1004 条规定，在下列情况下，可以不提交文书、录音或照片的原件：①原件遗失或毁坏（提供者出于不良动机遗失和毁损的除外）；②原件无法获得，不能通过适当的司法程序或行为获得原件（如公共记录）；③原件在对方掌握中；④文件、录音、照片与案件中主要争议问题没有密切关系。还有，实践中不可能出示的文书，如碑文、刻在墙上的铭文等。因此，最佳证据规则并不要求在所有情况下都必须提交原件。具体来说，有以下例外情形。

（1）当事人对副本或复制件无争议。《美国联邦证据规则》第 1003 条规定，除非其与原件的一致性发生问题，或者容许以复制件代替原件将导致对一方当事人不公正，复制件应当在原件获得容许的范围内具有可采性。《美国联邦证据规则》第 1001 条规定，所谓复制件，是指以与原件同一的版本或相同的模体制作，或者以放大或缩小等照相方法，或者以机械或电子复制、化学再生或能够精确翻印出原本的其他技术所制作的同等物。

（2）原件已丢失或损毁。如果所有原件均已丢失或毁损，则容许出示复制件。严格来说，无论是毁损还是丢失，当事人都应当证明其为获得该文书已经尽到了“足够的搜索努力”或“勤勉的努力”。当事人应当对文书存放的最后地点进行搜索，或者对最后保存该文书的人进行搜索，或者应当已经传唤最后保存过该文书的人。

如果是恶意丢失或损毁原件，则不能免除当事人出示原件的义务。在普通法上，如果当事人自愿、不是基于错误或意外的原因，故意毁灭文书的原件，则该当事人不得出示任何第二手的证据以证明该文书的内容。不过，值得强调的是，即使当事人故意毁灭文书的原件，如果该毁灭是错误或者意外，例如，在合同纠纷案件中，当事人相信该合同已经执行完毕且已经不再需要该合同文书，基于此种信念将合同文本撕毁，则并不妨害该当事人以二手的证据来证明该文书的内容。

（3）原件掌握在对方手中。如果一项文书的原件掌握在对方当事人手中，则法律免除举证的一方出示原件的义务。其理论基础在于法律不会强人所难，要求当事人出示已经无法获得的证据。在普通法上，原件掌握在对方手中必须同时满足三个要件：一是对方占有或控制该文书的原件；二是负有举证责任的一方当事人要求或者通知对方出示原件；三是对方未能出示或拒绝出示该文书的原件。

文书的原件是否处于对方控制下是一个需要证明的事项，这一事项通常由提出主张的一方当事人举证加以证明，对此事项进行裁决的权力则由法官掌握。最佳证据规则要求当事人一方应当尽一切合理的努力取得原件；如果明知原件在对方手中而不要求或通知其出示，则可以视为举证的当事人并没有尽到一切合理的努力以取得原件。对方未能提交原件的情形包括对方当事人提交的文书并非举证方所要求的文书的情形。拒绝提交原件的情形包括对方当事人主张特免权而拒绝提交原件的情形，在对方以特免权为由拒绝提供原件的情况下，举证方以第二手的证据证明文书内容并不会侵犯对方的特免权。在通知其提交原件并加以拒绝后，对方当事人将被禁止再提交该文书。同时，陪审团可以就其拒绝提供该文书原件的事实作出特定的推论。

（4）原件掌握在第三人手中。当一个文书的原件掌握在第三人手中，该第三人处于该法院管辖之下，但成功援引特免权从而得以不提供该文书原件时，自然可免除举证方当事人提交该文书原件的义务。主流理论认为，只要特免权规则得到适用，以其他证据证明文书内容的方法就应当得到容许。

（5）官方记录。《联邦证据规则》第 1005 条规定，一个官方记录的内容，或者一个经由权力机构记录或存档的文件，包括以任何形式编纂的资料，如果该复制件以与第 902 条相吻合的方式获得验证，或者两者经对比较后认定为与原件同一的证人作证证明，则该内容可以以复制件的形式获得证明，符合前述规定的复制件通过合理的努力仍然无法获得的，则其他证明其内容的证据也具有可采性。

最常见的官方记录，一是法院记录，二是政府行政记录。在英美法律传统中，法院的记录具有不可移动性（irremovability），也就是说一个特定法院的记录不得被移往其他法院。基于同样的考虑，政府公共部门的记录也具有不可移动性，从而在证明其内容时也无须出示原件。

（6）其他例外。美国《联邦证据规则》规定："成册的文书、记录或照片如果不能在法庭上方便地检验，可以以图表、摘要或计算的方式出示。其原件或复制件应当可以获得以便进行检验或复制。"因此，对于卷帙浩繁的文书，原件要求并不适用。在普通法上，如果一个记载有文字或图片等信息的载体不便搬运，则该文书的证明也不受原件要求的约束。例如，写在墙上的字迹的证明，不必出示该墙体本身。但是，该例外必须满足"无法搬运"（irremovable）这一要件，否则仍然必须出示原件。例如，1842 年英国的一个判例判定，一个刻在棺材板上的铭志的证明，必须出示原件，因为棺材板不属于"无法搬运"。

最后，根据《联邦证据规则》，反对方当事人的证言或者陈述或者书面自认，可用于证明该当事人出示的文书、记录或照片，而无须诉诸该文书、记录或照片的原件。

（二）最佳证据规则在我国法律中的体现

在我国，体现最佳证据规则的法律主要规定在《最高人民法院关于民事诉讼证据的若干规定》（2001 年 12 月 6 日）、《最高人民法院关于行政诉讼证据若干问题的规定》（2002

年6月4日）和2012最高人民法院《关于适用〈中华人民共和国刑事诉讼法〉的解释》这三个法律文件中。其规定的主要内容如下。

1. 规定了物证与文书证据可采性的基本规则

《最高人民法院关于民事诉讼证据的若干规定》第10条规定："当事人向人民法院提供证据，应当提供原件或者原物。如需自己保存证据原件、原物或者提供原件、原物确有困难的，可以提供经人民法院核对无异的复制件或者复制品。"从这一规定来看，中国版的最佳证据规则不仅适用于文书证据，也适用于物证。同时，在文书证据中，对于经法院核对无异的复制件或复制品，该规定赋予其与原物同等效果的证据资格。值得注意的是，副本或复制件获得容许的条件是经核对与原本无误。另外，该规定第22条规定："调查人员调查收集计算机数据或者录音、录像等视听资料的，应当要求被调查人提供有关资料的原始载体。提供原始载体确有困难的，可以提供复制件。提供复制件的，调查人员应当在调查笔录中说明其来源和制作经过。"可见原件的要求也适用于现代科技背景下的照片、计算机数据、录音、录像等视听资料、电子数据。

2012年最高人民法院《关于适用〈中华人民共和国刑事诉讼法〉的解释》第70条规定："据以定案的物证应当是原物。原物不便搬运，不易保存，依法应当由有关部门保管、处理，或者依法应当返还的，可以拍摄、制作足以反映原物外形和特征的照片、录像、复制品。物证的照片、录像、复制品，不能反映原物的外形和特征的，不得作为定案的根据。物证的照片、录像、复制品，经与原物核对无误、经鉴定为真实或者以其他方式确认为真实的，可以作为定案的根据。"第71条规定："据以定案的书证应当是原件。取得原件确有困难的，可以使用副本、复制件。书证有更改或者更改迹象不能作出合理解释，或者书证的副本、复制件不能反映原件及其内容的，不得作为定案的根据。书证的副本、复制件，经与原件核对无误、经鉴定为真实或者以其他方式确认为真实的，可以作为定案的根据。"对于视听资料、电子数据，刑事诉讼采取了对书证相同的原则。例如，2012年最高人民法院《关于适用〈中华人民共和国刑事诉讼法〉的解释》第92条规定，对于视听资料，应当着重审查视听资料是否为原件，有无复制及复制份数；是复制件的，是否附有无法调取原件的原因、复制件制作过程和原件存放地点的说明，制作人、原视听资料持有人是否签名或者盖章；第93条规定，对电子邮件、电子数据交换、网上聊天记录、博客、微博客、手机短信、电子签名、域名等电子数据，应当着重审查是否随原始存储介质移送；在原始存储介质无法封存、不便移动或者依法应当由有关部门保管、处理、返还时，提取、复制电子数据是否由二人以上进行，是否足以保证电子数据的完整性，有无提取、复制过程及原始存储介质存放地点的文字说明和签名。可见，我国刑事诉讼中的最佳证据规则和民事诉讼基本上没有区别。

《最高人民法院关于行政诉讼证据若干问题的规定》第40条规定："对书证、物证和视听资料进行质证时，当事人应当出示证据的原件或者原物。"因此，行政诉讼中最佳证据规则的要求同样适用于物证、传统意义上的书证，以及图片、录音、录像等视听资料。

2. 规定了原件要求的例外情形

《民事诉讼证据规定》第 49 条规定:“对书证、物证、视听资料进行质证时，当事人有权要求出示证据的原件或者原物。但有下列情况之一的除外:(一)出示原件或者原物确有困难并经人民法院准许出示复制件或者复制品的;(二)原件或者原物已不存在，但有证据证明复制件、复制品与原件或原物一致的。”该条规定实际上是原件要求的例外。根据该条规定，允许复制件或复制品的第一项例外情形是出示原件或者原物确有困难并经人民法院准许。这实际上赋予了法院在容许复制件的证据资格方面的自由裁量权。第二项例外类似于英美法系证据规则中的“原件已丢失或损毁”的例外，但是附加了“有证据证明复制件、复制品与原件或原物一致”这一条件，并且缺乏该例外情形之例外的规定。在英美法系证据规则中，原件要求存在着“原件已丢失或损毁”的例外，满足该例外的条件是举证方已经为获得原件付出了足够的努力。但是，中国的证据规则中并没有要求“举证方已经为获得原件付出了足够的努力”这一要件，而是增加了“有证据证明复制件、复制品与原件一致”这一要件。这就是说，在没有原件的情况下，举证方可以以外部证据证明原件的内容。此外，在英美法系，该例外同时也存在例外，即如果原件丢失或毁损的原因是举证方恶意丢失或损毁，则并不免除举证方出示原件的义务。但中国的证据规则并不包含这一例外的例外。

在 2012 年最高人民法院《关于适用〈中华人民共和国刑事诉讼法〉的解释》中，对于物证，应当提交原物，但原物不便搬运的除外。对于书证，根据上述规定，原则上应当提交原件;作为例外，在原件取得确有困难的情况下，可以使用副本或复制件。该规定并没有对何为“取得原件确有困难”加以界定，但是似乎可以理解为英美法系的“经合理努力”仍然无法取得从而应当认定为已经丢失或者损毁的情况。可见，刑事诉讼中原件、原物要求的例外与英美法系的规则更为相似。

根据《最高人民法院关于行政诉讼证据若干问题的规定》第 40 条的规定，行政诉讼中最佳证据规则的例外与民事诉讼最佳证据规则的例外基本一致。

综上所述，我国法律规定的最佳证据规则与英美国家的最佳证据规则进行比较仍有许多不足之处。例如，没有明确文书、照片、记录、原本、副本等概念的内涵，使最佳证据规则的适用范围得到明确界定;没有明确将对方对副本无异议、原件已经丢失或损毁、原件掌握在对方手中、原件掌握在第三人手中、原件属于官方记录、载体不便搬运等典型情形列为原件要求的例外;等等。

六、意见证据规则

(一)意见证据规则的概述

意见证据规则是规范证人作证范围的证据规则。在英美证据法，作为一般原则，证人只应就其曾经亲身感知的事实提供证言，而不得就这些事实进行推论。意见规则以否定性形式表达了此项要求。意见证据规则的基本内容是，证人有关事实的意见、信念或据此进行的推论，为证明所信事实或推论事实为真，一般不具有可采性。例如，某甲进门后，看见某乙一边擦流着血的鼻子，一边怒视某丙。那么，某甲只能如实地表述其所感知的事实，而不得就上述事实推论说"某丙打了某乙"——尽管事实上极有可能确实如此。英美证据法学理论一般认为，意见证据不可采主要是基于两方面的原因：第一，就所证明的事实，证人的意见不具有相关性。如果待证事实属于需要专业知识的事实，非专家证人的意见显然没有任何证明价值；如果待证事实属于不需要专业知识的事实，由于事实裁判者同样可以进行判断或推论，证人的意见又显得没有充分的相关性。第二，该一般原则可以阻止证人侵越事实裁判者的权力。证人职能与裁判职能的区别是意见规则的一项重要理论基础。英美证据法理论将证人视为一种证据方法，其作用在于将其亲自体验的事实如实地提出于法庭；依据一定的证据材料作出推断或结论，则属于裁判职能，应当由陪审团（或法官）负责。

在诉讼中，尽管事实裁断者有权根据自己的判断拒绝接受任何意见证据，但事实上，裁判者很容易被诱以简单地接受意见证言而不是独立对事实进行推论。因此，如果允许普通证人提出推论或意见，那么，或者侵犯陪审团的裁判职能，或者因为该普通证人没有作出推断或意见的特殊技能或经验而误导陪审团。意见规则不但适用于具体证人的意见证言，而且适用于一般性意见与公共舆论意见。但是，对于公共舆论意见有关证据的排除，存在两方面的限制：①如果只是为了证明特定时期关于某事项的一般性意见是什么或者公共舆论意见处于一种什么样的状态，而不是为了证明普遍赞誉或相信的事项为真，那么，公共舆论意见可以作为证据采纳；②对于有关公共利益的事项，如果直接证据难以获得或者不可能获得，作为最后的不得已手段，可以运用公共舆论意见进行证明。当然，随着近代公共记录可信性与易获得性的不断提高，对有关公共利益事项的证明也逐渐变得相对容易。一般而言，在普通法上，公共舆论意见方面的证据可用以证明与血统或婚姻存续状况有关的事项。

在现代社会，由于官方记载能够越来越多地对如婚姻或血统等事项予以证明，公共舆论意见方面的证据主要被用以证明某些古老的事项。为了确定某种指称就是特定的人或物。例如，对于诋毁性的描述，尽管没有指明针对的是谁，但根据一般公共舆论意见可以知道就是针对某人。为了证明公共权利或一般权利的存在，例如，为确定遗嘱中所称的地界标志，可以求助于公共舆论意见方面的证据。为了证明好或者坏的品格尽管意见规则与传闻规则都是以证人证言作为调整对象，但二者调整的重点各不相同。

传闻规则实质上是对证人提供证言的形式提出了具体要求，即亲身感知案件事实的人必须当庭提供证言；而意见规则是对证人作证内容的限定，即无论证人以何种形式提供证言，证人作证的范围一般应限于所感知的事实，不得就所感知的事实进行推论。在适用时序上，一般首先适用传闻规则；只有根据传闻规则可以采纳的证据，才会出现证人所作证言是否因意见规则被排除的问题。在英国，随着传闻规则在民事诉讼案件中的废止，一项传闻意见证言，如果该项记录是根据原始资料提供者的直接口头证据作出的也可以采纳，但是，意图提出此项证据的当事人必须依法履行必要的告知程序。

根据 1972 年民事证据法第 2 条，专家证人所作的专家报告也可以作为证据采纳。在刑事案件中，英国 1988 年刑事审判法第一次承认了专家报告的可采性。该法第 30 条规定，"在刑事诉讼中，无论制作专家报告的专家是否出庭给出了口头证据，该专家报告均可以采纳。如果声称制作专家报告的专家不能提供口头证言，经法庭许可后，该专家报告才可被采纳。法庭为了决定是否作出上述许可，应考虑以下因素：该项专家报告的内容；声称制作专家报告的专家不能提供口头证言的原因；如果制作专家报告的专家不出庭提供口头证言，采纳或排除该项报告可能对被告人造成不公正的任何危险，此时，尤其应当考虑是否存在可能驳斥该报告中陈述的可能性；或者如果本案有多个专家证人，对其他专家证人所产生的任何危险；且如果可采，该专家报告可用以证明该专家得以用口头证言证明的任何事实或意见。在本条中，专家报告是指一项由某人独自或主要负责就其在生前有资格提供专家证据的事项而制作的书面报告”。据此，只要经过法庭许可，专家报告不仅具有可采性，还可用以证明出庭作证的专家证人得以证明的各种内容，专家证人在形成专家意见过程中自行调查发现的事实亦具有可采性。

根据意见规则，在提供证言时，证人一般不得依据其观察的事实进行推断或表达自己的意见；但诉讼发展过程中也形成了一定的例外。依据证人身份的不同，意见规则的例外可以分为两类：其一，有关专家证人的例外，即一个具有适当资格的专家可以就其拥有相应专业知识且需要专家意见的事实陈述其意见；其二，有关普通证人的例外，即作为表述曾亲身感知的事实的方式，一个非专家证人可以就不需要任何特殊的专业知识的事实陈述其意见。

1. 有关专家证人意见证据的例外

专家意见可以采纳是意见规则最重要的例外。该项例外的合理基础如下：借助其专业知识，专家有能力就特定事项表达意见，且该意见被合理地期待可能是一种准确的认识；通过运用其知识和技能，该专家能够提供一定的帮助以供事实裁判者在对事实问题作出裁断时使用，缺少这些帮助，事实裁断者将无法对此作出裁断，因为根据其他相关证据对特定事项作出判断已经超出了事实裁断者的技术能力。

在英美法系国家，法庭接受专家意见是以事实裁判者缺乏进行某些推论所需专业知识为前提条件的。如果没有专家意见的帮助，陪审团同样有能力予以解决，那么，即使该项问题具有一定的专业性，也可以不接受专家意见。至于是否需要专家意见，普遍认为属于法律问题，应由法官负责裁断。

在普通法上，专家证人具有十分宽泛的含义。美国《布莱克法律大词典》对专家的解释是：“经过该学科科学教育的男人（或女人），或者掌握有从实践中获得的特别或专有知识的人。”在英美证据法中，所谓的专家证人，一般是指“在一项法律程序中作证，并对作证的客观事项具有专门知识的人。专家证人是具有普通人一般不具有的一定知识或专长的人，受教育程度可以为一个人提供专家证人的基础，但是基于经验的特殊技能或知识也可能使一个人成为专家证人”。在美国联邦证据规则中，也不从狭义上界定专家，而是界定为凭借“知识、技能、训练或教育”而够格为专家的人。

这样，根据此项规则确定的范围，专家不仅是在最严格意义上使用的表达，如医师、物理学家、建筑学家，有时包括大批被称为“有技巧的证人”的人，如为地价作证的银行业者或地产者。在司法实践中，法庭关心的是事实上的专家，而不在乎其专业知识是如何得来的。资格证书本身不得作为解决法庭面临问题所需相关实际技能的保证，通过实实在在的相关经历所获得的专业知识，却可以赋予一个人作为专家证人的资格，并可能使其证言具有相当大的证明力。

正是由于此种原因，在英美法系国家，法庭以外所确认的专家资格只具有参考价值。在英国，内政部经常公布一些在某个领域具有专家资格的人的名单，美国国际鉴定协会等民间团体也经常颁发一定的资格认证书，但这些资格认证不具有法律上的约束力，当事人可以聘请不具有资格认证的人作为专家证人，法庭也可以不采纳那些具有特定资格认证的人所提供的专家证言。

在英美国家，任何具有专门知识的人都是专家，都可以在法庭上就其专门知识领域中的问题提出专家意见。因此，在诉讼中，当某证人被作为专家证人提出时，该证人就实质问题作证之前，一般应当通过一个所谓“证人资格”的认定程序，即由对方律师（或本方律师）就该证人接受专业训练或获得专门技能等相关问题提问，以揭示其专门知识之有无，确认其专家证人的资格。如果某事项需要特定的专业知识，且特定的证人经过具体的认证程序具有作为专家提供证言的相应能力，该专家证人的证言（包括其推断或意见）均具有可采性。在美国，专家证人甚至可以对有待事实裁判者决定的最终争论提出自己的推断。但是，在刑事案件中，就被告人精神状态或境况问题作证的专家证人，不能对该被告人是否具有属于被指控的犯罪构成要素或相关辩护要素的精神状态或境况提出意见或结论。

也就是说，专家证人可以证明被告人犯有精神病和精神障碍，并可以描述这种精神状态的特征，但不能对被告人有无行为能力或行为是否违法作出推论。专家证人的意见虽具有可采性，但是，对陪审团认定事实并无强制效力。理论上一般认为，陪审团应当根据自己的判断对专家意见的证明价值进行评价、采信。然而，陪审团能够在多大程度上摆脱对专家证言的心理依从是值得怀疑的。而且，近年来，随着科学技术的迅猛发展及学科分工的不断细化，英美证据法学者围绕陪审团是否有能力对专家意见作出适当的评价展开了激烈的讨论。

2. 有关普通证人意见证据的例外

在英美证据法中，所谓普通证人，是与专家证人相对的一种证人类型，一般是指亲身体验了案件事实而非依靠特定的技能提供证言的人，又称为“外行证人”。此类证人所提供的意见证据一般不具有可采性。但是，如果普通证人的意见或推断合理地建立在证人的感觉上，或者对于清楚地理解该证人证言或确定争议中的事实有益，那么，作为意见规则的例外，该意见证据也具有可采性。

该项例外源自这一认识，即作为排除意见证据一般原则基础的基本假定可以明确地区分事实和意见——本身就是一个假命题。证人就其感知事实所提供的证言总是带有一定的主观色彩，而此种主观色彩在某种程度上是由其对于所感知事实的意见（或立场）造成的。区分事实与以该事实为基础所作的推论或价值判断常常是极困难的，有时甚至是不可能的。例如，在刑事诉讼中，一个证人可以指认被告人就是犯罪人，并说：“我看到的就是这个人。”该指认属于意见证据而非事实。

在这里，证人的意思是：“这个人与我看到的那个人是如此相像，以至于我能够说他们就是同一个人。”他能够自信地描述他看到的那个人，并将“所描述的是否就是被告人”这一问题交由陪审团决定。在此种情形下，证人所表达的意见证据实质上传载着证人所感知的事实。在此类案件中，允许证人以自己的方式——所用的方式尽管并不必然是却常常是最自然和最易于理解的方式——提出证言，而此种方式可以准确地向事实裁断者传载证人所感知的事实。对于普通证人的意见，如果明显不是以其亲身体验的事实为基础而作出的推断，应予排除。但是，如果该意见是以其亲身体验的事实为基础而作出的，判例法上则形成了许多例外。这些例外中，大多数属于几乎不可能以其他方式表达的“速记性”证言。具体而言，有如下几种：①尝和闻的问题，如“闻起来像火药味”；②车辆的速度，如“他开得非常快”；③声音、笔迹的辨认，如“是他的声音”；④证人自己的意图，如“我正打算过马路”；⑤另一个人的情感或状态，如“他醉醺醺的，喝了好多酒”“他看上去很紧张”。

近年来，随着对借口所作证言为意见证言而中断证人陈述之弊端的认识，普通证人意见证言的可采性也有所放开。美国埃德华州最高法院曾宣称：“只需意见证言为适当，证人得就其受询问之事实，关于其可能性，或然率，或精确性，表示其意见，此种答复并非侵犯或僭越陪审团之职权，纵涉及陪审团应决定之主要事实亦然。”当然，对于罪与非罪等重大性最终问题，证人仍然不得表达自己的意见。

（二）意见证据规则在中国的法律规定

对于意见证据规则，国内没有系统的法律规定，只是在刑事诉讼、民事诉讼和行政诉讼领域有零星的法律条文涉及，但规定得过于简单，且只是司法解释，在审判实践中缺乏实用性与可操作性。例如，《办理死刑案件证据规定》第 12 条第 3 款规定：“证人的猜测性、评论性、推断性的证言，不能作为证据使用，但根据一般生活经验判断符合事实的除外。”《最高人民法院关于民事诉讼证据的若干规定》第 57 条规定：“出庭作证的证人应当客观陈述其亲身感知的事实。证人为聋哑人的，可以其他表达方式作证。”

证人作证时，不得使用猜测、推断或者评论性的语言。《最高人民法院关于行政诉讼证据若干问题的规定》第 46 条规定：“证人应当陈述其亲历的具体事实。证人根据其经历所作的判断、推测或者评论，不能作为定案的依据。”

【课堂讨论】

被告人陈某灿，男，25 岁，在福州打工，因妹妹来电通知月底出嫁，想给妹妹买件纪念品，但因自己贪玩游戏已将工资花光。于是，产生了盗窃的念头。经过多日观察，发现在金山的“北京京山”小区的某单元仅住一妇女便于下手，故在某年夏天的一个晚上，带了一把砍刀，用绳索从天台下降至该单元的厕所窗户时翻越入室，并翻箱倒柜寻找钱物，未获分文，却惊醒了男主人林某和其妻子。男主人林某从床上站起来喝问是谁，被告人陈某灿没想到有男主人林某在家，于是举刀乱舞说“不要叫，否则砍死你”。林某“哎哟”大叫一声，其妻子开灯发现林某的腿部在被告人陈某灿举刀乱舞时被划了一刀，鲜血直流，于是林某的妻子跪地求被告人陈某灿送林某去协和医院治疗。被告人陈某灿答应，但要求稍等片刻，他去天台将砍刀扔掉回来后与林某的妻子一起将林某搀扶到楼下，打车到协和医院就诊，出租车费由被告人陈某灿支付，被告人陈某灿还帮助去门诊挂号，林某的妻子乘机到女厕所里打电话报警，就近的警察赶来协和医院将被告人陈某灿拘捕。林某经治疗痊愈鉴定为轻伤。

本案作为被告人陈某灿的辩护律师要收集哪些证据？被告人陈某灿构成何罪？是犯罪中止、犯罪未遂或既遂？如何量刑？

【司法考试真题链接】

1. “证人猜测性、评论性、推断性的证言，不能作为证据使用”，系下列哪一证据规则的要求？（　）（2011 年卷二单选第 26 题）

A. 传闻证据规则　　B. 意见证据规则

C. 补强证据规则　　D. 最佳证据规则

2. 下列哪一选项体现直接言词原则的要求？（　）（2009 年卷二单选第 25 题）

A. 法官亲自收集证据

B. 法官亲自在法庭上听取当事人、证人及其他诉讼参与人的口头陈述

C. 法庭审理尽可能不中断地进行

D. 法庭审理应当公开进行证据调查与辩论

3. 在民事诉讼普通程序中，根据有关司法解释，关于举证期限，下列哪一选项是正确的？（　）（2007 年卷二单选第 33 题）

A. 举证期限只能由法院指定

B. 举证期限可以由当事人协商确定，无须法院认可

C. 当事人在举证期限内提交证据确有困难的，可以在举证期限届满之后申请延长

D. 法院指定的举证期限不得少于 30 日

4. 甲养的宠物狗将乙咬伤，乙起诉甲请求损害赔偿。诉讼过程中，甲认为乙被咬伤是因为乙故意逗狗。关于本案中举证责任的分配，下列哪一选项是正确的？（　）（2007 年卷二单选第 45 题）

A. 甲应当就乙受损害与自己的宠物狗没有因果关系进行举证

B. 甲应当对乙故意逗狗而遭狗咬伤的事实负举证责任

C. 乙应当就自己没有逗狗的故意负举证责任

D. 乙应当就自己受到甲的宠物狗伤害以及自己没有逗狗的故意负举证责任

5. 民事诉讼中下列哪种证据属于间接证据？（　）（2006 年卷二单选第 47 题）

A. 无法与原件、原物核对的复印件、复制品

B. 无正当理由未出庭作证的证人证言

C. 证明夫妻感情破裂的证据

D. 与一方当事人或者代理人有利害关系的证人出具的证言

6. 李某涉嫌故意杀人罪，法庭审理期间李某声称侦查人员曾对其实施刑讯逼供，李妻也提出其证言出自侦查人员的威胁、引诱、欺骗。经法院查明，上述情况属实。下列证据材料哪些不能作为定案的根据？（　）（2005 年卷二多选第 68 题）

A. 李某的有罪供述

B. 根据李某的有罪供述找到的杀人凶器

C. 李妻的证言

D. 根据李妻的证言找到的李某转移被害人尸体时使用的布口袋

7. 根据有关司法解释，经查证确属采用刑讯逼供或者威胁、引诱、欺骗等非法方法取得的证据，不能作为定案的根据。下列哪些证据属于此类？（ ）（2002 年卷二多选第 68 题）

A. 证人证言 B. 被害人陈述 C. 视听资料 D. 书证

8. 下列哪一选项属于传闻证据？（ ）（2015 年卷二单选第 26 题）

A. 甲作为专家辅助人在法庭上就一起伤害案的鉴定意见提出的意见

B. 乙了解案件情况但因重病无法出庭，法官自行前往调查核实的证人证言

C. 丙作为技术人员“就证明讯问过程合法性的同步录音录像是否经过剪辑”在法庭上所作的说明

D. 丁曾路过发生杀人案的院子，其开庭审理时所作的“当时看到一个人从那里走出来，好像喝了许多酒”的证言

第三章　证据制度

【案例导入】精神病人周某于某年1月2日凌晨6点左右，在福建省某高速公路有限责任公司经营管理的沈海线（G15）高速公路B道1983KM+390M处宁德城区高架桥桥面主车道，被不明车辆碾压，车辆逃逸，造成周某死亡。逃逸者至今尚未查明，该事故路段，属于居民聚居区域，却未设置能防止行人进入高速公路的“安全护栏”，也没有设置禁入的安全警示标志，存在安全隐患，以致无知和犯病的行人能轻易进入高速公路的桥面车道。

本案应打何种官司？刑事诉讼、民事诉讼？运用哪个证据制度来认定？

证据制度，是指关于证据的概念、种类及运用证据之规则的总和。其包括证据的分类制度，证据的收集、查证、认证及证据保全等制度。证据制度，依时代可分为奴隶社会的证据制度、封建社会的证据制度、资本主义社会的证据制度和社会主义社会的证据制度。依国别可分为外国的证据制度和我国的证据制度。在人类历史上，外国的证据制度经历了神示证据制度、法定证据制度、自由心证证据制度三个发展过程。我国的证据制度仅经历了神示证据制度和自由心证证据制度的发展过程。

第一节　神示证据制度

一、神示证据制度的概念

神示证据制度，也称神明裁判或神证，是证据制度发展史上最原始的一种证据制度。它是指“借助”神灵帮助裁断案情，并且以一定方式把神灵的旨意表现出来，根据神意的启示判断诉讼中的是非曲直的一种证据制度。神示证据制度曾普通存在于亚欧各国的奴隶社会，甚至在欧洲封建社会早期还保留神示证据制度的残余[①]。

在奴隶社会时期，诉讼采取控告式诉讼程序，起诉权由私人掌握，原告、被告双方的利害关系是直接对立的，在案件审理过程中，双方当事人往往争执不下。在当时的历

---

① 中国的奴隶社会，也有神判法，如“神羊触不直”。但神判方法适用较少，消失较早，在周朝时就已基本不用。周朝虽然也让当事人对神宣誓，但没有根据宣誓本身的情况来判决，而宣誓仅具有形式上的意义，这与外国的神示证据制有所不同。

史条件下，出于维护奴隶主阶级统治的需要，以及生产力发展水平十分低下，人们不可能通过科学的方式正确认识人类的社会现象和自然现象。那时人们信奉神灵，认为神是人类的主宰，无所不知，也是最公正的。因此，对于难以查明的案情，难以决断的争议，便求助于神意判明是非和解决争议，并以此为基础对案件作出判决。换言之，神示证据制度的基础是人们对神灵的信仰和崇拜。

由于神本身是一个虚拟的抽象物，事实上根本不存在，所以神意只能通过人所确定的方式表现出来。对神宣誓、水审、火审、司法决斗、十字形证明及卜筮等，是神示证据制度中具有代表性的显示神意的方式。但由于各民族的风俗习惯、历史传统、民族区域上的差异，上述神示方式在实际运用中又各具特点。

二、神示证据制度的证明方法

（一）对神宣誓

对神宣誓是神示证据制度最常用的一种方法，即控告人、被告人及证人都要对神盟誓以证明自己的陈述是真实的。他们相信神的力量，确认宣誓具有法律效力。对神宣誓的方法，在许多奴隶制国家与欧洲封建制国家早期的法典中都有明确规定。例如，《汉谟拉比法典》第 20 条规定："倘奴隶从拘捕者之手逃脱，则此自由民应对奴隶主指神为誓，不负责任。"该法第 131 条规定："倘若自由民之妻被其夫发誓诬陷，而她并未破获有与其他男人同寝之事，则她应对神宣誓，并得回其家。"西欧中世纪初期的《萨利克法典》第 58 条也有宣誓的规定："如果有人杀了人，而交出其所有财产，但还不够偿付依法所该交纳的罚金，那么他必须提供 12 个共同宣誓人，他们将宣誓说'在地上在地下，除已交出的东西以外，并没有其他任何财产'"。采用这种辅助宣誓的原因，是考虑到当事人的亲友多少了解案件事实，或者了解当事人的品德，相信他不会作出虚伪的陈述。否则，这些亲友会因怕神的惩罚而不敢作辅助宣誓。

对神宣誓的方式方法，因宗教信仰不同而不同，有的部族信奉神灵，则在宣誓前向所信奉的神灵祈祷，而后凭圣物起誓，请求神灵证实其陈述真实或主张合理；有的部族视武器为圣物，则向武器进行宣誓；有的部族甚至向某种动物或家畜进行宣誓。由于当时人们普遍认为神灵是最公正的，欺骗了神就必定会遭受神的惩罚，因此对神宣誓就成为法官判断宣誓者对案情陈述真实与否的依据。如果谁不敢宣誓，或者在宣誓过程中慌乱，则可据此判断其陈述是虚假的，或者是理屈，或者是有罪，从而引起相应的法律后果，如果没有出现上述情况，对神的宣誓就成为法官确认宣誓者对案情陈述真实的依据。

（二）水审

水审是指通过一定的方式使当事人接受水的考验，显示神意，并以此判定当事人对案情的陈述是否真实，或者被控人是否有罪。水审分为冷水审与沸水审两种方式。

所谓冷水审，一般是将原告、被告双方当事人或被告人一方投入河水，看其是否沉没，以检验其陈述的真伪及是否有罪。由于各民族传统不同，在具体的判断标准上也存在一些区别。例如，在古巴比伦王国，被告人被投入河中，如果沉没则表明神要对他进行惩罚，因而其陈述是虚伪的，或者被认定有罪；如果被告人浮出水面，则认为他的陈述是真实的，或者被认定无罪。《汉谟拉比法典》中也有类似的认定标准，该法典第 2 条规定："倘自由民控自由民犯巫蛊之罪而不能证实，则被控犯巫蛊之罪者应行至于河而投入之。倘没为河所占有，则控告者可以占领其房屋；倘河为之洗白而彼仍无恙，则控彼巫蛊者应处死，投河者取得控告者之房屋。"该法典第 132 条还规定："但自由民之妻因其他男人而受指摘，而她并未被破获有与其他男人同寝之事，则她因其夫故，应投于河。"这里的"应投于河"是指由河神来证明其清白，但古日耳曼民族的判断标准恰恰与之相反，古日耳曼民族认为水是世界上最纯洁的，不接纳任何污秽的东西，被告人入水而不沉，则认为他受到水神的唾弃，从而说明他的陈述是虚假的，或者他是有罪的；相反，如果他沉入水中，则认为纯洁的水神接纳了他，他的陈述是真实的，或者他是无罪的，在这种情况下，亲友必须立即捞救，以免无罪的人反遭溺死。

所谓沸水审，是指令受审人用手从沸水或沸油锅中取出放置水底的某种物品，然后包扎好其烫伤的手臂，同时向神祈祷，经过一段时间后再根据其烫伤是否愈合来判定其陈述是否真实或是否有罪。如果烫伤已日有起色，渐趋痊愈，法官则认为是神意所致，因而他是诚实、无辜的；反之，伤口日渐脓肿溃烂、无法愈合，则可据此判断他的陈述是虚假的，或者他是有罪的。

（三）火审

所谓火审，就是让被告人接受火或烧红的铁器的考验，显示神意，借以判定当事人的陈述是否真实或被控人是否有罪。火审与水审一样，都是比较重大的考验方法，一般用于大案、要案中。例如，公元 9 世纪法兰克人的《麦玛威法》中规定："凡犯盗窃罪，必须交付审判。在审判中为火所灼伤的，即认为不能经受火的考验，处以死刑；反之，如果不为火所灼伤则可允许其主人代付罚款，免除死刑。"14 世纪的古塞尔维亚的《都商法典》第 152 条也规定，被告人想证明自己的清白，就应接受烧红的铁的考验，即他必须从教堂门口燃起的火堆中，取出烧红的铁，用手拿到祭坛上。如果经过一段时间，他手上的灼伤愈合了，则被认为是无罪的；如果伤口溃烂，不能愈合，则他是有罪的。

（四）司法决斗

1. 司法决斗的概述

司法决斗，又称决斗裁判，是指由法庭命令或认可，依预定的规则和仪式，以武力方式证明案件事实真相和诉讼请求，旨在避免更大冲突的司法程序。司法决斗的性质属神判的一种，带有祈求神灵昭示正义之意。"日耳曼人在一些特殊案件中把决斗看成是一种天意，并经常以此来惩罚罪犯和篡权者。"

司法决斗是特定社会历史背景下克服事实真伪不明的重要手段和证据制度，是人们"为满足复仇心理而创造出来的"一种替代性纠纷解决方式，典型地体现了暴力型私力救济（私人的武力争斗）向公力救济（司法框架下依法定规则的武力争斗）的过渡，以及私力救济与公力救济的交错。

司法决斗的作用，以现时眼光来看，似乎是一种迷信、愚不可及的纠纷解决机制。因为决斗本身并不能真正发现事实真相，证明谁有罪谁无过错，却可能使杀人犯再次合法地杀人。尽管如此，这一制度却延续了一千多年，在中世纪欧洲的社会生活中发挥了化解纠纷、实现正义、维护荣誉、保障秩序的重要作用。

决斗被引入司法程序成为司法决斗要从日耳曼人谈起。日耳曼法最早确立了欧洲的司法决斗制度。公元501年，勃艮第国王耿多巴德鉴于在诉讼中伪证泛滥，明令在审判中可以通过决斗认定案件事实，由此掀开司法决斗的历史。根据规则，决斗中获胜一方的陈述被认定是事实，而败北一方或不敢参加决斗一方的陈述则被认为虚假。其依据是，神会保佑说真话的人。司法决斗制度被勃艮第国王确立后，逐渐被日耳曼诸国普遍仿效，在以后约600年成为欧洲一种重要的司法手段。值得注意的是，在我国法制史上，决斗制度从未被法律确认过，也没有成为解决争端的民间流行方法。

2. 司法决斗的类型

（1）当事人之间的决斗。若一方在法官面前指控对方，而对方声称指控者撒谎，若事实难以证明，法官就可能命令双方通过决斗一见高低，并明确规定决斗的时间、地点和武器等。

（2）当事人与辅助誓言人的决斗。根据勃艮第法律，发生诉讼后，若被告以宣誓方式否认指控，控方不接受其宣誓，而提出只有借助决斗才能验证被告诚实性时，法官就可命令决斗。帮助辅助誓言人与控方进行决斗。

（3）当事人与证人的决斗。当事人认为对方证人证言于己不利，可告诉法官其为诽谤者，若其坚持作证，当事人可提出决斗。若证人决斗失败，对方当事人会因提供伪证而败诉。

（4）当事人与法官的决斗。此类决斗与上诉有关。对于尚武的民族而言，上诉意味着武力决斗，以原来反击当事人的方法反对法官。若提出上诉的人决斗失败，其上诉不再存在；若战胜法官，其所上诉的判决化为乌有，应进行新的审判，即决斗的胜方还要与对方当事人决斗。

3. 司法决斗的消亡与其他决斗的兴起

（1）司法决斗的消亡。12世纪后半叶，英国国王亨利二世进行司法改革，禁止司法决斗，而代之以宣誓作证的方法。第一次世界大战后，司法决斗在欧洲基本绝迹。

（2）荣誉决斗与政治决斗。当司法决斗逐渐消亡时，荣誉决斗、政治决斗却开始兴起。这些决斗无须获得法院、主教或国王同意，纯粹是一种私人行为，引起决斗的原因也可能只是琐碎的纠纷。

三、对神示证据制度的评价

在奴隶社会，奴隶主阶级是统治阶级，为维护其统治地位，便将自己的意志上升为国家意志，对奴隶进行残酷、野蛮地镇压和统治，在法律面前奴隶没有任何权利，对奴隶的生杀予夺也无须任何诉讼证据。对于奴隶的反抗，主要通过军事镇压的方法解决，需要通过诉讼程序审判的，只是奴隶主和自由民的民事违法行为和犯罪行为。

神示证据制度以宗教信仰为其思想基础，法律把审查判断证据的权力不是赋予法官，而是赋予神灵，因此，它所采用的各种证明方法都是唯心主义的，当然难以查明案件事实真相，也不可能对案件作出正确结论。但是，神示证据制度的产生不是偶然的，而是与当时的历史条件相适应。在奴隶社会，生产力水平低下，科学文化技术落后，人们愚昧无知。人们认为神灵是万能的，无所不知，最能公正判断人们难以辩明的是非曲直。而神作为一个虚构的抽象物，要表现神意，必须通过人所确定的具体方式来实现。当时的统治阶级正是巧妙地利用了人们这种信奉神灵的心理，运用神示证据制度来断狱息讼，以维护和巩固自己的统治地位。这种证据制度在现在看来十分荒谬，但是当时对于判断证据的证明力还是起了一定的作用。人们信奉神灵，在神灵面前人们心理受到很大的抑制，唯恐作不真实的陈述会遭到神的惩罚，从而不敢不如实陈述案件事实真相，因此，神示证据制度在一定程度上对于正确断狱息讼也有一定的价值。

第二节 法定证据制度

一、法定证据制度的概念

法定证据制度又称为形式证据制度，是指法律根据各种证据的不同形式，对其证明力的大小以及如何审查判断和运用预先明文规定，法官审理案件必须据此作出判决，而不得自由评断和取舍的一种证据制度。这种证据制度只要求法官机械地运用法律规定的各项规则认定案情，而无须考虑案件的真实情况。

法定证据制度理论认为，每一种具有一定特征的证据，其证明力在一切案件中都是永恒不变的，因此，可以用法律预先规定证据的证明力。法官在办理各类案件时，只要严格按照法律的规定运用证据，就能够准确地查明案情和正确地裁断案件，这样做有利于防止法官主观擅断。在这种证据制度下，法官在审理案件过程中，不必分析和判断本案中各种证据的真实性及其证明力大小，他们唯一的职责是按照法律预先规定的各种证据可靠性的百分比，机械地计算和评价本案的各种证据，并且据此认定案件事实。

二、法定证据制度产生的历史条件

欧洲进入封建君主专制时期后，一种新的适应当时政治需要的证据制度，即法定证据制度取代了神示证据制度。法定证据制度盛行于欧洲 16~18 世纪的君主专制时代，在德国、奥地利、俄国等国家直至 19 世纪后期仍然实行法定证据制度。最早规定这种证据制度的代表性法典是 1532 年神圣罗马帝国的《加洛林纳法典》、1853 年的《奥地利刑事诉讼法》及 1857 年的《俄罗斯帝国法规全书》等。同时期的英美法系国家，由于其民族历史传统的特殊性，尽管其证据制度中也具有许多形式主义的因素，受到法定证据制度理论的影响，但是一直没有形成大陆法系国家那样典型的法定证据制度，而是根据长期审判经验的积累，制定了一系列证据规则，它与法定证据制度相比具有进步性。中国也受到法定证据制度的影响，但在整个封建时代并未形成完整意义上的法定证据制度。

法定证据制度是欧洲封建君主专制政治体制与纠问式诉讼形式的产物。君主专制政治的一个特点是中央集权，强化国家权力对社会的控制。与此相适应，在欧洲大陆君主专制时期，纠问式诉讼形式取代了弹劾式诉讼形式。所谓纠问式诉讼形式，是指司法机关对于犯罪案件，不待有人告发，即可进行追诉、审理，被追究的犯罪嫌疑人只是被拷问的对象，不是诉讼主体，不享有反驳控诉的辩护权利，而且诉讼不公开进行。在纠问式诉讼形式下，无论是否有被害人控告，司法机关都有权主动追究犯罪，法官集起诉权和审判权于一身。被告人负有招供的义务，对被告人刑讯逼供是法定的程序。很显然，这种诉讼形式大大强化了国家的司法权。在各种情况下，传统的神示证据制度已不能满足统治阶级的需要，必须有一种新型的证据制度取代神示证据制度。同时，法定证据制度要求法官必须绝对依照法律对证据证明力的规定认定案情、适用法律，取消了法官的自由裁量权，这就使封建君主可以通过这种证据制度有力地控制司法权，适应君主专制及中央集权的需要。

三、法定证据制度的特点

（1）法律预先规定了各种证据的证明力和判断证据的规则。这就是法定证据制度的一个最主要特点。根据当时的法典和证据理论，各种证据被划分为完善和不完善的，或完全和不完全的。完全或完善的证据是指法律规定能够据以认定案情的充分、确实的证据，不完全或不完善的证据是法律所规定的其证明力还不充分，不足以认定案情的证据。例如，1857年的《俄罗斯帝国法规全书》把如下几种证据列入完全或完善的证据：①受审人的坦白是全部证据中最好的证据；②书面证据；③亲自的勘验；④具有专门知识的人的证明；⑤与案件无关的人的证明。同时，把如下几种证据列入不完全或不完善的证据：①受审人互相间的攀供；②询问四邻所得知的关于犯罪嫌疑人的个人情况和行为；③实施犯罪行为的要件；④表白自己的宣誓。对于不完全或不完善证据的证明力，又有更具体的划分。两个或两个以上的不完全证据可构成一个完全证据。例如，两个善意证人在宣誓后提供的证言是完全证据，一个证人证言是不完全证据。

（2）法律对于证据证明力和判断证据规则的规定，主要是根据证据的形式而不是根据证据的具体内容。关于证人证言的证明力的规定，法定证据制度认为，两个典型的证人证言，应当看做完全和完善的证据。所谓典型证人，是指两人之间彼此无关，具有完全的信用和良好的品质，两人对案件事实所作的陈述一致。一个可靠证人的证言，算做半个证据。当几个可靠证人的证言相互矛盾时，则按多数证人证言来判断案情。同时，当时几乎所有的法典都认为被告人的自白是所有证据中最有价值和最完善的证据，而不管被告人自白的具体内容如何。关于书证证明力的规定，也体现了法定证据制度的形式主义特征。例如，书证只有公文书、原本等才具有较大的证明力。

（3）刑讯逼供是取得被告人自白——“证据之王”所普遍采用的合法方式。刑讯逼供是纠问式诉讼和法定证据制度的重要特征。由于被告人的自白被认为是所有证据中最具有价值和最完善的证据，对案件的判决和被告人的命运起着决定性的作用，所以，在司法实践中侦查人员和法官就会千方百计、不择手段地获取被告人的自白，刑讯逼供也就成为封建社会刑事诉讼普遍采用的方法。对于讯问被告人的内容、步骤、方式等，当时的许多法典都作了明确的规定。

（4）封建等级特权盛行。在法定证据制度下，封建等级特权极为盛行。在有关证人证言的证明力的规定中，这个特点表现得尤其突出。例如，1857 年的《俄罗斯帝国法规全书》规定，当几个地位或性别不同的证人的语言发生矛盾时，要依照下列原则处理：①男人的证言优于妇女的证言；②学者的证言优于非学者的证言；③显贵者的证言优于普通人的证言；④僧侣的证言优于世俗人的证言。

（5）法律对证据证明力的判断证据规则的规定是审查判断证据绝对性的依据。法定证据制度对证据的证明力有绝对性的规定，法官在判断证据证明力时，没有任何主观能动性，只能机械地按照法律规定对证据证明力进行计算，或者将几个不完善的证据相加为一个完善的证据。这种做法的荒谬性在于用定量分析的数学方法解决属于定性分析领域的审查判断证据问题，显然是强烈的形而上学的思维方式的体现。

四、法定证据制度的基本规则

法定证据制度认为，每一种证据证明力的大小，在所有的案件中都是相同的。因此，可以不考虑各个具体案件本身和各个证据材料的特点，而只根据证据的形式，按照证据材料的外部特征，预先在法律上规定各种证据的证明力和判断证据的规则，法官只需机械地依照法律规定认定案情，处理案件。在当时欧洲各封建专制国家的诉讼法典中，对于司法实践中经常运用的几种主要证据，都具体规定了它们的证明力及审查判断的规则。

（1）被告人的自白。对于被告人的自白，无论是被告人自己主动供认的，还是刑讯逼供的，几乎所有国家的法典都认为是最完全的证据，是“证据之王”，而从不考虑被告人口供是否符合案件客观实际。由于将被告人的口供视为法定证据制度的基础，因此对于如何运用这种证据，法律作了许多具体的形式上的要求和规定。

（2）证人证言。关于证人证言的证明力，法律作了形式主义的规定，主要如下：两个典型证人的证言可以看做完全可靠的证据；一个可靠证人的证言，只能算半个完全的证据。

（3）书证。法律对书证的证明力的大小也作了具体的规定，例如，法律认为，书证的副本没有原本的证明力大，公文书的证明力大于私人写作的文书的证明力等。

法定证据制度不仅规定了各种证据的证明力，还具体规定某类案件如何运用证据定案。例如，《俄罗斯帝国法规全书》第 312 条规定，认定强奸案必须具备以下条件：①切实证明确有强暴行为；②证人证明被强奸时曾呼喊旁人救助；③她的身上或被告人身上或两人身上，显出血迹、青斑或衣服被撕破，能够证明有过抗拒；④立刻或在当日报告。可见，法定证据制度的形式主义发展到了登峰造极的地步。

法定证据制度在规定证据和证据的证明力的同时，也规定了法官在审查判断证据问题上的职责。法律限制法官分析研究证据的证明力，也不要求其判断证据是否能够证明案件的真实性，只要求法官机械地按照法律的规定，识别各种证据的证明力，计算证据证明力的大小或证据数量的多少，而不允许法官按照自己的见解审查判断证据。可见，在审查判断证据的过程中，法官毫无主观能动性。

五、对法定证据制度的评价

法定证据制度是为适应封建君主中央集权的政治需要而建立的。在封建社会初期，各地封建主政权处于割据和闭关自守的状态，它们都有自己的司法机关和诉讼程序，在全国范围内没有形成统一的司法组织和诉讼制度。为了结束这种状况，加强中央集权统治，封建主阶级在建立封建集权制国家的同时，也逐步统一了全国的司法组织和诉讼制度，法定证据制度作为诉讼制度的重要组成部分，为了适应当时社会的历史发展，将审查判断证据的权力赋予法律，即以法律明确规定各种证据的证明力和运用规则，从而结束了各种封建主政权运用证据的混乱状态。

与具有深厚宗教色彩的神明裁判和司法决斗相比，法定证据制度虽然本身并不科学，但毕竟更多地体现了人类的理性与智慧，是人类社会进步的结果。这种进步性主要体现在法定证据制度要求法官必须按照法律对证据证明力、判断证据规则的预先规定来审理案件，有利于消除在运用证据中的混乱状态，从而有力地限制了法官的司法专横。法定证据制度对神示证据制度的否定，是人类对客观世界认识能力发展的结果，是人们运用证据的经验在法律上的反映。法定证据制度的有些规定，如关于书证的原本、副本证明力的规定，在一定程度上反映了书证的某些特征和运用书证的经验。这与神示证据制度相比，在运用证据上摆脱了宗教迷信，使之服从法律，也是一大进步。

虽然从客观上讲，法定证据制度具有一定的进步意义，但法定证据制度是建立在形而上学的理论基础之上的。它把证据材料的外部特征视为内在的普遍性的规律，并且脱离案件的具体情况，忽视法官在审查判断证据中的主观能动性，以法律的形式详细、具体规定了法官必须遵守的运用证据的规则，从而束缚了法官，使他们难以从客观实际出发，揭露和查明案件事实真相。在法定证据制度的具体内容中，虽然也包含一些有价值的实践经验，具有一定的合理性，然而法定证据制度把这些具体的经验，无条件地奉为一般性准则，运用于一切案件，这就使真理在形而上学的思维方式中转化为谬论。

第三节　自由心证证据制度

一、自由心证证据制度的概念和渊源

自由心证证据制度，是指一切证据证明力的大小，以及证据的取舍和运用，法律不预先作出规定，而是由法官根据自己的良心和理性自由判断，并根据其形成的内心确信

来认定案件事实的一种证据制度。法国议员杜波尔，最先把封建社会实行的证据制度命名为法定证据制度，但后来又给予了猛烈的抨击。1790年12月26日，杜波尔在法国议会发表了一篇引起争议的著名演说，他建议：应当废除以往实行的法定证据制度，而改为“法官自由心证”。杜波尔的主要观点是：法官在审理案件时，其全部的注意力应当集中到一点，即如何判明案件的真实情况。而判明案件的真实情况可以有两种办法：一种是由法律预先把各种证据的证明力都一一规定出来——什么样的证据是完全可靠的；什么样的证据则不完全可靠。不管法官的内心是否相信，法官只需要按照法律的规定去判断；另一种办法是把那些用以证明案情的一切证据材料，都详细地收集起来，摆在法官的面前，不加任何限制地任凭法官去自由判断，让他们得出自己的内心确信。杜波尔称前一种办法为法定证据，而对后一种办法，则称为道德证据。他把这两种办法的利弊得失作了一番详细比较，最后得出的结论是：法定证据是一种荒唐的证据制度，应当予以废除。法国议会经过激烈的辩论，于1791年1月18日通过了由杜波尔起草的一项决议，确立了法官自由心证的原则。同年9月29日，法国宪法议会发布训令正式予以公告。1808年，法国颁布了世界上第一部刑事诉讼法典，从立法上把自由心证规定为刑事诉讼中判断证据的一项制度。其后，欧洲大陆许多国家也都效仿法国，纷纷通过立法将自由心证确立为审查判断证据的基本原则，如1865年的《意大利刑事诉讼法典》、1877年的《德国刑事诉讼法典》等，都规定了自由心证证据制度；此后日本从明治维新开始，以及我国民国时期，也都采用了自由心证原则。目前，自由心证已成为资本主义各国普遍实行的一项制度。中国当代的证据制度也依然深受其影响，当今在港澳台地区均实行自由心证证据制度；在中国大陆实行的证据制度，学界有多种观点，有的称为实事求是的证据制度，有的称为法定确信的证据制度，也有的称为以证求实的证据制度，还有的称为综合证据制度或循法求实证据制度。虽然目前尚无定论，但实际上在司法实践中均在实行自由心证。

二、自由心证证据制度评价证据的标准和核心

自由心证证据制度的主要特征是授权法官凭借自己的良心、理性自由判断证据和运用证据，根据自己的内心确信认定案情。因此，自由心证证据制度自由评价证据的标准有二：一是良心，二是理性。在自由判断证据过程中形成的内心确信是自由心证证据制度的核心。

（一）良心

（1）良心的概念。良心（conscience）是一个古老的伦理概念。《孟子》中将恻隐、羞恶、恭敬、是非之心称为良心，主张人应当注意找回被流放的良心。朱熹则将良心视为宰制人心的“道心”。王阳明将良心看做澄澄朗朗的“本心”。在弗洛伊德的心理学中，良心就是“超我”制约“自我”的人格命令的一部分。道德意义上的良心是一种道德心理现象，是指主体对自身道德责任和道德义务的一种自觉意识和情感体验，以及以此为基础而形成的对于道德自我、道德活动进行评价与调控的心理机制。

（2）良心的形成。良心的形成大体上涉及习俗和信仰两个问题。包尔生认为，良心是一种“世袭智慧”。良心是从习俗中获得的，“无论谁想加入其民族的理智生活，都必须说该民族的语言和遵循该民族的规则；无论谁想加入其民族的道德生活，也必须遵守该民族的风俗和听从其良心的指令。马克思则指出：“良心是由人的知识和全部生活方式来决定的。”马克思实际上是更加全面地解释了良心的本源。因为社会生活方式，包括生产方式显然又是习俗的基础。良心的形成，从本原上说，是道德习俗等的产物。但在良心的形成或修养过程中，信仰因素的作用不可或缺。因此，不同的信仰就有不同的良心。

（二）理性

理性，一般是指概念、判断、推理等思维形式或发展活动。其意思与感性相对，是指处理问题按照事物发展的规律和自然进化原则来考虑的态度，考虑问题、处理事情不冲动，不凭感觉做事。数千年来素以理性标榜的西方人，认为理性是人最根本的性质，理性地位至高无上。理性是神圣的，也是宇宙中最为奇特的。

在西方哲学中，各种哲学学派对理性有不同的看法。斯葛多派认为理性是神的属性和人的本性；唯理性论把理性看做知识的源泉，只有理性才是可靠的；18 世纪的法国唯物主义者认为，凡是符合人性的就是理性，主张把理性作为衡量一切现存事物的尺度，建立一个永恒正义的理性王国；在德国古典哲学中，把理性和知性相对，作为认识的一个阶段。理性是古典文化骄傲的成就，也是古典精神的灵魂。从严格的意义上说，理性主义主要指在 17 世纪中叶到 18 世纪中叶兴起的对理性毫无保留的颂扬，理性主义者也多指笛卡尔、莱布尼茨、斯宾诺莎等，而他们培植理性主义的这段时期也被称做理性的时代。在笛卡尔时代（即理性时代），人们对理性的要求乃是非批判的，即未加审察的，这完全是因为大多数哲学家对理性都拥有同样的信念，并且实质上都接受同样的理性原则。始于康德的理性批判带来了理性的空前繁荣，并在黑格尔的建设性维护中走向了鼎盛。理性在现代性反思中遭到了前所未有的毁灭性批判，导致了理性信仰的衰落。

（三）内心确信

在学术上，自由心证和内心确信（确认）具有同一性。自由心证又称为内心确信，自由心证的核心是法官要形成内心确信。自由心证原则的要求是对于证据的取舍及其证明力，法律不预设规定，而由法官针对具体案情根据经验法则、逻辑规则及自己的理性良心自由判断，由此形成内心确信，并据此认定案件事实。法官通过证据判断形成的内心信念，称为“心证”。心证达到深信不疑的程度，称为“确信”。所谓内心确信，是指法官内心对于案件事实形成确信，即法官心证程度应当达到“不允许相反事实可能存在”（刑事诉讼）或者“真实的可能性大于虚假的可能性”（民事诉讼，行政诉讼）的证明标准。这也就是我们常说的“排除一切合理怀疑”。值得注意的是，在不同的诉讼制度中，法官获得内心确信的路径不同。在英美法系中，法官对事实的内心确信只要达到盖然性的“优势证明”程度即可下判，而在大陆法系中，法官对事实的内心确信必须达到排除合理怀疑的“高度”盖然性程度才可下判。

三、自由心证证据制度的历史意义

自由心证证据制度取代封建时期的法定证据制度具有一定的历史进步性。自由心证证据制度的建立，引起了诉讼结构的变革，否定了法定证据制度的形而上学的形式主义，抛弃了法定证据制度的封建特权，废除了刑讯逼供的证明方法，确定了举证责任由控诉方担任的原则，使被告人获得了辩护权。自由心证证据制度还实行双方当事人对等辩护的原则，使法官根据当事人双方的举证辩论，形成其内心确信，然后对案件作出裁判。这是历史性的进步，对诉讼制度是一次重大的革新，它推动了诉讼制度的民主化进程。

自由心证证据制度的建立，使法官摆脱了法定证据制度那些烦琐规则的束缚，有可能按照自己的经验和良心对证据和证据的证明力进行自由判断，从而为查明案情和正确处理案件提供了可能性。它推动了证据科学的发展和证据理论的进步，自由心证证据制度是确认有审判权者即有真理的原则，为法官利用司法活动灵活地为政治服务提供了广阔的天地。这是自由心证制度能够产生并长期存在的一个关键因素。但是自由心证证据制度在评价证据价值及其价值的选择上，给了法官和陪审团很大的自由裁量权。因此，当今世界各国无论是在立法，还是在理论上，对法官依良心、理性“自由”地判断证据也有一定的限制。例如，日本刑事诉讼法在规定法官具有自由判断证据证明力的同时，又规定当被告人的自白成为对他不利的唯一证据时，不得认定其有罪。又如，某些资产阶级法学家认为自由心证的形成必须具备以下条件，才能认为是合法的：①内心确信必须是从本案情况中得出的结论；②确信必须是基于一切情况的酌量和判断；③考虑判断这些情况的时候，必须不是孤立的，而是它们的全部总和；④内心确信的形成必须是对每一证据“依据证据的固有性质和它与案件的关联”加以判断的结果。

陈瑞华教授认为，自由心证的对象是证明力，不是证据力。证据力是法律明文规定的，不能自由判断。但是在自由判断证明力时，不享有无限的自由裁量权，而是有所限制。从世界各国的惯例来看，它受三方面的限制。

一是受逻辑法则的限制。逻辑法则是人类认识事物、发现事实进行逻辑推理的基本准则。例如，被告人口供和辩解发生反复，在开庭前供认有罪，后当庭翻供，作了无罪的辩解，如果庭前供认有罪的口供笔录得不到其他证据的佐证和印证，依据《死刑案件证据规定》第22条，法庭不得将其作为定案的根据。这是过去在辽宁抚顺创立的“零口供”规则在两个规定中得到了确立。对于供了翻、翻了供出现了反复，当庭又不供认的，庭前供述笔录得不到其他证据的佐证和印证的，庭前供述笔录被视为不存在。因为同一人对同一件事出现了矛盾的说法，一会说有罪一会说无罪，同一个人对同一个事实的描述相互矛盾，从逻辑上看不可能同时成立，一个为真一个为假，根据逻辑上的排中率和矛盾率，两个对同一事实自相矛盾的陈述不可能同时存在，两种可能性都存在，结论是二者都不能采用。这就是逻辑法则，是我们认定证明力的基础，法官不允许随意的自由心证，自由不能违背逻辑法则，如违背，公诉方就会提出抗诉，辩护方会提出上诉。

二是受经验法则的限制。所谓经验法则，是指认定案件事实和证据是否真实、相关的要符合基本的社会生活的经验和常识。违背了经验和常识，证据就不具有证明力，如

《死刑案件证据规定》中规定物证、书证来源不明的、提取、搜集过程有疑问得不到合理解释的一律不得作为定案根据。这是经验法则，大量的经验教训表明，来源不明的物证、书证的真伪不明，有时候可能是伪造或变造的。例如，在犯罪现场找到了一枚指纹，经过鉴定是被告人所留，但这枚指纹来源不明，勘验检查笔录没有记载，没有照片，也没有相应地把它固定下来的证据，在某省发生的一起反响很大的抢劫杀害出租车司机的案件，北京一家律师事务所的一位律师为他辩护，当时最大的一个问题，即烟蒂的来源不明。在尸体旁边，发现了一枚过滤嘴的烟蒂，经过切割烟蒂上残留的唾液证明它的血型是阳性，被告人血型也是阳性，另一半烟蒂经过DNA鉴定证明与被告人的DNA的分子结构统一认定率高达99.95%，这是某省公安厅比较先进的技术侦查部门所做的鉴定结论。但是非常遗憾的是法庭开庭的时候，公诉人查遍了整个案卷找不到烟蒂来源的任何说明，没有原件、照片、勘验检查笔录没有任何提取说明，这说明我们极个别侦查人员的证据意识有待提高。所以根据经验法则来源不明的物证、书证有可能被怀疑是伪造的、变造的、不真实的，应予以排除。

三是受良知法则（经验、理性和良知）的限制。什么叫良知？它是指人的价值系统，对证据证明力的判断除了要符合经验法则、逻辑法则以外，还要符合一般的法律价值观，符合价值判断的基本要求。德国法律中有一条：疑罪从无——疑问时作有利于被告人的解释。我们通常称为“天秤倒向弱者”，当证据的证明力有疑问的时候，作有利于被告人的解释。请问这是逻辑法则呢，还是经验法则，都不是，这是价值系统，是人的价值判断，是人的良知系统，对证据证明力所做的一个价值选择、价值判断。我国《死刑案件证据规则》第40条关于被告人的年龄问题，用的就是良知系统、价值判断。当没有办法排除证据之间的矛盾，没有充分证据证明被告人在实施犯罪的时候已满18周岁时，怎么办？这时候经验法则、逻辑法则都失灵了，不能发挥作用，那要作不能认定其犯罪时已满18周岁，即作有利于被告人的推定。这一点为我们检察官、法官所接受，这就是良知系统，一个价值判断的理念。

笔者认为上述陈瑞华教授的观点对理解自由心证证据制度存在的缺点和如何限制法官和陪审团的自由裁量权具有重大的意义。

第四节　我国的证据制度

一、我国古代的证据制度

（一）奴隶制时期的证据制度

公元前21世纪，随着原始公社的解体，中国历史上出现第一个奴隶制国家——夏。以后的商、周王朝，同样是奴隶制国家。在奴隶制国家，奴隶主阶级是统治阶级，奴隶制时期的国家和法律，是奴隶主镇压奴隶反抗、维护其阶级统治的工具。

由于奴隶社会是从原始社会发展而来，在奴隶社会初期，统治阶级处理犯罪案件和财产纠纷只能依靠习惯法，后来才逐渐出现了成文法，如我国西周时期的《周礼》《吕刑》等。在这些法律中，都有关于诉讼制度和证据制度的规定和记载。那么在我国古代奴隶社会，统治阶级是根据什么来分辨是非，弄清案情的呢？或者说，我国古代奴隶社会的证据制度有什么特点呢？具体介绍如下。

1. 神判方法适用较少、消失较早

从我国古代文献的记载中可以看到，在国家和诉讼出现的早期，生产力发展水平低下，科学文化落后，宗教迷信盛行，曾经实行过某些神判方法。但由于中国古代文明发达较早，神判的方法始终未形成如古罗马等其他奴隶制国家那样的神示证据制度，并且神判的方法在当时的诉讼中适用较少，而且消失得也较早，在周朝时期就已基本上不实行。

《说文解字》解释古代“灋”字说：“‘灋’，刑也，平之如水，从水；廌，所以触不直者去之，从去。”又释，“廌，兽也，似山牛，一角；古者决讼，令触不直”。后东汉王充在《论衡·是应》中也讲过：“儒者说云：獬豸者，一角之羊也，性知有罪，皋陶治狱，其罪疑者，令羊触之，有罪则触，无罪则不触。”并指责儒者的说法是“神奇瑞应之类也”，“盖有虚名，无其实效也。人畏怪奇，故空褒增”。这种以兽触罪者的传说，可能就是古代神明裁判的反映。关于夏、商时代的证据制度，从保留下来的史料中无法考据，而从记载有周朝的法律制度的《周礼》中，可以看到当时进行刑、民事诉讼，有要求当事人盟誓、盟诅之类的规定。例如，《周礼·秋官·司盟》中说：“有狱讼者，则使之盟诅。”“凡盟诅，各以其他地域之众庶，共其牲而致焉，既盟，则为司盟共祈酒脯。”这主要是奴隶主阶级利用宗教迷信，利用人们敬畏神灵的心理，促使当事人如实陈述，至于案件最后如何认定，谁是谁非，并不是仅仅依靠对神宣誓，即并不是依靠神的意志来决定。因此，根据我国古代的传说，在奴隶社会早期可能实行过某些神判的方法，但它绝不是我国古代奴隶制国家盛行的一种证据制度。

2. 法官判断证据和认定案情，以察听五辞的方法进行

《尚书·吕刑》中说：“两告具备，师听五辞；五辞简孚，正于五刑。”即当时的司法机关“断狱息讼”时，都要求原、被告双方当事人到齐后进行陈述，由司法官以察听五辞的方法审查判断其陈述的真伪，并以其供词作为定罪判刑的主要根据。所谓“五辞”，即“五听”，《周礼·秋官·小司寇》中有以“五听”断狱的说法：“以五声听狱讼，求民情。一曰辞听（理屈者则言语错乱），二曰色听（理屈者则面红耳赤），三曰气听（无理则喘息），四曰耳听（理屈者则听不清法官的问话），五曰目听（理屈者则双目昏花，无神）。”司法官吏在审理案件时，要注意受审人讲话是否合理，讲话时神色是否从容，气息是否平和，精神是否恍惚，眼睛是否有神，从而断定其陈述的真伪和案件的是非曲直。可见，当时司法官吏审理刑、民事案件，就已经比较注意和重视听取当事人的陈述和获取口供。这种审案方法，是统治阶级在长期审判实践中积累的经验总结，与原始的神判相比，当然具有进步意义。但是其案件事实的认定根据受审人的表情确定，因而还是难以避免法官的主观臆断。这种以“五听”断狱讼的主观唯心主义的审判方法，直到封建社会仍然受到推崇。

至于当时是否存在刑讯逼供的问题，由于审判重口供，即认为当事人的陈述是最有力的证据，如果当事人不招认，就实行刑讯。刑讯逼供在我国起源很早，《礼记·月令》记载："仲春之月……毋肆掠，止狱讼。"肆掠就是刑讯，仲春之月禁止刑讯，其他时节无疑是允许刑讯的。

3. 司法官认定案情，还需参照其他证据

当时司法官吏在审判过程中，在认定当事人的供词为最好证据的同时，并不排除证人证言、物证、书证等其他证据的运用。《周礼》载："凡民讼，以地比正之；地讼，以图正之。"民间发生诉讼，是非难辨，以地方了解案情的邻里作证解决；凡是为争土地疆界而涉讼，则以官府所藏地图为证解决。又说："凡以财狱人讼者，正之以傅别、约剂。"凡是以财货争讼的，应以契约合同和券书为证裁判；凡是因受委托向债务人讨取债务发生争讼的，应由居住在附近的知情人来证明。由此可见，定案不仅凭其所获供词，而且注意到与案件有关的其他证据材料，这与单纯依靠神意裁决案件的神示证据制度相比，无疑也是我国古代司法制度进步性的表现。

4. 实行有罪推定，主张"疑罪惟轻"

在诉讼中常常会遇到定罪有一定根据，但不定罪也有一定理由的"疑罪"案件。对这类案件的处理，早在夏朝时就有人提出了一条为后人所传诵的"与其杀不辜，宁失不经"的处理原则。唐代颜师古对此注解说："虞书大禹谟载咎之言。辜，罪也，经，常也，言人命至重，治狱宜慎，宁失不常之过，不滥杀无罪之人，所以宽恕也。"其意思是为了防止错杀无辜，疑罪不应定罪处刑。在奴隶主残暴、野蛮的专制统治下，对疑罪的处理能够提出这样的观点，是具有进步意义的，但是，周朝的统治阶级权衡利弊，认为疑罪不如按有罪论，只是从轻处罚，这样更有利于维护奴隶主阶级的统治，据《尚书·吕刑》记载，周穆王时"墨辟疑赦，其罚百锾"。即犯了墨刑之罪而有可疑，难以断定是否有罪时，可以采取以铜赎罪的办法处理。因此，从实质上讲，"疑罪惟轻"原则的基础是疑罪从有，有罪推定。

总之，由于我国的古代文明发达较早，生产力水平较高，我国古代奴隶制国家的证据制度与古巴比伦、古罗马等其他奴隶制国家盛行的神示证据制度相比，不仅具有自己的特点，还有一定的进步意义。但是，从本质上讲，这种证据制度也同样是维护奴隶主阶级统治的工具。随着生产力的发展和新的生产关系的出现，奴隶和人民群众与奴隶主阶级矛盾的不断锐化，必将加深包括奴隶制证据制度在内的整个法律制度的危机，最终为新的保护土地私有权的法律制度所取代。

（二）封建制时期的证据制度

到了战国时代。随着封建经济的发展，地主阶级的阶级力量逐渐强大起来，经过一系列的改革措施，进一步完成了地主阶级的政治革命，奠定了封建制国家的基础，并逐步建立了封建社会的经济、政治和法律制度。

我国封建时期的证据制度与中世纪欧洲各国的证据制度有所不同。尽管在一定程度上受法定证据制度的影响，在法律上出现了个别法定证据制度的规则，如"断罪必取输服供词"，被告人不合拷讯时"据众证定罪"，但在整个封建时代并未形成法定证据制度。

在我国两千多年的封建证据制度中，占主要地位的是司法官个人的决断。历代的法律都将讯囚和刑讯规定为主要内容。具体来讲，我国封建时期的证据制度主要有以下几个方面的特点。

1. 口供至上

在各封建制国家中，都把嫌疑人的认罪口供作为定罪的最好证据。封建法律规定“断罪必取输服供词”“罪从供定，犯供最关紧”。据《资治通鉴》解释，“狱辞之于囚口为款，款，诚也。言所吐者皆实也”，即狱囚在受审时供述的犯罪供词是真实可信的，是最好的证据，因此，除了少数案件法律规定可以“据众证定罪”“据状科断”以外，一般的案件都必须有囚犯的供词才能定罪判刑。这种“罪从供定”的论断是建立在唯心主义思想基础之上的，从而也是违背客观实际的。由于受审人在审讯中没有任何诉讼权利，只是被拷讯的对象，因此其供认犯罪的动机也是各种各样的。由于刑讯的盛行，在“棍棒”“枷法”威胁下而冤屈“招供”的被告人比比皆是。南宋的胡太初在《昼帘绪论·治狱篇》中就曾说过：“世固有畏惧监系觊欲早出而妄自诬服者矣；又有吏务速了强加拷讯逼令招认者矣；亦有长官自持己见，妄行臆度，吏辈承顺旨意，不容不以为然者矣；不知监系最不可泛，及拷讯最不可妄加，而臆度之见最不可持以为是也。史传所载，耳目所知，以疑似受枉而死而流而伏辜者，何可胜数！”因此，他主张：“凡罪囚供款，必须事事著实，方可凭信。”这种思想由于与封建专制统治相抵触，封建法律理所当然不会采纳。

2. 依法刑讯和法外用刑互相交织

封建法律崇尚口供，“无供不录案，无供不定罪”，从而导致司法官吏为获取口供不择手段，刑讯逼供也就应运而生。刑讯逼供是中国封建社会证据制度的一大特点。从秦汉到明清的历代封建法律都将刑讯逼供明确规定在法律中，刑讯成为合法程序。封建法律是诸法合体，民刑不分，因此，法律关于刑讯的规定，不仅适用于刑事被告人、控告人、证人，还可以适用于民事当事人。尽管各代封建王朝的法律对于拷讯的条件、方法、使用的刑具、拷打的部位、刑讯的次数和程度等规定不尽相同，但一般都规定得比较详细和具体，已成条文化和规范化。除此之外，还有许多名目繁多、手段残酷的法外用刑，以致司法实践中依法刑讯和法外用刑相互交织，嫌疑人在严刑拷打之下，只得屈招乱供，从而造成了无数的冤假错案。

在封建专制制度确立初期的秦代，就已从法律上确立了刑讯逼供。《睡虎地秦墓竹简·封诊式·治狱》一节规定：“治狱，能以书从迹其言，毋治掠而得人情为上，治掠为下，有恐为败。”同时，审讯中的受审人受诘问至辞穷，多次欺骗，还改变口供而拒不服罪的，“其律当笞掠者，乃笞掠。治笞掠之必书曰：爰书：以某数更言，毋解辞，笞讯某”。这说明当时的统治者虽然认为通过拷打取得真相是下策，但毕竟从法律上赋予了司法官吏刑讯逼供的特权。汉承秦制，汉朝的法律制度一方面继承了秦朝法律制度的某些内容；另一方面又随着新政权的建立而有所发展。但由于汉代法律早已散佚，已无从了解当时证据制度的具体情况。南北朝时，范泉引述《汉律》时说：“死罪及除名，罪证明白，考掠已至，而抵隐不服者，处当列上。”据此可以看出，对于犯重罪的被告人进行拷打，是汉代法律所允许的，只不过应当把已得到的证明情况和抵隐情况在上报的材料中全部写清楚。

秦汉时期，虽然法律已确认了刑讯制度，但是刑讯的方法、刑讯的工具及刑讯程度缺乏具体规定，从而为司法官吏滥施淫威，随意采取野蛮的酷刑逼供而大开方便之门，“上下相胥，以苛酷为能，而拷囚之际，尤极残忍”，导致无辜者含冤屈招、受罚，甚至不肯诬服而惨死杖下。统治阶级也意识到，如果不对刑讯的方法、刑具和用刑限度加以规范，是不利于维护封建统治秩序的。因此，从南北朝开始，法律便对刑讯的方法、刑具等加以具体规定。例如，南朝《梁律》对刑讯所用刑具的规定是“其问事诸罚，皆用熟靼鞭、小杖；凡系狱者，不即答款，应加测罚”。北朝的《魏律》规定：“理官鞫囚，杖限五十。”尽管法律对刑讯作了某些限制，以约束司法官吏滥施酷刑，但是这些规定并未能付诸实施。在司法实践中，不仅法外刑讯仍然普遍存在，即使“依法”拷讯，也是往往不顾法律规定的限制，而随意用刑。到了我国封建社会政治、经济高度发展的唐朝，法律制度有了很大发展。《唐律疏议》是我国保留下来的最古老，也是最完备的一部封建法典，它也是唐代以后各封建王朝制定法律的蓝本。在《唐律》中，明确规定违法拷讯者应负刑事责任，并且视其违律的情况和所造成的后果而承担不同的刑事责任。在《唐律·断狱律》中，关于刑讯的条件、方法、适用对象和违律刑讯者的责任，有以下重要规定：①“诸应讯囚者，必先以情审查辞理，反复参验，犹未能决，事须讯问者，立案同判，然后拷讯。违者杖六十。”这是刑讯的一条原则。刑讯不能用在“以五声听狱讼、求民情”反复核对证言之前，而只能在此之后，并且仍然难以作出决断时才能刑讯。违者要受“杖六十”的处罚。②“诸拷囚不得过三度，总数不得过二百，杖罪以下不得过所犯之数。拷满不承，取保放之。”这是刑讯方法和用刑限度的规定。“三度”即三次，受审人经过三次拷讯而仍不招供的，就只能取保释放。同时规定，司法官吏“若拷过三度，及杖外以他法拷掠者，杖一百；杖过数者，反坐所剩；以故致死者，徒二年”。这是根据违反刑讯的不同情况和造成的后果所规定的不同的处罚方法。③“即有疮病，不待差而拷者，亦杖一百；若决杖笞者，笞五十；以故致死者，徒一年半；若依法拷决而邂逅致死者，勿论。”囚犯患有疮病，不等病愈就进行拷打，因而致死的，司法官吏应负刑事责任；但是依法拷讯，由于意外造成囚犯死亡的，法律则免除其刑事责任。④法律在规定依法不得反拷者外，还规定“诸拷囚限满而不首者，反拷告人”。刑讯逼不出囚犯供词，便对原告人进行反拷。对原告人应反拷而不反拷，或者不应反拷而反拷者，还应以故意或过失罪论处，可见运用刑讯的程度已到了极其荒谬的地步。

除此以外，《唐律》对于缓拷、免拷的对象，以及拷打身体的部位，刑讯工具的长短、宽窄等都有具体的规定。对司法官吏违反规定而应承担的刑事责任也规定了相应的处理方法。唐朝以后各封建王朝的法律，基本上都仿效《唐律》制定，因此，元、明、清时代的法律同样确认刑讯制度为合法制度。直到清朝末年，封建统治者改革司法制度，抄袭资本主义国家的法律，刑讯制度在经过激烈的争论后才得以废除。但是，新法尚未施行，清王朝就被推翻了。

综上所述，可以看出，历代封建王朝的法律都视刑讯制度为合法制度。因此，刑讯逼供十分盛行。虽然从唐代开始，法律明文禁止法外用刑，违法者应负刑事责任，将刑讯限定在一定范围和程度之内，但是在司法实践中法外用刑恶性发展和泛滥，并且所用的方法、刑具十分野蛮残酷。在历史文献中，有关法外刑讯的记载很多，而因法外刑讯被追究刑事责任遭到惩罚的司法官吏不多见。可见，只要法律不消除刑讯逼供，其禁止法外用刑的规定就会成为一纸空文。历史上也曾经有过不少有见识的法学家和司法官吏，对这些野蛮残酷、造成无数冤假错案的刑讯制度提出批评、指责，甚至有的朝代还有过改革的讨论。但是，从司法制度上讲，由于实行"罪从供定"，无供不定案，因此刑讯制度就难以废除，从而使依法刑讯和法外用刑长期并存，互相交织，成为我国封建时期证据制度贯彻始终、历代相传的最典型的特征。

3. 以五声听狱讼，察言观色，主观臆断

奴隶制度时期"以五声听狱讼，求民情"这种主观唯心主义的审判方法，被历代封建王朝奉为断案的金科玉律，在法律上和理论上给予充分肯定。《唐律疏议》注释"讯囚察辞理"条说："依狱官令，察狱之官，先备五听，又验诸证信。"法律规定在审讯时除了必须根据情理审查供词的内容，还要参照其他根据进行比较和检验。较之过去，这无疑对以"五听"断狱的发展具有进步意义。《明会典》中也规定，法官断案只需观看颜色、察听情词："惠帝为太孙时，逻者获盗七。太孙目之，言于帝曰：'六人者盗其一非是'。讯之，果然。帝问何以知之？对曰：'《周礼》听获，色听为上，此人眸子了然，顾视端详，必非盗也。'帝喜曰：'治狱贵通经，信然'。""以五声听狱讼"虽然在一定程度上反映了古代司法官吏注意到被讯问人的心理和表情，但是，仅凭察言观色来猜测、推断案件事实，实际上就是主观臆断。

4. 疑罪惟轻和有罪推定

尽管在封建王朝时期，对"疑罪"的处理究竟是"从去"，还是"惟轻"存在过不同的见解，但是，从维护封建专制统治出发，最终封建法律还是继承了奴隶制法律"罪疑从铜赎"的精神，即疑罪以有罪论，但处罪从轻。《唐律》规定："诸疑罪各依所犯以赎论。"该条疏议："疑罪，谓事有疑似，处断难明。各依所犯以赎论，谓依所疑之罪用赎法收赎。"也就是说，对疑罪，不处其所控之罪的真刑，而改处该罪的赎刑。元朝的《大元通制》则规定："诸疑狱在禁五年以上不能明者，遇赦释免。""遇赦释免"较之"各依所犯以赎论"有所进步和发展，但"释免"的条件是监禁 5 年以上，且有皇帝诏赦，这在司法实践中是难以实现的。到明清时期，为进一步加强封建专制主义的统治，甚至从法律上取消了疑罪从轻处理的规定。疑罪从轻，实行有罪推定，既赋予了封建司法官吏不以事实为根据而主观擅断的权力，又为达官贵人提供了以钱赎罪的保障，而贫苦百姓只能含冤受罚。

5. 诬告反坐和伪证者罚

我国历代封建法律对诬告都严加禁止，法律要求控告他人犯罪的人必须指陈实事，不得称疑，禁止捏造事实进行陷害。例如，《唐律·断狱律》规定："诸鞫狱者，皆须依所告状鞫之。若于本状之外别求他罪者，以故入人罪论。"明清时期，法律对诬告的处罚更加严重，其法律明确规定，对诬告者按所诬告之罪加重处罚，以达到"省刑息讼"之目的。

证人证言是司法官吏认定案情的主要根据，特别是"据众证定罪"的案件，证言的意义更为重大。因此，法律规定，对伪证者也要处罚。证人作证故意不言实情，造成罪有出入的，按被证人所出入之罪减等处刑。

鉴于诬告、伪证不仅使受害人遭受危害，也会破坏封建统治秩序，因此法律严加禁止，这在我国历史上曾起过积极作用。但是，诬告、伪证作为封建社会不可避免的社会现象，在司法实践中仍然不断发生。从法律上禁止诬告、伪证也并不能保证封建司法官吏获得真实的证据及使案件得到正确的处理。

6. 封建等级特权和形式主义

在封建法律关于证据制度的规定中，也充分体现了封建等级特权。《唐律》明确规定了免拷对象，即“诸应议、请、减，若年七十以上，十五以下，及废疾者，并不合拷讯，皆据众证定罪，违者以故失论”。其中，“应议、请、减”者，据《唐律疏议》解释，是指属于“八议”等贵族官僚及其亲属，并且《唐律》在规定什么人不得作证人时“其于律得相容隐”，即有法定亲属关系，部曲、奴隶对于主人，不得起诉。这说明，封建统治阶级的皇亲国戚、达官贵人在受审时享有特权，受到法律特殊的保护。关于我国封建法律对“据众证定罪”的规定，《唐律疏议》解释：“称众者，三人以上明证其实，始合定罪。”在某种情况下，法官认定案情，只取决于证人的人数，而不要求依靠充分的证据，这表明在我国封建时期的证据制度中也存在某些法定证据制度的因素。但这只是个别情况，在证据制度中占主导地位的仍然是司法官吏的自由决断。

总之，中国封建社会的证据制度，虽然与欧洲封建社会的证据制度不尽相同，但在阶级本质上是一致的，都是维护封建专制统治的工具。中国封建社会的证据制度，尽管在证据理论方面，积累、概括了一些司法实践经验，反映了某些诉讼规律，如宋朝的《洗冤集录》，提出了许多关于如何检验、取证和审查判断证据有见识的意见，在今天看来仍然有一定的参考价值。但是，从总体上讲，这是十分野蛮、残酷的证据制度。这种证据制度的产生和存在也是封建地主阶级实行统治的需要。统治阶级一方面在法律上把各种危害封建统治秩序的思想、言论和行为都规定为犯罪，以极其野蛮、残忍的方法对罪犯的身体加以残害；另一方面在断狱息讼时，又要披上“推理求情”“公正执法“的外衣，蒙骗群众。由于统治阶级的认识能力受当时生产力发展水平与文化科学技术不发达的局限，唯心主义世界观在地主阶级中占据统治地位，他们不懂得只有通过深入实际，调查研究，收集确实充分的证据，才能查清案情，而是从本阶级利益出发，受唯心主义和形而上学世界观支配，视狱囚的口供为“证据之王”，视刑讯逼供为合法方法，从而导致了司法实践中的无数冤狱。由此也可以看出，刑讯逼供的产生和发展是有其深远的政治、思想和认识根源的。

二、我国近现代的证据制度

1911 年 10 月，资产阶级革命领袖孙中山领导的资产阶级民主主义革命推翻了清王朝，结束了我国两千多年封建君主专制制度，建立了中华民国，揭开了资产阶级民主法制的新编章。南京临时政府于 1912 年 3 月 2 日颁布了《大总统令内务、司法两部通饬所属禁止刑讯文》，其中明确规定：“不论行政司法官署，及何种案件，一概不准刑讯。鞠狱当视证据之充实与否，不当偏重口供。”并命令各级官府将“从前不法刑具，悉令焚毁”。为保证上述规定的执行，令文宣部，上级官府“不时派员巡视，如有不肖官司，日久故智复萌，重煽亡清遗毒者，除褫夺官职外，付所司治以应得之罪”。在封建专制统治苛政酷刑的旧中国，提出废除刑讯和体罚，虽然未能完全付诸实施，但是它反映了资产阶级的法律观点和资产阶级人道主义的司法制度，是证据制度史上的一大进步。

辛亥革命并没有改变旧中国半殖民地半封建社会的性质。1912 年 4 月~1928 年 6 月，我国历史进入北洋政府的黑暗统治时期。北洋政府是代表地主买办阶级利益的封建军阀独裁政权。为维护其统治地位，北洋政府一方面援用清末制度的未颁行的法律；另一方面又颁布一些新的章程、条例，其中涉及证据制度方面的有 1914 年公布施行的《县知事审理诉讼暂行章程》第 27 条，该条规定县知事办理刑、民事案件的“审理方法，由县知或承审员相机为之，但不得非法凌辱”。1922 年颁行的《刑事诉讼条例》第 305、306 条规定，“犯罪事实，应依证据认定之”，而“证据，由法院判断之”。这表明，受资产阶级法律观点的影响，此时我国已开始实行自由心证制度。

继北洋军阀政府之后，占据统治地位的是实行封建买办法西斯独裁专制的国民党政府。与国民党反动政权的本质相适应，国民党的法律也是地主、买办、官僚资产阶级意志的集中体现，是维护半封建半殖民地的经济制度和政治统治的重要工具。国民党政府在制定、颁布和施行刑、民事诉讼法时，极力仿效德、日等资本主义国家的诉讼法典，推行自由心证制度。1945 年修正公布施行的《刑事诉讼法》第 268 条规定：“犯罪事实，应依证据认定之，证据之证明力，由法院自由判断之。”同年修正公布施行的《民事诉讼法》第 222 条也规定：“法院为判决时，应斟酌全辩论意旨及调查证据之结果，依自由心证，判断事实之真伪。”按此原则认定案件，只不过赋予了司法机关主观擅断之权，而并非有益于查明案件事实真相。在对于被告人的讯问及其供词效力问题上，该《刑事诉讼法》第 98、270 条规定：“讯问被告，应出以恳切之态度，不得用强暴、胁迫、利诱、欺骗及其他不正之方法。”“被告之自白，非出于强暴、胁迫、利诱、诈欺及其他不正当方法且与事实相符者，得为证据。被告经自白，仍应调查其他必要之证据，以察其是否与事实相符。”这与封建法律可以“依法”刑讯、不察口供是否属实的规定相比，在形式上有原则区别。国民党政府虽然在法律上否定了刑讯，规定了受审人自白作为证据和据以定罪的条件，但在司法实践中肆意践踏法律，疯狂推行法外制裁，对广大人民实行残酷的法西斯统治，遍及全国各地的国民党特务组织不需要任何法律手续而任意搜查、殴打、绑架、逮捕和暗杀共产党人和民主人士。为了逼取受审人的口供，往往用尽各种灭绝人性的酷刑。因此，国民党政府时期的证据制度是形式上的自由心证与实质上的口供主义、刑讯逼供相结合的混合体和大杂烩。

三、我国当代的证据制度

（一）我国当代证据制度的产生和发展

我国当代证据制度，作为人民司法制度的重要组成部分，随着我国人民革命政权的建立、发展而产生并逐步发展起来。其成长的历史，可以分为新民主主义革命时期和中华人民共和国时期两个阶段。

1. 新民主主义革命时期的证据制度

我国的证据制度创立于新民主主义革命时期。1927年国民大革命失败以后，中国共产党领导人民展开了艰苦卓绝的武装斗争，在全国创建了十几个革命根据地和工农民主政权。工农民主政权在废除压迫人民的旧司法制度的同时，建立了人民司法制度。证据制度作为人民司法制度的重要组成部分也随之产生。人民政权关于诉讼制度最早的一些成文规定，对于在诉讼活动中坚持实事求是，一切从实际出发的科学态度，广泛深入开展调查研究工作，防止错捕错判起了重要作用。1931年12月13日中央执行委员会非常会议通过的《中华苏维埃共和国中央执行委员会训令》规定："在审讯方法上，为彻底肃清反革命组织及正确地判决反革命案件，必须坚决废除肉刑，而采用收集确实证据及各种有效方法。"该训令在严禁肉刑的同时，还规定不得仅凭口供抓人，要求"收集确实证据""充分的证据"等。在工农民主政权时期，尽管有关证据的法律规范不系统、不完整，但是它所确立的证据制度的基本原则，为我国证据制度的形成和发展奠定了基础。

抗日战争时期，证据制度又有了进一步的发展。这时期颁布的一系列法令和决定中，始终强调办案必须坚持实事求是、调查研究、重证据不轻信口供、严禁刑讯逼供的原则。1940年8月13日公布的《晋察冀边区目前施政纲领》第17条规定："对汉奸审判须依确实证据。"1940年12月毛泽东同志在《论政策》一文首次明确提出，对任何犯人都要"重证据而不轻信口供"。1941年5月1日公布的《陕甘宁边区施政纲领》规定："改进司法制度，坚决废止肉刑，重证据不重口供。"1942年2月公布的《陕甘宁边区保障人权财权条例》规定："逮捕人犯不准施以侮辱、殴打及刑讯逼供、强迫自首，审判采取证据主义，不重口供。"这些规定都要求司法机关办理案件必须彻底废除刑讯逼供，认定案情，处理案件必须依靠确实、充分的证据，而不能轻信被告人的口供。"重证据而不轻信口供"原则的提出，在司法实践中具有十分重要的意义。至今，它仍然是我们在诉讼中必须遵循的一项运用证据的基本原则。此外，抗日战争时期所颁布的《苏中区处理诉讼案件暂行办法》《晋冀鲁豫边区太岳区暂行司法制度》，对于当事人等提供证据的责任、各种证据的收集和审查判断程序也作了明确规定。不仅如此，当时还十分强调调查研究、实事求是的工作作风，将"调查研究，分清是非轻重"作为审判的方针之一，因此这两个法律都设专章具体规定了调查研究的方法和程序。马锡五同志创造的携卷下乡，深入群众进行调查研究，实事求是了解案情，就地审判的司法民主的审判方式，在各根据地得到提倡和推广，解决了大量的积压多时的疑难案件，减少了讼争，促进了团结，保证了抗战，为新民主主义司法制度增添了宝贵的内容，为中华人民共和国证据制度的创立提供了宝贵的经验。

解放战争时期，人民民主政权在基本上沿用抗战时期有关证据制度的规定外，又颁布了一系列的法律文件，进一步丰富和充实了我国证据制度的内容。1948年11月30日华北人民政府在《关于县市公安机关与司法机关处理刑事案件权责的规定》中指出，刑事案件"侦查的责任，在于公安机关"，侦查的主要任务是收集罪犯的犯罪事实及证据，拟以起诉。案件“经公安机关向司法机关起诉后，司法机关即有权责审判该案，对于被告的犯罪事实和证据，加以审理研究”。“若被告仅有嫌疑，没有积极的证据可以证明被告确系犯罪时，即不能论罪判刑。”关于如何解决民事纠纷，在《东北行政委员会关于建设司法工作的几项具体指示》中强调，解决“民事纠纷应本着实事求是之精神”。这些规定再次强调了办案依靠证据、实事求是、调查研究的审判工作作风。1949 年 1 月 13 日华北人民政府在《为清理已决及未决案犯的训令》中，还具体规定了由于证据失实、不充分等原因，造成判决缺乏客观依据而应予改判的各种情况。总之，在新民主主义革命时期，我国的证据制度尽管还存在不健全、不完善之处，但人民民主政权的证据制度已成雏形，并且其证据制度和实践为中华人民共和国证据制度的创建和发展奠定了坚实的基础。

2. 中华人民共和国的证据制度

我国证据制度的全面发展是在中华人民共和国成立以后。当然，随着历史的发展进程，证据制度也经历了一个艰难曲折的发展过程。

从中华人民共和国成立到“文革”前的 17 年，是我国证据制度进一步发展和完善时期。1949 年 2 月中共中央颁发的《关于废除国民党的六法全书与确定解决区的司法原则的指示》明确提出，司法人员必须从思想上划清新旧法律观点和司法作风的原则界限。在中华人民共和国成立初期，为了保障革命秩序和土地改革政策法令的实施，1950 年 7 月 14 日政务院通过的《人民法庭组织通则》规定，法庭“受理案件后，应认真地进行调查证据，研究案情，严禁刑讯”。1951 年 12 月 25 日，最高人民法院、司法部和内务部曾经联合发布指示，针对婚姻法颁布实行后发生的几种错误指出：有些区法院在处理妇女离婚案件时，对区、村干部的反映不经调查就信以为真，把妇女正当的离婚要求予以驳回，这种官僚主义作风“必须彻底加以改正”。1952 年，我国开展了司法改革运动，批判了旧法观点和坐堂问案，不依靠群众，不调查研究，不从实际出发的旧的审判作风，进一步清算了旧法残余。1954 年诞生的我国第一部社会主义宪法，以及人民法院组织法、人民检察院组织法，关于证据制度的一系列规定，是我国证据制度发展和健全的重要标志，它标志着我国社会主义法制进入了崭新的历史阶段。1956 年最高人民法院根据宪法、人民法院组织法的规定，结合司法实践经验所作的《各级人民法院刑、民事案件审判程序总结》，系统地总结了调查证据的原则、方法和程序，这对于健全我国的证据制度，树立实事求是的审判作风发挥了重要作用。直到今天，它对于司法机关运用证据、认定案情仍然具有十分重要的指导意义。20 世纪 50 年代后期，我国的司法制度受到了“左”的思潮干扰，已经确立的证据制度遭到破坏，本已被法律所否定的不调查研究，轻视证据、轻信口供、非法逼供的主观主义思想方法和工作作风又有所抬头。党和国家发现这种错误以后，及时指出并很快加以纠正，保证人民司法工作继续沿着社会主义道路向前发展。

粉碎“四人帮”以后，我国社会主义民主和法制建设进入了全面发展的新阶段。1979 年 7 月~1991 年 4 月，先后修改和制定颁布了人民法院组织法、人民检察院组织法、刑事诉讼法、行政诉讼法、民事诉讼法等许多重要法律、法令。这些法律、法令有关证据的规定，是根据公安司法机关长期积累的运用证据的丰富经验，并结合新时期的具体情况制定的。刑事、民事、行政诉讼法典对“证据”都以专章加以规定，集中体现了我国证据制度的根本性质和特点，特别是 1996 年、2012 年两次对刑事诉讼法及有关司法解释的修正，进一步健全和完善了我国的证据制度，使我国的证据制度更具科学性。

需要指出的是，由于种种原因，我国尚无统一的证据法典或单行的证据规则，证据规则的有关内容散存于三大诉讼法及有关法律和司法解释之中，这种状况在一定程度上造成了司法实践中运用证据规则的混乱状况。因此，随着依法治国方略的实施和司法改革推进的需要，进一步加强和完善我国的证据立法不仅是时代发展的必然，也是实践操作的迫切需要。

（二）我国当代证据制度的特点

我国一直没有颁布专门的证据法典，根据现行三大诉讼的规定，一般认为，证据制度是指法律规定的关于在诉讼中如何收集证据、如何审查判断证据、如何运用证据认定案情的规则体系。与此相对应，证据制度所要解决的核心问题是，如何保证司法人员能够正确认识案件事实，即如何保证其主观认识符合客观事实。基于此，刑事诉讼、民事诉讼、行政诉讼的实质就是一种运用证据以查明案件客观真相的认识活动，辩证唯物主义的认识论被视为是诉讼制度的重要指导思想，也被视为是证据制度的重要理论基础。

关于我国的证据制度应当如何命名，法学界曾展开广泛的讨论，提出了各种不同的见解。其中有代表性的主张如下：①实事求是的证据制度。以实事求是作为我国证据制度的名称，是法学界多数学者的主张，他们认为以此命名，简练、明确、通俗易懂，反映了我国证据制度的根本特点。②法定确信的证据制度。这种观点认为，法定确信是对证据的概念、种类、证明力、证据的收集判断和应用，以法律加以原则规定，并将证据的审查判断权、综合运用权赋予司法工作人员，使其依法取舍证据，据以形成内心确信，从而客观、全面、科学地认定案件事实。因此我国的证据制度应当定名为法定确信证据制度。③以证求实的证据制度。这种观点认为，从我国的法律规定中可以看出我国证据制度的明显特征和基本内容如下：重证据，并突出证据必须经过查证属实；重调查研究，并强调必须依照法定程序全面客观收集和调查证据；不轻信口供，并严禁刑讯逼供；必须忠于案件事实真相。因此从这个角度出发，可以将我国的证据制度定名为“以证求实”。

除此以外，还有综合证据制度、循法求实证据制度等主张。至于我国证据制度的名称应当如何界定才更加科学、准确，才能更全面地反映出我国证据制度的特点，还有待法学界作进一步的研究和探讨。

从总体上讲，我国现行的证据制度坚持以追求客观真实作为立法的指导思想；实践中的证明模式上，由于立法没有建构过多的证据规则，司法人员在运用证据认定案件事实时享有很大的自由裁量权。具体而言，我国现行证据制度的特点主要体现在以下几个方面。

（1）我国专门机关运用证据的目的是查明案件的事实真相。如上所述，我国证据制度的建构以辩证唯物主义认识论作为理论基础，要求国家专门机关在处理刑事、民事、行政案件时必须以事实为依据，公安司法人员所认定的案件事实必须准确反映案件的客观情况。尽管现行的三大诉讼法关于证据的条文不多，但综观这些条文，无不能得出这样的结论，即强调公安司法机关运用证据的目的是追求案件的实质真实。例如，刑事诉讼法规定“可以用于证明案件事实的材料，都是证据”，“证据确实、充分，应当符合以下条件：①定罪量刑的事实都有证据证明；②据以定案的证据均经法定程序查证属实；③综合全案证据，对所认定事实已排除合理怀疑。”

（2）在刑事诉讼中贯彻“疑罪从无”的人权理念。刑事诉讼法吸收了国际上通行的无罪推定原则的合理内核，规定“未经人民法院依法判决，对任何人都不得确定有罪”。为此，立法明确由控诉方负举证责任，在审查起诉阶段，对于经过两次补充侦查的案件，检察机关仍然认为证据不足不符合起诉条件的，应作不起诉的处理；在审判阶段，对于证据不足，不能认定被告人有罪的，人民法院应当作出证据不足、指控罪名不能成立的无罪判决。

（3）为查明案情，国家专门机关有权收集证据。在刑事诉讼中，公安机关、人民检察院、人民法院有责任收集证据以查明案情。刑事诉讼法第 50 条规定：“审判人员、检察人员、侦查人员必须依照法定程序，收集能够证实犯罪嫌疑人、被告人有罪或者无罪、犯罪情节轻重的各种证据。”第 191 条规定：“法庭审理过程中，合议庭对证据有疑问的，可以宣布休庭，对证据进行调查核实。人民法院调查核实证据，可以进行勘验、检查、查封、扣押、鉴定和查询、冻结。”律师法第 35 条第 1 款规定：“受委托的律师根据案情的需要，可以申请人民检察院、人民法院收集、调取证据或者申请人民法院通知证人出庭作证。”民事诉讼法第 64 条第 2 款规定：“当事人及其诉讼代理人因客观原因不能自行收集的证据，或者人民法院认为审理案件需要的证据，人民法院应当调查收集。”行政诉讼法第 34 条第 2 款规定：“人民法院有权向有关行政机关以及其他组织、公民调取证据。”可见，收集证据是法律赋予专门机关的职权。

（4）重证据不轻信口供和严禁以非法的方法收集证据是证据运用中的一项重要原则。刑事诉讼法第 53 条规定：“对一切案件的判处都要重证据，重调查研究，不轻信口供。只有被告人供述，没有其他证据的，不能认定被告人有罪和处以刑罚；没有被告人供述，证据确实、充分的，可以认定被告人有罪和处以刑罚。”《办理死刑案件证据规定》也强调，“认定案件事实，必须以证据为根据”。不过，法律在否定“口供至上”的同时并没有完全排除口供对于查清案情的作用，将犯罪嫌疑人、被告人的供述和辩解规定为证据的一个种类，强调“犯罪嫌疑人对侦查人员的提问，应当如实回答”。与此相适应，刑事诉讼法第 50 条明确规定：“严禁刑讯逼供和以威胁、引诱、欺骗以及其他非法的方法收集证据，不得强迫任何人证实自己有罪。”同时，第 54 条规定：“采用刑讯逼供等非法方法收集的犯罪嫌疑人、被告人供述和采用暴力、威胁等非法方法收集的证人证言，被害人陈述，应当予以排除。”有关的司法解释在此基础上还更进一步确立了非法证据的排除规则。《非法证据排除规定》也进一步明确，“采用刑讯逼供等非法方法取得的犯罪嫌疑人、被告人供述和采用暴力、威胁等非法方法取得的证人证言、被害人陈述，属于非法言词证据”。而且还对非法证据排除的程序予以了详细规定。

（5）证明标准是“案件事实清楚，证据确实、充分”。刑事诉讼法第 160、168、172、195 条对证明标准进行了明确的规定，即“犯罪事实清楚，证据确实、充分”。也就是说，侦查机关对侦查终结移送人民检察院审查起诉，人民检察院对犯罪嫌疑人提出公诉，人民法院对被告人作出的有罪判决，都必须做到犯罪事实清楚、证据确实、充分。民事诉讼法没有如刑事诉讼法那样对证明标准进行明确规定，只是在第63条第2款中规定："证据必须查证属实，才能作为认定事实的根据。"第64条第3款规定："人民法院应当按照法定程序，全面地、客观地审查核实证据。"并在第170条规定二审法院对一审法院所作的判决进行审查时，"原判决认定基本事实不清的，裁定撤销原判决，发回原审人民法院重审，或者查清事实后改判"。据此反推，我国民事诉讼中适用的证明标准是"事实清楚，证据确实充分"。可见，我国民事诉讼中的证明标准虽然在表达上略低于刑事标准，但基本上是"客观真实"证明标准的表述。行政诉讼法同样没有明确规定证明标准问题，但根据第4条"以事实为根据，以法律为准绳"的诉讼原则和第54条"证据确凿"时"判决维持""主要证据不足"时"判决撤销或者部分撤销，并可以判决被告重新作出具体行政行为"的立法精神，可以看出，我国行政诉讼证明标准的法律表述是"证据确凿"，这与刑事诉讼中的"证据确实充分"相当近似。当然，值得注意的是，随着相关司法解释的出台，有关民事诉讼、行政诉讼证明标准的表述已经与刑事诉讼法的规定有了明显的差别。

四、我国港澳台地区的证据制度

（一）香港特别行政区的证据制度

1. 香港特别行政区证据制度产生的历史背景及其内容

香港一直是中国法域的一部分，适用清代法律，自1841年1月26日英军占领香港，香港被逐步纳入英国的法律体系之中，其法律基本上是对英国有关法律制度的沿袭，英美法的特征十分明显。在证据制度方面，其证据制度和证据理论完全接受了英美法系证据制度的精神，继承了英美法系证据制度的特点。

在香港特别行政区的刑、民事诉讼中，实行自由心证原则，法律对于证据的证明力不预先加以规定，而是由法官或陪审员依靠自己的"良知"进行自由的判断，并且判断过程中不受外界的影响。法律并不要求判断者说明理由和根据，所关心的仅仅是法官或陪审员在定罪或判刑时是否形成了内心确信。例如，在香港的刑事诉讼中，对案件的审理和裁判由法官和陪审团共同承担，对于一些重罪案件，则由陪审团在听取控、辩双方的举证和辩论后，凭借自己的良知对案件事实和证据作出判断。法官在陪审团进行评议时，可以给予必要的提示和指导，但这种提示和指导绝不是将法官的个人意志强加于陪审团。

香港特别行政区并没有一部囊括所有证据规则的证据法典，其证据规则十分烦琐、复杂。体现香港证据制度主要内容的是其成文法中的证据条例。证据条例的内容涉及民事和刑事证据，篇幅较广，在体例上分为十个部分：第一部分是"导言"，对重要词汇加以诠释；第二部分是"可接纳的证人及证据"；第三部分是"可接纳的文件"；第四部分是"民事法律程序中的传闻证据"；第五部分是"意见证据及专家证据"；第六部分是"定罪及特权”；第七部分是“书面供词”；第八部分是“其他司法管辖区内法律程序的证据”；第九部分是“在其他司法管辖区内取得证据供香港的刑事法律程序中适用”；第十部分是：“杂项”。但是，证据条例远不能满足香港地区证据制度发展的需要，在香港还有许多单行法规、条例对证据问题作了大量的补充规定。除此之外，还有大量的不成文的判例和习惯规则。可以说，香港地区的证据法不但形式多样，而且内容庞杂，其成文法和不成文法、证据条例和其他单行法规之间互相补充，共同形成了一个严密的体系。

2. 香港地区证据制度的主要证据规则

由于香港地区的证据规则体系极其烦琐而庞杂，我们只简单地介绍一些具有典型性的证据规则。

1）关于证据相关性问题的规则

香港地区的证据理论认为，在法庭上可以提及的事实很多，但并不是所有事实都可以成为证据，只有与案件有关联的事实才能被接纳为证据。在香港的证据制度中，以下一些事实可以认定为与案件无关，不能作为证据采用。

（1）类似行为。被告人在其他场合所做的与本案被控行为相类似的行为。这种类似行为的证据不得在本案中被提出作为被告人有罪的证据。但是，有关类似行为证据的可采性也有一些例外规定，如一方类似行为反复为之，已成其习惯之一的，可作为证据采用。被告人的类似行为是本案所指控行为本身或其组成部分，则这种类似行为也可以作为证据提出。

（2）品格证据。基于与类似行为证据的相同考虑，品格证据在原则上也是不可接纳为证据的。但在一些案件中，被告人的品格有关于案情，或为保证案件审理中的公平，品格证据也可以被接纳。

（3）意见证据。意见证据实质上是证人凭自我意识对事实作出的评价。而在刑事案件的审理中，对事实的评价应由陪审团或法官作出，因此，意见证据不宜接纳为证据。但以下几类意见是可以被接纳的：①专家意见；②普通证人在观察事物时觉察的事实或留下的印象，尤其是就另外一人的身份、年龄、有关物件及其性质留下的印象；③任何证人对于某人品格良好的意见；④如果证人被法官或者律师讯问其个人意见，应该直接说出，但回答律师的询问之前，必须征得法庭同意。

2）关于证明方法的规则

（1）关于证人证言的证据规则。根据现行香港证据法的规定，原则上除了精神不健全者和 7 岁以下儿童，任何人都有资格出庭作证。但考虑到证人的机能和身份的特殊情况，关于证人资格问题，有以下一些特殊规定：儿童、精神病人、聋哑人可能会因生理机能而没有证人资格。同时，根据香港地区相关的证据法，证人享有拒绝作证权：拒绝自我负罪的特权；拒绝使自己配偶负罪的特权；职业特权；公务特权。

（2）关于书面证据和实物证据的规则。香港的书面证据包括文件、证明书和书面证供三种。香港的证据法中有大量的关于书面证据的可采性规则的条例，如文件的正本是最佳证据等规定。而对于实物证据，只需保证其真实可靠和合法取得，其关联程度往往毋庸多言，因此其可采性也是优先考虑的。

（3）不可采用的证明方法的规则。不可采用的证明方法的规则主要有两个方面：①不能强迫被告人证明自己有罪，被告人关于自己的行为有保持沉默的权利；②对执法人员取证的大量法律规则，如果执法人员不按这些法律规则活动，则有可能导致所获的证据不被采纳。

3）关于举证责任规则

（1）举证上的当事人主义。在香港的刑事诉讼中，控辩双方被视作平等的诉讼主体，双方的地位是相等的，法院并不主动调查证据，任何一方想要取胜，必须为自己的主张提出相应的证据。所以，香港的证据规则多以控、辩双方为制约对象，法院仅在证据可采性的判断上起作用。

（2）控方承担举证责任。在刑事诉讼中，基于无罪推定原则，被告人在被法院依法判决有罪之前，应被假定无罪。在香港证据法中，除了少数例外情况，一律由控方承担举证责任，并且证据应足以让审裁者排除“合理怀疑”，所举的证据有可疑之处的，则判决将有利于被告人。在民事诉讼中，一般由提出诉讼请求的原告举证，民事案件的证明程度只要求“占优势的盖然性”即可。

（二）我国台湾地区的证据制度

1. 我国台湾地区证据制度的历史渊源与特征

清朝末年，清政府迫于内忧外患的压力，在保持君主专制政体的前提下，开始引进或移植西方（主要是德国、日本）近代意义上的法律制度，从而对其旧有的制度进行历史性改革。1906 年，清政府制定了中国历史上第一部诉讼法典《大清刑事民事诉讼法》（暂缓施行）。1910 年，又制定了《刑事诉讼法律草案》《民事诉讼法律草案》，但都没有正式颁布实施。这两部法律草案对以后北洋政府与国民党政府的诉讼立法产生了深刻的影响。在沿袭或参考这两部法律草案的基础上，国民党政府于 1935 年制定颁布了《中华民国刑事诉讼法》《中华民国民事诉讼法》。至今我国台湾地区仍适用 1935 年的诉讼制度，只是进行了一些修订与补充。可以看出，我国台湾地区的诉讼法从溯源到现行，都深受德国、日本的影响，一直采用大陆法系的职权主义模式，其改革的趋势是吸收英美法系国家当事人主义的长处，以改进现行的诉讼法。因此，在证据制度方面，我国台湾地区也是典型的大陆法系自由心证制度，但是现在，受英美法系国家的影响，对于被告人之自白以及各种证据的采用，也有一些法定的证据规则。

2. 我国台湾地区证据制度的内容

我国台湾地区没有单独的证据立法，有关证据的规定，主要见于诉讼法中的“证据”专章，其他各章也有相关的证据规定。其证据法则实行自由心证主义和直接审理主义。我国台湾地区的诉讼法明确规定了自由心证原则，即法律对于证据证明力之评断，不作条文列举式的规定，而仅作原则性的提示规定，然后由法院根据其调查和直接、公开的审理及言词辩论程序，从而形成确信，自由判断认定。其“刑事诉讼法”第 155 条第 1 项规定：证据之证明力由法院自由判断。当然，自由判断并非任意擅断或凭空臆断，而是就法官调查和审理的结果，依据法官的经验、良知、职责意识作出公正的判断。自由心证也存在例外情形，对于以下情况法官不能自由判断：①自然科学业已证实的知识，法官唯有采信，而不能依伦理逻辑和经验法则进行评价，以决定取舍；②被告拒不供述，不可作为对其不利的证据进行评价。

为防止法官主观臆断，我国台湾地区也陆续地制定了一些证据规则。其“刑事诉讼法”中关于判断证据的规则包括：①所有证据，须合法调查之程序，否则不得采为证据，如证人以书状陈述或使人代为到场陈述，均不能作为证据使用；②无证据力者不得作为判断之依据，如证人个人意见或推测之词不能作为证据适用；③证据不得与事理有违，即证据不得违背基本的经验法则，同时证据必须与案件事实有关联；④证据不得与所要认定的事实不符；⑤以强暴、胁迫、利诱、欺诈、违法羁押或其他不正当方法所取得的被告之自白，不能作为证据使用；⑥被告的自白，不得作为有罪判决的唯一证据；⑦不得仅仅因为被告拒绝陈述或保持缄默而推断其有罪；⑧证人于审判外之陈述，除法定情形外，不得作为证据。

在民事诉讼中，我国台湾地区“民事诉讼法”规定一般由当事人对于主张有利于自己的事实负举证责任。但在下列情况下，当事人不负有举证责任：①法院已显著知道的事实；②对方当事人承认的事实；③对方当事人不争执的事实；④法律上推定的事实；⑤法院通过已明知的事实而推定的事实；等等。关于证据的调查，我国台湾地区“民事诉讼法”又规定，对于当事人声明的证据，法院应当进行调查，但法院认为事实已经明确而无调查必要的，则不在此限。法院对于虽没有当事人声明，但认为必要时可以依职权进行调查。在我国台湾地区，证人除有法律特别规定的外，都有作证的义务，如证人受到合法通知而无正当理由拒不到场者，法院可以裁定处以罚款或对之进行拘提。但证人在下列情形下可以拒绝提供证言，享有拒绝作证权：①证人为当事人配偶、前配偶、未婚配偶或四亲等内的血亲、三亲等内的姻亲或曾有此亲属关系的；②证人所作证言将对自己或亲属造成财产上直接损害的；③证人所作证言将导致自己或亲属受到刑事追诉或受到耻辱的；④证人就其职务上或业务上有保守秘密义务的事项；⑤证人作证将泄露其技术或职业上秘密的。关于书证，我国台湾地区“民事诉讼法”规定，对于机关保管或公务员执掌的文书，无论其有无提出的义务，法院均可以调取。公文书应提出原本或经认证的缮本，私文书应提出原本；但仅对文书的效力或解释有争议的，可以提出缮本。

（三）澳门特别行政区的证据制度

澳门特别行政区的法律制度来源于葡萄牙，而葡萄牙的法律体制属于大陆法系，因而澳门的法律体制具有欧洲大陆法系的基本特点，其诉讼证据制度也不例外。

澳门特别行政区实行的也是自由心证证据制度，在整个诉讼活动中，法官的采证应当遵循以下一些基本原则。

（1）证据的合法性原则。一切以非法形式所取得的证据，法官不得采纳。根据适用于澳门的 1976 年《葡萄牙共和国宪法》第 32 条第 6 款之规定，以酷刑、胁迫，侵犯人之身心完整性、不正当干涉他人私生活、侵入住所、干涉函件、通信电信等手段而获得的证据一律无效。宪法也禁止公共当局干涉函件及电讯，但法律规定涉及刑事诉讼程序的情况不在此限。对此原则，葡萄牙 1929 年《刑事诉讼法典》（1929 年《刑事诉讼法典》

在葡萄牙已被废除，但在澳门地区继续沿用至现行《刑事诉讼法典》实施为止，其基本原则也为新法所吸收）第 261 条规定了法律所禁止获取证据的非法手段包括：用虐待、伤害、催眠及其他残酷、欺骗的手段扰乱嫌疑犯或被告人的自由意志；破坏犯罪嫌疑人或被告人的记忆力及判断力；利用超过法律允许范围的武力对抗被告；利用法律不允许的方式威胁被告或向被告作出无法律根据的许诺。即使犯罪嫌疑人或被告人同意的情况下，上述手段也是绝对禁止的。

（2）自由提出证据原则。法律并没有明确地规定哪些证据提出方法是合法的，相反只是规定了通过哪些非法手段、方法所取得的证据不得提出。这一原则意味着证据的提出不受法定原则的约束，法官应接受任何不受法律禁止的证据，只要证据是以合法途径获取，无论其形式如何，只要有助于查明案件事实，法官都应采纳。

（3）自由审核证据原则。法律并不预先规定各种证据的形式与证明力，而是由法官自由审核、评估。法官凭借其内心确信，根据逻辑推理、精神分析及其生活经验、工作经验来认定证据。但自由心证原则并不是绝对的，在某些情况下，法官也必须受相关的证据规则的约束。例如，关于坚定性文件，法律规定具有完全的证明效力，法官就必须接受该证据的证明效力。

（4）罪疑惟轻原则。在刑事诉讼中，由控方承担举证责任，控方所提出的证据对案件事实的证明必须达到一个程度，即能够使陪审员或法官对于被告人的犯罪行为的存在不存有任何合理的怀疑。如果法官或陪审员面对一些不可确定的模糊不清的事实，即使凭其内心确信也无法确定，因为存有疑问时，对案件事实的认定应作有利于被告人的解释，即疑义的利益归于被告人。当然，罪疑惟轻原则仅适用于案件事实的调查和认定，而不适用于刑事实体法。

（5）直接采证原则。法官对于证据的调查和认定，应以直接的方式进行，亲自为之。法官不可仅就案件的书面材料间接采证，而是应与证人、被告人、其他诉讼参与人及相关的证据有直接的接触。同时，作为判决依据的，也应是法官以直接采证方式获得的证据。

【课堂讨论】

被告强先生一日去自己的新屋办事，刚打开门就听到一声巨响，经查看是自家的窗户从三楼掉到地面，砸坏了常总经理的黑色帕萨特轿车，造成经济损失 7 000 元。强先生以为是小偷所为便报了案，但警察查看后认为可能是工程质量问题所致，未发现犯罪事实存在，故没有立案。后强先生便找常总经理商议理赔，但常总经理说他有买保险，车损由保险公司理赔，强先生以为此事就此了结。然而，没有想到一年后，原告保险公司将他告上法庭，要求他承担车损 7 000 元的赔偿责任。

强先生答辩认为保险公司无权也没有理由告他，房子虽然是他买的，但尚未办理产权证，所有权仍是开发商的，所以保险公司应当去告开发商，而不是他。

保险公司起诉强先生有无法律依据？有无超过诉讼时效？需要举证哪些证据？强先生如何抗辩？

【司法考试真题链接】

1. 法院审理一起受贿案时，被告人石某称因侦查人员刑讯，不得已便承认犯罪事实，并讲述受到刑讯的具体时间。检察机关为证明侦查讯问程序合法，当庭播放了有关讯问的录音录像，并提交了书面说明。关于该录音录像的证据种类，下列哪一选项是正确的？（ ）（2010 年卷二单选第 23 题）

A. 犯罪嫌疑人供述和辩解　　B. 视听资料

C. 书证　　D. 物证

2. 侦查人员在杀人案件现场收集到一封信和一张字条，信的内容与案件无关，但根据通信对方的姓名和地址查出了犯罪分子。字条的内容也与案件无关，但根据笔迹鉴定找到了字条的书写人，从而发现了犯罪分子。对于本案中的信件和字条属于何种证据种类，下列表述中哪一项是正确的？（ ）（2002 年卷二单选第 19 题）

A. 信件是物证，字条是物证　　B. 信件是物证，字条是书证

C. 信件是书证，字条是物证　　D. 信件是书证，字条是书证

3. 谢某对某公安局以其实施盗窃为由处以 15 日拘留的处罚不服，向法院提起行政诉讼。该局向法院提供的证据如下：报案人的报案电话记录、公安人员询问笔录、失窃现场勘验笔录、现场提取指纹一枚，以及该指纹系谢某左手拇指所留的鉴定书。下列哪一种说法是正确的？（ ）（2005 年卷二单选第 39 题）

A. 对报案人所作的询问笔录应当加盖某公安局、公安人员和报案人印章

B. 现场提取的指纹为物证

C. 某公安局提供的证据均为直接证据

D. 根据某公安局所提供的证据，可以认定其处罚决定证据确实充分

4. 在某一民事案件的审理过程中，原告一方因无法获得作为档案材料存放在某单位的证据，申请法院进行调查。庭审中对该证据的质证，应当如何进行？（ ）（2005 年卷二单选第 42 题）

A. 应当由原、被告双方进行质证

B. 应当由被告与法院进行质证

C. 应当由被告与保管该证据的某单位进行质证

D. 法院对该证据进行说明，无须质证

5. 民事诉讼中的举证期限是如何确定的？（ ）（2004 年卷二单选第 40 题）

A. 可以由当事人协商一致，并经人民法院认可

B. 可以由原告指定

C. 可以由被告指定

D. 如果当事人协商一致，不必经人民法院认可

第二编　证　据　论

第四章 证据概述

【案例导入】2013 年 10 月 3 日，原告李某、张某与被告陈某、黄某经过某房地产综合服务有限公司居间签订了编号为 FC-7000718《房产买卖合同》。该合同约定：双方交易房产坐落于某市鼓楼区洪甘路×号洪山桥小区×座×单元（建筑面积 45.47 平方米）及 07 号附属间（建筑面积 5.88 平方米），合计建筑面积 51.35 平方米，交易成交价格为 750 000 元；签订合同时，被告支付履约保证金 50 000 元，汇入交易服务方指定账户中监管；被告应于 2013 年 11 月 15 日之前备妥公积金中心要求准备的相关材料，并将公积金中心要求的首付款一次性解入其于贷款银行开立的账户中办理冻结手续。自违约行为发生之日起超过 5 日，守约方即可向违约方发出函件促其履约，守约方发出促请履约的函件之日其满 10 日，违约方仍未回复并履约的，守约方可解除合同；因一方迟延履行本合同约定义务，致使守约方按上述条款行使合同解除权的，违约方应另行向守约方支付违约金 50 000 元；同时，守约方有权要求违约方承担包括但不限于交易双方的中介佣金、交易服务费、交易过程中所产生的税费，以及因守约方提起诉讼而支付的诉讼费、律师代理费、差旅费等。但是，到 2013 年 11 月 18 日被告方仍未履行本合同约定义务，故交易服务方于 2013 年 11 月 19 日发函给被告催促履约，该函要求被告在接到通知后五日内前来办理相关手续。然而 2013 年 12 月 5 日被告仍未履行本合同约定义务，所以原告花了 5 000 元聘请一名律师，于 2013 年 12 月 6 日发函给被告要求解除《房产买卖合同》，并请被告在收函之日起五日内向原告支付违约金 50 000 元。另查明，原告之前已在诉争房屋上加盖建筑 40 平方米，该加盖建筑没有产权。被告于签订合同前与原告协商该加盖建筑要写入合同，但未果。后该加盖建筑已被有关部门拆除。

原告诉称被告违约应当承担违约责任，故请求法院：①判令被告向原告支付违约金 50 000 元；②判令被告向原告支付因追索本案债权所花的律师代理费 5 000 元；③诉讼费由被告负担。但被告辩称其于签订合同时对标的物情况发生重大误解，听信中介人员说交易房产实际使用面积共有 90 多平方米（包括合法建筑面积 45.47 平方米、合法的附属间面积 5.88 平方米和违章“加盖房”40 平方米），总价 75 万元，均价每平方米 8 000 多元，比市场均价低 2 000 多元。因贪图便宜便草率签了合同。但该加盖建筑并未写入合同，合同约定实际交易房产只包括建筑面积 51.35 平方米，交易成交价格为 750 000 元，每平方米均价约 15 000 元，与该地区平均成交价每平方米 10 812 元相比显失公平。而且，签订合同后其查“东南网”才知道违章建筑不能买卖并可能被有关部门拆除。于是，其于 2013 年 11 月 13 日向原告发出《关于撤销无效合同的函》要求撤销该合同。现鉴于原告已向法院提起诉讼，被告亦已经提起反诉，要求法院依法撤销该《房产买卖合同》，并驳回本诉原告的诉请。被告为证明其反诉请求，便提供了“东南网下载资料”和“房价网下载资料”两份证据证明违章建筑可能被拆除和该地区平均成交价每平方米10 812元，证明显失公平。但原告答辩认为本诉的《房产买卖合同》约定的成交价为750 000元，不仅事先经过某房地产综合服务有限公司进行张贴、公示，而且在2013年10月3日，由本诉的原告与被告及某房地产综合服务有限公司三方自由商定，符合等价交换的原则，并没有发生显失公平；该“东南网下载资料”和“房价网下载资料”不具有证据资格，它不仅不具有真实性，也与本案没有相关性；再者，该“房价网下载资料”不具有证据能力，它不是国家权威部门公布的标准价，不能作为衡量房产交易成交单价是否公平的标准。

本案是违约责任还是无效合同或可撤销的合同？作为被告反诉的依据即“东南网下载资料”和“房价网下载资料”两个证据是否具有证据资格？

第一节 证据的概念

一、证据的概念

关于证据的概念，主要有事实说、材料（资料）说、方法（手段）说、信息说、统一说、根据说、原因说和结果说等。事实说，认为证据是证明案件真实情况的一切事实。事实说曾经在我国证据法学研究中影响最大，几乎成为通说。我国原刑事诉讼法采纳事实说，将“证据”定义为“证明案件真实情况的一切事实”。但事实说的不足如下：①事实说与证据的内容和形式必须统一的原理有矛盾。证据的内容是指证据所反映的事实信息，证据的形式是指证据反映的事实信息必须依附的载体，证据必须是其反映的事实信息和所依附的载体相互之间形成的统一体。②案件事实与证据事实容易混淆。案件事实是指案件真实情况的一切事实，证据事实是证据所反映的事实信息，二者不能相互混淆。方法（手段）说，认为证据是认定某一特定事实的方法或手段。这类定义给人一种表面化、尚未深入证据实质的感觉，在我国证据法学研究中不流行。信息说，认为证据是与案件事实有关的信息。这类定义忽视了证据存在的形式，即证据反映的事实信息必须依附于一定的载体，证据离开其所依附的载体，则成为无源之水。统一说，认为证据是证据的内容和证据的形式的统一。统一说比较科学，这类定义不便于立法操作。根据说，认为证据是查明的确定案件真实情况的根据。根据说的不足是根据说与证据的内容和形式必须统一原理也有矛盾，注重研究证据的证明作用，忽视了对证据的内容和形式的研究。原因说和结果说，认为证据是确信某种事物存在或不存在的原因或结果。这类定义也没有深入研究证据的实质，在证据法学研究中也不流行。材料（资料）说，认为证据是证明案件事实的材料（资料）。其优点是：符合证据的内容和形式必须统一之原理的要求，避免了案件事实与证据事实的混淆。随着刑事诉讼法修正案的公布，材料说已得到了立法的采纳，被确立为权威的证据概念，即2012年刑事诉讼法第48条规定：“可以用于证明案件事实的材料，都是证据。证据包括：（一）物证；（二）书证；（三）证人证言；（四）被害人陈述；（五）犯罪嫌疑人、被告人供述和辩解；（六）鉴定意见；（七）勘验、检查、辨认、侦查实验等笔录；（八）视听资料、电子数据。”美国《加利福尼亚证据法典》的规定也采取材料说，即“证据是指被提供用以证明某一事实存在或者不存在的证言、文书、物品或其他可感物”。2012年刑事诉讼法第48条规定的证据概念可以从以下三个方面来理解：①证据是材料，包括物证、书证等客观性较强的材料和证言、供述等主观性较强的材料。②证据可以用于证明案件事实，即证据与案件事实有着一定程度的关联性，可以用于揭示、推断案件事实。但某一证据是否真实地反映了案件事实，需要经过司法机关的审查判断。③证据既包括证明犯罪嫌疑人、被告人有罪的材料，也包括证明犯罪嫌疑人、被告人无罪的材料；既包括证明犯罪嫌疑人、被告人罪重的材料，也包括证明犯罪嫌疑人、被告人罪轻或者可以从轻、减轻、免除处罚的材料。

笔者认为理论上给证据下的定义应该是：证据即证明的根据。用已知的事实材料证明未知的案件事实。已知的事实材料称为证据，未知的案件事实称为证明对象。证据分为诉讼证据和非诉讼证据。诉讼证据，是指审判人员、检察人员、侦查人员等依照法定的程序收集并审查核实的、能够证明案件真实情况的材料。非诉讼证据，是指公证员、工商行政管理人员、税务人员等依照法定的程序收集并审查核实的、能够证明法律事件真实情况的材料。本书仅研究诉讼证据，我们所说的证据即为诉讼证据。诉讼证据都是反映特定事实的信息并依附于两个载体之上：①人脑，即案件事实必须为人所感知后转化为信息依附于人脑这一载体。作为载体的人包括证人、被害人陈述、犯罪嫌疑人、被告人等，它们都是在案件事实发生过程中或者发生前后感知与案件有关的事实的，这些事实通过人的感觉器官进入人脑并得到记忆。②物体，即在现场和现场外遗留反映案件事实，以及与之相关的事实的痕迹、物品、文字材料，也就是反映案件事实的信息依附于物这一载体。人和物这两个载体在理论上也称为证据方法，它们是提供证据资料的来源。离开这些载体，反映案件事实的信息就无法被收集和进入诉讼轨道，无法为人所取得。

值得注意的是，由于证据是内容和形式的统一体，因此有关案件的信息可以从一个载体转移到另一个载体。因此，证据存在“衍生现象”，即证据的内容作为信息可以由一个载体转移到另一个载体，从而产生新的证据。它包括两种情形：①同一证据形式之间的转换。例如，某一证人将自己的见闻告诉他人而形成传闻证据，即由证人证言产生新的证人证言。②不同证据形式之间的转化。例如，对犯罪现场进行勘验形成勘验笔录，对物证或者书证进行技术鉴定形成鉴定意见等新证据，证据信息传递前后的证据形式是不同的。这种信息转移而产生新证据的现象，在理论上称为证据的衍生现象。不过，由于有些证据在衍生过程中并不产生新的有价值的内容，甚至原有的内容还容易发生歪曲，因此对于若干衍生出来的证据，一些国家确立了最佳证据规则和传闻证据规则，对采纳这些证据加以限制。例如，传闻证据规则原则上要求传闻证据不得作为证据使用，这是因为传闻证据都是证人转述他人所描述的有关案件的事实或者在法庭外陈述的有关案件事实的证言，可能不真实或者事实信息发生歪曲；最佳证据规则原则上要求当事人必须出示原物、原件，出示原物、原件不便的，则可以运用辅助证据（如曾看过原物、原件的证人的回忆或者与原物、原件核对无异的复制件）来证明，而不必出示原物、原件本身。

二、三大诉讼证据的区别

诉讼证据分为刑事诉讼证据、民事诉讼证据和行政诉讼证据。刑事诉讼证据，根据2012年刑事诉讼法第50条的规定，是指在刑事诉讼过程中由审判人员、检察人员、侦查人员等依照法定程序，收集能够证实犯罪嫌疑人、被告人有罪或者无罪、犯罪情节轻重的各种证据。民事诉讼证据，根据2012年《中华人民共和国民事诉讼法》（以下简称2012年民事诉讼法）第63条的规定，是指在民事诉讼过程中由审判人员依照法定程序收集的或者当事人提供的各种证据。行政诉讼证据，根据《中华人民共和国行政诉讼法》第31条的规定，是指在行政诉讼过程中由审判人员依照法定程序收集的或者当事人提供的各种证据。

过去，在司法实践中曾经出现过将民事诉讼证据作为刑事诉讼证据使用的情况。例如，把在民事诉讼过程中由法院委托制作的鉴定意见，直接作为公安侦查诈骗案件的证据，混淆了民事诉讼证据与刑事诉讼证据的界限。因此，区别三大诉讼证据的界限是有必要的。这三大诉讼证据的区别如下。

（1）证明主体不同。刑事诉讼证据是在刑事诉讼过程中由审判人员、检察人员、侦查人员等依照法定程序收集的；民事诉讼证据是在民事诉讼过程中由审判人员依照法定程序收集或者当事人提供的；行政诉讼证据，是在行政诉讼过程中由审判人员依照法定程序收集或者当事人提供的。

（2）证明对象不同。刑事诉讼证据，是用来证实犯罪嫌疑人、被告人有罪或者无罪、犯罪情节轻重的事实；民事诉讼证据，是用来证实当事人之间发生的民事争议的事实；行政诉讼证据，是用来证实当事人之间发生的行政争议的事实。

（3）种类、名称有所不同。刑事诉讼证据，详见前述的2012年刑事诉讼法第48条的规定，分为八类。证据名称不同的是：被害人陈述；犯罪嫌疑人、被告人供述和辩解；鉴定意见；勘验、检查、辨认、侦查实验等笔录。民事诉讼证据，详见前述的2012年《中华人民共和国民事诉讼法》第63条的规定，也分为八类，具体包括：当事人的陈述；书证；物证；视听资料；电子数据；证人证言；鉴定意见；勘验笔录。民事诉讼证据与刑事诉讼证据相比较可知，其证据名称不同的是当事人的陈述。行政诉讼证据，根据《中华人民共和国行政诉讼法》第31条的规定分为七类，具体包括：书证；物证；视听资料；证人证言；当事人的陈述；鉴定结论；勘验笔录、现场笔录。通过与民事诉讼证据、刑事诉讼证据相比较发现其证据名称不同的是鉴定结论、现场笔录，此外，行政诉讼证据并不包括电子数据，不适应当前科技发展的形势，有待补充修改和完善。

三、证据与证据材料的区别

有人认为，在理解证据的概念时，对我国2012年刑事诉讼法第48条所使用的“证据”“证据材料”“证据必须经过查证属实，才能作为定案的根据”等用语和表述，要严格加以区分。我们所说的证据，应该与定案的证据是同一概念，凡是未经查证属实的物证、书证、证人证言等各种证据形式，统称为证据资料或证据材料，这些材料，在未经查证属实之前，也可能是不真实的，当然不能直接作为定案的根据。笔者赞同前述将“证据”和“证据材料”加以区分与“证据”和“定案的证据”是同一概念的论述，这有益于理解证据的概念，但同时认为刑事诉讼法第48条所规定的“证据”与“定案的根据”不是同一概念。实际上，作为定案的根据：一是法律依据；二是事实根据；三是证据。“证据必须经过查证属实，才能作为定案的根据”，是指证据转化为定案根据的过程，包含审查判断证据的程序和证据转化为定案根据的条件即证据能力、证明力等内容在内。

第二节 证据的基本特征

证据的基本特征，又称为证据的本质特征，一般是指证据的固有属性。关于证据的基本特征，在学界有多种观点：“三性说”，认为证据的基本特征有客观性、关联性和合法性。“两性说”，认为证据的基本特征只有客观性、关联性，合法性是法律制度层面的规范，不属于证据本身固有的特征。“一性说”，认为客观性和关联性都是客观事物固有的属性，具有事实特征的普遍性，它们都不应该简单地归结为证据的基本特征。关联性分为客观关联性和主观关联性。客观性包含于证据的客观关联性中，合法性包含于法律证据的主观关联性中。证据的关联性应该是一种被人已知的关联性。“已知事实的关联性”才是证据的基本特征。在这一问题上，《最高人民法院关于民事诉讼证据的若干规定》有所突破，其第50条规定：“质证时，当事人应当围绕证据的真实性、关联性、合法性，针对证据证明力有无以及证明力大小，进行质疑、说明与辩驳。”这是我国证据立法上的一大进步。所以，笔者赞同“三性说”，认为证据的基本特征应有客观真实性、关联性和合法性。下面具体阐述证据的三个基本特征。

一、证据的客观真实性

证据的客观真实性，是指证据必须是在案件的发生、发展过程中遗留下来的、不以人们意志为转移的、客观存在的案件事实真实材料，而不是人们主观想象、主观推测或者故意捏造的东西。

证据的客观真实性是证据最基本的特征。应从以下几个方面对证据客观真实性的理解。

（1）证据所具有的客观真实性，是由案件事实本身的客观性决定的。任何一种行为都是在一定的时间、地点、条件下使用一定的手段、方法实施的。例如，从犯罪人产生犯罪动机到其实施犯罪的过程，总是不可避免地接触一些人和物，从而留下一定的人证和物证。这是不以人的意志为转移、客观存在的事实，据此便可证明案件事实的真实性。犯罪人在实施犯罪的过程中，必然要在作案现场与有关处所留下相应的指纹、脚印等各种痕迹和物品，以及被破坏或转移了的各种实物、作案工具等，这些都是可以收集和陈列出来的实实在在的东西。由于任何客观事物都是互相联系的，犯罪人既然实施了犯罪，侵犯了一定的人和物，那就必然会在客观上引起一定的变化，为周围的人所耳闻、目睹，在被害人、目睹人和犯罪人的头脑里留下一定的印象和记忆，通过他们的回忆和陈述，就可以再现刑事案件的真实情况。所以，证据的客观真实性与案件事实本身的客观性存在密切的联系。

（2）对证据客观真实性的认识，必须坚持证据表面的形式真实与证据内容客观真实的辩证统一，排除一切主观想象、主观推测或故意捏造的东西作为证据。辩证唯物主义哲学观告诉我们，对证据客观真实性的认识，与对任何事物的认识一样，必须坚持物质存在第一，认识第二的基本路线和方法。按照这一基本理论的要求，对任何一种没有客观存在为依据的陈述，如被告人的狡辩和伪供、证人的伪证等，是理所当然的谎言，不能作为定案的证据使用。对于只有形式真实而内容却不客观真实的证据材料，如伪造的书面材料，也排除其作为定案的证据。

（3）证据的客观真实性要求证据必须有正确且真实的来源，并且是经过查证属实的。对于没有正确、真实来源的，如匿名信、小道消息、马路新闻、道听途说等，由于无法查证，不具备客观真实性，当然不能作为证据使用。2012 年刑事诉讼法第 48 条规定：“证据必须经过查证属实，才能作为定案的根据。”2012 年民事诉讼法第 63 条规定：“证据必须查证属实，才能作为认定事实的根据。”《中华人民共和国行政诉讼法》第 31 条规定：“以上证据经法庭审查属实，才能作为定案的根据。”这些法律规定说明，作为定案的证据必须经过庭审查证属实，这不仅是程序公正的要求，也是证据客观真实性的要求。

承认和认识证据的客观真实性，对司法实践具有重要意义。证据的客观真实性是司法实践中审查判断证据的一条基本标准。没有客观真实性的证据，就不能作为定案的证据。只有具备证据的客观真实性，才可能具有证据资格；没有证据的客观真实性，就绝对不具有证据资格①。

二、证据的关联性

证据的关联性，又称相关性，是指证据必须与待证案件事实存在某种联系，并因此对证明案情具有实际能力。证据对于案件事实有无证明力，以及证明力之大小，取决于证据与案件事实有无联系，以及联系的紧密、强弱程度。这就是说，证据不仅是客观存在的事实材料，还必须是与案件事实存在某种联系的事实材料。

对于证据的关联性，笔者认为，可从以下几个方面加以理解。

（1）证据的关联性是客观存在的关联性。证据与案件事实之间的关联性是客观存在的而不是主观想象的，其联系是不以人的主观意志为转移的。司法人员在办理案件的过程中，必须尊重证据与待证案件事实之间存在的这种联系，如实评价证据对待证案件事实的证明作用，既不能主观臆断，也不能无中生有地将没有客观联系的证据想当然地认

---

① 证据资格，又称为证据能力，是指某一材料能够被允许作为证据加以调查并得以采纳。大陆法系国家诉讼中常用的“证据能力”或“证据资格”一词的含义，与英美国家“可采性”一词的含义实际上是一致的。

为有联系或者硬说有联系，否则就会导致冤假错案。

（2）证据的关联性是人们主观能够认识的关联性。证据的关联性不仅是客观存在的，也是司法人员能够认识的关联性。证据的关联性要求证据与案件事实之间的关联性应该是一种被人已知的关联性，即“已知事实的关联性”，如果是未知的关联性，则不能断定其具有关联性，当然不能作为定案的证据。我们应该承认，司法人员的认识能力是有限的。根据定案当时的科学发展水平，案件事实依据能够认识的关联性来确定。对于客观存在但司法人员主观尚不能认识的关联性，需留待今后科学技术不断进步且人们能够认识时，这些事实材料才能成为诉讼证据进入诉讼活动。

（3）证据关联性的表现形式具有多样性。证据与案件事实之间关联的形式、途径和方法是多种多样的，如因果联系、时间联系、空间联系、偶然联系和必然联系、直接联系和间接联系、肯定联系和否定联系等。其中，因果联系，是指证据事实是案件事实的原因或者结果；时间和空间联系，是指证据事实是案件事实有关的时间、地点、环境等事实；偶然联系和必然联系、直接联系和间接联系、肯定联系和否定联系，反映了证据事实与案件事实之间存在偶然或者必然的、直接或者间接的、肯定或者否定的关系。无论存在何种联系，都表明证据反映了与案件有关的事实。

（4）发现和确定证据的关联性具有复杂性。一般来说，有的证据与案件事实之间的关联比较明显，容易判明；有的证据与案件事实之间的关联比较复杂，不大容易判明；有的证据与案件事实之间的关联需要经过仔细地检查、辨认、检验和鉴定才能确定。例如，有些言词证据，每个作证主体的背景不同，与本案的关系不同，所提供的证据的关联性的确定要经过对比、分析、推理、实物验证等，才能确定下来。因此，发现和确定证据的关联性是一个非常重要又极为复杂的问题。这不仅是办案人员需要掌握的一个基本功，也是办理某些案件的必经程序。例如，刑事案件，只有在发现和确定证据的关联性后，在侦查阶段才能明确调查和收集证据的方向和范围，保证及时收集各种证据，查明案件真相；在起诉和审判阶段，才能防止错案，保证起诉和判决的质量。

研究证据关联性的意义。证据的关联性是审查判断证据的标准和方法。《最高人民法院关于民事诉讼证据的若干规定》第 66 条规定：“审判人员对案件的全部证据，应当从各证据与案件事实的关联程度、各证据之间的联系等方面进行综合审查判断。”由此可见，司法人员办案的关键在于研究和掌握证据的关联性。

三、证据的合法性

证据的合法性，又称为证据的法律性或许可性，是指证据只能由法定的主体依照法定的诉讼程序，进行收集、固定、保全和审查认定。证据的合法性，是证据的客观性和相关性的重要保证，也是证据具有法律效力的重要条件。

证据的合法性，具体包括以下几方面的内容。

（1）证据必须具有合法的形式。《中华人民共和国刑事诉讼法》第 48 条规定，证据包括物证，书证，证人证言，被害人陈述，犯罪嫌疑人、被告人供述和辩解，鉴定意见，勘验、检查、辨认、侦查实验等笔录，视听资料、电子数据八种法定形式。因此，一定的事实材料只有符合这些法定形式时，才能成为刑事诉讼证据。

（2）制作证据的主体必须合法。没有鉴定资格的人制作的鉴定意见就不能采纳为合法的诉讼证据。《最高人民法院关于民事诉讼证据的若干规定》第 26 条规定："当事人申请鉴定经人民法院同意后由双方当事人协商确定有鉴定资格的鉴定机构、鉴定人员，协商不成的由人民法院指定。"因此，制作鉴定意见的合法主体必须是有鉴定资格的鉴定机构、鉴定人员。

（3）收集证据的主体必须合法。在刑事诉讼中，只有司法人员等才有权收集证据、审查和运用证据。2012 年刑事诉讼法第 50 条规定，审判人员、检察人员、侦查人员必须依照法定程序，收集能够证实犯罪嫌疑人、被告人有罪或者无罪、犯罪情节轻重的各种证据。

（4）提供证据的时间必须合法。《最高人民法院关于民事诉讼证据的若干规定》第 34 条规定："当事人应当在举证期限内向人民法院提交证据材料，当事人在举证期限内不提交的，视为放弃举证权利。对于当事人逾期提交的证据材料，人民法院审理时不组织质证。但对方当事人同意质证的除外。"因此，当事人举证应当符合举证期限的规定。

（5）证据的内容必须合法。《最高人民法院关于民事诉讼证据的若干规定》第 69 条规定"下列证据不能单独作为认定案件事实的依据：未成年人所作的与其年龄和智力状况不相当的证言；与一方当事人或者其代理人有利害关系的证人出具的证言；存有疑点的视听资料"。这条规定说明证据的内容不仅要客观真实，还必须合法。

（6）证据必须依照法定程序收集，违反法定程序收集的证据不合法。《最高人民法院关于民事诉讼证据的若干规定》第 68 条规定："以侵害他人合法权益或者违反法律禁止性规定的方法取得的证据，不能作为认定案件事实的依据。"《最高人民法院关于行政诉讼证据若干问题的规定》第 58 条规定："以违反法律禁止性规定或者侵犯他人合法权益的方法取得的证据，不能作为认定案件事实的依据。"因此，收集证据的程序必须正义，不正义的程序会影响证据的效力。

研究证据合法性的意义。证据的合法性关系证据能力问题，更关系证据的证明力，即证据的证明作用与证明价值，它是证据的客观性与关联性的法律保障。如果证据的形式不合法、制作证据的主体不合法、收集证据的主体或程序不合法、提供证据的时间不合法，就可能导致该证据没有证据能力，更没有证明力。所以，证据的合法性是证据的一个重要特征。

综上所述，证据的基本特征由证据的客观性、关联性和合法性构成。三者互相联系、缺一不可。客观性和关联性是证据的内容，合法性是证据的形式，是客观性和关联性的法律保证。证据的三个基本特征，实际上就是我们收集、审查和判断每一个证据的基本标准，是证据的内容与证据的形式两者的辩证统一。

第三节　证据的可采性和证明力

一、证据的可采性

（一）英美法系等国家关于证据可采性的基本理论

证据的可采性，是英美法系国家的特有概念，也是英美证据法的核心问题，现已被各国证据法认同。但其与大陆法系国家的“证据能力”或“证据资格”的含义是一致的。过去在我国，虽然法律上没有对证据能力或证据资格问题作出明确的规定，但我们经常采用证据资格或证据能力这样的概念来表述内容。现在，随着我国2012年刑事诉讼法对非法证据排除规则的确立，我们应该开始启用和研究英美法系国家的关于证据可采性的理论及其规则。

在英美法系国家，证据的可采性是指一项证据是否具有在法庭上提出并进行审查的资格。不具有可采性的证据不能在法庭上提出，也无须进行审查，因而也就不会产生证明力。只有具有可采性的证据，才能被法律容许用于证明案件的待证事实，因此，证据的可采性关系证据的接受与被拒，是一个至关重要又十分复杂的问题。由此看出，诉讼中所出现的证据材料虽然具有客观性和关联性，但最终它能否转化为定案的根据或者真正意义上的证据，还要接受法律关于可采性规则的考验。通过了可采性这一关，具有客观性和关联性的证据材料才能最终转化为定案的证据，证据材料才能产生飞跃性的转变。

证据的可采性规则是英美证据法的一层过滤网，其所要解决的问题是采纳或者排除证据。在英美证据法上，证据被排除可能是由于如下情形：①证据不具有相关性或者不具有相关性的证据；②为证据排除规则排除；③因证据力微弱而被排除；④为法官的自由裁量权排除。

1. 证据不具有相关性的主要情形

在长期的司法实践中，英美证据法中形成了一般的原则：①排斥他人行为的原则（res inter alios acta），即诉讼当事人之外的人的行为或事件其后果不能由当事人来承受。②相似事实（similar fact），即一个人在其他场合的行为或当前场合的类似行为是没有关联的证据。目前，英美证据法对于相似实施的不采纳形成了一些例外规则，主要是在形成体系（system）、驳回辩护（rebutting）、一致性（identity）和明知（knowledge）的情形下发生。③品格证据（evidence of character）。当事人品格的好坏与他在特定场合的行为一般并无关联，法律也不能承认“一次做贼，永远是贼”为一般原则。因此，品格证据一般会因不具有相关性而被排除。

2. 证据排除规则

证据必须具有足够的相关性才能被采纳为证据，但具有足够相关性的证据并不一定就能被采纳，它们只有在不被证据法的其他规则排除的情况才可以被采纳。其结果当然是有些具有相关性的证据亦被排除。英美证据法长期以来形成了庞杂的证据排除规则，如传闻证据规则、最佳证据规则、意见证据规则、非法证据规则、特权违反排除规则等。这里的传闻证据，是指证人通过旁人传说所提供的证据，一般情况下这种证据将被法庭拒绝，英美法中甚至有“传闻非证据”（hearsay is noevidence）的法谚。这里的意见证据是指非专家证人提供的意见证据。不管其意见与争议事实的关联程度如何，该证据通常被排除。因为审理案件事实的法庭可能被意见证据误导，而不是从案件事实本身寻找结论。但现在也有一些例外规定，主要是合理地建立在证人的感觉之上的意见，以及有助于澄清该证人证言或确定争议事实的意见，如涉及当事人的年龄、身份、车速等简单问题的意见。特权违反排除规则，是指因为违反证人的特权规则而不具有可采性应当予以排除的规则。

3. 证明力微弱排除

在实践中还有一些特殊的情况，即虽然从技术上讲，证据为可采的，但证据的证明力（证据的分量）相当微弱，那么明智的做法就是不提交该证据，特别是在刑事诉讼程序中，此种证据的许可将导致对程序公正的负面影响。当然，这类证据的排除也涉及法官的自由裁量权排除，因为证据的分量一般都依赖于法官的裁量。

4. 法官自由裁量排除

法官自由裁量排除（the discretion to exclude）证据的范围相当宽泛，在证据分量不足的情形下排除证据必须运用法官的自由裁量权，即使在因证据排除规则，如非法证据的排除规则而排除的情形下，当例外规则越来越繁多而复杂时，法官对证据的自由裁量权必不可少。此外，控方对被告人进行交叉询问的范围也是法官自由裁量的范围，同时法官有权排除不在犯罪现场的证据。

而在德国，整体上不受限制的可采性体系中关于接受证据的主要限制是法庭有权拒绝同意调查下列证据：①当争议事实是众所周知的事实，予以证明是多余的；②如果要证明的事项不重要或者已经得到证明；③当证据不合适或者无法获得；④当该申请意图是拖延诉讼；⑤要证明的事项是有利于被告人的，而法院准备作为不需要证明的事项接受之。

（二）中国关于证据可采性的基本理论

中国政法大学刑事司法学院的郑旭博士认为，我国目前的法律和司法解释还没有正式采纳这一概念，学术界在论及有关问题时，一般表述为“不得作为定案的根据”“不能作为证据使用”“不具有证据效力”等。他主张在立法上使用可采性这一概念，即当事人双方在庭审开始前及庭审过程中，可以针对不具有可采性的证据向法庭提出申请（即动议），要求法庭予以排除，并说明其申请所依据的法律规定，如传闻、不相关、普通证人的猜测、系非法取得等。法庭应当当庭决定，并且针对这种决定不可以上诉。法庭决定某项证据不具有可采性的，则该证据不能在法庭上提出，不能被事实的审理者看见和听见，当事人的辩论也不能基于这种不具有可采性的证据。

郑旭博士认为，我国确立证据可采性的规则是为了实现以下价值目标：①基于诉讼效率的考虑，防止争议点模糊和诉讼拖延。例如，相关性规则就是为了防止证据调查范围的无限扩大而设立的证据可采性规则。②基于实体公正的考虑，防止可能不真实的证据进入法庭。例如，排除传闻证据是因为传闻证据可能不可靠，以及不能经过主询问和反询问来检查其真实性。③基于程序公正的考虑，防止警察滥用权力，侵犯公民的基本权利。例如，刑事诉讼中的非法证据排除规则就是为了制止警察以侵犯公民基本权利的方法取证。因此，要求认定案件事实依据的证据必须具有可采性是实现实体公正、程序公正和提高诉讼效率的要求。

郑旭博士认为，我国在研究证据可采性时，必须注意以下两点问题。

（1）必须注意可采性与证明力的区别。目前有的学者对可采性和证明力不加以区分，认为证据符合法律规定的要求就予以“采信”，不符合法律规定的可采性规则就不能“采信”。郑旭认为这种理解是不正确的。实际上，可采性问题和证据的证明力问题是两个完全不同的概念。可采性解决的是证据能否在法庭上提出，而证据的证明力是对在庭审中提出的证据的可信性和关联性进行判断。可采性由法庭在庭审中基于对方的异议或依职权当庭决定，而证明力则在评议、形成判决时，根据全案证据予以确定。可采的证据未必就是真实和有证明作用的，可采性只说明该证据能够在法庭上提出，使事实的审理者看见和听见。

需要注意的是，对证据的可采性法律可以进行详尽规定，对证据的证明力法律不应进行过多的规定。我国目前最高人民法院的司法解释倾向于规定证据证明力的判断方法，而不是着重于规范证据的可采性。例如，规定“出庭的证人证言优于未出庭的证人证言”等。还有的学者提出了“孤证不能定案”并且主张将其规定在证据法中。在英、美、德、法、日的刑事诉讼程序中，证据证明力的判断完全交给法官自由判断，即“自由心证”。在日本和我国台湾地区，对证据证明力的唯一限制就是补强证据规则。因此，我国刑事诉讼中应当也确立自由心证原则，法律对证据证明力的干涉仅仅限于“仅凭口供不能定案”，对于其他证据应当由事实的审理者根据自己的理性和良心自由判断，而不应当以僵化的判断法则代替事实审理者对事实的认定。也就是说，证据法只能详尽地规定证据的可采性，而不能详尽地规定证据证明力的判断规则，否则就会回归法定证据制度的弊端。

此外，还应当注意的是，有的学者将依照可采性予以排除的证据都称为“非法证据排除”，将不具有可采性的证据都称为非法证据，笔者不同意这种理解。证据的排除规则是一个宽泛的概念，包括非法证据排除规则，但并不等同于非法证据排除规则。基于可采性的排除规则包括相关性规则、最佳证据规则、传闻证据规则、普通证人的意见证据规则和非法证据排除规则等。一项证据被排除并不一定是基于非法证据排除，可能根据证据法其他关于证据可采性的规则被排除。

（2）必须注意可采性适用的机关和诉讼场合。在刑事诉讼中，由于公诉案件在庭审前有侦查、起诉阶段，那么在刑事诉讼中是只有法院才存在排除不具有可采性的证据，还是检察院、公安机关也有义务排除不具有可采性的证据？他的观点是，证据的可采性问题是针对法院，而不是针对检察院而言的。可采性是解决一项证据是否能够被法庭采纳的问题，对可采性有争议的证据，应当由控辩双方提出动议，由法官进行听审并最后决定是否具有可采性。由于检察院是公诉机关，不能对案件作出最后的实体性决定，其排除非法取得的证据只是一种初步地对证据能力的判断,其提供给法庭的证据是否可采，最终要由法院决定。因此，在刑事证据法中规定的是法院对证据可采性的确定问题，或者说主要规定证据相对于法院而言的可采性问题。

但是，不可否认的是，证据可采性的判断规则对检察院有重大影响。检察院在提起公诉之前，应当根据证据可采性的标准衡量自己的控诉证据，决定哪些证据在法庭上提出，哪些证据不向法庭提出，以保证起诉的质量。不仅如此，证据的可采性规则还会对侦查机关的侦查行为、取证行为产生巨大的影响，因为如果违反了该规则的要求，警察的取证活动就无法达到追诉犯罪、惩罚犯罪的目的。

笔者认为，我国虽然没有独立的证据法，但我国的三大诉讼法的立法及其司法解释，已经正式采纳了证据的可采性这一概念。例如，2012 年刑事诉讼法第 54 条规定：“采用刑讯逼供等非法方法收集的犯罪嫌疑人、被告人供述和采用暴力、威胁等非法方法收集的证人证言、被害人陈述，应当予以排除。收集物证、书证不符合法定程序，可能严重影响司法公正的，应当予以补正或者作出合理解释；不能补正或者作出合理解释的，对该证据应当予以排除。在侦查、审查起诉、审判时发现有应当排除的证据的，应当依法予以排除，不得作为起诉意见、起诉决定和判决的依据。”第 182 条第 2 款规定：“在开庭以前，审判人员可以召集公诉人、当事人和辩护人、诉讼代理人，对回避、出庭证人名单、非法证据排除等与审判相关的问题，了解情况，听取意见。”这些规定说明我国已经在刑事诉讼中设立了证据的可采性规则，它成为我国证据法的一层过滤网，通过召开庭前会议等方式，阻止非法证据进入庭审等程序，从而排除非法证据作为起诉意见、起诉决定和判决的依据。

但是，我国的证据可采性的含义，应该与英美法系等国家关于证据可采性的基本理论有所区别，这是由于我国的三大诉讼法设立的诉讼制度与英美法系等国家的诉讼制度不同所决定的。笔者认为，我国的证据可采性应包括两层的含义：一是程序上的含义。在我国，证据的可采性，是指一项证据是否具有在侦查终结制作起诉意见时、审查起诉制作起诉决定时及在法庭上进行审判时提出并进行审查的资格。二是证明结果上的含义。证据的可采性，是指证据必须经过法庭查证属实，才能作为证明案件中待证事实的定案依据。

证据的可采性，所要解决的问题是证据的采纳或排除，即它关系证据的接受与被拒（排除）两方面的问题。接受即可采；排除即不可采。因此，研究证据可采性的构成要素，即证据可采性的前提条件尤为重要。因为一旦某一项证据不具备证据可采性的前提条件，该项证据就应被排除，为收集该项证据所花的司法资源就会被浪费，所以证据的排除要慎之又慎，一定要设立科学的证据排除规则，法官正是根据各项证据排除规则来决定证据的可采性问题。根据我国的证据立法，如《最高人民法院关于民事诉讼证据的若干规定》第 50 条规定：“质证时，当事人应当围绕证据的真实性、关联性、合法性，针对证据证明力有无以及证明力大小，进行质疑、说明与辩驳。”可见，证据可采性的前提条件如下：①证据必须具有客观真实性，才具有证据的可采性。②证据必须具有相关性，才具有证据的可采性。③证据必须具有合法性，才具有证据的可采性。④证据必须具有证明力，才具有证据的可采性。这就是说，证据的可采性与证据的其他属性有着密切的联系。

二、证据的证明力

（一）证据证明力的概念和地位

英美证据法常常将证据的“可采性”与“相关性”概念并列，大陆法常常将证据的“证据能力”与“证明力”概念并列。那么，中国的证据法应采纳哪种并列的概念呢？笔者认为，随着英美证据法和大陆法系证据法的不断融合，中国的证据法应采取证据的“可采性”与“证明力”并列的概念，以符合现在证据立法的实际情况与今后我国证据立法发展的特色。

证据的证明力，是指证据对待证事实在证明上的强弱程度，即证据在多大程度上对待证事实是否有证明作用及可以证明到什么程度。

证据的证明力，是证据本身固有的属性。证据具有客观性并与案件待证事实具有关联性，就具有一定的证明力。但不同的证据，因各自的特性及与案件待证事实的关系不同，对于待证事实往往具有不同的证明价值，发挥着不同程度的证明作用。

证据的证明力是证据制度的核心问题。历史上的法定证据制度和自由心证证据制度都是围绕证据证明力的判断和法官运用证据确认案件事实的认识方式而确立的。法律预先明文规定证据证明力的大小及对它们的取舍、运用，而不允许法官自由加以判断和取舍的制度，称为法定证据制度。这一制度要求法官在审理案件中运用证据，只需符合法律规定的各项规则，而且认为这样就能够借以发现案件真实。这种制度的优点是有利于约束法官，防止法官专权，但其最大的缺点是这种机械的做法只会窒息法官对案件的理性判断，难以作出符合案件真实的裁决。与之相反，法律对证据的证明力预先不作规定，允许法官在审理案件中自由加以判断的证据制度，称为自由心证证据制度。这种制度的优点是顺应了诉讼证据本身的复杂性，能够让法官对证据进行自由理性判断，从而作出符合案件真实的裁决，但其最大的缺点是不有利于约束法官，不能防止法官随意判断证据、歪曲事实。因此，为了克服自由心证证据制度的缺点，我国当前的证据立法是在保证法官对证据的审查判断享有充分自由的前提下，增加了对不同证据证明力大小强弱作出限制和约束的规定，旨在规范法官的自由心证，防止法官随意判断证据，损害当事人的利益。但有人批评说，这是“新法定证据主义理念在中国的兴起”。笔者认为，凡事均有度，自由心证之自由判断亦应有一定的限度，只要允许法官在审理案件中自由判断证据，证据立法对证据证明力大小强弱作出约束的规定是必要和合理的。例如，《最高人民法院关于民事诉讼证据的若干规定》第 64 条规定：“审判人员应当依照法定程序全面、客观地审核证据，依据法律的规定，遵循法官职业道德，运用逻辑推理和日常生活经验，对证据有无证明力和证明力大小独立进行判断，并公开判断的理由和结果。”可见，当前我国依法保证法官对证据的审查判断享有充分的自由。

（二）证据证明力的规则

从当前我国证据立法对证据证明力的规定和通过三大诉讼的司法实践，可以提炼和总结出以下几个规范证据证明力的规则。

1. 证据证明力的择优规则

证据证明力的择优规则，是指人民法院对同一事实的认定，有数个不同的证据时，司法人员要区分不同证据证明力的大小强弱并优先选择证明力大和强的证据作为定案根据的规则。例如，《最高人民法院关于民事诉讼证据的若干规定》第 77 条规定："人民法院就数个证据对同一事实的证明力，可以依照下列原则认定：（一）国家机关、社会团体依职权制作的公文书证的证明力一般大于其他书证；（二）物证、档案、鉴定结论、勘验笔录或者经过公证、登记的书证其证明力一般大于其他书证、视听资料和证人证言；（三）原始证据的证明力一般大于传来证据；（四）直接证据的证明力一般大于间接证据；（五）证人提供的对与其有亲属或者其他密切关系的当事人有利的证言，其证明力一般小于其他证人证言。"

《最高人民法院关于行政诉讼证据若干问题的规定》第 63 条规定："证明同一事实的数个证据，其证明效力一般可以按照下列情形分别认定：（一）国家机关以及其他职能部门依职权制作的公文文书优于其他书证；（二）鉴定结论、现场笔录、勘验笔录、档案材料以及经过公证或者登记的书证优于其他书证、视听资料和证人证言；（三）原件、原物优于复制件、复制品；（四）法定鉴定部门的鉴定结论优于其他鉴定部门的鉴定结论；（五）法庭主持勘验所制作的勘验笔录优于其他部门主持勘验所制作的勘验笔录；（六）原始证据优于传来证据；（七）其他证人证言优于与当事人有亲属关系或者其他密切关系的证人提供的对该当事人有利的证言；（八）出庭作证的证人证言优于未出庭作证的证人证言；（九）数个种类不同、内容一致的证据优于一个孤立的证据。"

2. 证据证明力的相互印证规则

证据证明力的相互印证规则，是指人民法院对案件事实的认定，遇到个别的证据与全案证据相矛盾时，司法人员为了验证单个证据的真实性，排除不真实而没有证明力的证据，通过比对、采信能够相互印证的证据作为定案根据的规则。例如，最高人民法院等《关于办理死刑案件审查判断证据若干问题的规定》第 22 条规定："对被告人供述和辩解的审查，应当结合控辩双方提供的所有证据以及被告人本人的全部供述和辩解进行。被告人庭前供述一致，庭审中翻供，但被告人不能合理说明翻供理由或者其辩解与全案证据相矛盾，而庭前供述与其他证据能够相互印证的，可以采信被告人庭前供述。被告人庭前供述和辩解出现反复，但庭审中供认的，且庭审中的供述与其他证据能够印证的，可以采信庭审中的供述；被告人庭前供述和辩解出现反复，庭审中不供认，且无其他证据与庭前供述印证的，不能采信庭前供述。"

第四节 证据的意义

一、证据是诉讼的基础和核心

证据是诉讼活动的基础和核心，也是诉讼实务中最实际的问题。从证明角度看，诉讼过程是收集证据、运用证据和审查判断证据的过程。这一过程通常由法律加以规范，由一定的原则加以调整并由一定的程序和规则加以约束。证据在这一过程中占有非常重要的地位，它是用以查明案件事实的手段和方法。诉讼最终要将一定的法律规范适用于一定的事实，在适用法律之前必须查明案件事实，诉讼证据的功能在于使案件事实或者当事人的主张得到确认，最终使裁判者得以适用法律，形成一定的结论。

二、证据具有维护公民合法权益的功能

证据是当事人官司成败的关键。对于当事人而言，在案件事实发生争议时，打官司首先是打证据。因为当事人到法院打官司，就是为了让法官相信他的起诉或反驳是正确的，从而使法官作出有利于他的裁决。而要使法官相信其主张是真实的，不是虚假的、编造的，除了向法官提供证据加以证明外，别无他法。在诉讼中，原告无证据证明他所主张的事实，诉讼请求就得不到法院的支持，甚至在某些场合还要被驳回起诉。被告如果提不出有力的反证，就有可能导致败诉的结局。第三人、共同诉讼人要想保护自己的合法权益，也必须提供证据加以证明。因此，证据既是当事人打民事官司的必要条件，也是维护自己合法权的有力武器。

三、证据具有打击犯罪，维护社会秩序的功能

证据是刑事诉讼中揭露犯罪、证实犯罪的重要手段，是迫使犯罪分子认罪伏法、接受改造的有力武器。同时，证据也是对公众进行法制教育的重要工具，通过典型案例的宣传教育，广大群众知法、守法，最终达到维护整个社会秩序的目的。

【课堂讨论】

原告张某，某日通过被告上海某房地产经纪有限公司居间，与“周某对”签订了一份《房屋买卖合同》，张某按照要求付给了“周某对”50 万元的预付款后，在办理产权过户手续时“周某对”突然失踪，被告上海某房地产经纪有限公司发现被诈骗便报了案，经查房屋产权证系伪造，无法过户，造成原告张某经济损失 50 万元。原告张某便向上海市闵行区人民法院起诉，要求被告上海某房地产经纪有限公司赔偿全部经济损失 50 万元。但法院判决被告上海某房地产经纪有限公司承担 30%的次要责任，赔偿原告张某经济损失 15 万元。

本案是合同违约之诉还是侵权之诉？法院判决正确与否？原告张某向上海市闵行区人民法院起诉须提供哪些证据？

【司法考试真题链接】

1. 赵某与江某路经一栋居民楼时，六楼黄某家阳台上的花盆坠落砸中赵某，致其重伤，共花费医疗费 3 万元。赵某将黄某告至法院要求赔偿，而黄某否认赵某受伤系自家花盆坠落所致。对此争议事实的举证责任，下列哪一选项是正确的？（　）（2008 年·四川卷二单选第 45 题）

A. 赵某　　B. 黄某

C. 赵某和黄某　　D. 赵某和江某

2. 甲与同事丙路过一居民楼时，三楼乙家阳台上的花盆坠落砸在甲的头上，致其脑震荡，共花费医疗费 1 万元。甲以乙为被告诉至法院要求赔偿，而乙否认甲受伤系自家花盆坠落所致。对这一争议事实，应由谁承担举证责任？（　）（2003 年卷二单选第 21 题）

A. 甲承担举证责任　　B. 甲、乙均应承担举证责任

C. 乙承担举证责任　　D. 丙作为证人承担举证责任

3. 根据有关司法解释，人民法院规定了民事诉讼当事人举证期限，下列哪一说法符合有关司法解释的规定？（　）（2002 年卷二单选第 27 题）

A. 举证期限一经确定，在任何情况下，当事人都不可以申请延长举证期限

B. 当事人在举证期限内提交证据确有困难的，经法院先许，可以适当延长举证期限，但只允许延长一次

C. 当事人在举证期限内提交证据确有困难的，经法院允许，可以适当延长举证期限，延长举证期限后，当事人提交证据材料还有困难的，当事人可以再次提出延期申请，是否准许由人民法院决定

D. 当事人在举证期限内提交证据确有困难的，可以多次申请延长举证期限，但自第二次申请起，是否准许由上级人民法院决定

4. 某公安机关对涉嫌盗窃罪的钱某及其妻子范某执行拘留时搜查了他们的住处。在搜查时，因情况紧急未用搜查证，但钱某夫妇一直在场。由于没有女侦查人员在场，所以由男侦查人员对钱某、范某的身体进行了搜查。搜查结束时，侦查人员要求被搜查人在搜查笔录上签名时遭到拒绝，侦查人员就此结束搜查活动。该案搜查活动哪些违反法律规定？（　）（2004 年卷二多选第 64 题）

A. 在搜查时因情况紧急未用搜查证

B. 在搜查时钱某夫妇一直在场

C. 由男侦查人员对范某的身体进行了搜查

D. 侦查人员要求被搜查人在搜查笔录上签名遭拒绝后就此结束了搜查活动

5. 甲故意杀人案件中，公安机关在侦查过程中除了其他证据外，还收集到了下列材料，如果要认定甲犯有故意杀人罪，这些材料中哪些不具备证据的相关性特征？（　）（2003 年卷二多选第 53 题）

A. 甲写给被害人的恐吓信

B. 甲在 10 年以前曾采用过与本案相同的手段实施过杀人行为（未遂，被判

过刑）

C. 甲吃、喝、嫖、赌，道德品质败坏

D. 甲的情妇证明，在本案的作案时间中，甲曾与她一起在某电影院看电影，电影的名字是《泰坦尼克号》

第五章　证据的类型

【案例导入】苏某，女，24 岁，某年 7 月 5~6 日，在石竹街道宏兴村福岚卫生室楼上 403 房间内与黄某、李某一起吸食冰毒，于 6 日晚被宏路派出所当场查获，在黄某身上查获一包重 1 克的冰毒，在该房间内查获神仙水 1 瓶、塑料矿泉水瓶及吸管制作的吸毒工具冰壶一个，经尿检苏某、黄某及李某均呈冰毒阳性。7 月 7 日，苏某、黄某及李某被某市公安局行政拘留。7 月 15 日，某市公安局根据禁毒法第 38 条第 2 款、第 47 条第 1 款之规定，对苏某作出决定强制隔离戒毒 2 年的行政处罚。后苏某认为处罚不公不服行政处罚决定，故提出行政诉讼。

另查，苏某有 2 次前科：前年 8 月因吸食“K”粉被行政拘留；去年 3 月 14 日因吸食冰毒被行政拘留后转责令社区戒毒三年。黄某有 3 次前科：前五年因吸毒被行政拘留 2 次；去年 7 月 4 日因吸毒被音西派出所临控在逃。李某无前科。

以上事实有苏某、黄某及李某的供认笔录，三人的抓获经过，三人的尿夜现场检测照片和报告，某市公安局对三人的多份《行政拘留决定书》，某市公安局对苏某的《责令社区戒毒决定书》和《强制隔离戒毒决定》，某市公安局宏路派出所对苏某的《吸毒成瘾严重认定书》，某市公安局关于具有吸毒检测、吸毒成瘾认定资格的单位、人员的通知书和名单等证据。

对苏某作出强制隔离戒毒 2 年的行政处罚决定是否正确？本案的证据形式有哪几种？证据是否充分？

第一节　证据的种类

一、证据种类的概念

证据的种类，又称为证据的形式，是指表现证据事实内容的各种外部形式。证据的法定种类实际上是证据在法律上的分类，又称为证据的法定形式。法律和司法解释明文对证据种类的划分具有法律约束力，不具备法定形式的证据资料不能纳入诉讼轨道。在法律中明文限定证据的种类，是我国诉讼立法的一种传统。通过明文规定法定的证据种类，立法部门试图对证据的载体形态作出明确的限制，这不利于具有证据价值的新生信息纳入诉讼证据的范畴。以往的法律对证据的法定种类作出明确列举，历史证明意义不大。因为法律永远也不可能穷尽所有的法定证据种类。例如，1979 年刑事诉讼法将证据的法定种类规定为下列七种：①物证、书证；②证人证言；③被害人陈述；④犯罪嫌疑人、被告人供述和辩解；⑤鉴定结论；⑥勘验、检查笔录；⑦视听资料。此后，随着社会条件的变化，该法律对证据法定种类的规定已不适应司法实践的需要。有关法律和司法解释将“鉴定结论”改称为“鉴定意见”。2012 年刑事诉讼法根据刑事诉讼中出现的新情况和实践需要也开始调整，即在对证据的概念作出较大修正的同时，还对证据的法定种类作了适度的扩展。该法除了对原来的“鉴定结论”改称为“鉴定意见”外，还增加了“辨认笔录”“侦查实验笔录”“电子数据”等新的法定证据种类。2012 年民事诉讼法也随之修正，也将原来的“鉴定结论”改称为“鉴定意见”，还增加“电子数据”作为一种新的法定证据种类。2014 年《中华人民共和国行政诉讼法》（以下简称 2014 年行政诉讼法）也将原来的“鉴定结论”改称为“鉴定意见”并增加“电子数据”作为一种新的法定证据种类。然而，在立法技术上，如果放弃我国诉讼立法的传统，对证据的法定种类不作出一一明确列举，又恐司法人员一时难以适应。为此，笔者建议今后在修改证据法时应设法律“小布袋”，即增加“其他具有证据价值的新生信息、材料”作为一种新的法定证据种类。例如，搜查笔录、扣押清单、证据提取笔录、情况说明、破案经过、抓捕经过等，这些在司法实践中得到广泛使用的证据形式，却没有为刑事诉讼法所确立，也没有为刑诉法修正案所添加进来。既然这些证据形式都没有为刑事诉讼法所确立，那么，这些笔录和书面材料就不具有“证据法定资格”了吗？办案人员对这些材料的适用也属于违法的吗？但经验事实告诉我们，几乎没有任何法院以“不属于法定证据种类”为由，将上述这些材料排除于法庭之外；相反，这些证据形式都得到较为普遍的使用。所以，为了避免立法上的被动并能够与时俱进，今后的证据法应增加“其他具有证据价值的新生信息、材料”作为一种新的法定证据种类。

二、法定证据的具体种类

2012 年刑事诉讼法第 48 条规定的八种法定证据种类：①物证；②书证；③证人证言；④被害人陈述；⑤犯罪嫌疑人、被告人供述和辩解；⑥鉴定意见；⑦勘验、检查、辨认、侦查实验等笔录；⑧视听资料、电子数据。2012 年民事诉讼法第 63 条规定的八种法定证据种类：①当事人的陈述；②书证；③物证；④视听资料；⑤电子数据；⑥证人证言；⑦鉴定意见；⑧勘验笔录。2014 年行政诉讼法第 33 条规定的八种法定证据种类：①书证；②物证；③视听资料；④电子数据；⑤证人证言；⑥当事人的陈述；⑦鉴定意见；⑧勘验笔录、现场笔录。上述三大诉讼法规定的法定证据种类，通过比较可见，三者相同的有物证，书证，证人证言，鉴定意见，视听资料，电子数据；三者相近的有现场、勘验、检查、辨认、侦查实验等笔录；二者相同的有当事人的陈述；三者不同而刑事诉讼法独有的有被害人陈述，犯罪嫌疑人、被告人供述和辩解。因此，我国今后在制定统一的证据法典时，既应吸收三大诉讼法规定的三者或二者相同的法定证据种类，也应吸收三者相近的法定证据种类，还应吸收三者不同而刑事诉讼法独有的法定证据种类。具体来说，将来的诉讼法法定的证据种类如下：①物证；②书证；③证人证言；④当事人的陈述；⑤被害人陈述；⑥犯罪嫌疑人、被告人供述和辩解；⑦鉴定意见；⑧现场、勘验、检查、辨认、侦查实验等笔录；⑨视听资料；⑩电子数据；⑪其他具有证据价值的新生信息、材料。

三、在法律上划分证据种类的意义

证据无非是证据事实和证据载体的有机统一。而所谓的“证据载体”，也就是通常所说的证据的表现形式。与对证据概念的明确界定一样，对证据法定种类的明确列举，也属于中国独有的一种证据立法体例。一般而言，西方国家的证据立法主要是就证据的合法性或证据能力作出明确的限定，并为此确立一些相应的证据排除规则，而几乎没有就证据的法定表现形式作出限制性的规定。中国三大诉讼法却将证据的法定形式或法定种类确立为专门的成文法规则。

一般来说，在中国三大诉讼法中明确规定证据的“法定种类”，具有两层法律意义：一是限定证据的法定表现形式，将已经确立的证据种类视为“证据”，而在此之外的其他实物、文件、笔录则被排除于“证据”之外；二是为证据转化为定案根据设定一种独立的资格要求，即证据必须属于三大诉讼法所确立的法定证据种类之一，否则，就不具有证据能力，而应被排除于法庭之外。

四、法定证据种类的理论争议

裴苍龄教授认为，我国三大诉讼法将证据分为八种是缺乏根据的。八种证据中只有物证、书证是两种独立的证据。证人证言、被害人陈述、犯罪嫌疑人、被告人供述和辩解只是人证的不同类型，而与物证、书证并列的只能是人证。勘验、检查笔录和鉴定意见都不是证据本身，它们只是反映了物证的物证资料。视听资料、电子数据不是单一的事物，其所有成分中只有一种成分是证据，且属于书证。根据以上分析，裴苍龄教授认为，证据只有三种，即物证、书证、人证。证据都是由事实构成的，事实构成证据的情况只有三种：一是客观存在；二是被“书”记载；三是被人感知。三种情况下的事实只能构成三种证据。司法人员获得证据的途径也只有三种：一是找证物；二是找“证书”；三是找“证人”。

笔者同意裴苍龄教授的观点，其对理解证据的内涵有一定的帮助作用。但是，在立法技术上，如果放弃我国诉讼立法的传统，对证据的法定种类仅仅明确列举物证、书证、人证三种证据，恐怕司法人员一时难以理解和适应，对司法实践不利。所以，必须注意的是，司法实践中务必根据 2012 年刑事诉讼法和 2012 年民事诉讼法及 2014 年行政诉讼法的现行规定，理解证据的种类；我们在今后的证据法教学中讲授证据的种类时，应当依据三大诉讼法的现行规定，讲解证据的具体种类。笔者认为，依据三大诉讼法的现行规定，本书研究的证据种类合计有下列 10 种：①物证；②书证；③证人证言；④被害人陈述；⑤犯罪嫌疑人、被告人供述和辩解；⑥鉴定意见；⑦勘验、检查、辨认、侦查实验笔录和现场笔录；⑧视听资料；⑨电子数据；⑩当事人的陈述。

以上 10 种证据是诉讼法规定的证据，也称为诉讼证据。

第二节　证据的分类

一、证据分类的概念、由来和发展状况

证据的分类，是指在理论研究上将证据按照不同的标准划分为不同类别。其目的在于研究不同类别证据的特点及其运用规律，以指导办案工作。研究证据的分类，实质是研究运用证据的客观规律，以便提高运用证据查明事实真相的能力。

对证据分类的研究，最早始于 1827 年英国法学家边沁，在其代表作《司法证据原理》将证据分为九类，包括实物证据和人的证据，自愿证据和强制证据，言词证据、宣誓证据和书证，直接证据和情况证据，原始证据和传来证据等。

19 世纪以来，对于证据的分类，无论是英美法系国家还是大陆法系国家都比较重视。英美法系国家注重判例在审判中的作用，在各个判例中由于篇幅所限对证据的种类和分类通常不作严格的区分，但法学家比较重视对证据分类的研究。例如，英国东南巡回审判区高级律师罗纳德·沃克在其所著的《英国法律制度》(1980 年第 15 版）一书中，则将证据分为直接证据与情况证据，原始证据与传闻证据，最佳证据与次要证据，口头证据、书证与实物证据；《英国法律辞典》把证据分为 15 种。美国在理论上将证据形式与证据类型区别开来，从证据类型上将证据分为直接证据、情况证据、补强证据和补助证据；从证据形式上将证据分为物证、书证、确证、科学证据、传闻证据、品格证据、习惯证据及类似事实证据。大陆法系国家注重成文法的作用，一般在法典上规定证据的种类，而在理论上对证据进行分类研究。例如，法国的学者通常将证据分为事前制定的证据和事后制定的证据。其中，事前制定的证据，是指在可能发生的纠纷前而预先制作的证据，如当事人签订的合同、借条等；事后制定的证据，是指在诉讼中制作的证据，如证言、自认和宣誓等。

日本的一些学者则将证据分为直接证据与间接证据，供述证据与非供述证据，实质证据与辅助证据等。

苏联的学者一般将证据分为人证与物证，原始证据与传来证据，有罪证据与无罪证据，直接证据与间接证据。这与我国的证据分类理论最为接近。

在证据的分类方法研究方面，美国的影响较大。例如，美国法学家格里斯主张两分法，将证据分为直接证据和情况证据两种；另一位美国法学家魏格莫尔主张三分法，将证据分为直接证据、情况证据和言词证据三种。

我国台湾地区的法学家主张六分法和七分法。有的学者将证据分为本证及反证，人证及物证，直接证据及间接证据，原始证据及传来证据，主要证据及补强证据，通常证据及补助证据六类；而有的学者则将证据分为本证与反证，物证与人证，原始证据与传闻证据，直接证据与间接证据，独立证据与补助证据，一般证据与补强证据，

事前证据、当时证据与事后证据共七类[①]。

我国大陆地区学者从20世纪50年代开始研究证据的分类，多数学者主张四分法，即原始证据和传来证据，控诉证据与辩护证据，言词证据与实物证据，直接证据与间接证据。也有学者主张五分法，即原始证据和传来证据，有罪证据与无罪证据，言词证据与实物证据，直接证据与间接证据，本证与反证。还有学者主张七分法，即原始证据和传来证据，控诉证据与辩护证据，言词证据与实物证据，直接证据与间接证据，本证与反证，主要证据与补强证据，合法证据与非法证据。

由于分类标准和方法不同，世界各国对证据分类并没有形成统一的意见，从而在证据分类上呈现出众说纷纭、各持己见的局面。但是，笔者通过比较世界各国对证据的分类方法，找到一个普遍的规律，即“并列相对二分法”。所谓“并列相对二分法”，在证据分类上根据不同的分类标准，在美国法学家格里斯主张的二分法基础上不断加以并列和重复的方法。具体来说，“相对二分法”就是根据某种标准，将证据划分为一类相对应的两种证据。例如，根据证据与当事人主张的事实的关系，证据可以分为本证与反证。“并列相对二分法”根据不同的标准，将证据划分为数类、并列的相对应的两种证据。“并列相对二分法”的优点是运用这种方法可将所有证据达到被穷尽的程度。换言之，根据这种方法分类，证据要么被归入第一种类型，要么归入第二种类型，而不可能再出现归入第三种不相对、独立的类型。又如，根据证据与案件主要事实的关系，证据可以分为直接证据与间接证据。从这一标准出发，所有证据要么可以被归类为直接证据，要么可以被划入间接证据的范围，而不存在那种既不属于直接证据也不属于间接证据的直接证据与间接证据。否则，这一证据分类在逻辑上就是不周延的。

根据世界各国的普遍观点和我国的实际情况，在本书中笔者将证据分为原始证据和传来证据，控诉证据与辩护证据，言词证据与实物证据，直接证据与间接证据，本证与反证，主要证据与补强证据共六类。

二、证据分类与证据种类的区别和联系

证据分类与证据种类的联系非常密切。一方面，证据分类以证据种类作为研究的对象，它不能离开证据种类而存在；另一方面，随着证据分类理论对各种证据的特点、作用的深入全面研究，又推动了证据种类的丰富和深化。但两者在性质上又是不同的分类，有着明显的区别。主要表现以下几点。

（1）划分的标准不同。证据的种类只有一个划分标准，即证据的存在形式，而证据分类则有多个划分标准，如证据的表现形式、证据的来源、证据的证明作用、证据与案件事实的关系等。

（2）划分的数量不同。证据种类按照证据的存在形式这标准可以划分如下：物证；书证；证人证言；当事人的陈述；被害人陈述；犯罪嫌疑人、被告人供述和辩解；鉴

---

① 云五社会科学大辞典. 第6册. 北京：商务印书馆，1976：452.

定意见；现场、勘验、检查、辨认、侦查实验等笔录；视听资料；电子数据等。而证据分类虽有多个划分的标准，也可以据此将证据划分为几类，但按照“相对二分法”，只能将证据划分为一类相对应的两种证据。例如，根据证据的内容和作用，证据只可以分为有罪证据与无罪证据两种。

（3）有无法律效力不同。证据种类由国家法律加以明确规定，具有法律约束力，不符合法律规定的证据材料不得作为证据使用，同时法律对每一种证据的收集、审查判断和运用都作了具体规定，司法人员和当事人等在诉讼过程中必须严格遵守；而证据分类是一种理论上的划分，属于学理上的解释，因而不具有法律上的约束力。

需要注意的是，某一种证据，在证据种类和证据分类的划分上具有交叉性和多重性。这种交叉性和多重性，在证据种类中是特有的现象，因为证据种类中除了物证和书证能出现交叉、重叠外，其他证据如证人证言、鉴定意见、视听资料、电子数据等不容易出现交叉、重叠。而在证据分类中发生交叉、重叠是常见的现象。例如，在现场收集到的一份指示他人杀人的信件，在证据种类中，它既是物证同时又是书证，但它不是证人证言，更不是电子数据等。而同样是这份指示他人杀人的信件，在证据分类中，它既是实物证据，又可能是原始证据，还可以是间接证据，但它不能是同一类证据中的另一种证据，即是实物证据，就不能是言词证据；是原始证据，就不能是传来证据；是间接证据，就不能是直接证据。

三、证据分类的意义

对证据进行分类研究，在理论和实践中具有重要的意义。从理论上看，将证据按照不同的标准进行分类，可以认识诉讼中各种证据的不同特点，从而概括和提炼出收集、审查判断和运用各类证据的一般规则。从实践上看，通过对证据的科学分类，能够使各种各样复杂、具体的证据材料系统化、条理化，从而便于司法人员和当事人等根据各类证据的特点和运用规律，客观、全面地收集和审查判断证据，正确运用证据查明案情，保证办案质量。

第三节　原始证据和传来证据

一、原始证据与传来证据分类的理论渊源和划分的标准

最早将证据分为“原始证据和传来证据”的当推18世纪的英国法学家边沁的代表作《司法证据理论》。

但是，各国学者对原始证据和传来证据划分的标准及概念、认识也不尽一致。美国的罗纳德·沃克认为，原始证据是凭借“第一手”证明材料而证明事实的证据，传闻证据则是“第二手”证据。苏联的学者认为，原始证据与传来证据的划分，是根据

侦查员与法院从最初的来源还是从“第二手”来源中取得材料。

在英美法系国家，原始证据与传闻证据的区分具有极其重要的意义。因为它涉及英美法系证据法中十分重要而又非常烦琐的传闻证据规则，也称传闻法则。

在大陆法系国家，由于采用职权主义的诉讼模式，因而一般规定传闻证据也可以在诉讼中使用。但为了保证传闻证据的可靠性，其法律规定了比较严格的证据调查程序。对于卷宗之笔录或其他文书等传闻证据，必须经过法庭直接调查，并赋予当事人辩解的机会，在此基础上，法官只要能够形成正确的心证，可以作为证据采用；即使证言来自他人的陈述，但确实是有根据的，也可以作为证据。“法官可以认定被提供的任何证据。证据是来自直接的观察还是来自第二手材料这个问题，只是在评估证据的价值时所应当考虑的问题。”

在苏联的立法与理论上，对传来证据的可采性亦加以肯定。他们对英美法传闻法则中的形式主义因素采取批判的立场，主张有分析、实事求是地对待传来证据。有学者指出：“力求尽可能使用原始证据，并不意味着从传来证据中就不能得出真实的结论，也不意味着传来证据就是‘第二等’证据。在许多情况下，如果不可能从最初的来源中取得证据（目击者死亡，文件的剧本被烧毁等），绝对要求只能使用原始证据，就会使法院失去‘第二手’材料中取得重要的证据。”

我国学者对这类证据划分标准及其概念的看法也并不一致。例如，台湾地区的学者陈朴生认为，证据因其关系之不同，分为原始证据与传闻证据两种。原始证据是与要证事实具有关系的证据，由判决法院直接调查所得者；而传闻证据系由间接传闻而来之证据。而在大陆，有学者认为，“传来证据与原始证据的本质在于诉讼证据是否经过了传抄、复制、转述等信息传播中间环节”。实际上，证据是否经过复制或证据本身是否表现为复制品的形式，对于区别原始证据和传来证据虽然有一定意义，但不是绝对的标准。在有些情况下，证据虽然具有复制品的形式，但属于原始证据。例如，在诽谤案件中，作案人将手写或打印的诽谤信复印广为散发，那些复印的诽谤信虽为复制品，但是也属于原始证据，因为那些信都是作案人实施诽谤行为的“原件”，是直接来源于案件事实的。还有，在制作、贩卖、传播淫秽物品案件中，淫秽录像带的制作方法通常是先制作成母带，然后用母带成批复制后销售。在此类案件中，母带固然是原始证据，但是复制带也是原始证据，因为它们都是该犯罪行为的直接产物，与案件事实有直接的原始的联系。

还有学者认为，原始证据与传来证据的划分依据在于是否由司法人员亲手收集。实践中，有些司法工作者将原始证据和传来证据称为“第一手资料（证据）”和“第二手资料（证据）”，这种提法固然比较形象，但容易引起误解。因为，由司法工作人员亲自收集的证据，即通常所说的“第一手证据”，并不都是原始证据。例如，单位犯罪案件中司法人员亲自收集的公司账簿复印件，即属于传来证据。并非司法人员亲手收集的证据，即对该司法人员来说，通常被认为是“第二手证据”的，有的也属于原始证据。例如，律师经过批准后收集的有利于被告人的证人证言，虽然并非司法人员亲手收集，仍属于原始证据。

总之，笔者认为，应以证据的来源，即证据是否直接来源于案件事实为标准，将证据分为原始证据与传来证据。需要注意的是：①原始证据与传来证据的划分仅仅以证据是否直接来源于案件事实为标准，而不取决于是否为司法人员所直接获得。换言之，即使司法人员亲自收集的证据仍可能是传来证据；相反，不是司法人员亲自收集的证据（如律师收集的证据）也可能是原始证据。②在证明为痕迹或者物品体积过大的情况下，司法人员采取科学方法（如显影或摄影）予以收集的证据，也应认定为原始证据。如果机械地套用划分标准，就只能认为痕迹和物品是原始的，而采用科学方法固定下来的证据是传来的。如此说来，几乎所有的痕迹或体积过大的物品都只能是传来证据，因为它们是不能拿原物作为证据的。我们不能将留有指纹等痕迹的不能移动的物品、设施和体积巨大的物品搬上法庭，而且也没有必要。因此，这种由司法人员采用科学方法提取的证据（如指纹、脚印、照片等），应当认为是原始证据，而不宜说成是传来证据。③我国证据分类理论中的传来证据不同于外国证据分类理论中的传闻证据，因为后者仅为非直接感知的言词证据，而不包括实物证据。

二、原始证据和传来证据的概念和特点

（一）原始证据和传来证据的概念

原始证据是指直接来源于案件事实或直接来源于原始出处的证据。所谓直接来源于案件事实，是指在案件事实的发生过程中直接形成的证据，在案件中有关行为或活动的直接作用或影响下形成的；所谓直接来源于原始出处，是指证据包含的信息直接来源于该信息生成的原始现场和环境。例如，侦查人员在犯罪现场收集到的作案人留下的毛发、精液，以及其他与案件有关联的各种痕迹和物品，在搜查活动中找到的作案工具和赃物，反映案件情况的原物、文件原件，亲自耳闻目睹案件情况的人们的证言，都属于原始证据。直接来源于案件事实的，当然都是原始证据。但是非直接来源于案件事实的证据并非都是传来证据。例如，犯罪嫌疑人遗留在犯罪现场的菜刀，经犯罪嫌疑人的母亲辨认后，承认说："这把菜刀是我们家的。"该证人证言并非直接来源于案件事实，而是直接来自证据事实，但是它是直接从原始出处即"第一来源"获得的，所以仍属于原始证据，而非传来证据。又如，在一些刑事案件中，由侦查人员直接收集到的时间证人的证人证言，该证人并非耳闻目睹案件事实的过程，但是可以证明犯罪嫌疑人没有作案时间，根据信息论原理及划分依据，该证人证言也是原始证据，因为它的取得并没有经过任何中间环节。

传来证据是指在原始证据的基础上产生的，经过复制、复印、传转、转述等方式生成的证据。传来证据不是直接来源于案件事实，也不是直接来源于信息原始出处，而是经过某种中介从原始证据中产生出来的。例如，模拟现场痕迹的模型、书证的复印件和影印件、转述他人感知事实的证据等，都属于传来证据。尽管现代科学技术使复印件或影印件可以与原件内容一模一样，但是复印或影印的过程肯定离不开人的主观能动性，有可能失真。复印的时候用白纸把原件签名遮住，复印件就不可能与原件相同，信息就在传递的过程中损耗了，对案件事实的反映就会有偏差。有学者认为，

书证的副本也是传来证据。这种看法固然可以理解，但易让人产生误解。如果说在收集到书证后，司法人员又凭书证制作书证的副本以备不时之需，这种意义上的副本固然是传来证据。但我们日常生活中有很多的证件都有副本，如车辆行驶证副本、驾驶证副本、法律执业资格证副本等。这里的副本是与原本同时生成的，是发证机关为了便于管理而制作发放的。尽管副本的效力依赖于原本，但是其并不是在“原始证据”，即在原本的基础上产生的，副本本身也有可能是原始证据。作为证据使用时，其具有与原本同等的效力，它与原本都来源于信息原始出处。因此，不加区分地认为书证的副本是传来证据不妥。

有学者对传来证据作的定义为“凡是不直接来源于案件事实的证据，称为传来证据”。又如，“凡是从非第一来源获得的证据材料就是传来证据”。这种定义是有问题的。相当于可以转述为，“凡是不原始证据就是传来证据”。我们不能说这样的说法不对，因为既然把证据划分为原始证据和传来证据，就不可能存在一个证据在证明同一个事实时，既是原始证据又是传来证据的情况，否则就犯了逻辑学划分子项相容的错误。但是作为定义，用简单的否定式不能够准确说明被定义内容的本质，因此定义不能采用否定式。

也有学者认为，对于难于移动的实物、被害人的尸体或伤痕，即将死亡的亲眼目睹案件发生的证人的陈述等进行摄像、录像、录音而形成的证据，不是传来证据。笔者认为，产生的分歧在于对原始证据和传来证据的含义的理解不同。我们应该坚持以证据事实的来源为划分原始证据和传来证据的标准，而不能以证据的真实程度作为划分标准。应当是先有标准，然后再判断证据的真实程度。摄影、录像、录音等是司法人员在收集证据过程中采用的方法和手段，是对原始证据的固定和保全，由于技术上和其他一些因素的原因，它可能对证据的真实性产生一定的影响，但并不会改变原始证据的性质。例如，被害人尸体等无法在法庭出示，就有必要通过科学的取证方法把原始证据固定和保全下来。

（二）原始证据和传来证据的特点

原始证据具有以下三个显著特点。

（1）原始证据与案件事实有直接的关系。原始证据是犯罪行为、民事行为违反行政法的行为直接造成的证据材料，与所证明的案件事实之间没有任何中间环节，因此它能够比较客观地反映案件事实的本来面貌。

（2）原始证据的证明力一般大于传来证据。证据的证明力与所证明的案件事实之间的联系是一种正比关系。这种联系越密切、越直接，它的真实、可靠性就越强，证明力也就越大；反之，它的真实、可靠性越差，证明力也就越小，由于原始证据没有经过转述、转抄或复制，而是直接与案件事实发生联系。因此，原始证据的证明力一般大于传来证据。

（3）原始证明的证明力不是固定不变的。在自然环境和外界条件的影响下，原始证据的证明力可能发生变化。例如，原始的物品和痕迹会因时间久远而变形或毁损，被害人、目击者因伤亡或记忆丧失等不能向司法人员进行陈述，现场的物品由于不能移动、提取而只能复制等，都会削弱甚至完全破坏原始证据的证明力。对此，必须予以足够的注意。

与原始证据相比，传来证据也有以下三个显著特点。

（1）传来证据与案件事实没有直接联系。由于传来证据是经过转述、转抄或者复制获得的，与案件事实的联系之间有一个或多个中间环节，因此其证明力一般小于原始证据。而且，转述、转抄或复制的次数越多，就越容易出现差错，失实的可能性就越大，证明力也就越小。

（2）传来证据必须有确切的出处或经过查证核实。传来证据不管经过多少次转述，都必须能够找到确切出处，否则就是里弄传闻成道听途说，不能作为证据使用；对于通过转抄或复制获得的传来证据，则必须经过查证核实才能作为证据使用。

（3）在某些情况下传来证据的证明力大于原始证据。例如，某目击者把自己亲见亲闻的罪行在回家后告诉了他的两个儿子。几年后因年老生病记忆力严重下降，此时他两个儿子的内容相同的陈述虽然是传来的证据，但证明力大于其父亲的陈述。

三、原始证据与传来证据划分的意义

如前所述，以证据来源为标准，将证据分为原始证据与传来证据，对于司法人员正确收集和运用证据，具有重要的指导意义。

（1）有利于司法人员积极主动地收集、运用原始证据。由于原始证据比传来证据可靠性强，证明力大，因此司法人员在办案中应尽可能查找、收集第一手证据材料。力求用原始证据认定全部案件事实，确保办案质量。

（2）有利于司法人员注意收集、利用传来证据。司法人员明确了传来证据的特点和作用，就会在收集原始证据的同时，注意收集传来证据，并且利用传来证据去发现、收集和审查原始证据，善于运用传来证据查明案件事实，进而保证案件的正确处理。传来证据在司法实践中具有不可能忽视的重要作用：①传来证据往往是发现原始证据的先导。不少案件都是先有传来证据，然后才据此收集原始证据，如强奸案件、贪污贿赂案件的侦查就是如此。传来证据可以有力地促使当事人坦白或自认，从而获得原始证据。②传来证据是审查原始证据的重要手段。原始证据是否真实可靠，在很多情况下可以用传来证据去审查核实。③在不能获得原始证据的情况下，可以运用传来证据认定案件事实。例如，在被害人、目击者已经死亡的情况下，听其讲过案情的其他人所提供的证言，经过查证属实的，也可以作为认定案件事实的根据。④传来证据可以佐证原始证据，增强其证明力。

（3）有利于司法人员对全部证据进行认真的审查判断和正确运用。原始证据与传来证据的证明作用并不是绝对的，他们都有失实甚至虚假的可能性。因此司法人员在审查判断证据时，无论是原始证据还是传来证据，都应当严格按照法定程序进行查证、核实。特别是针对传来证据失实的可能性较大的特点，更应认真分析其来源，仔细查明其有无确切的出处。在转述、转抄或复制过程中有无被伪造、变造或发生变化的可能，与其他证据能否互相印证，从而判断其真伪和证明力大小，并加以正确取舍和运用。

四、原始证据与传来证据的运用规则

（一）原始证据的运用规则

原始证据最显著的特点在于它能够比较客观地反映案件的本来面貌，比传来证据更为真实和可靠。因此在司法实践中运用原始证据应遵守以下规则。

（1）原始证据优先原则，即应当尽量收集和使用原始证据。司法人员在办案中只要有可能，就应当追根溯源，尽量收集和使用原始证据。只有在确有困难时，才可以用传来证据认定案件事实。

（2）对于来自感知案件事实的证人和当事人，司法人员应当尽可能地亲自询问，并制作详细的询问笔录；在法庭调查中，亲自感知案件事实的被害人、目击证人应出席法庭，进行陈述并接受询问，以保证原始证据的客观真实性。

（3）原始证据凡是能够附卷的，都应当附卷作为定案的根据，以便起诉程序、一审程序、二审程序及审判监督程序或死刑复核程序能够对原始证据再次进行审查，确保办案质量。

（4）对原始物证、书证和视听资料的审查确认必须依法进行。按照诉讼法的有关规定，原始物证、书证和视听资料必须当庭出示或播放，经当事人、证人、勘验人等当庭辨认、质证并经查证属实后，才能予以确认，用作定案的根据。

（二）传来证据的运用规则

由于传来证据在转述、转抄和复制过程中容易失实，且其证明力小于原始证据，因此在司法实践中运用传来证据应当遵守以下规则。

（1）尽可能收集和运用最接近于原始证据的传来证据，即转述、转抄或复制次数最少的传来证据。这是因为，证据的可靠性一般与其证明对象的距离有关，即转手次数越少；距离原始证据越近的传来证据越可靠；而转手次数越多，距离原始证据越远的传来证据，其失实的可能性越大，越不可靠。

（2）必须查明传来证据的来源和出处。如果经过审查核实，证明传来证据没有确切来源和出处，无法判明其是否真实、可靠，就不能作为定案的根据。例如，道听途说、里弄传闻及匿名的电话、信件等，均不能成为传来证据并作为定案的根据。

（3）传来证据必须与其他证据互相印证。在运用传来证据认定案件事实时，不仅要求它与案件事实确有联系，有确切的来源和出处，还必须与其他证据互相印证，没有矛盾或矛盾已得到合理排除的，才能作为定案的根据。

（4）只有在原始证据的收集和提取确有困难或不可能时，在法律允许的特定情况下，才可以查证属实传来证据定案。发现传来证据可能错误、遗漏、不合乎常规或存在矛盾时，必须经过查证核对，排除矛盾后才能使用。如果矛盾得不到合理排除，不得采用。

第四节 言词证据与实物证据

一、言词证据与实物证据分类的理论渊源和划分的标准

“实物证据”一词系英国著名法学家边沁提出，贝斯特（Best）予以承继，但这一术语并未在日常的司法实践中运用。英国证据法学者罗伯特·克罗斯认为，实物证据大致包括以下五类：①物体，如致使原告工人在工厂受伤的机器、伤人的刀子。②身体特征，如某人身高 1.75 米，左撇子，头发乌黑发亮，身体强壮等，这些特征可能与受害人报案所述的情况类似，从而可以起到证明的作用。身体特征一般由法官指令进行检查或实际观察。③证人举止。证人在出庭作证、接受交叉询问或在其他场合的特殊举止，可能证明其证言的可信性、蔑视法庭行为亦可作为判其蔑视法庭罪的实物证据。④勘察，包括法官对事故现场的勘察、观看事故录像或者事故的重现。法院可强制当事人提供重视现场的设施。⑤自动化记录，包括视听资料、电子证据，但也有学者认为应将这种证据归为书证，而非实物证据。一般来说，实物证据若没有证人证言等言词证据予以配合，是无法证明案件事实的。在美国，实物证据（real evidence）又称为物证（physical evidence），是指在法庭上当庭展示的有体物，包括两种：①实在证据，如枪支、头发等；②示意证据，如图示、模拟物等。

在英美法上，言词证据是指以口头或书面语言所表达的内容用以证明案件事实的证据，包括证人证言（testimonial evidence）和书面证据（documentary evidence）。由于证人规则在美国证据法中的重要地位，因而证人证言在各种证据中是最常见、最重要的一种。而对于证人证言，往往又有普通证人证言和专家证言之分。

在划分言词证据和实物证据的标准问题上，国内外学者却有不同的观点。第一种观点是“来源说”，即以证据的信息来源作为划分的标准。只要证据中与案件事实有关的信息来源是人，就是言词证据或人证；只要证据中与案件事实有关的信息来源是物，就是实物证据或物证。按照这种标准，记录证人陈述的录音带属于言词证据，而有关物证的鉴定结论与勘验笔录则属于实物证据。第二种观点是“形式说”，即以证据的形式作为划分的标准。只要证据的形式是言词，就是言词证据；只要证据的形式是实物，就是实物证据。按照这种标准，口头陈述的证言是言词证据，而记录证人证言的录音带或录像带就是实物证据。第三种观点是“内容说”，即以证据的内容作为划分的标准。只要证据的内容是言词，就是言词证据；只要证据的内容是实物，就是实物证据。按照这种标准，记录作案人谈话内容的录音带也属于言词证据；而物证鉴定结论则应属于实物证据。

笔者认为，划分言词证据与实物证据应当以证据的实质内容和表现形式是具有言词的性质还是实物的性质为标准。如果证明案件事实的证据的实质内容和表现形式是言词，则属于言词证据；如果证明案件事实的实质内容和表现形式是实物，就是实物证据。例如，视听资料本身的表现形式是实物，但是作为证据来说，它可以是实物证

据，也可以是言词证据。如果录音带或录像带记录的内容本身就是案件事实，换言之，这些实物就是直接证明案件事实的证据，那么这些录音带和录像带就是实物证据。例如，绑架分子要求被绑架人家属交付赎金的电话录音；银行里记录抢劫犯命令银行职员交出现金或保险柜钥匙的录像。如果录音带或录像带记录的内容本身不是案件事实，而是证明案件事实的其他证据，则要看证据是言词还是实物。例如，记录证人证言的录音带或录像带就是言词证据；记录被告人口供的录音带或录像带也是言词证据；但是，如果录像带记录的是犯罪现场上的物体和痕迹，那么就属于实物证据。再以书面文字形式的证据为例，如果某书面材料记录的内容本身就是案件事实，如合同、遗嘱、病历等，那么该书面材料就属于书证，即实物证据；如果某书面材料记录的内容本身不是案件事实，而是证明案件事实的证言或口供，那么该书面材料就属于言词证据。

二、言词证据与实物证据的概念和特点

言词证据和实物证据的称谓很多，有的称人证与物证；有的称证言与证物；有的称口头证据与实物证据；有的称有形证据与无形证据。笔者认为，在证据分类中使用物证的概念容易与证据种类中的物证相混淆，故称言词证据和实物证据为宜。

所谓言词证据，是指以人的陈述为其表现形式的证据。在法律规定的证据种类中，表现为人的陈述的证据，如证人证言、当事人陈述、被害人陈述、被告人供述与辩解、鉴定结论等，均属于言词证据。人的陈述既可以采用口头形式，也可以采用书面形式，其中对于证人证言、当事人陈述、被害人陈述和被告人供述与辩解，法律规定口头形式是其基本的陈述方式，而鉴定结论必须采用书面形式，言词证据具有以下两个特点。

（1）能够主动、全面地证明案件事实。言词证据所反映的案件事实存在于人的大脑之中，通过人的陈述表述出来，它虽然不像实物证据是可见的，但也不像实物证据处于静止与被挖掘的地位，人们可以主动提供其所感知的案件事实，从而对案件真实情况起到及时的证明作用。同时，言词证据是陈述人对其所感知的案件事实的复述，往往能够把刑事案件或民事、行政争议发生的原因、过程、后果等具体情节描述清楚，从而比较全面地证明案件真实情况，而且陈述人能在司法人员和有关诉讼参与人（如辩护人、诉讼代理人）的询问或发问的引导下，补充、修正其所感知的事实，澄清疑问，从而更加全面地揭示案件的事实真相。言词证据的这一特点，是实物证据所无法比拟的。

（2）容易受到各种主客观因素的影响而出现失实的情况。人的大脑对案件事实的反映，通过人的陈述再现出来，不会像照相机那样直观真实，它要受到人的感知、记忆、表达能力及思想感情、个人品德、利害关系等一系列主客观因素的影响，其中鉴定结论的正确性还会受到人的知识程度、技术水平等因素的制约。因此，言词证据常常不能确切地反映案件事实，容易发生失实甚至虚假的情况。故对言词证据须慎重，不可轻易相信。

所谓实物证据，是指以实物形态为表现形式的证据。在法律规定的证据种类中，物证、书证、勘验检查笔录、现场笔录、视听资料属于实物证据。这类证据具有以下三个特点。

（1）客观性较强。实物证据所反映的案件事实因固定于实物形态之中，不依赖于人的意识而独立存在，因而在诉讼中不易受人的主观因素的影响，从而具有较强的客观性，进而其证明力一般大于证人证言等言词证据。

（2）被动性和依赖性较为明显。实物证据在诉讼中处于被动的待发现的地位，其证明价值常常要依赖于专门人员运用一定的技术手段来发掘和固定。同时，实物证据会由于外力作用而灭失，包括被人为毁弃和由于自然条件的变化而自行消失，因此实物证据的证明价值还是依赖于对它的及时发现、收集和保护。

（3）证明范围比较狭窄。实物证据通常只能说明案件事实中的某个片段或某个情节（视听资料除外），而对案件的主要事实不能作出直接证明，需要与其他证据一起才能发挥证明作用。

三、划分言词证据和实物证据的意义

将证据划分为言词证据与实物证据，其意义主要在于：通过这种划分，可以揭示这两类证据的不同特点，司法人员和当事人等可以有针对性地加以收集和审查判断，并用以证明各类诉讼案件的真实情况。例如，言词证据常具有明确的意思和内容，它所表述的某种活动的动机、目的和过程、结果，容易为司法人员所了解。因此，较之实物证据一般需要通过推理才能认识来说，言词证据的证明作用比较明显，特别是感受、记忆、表达能力强而又如实陈述的人提供的言词证据，往往具有很强的证明力。但是，由于陈述人容易受到主、客观因素的影响，因此也有相当多的言词证据发生失实、虚假的情况。而实物证据虽然客观性较强，但是它毕竟是不会说话的“哑巴证据”，不能自动对案件事实作出证明，并且还可能被伪造或发生变化。因此，言司法实践中，往往以实物证据来审查言词证据的真伪，而以言词证据来说明实物证据的收集是否科学、合法，从而发挥其对案件事实的证明作用。

四、言词证据与实物证据的运用规则

（一）言词证据的运用规则

言词证据是由当事人、证人、鉴定人等通过陈述而产生的口头或书面证据，不可避免地受到主客观因素的影响，因此为保证其真实性和使其具有证据能力，司法人员和当事人等在运用时必须遵守以下规则。

（1）收集言词证据不得采用刑讯逼供和威胁、引诱、欺骗及其他非法方法，并保证一切与案件有关或知道案情的公民客观地提供证据的条件。收集言词证据一般应以口头询问的方式进行，使陈述人按照感受案件事实的顺序进行陈述，切忌诱导、暗示。对被害人、证人和鉴定人，应说明作伪证或虚假陈述应负的法律责任，告知其有义务如实提供证据。此外，收集言词证据应及时进行，防止陈述人因时间久远而淡忘或遗忘。

（2）审查言词证据应注意有无影响其真实性的主客观因素，如被害人是否为遭受犯罪行为侵害而有意夸大事实、证人、鉴定人有无因为与当事人有亲属关系、恩仇关系而故意作虚假证明或鉴定，陈述人感受案件事实时客观环境的好坏（如光线的暗淡、地势的高低、天气的变化等），以及是否受到威胁，甚至刑讯逼供等。

（3）在法庭调查阶段，言词证据通过讯问、询问或宣读等方式提出，必须当双方当事人进行质证并经过法庭查证属实后才能作为定案的根据。

（二）实物证据的运用规则

与言词证据相比，实物证据客观性较强，一般不会由于主观因素的影响而失真，但它是哑巴证据，不能自动对案件事实作出证明，从而不容易为司法人员和当事人所直接了解，而且可能被伪造、变造或发生变化，因此为保证证明力和判明其真实性，司法人员和当事人等在运用时必须遵守以下规则。

（1）收集实物证据充分利用现代科学技术手段并及时进行，以防止由于自然或人为因素而使实物证据灭失、毁损或被伪造、变造。收集实物证据的方法主要有勘验、检查、搜查、扣押或要求持有人提供等。对收集的实物证据要开列清单或开具收据，并妥善保管，不能保存的应采用拍照、制作模型、绘图等方法进行固定和保全。

（2）审查实物证据应注意有无伪造、变造或者由于客观环境影响而发生变形、损坏或灭失的情况，同时还应注意收集实物证据的专业人员的业务素质及技术设备的质量等情况，以便作出准确的判断。

（3）在法庭调查阶段，实物证据由一方当事人向法庭和对方当事人出示或播放，双方进行质证并经过法庭查证属实后才能作为定案的根据。

第五节　控诉证据与辩护证据

一、控诉证据与辩护证据分类的理论渊源和划分的标准

国外的证据理论中一般并无控诉证据与辩护证据的分类，但俄罗斯证据理论中有有罪证据和无罪证据的分类。其中确认存在社会危险行为、刑事被告人实施了该项行为及确认刑事被告人有非或加重罪责的证据，称为有罪证据；那些反驳控诉、证明不存在社会危险行为或者证明刑事被告人无罪及减轻其罪责的证据，称为无罪证据。可见，俄罗斯对有罪证据和无罪证据的划分实际上与我国对控诉证据和辩护证据的划分一致，只是称谓不同而已。事实上，我国早期证据理论对控诉证据和辩护证据的划分正是借鉴苏联关于有罪证据和无罪证据的划分而形成的，只是我们认为将那些证明应当减轻被告人罪责的证据称为无罪证据并不合适，因为如果无罪，也就无所谓减轻罪责，所以才在翻译的时候变换了称谓。

关于此类证据的划分，从划分标准和具体名称上，诉讼法学界有不同的意见。有的以证明犯罪嫌疑人、被告人有罪与无罪为标准，将证据划分为有罪证据与无罪证据，即

凡是能够证明犯罪事实存在及犯罪嫌疑人、被告人实施了犯罪行为并具有从重处罚情节的证据，是有罪证据；凡是能够否认犯罪事实存在或者证明犯罪嫌疑人、被告人未实施犯罪行为并具有从轻、减轻或免除处罚情节的证据，是无罪证据。有的以对犯罪嫌疑人、被告人是否有利为标准，将证据划分为有利于犯罪嫌疑人、被告人的证据和不利于犯罪嫌疑人、被告人的证据，即凡是能够证明犯罪嫌疑人、被告人无罪或罪轻的证据，是有利于犯罪嫌疑人、被告人的证据；凡是能够证明犯罪嫌疑人、被告人有罪或罪重的证据，是不利于犯罪嫌疑人、被告人的证据。我们认为上述分类存在一些问题。按照有罪证据与无罪证据的划分，被告人及其辩护人为证明其具有从轻、减轻或者免除处罚情节而提出的证据属于无罪证据，这与其行使辩护职能显然不相符合。同时，按照有利于犯罪嫌疑人、被告人的证据和不利于犯罪嫌疑人、被告人的证据这种分类，也会导致界限不清、互相矛盾。因为有利于犯罪嫌疑人、被告人的证据包括证明他们罪轻的证据，而这种证据首先肯定了他们是有罪的，是对犯罪嫌疑人、被告人不利的证据或者以不利为前提的有利证据。这种分类也不能自圆其说。比较而言，控诉证据与辩护证据的划分，界限明确、逻辑清楚，且符合控诉方举证，被告方辩护的诉讼原理，即在刑事诉讼中，控诉方有义务提出控诉证据，而被告方则有权利提出辩护证据。

笔者认为，在刑事诉讼中，应当根据提出证据的需要及证据对于犯罪嫌疑人、被告人的不同利害关系为标准，将证据分为控诉证据与辩护证据。

二、控诉证据与辩护证据的概念和意义

（一）控诉证据与辩护证据的概念

一般来说，凡是能够证明犯罪嫌疑人、被告人实施犯罪行为并具有从重处罚情节的证据，是控诉证据；凡是能够证明犯罪嫌疑人、被告人未实施犯罪行为或者虽然实施犯罪行为但具有从轻、减轻或免除处罚情节的证据，是辩护证据。应当指出，控诉证据与辩护证据都包含证明犯罪嫌疑人、被告人具有从轻、减轻或者免除处罚情节的证据，这在证据分类中出现了交叉和重叠，似乎不够严谨。但从提出证据的角度来看，在审判程序中，不但被告人及其辩护人出于行使辩护职能的需要提出被告人具有从轻、减轻或者免除处罚情节的辩护证据，而且检察官作为社会公益的代表，为了保障被告人的合法权益也要提出被告人应当或者可以从轻、减轻或免除处罚情节的证据，如果不加区别地一概将其列入辩护证据之列，就会得出控诉方也应提出辩护证据的结论，这显然说不过去。因此，为有利于控、辩双方行使各自的职能，把证明犯罪嫌疑人、被告人具有从轻、减轻或者免除处罚情节的证据既作为控诉证据，又作为辩护证据，是符合诉讼实践的，而不应作绝对化的划分。

（二）划分控诉证据与辩护证据的意义

从理论上根据提出证据的需要与证据对于犯罪嫌疑人、被告人的不同利害关系，把刑事证据分为控诉证据与辩护证据，对于指导诉讼主体正确地收集和运用证据，具

有重要的意义。

（1）有利于控辩双方正确地收集和提出证据，实现各自所负担的诉讼职能。在刑事诉讼中，控诉方（包括公诉人、被害人、自诉人）担负控诉职能，主要应收集证明犯罪事实存在与犯罪嫌疑人、被告人实施犯罪行为并具有从重处罚情节的证据，同时作为公诉人的检察官还应收集犯罪嫌疑人、被告人具有从轻、减轻或免除处罚情节的证据，并在提起公诉或开庭审判时一并向人民法院提出，以证实犯罪，使犯罪分子受到应得的惩罚；辩护方则担负辩护职能，应收集否定犯罪事实存在或者能够证明犯罪嫌疑人、被告人未实施犯罪行为或虽实施犯罪行为但具有从轻、减轻或免除处罚情节的证据，并在法庭审判时提出，以维护犯罪嫌疑人、被告人的合法权益。

（2）有利于审判人员正确地认定证据和运用证据认定案情，实现自己所担负的审判职能。在刑事审判中，审判人员要认定证明被告人有罪、罪重证据的证明力，则要注意否定证明被告人无罪或罪轻证据的证明力，反之亦然。此外，如果控诉方和辩护方都提出了证明被告人具有从轻、减轻或免除处罚情节的证据，则审判人员认定被告人具有从轻、减轻或免除处罚的情节，就更加具有可信性和说服力。总之，控诉证据和辩护证据的划分和运用，有利于树立对立面，使审判人员认定证据和运用证据认定案情更有把握，从而更能保证办案质量。

三、控诉证据与辩护证据在认识上的转化和模糊

一方面，控诉证据与辩护证据在认识上可能发生变化。在司法实践中经常发生这样的情况：同一个证据在案发时被看做控诉证据，而在诉讼过程中却变成辩护证据。应当明确的是这种情况的出现，只是人们对证据作用在认识上发生了变化，而不是证据本身作用的变化。有些证据，如亲眼目睹犯罪分子实施犯罪行为的证人的证言，其控诉证据的属性非常明显；但有些证据，如在案发现场发现的物品或痕迹，其证据属性并不明显，因而在案发初始通常被认为是能够证明犯罪嫌疑人到过现场有作案嫌疑的控诉证据，但随着诉讼活动的深入，有其他证据证明犯罪嫌疑人根本没有作案时间而只是在案发前路过现场并留下了物品或痕迹，这时该物品或痕迹就由原来证明有罪的控诉证据变成了证明无罪的辩护证据。对此，在司法实践中必须予以足够的注意，避免证据属性的认定发生错误而导致冤假错案。

另一方面，控诉证据与辩护证据在认识上还可能发生模糊。由于案件情况的复杂性，有时一个证据材料中既含有证明有罪或罪重的成分，又含有证明无罪或罪轻的成分，即在有罪无罪、罪重罪轻上发生了模糊，一时难以区分。这就需要进一步收集其他证据，以查明该证据是控诉证据辩护证据。例如，某甲承认造成某乙重伤，但主张其行为属于正当防卫，就属于此种情况，需要运用其他证据予以查明。

四、控诉证据与辩护证据的运用规则

在运用控诉证据与辩护证据时，除了要遵循运用证据的基本原则外，还应当遵守

以下几项规则。

（1）控诉方要证明被告人有罪和罪重，必须收集和提出确实充分的控诉证据，同时为保障被告人的合法权益，作为公诉人的检察官还应注意收集和提出证明被告人具有从轻、减轻或免除处罚情节的证据；辩护方要证明被告人无罪或罪轻，则必须注意收集和提出确实充分的辩护证据。

（2）人民法院在每个审判阶段对被告人作出有罪或罪重认定时，要做到控诉证据确实、充分，并排除无罪和罪轻的可能性。同样，如果案内的辩护证据尚未排除，就不能作出有罪或罪重的确定性结论。

（3）如果经过反复调查或审核，仍然是控诉证据和辩护证据并存，即认定有罪、罪重的证据不足，证明无罪、罪轻的证据未被排除，从而形成疑案时，公安司法机关应当作出无罪或罪轻的处理。

第六节 直接证据与间接证据

一、直接证据与间接证据的概念和范围

根据证据与案件主要事实的关系，即证据能否单独证明案件主要事实，可以把证据分为直接证据和间接证据。凡是能够单独证明案件主要事实的证据，称为直接证据；凡是不能单独证明案件主要事实，而需要与其他证据结合才能证明案件主要事实的证据，称为间接证据。

何为案件主要事实？直接证据与间接证据的范围如何确定？我们认为，案件的性质和类型不同，其主要事实的内容就不同，从而直接证据和间接证据的范围也就不同。刑事案件的主要事实是犯罪嫌疑人、被告人是否实施了犯罪行为。因此，凡是能够单独证明犯罪嫌疑人、被告人实施了犯罪行为或者没有实施犯罪行为的证据，就是直接证据。根据这一标准，刑事诉讼中可以成为直接证据的有以下几种：①能够指出犯罪人是谁的证人证言、被害人陈述。②犯罪嫌疑人、被告人的所有供述和辩解，其中犯罪嫌疑人、被告人承认自己有罪的供述是证明有罪的直接证据，而犯罪嫌疑人、被告人否认自己有罪的证据是证明无罪的直接证据。③在特定情况下，能够直接证明是谁实施了犯罪行为的物证。物证一般不能成为直接证据，但少数特定情况例外，如某人随身携带枪支、弹药、毒品等违禁品，这时上述物品以其所处的位置证明行为人实施了私藏枪支、弹药和非法持有毒品的行为，从而成为直接证据。④能够直接证明是谁实施了犯罪行为的书证和视听资料。书证上的笔迹和视听资料上的声音、图像一般均能直接证明实施犯罪行为的人是谁，因而可以成为直接证据。上述以外的证据，均为间接证据。

民事案件的主要事实是民事当事人之间争议的民事法律关系是否发生、变更或消灭。因此，凡是能够单独证明或否定民事当事人之间争议的民事法律关系发生、变更或消灭的证据，就是直接证据。根据这一标准，民事诉讼中可以成为直接证据的有以

下几种：①民事当事人的陈述或承认，其中民事当事人关于某一民事法律关系已经发生、变更或消灭的陈述或承认是肯定的直接证据，而民事当事人关于某一民事法律关系没有发生、变更或消灭的陈述是否定的直接证据。②能够证明民事法律关系是否发生、变更或消灭的证人的证言，具体包括民事法律行为的代理人或被委托人的陈述，法律文书的公证人或鉴证人的证明，以及民事法律行为或事实发生时在场人员的证言。③能够证明民事法律关系是否发生、变更或消灭的部分书证，如合同、契约、借条、收据及当事人之间的来往信函等。④在特定情况下能够证明民事法律关系是否发生、变更或消灭的物证，如在民事合同中当场购买的货物。上述以外的证据，均为间接证据。

行政案件的主要事实是指行政机关的具体行政行为是否合法。因此，凡是能够单独证明或否定行政机关具体行政行为合法性的证据，就是直接证据。根据这一标准，行政诉讼中可以成为直接证据的有以下几种：①行政案件当事人的陈述，具体包括行政案件被告关于具体行政行为合法的肯定性陈述，行政案件原告关于具体行政行为违法的否定性陈述，以及行政案件被告承认具体行政行为不合法的否定性陈述。②行政机关实施具体行政行为的工作人员或其委托的人关于具体行政行为合法与不合法的陈述。③行政机关实施具体行政行为时在场人员所作的关于具体行政行为是否合法的证言。④能够证明行政机关具体行政行为是否合法的书证，如行政机关作出的行政处罚决定书和出具的有关文件、公函、证明等，据此即可判断其具体行政行为是否合法。上述以外的证据，均为间接证据。

二、直接证据与间接证据的特点

（一）直接证据的特点

直接证据主要有以下几个特点。

（1）直接证据的内容与案件主要事实的内容是重合的，一般不会发生矛盾。由于直接证据对案件主要事实的证明不需要经过任何中间环节，也无须借助其他证据进行逻辑推理就可以直观地指明案件的主要事实，因而运用直接证据认定案情的方法简单、难度较小。只要经过查证属实，就可以认定案件的主要事实，对案件作出及时处理。因此，一般地说，直接证据的证明力大于间接证据。

（2）直接证据多表现为言词证据。言词证据的重要特点之一是容易受到人的主观因素的影响而有失实的可能。例如，证人对案件事实的感知和记忆因生理状况的影响和限制而出现差错；当事人因与案件的处理结果有切身的利害关系而作出虚假的陈述；证人因为被收买、拉拢或受到威胁、欺骗，提供不真实的情况甚至故意作伪证。因此，运用直接证据认定案情必须十分谨慎，应当按照法定程序对直接证据的真实性进行认真的查证核实。

（3）直接证据数量较少，且不容易获取。直接证据的这一特点在刑事案件中尤为突出。由于犯罪分子实施犯罪行为多秘密进行，一般没有目击证人，因而缺少这方面的直接证据；犯罪分子案发后主动投案自首或被抓获后主动交代罪行的较少，因而犯罪嫌疑人、被告人的口供不容易获得，往往是经过多次审讯，在办案人员出示有关证据后，犯罪嫌疑人迫不得已才交代罪行。此外，在民事、行政案件中当事人一般只陈述对自己有利的情况，而对自己不利的情况则只字不读，从而希望当事人陈述全部情况也实非易事。

（二）间接证据的特点

与直接证据相比，间接证据具有以下几个特点。

（1）间接证据不能单独证明案件的主要事实。任何一个间接证据，都只能证明案件的非主要事实或案件主要事实的某个情节或片断，而不能单独证明案件的主要事实，只有把它们相互联系构成一个完整的证据体系，进而通过分析、推理，排除一切合理的怀疑或其他可能性，才能证明或者推论出案件的主要事实。

（2）间接证据种类繁多，形式多样。在办案中，能够证明案件非主要事实的证据（如背景证据、情感证据、情况证据、环境证据等）与证明案件主要事实某个情节或片断的证据（如各种物品、痕迹及其照片等）往往种类繁多，形式多样，比较容易收集和获取，因而案卷中往往有大量的间接证据。

（3）间接证据多表现为实物证据，客观性较强。间接证据的来源既可表现为言词证据，又可表现为实物证据，但大多表现为实物证据及对实物证据进行鉴定后出具的鉴定结论。一般来说，实物证据和言词证据中的鉴定结论，客观性比较强，可用以审查直接证据的真实性。

（4）间接证据证明案件主要事实的方法繁杂，难度较大。直接证据的内容与案件主要事实的内容重合，因而对案件主要事实的证明是直观的，但是运用间接证据证明案件主要事实必须经过逻辑推理，把一系列的间接证据有机地联系起来，综合运用演绎、归纳、推理、反证或排除等逻辑证明手段，从一个事实推论出另一个事实，再从另一个事实推论出下一个事实，逐一排除其他各种可能性后，得出关于案件主要事实的结论。

三、直接证据与间接证据的作用

直接证据的内容与案件主要事实的内容是重合的，一经查证属实，就可用以证明案件的主要事实，因此它的证明力强，运用方便，有利于迅速查明案情，但毕竟数量有限，在很多案件中难以获得。

间接证据虽然只能证明案件的局部事实或个别情节，但由于其范围广、数量多、较容易收集，因而对证明案件事实有着十分重要和不可忽视的作用。主要表现在以下几个方面。

（1）间接证据是查明案件主要事实的向导与发现直接证据的媒介。有些案件，最初没有发现直接证据，而是通过对间接证据的收集和分析才获得的。例如，在刑事案件中，犯罪分子作案时为了不被发现，通常都是秘密进行的，作案后又往往破坏现场，毁灭罪证。因此，侦查人员很难一开始就发现直接证据，但是无论犯罪分子如何隐蔽、狡猾，只要他实施了犯罪行为，就不可避免会留下与犯罪行为有关的一些物品、痕迹和人的反映等证据材料，这些证据虽然不能直接证明是谁实施了犯罪行为，但它们可以分别证明案件的性质、犯罪分子、作案的时间、地点、手段、结果或犯罪分子的性别、年龄、身高等情况，这就为获得直接证据指明了方向。通常侦破刑事案件都是从收集和分析这些到目击证人、查获犯罪分子，并运用大量确凿的证据迫使犯罪分子交代自己的罪行，从而获得犯罪嫌疑人、被告人的口供这种重要的直接证据。

（2）间接证据是鉴别直接证据真伪的重要手段。直接证据多为当事人陈述或证人证言，容易受到人的主观因素的影响而失真。因此，直接证据必须经过查证属实，确认其真实可靠后，才能作为认定案件事实的根据。间接证据主要表现为各种物证和鉴定结论，其客观性较强，因此可用间接证据鉴别直接证据的真伪。在司法实践中，间接证据往往成为司法人员用以判断直接证据真伪的重要手段。

（3）在没有直接证据的情况下，也可以运用间接证据定案。在司法实践中，大多数案件既有直接证据又有间接证据，只要用间接证据验证了直接证据的真实性并对案件的一些非主要事实加以证明后就可以定案。但是在少数案件（特别是刑事案件）中，也会出现收集不到直接证据（如被告人拒不交代罪行又没有目击者）的情况，这时可以运用间接证据来认定案情。但应当明确，只有少量的间接证据不能作为定案的根据，而必须有大量、确实充分的间接证据互相联系、互相印证构成一个完整的证据体系，排除任何其他可能性后才能定案。

四、划分直接证据与间接证据的意义

与其他分类相比，这种分类更符合证据事实的客观实际，更接近于人们收集、审查判断和运用证据证明案件事实的认识规律。因而在证据分类中，它居于十分重要的地位，对于司法实践（特别是刑事司法实践）具有更为重要的指导意义。

（1）有利于司法人员全面而充分地收集证据。例如，根据直接证据与间接证据的特点，在刑事案件中，一般应先收集间接证据，有了一定的间接证据就可以迫使犯罪嫌疑人交代罪行，从而获得直接证据，再根据犯罪嫌疑人的交代找到现场目击者、被告人或找到赃款赃物，从而使定案证据更加全面、确实和充分。

（2）有利于案件的正确及时处理。司法人员掌握这种分类理论，不仅明确了直接证据的概念、特点和运用规则，还明确了只有在间接证据的情况下，只要确实遵守间接证据的运用规则，同样可以定案，从而有利于司法人员运用间接证据及时查明案件事实，并对案件作出正确的处理。

（3）有利于加强人权保障。司法人员充分了解直接证据与间接证据的特点和作用，就可以做到既重视直接证据的收集和运用，又重视间接证据的收集和运用，防止司法实践中只注重直接证据而忽视或不关注运用间接证据的倾向，从而避免过分热衷于收集直接证据而不惜运用暴力、威胁、引诱、欺骗等非法方法获取被告人供述、证人证言的情况发生，有效地保障被告人、证人等的基本权利。

五、直接证据与间接证据的运用规则

（一）直接证据的运用规则

为保证直接证据的证明价值，充分发挥直接证据对案件主要事实的证明作用，在运用直接证据时应遵守以下几项规则。

（1）不得以暴力、威胁、引诱、欺骗及其他非法方法收集直接证据。由于直接证据主要表现为当事人陈述、被告人供述、证人证言等言词证据，因此司法人员必须严格按照法定程序进行讯问或询问，不得以暴力、威胁、引诱、欺骗及其他非法方法收集这些证据，否则所获得的证据不能作为定案的根据。

（2）所有直接证据必须有其他证据加以印证。直接证据作为认定案件主要事实的根据，原则上必须有其他证据证明其真实可靠后才能用以认定案件主要事实。其中，对当事人陈述应当谨慎对待，既不能不信，也不能轻信。当事人与案件的处理结果有直接的利害关系，其陈述常常真假难辨、虚实并存，因此必须有其他证据印证，经过查证属实后才能作为定案的根据。同时，证人证言作为直接证据，虽然证明力较强，但按照诉讼法的有关规定，必须在法庭上经过询问、质证并查证属实后，才能作为定案的根据。

（3）只有当事人一方的陈述，一般不能作为定案的根据。其中，在刑事案件中，刑事诉讼法明确规定，只有被告人供述而没有其他证据的，不能认定被告人有罪和处以刑罚。这是因为只有被告人供述，其真假无法查明，仅根据被告人供述定案的，一旦被告人翻供，案件的认定就会失去依据，造成被动。在民事案件中，当事人一方的陈述没有其他证据印证的，不能作为定案的依据。但对一方当事人的陈述，对方当事人当庭未提出异议的，则可以作为定案的依据。在行政案件中，由于个体行政行为的作出必须符合形式要件即制作书面文件，因此不可能只有当事人陈述一种证据，从而也就不会发生只有当事人一方的陈述能否定案的问题。

（二）间接证据的运用规则

根据间接证据的特点和司法实践经验，在无直接证据而仅依靠间接证据定案时，必须遵守以下几项规则。

（1）客观性，即用于定案的每一个间接证据都已经查证属实，都必须是客观真实的。如果间接证据本身的真实性不能肯定，就不能作为间接证据使用。

（2）关联性，即间接证据必须与案件事实存在客观联系，对证明案件事实有实际意义。因为只有存在客观联系，对证明案件事实有实际意义，才能保证以间接证据为依据的推理的正确性。因此，对据以定案的每一个间接证据的关联性，都要作出肯定性的判断。

（3）充分性，即间接证据必须达到能够证明案件全部事实所需要的量。如果间接证据不充分、支离破碎、互不衔接，则无法达到构成完整的证据体系的量的要求，也就不能达到证明案件全部事实的目的。因此，司法人员对所有间接证据都应当予以收集，做到无一遗漏。

（4）协调性，即间接证据之间及间接证据与案件事实之间必须协调一致。这就要求所有间接证据对同一案件事实的证明在内容上必须一致，不能互相排斥。例如，证人甲证明案件发生时被告人在现场，而证人乙证明被告人没有作案时间，这就是一对互相矛盾的间接证据。这时就要继续深入调查，收集证据并进行分析研究，排除矛盾；否则，不能定案。

（5）完整性，即间接证据必须形成一个完整的证明体系。每个间接证据，只能证明案件的某个事实或情节，只有把能够证明全部案件事实和各个情节的所有间接证据按照它们之间的联系排列起来，形成一个完整的证明体系，才能据以定案。例如，在刑事案件中，有关犯罪时间、地点、过程、手段、工具、后果、目的、动机、被告人的个人情况等，都必须有相应的间接证据证明才能定案。如果间接证据只是一堆互不相干的事实，或者虽有联系但不能证明案件中必须查明的全部事实和情节，这样的间接证据再多，也不能据以定案。

（6）排他性，即运用间接证据构成的证据体系得出的结论必须是唯一的，并具有排他性。按照间接证据所构成的证据体系进行综合分析和逻辑推理后得出的关于案件事实的结论必须是唯一的。只有这样才能根据间接证据予以定案。如果经过综合分析和逻辑推理，得出两个或两个以上的结论，则说明还有其他可能性，就不能据以定案。

第七节　本证与反证

一、本证与反证的概念和特点

关于本证与反证的概念，国内外有不同的说法。例如，日本证据理论认为，所谓本证是指负有举证责任的当事人的证据及立证活动，从证明责任关系的角度考察，为产生能使法官造成确信的证明，就必须在程度上进行充分的立证。如果未能进行这种程度上的立证，就属未能履行举证责任，可以因真伪不明而造成与举证责任有关的败诉。所谓反证是指无举证责任的当事人的证据及立证活动，从无证明责任的关系考察，只需进行可能造成法官对证明的确信产生动摇的立证。如果法官的确信被动摇，那么对方便败于本证，从而可以因为真伪不明而获得与举证责任有关的胜诉。我国台湾地区有学者认为，本证和反证的证据分类与攻击证据和防御证据、无罪证据和有罪证据的证据分类是相对应的，分别存在于当事人主义诉讼和职权主义诉讼中：“在采取彻底的当事人主义之立法例，认当事人负举证责任。因认负举证责任之当事人所提出之证据，为本证；他造当事人所提出之证据，为反证。本证，乃积极地使裁判官确信其存在；反证，则系妨害裁判官依其本证得有确信，使事实限于真伪不明之状态。在采职权主义之立法例并不认当事人有举证责任，因认本证系指犯罪事实存在之证据。此项证据，多属被告不利，故有称之为攻击证据，或曰有罪证据；反证，则指证明犯罪事实不存在之证据，此项证据，多属被告有利，故有称之防御证据，或曰无罪证据。本证与反证并存时，固应由裁判官本其自由心证，判断何者较为优越，确实，可信；如本证并不存在或不真实，虽无反证，仍不得为不利于被告之裁判。”

笔者认为，按证据是否为负有举证责任的当事人所提出及其所证明的事实是否为该当事人所主张的事实，可以将证据分为本证和反证。

所谓本证，是指由负有举证责任的当事人提出，用以证明其所主张的事实存在的证据。因此，负有举证责任的一方当事人，无论他是原告还是被告，只要是依照举证责任所提出的证据，都是本证。例如，原告主张被告借款示还而提出的借据，是对自己主张的事实提出证据，该借据即属于本证；如果被告答辩说借原告的款项已清偿完毕，并出示原告给他的收据，该收据也属于本证，因为在原告举证证明自己主张的事实后，举证责任便转移给了被告。所以不仅原告为了证明自己主张的事实而提出的证据是本证，被告为了证明作为其答辩根据的事实而提出的证据也是本证。

所谓反证，是指一方当事人为了推翻对方当事人所主张的事实而提出相反的事实存在的证据。例如，在房屋纠纷案件中，原告提出房产证，证明其对某幢房屋拥有所有权，则该房产证是本证；被告提出房屋买卖合同证明该房屋为被告所有，则该房屋买卖合同就是反证。又如，在损害赔偿案件中，原告诉称被告将其殴打致伤，为此提供医院病历、药费单等，这是本证；被告辩称不是自己打伤了原告，为此提出其不在场的证据及有人证明是他人致伤原告的证据，即是反证。反证所证明的事实，正与对方所主张的事实相反。如果真实可靠，就可以推翻对方所主张的事实。反证既可以由被告提出，也可以由原告提出，但反证一般都在本证对待证事实进行证明后才有提出的必要，反证的目的在于使本证的证明力产生动摇，所以反证提出的时间必须在本证提出之后。应当提出，反证不同于抗辩；反证必须提出与本证相反的新事实，而抗辩只是否认本证本身的证明力，不必另行提出新的事实。

我国立法已使用反证一词，如民事诉讼法第 67 条规定：“经过法定程序公证证明的法律行为、法律事实和文书，人民法院应当作为认定事实的根据。但有相反证据足以推翻公证证明的除外。”这里所指的“相反证据”即是反证。

二、划分本证与反证的意义

由于划分本证与公证的标准与当事人是否负有举证责任相联系，因此划分本证与反证的主要意义如下。

（1）有利于具体地落实当事人的举证责任。负有举证责任的当事人必须提出本证来证明自己所主张的事实，否则应当承担败诉的风险和不利后果。

（2）有利于人民法院审查判断证据。人民法院在认定本证时，如果对方当事人提出相反证据即反证的，必须特别慎重，仔细推敲分析，经查证只有在相反证据确实虚假或来源合法而没有证明力时，才能将本证作为定案的根据。

三、本证与反证的运用规则

在运用本证和反证时，除了要遵循运用证据的基本原则外，还应当遵守以下规则。

（1）除对方当事人承认外，当事人都必须提出或为本证或为反证的证据，不提出本证或反证的，则人民法院可以责令当事人提出，即负有举证责任的当事人为了证明自己所主张的事实必须提出相应的证据即本证，而一方当事人提出本证后，对方当事人为推翻该一方当事人所主张的事实也必须提出相应的证据即反证。

（2）在通常情况下，本证和反证不能并存。当本证成立时，反证则应当被推翻；反之，如果反证成立，本证就应当被推翻。但在一些特殊情况下，如民事案件中的某些是非界限难以分清时，就有可能出现本证与反证并存的局面。其证据力相互抗争，暂时不能彼此抵消，这是一种通常情况下的例外现象，并不具有广泛的代表性意义。例如，在离婚案件中，证明夫妻感情破裂的证据和证明夫妻感情尚未破裂的证据可能同时存在，尽管其证据力相反，但这一类特殊案件并不需要用一种证据来否定另一种证据才能作为定案的根据。在民事审判中，完全可以采用盖然性的优势证据原理来决定案件事实是否存在，而不必将相反的证据一一否定。这与刑事案件有很大的不同。

（3）在只有本证或反证，或者本证与反证两者中已有一种被证明为虚假的情况下，审判人员仍要对该种证据进行认真的审查判断，切不能以反证虚假即推定本证成立，或者以本证虚假即推定反证成立；也不能认为既然没有本证，反证一定成立，或者既然没有反证，则本证一定成立。

第八节　主要证据与补强证据

一、主要证据与补强证据的概念和特点

根据证据能否证明案件的主要事实，可以把证据分为主要证据与补强证据。主要证据，又称主证据或实质证据（substantive evidence），是指证明主要事实存在与否的证据。补强证据（corroborative evidence），是指增强或担保主要证据证明力的证据。这原是刑事案件中特有的一种证据分类，但随着证据理论与实践的发展，民事诉讼和行政诉讼也开始出现这种证据分类。

主要证据，虽然具有证明案件主要事实的作用，但由于刑事案件涉及公民人身自由等基本权利，性质特殊，事关重大，为防止主要证据虚假，以期发现案件实体真实，避免冤假错案，保障犯罪嫌疑人、被告人法律上之安全，尚需补强证据，以增强或担保主要证据的证明力。例如，被告人之认罪供述，不得作为有罪判决的唯一证据，便是主要证据与补强证据划分的一个例证。主要证据，通常表现为犯罪嫌疑人、被告人供述，被害人陈述，现场目击证人的证言等。补强证据，既可以表现为物证、书证、

视听资料等，也可以表现为被害人陈述、证人证言、鉴定结论。在一个案件中，如果证明主要事实的证据只有一个，则该证据尚不能作为定案的根据，而必须要有其他证据（即补强证据）予以证实，才可以作为定案的根据。

在证据理论研究中，与此分类相接近的有将证据分为“主证与旁证”或者“实质证据与辅助证据”。大多数证据学者认为，所谓“旁证”，就是通常所说的“间接证据”。也有人提出不同意见，认为主证即主要证据，是指直接或间接证明案件主要事实的证据，而“旁证”，是指从旁印证案件情况的证据，也可称为“侧面证据”。关于辅助证据，我国台湾地区著名诉讼法学家蔡墩铭教授认为，“不证明主要事实，仅证明证据之信用性（真实性）、有关事实（辅助事实）之证据，称为辅助证据”。

二、我国诉讼法关于主要证据与补强证据的规定和运用

我国刑事诉讼法在两个条文中对主要证据与补强证据作了原则性的规定。

（1）刑事诉讼法第 46 条规定：“只有被告人供述，没有其他证据的，不能认定被告人有罪和处以刑罚；没有被告人供述，证据充分确实的，可以认定被告人有罪和处以刑罚。”这里的“被告人供述”显然是主要证据，而“其他证据”则是补强证据。这一规定实际上就是要求对口供进行补强，口供必须有补强证据才能据以定案，亦即在一个刑事案件中，如果证明被告人实施了指控的犯罪行为的唯一证据是本人的供述，则不能认定该被告人有罪和处以刑罚。需要注意的是，这一规定要求的是除了口供以外，还要有证明指控的犯罪行为是其所为的其他证据，而不是说只要有证明本案案件事实确已发生的其他证据即可。例如，某市发生一起入室抢劫杀人案，已收集到的证据有死者尸体的勘验笔录、死因鉴定、现场勘验笔录、被害人的家属发现尸体的陈述、被告人承认本案是自己所为的供述。这时能否认定被告人犯有抢劫罪呢？显然不能。因为在以上证据中，除了被告人的供述以外，其他证据都只是证明这起抢劫杀人案确实已发生，但抢劫杀人的行为是何人所为，则只有被告人一人的供述。只有收集到这起案件确实是被告人所为的补强证据（如被告人留在现场上的指纹，被告人被被害人扯下的纽扣、衣服碎片、头发，证人在案发时曾看到被告人出入被害人家中），才能够认定被告人犯有指控的罪行。应当指出的是，补强证据不能与口供出于相同的来源。例如，侦查人员的讯问笔录、被告人对其他人讲述的对犯罪的承认，都不能作为口供的补强证据；补强证据只有达到能够独立证明指控的犯罪行为是被告人所实施的程度，才能认定被告人有罪和处以刑罚。

（2）刑事诉讼法第 150 条规定：“人民法院对提起公诉的案件进行审查后，对于起诉书中有明确的指控犯罪事实并且附有证据目录、证人名单和主要证据复印件或者照片的，应当决定开放审判。”对于该条规定的“主要证据”，目前有不同的理解或解释。根据最高人民法院等六机关《关于刑事诉讼法实施中若干问题的规定》第 36 条的解释，“主要证据”包括：①起诉书中涉及的各证据种类中的主要证据；②多个同种类证据被确定为“主要证据”的；③作为法定量刑情节的自首、立功、累犯、中止、未遂、正当防卫的证据。最高人民法院《关于执行〈中华人民共和国刑事诉讼法〉若干

问题的解释》和最高人民检察院《人民检察院刑事诉讼规则（试行）》关于主要证据的解释和范围的界定，与此大致相同。

在诉讼法学界，有学者认为本着刑事诉讼法修订的立法宗旨，为贯彻庭审方式改革，排除法官庭前预断，对刑事诉讼法第 150 条规定的“主要证据”的范围不宜解释过宽。

我国民事诉讼法和有关司法解释也对主要证据与补强证据作了规定。民事诉讼法第 69 条规定：“人民法院对视听资料，应当辨别真伪，并结合本案的其他证据，审查确定能否作为认定事实的根据。”第 71 条规定：“人民法院对当事人的陈述，应当结合本案的其他证据，审查确定能否作为认定事实的根据。”这两条规定强调了上述证据没有完全的证明力，需要结合其他证据予以补强。最高人民法院《关于民事经济审判方式改革的若干规定》第 28 条规定：“下列证据，不能单独作为认定案件事实的依据：①未成年人所作的与其年龄和智力状况不相当的证言；②与一方当事人有亲属关系的证人出具的对该当事人有利的证言；③没有其他证据印证并有疑点的视听资料；④无法与原件、原物核对的复印件、复制品。”《最高人民法院关于民事诉讼证据的若干规定》第 69 条规定：“下列证据不能单独作为认定案件事实的依据：……无正当理由未出庭作证的证人证言。”上述证据均具有证据的能力或品格，但是由于这些证据本身存在固有的缺陷或瑕疵，进而影响了对其在证明效力上的价值评估，因而立法对主要证据与补强证据区分与关联所采取的态度是对与案件的待证事实有关的全部证据进行综合审查判断，如《最高人民法院关于民事诉讼证据的若干规定》第 66 条关于“审判人员对案件的全部证据，应当从各证据与案件事实的关联程度、各证据之间的联系等方面进行综合审查判断”的规定。

在行政诉讼中也存在主要证据与补强证据的划分。行政诉讼上的主要证据是指关系被诉具体行政行为合法性，关系原告行政诉讼上的诉讼请求能否成立的证据。由于行政诉讼原则上只对具体行政行为的合法性进行审查，被诉具体行政行为的合法性既是行政诉讼双方当事人争议的焦点，又是人民法院裁判的对象，因此，判断一个证据是主要证据还是补强证据应当以被诉具体行政行为的合法性为参照和标准。如果能够证明行政机关作出具体行政行为所依据的基本事实则此证据就是主要证据，否则即为补强证据。行政诉讼法第 54 条规定：“人民法院经过审理，根据不同情况，分别作出以下判决：………，②具体行政行为有下列情形之一的，判决撤销或者部分撤销，并可以判决被告重新作出具体行政行为：①主要证据不足的；……”这说明，主要证据以法律形式在行政诉讼中加以确认，对主要证据与补强证据的区分显得更为重要。

三、划分主要证据与补强证据的意义

划分主要证据与补强证据，在司法实践中具有积极的意义。

（1）有利于司法人员迅速了解案件的主要事实。主要证明能够证明案件的主要事实，即犯罪行为是否发生及是否由犯罪嫌疑人、被告人实施，因此通过主要证据，司法人员可以迅速了解案件的主要事实，把握案件的性质和关键问题，从而为全面查明案件事实、正确处理案件奠定基础。

（2）有利于司法人员做到定案证据确实充分。在刑事案件中，只有被告人供述、被害人陈述或现场目击证言一个主要证据，尚不符合证据充分确实的要求，还要同时收集或提出补强证据，增强或担保主要证据的真实性，才能保证认定案件事实准确无误。

（3）有利于防止司法人员偏重口供。口供由于受到各种主客观因素的影响，失实甚至虚假的可能性较大，因而不能作为定案的唯一根据。这就要求司法人员重调查研究，不轻信口供，注意收集和运用其他证据（包括补强证据），保证定案证据的客观全面。同时，也可以有效防止司法人员为了片面追求口供而采用刑讯逼供或者其他非法方法收集证据，进而有利于刑事诉讼活动的顺利进行，并实现保障人权的目的。

四、主要证据和补强证据的运用规则

根据刑事诉讼法规定，有关司法解释和司法实践经验，司法人员收集、审查判断和运用主要证据与补强证据，应遵循以下几项规则。

（1）在刑事诉讼中，既要重视收集主要证据，又要注意收集补强证据，以使定案证据确实充分。

（2）运用补强证据增强和担保主要证据的证明力，补强证据本身必须具有客观性、关联性和合法性，否则不能作为证据采用。在刑事诉讼中，应当注意收集和运用补强证据来增强或者担保主要证据的真实性。

（3）《最高人民法院关于民事诉讼证据的若干规定》第 69 条规定："下列证据不能单独作为认定案件事实的依据：①未成年人所作的与其年龄和智力状况不相当的证言；②与一方当事人或者其代理人有利害关系的证人出具的证言；③存有疑点的视听资料；④无法与原件、原物核对的复印件、复制品；⑤无正当理由未能出庭作证的证人证言。"我们认为，刑事诉讼法也应作出类似规定。以上五种证据都是证明力较弱的证据，仅凭其中一种证据认定案件事实，发生错误的可能性极大，而且刑事诉讼对证据的要求比民事诉讼更为严格。因此，在民事诉讼中需要补强的证据，在刑事诉讼中更应当作这样的要求。

（4）只有被告人供述，没有其他证据的，不能认定被告人有罪并处以刑罚；没有被告人供述，其他证据（包括其他主要证据和补强证据）确实充分的，可以认定被告人有判处刑罚。

【课堂讨论】

2001 年 11 月 17 日凌晨，在甲市郊区的公路上，发生了一起交通肇事案件。接到报案后，甲市公安局迅速组织侦查人员赶往事故现场。现场有被害人的尸体和被害人骑的自行车，自行车已被摔坏，在尸体旁边留有被害人的大摊血迹。在离尸体不远处有汽车紧靠压痕，被压坏的手表停在 6 点 05 分。事故现场不远处有里程碑证明事故发生地距甲市 15 千米。侦查人员对现场进行了勘验，拍摄了一张现场全景照片。经法医对被害人进行鉴定，被害人系男性，40 岁左右，身高 177 厘米，根据其伤势可判断，被害人系被汽车撞击而死。公安局遂立案侦查，在侦查过程中，经过大量的调查取证工作，有位妇女张某对侦查人员说，她丈夫曾告诉过她，交通事故发生时，他刚好路过离事故现场 10 米处，目击一辆解放牌大卡车撞倒被害人后，司机打开车门看了看，然后飞速逃离现场，他看到司机是市化工厂的驾驶员杨某。甲市交通管理局来往车辆登记记录查明，6 点 05 分左右曾有两辆解放牌大卡车经过事故现场处。其中有一辆为甲市化工厂车辆。经侦查人员查看，该车上有一漆皮新脱落的痕迹。化工厂调度员证明司机杨某 7 日早晨驾车从乙市返回甲市，下车后脸上神色慌张，出车登记表证明司机杨某 17 日 6 点 10 分回厂。侦查人员询问杨某与同车的陈某，两人均否认他们当天早上发生过交通事故。

请根据案情回答下列问题。

1. 本案侦查人员收集到的证据分别属于证据种类中的哪一种？

2. 本案侦查人员收集到的证据中属于直接证据的有哪些？属于传来证据的有哪些？

3. 本案侦查人员收集到的证据中属于无罪证据的有哪些？属于言词证据的有哪些？

【司法考试真题链接】

1. 张某伪造、变造国家机关公文、证件、印章案的下列哪一证据既属于言词证据，又属于间接证据？（　）（2011 年卷二单选第 25 题）

A. 用于伪造、变造国家机关公文、证件、印章的设备、工具

B. 伪造、变造的国家机关公文、证件、印章

C. 张某关于实施伪造、变造行为的供述

D. 判别国家机关公文、证件、印章真伪的鉴定结论

2. 被害人在临死前向抢救他的医生魏某讲述了遭受犯罪分子侵害的事实，在诉讼过程中医生魏某就该情况向司法机关作证。根据刑事诉讼证据的分类理论，医生魏某的证言属于什么类型的证据？（　）（2004 年卷二单选第 35 题）

A. 言词证据、原始证据、直接证据、有罪证据

B. 言词证据、传来证据、直接证据、有罪证据

C. 言词证据、原始证据、间接证据、无罪证据

D. 实物证据、传来证据、直接证据、有罪证据

3. 下列哪一选项既属于原始证据，又属于间接证据？（　）（2010 年卷二单选第 24 题）

A. 被告人丁某承认伤害被害人的供述

B. 证人王某陈述看到被告人丁某在案发现场擦拭手上血迹的证言

C. 证人李某陈述被害人向他讲过被告人丁某伤害她的经过

D. 被告人丁某精神病鉴定结论的抄本

4. 甲致乙重伤，收集到下列证据，其中既属于直接证据，又属于原始证据的是哪

一项？（　）（2008 年卷二单选第 35 题）

A. 有被害人血迹的匕首

B. 证人看到甲身上有血迹，从现场走出的证言

C. 匕首上留下的指印与甲的指纹同一的鉴定结论

D. 乙对甲伤害自己过程的陈述

5. 公安机关勘验杀人现场时，提取了插在被害人胸部上的一把匕首。从证据分类的角度看，该匕首属于下列哪种分类？（　）（2007 年卷二单选第 24 题）

A. 原始证据、直接证据　　B. 传来证据、间接证据

C. 实物证据、直接证据　　D. 原始证据、间接证据

6. 李某在法庭上作证说，他曾听徐某讲述其如何杀害高莱的经过。李某向法庭提供的证言，属于证据分类中哪些证据？（　）（2002 年卷二多选第 67 题）

A. 传来证据　　B. 直接证据

C. 有罪证据　　D. 言词证据

7. 原告诉请被告返还借款 5 万元，为证明这一事实，原告向法院提交了被告书写的"借据"；被告则主张"借款已经清偿"，并向法院出示了原告交给他的"收据"。关于原、被告双方的证据，下列哪些选项是正确的？（　）（2007 年卷三多选第 81 题）

A. "借据"是本证，"收据"是反证

B. "借据"是本证，"收据"也是本证

C. "借据"是直接证据，"收据"是间接证据

D. "借据"是直接证据，"收据"也是直接证据

8. 甲涉嫌盗窃室友乙存放在储物柜中的笔记本电脑一台并转卖他人，但甲辩称该电脑系其本人所有，只是暂存于乙处。下列哪一选项既属于原始证据，又属于直接证据？（　）（2015 年卷二单选第 25 题）

A. 侦查人员在乙储物柜的把手上提取的甲的一枚指纹

B. 侦查人员在室友丙手机中直接提取的视频，内容为丙偶然拍下的甲打开储物柜取走电脑的过程

C. 室友丁的证言，内容是曾看到甲将一台相同的笔记本电脑交给乙保管

D. 甲转卖电脑时出具的现金收条

第六章 物 证

【**案例导入**】被告人陈某，别名“飞毛腿”，男，21 岁，某日与朋友在外玩耍至傍晚，准备回位于宁德市蕉城区七都镇的老家，便在宁德市蕉城区八都镇的一路边拦下一辆的士车，问司机有无去七都镇。司机说：“有。”已经坐在车上的黄某及其女友看见别人搭便车不满意。黄某便大声说：“要去，快点上车！否则，滚蛋！”

陈某一听便来气，径直冲向后车门，将黄某拉出车外。黄某是蕉城区一黑社会组织的成员之一，今天酒后送女友回她的老家。但没想到今天被一毛头小子拉出车外，在女友面前丢尽了面子。于是，他便拔出随身所带的匕首，向被告人陈某刺去。

被告人陈某眼疾手快将黄某的手一挡，躲过了这一刀，黄某转身又向被告人陈某刺来，被告人陈某便用穿皮鞋的脚踢掉了黄某刺来的匕首。黄某便改用腿继续踢打陈某，陈某一边防卫一边捡起黄某的匕首。当黄某又踢打过来时，陈某便接住黄某的脚并朝黄某的大腿上狠狠地刺了一刀。

这一刀从大腿的外侧刺穿到大腿的内侧并刺断大腿的一根动脉，鲜血泉涌而出，加上酒后血流得要比平常快得多。于是，很快，黄某就瘫倒在地。黄某的女友看见黄某垂危，便要求司机改道回宁德市蕉城区，去宁德市第二医院抢救，后因失血过多，医治无效死亡。

被告人陈某被抓获归案。黄某的女友带着黄某的黑社会组织的许多成员，将被告人陈某木结构的民房屋顶拆掉，造成被告人陈某的父母流离失所。

该案构成何罪？该案的凶器是属于哪种证据？

第一节 物证的概念、形成和分类

一、物证的概念

物证在各国有不同的概念，在美国，其法律没有明文规定证据的种类，只在理论上进行证据分类，而且观点不同。但多数学者主张将证据分为物证、书证和证言三种。所谓物证，从广义上讲，是“为自身说话”的证据，物证包括用品、物体和其他有形物。在英国将证据分为三类，即口头证据、文书证据和实物证据。实物证据即指具有实物形式的物证。在法国，其法律没有明文规定物证，学者在证据分类时也没有把物证概括为一种类型证据，而是把物证一类的证据分化在其他证据类型之中。在德国将物证和书证称为实物证据。日本法律没有单独规定物证这一证据种类，但理论上将证据主要分为物证和供述证据。苏联的《刑事诉讼法典》有单独规定物证这一证据种类。

我国深受苏联的影响，在三大诉讼法都规定了物证这一证据种类。所谓物证，是指据以查明案件真实情况的一切物品、痕迹和气味。这些物品、痕迹和气味，不仅必须与案件事实具有相关性，即可作为查明案件真实情况的根据，还必须是客观存在的，不以人的意志为转移。正如赫伯特·麦克唐奈所说："物证不怕恫吓。物证不会遗忘。物证不会像人那样受到外界影响而情绪激动，物证总是耐心地等待着真正识货的人去发现和提取，然后再接受内行人的检验与评断。这就是物证的性格。"可见，物证证明力的特点是以其存在状况、外部特征或者属性来发挥证明案件事实的作用。所谓物证的外部特征，主要是指其客观存在的形状、大小、数量、颜色、新旧破损程度等。所谓物证的物质属性，主要是指特征所具有的质量、重量、材料、成分、结构、性能等。所谓物证的存在状况，主要是指物证所处的位置、所占有的时间、空间范围等。

二、物证的形成

物证是随着案件事实的发生、发展而形成的。例如，在刑事案件中，犯罪行为的发生、发展过程必然接触一定的物，给客观外界留下物品、痕迹和气味，造成一定的物证，如在犯罪现场留下自己的指纹、脚印、血迹及其他犯罪痕迹等。

在物证的形成过程中，其中痕迹物证的形成过程最具特色。痕迹的种类繁多，其形成的机理各不相同，但均应具备以下基本条件：①造型客体，是指在承受客体上留下自身反映形象的客体，即痕迹的制造者（人、动物、物体）。造型客体必须具有一定的形状、体积和硬度，有破坏承受客体结构形态或转移形成痕迹的物质的能力。②承受客体。承受客体是承载造型客体反映形象的客体。承受客体必须具有一定的可塑性或吸附形成痕迹的物质能力。③作用力，是指造型客体与承受客体发生相互作用的一种外力。在痕迹形成的过程中，同样的条件下，作用力的大小、方向和作用点的不同，形成的痕迹也不同。一般情况下，作用力大，形成的痕迹深，立体感明显，反映的特征也较多；作用力小，则形成的痕迹浅，其特征少而不明显。力垂直作用于承受客体，则形成凸凹痕迹，倾斜作用于承受客体，则形成线条痕迹。④中介质，是指某些能改变承痕客体表面形态而形成痕迹的物质。常见的有液态和固态两种。中介质可来源于造型客体。当造型客体与承受客体相互作用时，造型客体表面的中介质转移附着于承受客体表面，致使承受客体表面的形态发生变化而形成痕迹。中介质可来源于承受客体。当造型客体与承受客体相互作用时，承受客体表面的中介质被造型客体带走，致使承受客体表面的形态发生变化而形成痕迹。

三、物证的分类

从物证的概念来看，物证包括物品、痕迹和气味三类。但基于物证的存在状况、外部特征或属性的多样化角度，又可以将物证分为以下四种类型。

（一）实体证据

实体证据，是指这种证据表现为物质实体，即指与案件或其他待证事实有联系的物质实体。

（二）痕迹证据

痕迹证据，是指这种证据表现为物质痕迹，即指与案件或其他待证事实有联系的物质痕迹。痕迹证据，又可进一步进行分类。由于痕迹的种类繁多，分类方法也不相同。常见的方法有以下几种。

（1）按造型客体的类型进行分类可分为人体痕迹、物体痕迹和动物痕迹。人体痕迹，主要是指人的肢体与物体表面接触而形成的痕迹，如手印、赤脚印等。它反映的是人的肢体接触面的外表结构形态。物体痕迹，是指物体在力的作用下与承受客体接触形成的痕迹，如鞋印、工具、枪弹和车辆等痕迹。这些痕迹反映的是物体接触部位表面的结构形态。动物痕迹，是指牲畜及其他动物留下的蹄、爪、齿印等痕迹。

（2）按照痕迹形成后的形态进行分类，可把痕迹分为立体痕迹和平面痕迹。立体痕迹。造型客体作用于承受客体，破坏了承受客体的外表结构形态而形成的三维痕迹。这种痕迹可反映造型客体若干接触面的形象特征。平面痕迹。造型客体作用于承受客体，使承受客体表面只发生了某些物质的增减，未改变其结构形态而形成的痕迹。平面痕迹依据承受客体上物质的增加或减少，又分为加层痕迹和减层痕迹。加层痕迹又依据增加的物质有无颜色差别，又分为有色和无色痕迹。

（三）微量证据

微量证据，是指这种证据表现为微量物质，即指与案件或其他待证事实有联系的微量物质。微量证据的特征是量微而体小，包括微量固体和微量液体两种。

（四）气味证据

气味证据，是指这种证据表现为物质气味，即指与案件或其他待证事实有联系的物质气味。气味证据包括物体本身的气味、物质变质后的气味、人体的气味等。

第二节　物证的常见形式、特点和作用

一、物证的常见形式

司法实践中，物证通常通过以下具体形式表现出来。在刑事诉讼中物证的常见形式如下：①实施犯罪行为产生的痕迹，如留在犯罪现场的指纹、脚印、血迹等。②实施犯罪的工具，如杀人、伤人的刀枪、棍棒等。③犯罪人在预备、实施的各种场所遗留的物品和痕迹，如犯罪人在犯罪现场留下自己的衣服、烟头、弹道痕迹等。④犯罪

行为的客体物，如犯罪人赃款、赃物。⑤犯罪行为产生的物品，如犯罪人伪造的货币等。⑥其他可供查明案件真实情况的物品或痕迹。

在民事诉讼中物证的常见形式如下：①有关所有权的讼争物，如房屋、林木等。②合同履行纠纷的标的物，如雕像、机器等。③侵权行为所遗留的物品和痕迹，如破坏的小车、场地等。④离婚纠纷的共同财产，如冰箱、彩电等。⑤继承纠纷的生产资料，如生产设备、厂地等。

在行政诉讼中物证的常见形式如下：交通肇事后损坏的汽车、非法经营被罚没的商品、被强制拆除的违章建筑等。

但是，必须注意的是，随着科学技术的发展，可以作为证据使用的物品和痕迹也在逐步扩大。

二、物证的特点

物证除了具有所有证据必须具备的客观性、关联性、合法性之外，还具备如下一些独特的特点：①物证是以实体物的存在来证明案件事实。例如，留在犯罪现场的指纹是以其外部特征和存在的场所发挥证明作用的，而赃款、赃物则以其数量和性质等发挥证明作用。②物证具有较强的可靠性和稳定性。物证是客观存在的实体物，不受主观因素的影响，不同于被害人陈述、证人证言、被告人口供等言词证据容易受到主观因素的影响。例如，被害人陈述出于对被告人的仇恨而可能夸大犯罪的严重程度等。故物证比各种言词证据更可靠、更稳定。③物证的证据意义通常并不十分明确，在诉讼中一般表现为间接证据，不能直接证明案件事实，被称为“哑巴证据”。其证明力在多数情况下需要借助科学技术、特殊设备和专业知识才能认识。

三、物证的意义和作用

物证在诉讼证明活动中具有重要的意义和作用，具体表现在如下几个方面。

（1）物证是查明案件事实最重要的手段。物证具有客观性、直观性的特点，决定了物证在整个证据体系中的地位和作用，可谓举足轻重。在当今世界证人、被告人言词多变的情况下，口供作为“证据之王”处于退出历史舞台的发展趋势中，我们要逐步树立物证是“证据之王”的观念，将物证作为查明案件事实最重要的手段。

（2）物证是用来检验、鉴别其他证据真实性、可靠性的客观依据。物证是在各类案件的调查和审判中使用频率和证明价值都很高的一种证据。首先，无论是在刑事案件还是在民事案件中；无论是在经济纠纷案件还是在行政诉讼案件中，物证都是普遍存在的。其次，物证中存储各种各样与案件事实有关的信息，可以为查明和证明案件事实提供重要的依据。最后，物证具有较强的可靠性和稳定性，是用来检验、鉴别被害人陈述、证人证言、被告人口供等言词证据真实性、可靠性的客观依据。因此，有人建议应把“实物验证”作为运用证据的一个规则加以规定。此外，物证是促使犯罪分子认罪伏法的有力武器，也是促使当事人如实陈述的有效手段。

第三节 物证的收集、补正、保管和移送

一、物证的收集

物证的收集，是指执法人员或者律师发现、提取、固定、保管和保全物证的专门活动。它是诉讼活动的重要环节。物证收集应当遵守客观、细致、及时、依靠群众和善于运用科技手段的原则。物证的收集、调查是一项十分严肃的诉讼活动，是一种法律行为，必须严格遵守法律规定的程序。根据我国三大诉讼法的规定，收集、调查物证的方法可归纳为以下几种。

（1）勘验、检查。勘验是司法人员在诉讼的过程中，对与案件有关的场所、物品等进行查看和检验，以发现、收集、核实证据的活动。我国刑事诉讼法已规定了侦查人员勘验现场的程序和方法。民事诉讼法也规定，勘验物证或现场，勘验人必须出示人民法院的证件，并邀请当地基层组织或当事人所在单位派人参加。当事人或当事人的成年家属应当到场，拒不到场的，不影响勘验的进行。有关单位和个人根据人民法院的通知，有义务保护现场，协助勘验工作。勘验人应当将勘验情况和结果制作笔录，由勘验人、当事人和被邀参加人签名或盖章。检查是执法人员检查人身或者在特定场所进行的专门调查活动。检查必须依照法定程序进行。例如，检查人员不能少于两人，检查妇女的身体，应当由女工作人员进行，检查人员必须出示证件，犯罪嫌疑人和被告人拒绝接受检查的，侦查人员可以依法强制检查，检查要制作检查笔录，由参加检查的人员签名或盖章等。

（2）搜查。根据 2012 年刑事诉讼法第 134 条的规定，为了收集犯罪证据、查获犯罪人，侦查人员可以对犯罪嫌疑人及可能隐藏罪犯或者犯罪证据的人的身体、物品、住处及其他有关的地方进行搜查。民事诉讼法也规定，被执行人不履行法律文书确定的义务并隐匿财产的，人民法院有权发出搜查令，对被执行人及其住所或者财产隐匿地进行搜查。采取前款措施，由院长签发搜查令。但是，由于搜查是一种极为严肃的法律行为，它关系公民的人身权利和财产利益，特别是刑事诉讼中的搜查，涉及人权保障的问题，因此，要严格控制适用，严格依照法律规定的程序进行，特别要严格批准程序，搜查时要依法制作笔录，搜查中的扣押要开列清单等。

（3）扣押。扣押通常是结合勘验、检查、搜查等同时进行，它是执法机关依法暂时扣留与案件有关的物品的一种专门调查活动。物证的扣押，主要适用于刑事诉讼。在民事诉讼、协助执法中，扣押通常只是一种执行措施。由于刑事诉讼中的扣押关系公民的物权，因此，必须按刑事诉讼法规定的程序进行，特别是对于扣押的各种物品或者冻结的存款、汇款，一旦查明与案件无关，必须在 3 日以内解除扣押、冻结，退还原主。

（4）提供与调取。根据刑事诉讼法的规定，公安司法机关有权向有关单位和个人收集、调取证据。有关单位和个人也应当如实提供证据，凡是隐匿证据的，必须受法

律追究。民事诉讼中物证的提取应当是原物，只有在特定情况下，才可以是复制品或照片。行政诉讼中，对物证的提供应当符合下列要求：提供原物确有困难的，可以提供与原物核对无误的复制件或者证明该物证的照片、录像等其他证据；原物为数量较多的种类物的，提供其中的一部分。此外，在两种情况下，人民法院有权向有关单位和个人调取物证：涉及国家利益、公共利益或他人合法权益的事实认定的；涉及依职权追加当事人、中止诉讼、终结诉讼、回避等与实体争议无关的程序事项。

二、物证的补正和解释

（一）物证的补正

根据2012年刑事诉讼法第54条的规定“收集物证、书证不符合法定程序，可能严重影响司法公正的，应当予以补正或者作出合理解释；不能补正或者作出合理解释的，对该证据应当予以排除。”可见，我国对物证的收集不符合法定程序的强制性补救措施是对物证予以补正或者作出合理解释。

所谓物证的补正，是指物证的取得明显违反法律规定，可能影响公正审判，公诉人无法作出合理解释的，可以要求予以补正。通过人民检察院的补正，仍不能证明其取得行为合法的，以其作为定案证据将严重影响司法公正的，应将其排除；不会严重影响司法公正且经过法庭质证，法院认为其真实的，可以作为定案依据的一种诉讼活动。何谓“严重影响司法公正”，可根据办理的案件是否属于死刑案件而作区分。对于死刑案件，无法作出合理解释或者补正的证据，如果对其采用将使被告人判处死刑，则为“严重影响司法公正”；非死刑案件，则视取证方式以是否严重侵犯公民的基本权利而定。

（二）物证的解释

物证的解释，是指物证的取得明显违反法律规定，可能影响公正审判的，可以要求公诉人作出合理的解释。2012最高人民法院《关于适用〈中华人民共和国刑事诉讼法〉的解释》第72条规定，对与案件事实可能有关联的血迹、体液、毛发、人体组织、指纹、足迹、字迹等生物样本、痕迹和物品，应当提取而没有提取，应当检验而没有检验，导致案件事实存疑的，人民法院应当向人民检察院说明情况，由人民检察院依法补充收集、调取证据或者作出合理说明。

（三）补正或者解释的可采性

根据《关于办理死刑案件审查判断证据若干的规定》规定：物证的收集程序、方式存在下列瑕疵，通过有关办案人员的补正或者作出合理解释的，可以采用：收集调取的物证，在勘验、检查笔录，搜查笔录，提取笔录，扣押清单上没有侦查人员、物品持有人、见证人签名或者物品特征、数量、质量、名称等注明不详的；收集调取物证照片、录像或者复制品，未注明与原件核对无异，无复制时间、无被收集、调取人

（单位）签名（盖章）的；物证照片、录像或者复制品，没有制作人关于制作过程及原物、原件存放于何处的说明或者说明中无签名的；物证的收集程序、方式存在其他瑕疵的。对物证的来源及收集过程有疑问，不能作出合理解释的，该物证不能作为定案的根据。2012 最高人民法院《关于适用〈中华人民共和国刑事诉讼法〉的解释》第 73 条规定，物证、书证的收集程序、方式有下列瑕疵，经补正或者作出合理解释的，可以采用：勘验、检查、搜查、提取笔录或者扣押清单上没有侦查人员、物品持有人、见证人签名，或者对物品的名称、特征、数量、质量等注明不详的；物证的照片、录像、复制品，书证的副本、复制件未注明与原件核对无异，无复制时间，或者无被收集、调取人签名、盖章的；物证的照片、录像、复制品，书证的副本、复制件没有制作人关于制作过程和原物、原件存放地点的说明，或者说明中无签名的；有其他瑕疵的。对物证、书证的来源、收集程序有疑问，不能作出合理解释的，该物证、书证不得作为定案的根据。

三、物证的保管

物证的保管，是指将用作证据的物品和痕迹固定后妥善加以保管和封存的活动。物证的种类不同，保管的具体方法也不同：①对于一般物证，如凶器、血衣、有精液的衣裤等，应当使用密封条、密封袋、密封签，统一编号，密封保管；②对于缴获的赃款、赃物及孳息，应当如实登记，妥善保管，以供核查，严禁私分、变卖、调换和挪用，待案件处理完毕后退还失主、上缴国库或者销毁；③对扣押的物品应当设立专门保管场所，严格出入库手续；④对于体积大、笨重不易搬动的物证，应当拍照，并注明实物存放的地点；⑤对于易损坏、消失、变质的物证，应当复制模型、照片、绘图、记录，并且迅速处理，如尸体尽快火化、伤痕及时治疗、贵重药材交有关部门销售等；⑥对于易燃、易爆物品，将照片、鉴定结论等保存下来，把实物交有关部门处理；⑦于缴获的枪支、弹药、毒品等，将照片及鉴定结论等保管好，然后把原物交有关部门保存；⑧黄色书刊、淫秽照片、画片等，应当由专人保管，不准扩散，在法庭审判中，不得当庭出示，结案后应当在专人的监督之下销毁，并在原案卷中载明。

四、物证的移送

2012 年刑事诉讼法第 234 条第 2 款规定："对作为证据使用的实物应当随案移送，对不宜移送的，应当将其清单、照片或者其他证明文件随案移送。"实践中，公安机关、人民检察院查封、扣押、冻结的犯罪嫌疑人的财物、款项及其孳息的移送问题，是办案中的老问题。过去由于刑事诉讼法对这些财物、款项及其孳息的返还、移送、没收等问题没有具体规定，经常出现互相推诿等情况，修改后的刑事诉讼法，对这些问题作了一些具体的规定，2012 年刑事诉讼法第 234 条规定"公安机关、人民检察院和人民法院对查封、扣押、冻结的犯罪嫌疑人、被告人的财物及其孳息，应当妥善保管，以供核查，并制作清单，随案移送。任何单位和个人不得挪用或者自行处理。对被害人的合法财产，应当及时返还。对违禁品或者不宜长期保存的物品，应当依照国家有关规定处理。对作为证据使用的实物应当随案移送，对不宜移送的，应当将其清单、照片或者其他证明文件随案移送。人民法院作出的判决，应当对查封、扣押、冻结的财物及其孳息作出处理。人民法院作出的判决生效以后，有关机关应当根据判决对查封、扣押、冻结的财物及其孳息进行处理。对查封、扣押、冻结的赃款赃物及其孳息，除依法返还被害人的以外，一律上缴国库。司法工作人员贪污、挪用或者私自处理查封、扣押、冻结的财物及其孳息的，依法追究刑事责任；不构成犯罪的，给予处分。”

因此，今后应当按照2012年刑事诉讼法第234条的规定执行。作为证据使用的实物，对于其中与案件定罪量刑有直接关系，应当作为证据在法庭上出示的实物，如物证、书证等，原则上这些实物应当随案移送，但有些实物由于其性质、体积、重量等原因不宜移送的，应当查点清楚，开列清单，并将其清单或照片及其他证明文件随案移送。实践中，被查封、扣押、冻结的不宜移送的赃款赃物，主要包括：①不宜移动的物品，如房地产、建筑材料等；②冻结在金融机构的存款、有价证券等；③不宜长期保管的物品，如易腐、易霉、易变质的食品；④大宗物品，如汽车、机器设备或其他货物、物品；⑤易燃易爆危险物品及违禁品。对上述不宜移送的物品，应当就地封存，妥善保管或者收缴，并列明清单，附上照片，随案移送。实践中各部门应当严格按照法律的规定执行，不应再要求随案移送不宜移送的实物，更不应以未随案移送赃款赃物为由，拒绝受理案件，影响对犯罪的打击。

第四节　物证的审查判断和排除

一、物证的审查判断

2012最高人民法院《关于适用〈中华人民共和国刑事诉讼法〉的解释》第69条规定，对物证、书证应当着重审查以下内容：①物证、书证是否为原物、原件，是否经过辨认、鉴定；物证的照片、录像、复制品或者书证的副本、复制件是否与原物、原件相符，是否由两人以上制作，有无制作人关于制作过程及原物、原件存放于何处的文字说明和签名。②物证、书证的收集程序、方式是否符合法律、有关规定；经勘验、检查、搜查提取、扣押的物证、书证是否附有相关笔录、清单，笔录、清单是否经侦查人员、物品持有人、见证人签名，没有物品持有人签名的，是否注明原因；物品的名称、特征、数量、质量等是否注明清楚。③物证、书证在收集、保管、鉴定过程中是否受损或者改变。④物证、书证与案件事实有无关联；对现场遗留与犯罪有关的具备鉴定条件的血迹、体液、毛发、指纹等生物样本、痕迹、物品是否已作DNA鉴定、指纹鉴定等，并与被告人或者被害人的相应生物检材、生物特征、物品等比对。⑤与案件事实有关联的物证、书证是否全面收集。可见，关于审查判断物证的内容和方法，可归纳为以下几个方面。

（一）审查判断物证的客观真实性

影响物证客观真实性的因素主要有以下几点：一是人为伪造。伪造物证可能是对他人的栽赃陷害，也可能为了自己逃避法律责任，或者为了谋取民事权益等；二是物证可能因自然原因发生变化，如现场遗留的鞋印因风吹雨淋变形，物品保管过程中因自然原因损耗、变质等；三是物证因提取、固定、保管不科学、不严谨而发生变化，如提取的血迹检材因保管不善而被污染、腐坏，物证的复制件、复印件出现失真，不能反映原物、原件的外形、特征或内容等。

（二）审查判断物证的来源是否合法

物证的来源，主要是指物证的出处、由何人提供和收集，特别是物证的来源程序是否合法。我国刑事诉讼法及相关法律规定，物证的收集方法有勘验、检查、搜查和扣押等。审查判断物证的来源是否合法，主要从以下几个方面着手：第一，审查判断物证的收集方法是否依法进行。例如，搜查物证必须依法进行。2012 年刑事诉讼法第 136 条、第 137 条、第 138 条规定，进行搜查，必须向被搜查人出示搜查证。在执行逮捕、拘留时，遇有紧急情况，不另用搜查证也可以进行搜查。在搜查的时候，应当有被搜查人或其家属、邻居或其他见证人在场。搜查妇女的身体，应当由女工作人员进行。搜查的情况应当写成笔录，由侦查人员和被搜查人或其家属、邻居或其他见证人签名或盖章。如果被搜查人或其家属在逃或拒绝签名、盖章，应当在笔录上注明。第二，审查判断物证的出处是否有勘验、检查，搜查等笔录和扣押清单为依据来证明其来源是否合法。如果物证的出处没有勘验、检查，搜查等笔录和扣押清单为依据，即物证不知从何而来，则该物证可能是假证而不能作为定案的依据。第三，审查判断物证由何人提供和收集。物证由何人提供与由谁收集应有书面的记录和注明。如果物证的收集主体不合法，那么该物证也不能作为定案的依据。总之，物证的来源是决定其是否具备证据能力的重要因素之一。所以，在犯罪现场发现相关的物证后，直至将该证据提交给法庭前，与该证据相关的所有人员、地点与处理工作都必须记录在案。这种记录通常被称为“证据链条”。

（三）审查判断物证的保管、鉴定过程是否科学

我们必须注意到，物证在收集、保管及鉴定过程中有可能受到破坏或改变。这既可能是自然因素所致，也可能是人为因素造成。就后者而言，在证据收集、保管及鉴定的过程中，接触证据的人员都可能无意或有意破坏或改变证据。首先，侦查人员如果不熟悉特定物证的收集、保管方法，就可能会污染特定的证据或改变证据的外表形态。例如，现场的血迹证据，如果收集、保管的方法不当或盛装血迹的器具不洁净，就可能会污染血迹。又如，现场的指纹证据，如果提取方法不当，就可能会导致指纹的纹理遭到改变甚至破坏。其次，证据在被保管的过程中可能因保管条件不善或者环境条件发生变化而改变。例如，血迹、精斑等生物证据，需要单独使用专用的器具盛装，并且需要在特定的温度、湿度条件下保存。由于一些公安机关不具备相应的保管

条件或者疏于保管，上述证据遭到破坏。最后，在将血迹、精斑等物证提交鉴定后，如果鉴定机构的管理不规范，检材保管条件不善，或者鉴定人员对证据进行鉴定的过程不合理，都可能会改变证据的外表形态或者内在属性，进而导致鉴定结论失真。

（四）审查判断物证与案件事实的关联性

物证是哑巴证据，不会自己陈述所要证明的案件事实。所以，收集物证后，重要的工作是对其蕴涵的案件事实进行识别，并通过一定的形式表现出来。例如，凶器上血迹是谁的，毒品为何种成分等。对物证蕴涵的案件事实进行识别，重要的工作是鉴定和辨认，以确定物证与案件事实的关联性及本身的真实性。许多物证基于物质属性、形态等原因无须鉴定就能够证明案件事实，如在被告人家中提取到被害人被盗抢的手机、手镯等，就可推定被告人与物证、案件事实的关联性，但对于现场遗留的血迹、指纹、毛发、体液等痕迹物证，由于涉及专门性问题，必须进行鉴定并得出鉴定意见后，才能证实其与案件的关联，进而作为证据使用。例如，在杀人案件中，现场提取的刀表面存在血迹，只有经过鉴定才能确定其究竟是被害人所留还是由他人所留。如果该血迹为被告人所留，就可以直接建立被告人与犯罪工具、犯罪现场之间的关联；如果该血迹为被害人所留，则只能证明被害人与犯罪工具、犯罪现场之间的关联。

（五）审查判断物证的方法具有多样性

审查判断物证的方法，通常采用交付辨认、司法鉴定和比较印证等。所谓辨认是指在侦查中为了查明案情，必要时让被害人、证人及犯罪嫌疑人对与犯罪有关的物品、文件、尸体、场所或犯罪嫌疑人进行辨认的一种侦查行为。因此，辨认对于核实案件有关物证，查获犯罪嫌疑人等具有重要意义。所谓司法鉴定，是指在诉讼中，有法定司法鉴定决定权的机关或部门依其职权，或自己决定，或应犯罪嫌疑人、被告人的请求，或任何一方当事人的请求，委派具有专门知识、技能或特别经验的人，对案件涉及的某些专门性问题进行鉴别、判断并提供鉴定意见的活动。根据鉴定意见解决问题程度的不同，可以将鉴定意见分为同一认定意见和种属认定意见。相比之下，同一认定意见更加具有独特性和唯一性，因此在实践中更受青睐。目前，我国各地公安机关均已具备进行 DNA 鉴定、指纹鉴定、笔迹鉴定等同一认定的物质和技术条件，对于现场提取的具备同一认定条件的血迹、毛发、指纹等痕迹物证，以及相关书证，如果具备鉴定条件，就应当及时连同被告人、被害人含有的 DNA 样本、指纹样本及相关的文书样本一起送交鉴定，进而得出明确的同一与否的鉴定意见。如果仅仅针对提取的血迹、毛发、指纹等物证作出种属认定意见，因该类意见不具有独特性，故其证明力非常有限，不能独立地证明特定的案件情况。因此，对现场遗留的与犯罪有关的具备检验鉴定条件的血迹、指纹、毛发、体液等生物物证、痕迹、物品，应当重点审查是否通过 DNA 鉴定、指纹鉴定等鉴定方式与被告人或被害人的相应生物检材、生物特征、物品等作同一认定。所谓比较印证法，将若干证据所反映的事实联系起来进行考察，确定它们之间是否相互呼应，协调一致的方法。

二、瑕疵物证的排除

根据2012年刑事诉讼法第54条的规定“收集物证、书证不符合法定程序，可能严重影响司法公正的，应当予以补正或者作出合理解释；不能补正或者作出合理解释的，对该证据应当予以排除。”可见，在我国对非法的物证适用“可补正”的排除规则。陈瑞华教授认为，所谓“可补正”的排除规则具有如下特点：第一，其适用的对象是“瑕疵证据”，这是一种与“非法证据”有着实质区别的证据。无论是从取证手段的违法程度，还是从采纳后的消极后果来看，“瑕疵证据”都明显不同于“非法证据”，即便与“非法实物证据”相比，“瑕疵证据”也明显属于违法程度较弱的一种证据。第二，其适用的条件是“补正不能”。所谓“补正不能”，是指在法院发出程序补正的命令后，办案人员仍然无法对瑕疵证据作出必要的补充和纠正，也无法给出合理的解释和说明。简而言之，“补正不能”意味着程序补正的失败，原有的程序瑕疵对于办案程序和诉讼结果的负面影响仍然存在。而对于这种“补正不能”的瑕疵证据应依法予以排除。要排除那些“补正不能”的瑕疵证据，首先，是考虑办案人员没有成功履行程序补正的义务，法院不得不对其实施一种程序上的制裁。法院一旦责令办案人员对瑕疵证据进行程序补正，实际等于要其承担带有法律后果的程序义务。法院既没有作出排除瑕疵证据的决定，也没有作出采纳该项瑕疵证据的裁决，而是将该证据的证据能力问题押后作出裁决。作为一种附条件的程序决定，“责令补正”等于为办案人员提供必要补救的机会。但是，假如办案人员没有利用这一机会，甚至抗拒法院的补正命令，即构成对其义务的违反，则要承担相应的法律责任，也就是带有惩罚性的法律后果。排除“补正不能”的瑕疵证据，就是办案人员所要承受的消极后果。没有这种法律后果，任何办案人员都有可能拒绝执行法院的程序命令，那些本有机会加以补正的程序瑕疵也最终无法得到必要的补救。其次，排除“补正不能”的瑕疵证据，也是为了避免法院采纳错误的公诉证据。既然程序瑕疵经过专门的程序补正仍然无法治愈，这说明原来潜存于瑕疵证据的隐患并没有得到消除。例如，询问证人的笔录反映出“在同一时间段内，同一询问人员询问不同证人的”，这属于一种典型的瑕疵证据。这里存在着侦查人员伪造证言笔录的较大隐患。对于这种瑕疵证据，办案人员有义务解释这究竟是证据记录上发生了错误，还是询问程序上出现了违法情况。假如在法院提出程序补正的要求后，办案人员拒绝进行任何形式的补正，也不给出合理的解释和说明，或者所进行的补正无法消除人们对多份证言笔录真实性的怀疑，那么，就足以说明伪造证言笔录的可能性并没有得到排除。对于这种可能存在伪造证据情况的瑕疵证据，法院唯有采取排除措施才能避免错误采纳证据、错误认定事实的危险。其实，面对一份瑕疵证据，法院责令办案人员进行程序补正，这本身就说明该证据存在错误的可能性，但又没有充分把握确认该项证据的虚假性。对于程序补正的命令，办案人员拒绝执行或者没有成功履行补正义务的，就说明原来的隐患仍然存在，该瑕疵证据仍处于“真伪难辨”的状态，伪造、变造的可能性仍然不能排除。对“补正不能”的瑕疵证据保留加以排除的权力，意味着法院对于案件的事实真相负有最后的审查责任。“法院的使命是裁断，而不是发现。”这句罗马法的格言也说明，面对是非不明、真伪难辨的瑕疵证据，在经过无效的补正程序之后，法官只有将其排除于法庭之外才能成为公正的裁判者。

根据 2012 年最高人民法院《关于适用〈中华人民共和国刑事诉讼法〉的解释》的规定，瑕疵物证的排除主要有如下情形：①物证的复制品不真实予以排除。2012 年最高人民法院《关于适用〈中华人民共和国刑事诉讼法〉的解释》第 70 条规定，据以定案的物证应当是原物。原物不便搬运，不易保存，依法应当由有关部门保管、处理，或者依法应当返还的，可以拍摄、制作足以反映原物外形和特征的照片、录像、复制品。物证的照片、录像、复制品不能反映原物的外形和特征的，不得作为定案的根据。物证的照片、录像、复制品，经与原物核对无误、经鉴定为真实或者以其他方式确认为真实的，可以作为定案的根据。②不能证明物证、书证来源的，予以排除。2012 年最高人民法院《关于适用〈中华人民共和国刑事诉讼法〉的解释》第 73 条规定，在勘验、检查、搜查过程中提取、扣押的物证、书证，未附笔录或清单，不能证明物证、书证来源的，不得作为定案的根据。③不能作出合理解释的，予以排除。2012 年最高人民法院《关于适用〈中华人民共和国刑事诉讼法〉的解释》第 73 条规定，对物证、书证的来源、收集程序有疑问，不能作出合理解释的，该物证、书证不得作为定案的根据。④不能补正的，予以排除。2012 年刑事诉讼法第 54 条的规定“收集物证、书证不符合法定程序，可能严重影响司法公正的，应当予以补正或者作出合理解释；不能补正或者作出合理解释的，对该证据应当予以排除”。

【课堂讨论】

被告人汤某，男 23 周岁，云霄县人，个体商贩。某年某月，其从方某处贩入“芙蓉王”和“中华”两个品牌的假烟一批，分 7 次贩运到福安卖给个体商贩张某，每次 10 件、每件 50 条，合计 70 件、3 500 条。其中“芙蓉王”每条卖 230 元，盈利 5 元；“中华”每条卖 420 元，盈利 8 元。后被人举报，从个体商贩张某的仓库里查扣了上述的 70 件均未售出。其中，“芙蓉王”500 条，按成交价为 115 000 元；“中华”3 000 条，按成交价为 1 260 000 元，合计 1 375 000 元（尚未委托指定的估价机构确定其价值）。

本案侦查机关要收集哪些证据？被告人汤某构成何罪？法院对被告人汤某如何量刑？本案哪些证据是定罪的证据？哪些证据是量刑的证据？

【司法考试真题链接】

1. 下列哪些选项属于实物证据？（ ）（2008 年卷二多选第 74 题）

   A. 杀人案中现场勘验笔录

   B. 贪污案中证明贪污数额的账册

   C. 强奸案中证明被害人精神状态的鉴定结论

   D. 伤害案中证明伤害发生过程情况的监控录像

2. 刘某涉嫌强奸罪、杀人罪，在公安机关收集到的下列证据中，哪些属于间接证据？（ ）（2008 年・四川卷二多选第 76 题）

   A. 在现场提取的刘某的毛发

   B. 从被害人身上提取遗留物，经鉴定系刘某所留

   C. 王某证明案发前看到刘某进入被害人住宅的证言

D. 带血的菜刀

3. 公安机关在侦查林某贩毒案时，对林某的住处进行了搜查，并对搜查过程中所获取的毒品及其他有关物品进行扣押。有关本案的扣押，下列说法哪些是正确的？（ ）（2003 年卷二多选第 67 题）

A. 进行扣押时，应当出示扣押证

B. 进行扣押时，不必出示扣押证

C. 扣押物品时应当制作扣押物品清单

D. 公安机关在侦查过程中，如果发现其中被扣押的某些物品与本案无关时，应当在 5 日以内返还物品持有人

4. 关于证据的关联性，下列哪一选项是正确的？（ ）（2014 年卷二单选第 27 题）

A. 关联性仅指证据事实与案件事实之间具有因果关系

B. 具有关联性的证据即具有可采性

C. 证据与待证事实的关联度决定证据证明力的大小

D. 类似行为一般具有关联性

5. 下列哪一选项所列举的证据属于补强证据？（ ）（2014 年卷二单选第 28 题）

A. 证明讯问过程合法的同步录像材料

B. 证明获取被告人口供过程合法，经侦查人员签名并加盖公章的书面说明材料

C. 根据被告人供述提取到的隐蔽性极强，并能与被告人供述和其他证据相印证的物证

D. 对与被告人有利害冲突的证人所作的不利被告人的证言的真实性进行佐证的书证

第七章 书　　证

【案例导入】被告人白某在自家开的中医堂担任法定代表人期间，于某年 9 ~11 月，听中医堂财务人员谢某说，有的单位在外虚开增值税专用发票以抵扣税款。之后，白某便与中医堂人员商议决定在外虚开增值税专用发票以抵扣税款，并安排刘某在张某（在逃）处为中医堂虚开了丰县华某棉业有限公司、徐州民某棉业有限公司、徐州富某棉业有限公司、丰县通某棉业有限公司四公司增值税专用发票 39 张，价税合计 4 394 628.93 元，其中税款 505 576.78 元，已在仓山国税局申报抵扣。案发后，中医堂退缴税款 25 万元。

本案构成何种罪行？如何确定谁作为被告单位的诉讼代表人和被告人？该案作为主要定案根据的虚开增值税专用发票属于哪种证据？

第一节　书证的概念、构成和特点

一、书证的概念与构成

（一）书证的概念

书证是一种既古老又年轻的证据。说它古老，是因为古代早已采用了这种证据形式。据《周礼》记载："地讼，以图证之。"意思是凡是因争执土地疆界涉讼的，应当以官署保存的地图证明，这说明我国在西周时期就已经运用书证来证明案件事实了。公元前 18 世纪的古巴比伦的《汉谟拉比法典》、公元 12 世纪的《罗马法》早已确立了书证的法定地位。

当今世界各国，都把书证作为一种重要的证据种类。英美法系国家关于书证的界定、范围较宽，一般译为书面证据（documentary evidence），可分为三种，即文件证据、书面陈述和证言笔录，其中后两种与我国诉讼中书证的含义不同。书面陈述是证人在法庭外以书面方式提供的证言。证言笔录是证人在法庭上所作证言的笔录。英美法系国家的证人范围较宽，包括被害人和被告人，因此，其书面陈述和证言笔录均包含我国诉讼中的被害人陈述和被告人口供。

大陆法系国家一般认为，书证是其记载的内容或表达的思想能证明案件事实的文书或物件。在德国，书证可分为四种：①意图性书证，即事先有意设定证据性质的文件，其自始即已被用作证据，如借据；②偶然性书证，即在诉讼进程中才具有证据性意义的文件，如一般信件；③本质性书证，即其包含的思想内容本身直接符合刑法的犯罪构成要件，如诽谤信；④报道性书证，即报道犯罪情况的文件，如有关描述犯罪情节的信件。

我国现行立法对书证的含义及范围没有作出明确的规定，在理论上，对书证含义的界定主要形成了两种观点：①书证物品说。书证是以记载的内容来证明案件的物品。樊崇义教授认为，书证是指能够根据其表达的思想和记载的内容来查明案件真实情况的一切物品。②书证方法说。书证是证明案件事实的一种证据方法。陈浩然先生将书证定义为“以其物质载体和具体的记载内容共同提供证明依据的证据方法”。

笔者认为，书证方法说的观点不能直接反映书证与物证、人证的本质区别，不能揭示书证的证据内涵，应当采用书证物品说为宜。因此，所谓书证的概念，是指以文字、符号、图画等所记载的内容或表达的思想来证明案件事实的书面文件或其他物品。

（二）书证的构成

书证由以下几个元素构成：①书证的核心是其所记载的内容或表达的思想。书证中所记载的内容和表达的思想是书证的核心要素。因此，在具体处理案件过程中，必须准确把握其“所记载的内容或表达的思想”。②书证记载的内容或表达的思想，必须被常人认识和理解。如果不能被常人认识和理解并发现信息，则不能作为书证加以使用。③书证所记载的内容或表达的思想必须与待证事实具有关联性。如果某一材料所记载的内容或表达的思想与案件的待证事实不具有关联性，就不能作为书证加以使用。④书证具有证明力，即通过书证上所记载的内容或表达的思想能够证明待证事实。如果某一材料所记载的内容或表达的思想，不能证明案件的待证事实，就不具有证明力，即不能作为书证加以使用。⑤书证的形成离不开一定的物质载体，需要使用相应的制作工具和制作方法。书证的物质载体很多，如纸张、布帛、皮革、金石、竹木等其他材料。书证的制作工具，如笔、刀、印刷机等。书证的制作方法，如写、刻、雕等。

二、书证与物证的联系与差异

（一）书证与物证的联系与重合

书证最早属于物证，而现在已从物证中独立出来。物证与书证都以物质材料为载体且有时会发生重合。有的文件就具有物证和书证两种属性，它既是物证又是书证。例如，某甲被杀，在犯罪现场发现了乙给丙的一封信，信中写有杀害甲的计划。从信的文字所表达的思想内容来看，能证明案件的事实，它是书证；从信的外部特性和发现信的存在地点来看，能证明丙到过现场，以及乙与本案有同谋关系，因而它是物证。

（二）书证与物证的区别

书证与物证同属于实物证据，但二者存在如下几点区别。

（1）书证是以其文字、符号、图画等所表达的思想内容来证明案件事实的，而物证是以其外部形状、物质特性、存在情形等来证明案件事实的。

（2）书证是以其内容反映和表达人的主观思想及其行为的物质材料，而物证并不反映人的主观思想。

（3）书证所表达、记载的内容和形式，一般都能为常人所理解，其反映的内容一般都较为明确、清晰，而物证在表现形式上则会受客观存在的特殊状态决定，许多情况下必须借助专门的技术手段才能揭示其与案件事实的联系。

（4）书证在许多情况下可以证明案件主要事实或案件中的某一部分事实，其证明的案件事实情节一般较为完整，而物证往往只能证明案件事实的个别片段。

（5）书证和物证在保存和固定的方法上存在差别。书证通常采用复印等方式予以保存、固定，而物证的保存与固定则不尽相同。

三、书证的特征

书证具有区别于其他证据种类的特征。具体表现在以下几点。

（1）书证具有直接证明性。书证由于有具体、明确的思想内容，所以通常情况下，能够依据其内容直接判明其与案件事实的联系。书证一般不需要通过任何媒介或中间环节对其加以分析和判断，这是书证与物证的一个重大区别，而后者在多数情况下都要经专业鉴定人员进行鉴定，甚至通过特殊鉴定手段和方式对其加以审查、分析和判断。书证作为一种体现证明价值的直接途径，其本身是证明内容与证明过程的有机统一。书证能够以其独特的客观化、具体化、形象化和固定化的文字、符号和图画本身所体现的思想内容起到证明案件事实的作用。因此，书证根据其本身所具有的形式和内容，便可直接进入认证过程，而不必像物证那样必须以鉴定或勘验等特殊环节作为进入认证过程的必要前提。正是由于书证具有这一优点，因此，在司法实践中，一旦能够收集到书证，便对认定案件事实具有积极、显著的效果和证明价值。

（2）书证具有稳定性。书证不仅内容明确，形式上也相对固定，稳定性较强，一般不受时间的影响，易于长期保存。只要作为书证载体的物质材料本身未遭毁损，即使是经历了很长时间，其特定的思想内容仍然能够借助有关的文字、符号或图画等起到应有的证明作用。在英美法系中，其最佳证据规则的适用对象便是书证，因为书证并不像当事人陈述、证人证言、被告人供述和辩解、被害人陈述等证据会因为时过境迁和时间的推移而被淡忘或产生记忆模糊的现象，从而影响其证明价值。

（3）书证具有思想性。作为以人类文明发展的象征——文字、符号或图画等来表述和反映人的思想、内心世界或信息传递的物质材料，书证是人有意识的思想的反映；就书证的内在形式而言，书写或刻印在纸张等物体上的文字、符号或有关图案必然反映出一定的人的思想、事件或人的行为等内容。

（4）书证具有物质性。作为其所反映的内容的物质载体，书证以纸张最为常见，但也包括如布帛、皮革、金石、竹木等其他物质材料。

第二节　书证的常见形式、分类和作用

一、书证的常见形式

书证的外在形式繁多。刑事诉讼中常见的书证有证件、文件、信件、标语、图纸、账册、单据、计划书等；民事诉讼中常见的书证有书信、文件、票据、商标图案、书面遗嘱、传真及电报文告、合同书、结婚证书、房地产证件、书面借条、欠条、收条、设计图纸、规划等；诉讼中常见的书证有罚款单据、处罚决定书、没收财产收据、各种许可证、营业执照及公证文书等。

二、书证的分类

对于书证，可以从不同的角度进行分类。根据法律规定和司法实践，书证可以分为以下几类。

按表现书证内容的方式在外形特征上的不同，可以将书证分为文字书证、符号书证、图形书证。

（1）文字书证，是指以文字所记载的内容证明案件事实的书证。文字书证是最为常见的书证，如信函、电报、传单、合同、账册、票据、遗嘱等。在通常情况下，采用文字书证所表达的思想内容较为明确、具体，普通人借助其基本的文化素质及正常的思维、理解便能知悉一般文字书证所表达的思想内容。文字书证既包括本国文字（含本国少数民族的文字），也包括外国文字，甚至盲文文字等。因此，除本国文字书证外，其他种类的文字书证通常通过翻译本书证的形式出现。此外，文字书证中也包括行话、俚语、专业术语、暗语，甚至一些犯罪集团内部的“隐语”“黑话”。因此，对这些特殊的文字书证，应认真加以剖析，查明其表达的确切含义和思想内容。

（2）符号书证，是指以符号所表达的特定思想内容证明案件事实的书证，如标记、标志、记号、路标、音符等。在符号书证中，除了一般性符号可以为常人所理解外，那些涉及特殊行业与具有专业技术性的符号，需要经过专业人员的识别和判断并结合其他具有关联性的证据来加以认定。

（3）图形书证，是指以图形、图案所表现的内容证明案件事实的书证。例如，刑事案件中的侮辱他人人格、毁损他人名誉的漫画，犯罪嫌疑人为实施犯罪而绘制的地形图等；民事案件中产品规格图解、房屋建筑的设计图纸、城区规划建设的示意图等。图形书证既形象又直观，往往配有文字加以说明，一般能确切地表达其思想内容。但是，许多图形书证会涉及一些特殊专业技术领域的知识和经验，使普通人往往无法正确理解、鉴别其外部特征所表达的内容。因此，对图形书证涉及的特定领域的专业知识，常常需要借助专家加以鉴别和认定。

依照书证是否系国家职能部门等行使职权制作，可以将书证分为公文书证与私文书证。

（1）公文书证。凡国家职能部门和单位在法定的权限范围内依职权所制作的文书，包括有关命令、决议、决定、通告、指示、信函、证明文书等，称为公文书。例如，由婚姻登记机关制作和发给的结婚证书、离婚证书，公安机关批准申请加入、退出或恢复中国国籍而发给的证书，房产部门制作和发出的住房证，人民法院制作的判决书、裁定书或调解书，行政管理机关制作的处罚决定书等，如果在诉讼案件中用作证据时，便属于公文性书证。

公文书必须由依照法律、法规和法令等授权而享有相应职能、职责的机关或其他单位在其职权范围内按照法定程序或方式作出，方具有法律上的效力。这是产生公文书的必要前提和条件。因此，公文性书证在成为书证之前就具有法律上的效力，而非依职权制作的文书不能作为公文性书证加以使用。如果国家法律、法规对某种文书规定了特定的格式和内容，该文书就必须具备法定的格式和内容，而不得随意改变。

公文性书证具有以下特点：它是制作和发出该文书的职能机关或单位依法行使职权的意思表示。制作和发出该文书，应当具备法定的条件，在法律明确授予的权限范围内，依照法定程序和方式进行。基于公文性书证的上述特点，凡是由不享有法定权限的单位或国家机关公务人员所制作和发出的文书，或者虽然是公务人员，但所制作或发出的文书与其行使职权无任何联系的，都不能算做公文性书证。

（2）私文书证，又称为非公文性书证，是指国家职能部门或其他享有法定职权的单位在其职权范围以外，基于正常的功能性运作所需或基于从事某些民事行为目的所制作的，以及具有民事行为能力与相应责任能力的自然人所制作的有关文书。换言之，非公文书即公文性书证以外的其他书证。它不仅指公民个人所制作的文书，也包括那些行使一定法定职权的机关或者单位在其行使职权范围以外所制作的文书。例如，在普通民事活动中，有关法定职能部门作为平等主体与其他民事主体所签订的各种经济合同及从事日常的民事流转活动，如国家机关为建造房屋而与建筑单位签订的合同，国家机关发出的与其职权无关的信函等。

依照书证内容的性质不同，可以将书证分为处分性书证与报道性书证。

（1）处分性书证。凡是制作书证的目的是基于设定、变更或消灭一定的法律关系的，称为处分性书证。例如，国家行政机关根据公民、法人的申请而依职权颁发的各种许可证、营业执照，人民法院制作的发生法律效力的判决书、裁定书，民事主体间所签订的民商事合同书，公民个人为处分其财产而制作的遗嘱书、遗赠书等，都属于处分性书证。处分性书证一般是以法律关系主体的处分权为基础。法律关系主体的处分权是处分性书证得以产生的重要前提和基础。如果缺乏这一前提和基础，处分性文书就难以获得产生、变更或消灭特定法律关系的相应效果。在日常生活中，正因为处分性书证往往与法律关系主体的处分权相联系，所以它是一种特殊的书证形式。

（2）报道性书证。凡是根据记载或表述的内容，制作者仅用以记录或报道、记载已经发生或认知的具有法律意义的事实的书证，称为报道性书证。例如，财务账本记载了某单位现金收支情况，医院的病历记载了病人的病情状况，某旅馆的登记簿记载了旅客在该旅馆住宿的事实等。这些书证仅记载某些客观事实的发生和经过，其本身不能引起相应的法律后果，所以属于报道性书证。报道性书证和处分性书证的区别在于，前者仅对发生的法律事实加以表述或予以保存，而后者的制作目的则是发生、变更或消灭特定的法律关系。

将书证划分为处分性书证与报道性书证，可以更好地把握书证在诉讼证明中的不同作用。处分性书证所记载或表述的内容与特定的法律后果相联系，即由于这种书证的制作和启用将会引起一定法律关系的发生、变更或消灭，所以，处分性书证对有关法律行为的目的含有明确的意思表示。当处分性文书涉及法律关系的内容，即权利与义务产生争议或纠纷时，这种文书就能够作为反映或确定有关案件事实的重要证据，并具有较强的证明力。

报道性书证不是从事某种法律行为的直接产物，而是从某种需要出发对特定的具有法律意义的事实予以记录、报道和记载，是制作者对有关客观已发生的事实感知、认识而作的记载或表述。因此，报道性书证所表述的内容并不与特定的法律后果相联系，因而其证明力与前者相比是有限的。但是，报道性书证可以作为发现处分性书证的先导和印证处分性书证的证据。例如，通过记载有关民事主体之间存在合同关系的某一会议记录，可以发现当事人之间存在何种权利与义务关系的处分性书证；当处分性书证作为直接证据，对认定当事人之间存在特定权利义务关系的待证事实进行证明时，报道性书证往往以间接证据的形式，印证主要待证事实。

依照书证制作方法的不同，可以将书证分为原本、正本、副本、节录本、影印本及译本。

（1）原本，是指文书制作人将有关的内容加以记载而成的原始文本，又称原件或底本。任何书证均有原本。原本是正本、副本、节录本、影印本、翻译本的最初源流。原本既可以是手写的，也可以是打印的，只要是最初制作的文本而成为书证的，就是原本。在日常生活中，常见的书证原本有反映当事人之间往来的原始信函、载有谈话内容的电话记录原稿、载有当事人双方签字盖章的书面合同，以及反映借款人亲笔书写具有明确表达借款意思的借据等。由于原本是用于表达文书内容原始状态的客观表现方式，它能在客观上最大限度地反映书证所记载的内容，因此其证明价值极高。

（2）正本，是依照原本采用全文抄录、印制等方法而成的内容与原本完全相同，对外与原本具有同等法律效力的文书。除了做成的方式不同外，正本与原本的另一个主要区别是，原本一般由制作人收存或留作存档备查，而正本则发给主受件人保存或使用。

（3）副本，是依照原本全文抄录、印制，但不具有正本效力的文本。副本书证旨在使有关单位或个人了解、知悉原本文书的内容。副本通常发送给主受件人以外的其他有必要了解原本内容的相关单位或个人。可见，副本与正本在制作方法上是相同的，不同之处主要在于副本与正本制作的目的与收存主体和发给对象的不同。副本与正本的效力不同之处也主要发端于此，而与证明效力并无直接关系，故并不能得出正本在诉讼证明中一定优于副本的结论。

（4）节录本，是指从原本或正本文书中摘抄其主要内容而形成的文本。与原本相比，节录本只能反映原本的部分内容，由于制作人采用主观的方法对原本加以摘要或节录，其所形成的节录文本在一定程度上影响了对原本内容客观和全面的体现，也不符合原本内容的内在逻辑性与结构的完整性，因此具有较大的主观倾向。在诉讼活动中，如一方当事人提供节录本，而对方对节录本所记载内容提出质疑时，节录本提供人应提供原本书证，否则将大大削弱其节录本书证的证明效力。由于节录本是就需要了解原本中某一相关的部分而制作的，并未充分考虑原本全面、详细的内容，所以节录本在证据价值方面的局限性显而易见。

（5）影印本，是指采用影印技术，将原本或正本通过摄影或复制而形成的文书。

（6）译本，又称为翻译本，是指采用原本或正本语言文字以外的语言文字，翻译原本或正本而形成的文书。

将书证进行此种划分，旨在说明只有原本才是最初制作的文本，其他如正本、副本等，都是源于原本的书证。在英美法系国家，实行最佳证据规则，除了法定例外情形，书证只能提交原本、原件。在我国的诉讼活动中，提交、收集、调取的书证应当是原件，只有在提交或取得原件确有困难时，才可以是副本、节录本或影印本。

依照书证的形成是否需要特定的形式、格式和要件，可以将书证分为一般书证与特别书证。

（1）一般书证。凡法律不要求必须具备特定的形式、格式或须履行特定程序，而只是具有明确的意思表示并由当事人签名、填写日期而形成的书证，为一般书证。例如，公民之间因借用钱款而出具的借据、某人领取有关物品的收据、加工承揽特定产品或物品的合同、民事主体之间的买卖合同等。只要此类书证在内容上具有明确的意思表示，即为有效，对这类书证在形式上并无特殊的要求。

作为一般书证，虽然法律并不要求特定形式、格式或履行特定程序，但就其内容而言，一般仍需具备以下要件：①有明确的意思表示。②有当事人的签名。③有制作该书证的具体日期。凡缺乏以上三要件之一的，便为具有缺陷的一般书证。这种缺陷往往影响其证据效力。一般书证从其内容而言必须载明特定的事实，但并不要求具有特定的形式。因此，该种书证更强调其内容的构成要件，而不强调形式上的特征。

（2）特别书证。凡是依照法律规定必须具备特定形式、格式或必须履行特定程序的文书，称为特别书证。例如，公安机关制作的行政拘留决定书，工商行政管理机关颁发的营业执照，国家审判机关依法制作的判决书、裁定书、调解书等。特别书证的形成，必须具备法定条件、特定的法律形式，并严格履行法定的制作手续。例如，结婚证书的制作和发给，必须是申请结婚的男女双方当事人已达到结婚年龄，且完全出于自愿，在法律上不存在禁止结婚的任何情形，并由双方当事人亲自到婚姻登记机关进行结婚登记，在此基础上，经婚姻登记机关审查凡符合规定的，准予登记，并发给结婚证书。又如，有些合同根据法律规定或当事人双方约定，在签订后还需经过公证才能发生法律效力。这种需经公证的合同书，就属特别书证。具有法律特殊规定或当事人特别约定的要件，是特别书证形成的前提和基础，也是该种书证区别于一般书证的具体表征。特别书证除了应具备明确的意思表示之外，还强调其外在的形式、格式或形成的程序。

三、书证的意义和作用

书证具有的意义和作用如下。

（1）书证是使用最广泛的证据。书证大多数是以文书的形式出现的，而文书是沟通、交流和传递信息的媒介，在社会生活中被广泛使用。这些被广泛使用的文书，一旦涉及诉讼案件，便可以作为书证使用，证明有关事实。此外，依照法律规定，许多法律行为必须以书面形式进行。例如，2017 年 10 月 1 日起施行的民法总则第 135 条规定："民事法律行为可以采用书面形式、口头形式或者其他形式；法律、行政法规规定或者当事人约定采用特定形式的，应当采用特定形式。"合同法第 10 条规定："当事人订立合同，有书面形式、口头形式和其他形式。法律、行政法规规定采用书面形式的，应当采用书面形式。当事人约定采用书面形式的，应当采用书面形式。"这些法律都决定了书证使用的广泛性。

（2）书证便于证明案件事实，使常人一看便知。书证是以其在客观载体上记载、表达的思想内容来证明案件事实的，一般具有意思表示明确、具体、形象的特点，能直接证明案件的事实。

（3）书证便于办案机关长期保存。书证本身保管完整未遭毁损，它所记载和表达的内容就可以长期保存。即便有时其客观物质载体遇有毁损，只要不影响有关文字、符号和图形，同样可据以了解其所载述的人的思想、行为、事件等有关事项，并不影响其证明力。从这一点上，与物证或人证会因时间的流逝、环境的变迁或者基于其他主观、客观上的原因而发生变化、异常或失真的情形相比，书证更具有显著的优越之处。

（4）书证是审查其他证据是否真实、可靠的重要依据。书证中的相当一部分属于公文性书证，是国家职能机关为行使职权而制作的，这种书证的真实性一般是有保障的，具有较强的证明力。例如，国家审判机关制作的已经发生法律效力的刑事、民事、行政判决书、裁定书，国家各级行政主管部门依照职权所颁发的各种文件，经过法定程序公证证明的文书等。这些书证，可以将其作为核实、印证其他证据材料是否可信、真实的重要依据。

第三节　书证的提出、收集和补正

一、书证的提出

书证的提出，有两层含义。第一，书证的提出是指公诉人和当事人利用书证证明某项待证事实，必须向法院声明并出示该书证，即负有举证的义务。第二，书证的提出是指书证持有人（包括对方当事人或第三人）在公安司法机关和当事人收集证据时，有提供文书的义务。这里在研究如何收集证据而不是研究举证责任，因而书证的提出应指第二层含义，即书证持有人有提出书证的义务。

书证持有人有提出书证的义务，源于法律规定或者法律制度的约定。2012 年刑事诉讼法第 135 条规定“任何单位和个人，有义务按照人民检察院和公安机关的要求，交出可以证明犯罪嫌疑人有罪或者无罪的物证、书证、视听资料等证据”。因此，有学者认为“文书提出义务是文书持有人对国家所尽的公法上的一项义务”。这是正确的。

如果书证持有人拒绝提供书证，应当承担的法律责任，各国有不同的规定。英国民事诉讼规则规定未经法院允许，当事人不得依赖于其未开示的或者不允许他人查阅的任何书证。而根据美国联邦民事诉讼规则第 37 条，对当事人不遵守证据开示要求或法院开示命令的制裁力度更大，包括在开庭审理阶段不得运用未经开示的证据、免除对方的证明责任、禁止提出证据、驳回诉讼或作出败诉的缺席判决等，对于故意者，可以判处藐视法庭罪。德国和日本对当事人不服从文书提出命令的处罚措施有两种：一是法院可以认定申请人主张的关于该文书所记载的事实为真实；二是法院可以认定申请人所主张的事实为真实。日本对于第三人不服从文书提出命令的，法院有权裁定处以 20 万日元以下的罚款。法国新民事诉讼法则强化了法官的职权，在附带诉讼中有传达义务的当事人在法官作出传达命令后仍不履行义务的，法官可以命令逾期罚款。迟延传达书证的，法官在辩论程序中将不得接受该书证。第三人拒不提交书证且又无正当理由的，法官可作出强制处分的决定。我国《最高人民法院关于民事诉讼证据的若干规定》第 75 条规定“有证据证明一方当事人持有证据无正当理由拒不提供，如果对方当事人主张该证据的内容不利于证据持有人，可以推定该主张成立”。2015 年 2 月 4 日起施行的《最高人民法院关于适用〈中华人民共和国民事诉讼法〉的解释》(以下简称 2015 年《民事诉讼法的解释》) 第 112 条规定“书证在对方当事人控制之下的，承担举证证明责任的当事人可以在举证期限届满前书面申请人民法院责令对方当事人提交。申请理由成立的，人民法院应当责令对方当事人提交，因提交书证所产生的费用，由申请人负担。对方当事人无正当理由拒不提交的，人民法院可以认定申请人所主张的书证内容为真实”。第 113 条规定“持有书证的当事人以妨碍对方当事人使用为目的，毁灭有关书证或者实施其他致使书证不能使用行为的，人民法院可以依照民事诉讼法第一百一十一条规定，对其处以罚款、拘留”。

二、书证的收集

书证的收集，是指公安司法机关和当事人向书证持有人调取书证，用于证明某项待证事实的活动。

（一）收集书证的注意事项

收集书证应当注意如下事项。

（1）优先收集书证的原件或原物。因为当事人向人民法院提供证据，应当提供原件或原物。需自己保存证据原件、原物或提供原件、原物确有困难的，可以提供经人民法院核对无异的复制件或者复制品。《最高人民法院关于民事诉讼证据的若干规定》第 20 条规定，调查人员调查收集的书证，可以是原件，也可以是经核对无误的副本或复制件。是副本或者复制件的，应当在调查笔录中说明来源和取证情况。2012 年民事诉讼法第 70 条“书证应当提交原件。物证应当提交原物。提交原件或者原物确有困难的，可以提交复制品、照片、副本、节录本”。2015 年《民事诉讼法的解释》第 111 条：“民事诉讼法第七十条规定的提交书证原件确有困难，包括下列情形：（一）书证原件遗失、灭失或者毁损的；（二）原件在对方当事人控制之下，经合法通知提交而拒不提交的；（三）原件在他人控制之下，而其有权不提交的；（四）原件因篇幅或者体积过大而不便提交的；（五）承担举证证明责任的当事人通过申请人民法院调查收集或者其他方式无法获得书证原件的。前款规定情形，人民法院应当结合其他证据和案件具体情况，审查判断书证复制品等能否作为认定案件事实的根据。”

（2）书证如果是在中华人民共和国领域外形成，在收集该书证时应当经所在国公证机关予以证明，并经中华人民共和国驻该国使领馆予以认证，或者履行中华人民共和国与该所在国订立的有关条约中规定的其他证明手续。书证如果是在香港、澳门、台湾地区形成，也应当履行相关的证明手续。

（3）收集的书证，如果是外文书证或者外文说明资料，应当附有中文译本。2012 年民事诉讼法第 70 条“提交外文书证，必须附有中文译本”。

（4）摘录有关单位制作的与案件事实相关的文件、材料应当注明出处并加盖制作单位或者保管单位的印章。摘录人和其他调查人员应当在摘录件上签名或者盖章。摘录文件、材料应当保持内容相应的完整性，不得断章取义。

（5）收集书证应当注意收集能证明书证来源的旁证。最高人民法院《关于办理死刑案件审查判断证据若干问题的规定》第 9 条规定，“经勘验、检查、搜查提取、扣押的物证、书证，未附有勘验、检查笔录，搜查笔录，提取笔录，扣押清单，不能证明物证、书证来源的，不能作为定案的根据”。

（6）收集单位的证明材料，须注意书证的形式，即应当由单位负责人及制作证明材料的人员签名或盖章，并加盖单位印章。2015 年《民事诉讼法的解释》第 115 条规定，单位向人民法院提出的证明材料，应当由单位负责人及制作证明材料的人员签名或盖章，并加盖单位印章。人民法院就单位出具的证明材料，可以向单位及制作证明材料的人员进行调查核实。必要时，可以要求制作证明材料的人员出庭作证。单位及制作证明材料的人员拒绝人民法院调查核实，或者制作证明材料的人员无正当理由拒绝出庭作证的，该证明材料不得作为认定案件事实的根据。

（二）收集书证的救济渠道

当事人因客观原因不能自行收集的证据，而书证由对方当事人或第三人持有而他们又拒绝提供时，如何达到收集的目的？对此，在我国可向人民法院申请调查令，申请人民法院调查收集该书证。2012 年民事诉讼法第 64 条第 2 款规定“当事人及其诉讼代理人因客观原因不能自行收集的证据，或者人民法院认为审理案件需要的证据，人民法院应当调查收集”。2015 年《民事诉讼法的解释》第 94 条规定：“民事诉讼法第六十四条第二款规定的当事人及其诉讼代理人因客观原因不能自行收集的证据包括：（一）证据由国家有关部门保存，当事人及其诉讼代理人无权查阅调取的；（二）涉及国家秘密、商业秘密或者个人隐私的；（三）当事人及其诉讼代理人因客观原因不能自行收集的其他证据。当事人及其诉讼代理人因客观原因不能自行收集的证据，可以在举证期限届满前书面申请人民法院调查收集。”

《最高人民法院关于民事诉讼证据的若干规定》规定，人民法院调查收集证据，应当依当事人的申请进行。符合下列条件之一的，当事人及其诉讼代理人可以申请人民法院调查收集证据：申请调查收集的证据属于国家有关部门保存并须人民法院依职权调取的档案材料；涉及国家秘密、商业秘密、个人隐私的材料；当事人及其诉讼代理人确因客观原因不能自行收集的其他材料。当事人及其诉讼代理人申请人民法院调查收集证据，应当提交书面申请。申请书应当载明被调查人的姓名或单位名称、住所地等基本情况、所要调查收集的证据的内容、需要由人民法院调查收集证据的原因及其要证明的事实。当事人及其诉讼代理人申请人民法院调查收集证据，不得迟于举证期限届满前七日。人民法院对当事人及其诉讼代理人的申请不予准许的，应当向当事人或其诉讼代理人送达通知书。当事人及其诉讼代理人可以在收到通知书的次日起三日内向受理申请的人民法院书面申请复议一次。人民法院应当在收到复议申请之日起五日内作出答复。

三、瑕疵书证的补正和解释

（一）瑕疵书证的含义和表现形式

瑕疵书证，是指在成为庭审证据之前，因外在原因造成书证自身的形式或内容与法律对证据的要求不一致的书证。

首先，瑕疵书证形成瑕疵的时间是在成为庭审证据之前。有两种情况：一是在书证形成过程中出现瑕疵，如制作书证时当事人未签名、盖章或用字、用语错误等。二是在保管过程中出现瑕疵，如保管人保管不慎而导致书证被腐蚀、损坏等。如果书证的瑕疵是在书证被庭审质证以后才出现的，虽是瑕疵，但这种瑕疵对庭审质证时书证原有的真实性、证明力及法官对其的审查判断并无影响，因而，不纳入本书的研究范围。

其次，瑕疵书证出现瑕疵的原因多种多样。既有书证制作人的原因，如制作人疏忽大意未签名、盖章或因文化水平较低而用字、用语不当等。也有他人的原因，如书证在被他人保管时被涂改。还有其他的原因，如书证存在时间过长被氧化、腐蚀而造成部分字迹不清等。

最后，瑕疵书证所出现的瑕疵可归纳为三种表现：第一种是书证的形式存在瑕疵，如未签名。第二种是书证的内容存在瑕疵，如书证内容发生歧义或书证部分内容已被毁损、灭失等。第三种是因违法收集而形成的瑕疵。

（二）瑕疵书证的补正

瑕疵书证的补正，是指对存在瑕疵的书证依法进行补漏、改错和纠正或作出合理解释，使该书证具备证据效力的活动。2012 年刑事诉讼法第 54 条规定，“收集书证不符合法定程序，可能严重影响司法公正的，应当予以补正或者作出合理解释”。所谓“严重影响司法公正”，可根据办理的案件是否属于死刑案件而作区分。对于死刑案件，无法作出合理解释或者补正的证据，如果对其采用将使被告人判处死刑，则为“严重影响司法公正”，非死刑案件，则视取证方式是否严重侵犯公民的基本权利而定。2015 年《民事诉讼法的解释》第 114 条规定，“国家机关或者其他依法具有社会管理职能的组织，在其职权范围内制作的文书所记载的事项推定为真实，但有相反证据足以推翻的除外。必要时，人民法院可以要求制作文书的机关或者组织对文书的真实性予以说明”。

（三）瑕疵书证的解释

瑕疵书证的解释，是指书证的取得明显违反法律规定，可能影响公正审判的，可以要求公诉人作出合理的解释。最高人民法院等《关于办理死刑案件审查判断证据若干问题的规定》第 9 条规定，书证的收集程序、方式存在下列瑕疵，通过有关办案人员的补正或作出合理解释的，可以采用：①收集调取的书证，在勘验、检查笔录，搜查笔录，提取笔录，扣押清单上没有侦查人员、物品持有人、见证人签名或者物品特征、数量、质量、名称等注明不详的；②收集调取书证的副本、复制件未注明与原件核对无异，无复制时间、无被收集、调取人（单位）签名（盖章）的；③书证的副本、复制件没有制作人关于制作过程及原物、原件存放于何处的说明或者说明中无签名的；④书证的收集程序、方式存在其他瑕疵的。对书证的来源及收集过程有疑问，不能作出合理解释的，该书证不能作为定案的根据。2012 年最高人民法院《关于适用〈中华人民共和国刑事诉讼法〉的解释》第 72 条规定，对与案件事实可能有关联的血迹、体液、毛发、人体组织、指纹、足迹、字迹等生物样本、痕迹和物品，应当提取而没有提取，应当检验而没有检验，导致案件事实存疑的，人民法院应当向人民检察院说明情况，由人民检察院依法补充收集、调取证据或者作出合理说明。

（四）瑕疵书证经补正或者解释的可采性

2012 年最高人民法院《关于适用〈中华人民共和国刑事诉讼法〉的解释》第 73 条规定，“物证、书证的收集程序、方式有下列瑕疵，经补正或者作出合理解释的，可以采用：①勘验、检查、搜查、提取笔录或者扣押清单上没有侦查人员、物品持有人、见证人签名或者对物品的名称、特征、数量、质量等注明不详的；②物证的照片、录像、复制品，书证的副本、复制件未注明与原件核对无异，无复制时间，或者无被收集、调取人签名、盖章的；③物证的照片、录像、复制品，书证的副本、复制件没有制作人关于制作过程和原物、原件存放地点的说明，或者说明中无签名的；④有其他瑕疵的。对物证、书证的来源、收集程序有疑问，不能作出合理解释的，该物证、书证不得作为定案的根据”。

第四节　书证的审查判断和排除

一、书证的审查判断

书证的内容是否真实对于书证的价值有着举足轻重的影响。司法实践情况十分复杂，一份书证是否真实，要作出准确判断不是很容易，经常需要反复调查，认真进行审查判断。2012 民事诉讼法第 64 条规定：“人民法院应当按照法定程序，全面地、客观地审查核实证据”。2012 最高人民法院《关于适用〈中华人民共和国刑事诉讼法〉的解释》第 69 条规定：“对物证、书证应当着重审查以下内容：（一）物证、书证是否为原物、原件，是否经过辨认、鉴定；物证的照片、录像、复制品或者书证的副本、复制件是否与原物、原件相符，是否由二人以上制作，有无制作人关于制作过程以及原物、原件存放于何处的文字说明和签名；（二）物证、书证的收集程序、方式是否符合法律、有关规定；经勘验、检查、搜查提取、扣押的物证、书证，是否附有相关笔录、清单，笔录、清单是否经侦查人员、物品持有人、见证人签名，没有物品持有人签名的，是否注明原因；物品的名称、特征、数量、质量等是否注明清楚；（三）物证、书证在收集、保管、鉴定过程中是否受损或者改变；（四）物证、书证与案件事实有无关联；对现场遗留与犯罪有关的具备鉴定条件的血迹、体液、毛发、指纹等生物样本、痕迹、物品，是否已作 DNA 鉴定、指纹鉴定等，并与被告人或者被害人的相应生物检材、生物特征、物品等比对；（五）与案件事实有关联的物证、书证是否全面收集”。

所以，对书证的审查判断应当注意以下几点。

（1）审查判断书证的制作过程。对于公文书可以向制作单位核对，并弄清文件记载的内容是否真实；对于私文书应了解制作人员的情况和制作过程。在法庭出示书证后，应听取双方当事人对书证的意见。

（2）审查判断书证记载或表达的内容及其含义。审查书证的内容，明确其含义，与待证事实是否有关联，是否为当事人的真实意思的反映，有无欺诈、胁迫等，对于确定书证是否有证明力及证明力的大小十分重要。

（3）审查判断书证要注意书证本身所属的类型。各种公文书具有比私文书更强的证据力；经过公证机关办理公证的书证，法院可以直接作为认定事实的根据，但有相反证据足以推翻公证证明的除外；书证的原件的证明力大于复印件。书证是复印件的，提供人拒不提供原件或原件线索，没有其他材料可以印证，对方当事人又不承认的，在诉讼中不得作为认定事实的根据。

（4）书证的合法性的判断。应当着重审查书证制作者的主体资格的合法性，即是否符合法定的程序或法定条件，收集的过程是否合法。

（5）书证是否为原物、原件，书证的副本、复制件与原物、原件是否相符；书证是否经过辨认、鉴定；书证的副本、复制件是否由两人以上制作，有无制作人关于制作过程及原件、原物存放于何处的文字说明及签名。

（6）书证的收集程序、方式是否符合法律及有关规定；经勘验、检查、搜查提取、扣押的书证，是否附有相关笔录或者清单；笔录或者清单是否有侦查人员、物品持有人、见证人签名，没有物品持有人签名的，是否注明原因；对物品的特征、数量、质量、名称等注明是否清楚。

（7）书证在收集、保管及鉴定过程中是否受到破坏或者改变。

（8）书证与案件事实有无关联，与案件事实有关联的书证是否全面收集。

二、书证的排除

书证的排除，是指对瑕疵书证经过程序救济，依然不能补正或者作出合理解释，从而对该书证依照 2012 年刑事诉讼法第 54 条规定，予以排除的活动。一般来说，有下列情形的书证应当予以排除。

（1）书证的复制品不真实予以排除。2012 年最高人民法院《关于适用〈中华人民共和国刑事诉讼法〉的解释》第 71 条规定，据以定案的书证应当是原件。取得原件确有困难的，可以使用副本、复制件。书证有更改或者更改迹象不能作出合理解释，或者书证的副本、复制件不能反映原件及其内容的，不得作为定案的根据。书证的副本、复制件，经与原件核对无误、经鉴定为真实或者以其他方式确认为真实的，可以作为定案的根据。

（2）不能证明书证来源的，予以排除。经勘验、检查、搜查提取、扣押的物证、书证，未附有勘验、检查笔录，搜查笔录，提取笔录，扣押清单，不能证明物证、书证来源的，不能作为定案的根据。2012 年最高人民法院《关于适用〈中华人民共和国刑事诉讼法〉的解释》第 73 条规定，“在勘验、检查、搜查过程中提取、扣押的物证、书证，未附笔录或者清单，不能证明物证、书证来源的，不得作为定案的根据”。

（3）不能作出合理解释的，予以排除。书证有更改或者更改迹象不能作出合理解释的，书证的副本、复制件不能反映书证原件及其内容的，不能作为定案的根据。对书证的来源及收集过程有疑问，不能作出合理解释的，该书证不能作为定案的根据。2012 年最高人民法院《关于适用〈中华人民共和国刑事诉讼法〉的解释》第 73 条规定，“对物证、书证的来源、收集程序有疑问，不能作出合理解释的，该物证、书证不得作为定案的根据”。

（4）不能补正的，予以排除。《关于办理死刑案件审查判断证据若干问题的规定》第 9 条规定的书证的收集程序、方式存在四种情形的瑕疵，通过责令有关办案人员进行补正或者作出合理解释，但仍不能补正或者作出合理解释的，应当予以排除。2012 年刑事诉讼法第 54 条的规定“收集物证、书证不符合法定程序，可能严重影响司法公正的，应当予以补正或者作出合理解释；不能补正或者作出合理解释的，对该证据应当予以排除”。

【课堂讨论】

原告卡某尔国际有限公司诉（第一被告）北京情某奇缘婚庆服务中心和下属的

（第二被告）北京情某奇缘卡迪亚婚纱摄影馆侵犯商标权及反不正当竞争纠纷一案。原告诉称卡某尔国际有限公司系全球知名的珠宝商，在珠宝界与钟表等领域享有较高的声誉，近年来已成为涉足摄影、摄像等多个领域的大型商业集团公司，其拥有的 Cartier 品牌诞生于欧洲，至今已有百年历史，它在中国乃至世界上都享有极高的知名度，已被认定为世界驰名商标。但第一被告北京情某奇缘婚庆服务中心所成立的第二被告北京情某奇缘卡迪亚婚纱摄影馆，故意选用与原告的驰名商标卡某亚极为相似的卡迪亚作为其公司名称明显侵犯了原告的商标专用权，同时由于被告所经营的婚纱摄影等服务，也是原告卡地亚品牌经营的商业项目之一，这就容易让消费者误认为，被告的婚纱摄影馆是原告卡地亚品牌下的摄影机构，因此被告婚纱摄影馆的这种依傍名牌的恶意行为，已经涉嫌构成反不正当竞争。故原告诉请如下：判令两被告停止商标侵权和不正当竞争行为；判令第二被告变更企业名称；判令两被告在《京华时报》等类别的杂志上就其侵权和不正当竞争行为赔礼道歉、消除影响；判令两被告赔偿原告商誉及经济损失 5 万元及原告为调查和诉讼支出的合理费用 5 万元，合计 10 万元。

被告答辩以上原告诉请均不同意，其理由是原告系恶意抨击、无端指责，其起名为卡迪亚，原告为卡地亚，迪和地两个字音与意都不同，不构成“近似”，此外，原告卡地亚仅是珠宝商品中的世界驰名商标，就算其涉足摄影、摄像领域，但在该领域并没有被认定为驰名商标，因而在该领域不能实现驰名商标的跨类保护，故其未侵权，也非不正当竞争行为。

本案是否构成反不正当竞争和侵犯注册商标专用权？驰名商标跨类保护的法律依据？举证责任如何分担？

【司法考试真题链接】

1. 下列哪些证据属于书证？（ ）（2005 年卷二多选第 69 题）

A. 某强奸案，在犯罪嫌疑人住处收集的笔记本，其中记载其作案经过及对被害人的描述

B. 某贪污案，为查明账册涂改人而进行鉴定的笔迹

C. 某故意伤害案，证人书写的书面证词

D. 某走私淫秽物品案，犯罪嫌疑人非法携带的淫秽书刊

2. 童某涉嫌故意杀人案，有下列几种证据，其中属于书证的有哪些？（ ）（2003 年卷二多选第 63 题）

A. 精神病医院为其开具的精神病情况的诊断结论

B. 案发现场找到的童某写的一封尚未邮寄出去的家信，通过对信上的笔迹鉴定，找到了犯罪嫌疑人童某

C. 童某单位开具的关于童某一贯表现的证明

D. 被害人临死之前在地上写下的一组数字，通过数字查到了童某的门房号码

3. 余某拟大修房屋，向县规划局提出申请，该局作出不予批准答复。余某向市规划局申请复议，在后者作出维持决定后，向法院起诉。县规划局向法院提交县政府批准和保存的余某房屋所在中心村规划布局图的复印件一张，余某提交了其房屋现状的

录像，证明其房屋已破旧不堪。下列哪些说法是正确的？（　）（2011 年卷二多选第 82 题）

A. 县规划局提交的该复印件，应加盖县政府的印章

B. 余某提交的录像应注明制作方法和制作时间

C. 如法院认定余某的请求不成立，可以判决驳回余某的诉讼请求

D. 如法院认定余某的请求成立，在对县规划局的行为作出裁判的同时，应对市规划局的复议决定作出裁判

4. 甲乙公司签订了甲公司向乙公司购买 5 辆“五星牌”汽车的合同。乙公司按约定将汽车运至甲公司所在地火车站。某市工商局接举报扣押了汽车，并最终认定乙公司提供的五辆“三星”牌汽车是某国外某品牌汽车，乙公司将其冒充国产车进行非法销售，遂决定没收该批汽车。乙公司在提起行政诉讼后，向法院提供了该批汽车的技术参数，某市工商局则提供了某省商检局对其中一辆车的鉴定结论。下列哪些说法是正确的？（　）（2006 年卷二多选第 85 题）

A. 甲乙公司在提供图片及技术参数时，应附有说明材料

B. 若乙公司提供证据证明某省商检局的鉴定结论内容不完整，法院应不采纳该鉴定结论

C. 某省商检局的鉴定结论为某市工商局处罚乙公司的证据，是法院采纳此鉴定结论的条件之一

D. 对某市工商局的没收决定，甲公司具有原告资格

5. 关于鉴定人与鉴定意见，下列哪一选项是正确的？（　）（2014 年卷二单选第 29 题）

A. 经法院通知，鉴定人无正当理由拒不出庭的，可由院长签发强制令强制其出庭

B. 鉴定人有正当理由无法出庭的，法院可中止审理，另行聘请鉴定人重新鉴定

C. 经辩护人申请而出庭的具有专门知识的人，可向鉴定人发问

D. 对鉴定意见的审查和认定，受到意见证据规则的规制

第八章 证 人 证 言

【案例导入】被告人陈某，男，42岁。曾因犯抢劫罪于1995年9月13日被将乐县法院判处有期徒刑5年，1999年9月13日刑满释放。因犯盗窃罪于2003年3月17日被蕉城区法院判处拘役5个月零13天，同年3月28日刑满释放。因犯盗窃罪于2013年11月19日被蕉城区法院判处有期徒刑9个月，2014年2月24日刑满释放。现因涉嫌盗窃罪于2014年8月9日被刑事拘留，同年9月13日被批准逮捕。

经依法审查查明，2014年8月8日21时许，被告人陈某到某市东侨经济开发区金城小区×号楼103号舒雅美容院内，趁被害人陈某娟不注意，将其放在收银台上充电的白色OPPO-R829T手机（价值人民币2 090元）盗走。被告人陈某正要离开时被被害人陈某娟等发现，便从该美容院背面上楼，将被盗手机藏匿于金城小区×号楼2-A室门口的脚垫底下，后躲藏于该楼4层的卫生间内。被害人陈某娟通过拨打本人手机找到被盗手机，闻讯赶来的警察在卫生间内将被告人陈某当场抓获，被告人陈某亦供认不讳。认定上述事实的证据如下：①某公安局出具的抓获经过、被告人陈某户籍证明，被盗手机发票复印件，因犯盗窃罪于2013年11月19日被蕉城区法院判处有期徒刑9个月的刑事判决书，2014年2月24日刑满释放的释放证明书等书证；②证人何某、冯某、张某等的证言；③被害人陈某娟陈述；④被告人陈某供述和辩解；⑤某价格认证中心价格鉴定意见书；⑥某公安局制作的现场勘验笔录、现场示意图、现场照片、搜查笔录及辨认笔录。

被告人陈某盗窃金额仅2 090元，在经济发达地区是否构成犯罪？若构成盗窃犯罪，是否构成累犯？是既遂还是未遂？本案闻讯赶来的警察，他们的陈述能不能作为证人证言？

第一节 证人证言的概念、构成和意义

一、证人证言的概念

证人证言，是指证人在诉讼过程中将自己所知道的有关案件的事实情况，向当事人和司法机关依法所作的陈述。证人证言作为一种重要的证据形式，各国立法都对其作了规定。但由于诉讼理念、历史等方面存在重大差异，英美法系和大陆法系分别对证人概念作了不同的阐释。在英美法系国家，从广义上的理解，证人通常是指经过宣

誓之后在庭审或者其他诉讼过程中对案件有关事实提供口头证词的人。从英美法系对证人的界定中我们不难看出，证人的范围较为宽泛，不仅包括案件当事人还包括当事人之外的其他人。所以，其证人的诉讼地位比较重要、影响较大，素有“没有证人就没有诉讼”之称。以美国对证人的界定为例，主要把证人分为两种类型：一种为专家证人，即依靠专业领域知识而提供的证言；另一种为一般证人。

与英美法系截然相反，大陆法系对证人概念的界定范围比较狭窄。例如，日本学者认为“证人是指被命令向法院陈述其所知的有关事实的第三者”。我国台湾地区学者也认为“第三人依法院之命，应于诉讼程序陈述自己观察事实之结果者，谓之证人”。由此看出，大陆法系采取狭义的证人概念，专指当事人之外的知晓案件情况而向法庭提供证词的第三人，不包括当事人和鉴定人等，故称为“第三人声明”。其证人在诉讼中的地位次要、影响较小。

在我国，证人的范围不包括当事人，是指当事人之外的了解案件情况的第三人。证人的分类包括两类：一类是单位证人，另一类是自然人证人。单位作为证人出庭作证时，应当由单位的法定代表人、负责人或经其授权的人代表单位作证。而自然人证人，依知情时间等不同可分为一般证人和特殊证人。特殊证人包括见证人与涉益（特定）证人。一般证人是案发时知道案件情况的人。见证人是案发时不知道案件情况，但在案发后被司法机关邀请到勘验、检查、扣押等现场进行见证的人。涉益证人是案发时或案发后知道案件情况，但与犯罪嫌疑人、被告人有配偶、近亲属关系或涉及职务保密、职业道德（如辩护律师）等事项的利益不便作证的人。对于涉益证人，英美法系国家有赋予拒绝作证的特权，我国现行法律也赋予了部分人享有拒绝作证的特权。2012 年刑事诉讼法第 188 条规定“经人民法院通知，证人没有正当理由不出庭作证的，人民法院可以强制其到庭，但是被告人的配偶、父母、子女除外”。

对于证人证言的陈述对象，我国各位学者的观点不完全相同。在这些观点中可以主要分成两类，一种是广义说，另一种是狭义说。广义说认为证人证言的陈述对象不仅包括法院，还包括检察院、公安机关及其他法律调查工作者。狭义说认为证人证言只能向法院作出陈述。笔者认为，证人证言应采用广义说，从一般要求上看，证人证言应当向法庭直接陈述，但是在特殊情况下证人陈述证言的对象也应当包括当事人及其诉讼代理人，特别是代理律师等在内。证人的陈述地点也不一定局限于法庭。当然，也不能认为证人在任何地点向任何人所作的关于案件情况的陈述，都是具有法律效力的证人证言，而应当依照法定的地点进行陈述。证人证言陈述的内容必须与案件事实有相关性，可用以证明待证事实。但是，证人证言只是一种证据材料，须经过司法认定之后，才可能成为真正意义上的证据。

二、证人证言的构成

（1）证人证言的本质属性，即证人对储存于大脑中的主观见之于客观的映象（案件事实）向外输出的一种信息。证人证言实质上是一种信息，这种信息记录、反映、重建且证明案件事实。在这一问题上，著名学者何家弘教授也指出：“从本质上说，证人证言是客观世界发生的事实在人们的头脑中形成映象，再由证人通过语言表达出来的一种信息。”这种信息如同依附于指纹、脚印、血迹等物证上的信息一般，或多或少、或虚或实地记录着与案件事实相关联的情况，它虽不能脱离物质载体单独存在，但其自身显现出独立而重要的法律属性。

（2）证人证言，是由知晓案件情况有关内容的自然人所作的陈述。这也是证人证言的本质特征。证人证言的内容由证人通过对案件情况的感知、记忆、陈述而形成。就一般意义而言，证人必须对案件情况有亲身感受，耳闻目睹了案件有关情况。至于证人陈述的其听到他人转述的与案件有关的情况，是否可以作为证人证言，不同的国家在法律上有不同的规定。在英美法系国家，证人陈述他人转述的案件有关情况，属于传闻证据。根据英美法系国家的有关证据规则，传闻证据令人难以置信，在本质上被认为缺乏真实可靠性，在程序上又由于没有机会对第一陈述者进行交叉询问，因此对该传闻证据在原则上予以排斥。但在某些情况下有一定的例外，如传闻证言的第一陈述者已经死亡或不能到庭陈述等。在我国，立法上没有限制传闻证据的使用，因此，在司法实践中，对证人转述他人陈述的证言，采取有限度承认的做法。一般要求证人说明传闻的来源，以便司法机关进一步调查、审核证言。

（3）证人证言应当是对案件有关情况的客观陈述，证人只能对自己亲身感知的案件情况进行陈述，而不能对这些情况进行分析评价，也不能对案件事实发表看法和意见。这是法律原则上的普遍要求。我国《最高人民法院关于民事诉讼证据的若干规定》第 57 条规定：“证人作证时，不得使用猜测、推断或者评论性的语言。”《最高人民法院关于行政诉讼证据若干问题的规定》第 46 条规定：“证人应当陈述其亲历的具体事实。证人根据其经历所作的判断、推测或者评论，不能作为定案的依据。”正如英国学者罗纳德·沃克指出：“一般规则是，证人只能就其直接感验的事实作证，而不得对不是其感验的事实陈述相信与否的看法。这便是排斥意见证明方法的规则。该规则的理论根据是从已证事实得出结论是法庭而非证人的职责。”但是实际上，证人对案件情况的感知和陈述不可能是纯客观的过程，因此，一定程度内的主观判断总是难以避免的。其中的限度和范围，只能由法官裁量。基于这样的事实情形，罗纳德·沃克又指出：“如果意见在本质上是系争事实，便不排斥这种意见。如果意见是作为某些独立事实的证明方法而提出的，便存在着许多可以采纳意见为证据而不考虑排斥意见的一般规则。”在英美法系国家，由于将当事人的陈述、鉴定人的鉴定结论都列入证人证言的范畴，在法律上，还有专家证人的规定，这使从证人证言中完全排除分析意见变得不可能，因此，法律在某种程度内允许证人提出自己关于事实的分析意见和判断，法院对此也予以考虑。在我国，学理上认为，证人不能对案件事实的有关情况进行分析判断。但在实际作证过程中，证人根据日常生活中的常识就自己所见所闻作出的简单推测、判断，法庭应当允许并予以考虑。如果连这种简单的判断、推测都要排除，那证人作证就很难实际进行。

此外，证人证言具有程序的合法性，即证人证言在刑事诉讼中只能依法定的地点、方式进行收集，才具有法律效力。证人提供证言原则上要求证人出庭作证。

三、证人证言的意义

证人证言在诉讼证明上具有很重要的意义。具体表现有以下几个方面。

（1）证人证言的内容与案件事实的一部分或全部相联系，往往能证明案件所涉及的法律关系中的部分或全部内容。在法律行为或犯罪事实发生过程中或发生之后，有关案件情况的信息或多或少地总能被人的主观意识直接或间接地加以反映。与世隔绝的法律行为或犯罪活动不是绝对没有，但它们微乎其微。事物之间的广泛联系，信息的广泛流通使任何事物的发生都要留下痕迹和线索。这些痕迹和线索反映到人的大脑中，被感知、记忆和陈述，就成为证人证言的来源。因此，证人证言对案件事实的证明具有独特的作用，是书证、物证等证据类型无法取代的。例如，证人证言对案件当事人是谁、某人在某时某地进行了何种行为、某种行为发生的具体情形是怎么样的等问题的证明，就有书证、物证无法比拟的作用。因为这些事项的发生都很难留下明确的书证或物证。所以，充分发挥证人证言的作用和功能，有利于司法机关查明案件的有关真实情况，为案件的公正处理奠定基础。

（2）证人证言具有相对较强的客观真实性。因此，利用证人证言，可以与书证、物证、当事人陈述等证据材料相互印证，核实各类证据的真实性，为法院全面、正确地审查判断证据提供有力的手段。

（3）证人证言是“活”的证据，具有生动、直观、直接等属性。在法庭质证过程中，对证人证言的质证往往比对其他各类证据的质证更为深入。证人证言能直接对案件有关情况作出明确的肯定或否定回答，因而它对案件情况的证明是直接的。证人证言的这些特性，决定了它在诉讼证明过程中具有独特的意义。

此外，证人证言还有可能反映案件的有关证据线索，为司法人员进一步收集调查证据提供帮助。

第二节　证人证言的特点和形成过程

一、证人证言的特点

证人证言作为人这一主体对外输出的信息，自然有别于其他以物的形式存在的证据所蕴涵的信息，因而具有一些专属性特点。

（1）证人证言在诉讼中对待证案件事实发挥的证明作用具有间接性。这是因为待证案件事实与反映该事实的信息并不能直接发生联系，必须有储存这种信息的证人作为沟通媒介。“待证事实要成为证言容受者进行判断的根据，首先要经过证人的认识过程；其次要经过证人向证言容受者提供证言的经验证明过程。”也就是说，有关案件事实的信息被证人所感知而储存于大脑中，当实际需要时，证人就将这些信息输出，以达到证明案件的目的。这样就搭建起一座桥梁，将待证案件事实与信息彼此连通，于是信息的证明作用也就能得到顺畅发挥；否则，信息是信息，待证事实是待证事实，两者不可能相交。

（2）证人证言只能对过去发生的案件情况客观、如实地陈述。证人的陈述应当出于揭示案情原貌的目的来展开，输出的信息也应当是案件发生当时所留下的事实信息，或者是具有与事实信息相一致的内容，而绝非是经人为捏造、伪造出来的信息。如果证人证言不能做到如实地反映、重建案件真实情况，那么证人证言的本质也就不复存在。所以，事实信息如实输出的这一特性，是构建整个证人证言理论的重要根基。

（3）证人证言易受主观因素的影响，或者说其与生俱来就掺杂着人的主观因素。这一点也是它与物证信息最大的区别。若证据以物证形式存在，物是客观实在的，那么它所储存的案件事实信息也只可能是客观真实的，不以人的意志为转移。但如前所述，证人证言的形成过程是蕴涵有案件事实的信息从被主体认识、感知、记忆到被主体回忆、陈述的过程，在这个过程中的两个阶段，即认识阶段和证明阶段，均不可避免地掺入了主体（证人）的主观意志因素，这种因素自觉不自觉地会影响甚至改变证人对信息感知的状态及输出的方式。当然，笔者并不是认为证人证言就完全不具备客观性，而是指证人证言是一种既反映客观现实，同时又必然夹杂主观因素，即主客观相融合的特殊的案件事实信息。

（4）证人证言缺乏稳定性。证人证言作为证人对外输出的一种信息而存在。信息毕竟不是证据本身，作为证据的证人虽然是固定不变的，但信息完全可能因为证人自身出现的某些状况，如所见所闻并非确实肯定，时间流逝导致记忆力模糊、减退，心理素质不高，受外界干扰等，而发生改变。这就是常导致司法实践中同一证人在不同时间、不同场合所作出的证言前后不一致甚至相互矛盾的情形，使证人证言呈现出一种易变、不稳定的状态。

（5）证人证言在陈述中也可能发生不同程度的信息失真。这种情况可能出现在证人记忆模糊或者证人蓄意或被迫作伪证之时。笔者此处强调的是，证人输出的信息可能发生失真，而绝非指证人本身不真实，证人一旦作为证据而存在，就无所谓真伪，它必然是客观、真实的。而信息是一个中性的概念，它承载的内容既可能是真实的，也可能因失真而变得不真实。证人证言在理想状态下应当如实反映客观情况，但并不排除在某些情形下，证人因受到外界干扰和自身因素的影响，而在输出信息环节上出现失真，获得的证人证言不具有真实性和客观性。所以，可能出现信息失真成为证人证言的又一大特征。

二、证人证言的形成过程

证人证言的形成过程大致可以包括三个阶段，即感知阶段、记忆阶段和表达阶段。

（一）感知阶段

感知包括心理学上的感觉和知觉。感觉是人脑对直接作用于感觉器官的客观事物的个别属性的反映，包括视觉、听觉、味觉、嗅觉和肤觉等。知觉是人脑对直接作用于感觉器官的客观事物的各个部分和属性的整体反映。知觉在感觉的基础上产生，它是对感觉信息整合后的反映。当客观事物直接作用于人的感觉器官时，人不但能够反映该事物的个别属性，而且能够通过各种感觉器官的协同活动，在大脑中将事物的各种属性，按其相互之间的联系或关系整合为事物的整体，从而形成该事物的完整印象。这种信息整合的过程就是知觉。

证人对诉讼案件事实有关情况的认识是从感知阶段开始的。证人通过自身的视觉、听觉及其他感知方式形成对案件情况的感性认识。一般来说，这种感知过程发生在诉讼系争之前或之中，更多的是在系争之前的时空内。因此，证人对案件事实有关情况的感知是一个独立于法庭及询问者的过程，由证人独自完成。

证人对案件情况所形成的感知一般是片断的、非系统的。证人作为诉讼案件之外的第三人，没有亲身参与案件系争的法律行为活动或刑事犯罪过程，其对案情感知的途径和范围都有一定的局限。在民事法律活动和行政执法活动中，证人相对能获得更多的感知，其内容也比较系统、真实。在刑事诉讼中，由于犯罪行为的隐蔽性很强，许多罪犯竭尽全力掩盖犯罪事实、销毁犯罪证据，所以，证人对犯罪事实情况的感知较民事案件和行政案件要困难得多。很多刑事案件往往很难找到目击证人。在诉讼证据审查判断过程中，法官只有将多个证人的片断感知综合起来，并与其他证据相互佐证才有可能得到准确真实的案件事实。

证人对案情的感知受主、客观因素的影响较大，其真实性有待审查和证实。因此，其本身既是一种证明方法，也是有待证明的对象。所以，在诉讼中，对证人证言的审查判断是非常必要的。

（二）记忆阶段

证人对案情的记忆过程经历识记、保持、再认或回忆三个基本环节。通过识记，证人获得了关于案件情况初步的知识和经验，形成了某些案情的最初印象。证人的这种最初印象可能在相关信息的刺激下得到偶尔的回忆或再认，从而在一定时间和程度上得到保持。证人在作证的过程中，储存在大脑中的记忆得到全面回忆或再认。

在证人证言的形成过程中，记忆阶段主要是指证人对案件情况的回忆或再认过程。回忆或再认是表达的前提。要使证人证言具有法律效力，必须形成某种可感、可知的形式。这种形式只有通过证人对案情加以回忆或再认并表达出来，才能形成证人证言。证人对诉讼案情的记忆通常通过情景记忆、情绪记忆或形象记忆的方式形成。情景记忆接受和储存的信息和个人生活中的特定事件与某个特定的时间和地点相关，并以个人的经历为参照。情绪记忆既可能是积极愉快的体验，也可能是消极不愉快的体验，前者对人的行为有激励作用，后者有降低人的活动效率的作用。形象记忆具有鲜明的直观性。根据这些心理学规律，为了使证人形成鲜明的回忆或再认，在证人作证的过程中，可以创设适合的情景，营造适宜的情绪氛围，尽量避免证人心理上不愉快的情绪体验，或者给证人相关的“直观”刺激，以启发证人尽快形成对案情的回忆或再认。

证人对案情的回忆或再认一般是在法庭上进行的，审判人员、双方当事人或其律师等诉讼参与人都参与这一过程，并对证人的回忆或再认产生一定的影响和制约。证人对案情的回忆或再认不是完全由证人独自完成的个体心理行为，它受诉讼制度和证据规则的影响，是证人的心理活动和诉讼参与人的诉讼活动相互作用的过程。证人作证之前，律师一般会设法帮助证人恢复有关案件情况的记忆。为了恢复证人的记忆，可采取适当的手段，只要不对对方当事人及证人产生偏见，均可使用。实务中，歌声、气味、照片、引喻，甚至以往之陈述，都允许用以启发证人。利用此类刺激，一般不会遭到对方当事人的反对和法官的禁止，但使用文书的，则有所限制。因为文书的内容不仅刺激证人的记忆，也可能刺激他的想象，使其对有关案情的信息重新加工处理，而不是单纯的回忆。当然，如果文书足以恢复其记忆，仍应允许证人阅览。证人还可以阅览过去记忆的记录（如备忘录）等特别文书，以帮助恢复记忆。

（三）表达阶段

证人证言形成的表达阶段，是指证人将自己对案件情况的感知与记忆通过口头或书面语言的形式表述出来，以供外界感知和理解的过程。证人表达证言的最主要方式是语言，包括口头和书面的。但口头表达须由法庭书记员或当事人作成书面记录。随着现代科技在诉讼中的应用，证人证言也可以以录音、录像等视听手段加以表达。所有这些形式的实质都是证人的言语，所以，表达证人证言的最终手段是证人的言语。

证人证言的形成取决于证人的主观条件和客观条件。证人的主观条件包括证人的品格和认知能力及感知时的心理精神状态，证人的品格中最基本、最重要的是诚实、公正。在法庭上，证人应当实事求是地把自己看到、听到、闻到、触到的信息陈述出来，不添枝加叶、不徇私舞弊。即使证人与当事人之间存在利害关系，也不应该挟私作伪证。证人的品格还应该包括崇法、尚法精神。证人应该尊重和维护法律的尊严，为实现法律的正义无私无畏，心胸坦荡。证人的客观条件大致可分为两个方面：一是证人感知案件情况时所处的外部环境与证物本身的性质。例如，光线的强弱、明暗，距离的远近，证物的特征、天气自然条件等；二是诉讼制度和程序规则对证言形成过程所具有的作用和影响。

第三节　证人的资格、权利和义务

一、证人的资格

证人资格，即证人的范围，是指哪些人能够作为证人，哪些人不能作为证人的问题。2012 年刑事诉讼法第 60 条规定："凡是知道案件情况的人，都有作证的义务。生理上、精神上有缺陷或者年幼，不能辨别是非、不能正确表达的人，不能作证人。"2012 年民事诉讼法第 72 条规定："凡是知道案件情况的单位和个人，都有义务出庭作证。有关单位的负责人应当支持证人作证。不能正确表达意思的人，不能作证。"《最高人民法院关于行政诉讼证据若干问题的规定》第 41 条和第 42 条也规定："凡是知道案件事实的人，都有出庭作证的义务”，“不能正确表达意志的人不能作证”。可见，单位和个人作为证人的资格条件，可分为积极条件和消极条件。积极条件，是指使单位和个人能成为证人的条件。消极条件，实际上是一种限制条件，是指使单位和个人不能成为证人的条件。

（一）积极条件

在我国能够使单位和个人参加诉讼成为证人，须具备以下几个条件。

（1）知道案件事实。这是单位和个人参加诉讼成为证人的前提条件和首要特征。知道案件事实，是指单位和个人知道案件的实体事实和程序事实。实体事实是指案件发生发展过程中存在的基本事实和情节事实。基本事实，违法案件的当事人和同案人的基本情况，姓名、年龄、住址等；违法行为情况，行为的时间、地点、情节、经过、结果等；涉案物品的情况，物品的种类、规格、数量、品质等；非法获利情况，获取的物品、金钱的数量等；行为人的作案工具，违法行为危害后果等。情节事实，即决定案件从轻、从重或免除处罚的事实。程序事实是指案件发生后在程序上存在的事实，如刑讯逼供、回避等程序违法事实。

（2）证人既可以是单位，也可以是个人。学界有很多人主张证人只能是公民个人。这与 2012 年民事诉讼法第 72 条的规定不符。一般来说，证人须具备感知能力，即借助感觉器官感知案件事实。有感觉器官的只能是自然人，而法人单位并无这种感知能力，因此在某些情况下法人单位出庭担任证人，只能由其法定代表人或直接责任人出庭作证；如果是书面证言，必须在加盖公章的同时经其法定代表人或有关责任人签名。否则，不得作为证据使用。这样才能保证今后有人对其书面证言的真实性与否承担责任。这是有法律依据的，2012 年最高人民法院《关于适用〈中华人民共和国刑事诉讼法〉的解释》第 101 条规定：“公诉人提交的取证过程合法的说明材料，应当经有关侦查人员签名，并加盖公章。未经有关侦查人员签名的，不得作为证据使用。上述说明材料不能单独作为证明取证过程合法的根据。”这里的“说明材料”就是法人单位的书面证言。所以，刑事诉讼法的司法解释与新民事诉讼法都规定，知道案件情况的法人单位与个人一样都可作为证人。

（3）能辨别是非和正确表达意志。这是成为证人的能力条件。一般来说，自然人的辨别是非和正确表达意志的能力与其年龄、智力状况或精神健康状况有关，而且其辨别是非和正确表达意志的程度各不相同。因此，对于能够辨别是非和正确表达意志的人，可以作为证人。例如，一个 3 岁的小孩可能在此案件中，就某一事实，如看到的是猫还是狗作证，能够正确表达，而在另一案件中，如要求其就物权变动的事实及其时间进行作证，就可能不能正确表达。所以，对于一个亲历案件的儿童而言，他能否在案件中成为证人？各国有不同规定。例如，《加拿大统一儿童证据法》第 2 条规定：“如果一个儿童提供的证据同时满足以下两项条件，则他具有可采性：（a）他或她答应讲真话，（b）法庭认定这个儿童理解讲真话的意思，并且能够表达该证据的内容。”在我国，有人认为“儿童不宜作证”，即儿童并不具有当然的证人资格，这是错误的。于是，我国司法实践中就出现了一些奇怪的现象，某些法院常以年龄为标准对儿童的证人资格加以限定；有的干脆把不满 10 周岁的儿童一概排除在证人之外。事实上，完全以年龄为标准将儿童拒之于“证人之门”外是不可取的。法律上应当假定儿童具有当然的证人资格，在司法实践中实际操作时实行区别对待原则。例如，《最高人民法院关于民事诉讼证据的若干规定》第 53 条规定：“不能正确表达意志的人，不能作为证人。待证事实与其年龄、智力状况或者精神健康状况相适应的无民事行为能力人和限制民事行为能力人，可以作为证人。”

（4）证人只能是当事人以外知道案件情况的人。只有知道案件情况的人才能作为证人，但知道案件情况的人，并非都是证人。案件的当事人由于与案件有直接利害关系，因此不能作为证人。证人一般是与案件没有直接利害关系而知道某一案件或某些案件情况的第三人。证人是由其知道案件事实决定的，因此，证人永远都是特定的人，具有不可代替性，他既不能由司法机关自由选择和指定，也不能由别人来代替和更换。

但是，必须注意的是，不能片面地认为所有与案件有直接利害关系的人，都不能当证人。我们认为，除法律有特别规定外，一般公民无论与案件有无直接利害关系都可以作为证人出庭作证，但在衡量他的证言时，应当对他与案件有直接利害关系这一点，加以斟酌，采纳他的证言时需要慎重，真实可靠的证言仍可采用。

此外，同案的几个犯罪嫌疑人、被告人之间能否互为证人？各国的做法不同。在美国其回答是肯定的，因为美国有污点证人制度，其污点证人本身就是参与了被指控罪行的人，与案件的审理结果有法律上的利害关系，但是基于特殊刑事政策的考量，仍然将其作为证人看待。而我国有不同的观点和做法。虽然同案犯罪嫌疑人、被告人不宜互相作为证人。但是，当同案中某一犯罪嫌疑人、被告人已经结案处理，不管是否给予其刑事处罚，不再处于同案犯罪嫌疑人、被告人的诉讼地位，因而可以充当该案的证人。我国当前的司法实践中，在一些存在上下游犯罪的案件中已吸收了美国的“污点”证人制度及其做法，将上下游犯罪分开立案并互为证人。例如，行贿人作为受贿案件的证人，使我国的证人制度发生了显著的变化。

（二）消极条件

2012 年刑事诉讼法第 60 条规定，限制公民成为证人的条件如下。

（1）生理上、精神上有缺陷或年幼的人。所谓“生理上有缺陷”，是指生理方面有影响证人作证能力方面的缺陷。例如，盲人不能成为目击证人等；“精神上有缺陷”，一般是指精神病患者，包括痴呆病人和间歇性精神病人等；“年幼的人”一般是指 14 周岁以下的少年儿童。生理上、精神上有缺陷或年幼的人，是限制公民成为证人的对象条件，但不是决定性条件，也就是说生理上、精神上有缺陷或者年幼的人，如果能辨别是非、正确表达，也可以作为证人。

（2）不能辨别是非、正确表达的人。这是限制公民成为证人的决定性条件。但是，能否辨别是非、正确表达，可由法院审查或委托鉴定。例如，对于儿童证人，虽然现代各国的立法都允许儿童作证，但基于儿童心理和生理发展的特殊性，设置了检验儿童是否具有正确的表达能力和辨别是非能力的程序。在美国，儿童虽然被假定具有证人资格，但司法实践同时设置了儿童的预先审核程序（voir dire），旨在考察儿童是否理解说真话的义务，是否理解真实和幻想之间的差异。如果儿童显然不具备证人资格所要求具备的条件，其证言会被排除。未经该程序的儿童不能站在证人席上作证，审核儿童证言能力的程序由预审法官主持，双方律师可以进行询问，但不允许当事人询问，以免审核程序给儿童造成心理创伤，当然这个程序也不能在陪审团面前进行，在审核程序中提出的问题不能与将要审理的案件相关，而只能集中于一些与儿童的年龄和智力相仿的简单问题。该程序值得我们借鉴。我国关于儿童证人作证能力的检验程序的规定是原《最高人民法院关于执行〈中华人民共和国刑事诉讼法〉若干问题的解释》第 57 条规定："对于证人能否辨别是非，能否正确表达，必要时可以进行审查或者鉴定。"《最高人民法院关于行政诉讼证据若干问题的规定》第 42 条第 2 款规定："根据当事人申请，人民法院可以就证人能否正确表达意志进行审查或者交由有关部门鉴定。必要时，法院也可以依职权交由有关部门鉴定。"这是当事人申请法院对儿童证人资格进行鉴定的法律依据。但对于如何进行审查，没有相应的立法规定。当务之急是在司法实践中，在借鉴国外检测程序，如美国司法实践中设置的对儿童证人能力的预先审核程序的基础上，构建我国儿童证人资格审查检测程序。

二、证人的权利

世界各国均有证人权利的规定。大体说来，其权利主要集中于下述几个方面。

（一）证人拒绝作证权

证人拒绝作证权，是指由于法律规定的情形，公民拒绝充当证人对某些问题进行陈述的权利。拒绝作证权的内容有以下几种情形。

（1）拒绝自我控告权，也称自证其罪权，是指证人因作证而可能使自己受到刑事追究或处罚之情形。英美法系中，美国联邦证据规则第 501 条和美国宪法第 5 条修正案之规定均为一种内容，即"任何人，在刑事案件中，不得强迫作为反对他自己的证人"。英国法中这一情形被称做"拒绝自陷于罪"的特权，即证人回答了某个问题就会自陷于罪，享有拒绝回答该问题的特权。大陆法系中，德国刑诉法（1994 年修正）第 55 条规定：对自己和亲属成员有追诉之危险的问题，证人有权拒绝回答。意大利刑诉法（1998 年第 198 条）之规定与德国规定类同，日本的规定也大同小异。可以说，证人拒绝自证其罪权为世界各国普遍规定的一项权利。

（2）配偶、亲属之间的拒绝作证权。英美法系中配偶之间的拒绝作证权，又称为婚姻特权，是指不能强迫夫妻关系中的一方提供在婚姻存续期间从对方获知的情况。日本刑诉法第 147 条规定："任何人在下列人员可能被追究刑事责任或者可能被处有罪判决时均可拒绝作证：自己的配偶、三代以内的血亲者或者二代以内的姻亲者及自己有过这些亲属关系的人；自己的保护人、监护人或保佐人；使自己作为保护人、监护人或者保佐人的人。"德国刑诉法第 52 条之规定和意大利刑诉法 199 条之规定与上述规定相同或相近。

（3）职业的拒绝作证权。两大法系各国都有职业秘密的拒绝作证权之规定，但各国各不相同。英美法系中英国规定，律师有权对与当事人之间的秘密交谈和通信拒绝作证，但医生和病人之间、牧师和忏悔者之间的通信并不享受特权。美国法律之规定较英国法之规定范围要大得多，包括律师与委托人、医生与病人、牧师与信徒等均有拒证权。相比较而言，大陆法系之规定更为详尽、具体且广泛。例如，法国刑诉法第53条之规定，因职业原因享有拒绝作证权的人包括：①神职人员；②辩护人；③律师、专利代理人、财会师、药剂师和助产士；④特定的咨询人员；⑤联邦国会、州议会或下院的成员；⑥因职业原因参与或者曾参与定期刊物或者无线电广播的准备、制作或者发行的人员等，他们在行使其职务时告知或所知悉的事项均可列入拒证范畴。意大利刑诉法第200条之规定大致相同。

（4）关于公务秘密的拒绝作证权。在英美法中，确认“证人有权就有关公务秘密问题拒绝回答，享有此项权利者有政府行政首脑、代表政府的律师或者检察官”。大陆法系中，德国刑诉法第54条规定：“法官、公务员和其他公职人员等可拒绝就其所知国家秘密作证。”与之规定相同的还有意大利刑诉法第202条和日本刑诉法第144条。

我国过去在三大诉讼法均对“证人拒绝作证问题”保持沉默，无具体法律规定。而2012年刑事诉讼法第188条规定“经人民法院通知，证人没有正当理由不出庭作证的，人民法院可以强制其到庭，但是被告人的配偶、父母、子女除外”。这是中国式的“拒绝作证权”，其范围小，仅限于被告人的配偶、父母、子女，但仍具有重要的意义。2012年刑事诉讼法首开“法内施情”，在尊重证人权利的同时透露人性化的光芒，意义不凡。此外，律师法第38条规定“律师对在执业活动中知悉的委托人和其他人不愿泄露的情况和信息，应当予以保密。但是，委托人或者其他人准备或者正在实施的危害国家安全、公共安全以及其他严重危害他人人身、财产安全的犯罪事实和信息除外”。这为今后赋予律师的拒绝作证权奠定了基础。

（二）证人经济补偿权

各国均有证人因作证而获取经济补偿权利之规定。美国联邦证据法第706条规定：“凡指定的专家证人有权在法庭允许的数额内获得补偿。”德国对证人的经济补偿要依照证人、鉴定人补偿法，日本刑诉法也有此规定。经济补偿对证人有必要性。证人作为一个为司法机关传唤，表面上为他人争讼解决实际上为国家法制的有序尽力的人，是不应蒙受经济损失的。至于补偿费用由谁支出，各国规定不一，英美法系国家的补偿金在法律规定的款项中支付。大陆法系国家普遍有诉讼费用制度。将证人经济补偿问题区别不同情况分别由国家、当事人等承担。

我国2012年刑事诉讼法第63条规定“证人因履行作证义务而支出的交通、住宿、就餐等费用，应当给予补助。证人作证的补助列入司法机关业务经费，由同级政府财政予以保障。有工作单位的证人作证，所在单位不得克扣或者变相克扣其工资、奖金及其他福利待遇”。2012年民事诉讼法第74条规定：“证人因履行出庭作证义务而支出的交通、住宿、就餐等必要费用以及误工损失，由败诉一方当事人负担。当事人申请证人作证的，由该当事人先行垫付；当事人没有申请，人民法院通知证人作证的，由人民法院先行垫付。”《最高人民法院关于民事诉讼证据的若干规定》第 54 条第 3 款规定“证人因出庭作证而支出的合理费用，由提供证人的一方当事人先行支付，由败诉一方当事人承担”。《最高人民法院关于行政诉讼证据若干问题的规定》第 75 条也作了相类似的规定。

（三）证人保护权

各国均有证人保护权之规定。在美国，其证人保护由官方机构和民间机构组成。美国官方保护机构——检察官执法办公室，属于检察官办公室的分支机构，负责联邦的电子监控和侦查，并负责证人保护计划的审批和管理。美国私人保护机构主要是各类证人服务组织。证人保护的对象权利并不限于证人，还包括与证人有关系的其他人，如他们的近亲属等。美国《有组织犯罪控制法》具体规定了证人保护计划，对证人保护条件予以明晰。保护的内容主要包括保护证人免受胁迫恐吓、骚扰；提供有关医疗机构、社会扶助、政府补偿的信息及提供咨询、治疗等必要援助的计划；通知被害人及证人有关犯罪的调查及起诉情形；交通及住宿的安排；在法庭待审时提供安全的场所；作为证据的财产物的归还；对雇主或债权人的调解通知书；儿童照护援助；对于性侵犯案件的被害人提供受害检验费用及其他权利、服务注意事项通知等。

我国 2012 年刑事诉讼法第 61 条规定“人民法院、人民检察院和公安机关应当保障证人及其近亲属的安全。对证人及其近亲属进行威胁、侮辱、殴打或者打击报复，构成犯罪的，依法追究刑事责任；尚不够刑事处罚的，依法给予治安管理处罚”。第 62 条规定“对于危害国家安全犯罪、恐怖活动犯罪、黑社会性质的组织犯罪、毒品犯罪等案件，证人、鉴定人、被害人因在诉讼中作证，本人或者其近亲属的人身安全面临危险的，人民法院、人民检察院和公安机关应当采取以下一项或者多项保护措施：不公开真实姓名、住址和工作单位等个人信息；采取不暴露外貌、真实声音等出庭作证措施；禁止特定的人员接触证人、鉴定人、被害人及其近亲属；对人身和住宅采取专门性保护措施；其他必要的保护措施。证人、鉴定人、被害人认为因在诉讼中作证，本人或者其近亲属的人身安全面临危险的，可以向人民法院、人民检察院、公安机关请求予以保护。人民法院、人民检察院、公安机关依法采取保护措施，有关单位和个人应当配合。”但从立法司法实践角度来考察，我国证人保护制度主要存在以下问题：①证人保护机关的职能规定太过笼统。公检法三机关均有保护职责，却没有规定公检法三机关是分阶段联合保障，还是由最初作出保护决定的机构负责，职能分工不够明确。因此，我国应成立专门的证人保护机构，专门负责证人的保护。②证人保护的阶段不周全。就一般案件而言，在相应诉讼阶段对证人进行保护是足够的，但对于一些特殊案件，如黑社会性质案件等，对证人的保护有可能要持续到案件判决后的相应时间。因此，我国应延伸证人保护的阶段，如美国为作证后的证人采取更换身份、异地生活、经济资助等方式。我国对证人的保护也应充分延伸到案后，确以对证人不因作证而遭受人身、财产损失为限，以实现国家司法正义。③程序设置不够完善。对于有权机关对证人的保护申请如何处理、申请后未被保护证人的权利如何救济等问题均未设定具体的操作规范。因此，我国应细化对证人保护的程序设置，完善有关的制度。

（四）证人的其他诉讼权利

证人还依法享有以下诉讼权利。

（1）知情权和选择权。知情权，是指证人有权了解对其进行询问的人的身份、证明文件和提前收到出庭通知书。选择权，是指证人对提供证言的地点有自主选择的权利，司法机关应当予以尊重。2012 年刑事诉讼法第 122 条规定："侦查人员询问证人，可以在现场进行，也可以到证人所在单位、住处或者证人提出的地点进行，在必要的时候，可以通知证人到人民检察院或者公安机关提供证言。在现场询问证人，应当出示工作证件，到证人所在单位、住处或者证人提出的地点询问证人，应当出示人民检察院或者公安机关的证明文件。"第 182 条规定，人民法院确定开庭日期后，应当将开庭的时间、地点通知证人，通知书至迟在开庭三日以前送达。

（2）证人有权用本民族的语言、文字提供证言。2012 年刑事诉讼法第 9 条规定："各民族公民都有用本民族语言文字进行诉讼的权利。人民法院、人民检察院和公安机关对于不通晓当地通用的语言文字的诉讼参与人，应当为他们翻译。"2012 年民事诉讼法和 2014 年行政诉讼法也有类似的规定。

（3）证人对司法人员侵犯其诉讼权利和人身侮辱的行为有权提出控告。2012 年刑事诉讼法第 14 条规定："诉讼参与人对于审判人员、检察人员和侦查人员侵犯公民诉讼权利和人身侮辱的行为，有权提出控告。"

三、证人的义务

根据我国三大诉讼法，证人应当履行的诉讼义务主要如下。

（1）证人出庭作证的义务。证人出庭作证，不仅是证人应当履行的诉讼义务，还是证人证言具备证据资格的重要程序。例如，2012 年刑事诉讼法第 59 条规定："证人证言必须在法庭上经过公诉人、被害人和被告人、辩护人双方质证并且查实以后，才能作为定案的根据。"第 187 条规定："公诉人、当事人或者辩护人、诉讼代理人对证人证言有异议，且该证人证言对案件定罪量刑有重大影响，人民法院认为证人有必要出庭作证的，证人应当出庭作证。人民警察就其执行职务时目击的犯罪情况作为证人出庭作证，适用前款规定。"《最高人民法院关于行政诉讼证据若干问题的规定》第 44 条规定："有下列情形之一，原告或者第三人可以要求相关行政执法人员作为证人出庭作证：（一）对现场笔录的合法性或者真实性有异议的；（二）对扣押财产的品种或者数量有异议的；（三）对检验的物品取样或者保管有异议的；（四）对行政执法人员的身份的合法性有异议的；（五）需要出庭作证的其他情形。"

证人出庭作证的义务具有强制性的特点，如果没有正当理由不履行出庭作证的义务则要受到处罚。2012 年刑事诉讼法第 188 条规定："经人民法院通知，证人没有正当理由不出庭作证的，人民法院可以强制其到庭，但是被告人的配偶、父母、子女除外。证人没有正当理由拒绝出庭或者出庭后拒绝作证的，予以训诫，情节严重的，经院长批准，处以十日以下的拘留。被处罚人对拘留决定不服的，可以向上一级人民法院申请复议。复议期间不停止执行。”2012 年《最高人民法院关于适用〈中华人民共和国刑事诉讼法〉的解释》第 208 条“强制证人出庭的，应当由院长签发强制证人出庭令”。

但是证人如果出庭作证确有困难，可以通过书面证言、远程作证等方式作证。2012 年民事诉讼法第 73 条规定“经人民法院通知，证人应当出庭作证。有下列情形之一的，经人民法院许可，可以通过书面证言、视听传输技术或者视听资料等方式作证：因健康原因不能出庭的；因路途遥远，交通不便不能出庭的；因自然灾害等不可抗力不能出庭的；其他有正当理由不能出庭的”。2012 年《最高人民法院关于适用〈中华人民共和国刑事诉讼法〉的解释》第 206 条规定，“证人具有下列情形之一，无法出庭作证的，人民法院可以准许其不出庭：在庭审期间身患严重疾病或者行动极为不便的；居所远离开庭地点且交通极为不便的；身处国外短期无法回国的；有其他客观原因，确实无法出庭的。具有前款规定情形的，可以通过视频等方式作证”。《最高人民法院关于行政诉讼证据若干问题的规定》第 41 条规定“凡是知道案件事实的人，都有出庭作证的义务。有下列情形之一的，经人民法院准许，当事人可以提交书面证言：当事人在行政程序或者庭前证据交换中对证人证言无异议的；证人因年迈体弱或者行动不便无法出庭的；证人因路途遥远、交通不便无法出庭的；证人因自然灾害等不可抗力或者其他意外事件无法出庭的；证人因其他特殊原因确实无法出庭的。”

（2）证人如实作证的义务。证人有向司法人员如实陈述和回答所提问题，如实提供证言的义务。2012 年刑事诉讼法第 123 条规定：“询问证人，应当告知他应当如实地提供证据、证言和有意作伪证或者隐匿罪证要负的法律责任。”第 189 条规定：“证人作证，审判人员应当告知他要如实地提供证言和有意作伪证或者隐匿罪证要负的法律责任。”《最高人民法院关于行政诉讼证据若干问题的规定》第 45 条规定：“证人出庭作证时，应当出示证明其身份的证件。法庭应当告知其诚实作证的法律义务和作伪证的法律责任。”证人如果有意作伪证或者隐匿罪证，构成犯罪的，依照刑法第 305 条的规定：“在刑事诉讼中，证人、鉴定人、记录人、翻译人对与案件有重要关系的情节，故意作虚假证明、鉴定、记录、翻译，意图陷害他人或者隐匿罪证的，处三年以下有期徒刑或者拘役；情节严重的，处三年以上七年以下有期徒刑。”

（3）证人的其他义务。根据我国三大诉讼法，证人应当履行的其他诉讼义务主要有不得旁听案件的审理和遵守法庭秩序等。例如，《最高人民法院关于行政诉讼证据若干问题的规定》第 45 条规定：“出庭作证的证人不得旁听案件的审理。法庭询问证人时，其他证人不得在场，但组织证人对质的除外。”2012 年刑事诉讼法第 194 条规定：“在法庭审判过程中，如果诉讼参与人或者旁听人员违反法庭秩序，审判长应当警告制止。对不听制止的，可以强行带出法庭；情节严重的，处以一千元以下的罚款或者十五日以下的拘留。罚款、拘留必须经院长批准。被处罚人对罚款、拘留的决定不服的，可以向上一级人民法院申请复议。复议期间不停止执行。对聚众哄闹、冲击法庭或者侮辱、诽谤、威胁、殴打司法工作人员或者诉讼参与人，严重扰乱法庭秩序，构成犯罪的，依法追究刑事责任。”

第四节 证人证言的收集和补正

一、证人证言的收集

收集证人证言一般采用询问证人的方式进行。这样便于司法人员随时向证人提出案件中需要查明的问题，弄清证人所谈情况的来源，以及使证人证言中不清楚或矛盾的地方得到澄清。收集证人证言是一项十分复杂的工作，既要做到正确、有效地收集，又要严格依法进行，兼顾法律、策略、方法等多方面的问题。笔者认为，收集证人证言，必须注意以下几点。

（1）询问证人要选择适当的时间和合法的地点。司法人员既可以到证人工作地点或证人住处进行询问或者证人提供的地点进行询问，也可以通知证人到司法机关接受询问。通知证人接受询问，必须使用通知，而不能使用传票，必须是在正常的工作时间。对证人进行非法拘禁，使用戒具、引诱、套取、逼迫提供证言都是违法的。

（2）询问证人的有关内容应当是证人掌握和了解的内容。不能强迫证人回答其不了解和没有掌握的情况，同时要保证证人能够客观、公平、如实地提供证言。询问未成年人，应当根据实际情况，选择在未成年人熟悉的地方或环境中进行。必要时，可以邀请未成年人的家长或教师参加，以消除或减少未成年人的紧张情绪。询问时所提的问题应当通俗易懂，使未成年人容易理解，便于回答，有的问题也可以通过在场的家长或老师进行询问；询问生命垂危的证人时，司法人员应当抓紧时间，必要时应当有医生、家属或其他见证人在场，并让见证人在笔录上签字。

（3）询问证人应当个别进行。在同一案件中，司法人员可能会向数个证人询问，这时须注意询问的方式，询问证人应当个别进行，不许采取讨论会、座谈会等集中询问的方式，以避免证人之间相互影响，导致证言失真。证人也不能参加开庭审理的旁听，在审判过程中，有的法院通知证人出庭作证，证人参加了庭审的整个过程，这对其作证的真实性有一定影响。因此，司法人员应当将证人与法庭隔离，只有需要证人作证时才能让其出庭作证。

（4）询问证人时不得进行暗示性的提问。询问证人的目的是查清案件事实，只有证人公正、真实地陈述事实，才能使证人证言具有证据的价值，所以司法人员不能对证人进行暗示性的提问，否则，其证人证言就会影响案件的公正审理。询问应以口头方式进行。因为这样做可以使证人证言中不清楚或矛盾的地方及时予以澄清，但在某些特殊条件下，证人也可以用书面形式提供证人证言。

（5）询问证人时应注意的其他问题。询问证人应当制作笔录，证言笔录是固定证人证言的主要形式，是司法人员认定案件事实的重要根据，因此，记录证人证言必须贯彻实事求是的原则。证言笔录应当交证人核对，如果证人没有阅读能力，应当向其宣读，如有遗漏、差错，证人可以提出要求进行补充、修改，如果证人认为没有差错，应当在笔录上签名盖章，司法人员也应当同时签名或盖章。司法人员询问证人时，应由两人以上共同进行，不得单独一人自问自记。如果遇到特殊情况，可以由一名司法人员进行询问，但应有一名无任何利害关系的见证人在场，而且在询问后由其在笔录上签名或盖章。

二、证人证言的补正和解释

根据2012年《最高人民法院关于适用〈中华人民共和国刑事诉讼法〉的解释》第77条规定，“证人证言的收集程序、方式有下列瑕疵，经补正或者作出合理解释的，可以采用；不能补正或者作出合理解释的，不得作为定案的根据：询问笔录没有填写询问人、记录人、法定代理人姓名以及询问的起止时间、地点的；询问地点不符合规定的；询问笔录没有记录告知证人有关作证的权利义务和法律责任的；询问笔录反映出在同一时段，同一询问人员询问不同证人的”。可见，对证人证言的补正和解释是对证人证言产生证据效力的一项重要工作和补救措施。对证人证言的补正和解释的对象仅限于从证人证言的收集程序和方式上存在瑕疵，而进行补救、修改和纠正无法也不能从证人证言的内容上进行补救、修改和纠正。对证人证言的补正范围仅限于上述四项内容。对证人证言的补正和解释的结果如下：经过努力对证人证言能够予以补正或者作出合理解释的，可以采用该证人证言作为定案的根据；不能补正或者作出合理解释的，不得作为定案的根据。

第五节 证人证言的审查判断和排除

一、证人证言的审查判断

证人证言有真有假，也有真假混杂在一起，其原因是证人证言是通过证人思维之后形成的，容易受主观条件或客观条件的影响，从而较易失去真实性，所以要通过审查判断来确定证人证言的真实性。根据2012年《最高人民法院关于适用〈中华人民共和国刑事诉讼法〉的解释》第74条规定，对证人证言应当着重审查以下内容。

（1）证言的内容是否为证人直接感知。这是对证人证言的来源是否真实可靠进行审查判断。主要审查证人所提供的案件情况是怎样知道的，是证人自己亲自看到、听到的，还是听别人告诉的。如果是证人亲自耳闻目睹的，这属于原始证据，相对来说，其真实性大一些，但也要进一步查明证人感知时的客观环境条件和证人的感受能力，从而作出正确的判断；如果是证人听别人讲的，这属于传来证据，应当按照证人提供的线索，去寻找直接见闻者进行询问，收取原始证据。如果直接证人已经死亡或者因故无法找到，应当将这种证人证言和案内其他证据结合起来对照审查，经查对核实以后，也能作为证据间接地证明案情；如果是证人凭自己的主观怀疑、猜测，或者是道听途说提供的证言，不能说明自己所反映事实情况的确切来源，则不能作为证据使用。

如果其中有一定的合理性，也只能作为进一步调查收集证据的线索。

（2）证人作证时的年龄，认知、记忆和表达能力，生理和精神状态是否影响作证。这是对证人的资格所进行的审查判断，即对证人的作证能力进行审查判断。证人必须是能辨别是非、正确表达的人。对控辩双方提供的证人能否辨别是非、正确表达，对方提出异议的，人民法院经审查认为必要的，可以对证人能否辨别事非、正确表达的能力进行鉴定。

（3）证人与案件当事人、案件处理结果有无利害关系。审查证人与案件的结果或与当事人之间有无利害关系，对于分析和判断证人证言的真实性有帮助作用。如果证人与当事人或与案件的结果有某种关系，如亲属关系、朋友关系及恩仇关系，就可能不如实陈述，在某种情况下，可能缩小，甚至掩盖某种事实；又可能扩大，甚至虚构某种事实，遇到类似的提供虚假证明的情况，应反复查证核实。

（4）询问证人是否个别进行。这是对证人证言的收集方式的审查判断。根据2012年刑事诉讼法的规定，询问证人要个别进行，不能一起询问多人；询问某个证人时，其他证人不得在场。这是为了避免让证人相互知道对方的内容后，引起交叉感染，影响将来所说的证言内容的真实客观性。因为人们有从众心理，说话会顾及他人，如果大多数人都这么说，则少数人可能会受到影响，而说出并未自己所看、看感的事情来。此外，从程序上讲，如果大家都在一起同时询问，则不能断定证言是否一致、是否有矛盾、是否是真实的。

（5）询问笔录的制作、修改是否符合法律规定，是否注明询问的起止时间和地点，首次询问时是否告知证人有关作证的权利义务和法律责任，证人对询问笔录是否核对确认。这是对询问笔录的审查判断。询问证人应当做好询问笔录，并将询问笔录交给证人进行核对。对于没有阅读能力的证人，应当向他们宣读。有漏掉或者差错的，证人可以提出补充或纠正。在证人认为没有错误后，应当让他们签名或盖章。侦查人员也应当在笔录上签名。对证人要求自己写证词的，应当允许；必要时，侦查人员也可以要求证人亲笔写证词。

（6）询问未成年证人时，是否通知其法定代理人或者有关人员到场，其法定代理人或者有关人员是否到场。这是对未成年人证人证言的审查判断。由于未成年人思想还不成熟，容易接受外界或其他亲近的人的影响，因而在审查判断未成年人证人证言的真伪时，应当正确区分事实的正确描述和未成年人的陈述。此外，还应当特别注意未成年人的年龄、智力及知识与其回答问题时的内容和语言是否相适应，前后陈述是否一致等。

（7）证人证言有无以暴力、威胁等非法方法收集的情形。这是审查证人提供证言是否受外界的干扰影响，即查明证人是在什么情况下提供证言的。一般来说，证人在没有思想顾虑和外界压力的情况下自然地提供的证言比较准确。如果证人受到别人的指使、收买或者威胁、引诱、欺骗及其他压力的影响，或者在询问证人的过程中，司法人员采取了暴力、威胁、引诱、欺骗、暗示等非法的方法，在这些情况下，证人提供的证言就可能失真。因此，查明证人提供证言有无以暴力、威胁等非法方法收集的情形，是审查判断证人证言真实性的重要方法。

（8）证言之间及与其他证据之间能否相互印证，有无矛盾。真实的证人证言与案内的其他证据应当是一致的，不矛盾的。如果将证人证言与案内其他证据进行对照审查，发现不一致时，就要认真分析、核查是证人证言不真实还是其他证据不真实。如果其他证据与证人证言的矛盾不能解决，证人证言的真实性就需要进一步查证核实。一般来说，真实的证言应当合情合理，没有矛盾，符合客观实际。伪证和错证本身是不合情理的，漏洞百出，存在矛盾，经不起查证。证言中的“大概是”“可能是”“也许是”等含糊其辞、模棱两可的内容，是没有证明力的。所以，如果发现证人证言与其他证据出现矛盾，司法机关要对各种证据进行认真的比较分析，找出真实的证据，剔除虚假的证据，排除矛盾，从而避免错误地认定案件事实。

二、证人证言的排除

证人证言的排除，比较复杂，具体可分为如下几种。

（1）以非法方法收集的证人证言应当予以排除。2012 年刑事诉讼法第 54 条的规定，采用暴力、威胁等非法方法收集的证人证言应当予以排除。

（2）不能正常感知或者正确表达的证人所提供的证言和证言的内容不符合事实的，可以予以排除。2012 年《最高人民法院关于适用〈中华人民共和国刑事诉讼法〉的解释》第 75 条规定：“处于明显醉酒、中毒或者麻醉等状态，不能正常感知或者正确表达的证人所提供的证言，不得作为证据使用。证人的猜测性、评论性、推断性的证言，不得作为证据使用，但根据一般生活经验判断符合事实的除外。”

（3）收集证人证言的程序严重违反诉讼法的，应当予以排除。2012 年《最高人民法院关于适用〈中华人民共和国刑事诉讼法〉的解释》第 76 条规定，“证人证言具有下列情形之一的，不得作为定案的根据：询问证人没有个别进行的；书面证言没有经证人核对确认的；询问聋、哑人，应当提供通晓聋、哑手势的人员而未提供的；询问不通晓当地通用语言、文字的证人，应当提供翻译人员而未提供的”。

（4）法庭对拒绝出庭或者出庭后拒绝作证的书面证言，其真实性无法确认的，可以予以排除。2012 年《最高人民法院关于适用〈中华人民共和国刑事诉讼法〉的解释》第 78 条规定：“证人当庭作出的证言，经控辩双方质证、法庭查证属实的，应当作为定案的根据。证人当庭作出的证言与其庭前证言矛盾，证人能够作出合理解释，并有相关证据印证的，应当采信其庭审证言；不能作出合理解释，而其庭前证言有相关证据印证的，可以采信其庭前证言。经人民法院通知，证人没有正当理由拒绝出庭或者出庭后拒绝作证，法庭对其证言的真实性无法确认的，该证人证言不得作为定案的根据。”

（5）收集证人证言的程序、方式存在瑕疵，而且不能补正或者作出合理解释的，应当予以排除。2012 年《最高人民法院关于适用〈中华人民共和国刑事诉讼法〉的解释》第 77 条规定，“证人证言的收集程序、方式有下列瑕疵，经补正或者作出合理解释的，可以采用；不能补正或者作出合理解释的，不得作为定案的根据：询问笔录没有填写询问人、记录人、法定代理人姓名以及询问的起止时间、地点的；询问地点不符合规定的；询问笔录没有记录告知证人有关作证的权利义务和法律责任的；询问笔录反映出在同一时段，同一询问人员询问不同证人的”。

【课堂讨论】

2014 年 3 月 4 日，被告一周某伍驾驶车牌号为皖 A2V7××的轻型货车，沿单金线由宁德驶往浮坪村路段，行驶至肇事路段时，碰撞相对方向由原告（黄某海）驾驶车牌号为闽 JE1×××的普通摩托车，造成原告受伤（伤残 10 级）、两车受损的交通事故。经蕉城区公安分局《道路交通事故认定书》认定：被告负全部责任；原告无责任。事故发生后，原告因住院治疗和修理车辆等造成经济损失 122 707.052 元（伤残赔偿金 61 632.8 元，误工费 10 680 元，护理费 3 916 元，医疗费 10 314.04 元，营养费 5 494.212 元，伙食补助费 660 元，交通费 440 元，车辆修理费 1 570 元，后续医疗费酌定 20 000 元，精神抚慰金 8 000 元）。此外，上述皖 A2V×××的轻型货车已在被告二（某汽车保险股份有限公司安徽分公司）处投保了交通强制险及商业第三者责任险，并特别约定商业第三者责任险未设置事故责任免赔率，无须单独投保不计免赔险，且事故发生在保险期限内。

所以，原告于 2014 年 9 月 3 日向宁德市蕉城区人民法院提起民事诉讼，请求事项如下：请求判令被告一赔偿原告损失 122 707.052 元；请求判令被告二对上述原告损失，在其强制保险和商业保险的责任范围内承担赔偿责任；诉讼费由被告一负担。

本案原告起诉须举哪些证据？原告诉讼请求事项的证据、法律依据及其计算方法？法院如何处理？

【司法考试真题链接】

1. 张某、李某共同抢劫被抓获。张某下列哪一陈述属于证人证言？（　）（2009 年卷二单选第 24 题）

A. 我确实参加了抢劫银行

B. 李某逼我去抢的

C. 李某策划了整个抢劫，抢的钱他拿走了一大半

D. 李某在这次抢劫前还杀了赵某

2. 秦某带着 8 岁的儿子买肉时，与摊主发生争执，继而互殴。秦某被摊主用刀背打击造成面部骨折，脑体受损。如该案进入刑事诉讼程序，秦某的儿子属于哪类诉讼参与人？（　）（2008 年 · 四川卷二单选第 30 题）

A. 被害人　　B. 证人

C. 见证人　　D. 既是被害人，又是证人

3. 在杨某被控故意杀人案的审理中，公诉人出示了死者女儿高某（小学生，9 岁）的证言。高某证称，杨某系其表哥，案发当晚，她看到杨某举刀杀害其父。下列哪一选项是正确的？（　）（2007 年卷二单选第 26 题）

A. 因高某年幼，其证言不能作为证据出示

B. 因高某对所证事实具有辨别能力，其证言可以作为证据出示

C. 高某必须到庭作证，否则其证言不能作为证据出示

D. 高某与案件有利害关系，其证言不可以作为定案的根据

4. 关于证人的表述，下列哪一选项是正确的？（　）（2008年卷二单选第40题）

A. 王某是未成年人，因此，王某没有证人资格，不能作为证人

B. 原告如果要在诉讼中申请证人出庭作证，应当在举证期限届满前提出，并经法院许可

C. 甲公司的诉讼代理人乙律师是目击案件情况发生的人，对方当事人丙可以向法院申请乙作为证人出庭作证，如法院准许，则乙不得再作为甲公司的诉讼代理人

D. 李某在法庭上宣读未到庭的证人的书面证言，该书面证言能够代替证人出庭作证

5. 公安机关向与犯罪嫌疑人习某住同一单元的黄某了解情况时，黄某述称一次醉酒后，习某曾讲出自己疏忽而导致董某死亡的事实。关于黄某的陈述，下列哪些选项是正确的？（　）（2008年・四川卷二多选第66题）

A. 间接证据　　B. 传来证据

C. 言词证据　　D. 有罪证据

6. 某公安机关法医鉴定室的法医王某一天下班途中，亲眼目睹了李某故意伤害案的经过。下列说法哪些是正确的？（　）（2003年卷二多选第60题）

A. 王某既不能作鉴定人，又不能作证人

B. 王某既可以作鉴定人，又可以作证人

C. 王某应当作证人，但不能作鉴定人

D. 王某是本案的诉讼参与人

7. 根据证据理论和民事诉讼法，以及相关司法解释，关于证人证言，下列哪些选项是正确的？（　）（2011年卷三多选第83题）

A. 限制行为能力的未成年人可以附条件地作为证人

B. 证人因出庭作证而支出的合理费用，由提供证人的一方当事人承担

C. 证人在法院组织双方当事人交换证据时出席陈述证言的，可视为出庭作证

D. "未成年人所作的与其年龄和智力状况不相当的证言不能单独作为认定案件事实的依据"，是关于证人证言证明力的规定

第九章　被害人陈述

【案例导入】被告人黄某炎，与他人共同创办了福州广睿投资公司，该公司的第一笔业务是由黄某炎为陕西某科技股份有限公司联系买卖未上市的股票。黄某炎在福州通过电话联系了浙江海盐的刘某兰，与其达成了买卖协议：由刘某兰购买陕西某科技股份有限公司未上市的股票2万股，价格每股3.9元，合计78 000元。刘某兰便按黄某炎的要求在浙江海盐将购股款78 000元打到陕西某科技股份有限公司账户，陕西某科技股份有限公司就将刘某兰购买的陕西某科技股份有限公司未上市的股票2万股依法办理托管手续。但是，刘某兰因股票未上市不能变现，就向浙江海盐公安机关报案诈骗。黄某炎被拘捕到浙江海盐关押。

本案由海盐公安机关立案管辖，是否正确？刘某兰的错告是被害人陈述？

第一节　被害人陈述的概念、构成和地位

一、被害人陈述的概念

被害人是指合法权益遭受犯罪行为直接侵害的人。一般来说，被害人具有如下特点：①被害人一般是指自然人，但特殊情况下，法人或其他法人组织也可以成为被害人。②被害人必须是其合法权益遭受到侵害的人。不是合法权益遭受到侵害的人则不是被害人。③被害人是受犯罪行为直接侵害的人，受非犯罪行为侵害则不是。④被害人是受犯罪行为直接侵害的本人，因此，被害人的身份不可替代。

被害人陈述，是指刑事被害人就自己所感知、理解和记忆的遭受犯罪行为直接侵害的事实与有关犯罪分子的情况，向公安司法机关所作的陈述。需要强调的是，这里的被害人陈述不仅包括公诉案件中被害人的陈述，也包括自诉案件中自诉人的陈述和刑事附带民事诉讼案件中原告人的陈述。

被害人陈述和证人证言既有相似之处，又有区别。英美法系与大陆法系各国及日本和我国的港澳台地区均把被害人陈述视为证人证言。这种做法主要是由于被害人陈述和证人证言在证据的证明作用、收集途径、方法等方面有相似之处，但事实上，两者是有区别的。具体区别如下。

（1）主体不同。被害人陈述是合法权益遭受犯罪直接侵害的人将其受犯罪侵害的事实向公安司法机关提供的内容，证人证言，则是合法权益没有受犯罪直接侵害的案

外人将其所感知的案件情况向公安司法机关提供的内容。被害人可能是自然人或法人，而证人只能是自然人。

（2）内容不同。被害人陈述既有控诉的内容，又有案件的事实，还有要求惩罚犯罪的内容。而证人证言仅是就案件事实所作的陈述。

（3）与案件利害关系不同。被害人遭受犯罪行为直接侵害，故与案件有切身的利害关系；而证人与案件处理结果并无直接利害关系。

（4）心理基础和出证难易不同。被害人因受犯罪行为的直接侵害，心理上对犯罪分子非常痛恨，一般希望司法机关能严惩犯罪分子，具有揭发、控诉和惩罚犯罪的强烈愿望，所以被害人一般都能积极地向司法机关提供自己所感知的犯罪事实和情况，而且往往比较详尽，经法庭传唤一般容易出证；而证人为案外人，与案件没有利害关系，所以，心理上比较平静，对惩罚犯罪分子的愿望也不如被害人强烈，往往不愿作证，造成证人作证难的问题。

（5）故意出假证的法律后果不同。被害人如果捏造事实陷害他人，意图使他人受刑事追究，情节严重的，构成诬告陷害罪；而证人在刑事诉讼中对与案件有重要关系的情节，故意作虚假证明，意图陷害或隐匿罪证的，构成伪证罪。

（6）能否转换不同。被害人陈述只能由被害人提供，有明确的证明对象，其性质决定了它不能转换；而证人证言有些可以从犯罪嫌疑人、被告人陈述演化而来。

二、被害人陈述的构成

被害人的陈述，可由以下几个方面构成。

（1）被害人陈述的主体是受犯罪行为直接侵害的人。这里的犯罪行为的直接受害者，既包括经济上或物质上遭受损失的人，也包括精神上或名誉上遭受损失的人，还包括身体上、生命上遭受侵害的人。但是，必须注意的是，受犯罪行为间接侵害而不是直接侵害的人，不属于刑事被害人的范围，因此，其所作的陈述也就不能归入被害人陈述的范围。例如，妻子因丈夫被杀害而精神崩溃；父母因子女被害而无人赡养等。在这里，“妻子”“父母”就不属于刑事被害人。属于刑事被害人的是“丈夫”“子女”。因此，被害人产生的前提条件是有犯罪行为发生并给某人造成了直接的危害后果。没有被害人，就没有被害人陈述。只有遭受犯罪行为直接侵害的人所作的陈述才是被害人陈述。此外，被害人既可以是自然人，也可以是法人或非法人单位。当法人或非法人单位遭受犯罪行为直接侵害时，可以通过其法定代表人或诉讼代理人，就本单位被犯罪侵害的事实和案件情况向公安司法机关作陈述，这些陈述是被害人陈述，也是刑事诉讼证据。

（2）被害人陈述作为证据仅指被害人向公安司法机关所作的陈述，而不包括向其他机关和个人所作的陈述。犯罪行为发生后，被害人可能会将其被侵害的事实和情况告诉其亲友、同事或单位及单位领导，但这些陈述由于不是向公安司法机关作出的，所以不是被害人陈述，不能作为证据使用。只有被害人将其被侵害的事实和情况告诉公安司法机关，其陈述才具有证据价值。上述其他机关和个人因被害人向其陈述被害情况而感知案件事实，所以有义务作为证人向公安司法机关提供证言。

（3）被害人陈述的内容仅包括被害人就其被犯罪侵害的事实和情况所作的陈述。被害人在向公安司法机关作陈述的过程中，既可能陈述其被侵害的事实，也可能对案件处理提出意见和要求，还可能对案情适用法律等作出分析评断等。但是，在被害人的五花八门的陈述内容中，能够作为诉讼证据使用的，只能是被害人提供的对查清案件事实有法律意义的有关其遭受犯罪侵害的事实和情况。而被害人陈述的其他内容，只对公安司法机关处理案件具有参考意义。

三、被害人陈述的地位

在我国和俄罗斯，被害人陈述作为一种独立的证据种类。而在日本和英美法系国家，被害人陈述属于证人证言。虽然，美国的《被害人和证人保护法》确立了被害人影响陈述制度，但与我国的非常不同。美国的刑事审判分为定罪和量刑两个阶段，在量刑阶段，检察官必须提供一份“被害人影响陈述”，以便恰当地确定被告人的刑罚。因此，在美国，被害人影响陈述主要是表明被害人所遭受的损害以对量刑产生影响，而不对定罪产生影响。在定罪阶段，美国的“被害人陈述”属于证人证言，不是一种独立的证据种类；而我国的被害人陈述对量刑和定罪均产生影响。

大陆法系与英美法系相同的是，被害人陈述也不是一种独立的证据种类，而属于证人证言。但不同的是大陆法系国家的被害人除了以证人身份提供证言外，还以刑事诉讼中的民事当事人的身份提供陈述。例如，在法国，被害人可以通过刑事法院提起民事诉讼的方式成为刑事诉讼中的民事当事人，在被害人成为刑事诉讼中的民事当事人之前，可以作为证人出庭作证。在德国，被害人则可以作为附带民事诉讼原告人参与诉讼。而我国的被害人在刑事附带民事诉讼中的陈述，其中对刑事部分的陈词属于被害人陈述，它是刑事诉讼法规定的一种独立的证据种类；对民事部分的陈词则属于当事人陈述，是民事诉讼法规定的另一种独立的证据种类。

第二节　被害人陈述的特点和作用

一、被害人陈述的特点

被害人陈述作为一种法定的证据种类，除具有当事人陈述的共同特征外，还具有其自身的特点，主要包括以下几个方面。

（1）陈述主体的不可替代性。被害人陈述的证据来源主体只能是遭受犯罪行为直接侵害的人，即只有被害人本人可以提供这种表现形式的证据，其他任何人包括间接受犯罪行为侵害者都不能替代被害人成为这种证据的来源主体。被害人陈述的这个特征使之与书证、物证、视听资料等证据种类区别开来。被害人陈述只能是被害人就自己被特定犯罪所侵害的事实陈述，如果被害人对与本案无关的犯罪行为进行揭发、检举就只能是证人证言。

（2）陈述指向主体的排他性。被害人只有向公安司法机关就有关犯罪事实和情况作出的陈述，才能作为刑事诉讼证据使用。被害人陈述其被侵害的事实的行为只有在诉讼程序中向作为诉讼主体的公安司法机关为之，才具有法律效力。如果被害人向没有特定诉讼主体身份的其他机关和个人（即除公安司法机关以外的机关和个人）陈述，则是一种诉讼外的行为，并不发生法律效力，被害人因此所作的陈述也不具有证据价值。

（3）陈述内容的特定性。作为被害人陈述这种证据种类的特定内容仅仅是遭受犯罪行为直接侵害的人就有关犯罪的事实和情况所作的陈述。被害人的其他陈述内容，如提出惩罚犯罪的要求、对案件的分析判断、对适用法律的意见等，都不能作为认定案件事实的证据而仅仅对公安司法机关具有一定的参考价值。

（4）证明的直接性。被害人因遭受犯罪分子的直接侵害，对受害情况和犯罪分子的个人情况一般能作比较真实、详细的陈述。尤其是与犯罪分子有过直接接触的被害人，能较详细地描述犯罪分子的个人特征，如身高、身材、年龄、口音、衣着打扮、行走姿势等。有的被害人会给犯罪分子的身体造成损伤，如咬破他的手指，抓伤面孔等。有的被害人能直接指认犯罪分子。被害人的这些陈述具有最直接的证明犯罪的作用，为其他证据所无法比拟。

（5）陈述内容的夸大性。由于种种复杂原因，被害人陈述也可能有意或无意地夸大或缩小客观事实，还有人故意捏造事实，谎报案情。因此，被害人陈述具有真假难辨、虚实交叉的特点。其具体表现有以下几个方面：①身受犯罪行为的侵害而产生报复心理，情绪偏激，夸大事实情节，导致陈述的虚假性；②在一些案件中，被害人精神高度紧张，观察不细，记忆模糊而导致陈述不清，甚至是主观推断的虚伪陈述；③个别被害人出于个人私利或者其他不可告之的目的，无事生非，制造假陈述诬告陷害他人；④有的被害人出于个人的考虑，如前途、名誉、家庭关系、子女利益等，有的羞于口，不敢理直气壮地揭露犯罪，大事化小，小事化了；⑤有的被害人出于亲情或是请客送礼，或是金钱收买，或者外围干扰，威逼恐吓，而作虚假陈述；等等。

二、被害人陈述的意义和作用

（1）被害人陈述具有揭发、控诉犯罪的意义和作用。被害人在刑事诉讼中处于当事人的诉讼地位，是控诉职能的行使者之一。被害人就犯罪分子对其人身或财产等权利进行侵害的事实情况进行陈述的过程，也就是对犯罪分子的犯罪行为进行有力控诉的过程，其陈述增强了公诉机关对犯罪嫌疑人和被告人的诉讼作用，从而有利于对犯罪行为和犯罪分子的控诉。

（2）被害人陈述可以提供刑事侦查的线索，协助侦查破案。由于被害人受到犯罪行为的直接侵害，一般来说，对犯罪情况有比较清楚的了解，能够提供犯罪的时间、地点、受害经过、造成的危害等详细情况。在有些案件中，如强奸、诈骗、伤害等，被害人和犯罪分子都有直接接触，可以了解犯罪分子的具体情况，如犯罪分子的面貌、体形、方言口音、动作特征、衣着打扮及在搏斗时给犯罪分子身上造成的伤痕等，有的还可以直接指出谁是犯罪分子。因此，被害人陈述对正确确定侦查方向，获取和核实证据，正确认定案件事实有着重要的作用。

（3）被害人陈述是审查核实其他证据的手段。一般来说，被害人陈述比较真实、具体。因为被害人直接遭受犯罪行为的侵害，他对犯罪感受最深，记忆也最持久。在对证据予以审查判断时，将被害人陈述与犯罪嫌疑人和被告人的口供及其他证据进行比对，可以发现它们之间的矛盾，以便进一步收集证据，揭穿虚假的供述和辩解及鉴别其他证据的真伪。

（4）被害人陈述有利于法制教育，促进人们同犯罪行为作斗争。在刑事诉讼中，被害人作为犯罪行为的直接受害者，他对受侵害情况的直接陈述是揭露证实犯罪的有力证据。被害人的陈述，可以使广大群众了解犯罪分子所造成的严重危害后果，激发群众对犯罪分子的痛恨，从而促进人们更加积极主动地与犯罪行为进行斗争。

第三节 被害人陈述的收集和补正

一、被害人陈述的收集

（一）收集被害人陈述的方法和程序

收集被害人的陈述，主要是通过询问的方式，参照询问证人的程序，制作询问笔录或制作录音笔、录像带加以固定和保全。

（1）询问被害人的主体是公安司法人员和律师。根据2012年刑事诉讼法第50条的规定，只有公安司法人员才有权询问被害人。需要说明的是，只有承办本案件的公安司法人员才能询问该案的被害人，非本案的办案人员，即使是公安司法人员未经组织安排或指派也不能询问被害人。2012年刑事诉讼法第41条的规定："辩护律师经人民检察院或者人民法院许可，并且经被害人或者其近亲属、被害人提供的证人同意，可以向他们收集与本案有关的材料。"可见，律师询问被害人事先须向司法机关申请"调查令"，取得司法机关的许可或者经被调查人的同意才可询问被害人。

（2）询问被害人应当出示的证明文件。根据2012年刑事诉讼法第122条的规定，人民检察院或者公安机关询问被害人，需要向被害人表明自己的身份，这是被害人知情权的主要内容之一。一般来说，在现场询问被害人，应当出示工作证件，到被害人所在单位、住处或者被害人提出的地点询问证人的，应当出示人民检察院或者公安机关的证明文件。

（3）询问被害人应当按法定的询问地点进行。根据2012年刑事诉讼法第122条的规定，人民检察院或者公安机关询问被害人的地点，依照法律的明确规定有五个：一是犯罪的现场；二是被害人所在的单位；三是被害人的住处；四是被害人提出的地点；五是人民检察院或者公安机关的办公地点。过去，有的人民检察院或者公安机关询问被害人的地点安排在宾馆或招待所，因其不是被害人提出的地点，故被认定为不合法，其笔录的证据效力在庭审中被排除，这应当值得我们吸取教训。一般来说，人民检察院或者公安机关询问被害人应当依照法定的地点，即犯罪的现场或者被害人所在的单位、住处进行询问，也可以在被害人提出的地点进行询问，如果是被害人提出的地点需要特别在笔录中注明。如果上述地点均未获得被害人的同意，必要时，可以通知被害人到人民检察院或者公安机关进行询问。

（4）制作询问笔录。根据 2012 年刑事诉讼法第 120、124、125 条的规定，人民检察院或公安机关询问被害人，应当制作询问笔录。该制作询问笔录应当交被害人核对，对于没有阅读能力的，应当向其宣读。如果记载有遗漏或者差错，被害人可以提出补充或者改正。被害人承认笔录没有错误后，应当签名或者盖章。侦查人员也应当在笔录上签名。被害人请求自行书写陈述的，应当准许。必要时，侦查人员也可以由被害人亲笔书写陈述。

（二）被害人陈述的收集规则

（1）被害人陈述是公、检、法三机关收集证据的主要来源之一，所以被害人向上述三机关进行控告都应接受。无论是口头或书面的，不允许推脱不理。对于不属于自己管辖的案件，应当移送到有关主管机关处理；对于接受口头控告、检举的人，应制成笔录，经宣读无误后，由控告人、检举人签名或盖章。

（2）询问被害人，根据 2012 年刑事诉讼法第 123 条规定，应当告知其如实地进行陈述和有意作伪证或者隐匿罪证要负的法律责任。我们鼓励被害人针对案件情况作出陈述，但必须是客观、真实的，不得夸大或缩小，更不得捏造、伪造证据陷害他人。

（3）是否遵循了严禁以威逼、利诱、欺骗及其他非法方法收集的规则，是否保证了被害人客观的充分的陈述条件。这是收集刑事诉讼证据必须遵守的共同规则。结合被害人陈述的特点，在收集时应注意既不能利用被害人主动控告、急于惩罚犯罪的心理对其进行“诱导”，也不能在被害人对诉讼持消极被动态度，不愿积极配合时而急于求成，施加压力。

（4）询问被害人是否遵循了应个别进行的规则。根据 2012 年刑事诉讼法第 122 条的规定，询问被害人应当个别进行。这一规则与收集证人证言相同。所谓个别进行有两层含义，一是当一案有数个被害人时，应分别进行询问，不能将两名以上的被害人同时通知到场，在同一时间、同一场所内进行询问，更不能以座谈会的方式询问被害人，以免他们互相“统一口径”，人为地形成“异口同声”；二是询问被害人时，与案件调查无关的人员不得在场。个别询问的目的在于保证被害人能够排除外界干扰和互相影响，如实提供陈述，保证证据的质量。

（5）是否遵循了征得本人同意非强制的规则。为了确定被害人的身体特征、伤势或生理状态，可以对其进行人身检查，但应当征得本人同意，不得强制进行。这一规则也适用于被告人，但对被告人有强制性。对被害人进行人身检查之所以要坚持自愿原则，是因为他已经遭受了犯罪侵害，身心受到摧残，不应再因人身检查而增强其受辱感。强行检查，有时会引起意外事件，导致被害人反抗或自杀等严重后果。尤其对妇女被害人，进行人身检查、鉴定更要特别慎重，严格依法进行。

二、被害人陈述的补正

根据 2012 年《最高人民法院关于适用〈中华人民共和国刑事诉讼法〉的解释》第 77、79 条规定，被害人陈述的收集程序、方式有下列瑕疵，经补正或者作出合理解释的，可以采用；不能补正或者作出合理解释的，不得作为定案的根据：①询问笔录没有填写询问人、记录人、法定代理人姓名及询问的起止时间、地点的；②询问地点不符合规定的；③询问笔录没有记录告知被害人有关陈述的权利义务和法律责任的；④询问笔录反映出在同一时段，同一询问人员询问不同被害人的。

第四节 被害人陈述的审查判断和排除

一、被害人陈述的审查判断

根据 2012 年《最高人民法院关于适用〈中华人民共和国刑事诉讼法〉的解释》第 74、79 条规定，对被害人陈述应当着重审查以下内容。

（1）被害人陈述的内容是否为被害人直接感知。这是审查被害人陈述的来源。一般来说，从被害人陈述的内容来看，必须是被害人亲眼目睹、听到或直接感受到的事实。被害人的猜测性、评论性、推断性的陈述，不得作为证据使用，但根据一般生活经验判断符合事实的除外。

（2）被害人陈述时的年龄，认知、记忆和表达能力，生理和精神状态是否影响陈述。这是审查被害人陈述能力与陈述内容真实性的关系。一般来说，如果是被害人亲眼目睹或直接感受的事实，应查明被害人当时的年龄，认知、记忆和表达能力，生理和神志状态是否能够清楚、正确地表达，能否明了是侵害人所为。如果被害人处于明显醉酒、中毒或者麻醉等状态，不能正常感知或者正确表达被害人所提供的陈述，不得作为证据使用。

（3）被害人与案件当事人、案件处理结果有无利害关系。必须查清被害人和被告人的关系。审查被害人和被告人平时有无积怨，是否存在直接或间接的经济纠纷或感情纠葛或存在民族纠纷和民族仇恨。有无其他利害关系和利益上的冲突。这对于查明被害人的报案材料及其陈述的真实性，起着至关重要的作用。假如双方无任何利害关系，那么被害人的报案材料和陈述的真实性就基本可靠。查清被害人和被告人的关系，有利于排除或防止有人进行故意诬陷，有利于查清案件的起因。一般情况下，被害人与被告人素不相识或关系正常，则被害人所作陈述的虚假可能性就较小。如果被害人与被告人素有仇隙，虚假陈述、夸大事实甚至捏造事实的可能性就比较大。

（4）询问被害人是否个别进行。人民法院审查被害人的陈述，首先应当审查这些证据的收集是否遵循了一定的询问规则。如果询问被害人没有个别进行，那么所收集的被害人陈述不得作为定案的根据。

（5）询问笔录的制作、修改是否符合有关法律规定，是否注明询问的起止时间和地点，首次询问时是否告知被害人有关陈述的权利义务和法律责任，被害人对询问笔录是否核对确认。这是审查询问被害人笔录的制作是否符合规范的问题。一般来说，询问被害人笔录的制作、修改应符合法律规定与有关办案规则，需要注明询问的起止时间和地点，首次询问时应告知被害人有关陈述的权利义务和法律责任，询问笔录应交给被害人核对和确认。

（6）询问未成年被害人时，是否通知其法定代理人或者有关人员到场，其法定代理人或者有关人员是否到场。这是审查询问未成年被害人时的程序要求问题。为了确保未成年被害人陈述的真实性，在询问未成年被害人时，应通知其法定代理人或者有关人员到场，其法定代理人或者有关人员应当到场。

（7）被害人陈述有无以暴力、威胁等非法方法收集的情形。在审查被害人陈述的形成过程时应侧重审查被害人陈述是否受到外界因素的干扰和影响，侧重审查对被害人陈述的搜集有无暴力、威胁等非法手段搜集的情况，凡经查证，确实有以暴力、威胁等非法方法收集被害人陈述的情形，不能作为定案的根据。

（8）被害人陈述之间及与其他证据之间能否相互印证，有无矛盾。首先，审查被害人陈述的内容，前后是否一致，有无出现相互矛盾之处。被害人当庭作出的陈述，经控辩双方质证、法庭查证属实的，应当作为定案的根据。被害人当庭作出的陈述与其庭前陈述矛盾，被害人能够作出合理解释，并有相关证据印证的，应当采信其庭审陈述；不能作出合理解释，而其庭前陈述有相关证据印证的，可以采信其庭前陈述。经人民法院通知，被害人没有正当理由拒绝出庭或者出庭后拒绝陈述，法庭对其陈述的真实性无法确认的，该被害人陈述不得作为定案的根据。

其次，需要综合全案证据材料，审查被害人陈述与其他证据有无矛盾。被害人陈述只是刑事案件中的证据之一，仅依靠被害人陈述与被告人的供述和辩解，这样具有利害关系的一对一的证据，很难查清本案的事实。因此，必须采用矛盾法则，将被害人陈述与其他证据材料，如证人证言、现场勘验笔录及技术鉴定材料、物证、书证、视听资料充分结合起来进行综合的分析判断，从中找出与被害人陈述和其他证据能够互相印证的内容。如果存在矛盾点，则应当合理分析矛盾之处，是否会影响案件的定性及该矛盾点产生的原因，对该矛盾点是否能作出合理的排除，从而对被害人的陈述的真实性作出肯定与否定的结论。

二、被害人陈述的排除

根据 2012 年刑事诉讼法第 54 条的规定和 2012 年《最高人民法院关于适用〈中华人民共和国刑事诉讼法〉的解释》第 75、76、77、78、79 条规定，对被害人陈述的排除，主要包括以下情形。

（1）采用暴力、威胁等非法方法收集的被害人陈述，应当予以排除。

（2）处于明显醉酒、中毒或者麻醉等状态，不能正常感知或者正确表达的被害人所提供的陈述，不得作为证据使用。

（3）被害人的猜测性、评论性、推断性的陈述证，不得作为证据使用，但根据一般生活经验判断符合事实的除外。

（4）被害人陈述具有下列情形之一的，不得作为定案的根据：①询问被害人没有个别进行的；②书面陈述没有经被害人核对确认的；③询问聋、哑人，应当提供通晓聋、哑手势的人员而未提供的；④询问不通晓当地通用语言、文字的被害人，应当提供翻译人员而未提供的。

（5）经人民法院通知，被害人没有正当理由拒绝出庭或者出庭后拒绝陈述，法庭对其陈述的真实性无法确认的，该被害人陈述不得作为定案的根据。

（6）被害人陈述的收集程序、方式有存在前述四项瑕疵，但经过补正的努力，仍不能补正或者作出合理解释的，不得作为定案的根据。

【课堂讨论】

被告人袁某，别名“电灯泡”，男，20 岁。某日晚，与女友黄某容去宁德市蕉城区某歌舞厅唱卡拉 OK。袁某为了在女友面前表现自己，就点了一首自己唯一能唱的歌，名为《敖包相会》，他为此已练习了好长时间。但没想到，《敖包相会》出来时，被害人林某才上台抢先歌唱，被告人袁某说“这是我点的，我要唱，你不能唱”，结果二人因歌唱《敖包相会》在该歌舞厅发生争执并大打出手。被害人林某才长得身材魁梧，处于优势，而被告人袁某长得瘦小处于劣势并被打倒在地。于是，被告人袁某记恨在心，企图伺机报复并自制了一把砂枪，后来到处寻找被害人林某才行凶。一天中午，被告人袁某看见被害人林某才站在距宁德市第二医院 100 米远的某宾馆门口。于是，被告人袁某便悄悄地靠近被害人林某才并持自制砂枪对准被害人林某才的臀部开了一枪后迅速逃离现场，并将砂枪丢弃。

被害人林某才被被告人袁某行凶后忍着疼痛走进了宁德市第二医院请求急救。宁德市第二医院采取了止血等措施后安排第二天做手术。但据说手术医师昨日通宵打麻将，没有把手术做好，未将体内的砂枪钢弹全部取出。因此，手术后被害人林某才依然呻吟不断、疼痛难忍。于是，安排进行第二次手术，第二次手术后被害人林某才便成了植物人，靠输营养液维持生命。由于被害人林某才的家人经济困难，逐渐减少了营养液输送，直到最后停止治疗，被害人林某才因营养不良衰竭死亡。经法医鉴定，其结论是：林某才由于创伤致长期植物状态，极端营养不良，全身衰竭死亡。

本案被告人袁某构成几个罪？构成数罪要收集哪些证据？被害人林某才的死亡与被告人袁某行为之间的因果关系？作为被告人袁某的辩护律师怎么辩护？如何量刑？

【司法考试真题链接】

1. 为了确定强奸案被害人甲受到暴力伤害的情况，侦查人员拟对她进行人身检查。下列哪些选项是正确的？（　）（2006 年卷二多选第 68 题）

A. 如果甲拒绝检查，可以对她进行强制检查

B. 如果甲拒绝检查，不得对她进行强制检查

C. 如果甲同意检查，可以由医师进行检查

D. 如果甲同意检查，可以由女工作人员进行检查

2. 黄某和刘某是夫妻，其中刘某是哑巴，他们日常生活中用哑语进行交流。一天晚上，他们夫妻二人目睹了犯罪嫌疑人抢劫邻居的全过程。公安机关对他们进行询问，下列有关询问方式的说法中哪些是错误的？（ ）（2003 年卷二多选第 68 题）

A. 应当单独询问黄某

B. 应当单独询问刘某，但可以请黄某在现场对其哑语进行翻译

C. 应当单独询问刘某，但应当另请懂哑语的人在现场对其哑语进行翻译

D. 可以将黄某和刘某传唤到指定的某宾馆进行询问

3. 王红亲眼目睹了三个盗窃犯实施盗窃及当场被公安机关抓获的过程。事后，侦查人员找到王红取证。对此，下列哪些说法是正确的？（ ）（2002 年卷二多选第 58 题）

A. 王红有义务作证

B. 王红有权要求对自己的姓名在整个刑事诉讼过程中保密

C. 王红有权要求公安司法机关保障自己的人身安全

D. 王红有权要求公安司法机关保障自己近亲属的安全

4. 某地法院审理齐某组织、领导、参加黑社会性质组织罪，关于对作证人员的保护，下列哪些选项是正确的？（ ）（2014 年卷二多选第 69 题）

A. 可指派专人对被害人甲的人身和住宅进行保护

B. 证人乙可申请不公开真实姓名、住址等个人信息

C. 法院通知侦查人员丙出庭说明讯问的合法性，为防止黑社会组织报复，对其采取不向被告人暴露外貌、真实声音的措施

D. 为保护警方卧底丁的人身安全，丁可不出庭作证，由审判人员在庭外核实丁的证言

5. 关于证人证言的收集程序和方式存在瑕疵，经补正或者作出合理解释后，可以作为证据使用的情形，下列哪一选项是正确的？（ ）（2012 年卷二单选第 42 题）

A. 询问证人时没有个别进行的

B. 询问笔录反映出在同一时间内，同一询问人员询问不同证人的

C. 询问聋哑人时应当提供翻译而未提供的

D. 没有经证人核对确认并签名（盖章）、捺指印的

6. 关于证人出庭作证，下列哪些说法是正确的？（ ）（2012 年卷二多选第 72 题）

A. 需要出庭作证的警察就其执行职务时目击的犯罪情况出庭作证，适用证人作证的规定

B. 警察就其非执行职务时目击的犯罪情况出庭作证，不适用证人作证的规定

C. 对了解案件情况的人，确有必要时，可以强制到庭作证

D. 证人没有正当理由拒绝出庭作证的，只有情节严重，才可以处以拘留，且拘留不可以超过 10 日

第十章　犯罪嫌疑人、被告人供述和辩解

【案例导入】被告人陈思某，因对岳母嫌贫爱富唆使其妻子离家出走从此失联而记恨在心。一日幼儿啼哭讨要妈妈，陈思某气极，在喝了酒后便找岳母询问妻子的下落，岳母不但不如实告知，还冷言冷语，他出于一时气愤便将岳母乱棍打死，逃到莆田躲藏，后又与刘某重婚。刘某曾因盗窃罪被判刑后在莆田监狱劳改期间，曾为减轻劳动负担，送给管理干部乙 5 万元，后脱逃出狱，见到浪漫的陈思某时，便坠入爱河，在不明陈思某已婚的情况下作了他的新娘。

刘某关于重婚的陈述是犯罪嫌疑人、被告人的供述和辩解，还是证人证言？

第一节　犯罪嫌疑人、被告人供述和辩解的概述

一、犯罪嫌疑人、被告人供述和辩解的概念和构成要素

犯罪嫌疑人、被告人供述和辩解，是指犯罪嫌疑人、被告人就有关案件情况向侦查人员、检察人员和审判人员所作的陈述，即通常所说的口供。在英美法系，也称为“自白”。

纵观中外刑事诉讼程序发展历史和实践，我们可以发现，口供作为一种能够直接证明案件事实的证据形式，一直存在于各个诉讼阶段和刑事审判模式，并发挥重要作用。在欧洲大陆中世纪封建国家实行纠问式诉讼时，在证据方面采用法定证据制度。被告人口供被认为是全部证据中最有价值和最完全的证据，是证据之王。例如，1857 年的《俄罗斯帝国法规全书》规定：“受审人的坦白是所有证据中最好的证据。”在我国封建社会，有“罪从供定”“无供不定案”的记载。我国历代都将被告人的口供作为重要的依据，一般没有被告人招供不能定罪。被告人招供的，其他证据即使欠缺也可定案，明显表现出口供主义特征。由于法律过于强调被告人口供的证据价值，侦查人员和审判人员便千方百计地采取一切办法获取这种“证据之王”，刑讯逼供、指供、诱供就成为普遍采用的方法。时至今日，刑讯逼供等非法取证方式依然存在且无衰节之势。受传统办案经验的影响，获取口供仍为办案的重中之重。司法实践中，案件的侦破存在由供到证的模式，即侦查机关根据其掌握的犯罪线索讯问犯罪嫌疑人，然后再根据犯罪嫌疑人的供述收集其他证据。收集的其他证据与犯罪嫌疑人的口供有出入的，就继续讯问犯罪嫌疑人。这样反反复复以犯罪嫌疑人

的口供为出发点来寻求案件的侦破。整个刑事侦查活动基本上都围绕犯罪嫌疑人的口供进行。这种侦破案件的模式，其优点是能够及时迅速的破案，完成刑事诉讼任务；最大的缺点是为了急于完成刑事诉讼任务，往往容易产生刑讯逼供等非法取证方式，侵犯犯罪嫌疑人、被告人的合法权益。

因此，为了遏制刑讯逼供等非法取证方式的产生，确保依法收集口供，需要建立科学的评价口供证据价值的标准，即凡是具备科学标准的口供，就具有证据价值；凡是不具备科学标准的口供，就不具有证据价值。这个评价口供证据价值的科学标准，就是口供构成应当具备的六要素，简称“口供的六要素”，具体包括如下。

（1）口供主体的特定性，即口供只能来自犯罪嫌疑人、被告人的陈述。口供在通常情况下应当由犯罪嫌疑人、被告人进行口头陈述。在特殊情况下，经犯罪嫌疑人、被告人请求或者办案人员要求，也可以由犯罪嫌疑人、被告人亲笔书写供词。

（2）口供录取主体的专属性，即口供只能由侦查机关、检察机关、审判机关的办案人员录取。

（3）口供内容的相关性，即口供的内容必须与本案的犯罪事实有关，与本案的犯罪事实无关的内容不作为本案的口供。

（4）口供陈述的场合性，即口供陈述的场合必须发生在刑事诉讼过程中，一般在立案后进行。

（5）口供陈述的自愿性，即口供的陈述必须在犯罪嫌疑人、被告人自愿的情形下进行，而不得被强迫、刑讯逼供、引诱、欺骗等非法取证方式收集。

（6）口供录取形式的法定性。司法人员对口供的录取形式必须依法进行，即口供录取的形式必须是法定的书面形式，特殊案件必须采取的录音或录像形式。2012 年刑事诉讼法第 121 条规定“侦查人员在讯问犯罪嫌疑人的时候，可以对讯问过程进行录音或者录像；对于可能判处无期徒刑、死刑的案件或者其他重大犯罪案件，应当对讯问过程进行录音或者录像。录音或者录像应当全程进行，保持完整性”。这条规定说明，对于可能判处无期徒刑、死刑的案件或者其他重大犯罪案件，其口供的录取形式除了必须采取书面形式外，还必须采取录音或录像的形式。

二、犯罪嫌疑人、被告人供述和辩解的内容

口供的内容包括供述、辩解和攀供，具体分述如下。

（一）供述

供述是指犯罪嫌疑人、被告人向公安机关、人民检察院、人民法院承认犯罪及其供认犯罪的具体情节。供述的方式有以下三种。

（1）自首。所谓自首，是指犯罪嫌疑人、被告人在实施触犯刑法的行为后，自动投案，如实交代自己的犯罪及其具体情节，并接受审查和裁判的行为。自首必须具备以下三个条件：①自动投案。所谓自动投案，一般是指犯罪分子直接向公安机关、检

察院、人民法院等司法机关主动投案；或者就近向所在单位、城乡基层组织或者其他有关负责人投案，也视为自动投案。②如实交代自己的罪行。所谓如实交代自己的罪行，是指犯罪嫌疑人始终按照实际情况彻底交代自己的全部罪行。③接受审查和裁判。犯罪嫌疑人在自动投案，如实交代自己的罪行后，必须听候、接受公安机关、人民检察院审查；被告人必须接受人民法院的审判，不得逃避，才能成立自首。笔者认为在审判之前，不应确定犯罪嫌疑人有自首情节。这是因为被告人在接受人民法院审判时，还有可能逃避审判和在法庭审理中不如实供述。因此，确定被告人有自首情节，从轻处罚被告人，应由人民法院开庭审理后确定。

（2）坦白。它是指行为人的犯罪事实已被公安、检察机关发现，并被列为重大嫌疑对象，在被传讯时主动交代犯罪事实。

（3）承认（认罪）。它是指犯罪嫌疑人、被告人在确凿的证据面前，承认自己的全部或部分犯罪事实的行为。

（二）辩解

辩解是指犯罪嫌疑人、被告人否认自己有犯罪行为，或者虽然承认自己犯罪，但有依法不应追究刑事责任以及为从轻、减轻或者免除处罚等所作的申辩和解释权利。辩解可分为以下两种。

1. 辩

辩，是指犯罪嫌疑人、被告人对公安机关认定和检察机关公诉人指控的犯罪事实进行辩驳、拒认、翻供等行为。其主要内容有以下几点。

（1）辩驳。辩驳是指犯罪嫌疑人、被告人对公安机关摆出的某种事实和人民检察院起诉书指控的某种事实，运用自己掌握的证据进行反驳辩解。例如，2004 年 10 月，某县公安局移送某检察院审查起诉某抢劫案，三名犯罪嫌疑人向检察机关负责审查起诉的检察人员称参与抢劫犯罪的不是自己，而是他人进行辩驳。

（2）拒认。拒认是指犯罪嫌疑人、被告人对侦查机关、检察机关出示的确实的证据面前拒不承认自己犯有罪行的行为。

（3）翻供。翻供是指犯罪嫌疑人、被告人全部或部分推翻曾经承认过的犯罪事实。例如，2001 年 5 月某县公安局侦破的邓某系列持枪杀人、私藏枪支、爆炸物一案，邓某在县公安机关侦查阶段和县检察院审查起诉阶段多次对开枪杀害 5 名被害人的事实作了供述，但在州法院开庭审理时，邓某翻供，改称他从未开枪杀害过他人，法院只能认定此案为私藏枪支、爆炸物罪。事实上，翻供是犯罪嫌疑人、被告人行使辩护权的特殊手段。因为犯罪嫌疑人、被告人有改变自己供述或辩解的权利。因为无论是在侦查、审查起诉阶段的翻供，还是当庭翻供，单凭口供，都不能作为定罪的证据，也不能因此而建议法庭从重量刑，必须与其他证据结合加以鉴别，确认口供的真实性。因此，口供的反复与变化并不十分重要。按照庭审中心主义，被告人在庭审时的供述比之前供述的效力要高。庭审翻供在效力上优于庭前原供，如果犯罪嫌疑人口供与被告人口供有差别，审判时应该以被告人口供为准。为了真正实现司法公正，就必须正确对待翻供，而要尽量减少翻供现象，各级司法机关应该努力做到转变观念，全面收集证据。侦查机关要把侦查的重点放在收集口供以外的证据上。要切实坚持重证据，重调查研究，不轻信口供的原则。事先对翻供做好足够的预测，收集证据时不仅要收集有罪、罪重的证据，也要收集罪轻甚至无罪的证据。

（4）辩论。辩论是指被告人在法庭辩论中就公诉人提出的问题，以事实为根据同公诉人进行争辩和论证。

2. 解

解，是指犯罪嫌疑人、被告人对侦查机关、检察机关人员列出的事实和证据所进行的解释。其内容主要包括：关于其行为不构成犯罪的解释，如犯罪嫌疑人申述自己作案时不满刑事责任年龄。关于其行为应从轻、减轻、免予处罚的解释。例如，犯罪嫌疑人、被告人以其自首或在共同犯罪中处于从犯、胁从犯地位的事实，以及作案时不满 18 周岁等，说明应受从轻、减轻、免予处罚的解释。

犯罪嫌疑人、被告人的供述和辩解，一般可分为四大类型：①如实供认，即犯罪嫌疑人、被告人对其所犯罪行作出真实的供述。从思想动机上看，有的出于真诚悔罪，有的为了得到从轻处理而坦白交代。②推卸罪责。这种类型是在犯罪嫌疑人、被告人趋利避害的心理作用下产生的，具体表现有三种情况，一是避重就轻，即把主要罪责推向同案犯。二是拒不认罪。三是嫁祸于他人，以逃避惩罚。③包揽罪行，即明明是与他人共同所为却自己一人承担罪责。④据理辩解。这种类型是犯罪嫌疑人、被告人本身无罪而被其他共犯诬陷冤狱，或者具有从轻、减轻、免除处罚的情节而据理辩解。

（三）攀供

攀供，是指犯罪嫌疑人、被告人承认自己犯罪后，揭发同案犯或者举报他人有犯罪行为或者否认自己犯罪，而举报他人犯罪。犯罪嫌疑人、被告人揭发举报他人犯罪的动机各种各样。有的是经过政策教育之后，为了表示立功悔罪，有根有据地举报他人的犯罪行为；有的是为了推脱自己的罪责，毫无根据地举报他人有犯罪行为，目的是报复、陷害他人，利用举报嫁祸于人。

但关于攀供的证据归属问题，在理论界有争议。一般认为，其揭发或举报他人的犯罪事实的陈述与自己的犯罪行为有关联，可以在本案中当证据使用，并属于犯罪嫌疑人、被告人的供述和辩解即口供的组成部分。但是，如果是对非同案犯罪嫌疑人、被告人的检举揭发，或者是对同案犯罪嫌疑人、被告人与检举揭发者共同犯罪以外的罪行的检举揭发，因这种检举揭发的内容与本案自己的犯罪行为无关联，则不能作为证明本案真实情况的证据使用，不属于犯罪嫌疑人、被告人的供述和辩解的组成部分，而应属于证人证言。

第二节 犯罪嫌疑人、被告人供述和辩解的特点、作用和适用规则

一、犯罪嫌疑人、被告人供述和辩解的特点

1. 口供的全面性

犯罪嫌疑人与被告人对于自己是否犯有罪行及犯了何种罪行是最为清楚的。因此，犯罪嫌疑人及被告人的相关陈述能够全面地展现案件事实从发生、发展到最后结束的全过程，犯罪动机、目的等方面的内容也能够准确地表述。尤其是从证据的种类上，被告人的供述属于直接证据，能够在不依靠其他证据的情况下揭示案件事实的全貌和本质。所以，被告人的口供远非其他的一般证据形式可比拟。其重要性在现代刑事诉讼中不言而喻。

2. 口供具有证明案件事实的直接性

犯罪嫌疑人、被告人所作的有罪供述，会更全面、详尽地反映作案的目的、动机、手段、过程，其所作的无罪辩解，一般也会提出一些具体的事实依据或理由。某些共同犯罪嫌疑人的口供，还可以从侧面反映案件的全貌。在我国目前的某些案件中，口供几乎是侦查人员可以获取的唯一证据，尤其在“一对一”的案件中，口供的重要性更加不容忽视。一个清楚、可信的口供，常常可以免除收取额外证据的需要，从而能够使案件被迅速侦破。在我国，通过讯问获取的口供可以直接作为法庭采纳的证据。正是由于口供对案件的事实具有直接而明了的证明作用，在具体操作中，司法人员在实际审查案件中都有着浓浓的口供情结。

3. 口供的反复多变性和证明的不稳定性

由于每个犯罪嫌疑人、被告人不同，以及受各种因素的影响，如在押期间受同仓犯的影响，一些犯罪嫌疑人、被告人的口供前后不一，反复多变。司法实践中，常表现为犯罪嫌疑人在侦查阶段对犯罪事实作了供认，而到审查起诉或审判阶段，部分或全部推翻原有供述，有的甚至收押后就否认犯罪事实，这也就是通常所说的翻供。

4. 口供具有真实和虚假的双重性

在许多情况下，由于法律的威慑或犯罪嫌疑人、被告人良知的发现，他们会有真实的供述。犯罪嫌疑人、被告人的供述能够直接、全面地反映犯罪的动机、目的、手段、时间、地点、后果等事实情况和犯罪的形成、分工和具体实施犯罪等全过程，还可以反映其认罪态度和思想状况。因此，口供具有真实性。但在很多情况下，犯罪嫌疑人、被告人处于刑事诉讼中的特殊地位，深知案件的处理结果与其自身利害关系极大。因此，可能为了逃避责任、抵赖罪行而采取避重就轻、隐瞒罪行等手段。在特殊

的情况下，可能会承认一些并不存在的“犯罪事实”，把侦查工作引入歧途来掩盖他的真正罪行；或者把别人的罪行包揽在自己身上，为同伙或亲属开脱。因此，口供中虚假的成分很多。口供还常常呈现出反复无常的易变性，时供时翻，呈现出极不稳定的状态，具有可变性。

5. 口供具有不可替代性和辩护性

犯罪嫌疑人、被告人是案件的实施者，是最了解案件真实情况的主体，任何证人和被害人对是否犯罪及犯罪的过程和情节、犯罪前后的心理状态等，均不能像犯罪嫌疑人、被告人那样了解。因此，犯罪嫌疑人、被告人所作的有罪或无罪的供述，最能全面反映其犯罪的动机、目的和无罪等事实情况，具有不可替代性。从另一方面讲，犯罪嫌疑人、被告人的供述与辩解不仅有助于查清案件事实，更有利于使司法人员听到与控诉方不同的意见，有利于公平侦查、审判。

研究和阐明犯罪嫌疑人、被告人供述和辩解的上述特点，是为了司法人员在诉讼中正确对待和使用口供，保持清醒的头脑。对于口供的基本态度应当是既不可一律不信，也不能盲目轻信。必须用其他证据与口供加以比对，互相印证，反复核实，在判明其真实性基础上才能作为最后定案时采信的证据。

二、犯罪嫌疑人、被告人供述与辩解的意义与作用

口供向来被看成是“证据之王”。很多时代的诉讼活动都是“罪从供定”“无供不定案”。苏联的“首席法学权威”安·扬·维辛斯基，在其所著的《苏维埃法律上的诉讼证据理论》一书中宣称，“苏维埃法律把被告人的口供看做证据的特别种类”。他认为，在关于阴谋、关于国家政变的案件中，不应当要求公诉方提出其他的证据，只要取得被告人的口供就足够了，因为“被告人陈述本身就具有巨大的证据意义”。历史教训和现实经验都早已证明，决不可以夸大口供的作用，更不可盲目相信口供。轻信口供是以往铸成大量冤假错案的最大祸根。这类做法虽然受到了批判，但由于其影响深远，人们仍然往往自觉或不自觉地堕入轻信口供的误区。主要表现如下：一是有证无供不敢定案；二是有供无证轻率定案；三是供、证矛盾时按口供定案；四是把正常的辩解视为“狡辩”和“抗拒”；五是为逼取口供不惜采用刑讯、欺骗、利诱等非法手段。

过去，在许多诉讼活动中，司法人员为追求效率，常常依赖口供而忽略其他证据，导致刑讯逼供和冤假错案的发生。随着法制的不断健全，追求诉讼的公平与正义、保障人权、保障犯罪嫌疑人的合法权日益深入人心，淡化口供成为一种侦查、诉讼的新的理念。与此同时，为了有效打击犯罪，即便犯罪嫌疑人保持沉默，即“零口供”情况下，只要其他证据确凿，照样定罪的情况屡见不鲜。由于犯罪嫌疑人、被告人的在诉讼活动中处于中心地位，他对犯罪行为是有是无，是轻是重最了解、最清楚。因此，按照法定程序正确收集的犯罪嫌疑人、被告人供述和辩解，对案件事实的认定有着重要的意义和作用。

（1）有利于司法机关准确确定侦查范围。犯罪嫌疑人、被告人对所犯罪行的如实

供述，有利于司法机关缩小侦查范围，尽快收集必要的证据，提高办案效率，迅速查明案件事实。例如，犯罪嫌疑人、被告人如实供述藏匿赃款或作案工具的地点，可以使司法人员在办案中少走弯路，及时查获证据。

（2）有利于司法机关“兼听则明”，准确定案。犯罪嫌疑人、被告人的辩解可以使司法人员克服主观臆断，及时发现和纠正办案中的偏差，防止无罪的人受到错误的刑事追究，或者有罪的人罚不当罪。

（3）有利于司法机关查明案件事实真相。犯罪嫌疑人、被告人对所犯罪行的如实供述，有利于司法机关查明案件客观事实真相。因为犯罪嫌疑人、被告人的如实供述能够全面展现案件事实的发生、发展的全过程，能够准确地表述其犯罪动机和目的。

（4）有利于衡量犯罪嫌疑人、被告人是否有认罪、悔罪及立功的表现情况。犯罪嫌疑人、被告人的悔罪，必须以犯罪嫌疑人、被告人的认罪为前提，没有认罪就没有悔罪。而衡量犯罪嫌疑人、被告人是否有认罪、悔罪及立功的表现，离不开犯罪嫌疑人、被告人供述和辩解作为重要的证据之一。

三、犯罪嫌疑人、被告人供述和辩解的适用规则

基于犯罪嫌疑人、被告人供述和辩解具有上述的特点和作用，我们在适用犯罪嫌疑人、被告人供述和辩解时，应当遵循以下适用规则。

（1）重证据，重调查研究，不轻信口供。这是我国司法实践经验的总结。2012年刑事诉讼法第53条规定“对一切案件的判处都要重证据，重调查研究，不轻信口供”。这是重证据，重调查研究，不轻信口供这一运用犯罪嫌疑人、被告人供述和辩解规则的法律依据，也是我国证据制度的一大特色。

（2）既要重视供述，也要重视辩解。2012年刑事诉讼法第50条规定“审判人员、检察人员、侦查人员必须依照法定程序，收集能够证实犯罪嫌疑人、被告人有罪或者无罪、犯罪情节轻重的各种证据”。这一规定说明我们对待犯罪嫌疑人、被告人供述和辩解的正确态度是：既要重视有罪供述，也要重视无罪的辩解。司法实践表明，只重视供述，不重视辩解，不利于正确处理案件。

（3）只有被告人供述，没有其他证据的，不能认定被告人有罪。2012年刑事诉讼法第53条规定“只有被告人供述，没有其他证据的，不能认定被告人有罪和处以刑罚；没有被告人供述，证据确实、充分的，可以认定被告人有罪和处以刑罚”。法律规定这一运用犯罪嫌疑人、被告人供述和辩解规则的原理是由口供具有的虚假性所决定的。一方面犯罪嫌疑人、被告人是刑事诉讼中被追究刑事责任的对象，所以，他们要么企图否认和抵赖罪行，要么避重就轻，尽力为自己开脱，以减轻自己的责任；另一方面，出于某种原因，在某些情形下，他们会承认一些并不存在或不是自己实施的犯罪事实，以谋求为同伙或朋友开脱罪责。因此，犯罪嫌疑人、被告人的口供往往有真有假。这就要求办案人员必须正确对待和依法识别犯罪嫌疑、被告人的口供，必须遵循补强证据规则。只有被告人供述，没有其他证据的，不能认定被告人有罪和处以刑罚；没有被告人供述，证据确实、充分的，可以认定被告人有罪和处以刑罚。

第三节　犯罪嫌疑人、被告人供述和辩解的收集和补正

一、犯罪嫌疑人、被告人供述和辩解的收集

犯罪嫌疑人、被告人供述和辩解的收集，主要是通过对犯罪嫌疑人、被告人进行讯问而获得。但是，对犯罪嫌疑人、被告人的讯问，必须注意以下几点。

（1）讯问要由法定的主体进行。2012年刑事诉讼法第4条、第20条、第116条、第186条第3款规定，只有侦查人员、检察人员和审判人员才有权讯问犯罪嫌疑人、被告人。而且这里的侦查人员、检察人员和审判人员是指承办本案的侦查人员、检察人员和审判人员，非本案的办案人员未经本机关的领导安排或者指派不得讯问本案的犯罪嫌疑人、被告人。

（2）讯问要在法定的地点进行。2012年刑事诉讼法第117条规定，“对不需要逮捕、拘留的犯罪嫌疑人，可以传唤到犯罪嫌疑人所在市、县内的指定地点或者到他的住处进行讯问”。如果犯罪嫌疑人、被告人已经被羁押的，应当在看守所内进行讯问。

（3）讯问人员不得少于两人。2012年刑事诉讼法第116条规定，“讯问犯罪嫌疑人必须由人民检察院或者公安机关的侦查人员负责进行。讯问的时候，侦查人员不得少于二人”。可见，讯问犯罪嫌疑人必须坚持“二人行”的原则，主要有以下优点：①有利于防止发生意外。一人讯问时，自问自记，往往难以应付突发事件。实践中曾经发生过一人讯问时，犯罪嫌疑人逃跑及对侦查人员行凶的情况。②有利于就讯问中出现的问题互相商量解决，力求获得最佳的讯问结果。③有利于就讯问中有无刑讯逼供问题进行必要的证明。④有利于防止被讯问人腐蚀拉拢讯问人，或者讯问人遭到被讯问人诬陷有不适当行为而说不清楚的情况发生。

（4）讯问人应当出示证明文件。2012年刑事诉讼法第117条规定，对不需要逮捕、拘留的犯罪嫌疑人进行讯问，应当出示人民检察院或公安机关的证明文件。对在现场发现的犯罪嫌疑人，经出示工作证件，可以口头传唤，但应当在讯问笔录中注明。对于已经被羁押的犯罪嫌疑人进行讯问，是否应当出示人民检察院或者公安机关的证明文件？法律没有明确规定。司法实践中，由于讯问人的工作证件和提讯证在办理提讯手续时已提交给看守所，故无法向被讯问人出示证明文件，常常出现被讯问人不知讯问人的姓名和身份，不利于控告刑讯逼供和排除非法证据问题，应当予以纠正和完善。

（5）应当告知被讯问人如实供述自己罪行可以从宽处理的法律规定和享有申请回避权及聘请律师权。2012年刑事诉讼法第28条规定，审判人员、检察人员、侦查人员有法定情形之一的，应当自行回避，当事人及其法定代理人也有权要求他们回避。2012年刑事诉讼法第33条规定，“犯罪嫌疑人自被侦查机关第一次讯问或者采取强制措施之日起，有权委托辩护人；在侦查期间，只能委托律师作为辩护人。被告人有权

随时委托辩护人。侦查机关在第一次讯问犯罪嫌疑人或者对犯罪嫌疑人采取强制措施的时候，应当告知犯罪嫌疑人有权委托辩护人”。2012 年刑事诉讼法第 118 条规定，“侦查人员在讯问犯罪嫌疑人的时候，应当告知犯罪嫌疑人如实供述自己罪行可以从宽处理的法律规定”。

（6）要遵守讯问的步骤。2012 年刑事诉讼法第 118 条规定，“侦查人员在讯问犯罪嫌疑人的时候，应当首先讯问犯罪嫌疑人是否有犯罪行为，让他陈述有罪的情节或者无罪的辩解，然后向他提出问题。犯罪嫌疑人对侦查人员的提问，应当如实回答。但是对与本案无关的问题，有拒绝回答的权利”。

（7）要遵守讯问的时间和保障公民的诉讼权利。2012 年刑事诉讼法第 84 条、第 92 条、第 164 条规定，对被拘捕的人必须在拘捕后 24 小时内进行讯问。第 117 条规定，传唤、拘传持续的时间不得超过 12 小时；案情特别重大、复杂，需要采取拘留、逮捕措施的，传唤、拘传持续的时间不得超过 24 小时。不得以连续传唤、拘传的形式变相拘禁犯罪嫌疑人。传唤、拘传犯罪嫌疑人，应当保证犯罪嫌疑人的饮食和必要的休息时间。第 119 条规定，“讯问聋、哑的犯罪嫌疑人，应当有通晓聋、哑手势的人参加，并且将这种情况记明笔录”。第 9 条规定，人民法院、人民检察院和公安机关对于不通晓当地通用语言文字的诉讼参与人，应当为他们翻译。在少数民族聚居或者多民族杂居的地区，应当以当地通用的语言进行审讯，以当地通用的文字发布判决书、布告和其他文件。

（8）应当认真制作讯问笔录。2012 年刑事诉讼法第 120 条规定，讯问笔录应当交犯罪嫌疑人核对，对于没有阅读能力的，应当向他宣读。如果记载有遗漏或者差错，犯罪嫌疑人可以提出补充或者改正。犯罪嫌疑人承认笔录没有错误后，应当签名或者盖章。侦查人员也应当在笔录上签名。犯罪嫌疑人请求自行书写供述的，应当准许。必要时，侦查人员也可以由犯罪嫌疑人亲笔书写供词。

二、犯罪嫌疑人、被告人供述和辩解的补正

司法实践中侦查人员在讯问犯罪嫌疑人时，由于不认真和工作马虎，其制作的讯问笔录往往存在瑕疵。例如，在首次讯问笔录中，没有记录应当告知被讯问人如实供述自己罪行可以从宽处理的法律规定，以及享有申请回避权及聘请律师权；有的讯问笔录中讯问人忘记签名；还有的多份笔录填写的讯问时间、讯问人一致，说明在同一时间讯问不同的人，笔录存在矛盾。针对这些存在瑕疵的讯问笔录，只要不影响讯问笔录内容的客观真实，法律允许经过补正或者作出合理解释的，可以采用。2012 年《最高人民法院关于适用〈中华人民共和国刑事诉讼法〉的解释》第 82 条规定，“讯问笔录有下列瑕疵，经补正或者作出合理解释的，可以采用；不能补正或者作出合理解释的，不得作为定案的根据：讯问笔录填写的讯问时间、讯问人、记录人、法定代理人等有误或者存在矛盾的；讯问人没有签名的；首次讯问笔录没有记录告知被讯问人相关权利和法律规定的”。但是，对犯罪嫌疑人、被告人供述和辩解的补正，应以不影响讯问笔录内容的客观真实性为限。如果有损讯问笔录内容的客观真实性，则不能补正。

第四节 犯罪嫌疑人、被告人供述和辩解的审查判断和排除

一、犯罪嫌疑人、被告人供述和辩解的审查判断

2012年《最高人民法院关于适用〈中华人民共和国刑事诉讼法〉的解释》第80条规定，对被告人供述和辩解应当着重审查以下内容。

（1）讯问的时间、地点，讯问人的身份、人数及讯问方式等是否符合有关法律规定。这是对口供的合法性进行的审查。包括：①讯问时间的合法性。2012年刑事诉讼法规定，对被拘捕的人必须在拘捕后的24小时内进行讯问。②讯问地点的合法性。2012年刑事诉讼法规定，对不需要逮捕、拘留的犯罪嫌疑人，可以传唤到犯罪嫌疑人所在市、县内的指定地点或者到他的住处进行讯问。犯罪嫌疑人、被告人已经被羁押的，应当在看守所内进行讯问。③讯问人身份的合法性。2012年刑事诉讼法规定，讯问犯罪嫌疑人必须由人民检察院或者公安机关的侦查人员负责进行。④讯问人人数的合法性。2012年刑事诉讼法规定，讯问时，侦查人员不得少于2人。⑤讯问方式的合法性。2012年刑事诉讼法规定，讯问聋、哑的犯罪嫌疑人，应当有通晓聋、哑手势的人参加，并且将这种情况记明笔录。

（2）讯问笔录的制作、修改是否符合有关法律规定，是否注明讯问的具体起止时间和地点，首次讯问时是否告知被告人相关权利和法律规定，被告人是否核对确认。这是对口供的合法性所进行的审查。2012年刑事诉讼法规定，讯问笔录应当交犯罪嫌疑人核对，对于没有阅读能力的，应当向其宣读。记载有遗漏或者差错的，犯罪嫌疑人可以提出补充或者改正。犯罪嫌疑人承认笔录没有错误后，应当签名或者盖章。侦查人员也应当在笔录上签名。2012年《最高人民法院关于适用〈中华人民共和国刑事诉讼法〉的解释》规定，制作讯问笔录注明讯问的具体起止时间和地点，首次讯问时应告知被告人相关权利和法律规定。

（3）讯问未成年被告人时，是否通知其法定代理人或者有关人员到场，其法定代理人或者有关人员是否到场。2012年刑事诉讼法第270条规定："对于未成年人刑事案件，在讯问和审判的时候，应当通知未成年犯罪嫌疑人、被告人的法定代理人到场。无法通知、法定代理人不能到场或者法定代理人是共犯的，也可以通知未成年犯罪嫌疑人、被告人的其他成年亲属，所在学校、单位、居住地基层组织或者未成年人保护组织的代表到场，并将有关情况记录在案。到场的法定代理人可以代为行使未成年犯罪嫌疑人、被告人的诉讼权利。到场的法定代理人或者其他人员认为办案人员在讯问、审判中侵犯未成年人合法权益的，可以提出意见。讯问笔录、法庭笔录应当交给到场的法定代理人或者其他人员阅读或者向他宣读。讯问女性未成年犯罪嫌疑人，应当有女工作人员在场。"

（4）被告人的供述有无以刑讯逼供等非法方法收集的情形。这是审查犯罪嫌疑人在什么情况下做的供述和辩解。犯罪嫌疑人作为被追诉的对象与证人、被害人的地位

不同，其供述在不同诉讼环节、不同环境、面对不同机关会有所不同。在通常情况下，没有外界的影响，犯罪嫌疑人完全按自己的意志如实供述，犯罪情节供述的较为完整，与其他证据基本吻合。那么，这样的供述和辩解具有真实性、可信性。而如果受到外界的压力，如刑讯逼供、骗供、诱供、套供、指供等，这时的供认或者夸大、缩小犯罪事实情节，具有一定的虚假性。2012 年刑事诉讼法第 54 条规定，“采用刑讯逼供等非法方法收集的犯罪嫌疑人、被告人供述和采用暴力、威胁等非法方法收集的证人证言、被害人陈述，应当予以排除”。

（5）被告人的供述是否前后一致，有无反复及出现反复的原因；被告人的所有供述和辩解是否均已随案移送。2012 年《最高人民法院关于适用〈中华人民共和国刑事诉讼法〉的解释》第 83 条规定：“被告人庭审中翻供，但不能合理说明翻供原因或者其辩解与全案证据矛盾，而其庭前供述与其他证据相互印证的，可以采信其庭前供述。被告人庭前供述和辩解存在反复，但庭审中供认，且与其他证据相互印证的，可以采信其庭审供述；被告人庭前供述和辩解存在反复，庭审中不供认，且无其他证据与庭前供述印证的，不得采信其庭前供述。”由此可见，对庭前供述或庭审供述的认定规则是“相互印证”规则。

（6）被告人的辩解内容是否符合案情和常理，有无矛盾。这是对口供的真实性所进行的审查。口供作为言词证据，应采取逻辑审查的方法判定口供的真实性。一般情况下，逻辑上可以给出合理解释的口供，不能就断定一定真实，但如果逻辑上不能给出合理解释，则可以判定为不真实。在实践中，当出现翻供时，应调查判断犯罪嫌疑人、被告人过去的有罪供述是否属自愿状态，其前后的供述是否存在逻辑上的不合理性，前后供述及与其他证据间有无矛盾。对于犯罪事实的证明，通过补强证据来判断犯罪嫌疑人、被告人的翻供是否合理，从而判断原供能否作为定案的证据。

（7）被告人的供述和辩解与同案被告人的供述和辩解及其他证据能否相互印证，有无矛盾。这是审查判断的方法。2012 年《最高人民法院关于适用〈中华人民共和国刑事诉讼法〉的解释》第 83 条规定：“审查被告人供述和辩解，应当结合控辩双方提供的所有证据以及被告人的全部供述和辩解进行。”第 80 条规定，“必要时，可以调取讯问过程的录音录像、被告人进出看守所的健康检查记录、笔录，并结合录音录像、记录、笔录对上述内容进行审查”。

二、犯罪嫌疑人、被告人供述和辩解的排除

对犯罪嫌疑人、被告人供述和辩解的排除，详见前文对非法证据排除规则的论述。此处仅对犯罪嫌疑人、被告人供述和辩解的排除作简单概括。一般来说，我国 2012 年刑事诉讼法和 2012 年《最高人民法院关于适用〈中华人民共和国刑事诉讼法〉的解释》等法律对犯罪嫌疑人、被告人供述和辩解的排除，从启动的原因上来划分，可分为依职权排除和申请排除两种。一是依职权排除。2012 年刑事诉讼法第 55 条规定，人民检察院接到报案、控告、举报或者发现侦查人员以非法方法收集证据的，应当进行调查核实。对于确有以非法方法收集证据情形的，应当提出纠正意见；构成犯罪的，依

法追究刑事责任。第 56 条规定，法庭审理过程中，审判人员认为可能存在本法第 54 条规定的以非法方法收集证据情形的，应当对证据收集的合法性进行法庭调查。第 58 条规定，对于经过法庭审理，确认或者不能排除存在本法第 54 条规定的以非法方法收集证据情形的，对有关证据应当予以排除。二是申请排除。2012 年刑事诉讼法第 55 条规定，当事人及其辩护人、诉讼代理人有权申请人民法院对以非法方法收集的证据依法予以排除。申请排除以非法方法收集的证据的，应当提供相关线索或者材料。

我国对犯罪嫌疑人、被告人供述和辩解的排除，以适用的事项来划分可分为绝对排除、酌定排除和可补正排除。

（一）绝对排除

绝对排除是指我国法定的无条件的必须排除。2012 年刑事诉讼法第 54 条规定，采用刑讯逼供等非法方法收集的犯罪嫌疑人、被告人供述，应当予以排除。对于绝对排除的犯罪嫌疑人、被告人供述和辩解在侦查、审查起诉、审判时发现的，不得作为起诉意见、起诉决定和判决的依据。绝对排除适用于以下情形。

1. 暴力、胁迫和虐待的口供

所谓暴力、胁迫的口供，是指以暴力方法和胁迫方法取得的供述。其中，暴力方法，是指将有形的强制力直接或间接地作用于身体而造成痛苦的方法，如拷打、捆绑、夹指、吊起、电击，以及罚站、罚跪、罚晒、罚跑步、声光刺激等。而胁迫方法，则是将无形的强制力作用于被告人的精神，使之陷入恐惧之中，达到获取供述的目的。其方法是对被讯问者作出预告，如不供述，将危害其生命、健康、名誉、荣誉、财产、自由、信用等，而这种预告形式是明示或默示，是言词或举动则在所不问。

所谓虐待的口供，是指以停止供应饮食、故意恶化拘禁条件、严重贬低人格等方法逼迫嫌疑人、被告人作出的供述，虐待供述与暴力供述的区别在于前者使用的是间接的非暴力方法，后者使用的是直接的暴力方法；前者通过间接的手段促使嫌疑人、被告人自行将虐待与供述联系在一起，后者是将暴力行为与逼迫供述明显联系在一起。

对以暴力、胁迫和虐待方式取得的供述，不可能出于任意，其可采性被各国否认。

2. 利诱的口供

利诱的口供，也称利诱自白属约定自白，即控方对嫌疑人、被告人以与刑事责任有关的利益或其他物质利益相引诱而取得的供述。在英国，由于认为利诱会使口供丧失任意性，且虚假可能性也很大，而通常否定其可采性。在美国，由于刑事诉讼中广泛存在辩诉交易，因此，警察告诉嫌疑人如果供述，他们将降格起诉，将在检察官面前说好话等，可能是可以的；检察官介入且对嫌疑人作出有约束力的承诺也是合法的，尽管这种交易常通过律师进行。但如果警察讯问时答应招供以后给予免除或从轻处罚，则会被认为是引诱，因为警察没有这项权力，由此获得的供述不可采。在德国，根据刑事诉讼法第 136a 条的规定，如果以法律没有规定的利益相引诱，所获的供述不可采。当然，这只是对法律不允许的特定明白表示的承诺加以禁止，如供述就释放，或供出同案犯就不对其罪行进行追诉。如果仅笼统地说“供述会对你有好处”，则是允许的，除非据供述当时的情形来看，这种“好处”是明确、特定的，而又不为法律所允许。在日本司法实践中，利诱本身不足以否定供述的任意性，只有当利诱对嫌疑人来说是种很有吸引力的诱饵，致使其供述虚假的可能性很大时，才否定供述的可采性。这些利诱主要有供述就不起诉、就只判罚金刑、就不予逮捕、就提前释放、就决定赦免等。

3. 疲劳讯问的口供

疲劳讯问的口供，即通过使用易使嫌疑人、被告人疲劳的讯问方法，如夜间讯问、持续不断的轮番讯问，令人厌烦的反复讯问，使被讯问人陷入严重的疲劳状态而作出的供述。长时间的疲劳讯问对被讯问人的精神和肉体都可能造成严重的侵害，在极度疲劳状态下，被告人难以承受身体上和精神上高强度的压力，可能最终被迫坦陈犯罪事实，从而作出真实的口供；但也极可能为了摆脱讯问造成的极度疲劳的折磨而编造事实作出虚伪供述。

各国对于疲劳讯问所取得的口供之可采性，通常持否定态度，问题在于对“疲劳讯问”的认定依据的是一个酌定的标准，需要结合审讯的必要性、讯问环境、讯问方式及案情严重程度等多种因素加以判断。由于英美法国家对讯问时间、讯问程序的规范较全面，对被讯问人权利保障较周全，因而通常疲劳讯问不太可能发生；而大陆法系国家尽管也对疲劳讯问予以严厉禁止，但疲劳讯问仍然作为一种获取供述的方法而不时被采用。在德国，自何时开始才能认为某一讯问行为已达到违法的疲劳程度极具争议。夜间的讯问或审判，依联邦最高法院的见解，非必然均为禁止。疲累的讯问方法是否应受禁止，应视其是否会侵害到供述人的意识自由；联邦最高法院判例主张，如果被告在其供述前30个小时未曾睡觉，则此讯问程序应视为违反刑事诉讼法第136a条的规定。如果被告曾获睡眠时间，但睡不着，而仅“假寐”，则不成立疲劳的情形。在日本，夜间讯问本身并不一概使供述丧失证据能力，除非夜间讯问与供述的非任意之间有因果关系。例如，昼夜不分的违法审讯导致嫌疑人的肉体与精神相当疲劳，从而其供述的任意性值得怀疑。

4. 过度拘禁的口供

过度拘禁的口供，即通过不适当的长期羁押而取得的供述。不适当的长期羁押使口供丧失任意性，且可靠性值得怀疑，故无论是英美法系国家还是大陆法系国家都否定其可采性。应注意的是，不适当的长期羁押不限于超期羁押一种情形，而应综合考虑嫌疑人的身心状况、案件性质及严重程度、拘禁的必要性、有无逃跑可能、拘禁条件的恶劣性等因素。综合上述情形，不应长期羁押的，则即使没有超过法定期限也是“不适当”的。

5. 病中的口供

病中的口供，即对处于疾病状态的嫌疑人、被告人进行讯问所取得的供述。病人在疾病状态下意思表示的真实性、准确性大多与疾病的性质及严重程度保持一定的联系，如果病人思维清晰，保持一定的陈述能力，则疾病本身并不是否定供述自愿性、真实性的直接依据；但是对于身患重病的刑事被告人，这一经验法则并不适用。疾病折磨和刑事责任追究的双重刺激可能对被告人的心理状态形成特殊作用，导致一系列违背常规的思维与判断，从而影响供述的任意性。

对于病中的口供，英美法的态度比较明朗，即“病中供述的任意性判断标准应是疾病的性质及讯问的方式与强度，更具体地说，就是疾病和讯问方式对被告人供述能力和供述意愿的影响力”。日本证据理论对病中供述的态度与英美法基本相同，但在任意性判断上，日本学者依据判例提出了患病被告人“对讯问的耐受性”这一特殊的标准。也就是说，如果患病的被告人在体力、精神状态能够承受讯问条件下所作的供述，一般不应否定其任意性；如果被告人在体力、精力明显不支，难以忍受讯问的条件下，为了尽快结束讯问而作的供述，其任意性应被否定。例如，日本最高法院对患有急性肠炎的被告人和体温为 37.8℃的被告人的病中供述之任意性予以肯定，而对患严重高血压的被告人的病中供述，则作了非任意性的判断。

6. 陷阱的口供

陷阱的口供，即使用欺骗、隐瞒、设置圈套等手段迷惑被讯问人套取的供述，有时亦称为“伪计”自白。其设置“陷阱”的方式多种多样，不可一一列举，最常见的有隐瞒事实或虚构证据进行欺骗，如声称已掌握犯罪的证据（实际未掌握），声称同案犯已招供（实际未招供），以及侦查人员隐瞒身份通过闭谈套取供述、出示模拟物品谎称物证而诱出被告人供述、通过已被警方掌握的同案犯套取供述等。对于陷阱供述的任意性判断，两大法系国家有所差异，并不必然导致供述被排除的后果。

英美判例上认为，诈伪方法使之供述是否非任意，应视其内容而定。例如，对犯罪嫌疑人诈称共犯业已供述，或者诡称已有有罪的证据、毋庸推诿等词，使之供述，即所谓说谎、隐瞒等，此项单纯使用诈伪，并不影响供述之任意性；但若以诈伪诱导虚伪的供述，则失去了任意性。对于使用隐瞒的计伪，不能隐瞒被告人享有的沉默权，且对已声明沉默权或律师帮助权的嫌疑人，欺骗和其他技巧都不能用以鼓励嫌疑人开口。

大陆法国家对欺骗讯问比英美法国家的容许度更低。在德国，单纯的诡计一般被允许，但是警察不得假装成私人的身份对被告问话，借以规避刑事诉讼法第 136 条的告知义务，如果因而取得被告之陈述，则该陈述不得作为证据。此外，明知而故意说谎，亦属禁止。例如，讯问的侦查人员故意欺骗被告，该重要之犯罪证据已被找到，而导致被告作供述；又如，即使在杀人案件中的尸体已被寻获，并已对被告展开侦查，但在讯问时对被告告知，其因涉及一失踪案件，故被讯问。但是，当警察在告知被告要实行羁押时，却不告知已对其不利的电话谈话施以合法的监听措施，则此尚不算欺骗行为，顶多是利用了被告人的不知情。讯问人员对受讯问人的错误没有义务加以避免或澄清，不过讯问人员也不得对由其无意引发的错误加以故意利用。在分辨讯问方法是否违法时，最重要的标准是被告在具体案例中是否仍有自由陈述之权利。

在德国，陷阱供述还涉及“窃听的陷阱”，判例 BGHst39，335 对此作了一项判定，即警察策动私人打电话给被告，然后在得到该私人同意后，以副机听取其谈话内容。

该被告在电话中就犯罪案件事实所做之陈述即透过该警察在审判程序中以证人身份所作的证言而被得知。该项窃听并不违反刑事诉讼法第 100 a 条、第 100b 条之规定，因为此二条之规定只针对监听而设，并未规范对电话谈话的旁听：刑事诉讼法第 136a 条并非规范通话双方的谈话内容之秘密；每个人均有权决定是否允许他人来旁听其谈话，而只有当被告受到欺骗时（如向其强调或保证该谈话不会被窃听），则其所作之陈述方不具证据资格。对此学说上存在不同意见。

而在日本，对骗供讯问所获的供述，判例指出，对嫌疑犯诈称同案犯已招供，是设圈套给嫌疑人施加心理压力，这种行为的结果是诱发虚伪的供述，因而不具有任意性，如果采用这种供述就是违反刑事诉讼法第 319 条的规定，应否定证据能力。在此，判例认为“骗供”的讯问方法是实质的排除理由。

对便衣警察或卧底人员与犯罪嫌疑人交往中获得的有关陈述，或者已被警察掌握的同案犯在警察的安排下与犯罪嫌疑人接触所获得的情报，在美国，这些陈述会因为违反任意自白规则，或违反米兰达规则而被排除；在英国，只要侦查人员没有主动引诱被告人犯罪，没有使用强迫或威胁的手段，这些陈述基本上不予排除。英国人认为，使用这些证据并没有造成对被告人不公正的审判，但警察绝不能诱使一个本来没有犯罪意图的人去犯罪或者教唆和鼓励其犯罪。在德国，对便衣警察乔装潜入监所，以便查出被告的作案真相时，虽未涉及讯问行为，但该供述仍不可采。具体理由存在分歧：判例认为应以刑事诉讼法第 136a 条的类推适用，视为欺诈行为，而联邦最高法院则认为这是不法的强制，罗科信先生认为，这种行为是对刑事诉讼法第 136 条关于讯问的规范的规避，属于无合法授权基础的一项侵犯，因此，该供述不得作为证据使用；不过，如果另一监犯基于自己的意愿、动机，而得知被告之犯罪证据，警察利用此证据，则应被允许，因为这里并无国家之侵犯。对于警察教唆人入罪的，在违反法治方式下所强取的证据，也应认定为无证据能力。在日本，对于通过侦查陷阱所获的供述，被认为多少存在强制而供述不具有任意性，从而否定其可采性。

7. 麻醉的口供

麻醉的口供，即酒精、麻醉品、兴奋剂及其他药物的作用而导致的嫌疑人、被告人的供述。能对供述产生影响的麻醉通常有“主动”“被动”两种形式，主动麻醉，是指为了取得有罪供述而积极地使用麻醉药物，或主动向被讯问人提供麻醉药品。而被动麻醉，则是对具有服用麻醉品嗜好的被告人；利用其处于麻醉中毒状态而进行讯问的行为。对于主动麻醉所取得的供述，各国均持绝对反对的态度，而对被动麻醉取得的供述，各国的态度有所差别。归结起来，大致有三种处理原则：①视中毒者的供述能力而定。例如，对处于重度中毒状态的被告人，即使其愿意供述，也应依据其明显丧失的精神控制能力而拒绝接受供述；对于中毒症状较轻的被告人供述，则不应轻率地否定其任意性，而应综合其辨别能力及其他证据加以全面衡量。②视虚假供述的可能性而定。对于重度中毒者应当暂缓讯问；对轻度中毒者则应当首先考察其辨认能力与精神控制能力，在能排除虚假供述可能性的条件下进行讯问。③视采集手段的违法性而定。对讯问人未作具体考察而导致的处于麻醉状态的被告人的供述视为违法，按照违法性的严重程度否定该供述的可采性。

（二）酌定排除

酌定排除，是指我国刑事诉讼法尚未规定，但法院依司法解释的规定可予以排除。2012年《最高人民法院关于适用〈中华人民共和国刑事诉讼法〉的解释》第81条规定，"被告人供述具有下列情形之一的，不得作为定案的根据：讯问笔录没有经被告人核对确认的；讯问聋、哑人，应当提供通晓聋、哑手势的人员而未提供的；讯问不通晓当地通用语言、文字的被告人，应当提供翻译人员而未提供的"。除此之外，酌定排除还适用于如下情形。

1. 测谎的口供

采用测谎技术对被告人供述的真实性加以测试是常用的侦查手段，如果将测谎时被告人的口供当做证据，则一般称为测谎的口供或测谎自白。测谎的口供不同于测谎结论，也不同于测谎结果。以法国为代表的大陆证据法理论始终认为，测谎技术通常被认为是一种企图直接窥视、窃取人内心秘密的不道德手段，在整个使用过程中都对被测试人造成不同程度的心理强制和精神打击，测谎过程中被告人的供述因此不具备任意性，测谎的口供也不具任意性。而德国法则认为，测谎是借由生理反应对无意识状态下的心理活动的测试，将侵害到被侵害的人格权核心，因此是禁止的讯问方法。在英美法中，测谎自白通常被直接看做容许性判断的对象。由于迄今为止，测谎技术尚未得到普遍的承认，故测谎自白的证据能力通常被直接否定。但是日本最高法院的判例中存在肯定测谎结论的证据能力的裁判，日本的一些学者据此推论，"如果测谎结论的证据能力被肯定具有合理的理由，那么否定测谎自白证据能力的理由就显得不太合理"。

2. 作为"毒树之果"的口供

所谓"毒树"，是指以非法方式取得的刑事证据，而由其中获取资料进而取得的其他证据则为毒树的"果实"。"毒树之果"的收集程序本身是合法的，只是在发现该证据之前的程序有违法的情形。英国在"毒树之果"问题上，在普通法和成文法中都采取了"排除毒树"但"食用毒树之果"的原则，确立这一原则的法律依据是1984年《警察与刑事证据法》第76条的规定，"供述根据本条的规定被全部或部分排除这一事实并不影响以下事实作为证据的可采性，（a）从被告人供述中发现的任何事实"。据此，经由非法获取的实物证据或非法的言词证据获得的被告人口供（出示非法取得的实物证据而获得被告人口供，以及非法取得被告人供述后再经合法程序讯问取得同样的口供）是可采的。但如果毒果的采用将造成对诉讼公正性的不利影响，则法庭将不予采纳（同法第78条第1款）。在美国，对于供述是否因为之前发生的非法搜查和逮捕而予以排除这一问题，美国最高法院的判例表明，如果在非法逮捕与口供之间没有发生重要的事情使"污染"中断而使这种毒树的毒素减弱，则由此取得的口供应予排除；反之，如果在受到非法逮捕被释放之后，自己主动去执法机关自愿作出供述，则所得的供述不再被认为是毒树之果，而不予排除[①]。然而，仅仅是在非法逮捕后告知嫌疑人米兰达权利而获得自愿的供述这一事实，将不能消除非法逮捕带来的瑕疵，该口供是“毒树之果”，应予排除[②]。没有给予“米兰达警告”的情况下所获的口供必须排除，但没有提出“米兰达警告”本身并不侵犯宪法权利，如果该陈述符合“自愿性”标准，随后再次讯问嫌疑人时，只要依法提出“米兰达警告”，且嫌疑人有效地放弃了“米兰达权利”，所获得的陈述具有可采性，不适用“毒树之果”原则。[③]但是，经强迫或刑讯取得口供后，对嫌疑人或被告人使用合法方法再讯问一次而取得的重复口供，是第一次口供的毒树之果，不具有可采性。

德国刑事诉讼法中对“毒树之果”理论，有称为“波及效”，有称为“长远之效力”的。对于“毒树之果”的处理，极具争议。有人认为“应适用此长运之效力学说，若不如此，则证据禁止就太容易被规避了”。联邦最高法院对违反信件、行政及电信秘密限制法的案例，也因其违反了基本法条第 10 条的规定而赞同成立长远效力；相反，判例 BGHSt 32，68 则主张，在违法电话监听时，只有当证人及被告之自白乃直接以该不法监听所完成的笔录为基础时，才成立长远之效力。而侦查机关可能只因基于不法之监听才找到被告的犯罪线索的这项理由，尚不足以使所取得之证据作为证据。联邦最高法院在一违反刑事诉讼法第 136a 条（即一潜入牢房的密探向被告探听到犯罪始末时）之案件中，同意经由不得作为证据之证言而调查出来的证人，可以作为确认被告之用。有学者认为，这些主张都不足取，“其无非在鼓励这类禁止的手法，使刑事诉讼法第 136a 条变得毫无意义”。可见，德国法官对于“毒树之果”的处理较美国保守得多。这与他们重视发现事实真实的价值取向不无关系。

对“毒树之果”的处理，日本往往参考美国的理论，而寻求符合日本国情的解决方式。对“毒树之果”是否排除，一般来说，应当根据违法行为的程度与两证据之间的关系进行判断，如果上述两点都不明显，则应当考虑取得的证据的重要性及案件的重要程度。派生证据是侦查机关的独立侦查活动成果的，或原违法证据与派生证据之间的关联性微弱的，根据稀释法则，可以否定二者之间的关系。对反复自白，即根据违法取得的自白所获得的内容无实质差别的自白，其证据能力取决于第一次自白与第二次自白的关联性。如果第一次自白是对警察作出的，而第二次自白是对检察官作出的，且嫌疑人不知道第一次非法取得的自白缺乏证据能力，则第一次自白的违法性波及第二次自白，第二次自白应予以排除。如果第二次自白是在法官决定逮捕讯问时作出的，其证据能力又如何呢？判例认为，决定逮捕时进行的讯问是由侦查人员以外的其他独立机关即法官实施的，且在决定逮捕讯问程序时已给嫌疑人辩解被疑案件的机会，因此可以决定逮捕讯问笔录有证据能力。若逮捕讯问中作出的自白是在第一次自白的违法性掩盖之下作出的，那么应慎重判断其证据能力。如果与第一次自白完全一致，应当排除。

---

① Wong Sun v. United States，371 O. S. 471（1963）。

② Brown v. Illinois，422 U. S. 590，95 S. Ct. 2254，45 L. Ed. 2d 416（1975）。

③ Oregon v. Elstad，470 U. S. 298，105 S. Ct. 1285，84 L. Ed. 2d. 222（1985）。

（三）可补正排除

可补正排除，是指我国刑事诉讼法尚未规定，但依司法解释的规定可允许经过补正或者作出合理解释来完善证据的资格，对于能够补正或者作出合理解释的，可以采用；对于不能补正或者作出合理解释的，则予以排除。2012年《最高人民法院关于适用〈中华人民共和国刑事诉讼法〉的解释》第82条规定，“讯问笔录有下列瑕疵，经补正或者作出合理解释的，可以采用；不能补正或者作出合理解释的，不得作为定案的根据：讯问笔录填写的讯问时间、讯问人、记录人、法定代理人等有误或者存在矛盾的；讯问人没有签名的；首次讯问笔录没有记录告知被讯问人相关权利和法律规定的”。除此之外，可补正排除还适用于如下情形。

1. 侵犯沉默权和律师帮助权的口供

在英国和美国，以侵犯沉默权和律师帮助权的方式取得的口供都不具可采性。在英国，主要是为了保障被告人受到公平的审判。例如，1988年的梅森案（Regina V. Mason）中，经由警察对被告人辩护律师的欺骗而取得的被告人供述最终被排除。1988年的塞缪尔（Samul）案中，因警察无正当理由拒绝被告人聘请律师的要求而使自白被排除。在美国，这一问题主要涉及当嫌疑人、被告人主张权利后的讯问规则。根据米兰达规则，羁押性讯问中的犯罪嫌疑人主张沉默权的，讯问应立即停止，否则将导致口供不可采。但密歇根州诉莫斯雷一案表明，在嫌疑人声明沉默权后警察立即停止讯问，过了相当一段时间后，由其他警察就该嫌疑人与第一次讯问内容不同的其他犯罪进行讯问时，只要在第二次讯问前告知了“米兰达权利”，且嫌疑人有效地放弃了“米兰达权利”，由此取得的口供是可采的[①]。倘若处于羁押性讯问中的嫌疑人主张的不是沉默权而是律师帮助权，则是否可以继续讯问？就这一问题，1981年的爱德华诉亚利桑那州（Edwards V Arizona（1981））案的判决已表明，如果嫌疑人在讯问时声明律师帮助权，讯问必经立即停止直到律师出现[②]。在1990年的民尼克诉密西西比州（Minnick V. Mississippi）一案中，联邦最高法院重申了这一立场，即“当被告人主张请律师时，讯问必须停止，不管被告人是否与律师协商过，在没有律师在场的情况下警察不得重新启动讯问。我们考虑，我们的规则是对爱德华一案确立的规则的适当和必要的延伸，单一地与律师协商，并不能消除警察劝说嫌疑人放弃权利的企图，也不能消除因羁押而带来的、将随羁押时间延长而不断增加的强迫压力。如果被告人主动与当局谈话或者讨论，那么爱德华一案并不排除在主张请律师的权利后，放弃第五修正案的保护”。[③]此外，嫌疑人在因甲罪接受讯问时主张律师帮助权而讯问停止后，警察也不能在未满足其律师帮助权的情况下，就乙罪对其讯问[④]。在嫌疑人被正式起诉后或在被逮捕后第一次出庭（传讯）后，他成了一名正式的“被告人”而不再是“嫌疑人”，以宪法第六修

① Michigan V. Mosley，423 U. S. 96（1975）。

② Edwards V. Ari zona（1981），451 U. S，477，101，s. Ct. 1880。

③ Minnjck V. Mississippi，479 IJ. S. 211（1990）。

④ Arizona V. Roberson。486 U. S. 675（1988）。

正案为根据的律师帮助权自动生效而无须其他主张。下级法院在衡量律师帮助权放弃的有效性时考虑如下要点：被告人是否已经主张其律师帮助权，以及警察是否在没有律师帮助的情况下试图与其谈话。最高法院已表明：在讯问中没有告知被告人他有权请一名律师会见他，这将导致第六修正案，而不是第五修正案的权利放弃无效。一名适用第六修正案的被告人也不可以由一名情报员私下发问，[①]但是以下行为将是可以接受的：在他的监舍里安置电子“窃听器”偷听同监人员之间的交谈，甚至使用情报人员但不讯问或促使他讲话，只是说他原来的陈述“听起来不是太圆满”。

要注意的是，在美国，“米兰达警告”本身不是联邦宪法所保障的权利，而只是判例创设出来的旨在保障沉默权的预防性规则，因此没有提出“米兰达警告”本身并不侵犯宪法权利。虽然所提出的“米兰达警告”不符合要求，但随后所获得的嫌疑人陈述只要具有自愿性，可以用作其庭审证词的弹劾证据。理由是：“假定排除规则具有威慑效果，……排除这种有问题的证据作为控方实质证据使用已可以产生足够的威慑”，“为了自己的辩护而作证的特权不能被解释为包括实施伪证的权利。”基于同样的理由，在向嫌疑人提出“米兰达警告”后，嫌疑人主张律师帮助权时，警察拒绝满足其权利要求而继续讯问的，所获得的自我归罪性陈述也可以用作弹劾证据。但是嫌疑人经给予“证据使用豁免”后所作的证词，不得用作其庭审陈述的弹劾证据。[②]可见对口供证据资格的限制主要将米兰达规则排除证据的范围限于控方实质证据上，对弹劾证据的排除适用依据联邦宪法第十四修正案正当程序原则的“自愿性”标准，从而在一定程度上降低了米兰达规则对侦讯活动的影响，其核心内容得以保留。

在德国，有关拒绝供述权与律师帮助权的保护由刑事诉讼法第 136 条规范。与刑事诉讼法第 136a 条不同，刑事诉讼法第 136 条并非完整意义上的证据排除规则，相反它曾被视为训示规定。过去对违反第 136 条的告示义务是否成立证据使用禁止备具争议。但联邦最高法院现在强调沉默权也是刑事诉讼的一项原则，如果警察讯问时没有告知被告人有拒绝陈述权，则必须成立证据使用禁止。在一些例外情形中，虽违反告示义务，但所得的口供具有证据能力。这些例外总结起来有两种情形：其一，被告人已知悉其有沉默权而自愿加以陈述的；其二，被告人供述后知悉了其沉默权而仍然同意该陈述具有证据能力从而弥补了诉讼程序的错误。特别要指出的是，如果在先前的讯问中，警方违反告知义务，而在后来的讯问中虽经告知沉默权而被告人仍为相同的陈述，这一陈述是否具有证据能力取决于法院是否再另行告知被告人其以前的陈述并无证据能力（即是否已履行加重的告知义务）。如果被告在警察人员未对其告知有沉默权及未展开此讯问前，被告人即主动承认其罪行，此所谓自发性的自白，该自白可以作为证据使用。如果警察人员只是在犯罪现场或附近探问在场之人是否注意到特定事项，则无须为告知义务。如果这种探问下发现被问者就是行为人，则他当时的陈述仍可作证据使用。对于被告人获得律师帮助的权利，德国刑事诉讼法给予了强有力的保障，未告知律师帮助权或非法地剥夺、限制了被告人获得律师帮助的权利，则所获供述无证据能力。日本法上，未告知被讯问人沉默权或侵害被讯问人委托辩护人权利取

①Massiah V. U. S. 377. U. S 201（1964）。

②Illinois v. Perkins，496 U. S. 292（1990）。

得的自白，不仅在程序上违法，还侵犯了嫌疑人供述的自由权，因此原则上予以排除。下级法院的审判例还指出，侵害沉默权、不给辩护人辩论机会、有诱供可能性、对检察官作出的自白是根据前一天对警察的自白所作出，从保护人权和排除虚伪的观点看，其任意性是值得怀疑的。要注意的是，自白的任意性并不要求必须是嫌疑人自发、主动的自白。在侦查人员已掌握一定证据的前提下，以诘问的方式迫使嫌疑人交代的，不能认为取供方法不当而否定自白的任意性。

2. 私人取得的口供

经由私人对被疑人的讯问取得的供述，其可采性如何？私人取得的被讯问人不利己的陈述，通常采录者或供述书形式固定。对于私人取得的口供，由于不存在国家公权力的行使，因而不必履行权利告知义务。在英美，对纯粹由私人取得的供述，其可采性只接受基本的自愿性检验。在德国，私人固然可以以合法方式取得证据；但是私人以违法手段取得的供述之可采性如何？由于刑事诉讼法的规定只适用于犯罪侦查机关，因此原则上这类证据是可以作为证据使用的，只有在极端违反人权的案例中才有其例外。例如，当私人以悲惨的拷打方式逼迫写的自白书。对私人就被告人的犯罪计划、犯罪事实之陈述所作的秘密录音的可采性，联邦最高法院的判决认为，“该由刑事侦查机关所秘密录制之录音如得认定为证据之用，则无异于又一新的、且独立的伤害人权之措施”。在日本，私人取得的供述也只需通过自愿性检验。

【课堂讨论】

被告人陈某铃，男，50 岁，在某年 4 月 6 日、5 月 8 日和 6 月 5 日均以丢钱捡钱的方式，在福州总院门诊大厅，分别骗取病人家属 4 000 元、6 000 元和 1 000 元，三次合计诈骗 11 000 元，6 月 5 日被鼓楼区公安局抓获，已移送检察院审查起诉。被告人陈某铃的亲属委托律师后，在律师会见被告人陈某铃时，他告诉律师：那年的 3 月底至 5 月底他均在三明出差，没有在福州待过，他一直用女儿的名字在古田县移动公司开户的手机卡通话，可以证明，该手机及手机卡现已扣押在案，他过去确实没有诈骗，就干这一次当场被抓。

本案被告人陈某铃的辩护律师怎么辩护？要收集哪些证据？如何提交证据？如何量刑？

【司法考试真题链接】

1. 下列证据中，既属于直接证据又属于原始证据的有哪些？（　）（2003 年卷二多选第 59 题）

A. 犯罪嫌疑人在侦查阶段向侦查人员所作的有关犯罪过程的供述

B. 侦查人员在现场提取的犯罪嫌疑人的指纹

C. 被害人关于刘某抢劫其钱财的陈述

D. 沾有血迹的杀人凶器

2. 某公司被盗手提电脑一台，侦查人员怀疑是王某所为，王某一开始不承认，但后来经过刑讯承认了盗窃事实，并供述已将电脑卖给刘某，同时还说他拿公司的电脑是因为公司拖欠了 6 个月的工资。侦查人员找到刘某后，刘某说电脑又倒卖给了秦某。

秦某起初不承认，侦查人员威胁他："如果不承认就按共同盗窃论罪！"秦某害怕，承认了购买电脑一事，并交出了电脑。此案中下列哪些证据不能作为定案的根据？（　）（2003 年卷二多选第 65 题）

A. 王某承认盗窃事实的供述

B. 王某有关公司拖欠他工资的辩解

C. 秦某的证言

D. 手提电脑

3. 关于讯问犯罪嫌疑人，下列哪些选项是正确的？（　）（2014 年卷二多选第 70 题）

A. 在拘留犯罪嫌疑人之前，一律不得对其进行讯问

B. 在拘留犯罪嫌疑人之后，可在送看守所羁押前进行讯问

C. 犯罪嫌疑人被拘留送看守所之后，讯问应当在看守所内进行

D. 对于被指定居所监视居住的犯罪嫌疑人，应当在指定的居所进行讯问

4. 在法庭审理过程中，被告人屠某、沈某和证人朱某提出在侦查期间遭到非法取证，要求确认其审前供述或证言不具备证据能力。下列哪些情形下应当根据法律规定排除上述证据？（　）（2013 年卷二多选第 68 题）

A. 将屠某"大"字形吊铐在窗户的铁栏杆上，双脚离地

B. 对沈某进行引诱，说"讲了就可以回去"

C. 对沈某进行威胁，说"不讲就把你老婆一起抓进来"

D. 对朱某进行威胁，说"不配合我们的工作就把你关进来"

5. 关于辨认程序不符合有关规定，经补正或者作出合理解释后，辨认笔录可以作为证据使用的情形，下列哪一选项是正确的？（　）（2012 年卷二单选第 27 题）

A. 辨认前使辨认人见到辨认对象的

B. 供辨认的对象数量不符合规定的

C. 案卷中只有辨认笔录，没有被辨认对象的照片、录像等资料，无法获悉辨认的真实情况的

D. 辨认活动没有个别进行的

6. 下列哪一选项表明我国基本确立了自白任意性规则？（　）（2012 年卷二单选第 28 题）

A. 侦查人员在讯问犯罪嫌疑人的时候，可以对讯问过程进行录音或者录像

B. 不得强迫任何人证实自己有罪

C. 逮捕后应当立即将被逮捕人送交看守所羁押

D. 不得以连续拘传的方式变相拘禁犯罪嫌疑人、被告人

第十一章 当事人陈述

【案例导入】被告冯宗某的儿子冯某，男，28岁，与余某结婚后生有一女孩冯乙已3岁，其婚后经营机械修理业务赚了不少钱，除了在自己的老家建有一栋两层的民房（约5万元），其一层做修理工厂和厨房，二层住冯某一家三口，为了防盗在所有的窗户上均用防盗网封得很牢固。除此以外，冯某还在城关购有一套商品房（首付5万元）和银行存款人民币10万元。一个夏天的凌晨5点多，修理工厂和厨房失火，火势很猛，浓烟已从门缝熏入房间，把冯某与余某熏醒。余某打开房门，造成大量浓烟冲进房间，冯某打开窗户向外求救并拿起板凳砸防盗网企图逃生，却无济于事。等群众破门而入，前来搭救时已晚，冯某一家三口均已死亡。女儿冯乙死在床上，余某死在床边，冯某死在窗户边，手里还拿着板凳。后余某的母亲作为原告起诉认为冯乙最早死在床上，接着冯某死在窗户边，余某最后一个死亡，故请求继承余某遗产即冯某与余某夫妻共同财产的四分之三，即15万元。

问：本案原告起诉要收集哪些证据？冯宗某作为被告在法庭上的答辩是当事人陈述？

第一节 当事人陈述的概念、构成和特点

一、当事人陈述的概念

一般认为，当事人陈述的涵义有广义和狭义之说。广义的当事人陈述包括当事人对案件事实、诉讼请求和诉讼标的等的陈述；狭义的当事人陈述，仅指当事人在诉讼中就与本案有关的事实（其中包括对自己有利的事实和不利的事实）向法庭所作出的主张或陈述。樊崇义认为，“当事人陈述，是指当事人就有关案件的事实向人民法院所作的说明，它包括当事人自己说明案件事实和对案件事实的承认”。这个概念是狭义的当事人陈述，其有如下不足：①没有说明“当事人”是哪种诉讼场合的“当事人”。这里的“当事人”，应包括两层含义，其一是指有限的诉讼当事人，即这里的“当事人”仅指民事诉讼、行政诉讼和刑事附带民事诉讼的当事人，而不包括刑事诉讼中的刑事被害人、刑事自诉人、犯罪嫌疑人、刑事被告人；其二是指广义上的当事人，即指除了民事诉讼、行政诉讼和刑事附带民事诉讼中的原告和被告以外，还包括有独立诉讼请求权的第三人和无独立诉讼请求权的第三人及共同诉讼人。②没有将当事人对诉讼

请求的承认纳入当事人陈述的内容和范围，这是错误的。因为当事人对诉讼请求的承认，虽然属于诉讼过程中当事人对实体权利的处分，但本身是一种证据，属于证据法上当事人陈述的范畴，能够产生拘束法院的效力，法院依据当事人对诉讼请求的承认，可作出于承认者不利的败诉判决。同理可佐证的是，刑事诉讼中被告人的自愿认罪，是一种特殊形式的“自认”，也是一种证据，属于证据法上被告人口供的范畴，法院依据被告人的自愿认罪，可作出于有罪的从轻判决。而广义的当事人陈述，外延太宽，不应当作为证据使用的内容，如当事人对争议事实的法律评断和适用法律的意见，作为当事人陈述的证据内容，从而混淆了当事人陈述的真正的概念。所以，为了正本清源，笔者认为，当事人陈述的含义，应是指民事诉讼、行政诉讼和刑事附带民事诉讼中的当事人，就有关案件的事实向人民法院、行政执法机关和侦查检察机关所作的陈述和对诉讼请求的承认，可证明案件事实和作为裁判根据的证据形式。

二、当事人陈述的构成要件

（1）当事人陈述是民事诉讼法和行政诉讼法规定的一种独立的证据种类和法定形式。2012 年民事诉讼法和 2014 年行政诉讼法修正案草案均将当事人陈述规定为一种独立的证据种类。2012 年刑事诉讼法刑事诉讼中的“被害人陈述”和“犯罪嫌疑人、被告人供述和辩解”（俗称口供）则单列为另外两种证据。因此，我们必须把这两种证据与民、行政诉讼中的当事人陈述区别开来，不能混为一谈。

（2）当事人陈述的内容仅限于当事人就有关案件事实所作的陈述和对诉讼请求的承认。一般来说，当事人陈述的内容有四点：①关于案件事实的陈述和对诉讼请求的承认；②关于案件处理方式的意见；③对证据的分析和应否采用的意见；④对争议事实的法律评断和适用法律的意见；等等。但是，能起证明作用并可作为证据使用的，只有上述第一项的内容，即“关于案件事实的陈述和对诉讼请求的承认”，其他三项内容不能作为证明案件事实的证据。因此，不能笼统地认为当事人的陈述都是证据。

（3）当事人陈述必须是向人民法院、行政执法机关、侦查检察机关所作的叙述和承认。在民事诉讼中，当事人陈述必须是向人民法院所作的陈述。而在行政诉讼中，当事人陈述必须是向行政执法机关或者人民法院所作的陈述。在行政诉讼中，当事人向行政执法机关所作的陈述，也应认定为当事人陈述。在刑事附带民事诉讼中，当事人陈述必须是向侦查检察机关或者人民法院所作的陈述。在刑事附带民事诉讼中，当事人向侦查、检察机关所作的陈述，也应认定为当事人陈述。当事人的陈述可就自己提出的事实进行叙述，也可就对方当事人所提出的事实予以承认。

三、当事人陈述的特点

1. 陈述主体的排他性

当事人陈述的主体只能是诉讼当事人。也就是说，民事诉讼、行政诉讼和刑事附带民事诉讼中的原告和被告、有独立诉讼请求权的第三人和无独立诉讼请求权的第三人及共同诉讼人、诉讼代表人。而其他诉讼参加人和刑事诉讼中的刑事被害人、刑事自诉人、犯罪嫌疑人、刑事被告人所作的陈述都不属于当事人陈述。

2. 陈述指向主体的特定性

在行政执法时，当事人陈述必须向行政执法机关进行；在诉讼中，当事人陈述必须向法院进行，否则不发生法律效力。如果当事人不是向法院进行陈述，而是向诉讼代理人或者其他人陈述相关的案件事实情况，则不属于当事人陈述这种证据形式。因此，在诉讼中当事人陈述表现为在法庭上当事人直接向法院的具体审判人员进行陈述。

3. 陈述内容的双重性：真实与虚假并存

（1）真实性。一方面，当事人作为当事人陈述的证据来源，是发生争议的实体法律关系的主体，大都是案件事实的经历人，是引起争议的实体法律关系发生、变更和终止的行为的实施者。因此，当事人是对争议案件的事实情况了解和掌握最直接、最全面，也是最深刻的人。另一方面，当事人既然已将他们之间的争议提交法院进行裁决，就带有一种“到法院把事实讲清楚”的心态，因此当事人为了证明自己主张的正当性和合理性，会自愿积极地向法院举证，陈述他们知道的有关案件的全部事实情况。对原告来说，一般认为自身的合法权益受到了侵犯，因此为了“讨回公道”，使自己的权利恢复到未被侵害的状态或使自己获得恰当的补偿，在主观上愿意将其感知记忆的案件情况向法院作客观的陈述。对被告来说，如果认为原告的主张不合理或不尽合理，也愿意向法院陈述案件事实，以便能有效地抗辩原告的主张和事实，保护自己的合法权益。对刑事被害人来说，他是受犯罪行为直接侵害的受害者，期望犯罪分子能得到严惩。因此，被害人一般也愿意将其亲身经历和感知到的犯罪事实向公安司法机关作真实的陈述。总之，正是由于当事人有一种去法院“讨回公道”以保护自己合法权益的积极心理，使我们有理由认为，当事人能够真实客观地向法院陈述有关案件的真实情况。

（2）虚假性。由于当事人与案件处理结果有直接的利害关系且有强烈的胜诉欲望，我们看到了当事人陈述的一面，即真实性。但是，我们也应看到当事人陈述的虚假性一面。当事人在利己主义和严惩报复等心理的作用下，往往会千方百计地隐瞒对自己不利的有关事实和证据，而夸大甚至编造对己有利的事实和证据，向法院作虚假的陈述。因此当事人陈述的真实性、客观性和全面性就令人生疑，而深深地打上了虚假性、主观性和片面性的烙印。总之，当事人陈述作为证据种类之一，从应然的意义上说，比任何其他证据形式都更能反映案件真实情况，具有更大的证明价值；但是从实然的意义上说，我们又不能忽视当事人陈述的虚假一面，不可轻信以免被误导，造成错判和冤枉无辜。因此，人民法院对当事人的陈述，应当结合本案的其他证据审查确定是否作为认定事实的根据。

4. 陈述过程的争辩性

诉讼中的双方当事人为了胜诉或获得对自己有利的结果，在整个诉讼过程中总是处于紧张的对立状态中。当事人为了支持自己的主张和事实或者为了反驳对方当事人提出的不利于己的主张和事实，总是不断地提出有利于己的事实和证据。而在这个过程中，当事人向法院所作的书面或口头陈述扮演着最主要的角色，成为诉讼双方对抗状态的最直接体现者。正是当事人陈述的这种争辩性和对抗性，使法院得以随着诉讼程序的不断展开而查清案件真情，并据以作出正确裁判，解决纠纷，实现社会正义。这里需要指出的是，当事人承认对方当事人提出的不利于己的事实或主张的承认性陈述，虽然其争辩性归于消灭，但从某种意义上说，正是当事人陈述的争辩性使当事人为承认性陈述。例如，一方当事人经过法庭的激烈辩论后，认识到自己的错误或对方提出的事实与主张的正确性和合理性而承认。

第二节　当事人陈述的分类和作用

一、当事人陈述的分类

我国现行诉讼法虽然没有严格规定当事人陈述的种类，但是根据不同的标准，仍可以对当事人陈述作不同的分类。

（1）根据当事人陈述的内容，可以分为有关案件事实情况的陈述和案件事实以外的其他陈述。这种划分的目的在于明确诉讼中，只有涉及事实情况的当事人陈述，才能作为证据使用。

（2）口头陈述和书面陈述。根据当事人陈述的形式的不同，可分为书面陈述与口头陈述。所谓书面陈述，是指当事人运用文字或书面的形式，将有关案件事实的情况加以表达，如起诉状、答辩书等。原告在诉状中必须指明他提出要求所根据的情况与能够证实这些情况的证据，因此，在诉状中必然包含作为证明手段的当事人书面形式的陈述。被告在答辩书中，可以承认原告指出的全部事实或部分事实，也可以否认这些事实而提出另一些事实。在这里，被告的“承认”“否认”“提出”，皆为书面陈述。所谓口头陈述，是指当事人通过口头方式将有关案件事实的情况直接表达出来。在询问当事人、法庭审理过程中，当事人表达其所知道的案件事实情况时，往往直接以口头方式。一般来说，在诉讼中，既有书面陈述又有口头陈述，书面陈述缜密，口头陈述朴实，两者各有所长，可以相互补充。

（3）确认性陈述、否认性陈述和承认性陈述。根据当事人陈述的性质的不同，可分为确认性陈述、否定性陈述与承认性陈述。确认性陈述，是指当事人主动提出一定事实作根据，以证明争议的实体法律关系存在的陈述。例如，原告向法院详细地讲述了被告曾于某日某地向其借款若干元，但至今未还等情况，要求法院确认该借款关系之存在并判决被告返还借款及其利息。原告向法院的“讲述”即为确认性陈述。经法院审理，如果查明原告所主张的借款事实属实，就要依法判决被告偿还原告的借款并支付相应利息。可见，确认性陈述具有主动性、独立性和利己性的特点，无论另一方当事人有无相关的陈述，一方当事人皆可主动向法院陈述对自己有利的事实。

而否定性陈述，是指当事人在诉讼中列举事实，否认争议中某种事实或认为诉讼请求所依据的法律关系根本不存在的陈述。例如，上述案件中被告作出已将借款偿还于原告的陈述，而否认原告所说的“至今未还”。被告的陈述即为否定性陈述。可见，否定性陈述具有被动性、依附性和利己性的特点，是针对另一方当事人作出的不利于其陈述而作出的一种反应，否定对方，保护自己。从以上分析可以看出，虽然确认性陈述和否定性陈述中当事人的态度不同，但两者都是当事人出于利己的考虑而作出的。

与上述两种陈述不同，承认性陈述是指当事人在诉讼中明确地承认对方当事人提出的事实或请求的陈述。例如，上例中被告作出其曾向原告借款并至今未还的陈述，即为承认性陈述。承认性陈述一般对陈述者来说是不利的，是当事人陈述的一种特殊形式。

二、当事人陈述的功能和作用

第一，阐明案情功能，这对于法院确定管辖权，划定案件审理的基本范围具有重大的意义。当事人作为诉讼主体，为了支持自己的诉讼请求而向法院陈述事实，即阐明案情功能。大陆法系通说认为当事人对诉讼请求赖以成立的事实根据的提出负有“主张责任”。它有助于法官发现真实，但由于已经是过去的事实，当事人对其存在利害关系，所以当事人阐明案情不是一个简单机械的过程，而是一个记忆的过程。在双方当事人陈述中，法官应过滤不必要的事实，从而掌握案件的真实情况。

第二，证明案件事实的功能，这对于法院查清案情，正确断案，保护当事人的合法权益具有重大意义。当事人作为证据方法就其亲历所知向法院陈述有关案件事实，以作为证据资料供法院参考。此即当事人陈述是作为证明的手段，起到证明待证事实的作用或证据作用。这对查清案情、正确认定案件事实是非常必要的。此外，当事人陈述有助于提高诉讼效率，节约司法资源，降低司法成本。

当事人陈述的这两大功能在大陆法系国家民事诉讼法上具有不同的制度表现。阐明案情功能在德日民事诉讼法上表现为“当事人听取制度”，如日本民事诉讼法第151条规定：“审判长为了明了诉讼关系，在口头辩论的日期或者期日之外，就有关事实上及法律上的事项对当事人进行发问，并且催促其进行证明。”证明案件事实的功能表现为“询问（讯问）当事人制度”，如日本民事诉讼法第207条规定：“法院根据申请或依职权，可以讯问当事人本人。”我国台湾地区在2000年修订“民事诉讼法”时也在第二编第一章第三节第五目（勘验）之后增加了第367条“当事人讯问”。总之，各国都比较重视当事人陈述的功能和作用。

第三节 当事人承认

一、当事人承认的概念和分类

一般认为，当事人承认的涵义有广义和狭义之说。广义的当事人承认包括当事人对事实主张的承认和对诉讼请求的承认。樊崇义认为“当事人承认即当事人作出的承认性陈述，是指一方当事人对他方当事人所提出的事实或诉讼请求，明确表示予以承认的陈述”。而狭义的当事人承认，是指一方当事人对他方当事人在诉讼中所提出的事实主张予以承认的陈述。有人认为，证据法上的当事人承认，仅取狭义之说。这种观点将当事人对诉讼请求的承认，排斥于证据法上当事人陈述的范畴，可能影响诉讼效率和效益，是有害的。还有人认为，当事人对诉讼请求的承认，属于诉讼过程中当事人对实体权利的处分，而不属于证据法上当事人陈述的范畴。这与司法实践不符，是错误的。笔者认为，证据法上的当事人承认，应取广义之说。其理由如下：第一，当事人对事实主张的承认和对诉讼请求的承认，本身都是一种证据，均属于证据法上当事人陈述的范畴，都能作为证据加以使用。第二，当事人承认包括当事人对事实主张的承认和对诉讼请求的承认是法律明确规定的。2015 年《民事诉讼法的解释》第 92 条和 2012 年民事诉讼法第 51 条规定，“一方当事人在法庭审理中，或者在起诉状、答辩状、代理词等书面材料中，对于己不利的事实明确表示承认的，另一方当事人无需举证证明”，“被告可以承认或者反驳诉讼请求，有权提起反诉”。所以，当事人承认的概念，是指一方当事人在法庭上在受命法官或受托法官面前的口头陈述，或者在诉讼中的书面陈述，对于己不利的事实或诉讼请求明确表示承认的、具有证据效力的记录。需要说明的是，当事人的承认，要么是当事人的口头陈述，要么是当事人的书面陈述，但最终都表现为一种记录，即录音记录或书面记录等。

从上述概念中我们可将当事人承认分为两类：一是当事人对事实主张的承认通常称为“自认”，也称为“事实自认”；二是当事人对诉讼请求的承认通常称为“认诺”，又称为“权利自认”。

二、当事人承认的共同构成要件

当事人承认具有免除对方当事人举证责任并对法院行使审判权产生拘束力的效果，因此它的成立需要具备一定条件。

（1）当事人承认的场合，仅指诉讼上的承认，而不包括诉讼外的承认。所谓诉讼上的承认，是指当事人在诉讼过程中向审判人员作出的认可对方当事人事实主张或诉讼请求的意思表示。只有当事人在诉讼过程中的承认才能产生相应的法律后果。当事人在诉讼外对不利于己的案件事实或诉讼请求的承认，应当比照一般的证据进行正常的举证和质证，不能成为免除当事人举证责任的法定事由。

（2）当事人承认的时间，必须在诉讼程序的进行过程中作出。当事人必须在立案后法院判决前作出承认。如果在诉讼程序开始前或结束后所作出的承认，均不构成“当事人承认”。至于在立案后法院判决前的哪个阶段作出承认的表示，则在所不问。原告可在法院受理的起诉状中表示承认，被告可在答辩状中表示承认，也可在开庭审理的过程中表示承认。但是，当事人的承认一般应在最后一次法庭辩论结束、法院判决前作出。否则，法院一旦作出判决，当事人的承认就失去了意义。

（3）当事人承认的对象必须向受命法官或受托法官作出。当事人虽然在诉讼程序的进行过程中作了承认的意思表示，但如果“表白”的对象不是审理该案的审判人员，而是其他的法官或者对方当事人，那么其作出的承认就不发生法律效力。

（4）当事人承认的方式必须是有明确的意思表示。当事人承认对民事诉讼有较大的约束力和影响力。为了确保其真实性和自愿性，我国对当事人承认的成立限定了较为严格的条件。当事人承认必须是明确表示承认，如果当事人默示承认，即既未表示承认也未表示否认，只有经审判人员履行法定的释明义务后仍然默示的，才能视为承认。《最高人民法院关于民事诉讼证据的若干规定》第 8 条规定：“诉讼过程中，一方当事人对另一方当事人陈述的案件事实明确表示承认的，另一方当事人无需举证。但涉及身份关系的案件除外。对一方当事人陈述的事实，另一方当事人既未表示承认也未否认，经审判人员充分说明并询问后，其仍不明确表示肯定或者否定的，视为对该项事实的承认。”

（5）当事人承认的主体只能是当事人、法定诉讼代理人或委托诉讼代理人。在诉讼中，当事人当然可以作出承认。在当事人为无民事行为能力人和限制民事行为能力人时，应由其法定诉讼代理人代为诉讼，因此当事人承认的主体应包括法定诉讼代理人。在当事人或法定诉讼代理人委托他人代为诉讼的情况下，委托诉讼代理人也可作为当事人承认的主体。但是，委托诉讼代理人作为当事人承认的主体要受到限制，即当事人不在场且未经特别授权的代理人不得对对方的诉讼请求表示承认。《最高人民法院关于民事诉讼证据的若干规定》第 8 条规定：“当事人委托代理人参加诉讼的，代理人的承认视为当事人的承认。但未经特别授权的代理人对事实的承认直接导致承认对方诉讼请求的除外；当事人在场但对其代理人的承认不作否认表示的，视为当事人的承认。”

（6）当事人承认的表现形式必须有记录或者做成记录。特别需要注意的是，当事人的承认必须有记录或者做成记录时，才具有证据的效力。这有国外的法律规定可供借鉴。《德国民事诉讼法》第 288 条（审判上的自认）规定：“（1）当事人一方所主张的事实，在诉讼进行中经对方当事人于言词辩论中自认，或者在受命法官或受托法官面前自认而作成记录时，无须再要证据。（2）审判上的自认的效力，不以（对方当事人的）承认为必要。”当事人的承认必须有记录或者做成记录时，才能将该记录作为证据使用。

三、当事人承认的撤销

当事人承认一旦有效作出，对当事人和法院都会产生拘束力，当事人不能随意撤回而再作相反的主张。其理由有二：一方面，当事人承认具有免除当事人举证责任和约束人民法院的效力，如果允许当事人随意撤回，则需要恢复法庭调查重新进行举证质证，势必会给法院的审判造成混乱，对诉讼效力也会造成消极的影响。另一方面，其违反了禁止反言原则（equitable estoppel）。禁止反言原则是英美法系国家的一般契约理论，其基本内涵是“My word is my bond”——言行一致，不得出尔反尔。英美法系国家传统的契约理论是：合同成立、变更均须有对价（consideration）才能产生强制执行之效力。但实践中大量存在着这样的现象，某人许诺赠与他人物品或答应他人无偿为其做某事，但不久又反悔而使受诺人遭受损失。受诺人受到损失后却无法律依据阻却权利人权利的行使。20 世纪 40 年代以前，英美法系国家的法官解决这一问题，使法律天平平衡的砝码，一是在衡平法上采用禁反言，二是尽其所能寻找有效的约因。这种方法往往牵强附会，徒增人们对法律公正性的怀疑。1877 年英国法官卡恩斯勋爵（Lord Cairns）审理 Hughes V. Metropolitan Railway Co. 案时就提出了禁止反言的观念，但并未引起人们的重视。直至 1947 年，卡恩斯勋爵的观念被英国大法官丹宁（Lord Denning）传承，并将其确立为一个法律原则。在诉讼中禁止反言，是指当事人在诉讼中实施一定的诉讼行为后，没有正当的理由不得随意实施否定前一行为或与前一行为相矛盾的诉讼行为。

但是，为了兼顾诉讼的公平，在有些情况下，也允许作出承认的当事人主张承认无效或者申明撤销。《最高人民法院关于民事诉讼证据的若干规定》第 8 条规定：“当事人在法庭辩论终结前撤回承认并经对方当事人同意，或者有充分证据证明其承认行为是在受胁迫或者重大误解情况下作出且与事实不符的，不能免除对方当事人的举证责任。”据此条规定可见，我国允许当事人撤销承认的条件如下：一是当事人要准确掌握时机，只有在法庭辩论终结前才允许撤回承认；二是当事人能够证明，其承认行为是在受胁迫或者重大误解情况下作出的，因而违反了意思自愿原则；三是当事人能够证明，其所承认的事实与案件真相不符，因而作出这种承认是错误的。此外，如果作出承认的当事人要求撤回承认，而又不符合上述条件，但是获得了对方当事人的同意，也应允许其撤销。

第四节　认诺和自认

一、认诺

（一）认诺的概念

认诺（权利自认）是大陆法系国家和地区民事诉讼法理论与实践中的一种术语，它是在严格区分自认的基础上产生的概念，大陆法系国家的民事诉讼法学者习惯将承认他人于己不利的事实主张称为自认，而对另一方诉讼请求的承认，则称为“承诺”或“认诺”。也有学者将前者称为事实自认，将后者称为权利自认，其内涵基本一致。

在我国台湾学者看来，所谓认诺，是被告于言辞辩论时，向法院表示原告所起诉之要求正确，而就原告之诉之声明陈述屈从之行为。日本学者则认为，认诺即承诺请求，是指被告承认原告所请求的全部或部分是完全正确的诉讼上的陈述。我国的理论、立法和实践中多将认诺称为“承认”。例如，我国 2012 年民事诉讼法第 51 条规定：“被告可以承认或者反驳诉讼请求，有权提起反诉。”根据以上认诺的定义，认诺的内涵可以归纳如下：认诺的主体只能是民事诉讼中具有诉讼行为能力的被告，具体包括本诉中的被告和反诉中的本诉原告及他们的诉讼代理人。除此而外的主体如证人、鉴定人等的承认，不产生认诺的效力。

（二）认诺与自认的区别

认诺与自认的区别如下：首先，承认对象不同。认诺，通常是当事人对诉讼请求的承认，而自认是当事人对事实主张的承认。其次，承认的主体不同。对事实的承认，双方当事人都可以作出，只要一方当事人主张了针对另一方当事人的需要负举证责任的事实，另一方当事人都可以表示承认。但对诉讼请求的承认，永远只能由被告向原告作出。再次，基于诉讼的原则不同，对事实的承认受证据法上关于证据效力规定的调整，双方当事人对特定事实主张认识一致，对承认方的当事人有约束力，不需要法官行使裁判权予以判决。因此，排除了对方当事人的举证责任和法院的事实认定权，对诉讼请求的承认受诉讼法和实体法的双重调整，是当事人根据处分原则和权利自治原则所行使的处分行为，它表明双方当事人对诉讼请求没有争议，需要法院行使审判权加以确认。最后，承认的效果不同，对事实主张的承认，在诉讼上能够产生免除事实主张者举证责任，同时对法院产生拘束力。法院应当采纳其作为判决的根据。对诉讼请求的承认，也同样能够产生拘束法院的效力，只是诉讼请求的承认要求法院据此作出于承认者不利的败诉判决。

二、自认

（一）自认的概念、渊源和性质

自认（事实自认）是一项古老的法则，中西皆然。早在我国西周的诉讼中，就存在一种称为供词的证据方式。依规定，当事人在进行诉讼时必须宣誓，保证证词的真实性和严肃性，而后进行民事诉讼要收费，原告和被告必须亲自到庭，并缴纳“束矢”（即 100 只箭）作为诉讼保证金，才能使诉讼得到受理。败诉方的箭则被没收充公。如果一方不到庭或拒不缴“束矢”，就是“自服不直”，承认自己无理，要判为败诉。这是有史可证的自认规则的雏形。现在，我国《最高人民法院关于民事诉讼证据的若干规定》第 8 条第 1 款规定，该条首次在我国的民事诉讼中确立了自认制度。因此，所谓自认，属于当事人承认的范畴。其含义是当事人一方对他方所主张的不利于己的案件事实承认其为真实的意思表示。

关于自认的性质，长期以来存在诉讼契约行为说和完善证据方式说两种不同的观点。

诉讼契约行为说认为，自认是当事人的一种意思表示，是处分诉讼权利，履行诉讼义务的诉讼行为，而且是双方当事人共同实施的“诉讼契约行为”。而完善证据方式说认为，自认是一种证据方式，而且是“完善的证据方式”。这种观点将免除当事人证明责任的原因归于自认本身是一种完善的证据方式，即当事人一旦对某一事实予以自认，该事实就成为没有争议的事实，由于法院裁判的基础只能是当事人无争议的事实，因此自认就对法院产生了约束力。笔者赞同完善证据方式说，认为自认是一种证据。其理由如下：第一，从内容上说，自认是当事人陈述案情的行为，这是证据方式的组成部分；第二，在某些国家的民事诉讼法中，已明确地将自认规定为一种“完善的证据方式”，如法国民事诉讼法就明文规定自认是一种“完善的证据方式”，具有充分的证据力，而美国民事诉讼法则将当事人之间互相要求自认作为审前证据开示中获得证据的重要方法；第三，诉讼契约行为说认为，自认是当事人放弃要求对方举证的权利的诉讼行为，其法律效果即免除对方当事人的证明责任。这是错误的。实际上，免除对方当事人的证明责任，是因为自认对于已不利的事实予以承认，其承认陈述表面上是诉讼行为，实质上是作为一种证据已经证明自认的事实为真实，该事实已成为没有争议的事实，因而免除对方当事人的证明责任。因此，自认是一种“完善的证据方式”，其证明力较强。

（二）自认的条件、不适用情形、认定和效力

2015 年民事诉讼法的解释第 92 条规定“ 一方当事人在法庭审理中，或者在起诉状、答辩状、代理词等书面材料中，对于已不利的事实明确表示承认的，另一方当事人无需举证证明。对于涉及身份关系、国家利益、社会公共利益等应当由人民法院依职权调查的事实，不适用前款自认的规定。自认的事实与查明的事实不符的，人民法院不予确认”。这条规定包含了自认规则的四个内容，即自认的条件、自认的不适用情形、自认的认定和自认的效力。

1. 自认的条件

自认的成立，除了必须具备前述当事人承认的 6 个共同构成要件外，还须具备以下自认成立的具体构成要件。

（1）自认是就案件事实所作的承认。自认的内容是承认对方当事人所主张的某些事实为真实。如果对对方当事人提出的诉讼请求加以认诺，则是对实体权利的处分行为，而不是自认。作为证据形式的自认仅限于对案件事实的承认。

（2）自认是一种对于已不利事实的承认陈述。关于判断“于已不利”的标准有不同观点。其中，败诉可能性说认为，是否系不利的事实，应当从是否导致败诉（全部败诉或一部分败诉）的可能性来考察。而证明责任说将不利与证明的负担联系起来，所谓“不利的陈述”就是关于应由对方加以证明的事实的陈述。这样一来，证明责任的分配就成了左右自认成立的前提条件，而证明责任分配的复杂必然使人们难以把握自认的成立要件。因此，笔者认为判断是否“于已不利”的标准，应当根据客观情况由法官酌定，自认者方面知悉与否，在所不问。

2. 禁止适用自认的法定情形

一般来说，禁止适用自认的法定情形具体有如下三种。

（1）应当由人民法院依职权调查的事实。2015年《民事诉讼法的解释》第92条规定："对于涉及身份关系、国家利益、社会公共利益等应当由人民法院依职权调查的事实，不适用自认的规定。"涉及可能有损他人合法权益的事实；涉及依职权追加当事人、中止诉讼、终结诉讼、回避等与实体争议无关的程序事项。

（2）当事人有义务提供证据予以证明的事实。我国《最高人民法院关于民事诉讼证据的若干规定》第13条规定："对双方当事人无争议但涉及国家利益、社会公共利益或者他人合法权益的事实，人民法院可以责令当事人提供有关证据。"故对当事人有义务提供证据予以证明的事实，不适用自认的规定。

（3）法定的当事人无须举证证明的事实。我国《最高人民法院关于民事诉讼证据的若干规定》规定，众所周知的事实；自然规律及定理；已为人民法院发生法律效力的裁判所确认的事实；已为仲裁机构的生效裁决所确认的事实；已为有效公证文书所证明的事实。这些事实属于显著的、当事人无须举证证明的、法院依法必须予以认定的事实，不适用自认的规定。

3. 自认的认定

自认的认定，即指一方当事人在法庭审理中，或者在起诉状、答辩状、代理词等书面材料中，对于己不利的事实明确表示予以自认的事实，须经人民法院裁判确认后才发生法律效力。如果"自认的事实与查明的事实不符的，人民法院不予确认"。那么，该自认就是无效。这是法定的阻却自认成立的排除规则。例如，离婚案件中当事人一方对另一方陈述的关于夫妻共同财产的自认，与法院根据案外人提出的异议，经过查明该讼争物与是遗产的事实不相符，人民法院就不予确认。这时，当事人就有义务提供证据证明其事实主张，或者由人民法院依职权进行调查。

4. 自认的效力

自认一旦经过人民法院确认即发生法律上的效力，但具体包括哪些效力，理论界有不同的观点，主要有"二力"说和"三力"说。"二力"说认为，自认的效力有对当事人的拘束力与对法院的拘束力两种；"三力"说在"二力"说的基础上增加了一个效力，即认为自认的效力除了前述两种拘束力外，还应具有免除举证的效力。笔者认为，自认的效力应当有四种，具体分述如下。

（1）作为证据的效力。前述已述，自认是一种"完善的证据方式"，具有证据的效力，而且其证明力较强。其一旦经过人民法院确认就可以作为法院判决的根据，从而发生法律上的效力。

（2）免除举证的效力。一方当事人在诉讼中，对于己不利的事实所作的自认，其一旦经过人民法院确认，就发生免除另一方当事人举证的效力。也就是说，对于一方当事人自认的事实，另一方当事人无须举证证明。

（3）对当事人的拘束力。作出自认的一方当事人应受其自认的拘束，除了法律规定的情形外，不得任意予以撤销，即使案件属于二审或者再审，亦不得随意撤销其在一审中的自认。这是由当事人该类诉讼行为的有效性决定的，也是诉讼中禁止反言原则的体现。但是，关于自认撤销的法定情形，详见前面已述的“当事人承认的撤销”。

（4）对法院的拘束力。一旦当事人之间对事实作出自认，人民法院经过审查确认后，法院必须视自认的事实为真实，并以其作为裁判依据，而不得再动用职权对自认事实进行调查，更不得作出与自认事实相反的事实认定。这一效力内容是自认制度的核心，也是对当事人拘束力的保障和基础。

诉讼上自认与诉讼外自认的效力区别主要表现在两个方面：①诉讼上的自认直接产生免除对方当事人的举证责任，其自认的事实具有拘束法院的效力（涉及第三人的利益、公共利益和身份关系的除外）；诉讼外的自认只能作为证据使用，并不产生免除当事人的举证责任，其证据有无证明力和证明力大小，由法官依据法律规定并结合具体案情进行判断。②诉讼上的自认不可撤销（除非有反诉予以证明），诉讼外的自认并无此属性。

但需要注意的是，上述自认的效力，是指诉讼上自认的效力，而不是指诉讼外自认的效力。一般来说，关于自认的分类，可依据不同的标准作出不同的分类。根据自认作出的时间和场合的不同，可分为诉讼上自认与诉讼外自认；根据当事人的自认是否附加限制为标准，可分为完全的自认与限制的自认；根据当事人是否作出明确的意思表示为标准，可分为明示的自认与默示的自认；根据作出自认的主体不同，可分为当事人本人的自认与诉讼代理人的自认。

这里仅介绍诉讼上自认与诉讼外自认的概念。所谓诉讼上自认，又称为审判上的自认或者裁判上的自认，是指当事人在诉讼过程中所作的自认；所谓诉讼外自认，又称为审判外的自认或者裁判外的自认，是指当事人在诉讼过程之外，即立案前或者判决之后所作的自认。

此外，诉讼上自认与诉讼外自认，在效力上存在区别，主要表现在两个方面：①诉讼上的自认直接产生免除对方当事人的举证责任，其自认的事实具有拘束法院的效力（涉及第三人的利益、公共利益和身份关系除外）；诉讼外的自认只能作为证据使用，并不产生免除当事人的举证责任，其证据有无证明力和证明力大小，由法官依据法律规定并结合具体案情进行判断。②诉讼上的自认一般不可撤销，诉讼外的自认并无此属性。

第五节　当事人陈述的收集和审查判断

一、当事人陈述的收集

（一）询问当事人

一般来说，收集当事人的书面陈述比较容易，其渠道主要由当事人自己提交书面材料即可，如起诉书、答辩状等。而收集当事人的口头陈述，必须通过询问当事人获得。询问当事人分为庭前询问和法庭询问，询问当事人的主体包括代理律师和法官等。

1. 法官询问当事人

法官询问当事人是收集当事人口头陈述的一种主要方法。许多国家和地区民事诉讼法规定，法官通过询问当事人的方式使当事人就案件事实作出陈述，这种陈述被作为证据看待。

法官询问当事人首先要询问当事人本人。因为最了解案件事实真相的是当事人本人，诉讼一开始就询问当事人往往有助于确定案件的争点，况且受到诚实信用原则等约束，当事人的陈述未必都缺乏可信度。所以，法官询问当事人已被作为一种启发性手段以明确案件的争点。

法官询问当事人时，须郑重告知规则，明确规矩，重点释明被询问人拒绝回答的不利后果，促使当事人积极如实陈述。为实现真实，我国应确立当事人真实陈述的义务。

法官询问属于庭审活动，应遵守依法、公正、公开等庭审原则，并应注意以下几点：①法官要主持公道，询问须保持司法中立，不能偏袒一方。②法官询问的目的是揭示真相，提问点到为止，切不可穷追猛打。③法官对当事人的发言，应耐心倾听，不要随意打断。④法官询问当事人的态度要平和，不与当事人争辩，不当庭作出否定性评价。⑤法官询问当事人不作诱导性询问，以免影响当事人对法官的信任。

2. 律师询问当事人

律师询问当事人，分为庭前询问和法庭询问。律师在法庭上的询问作为发现真实及体现诉讼的对抗性质的最重要的法律机制，其目的是通过审理中询问对方当事人来暴露其陈述的矛盾、错误或不实，以降低其证明效力或证明该证据是不可靠的，或使对方当事人陈述的事实有利于本方当事人。因此，律师在法庭上的询问技巧，对收集当事人的陈述具有重要意义。正如戈帕尔吉·梅罗特拉曾经说过："许多案件的胜诉仅仅因为律师具有很高的盘询技巧。一个好的盘询者的提问总是又简洁又击中要害，他提出的问题是如此的巧妙，以至于无论被问者怎样回答，都会对他的辩护有利。"律师在法庭上的询问技巧，既有天赋的原因又有职业的训练。正如美国弗朗西斯·韦尔曼所说："法庭盘询需要出众的天赋、逻辑思考的习惯、清晰的常识判断、无穷的耐心和自制力、透视人心的直觉能力、从表情判断他人的个性的能力、察觉他人动机的能力、强而准确的行动力、和主题有关的丰富知识及一丝不苟的细心谨慎，还有最重要的，通过盘询发现对方证词弱点的本能。"美国法学院非常注重培养学生的批判性思维，教育学生要做一个好的律师，就应该学会提出好的问题，要善于提"刁钻"的问题。

一般来说，律师询问当事人，应注意以下几点：①询问应把握最有利的时机。司法实践中，一些法官出于法律素养的局限或其他原因，有时候不允许代理律师在举证、质证时询问对方当事人，因为询问如同战争是需要战机的，战机一过，对方当事人往往意识到代理律师询问之目的，从而巧加掩饰。此时此刻询问往往流于形式而难达目的。②在询问内容时必须与诉辩焦点相互联系、彼此呼应，主询问时直接切入主要事实。对与诉辩焦点无关或关系不大的问题尽量不发问，对枝节问题不发问或少发问，不宜纠缠。③询问一般采用迂回询问的方式。一般直截了当地发问，而应迂回发问。④询问当事人不要与被问者辩论，也不要挑明询问的结论，以免暴露询问目的和代理思路。⑤询问当事人时，要思考你应当问什么，被问者可能怎样回答，慎选安全主题，决不向被问者询问可能会导致对己方不利的问题。

（二）作好询问记录和庭审笔录

询问记录和庭审笔录，是询问过程的“真实写照”。笔者认为，要想做好询问记录和庭审笔录，须把握以下两点。

（1）询问记录和庭审笔录，要“一问一答”。询问记录和庭审笔录，要随着询问人的询问过程作“一问一答”式记录。制作询问记录和庭审笔录，不仅要将询问过程中的原话真实地记录下来，还要将在询问过程中所穿插进行的“告知内容”在笔录中记录下来。

（2）记录的文字（用词）必须准确。询问记录和庭审笔录的文字（用词）必须要准确、无歧义。避免询问记录的用词概念含糊、不当、错字、别字、漏字，以及滥用不规范的简化字或繁体字等问题的发生。

二、当事人陈述的审查判断

2012 年民事诉讼法第 75 条规定“人民法院对当事人的陈述，应当结合本案的其他证据，审查确定能否作为认定事实的根据。当事人拒绝陈述的，不影响人民法院根据证据认定案件事实”。这一规定，既说明了对民事当事人的陈述不能轻信，也指明了对这类证据进行审查的基本方法。对行政诉讼当事人的陈述，这一规定也是可以参照适用的。

审查判断当事人陈述（包括承认），必须从实际出发，实事求是，重证据，不轻信，认真查对。首先，审查当事人是在什么情况下陈述的，其陈述的动机与目的是什么。对于当事人在审理中所作出的承认，仍要审查。因为尽管一方承认他方提出的对己不利的事实或诉讼请求，在一般情况下较为可靠，但是，在实践中也有这样的情况，当事人所作出的承认是由于误解，或者是在受他方的威胁、压制和欺诈的情况下作出的；有时还可能是双方同谋以侵害国家和他人的权益。故对此不能不认真审查。其次，从当事人陈述的具体内容上进行审查，核查其是否与案情相符，即是否符合本案实体法律关系的发生、发展、变化和消灭的来龙去脉，是否合情合理，有无可疑之处。最后，应结合本案的其他证据进行综合分析、审查，研究其所反映的情况是否一致，有无矛盾。发现有矛盾时，应进一步收集证据，或通过查证的方法加以解决，以便正确确定其是否真实可靠。

【课堂讨论】

原告法国 LV 公司诉被告上海市家某福超市侵犯商标权纠纷一案。原告诉称 LV 系法国著名的奢侈品牌享誉世界超过 150 年，尤其以款式经典箱包闻名于世。2005 年 12

月 12 日，LV 公司发现被告上海市家某福超市三楼纺织品销售区的促销筐内有一批假冒的 LV 品牌的女包，每个售价 49.9 元。LV 公司立即派人买下三款花式女包三个作为物证，同时向工商局举报，工商局派执法人员王某进行查封，并请公证处予以公证保全。原告诉请判令如下：①被告停止侵犯注册商标权的行为；②被告支付赔偿金人民币 50 万元；③被告承担本案的诉讼费。

开庭时，原告请工商局执法人员王某出庭作证并对三款花式女包三个物证进行辨认，做到铁证如山。被告答辩对假冒的 LV 品牌的女包不知情，企图免责，并请供货商深圳润某贸易公司经办人韩某出庭作证，承认假冒的 LV 品牌的女包是他从地摊上以单价 20 元，以 37 元批发给家某福超市，掩盖了制造商。后上海市第二中级法院判决：①被告上海市家某福超市停止侵犯注册商标权的行为；②被告上海市家某福超市赔偿法国 LV 公司经济损失人民币 30 万元。

本案是否构成侵犯注册商标专用权？本案采取了哪些证据的保全措施？本案由上海市第二中级法院管辖的法律依据？法院判决被告赔偿 LV 公司经济损失人民币 30 万元的法律依据？法院判决被告上海市家某福超市停止侵犯注册商标权的行为是否正确？本案侵犯注册商标专用权的诉讼时效？

【司法考试真题链接】

1. 郭某诉张某财产损害一案，法院进行了庭前调解，张某承认对郭某财产造成损害，但在赔偿数额上双方无法达成协议。关于本案，下列哪一选项是正确的？（　）（2010 年卷三单选第 48 题）

A. 张某承认对郭某财产造成损害，已构成自认

B. 张某承认对郭某财产造成损害，可作为对张某不利的证据使用

C. 郭某仍需对张某造成财产损害的事实举证证明

D. 法院无须开庭审理，本案事实清楚可直接作出判决

2. 关于自认的说法，下列哪一选项是错误的？（　）（2009 年卷二单选第 42 题）

A. 自认的事实允许以相反的证据加以推翻

B. 身份关系诉讼中不涉及身份关系的案件事实可以适用自认

C. 调解中的让步不构成诉讼上的自认

D. 当事人一般授权的委托代理人一律不得进行自认

3. 王某承包了 20 亩鱼塘。某日，王某发现鱼塘里的鱼大量死亡，王某认为鱼的死亡是因为附近的腾某化工厂排污引起，遂起诉腾某化工厂请求赔偿。腾某化工厂辩称，根本没有向王某的鱼塘进行排污。关于化工厂是否向鱼塘排污的事实举证责任，下列哪一选项是正确的？（　）（2008 年卷二单选第 33 题）

A. 根据“谁主张、谁举证”的原则，应当由主张存在污染事实的王某负举证责任

B. 根据“谁主张、谁举证”的原则，应当由主张自己没有排污行为的腾某化工厂负举证责任

C. 根据“举证责任倒置”的规则，应当由腾某化工厂负举证责任

D. 根据本证与反证的分类，应当由腾某化工厂负举证责任

4. 甲对乙提起的返还借款的诉讼，就乙向甲借款事实的证明，根据民事诉讼理论，下列哪一选项属于直接证据？（　）（2008 年・四川卷二单选第 41 题）

A. 甲向法院提交的乙向其借款时出具的借据的复印件

B. 甲向法院提交的其向乙的银行卡转款的银行凭条

C. 甲的朋友丙向法院提供的曾听甲说乙要向甲借钱的证词

D. 甲的同事丁向法院提供的曾见到甲交给过乙钱的证词

5. 当事人对自己的主张只有本人陈述而不能提出其他相关证据的，在下列哪一情况下，法院对其主张可予以支持？（　）（2004 年卷二单选第 46 题）

A. 对方当事人认可

B. 本人陈述前后没有矛盾

C. 陈述人具有较高的诚信度

D. 陈述人具有完全的民事行为能力

第十二章 鉴定意见

【案例导入】被告人林某，别名“黏屁虫”，男，25 岁。被害人陈某金，女，23 岁。被告人林某和被害人陈某金在宁德市蕉城区打工时认识后谈恋爱并到了谈婚论嫁时，女方的父母嫌弃林某家里贫穷，不同意这门婚事，还指使被害人陈某金悄悄跑到福州台江在法院工作的姑姑家里当保姆。

后被害人陈某金又与姑姑家所在的小区保安谈恋爱。被告人林某通过多方寻找才知道被害人陈某金去了福州台江，某日上午也找到了这个小区，并在保安室里亲眼看到被害人陈某金与保安亲热的场景。于是，被告人林某气愤地将被害人陈某金拉出了保安室，并批评她违背了海誓山盟、永不变心的承诺。

二人随后一起到了陈某金的姑姑家。被告人林某问，结婚的事问过父母了没有？被害人陈某金说父母坚决不同意。被告人林某说“那我们一起自杀后一起到阴间结婚吧？”被害人陈某金答应“那好吧”，被告人林某问“到哪里去自杀？”被害人陈某金说“到鼓山吧”。被告人林某说“我看还是到西湖自杀比较好，那里热闹点？”被害人陈某金表示同意。

于是，被告人林某在被害人姑姑家的刀架上抽了一把尖刀，与被害人陈某金一起来到了福州西湖，租了一条鹅形船，二人一起划入湖中。这时已离开岸边 10 米左右，被害人陈某金说“想跟她哥打个电话告别一下”，被告人林某迅速夺下手机不让打。被告人林某接着问“现在怎么自杀？”被害人陈某金说“我害怕，你先把我杀死，然后你自已解决”。

被告人林某把尖刀刺向陈某金头部的太阳穴，但刺不进去，仅伤了皮肤，陈某金却大叫“哎呀，很痛!”被告人林某又把尖刀刺向被害人陈某金的脖子，仅捅破了一层皮，陈某金又大叫“哎呀，救命啊!”并站起来夺刀，造成鹅形船摇晃。二人失去重心掉入福州西湖的湖水中，被告人林某便乘机抱住被害人陈某金一起沉入湖底。

一会儿，陈某金就窒息死亡，被告人林某会游泳，当他抱住被害人陈某金一起沉入湖底后憋住气，后放开被害人陈某金的尸体浮出水面并游到福州西湖的岸上，将头向一石头撞去，被现场的群众发现，及时救下。赶到现场的福州西湖保安报了警，接警的鼓楼区公安局的警察，迅速赶到现场将被告人林某抓获归案。

本案是自杀还是他杀？陈某金的死亡原因需要出具哪种鉴定意见？

第一节 鉴定意见的概念、特点和意义

一、鉴定意见的概念

鉴定意见最早是在美国使用，其实质是一种证人证言。我们知道，美国是英美法系国家，实行陪审团制度，陪审团凭借自己的生活经验、法律常识对当事人双方争议的各类案件的事实问题进行认定，法官只负责法律问题的审理。陪审团制度的基础就是让一般民众根据他们朴素的法律知识、道德观念、价值观念对案件的事实进行认定，但它有天生的不足，当案件中有专门性的问题时，一般民众无法认定，此时就需要专家根据他们的专门知识为庭审提供帮助，由此，专家证言制度便产生，专家证言也就是鉴定意见。

在我国，现行的三大诉讼法均将“鉴定结论”修改为“鉴定意见”。所谓鉴定意见，是指各行业的专家，接受公安司法机关指派或聘请及当事人的委托后，对案件中的专门性问题进行鉴定后所出具的专门性分析和判断的意见。鉴定意见又称为鉴定人意见，是一种独立的诉讼证据。鉴定意见与证人证言，虽然在证据分类上同属人证，但二者存在区别。

（1）主体不同。鉴定人是具有专门知识的人；而证人证言是当事人以外能够了解案件事实的人。

（2）对象不同。鉴定人是对案件中的专门性问题进行鉴定后对案件事实发表自己的分析、判断意见；而证人是对其所见所闻的案件事实进行描述，提供的是能够证明案件情况的“事实”，而不能对案件事实发表自己的意见。

（3）参与的方式不同。鉴定人是受公安司法机关指派或聘请而成为诉讼参与人；而证人是因事实上了解案件事实情况，在法律上有义务参与诉讼。

（4）是否应用专门技术不同。鉴定人进行鉴定需要专门的知识和技术；而证人作证不需要专门技术。

（5）应否回避不同。鉴定人具备回避条件的，应当回避；而证人了解案件事实，为了获取客观的证据，证人不但不能替代而且不能回避，特别注意的是，当既可以做鉴定人又可以做证人时，证人应当优先，这是证人优先原则所决定的。

二、鉴定意见的特点

1. 鉴定意见的科学性

鉴定意见是各行业的专家对案件中的专门性问题运用专门知识，借助必要的仪器和设备进行鉴定后所出具的专门性分析和判断的意见，一般符合当时历史条件下的最新的科学知识、技术水平，具有相对的科学性。

2. 鉴定意见的权威性

鉴定意见一般是由各行业的具有高级专业技术职称的专家，或者具有高等院校相关专业本科以上学历，从事相关工作 5 年以上的专家，或者具有与所从事的司法鉴定业务相关工作 10 年以上经历，具有较强的专业技能的专家，对案件中的专门性问题进行鉴定后所出具的判断意见，其具有相对的权威性。

3. 鉴定意见的中立性

鉴定意见应当由具有独立性的鉴定机构的鉴定人，而且是依赖回避制度保证与案件处理结果没有利害关系的鉴定人，秉持中立的立场，对案件中的专门性问题进行鉴定后所出具的判断意见，其具有相对的中立性和公正性。在过去，由于缺少相关的法律规范，司法鉴定活动的混乱在一定程度上影响了法院对案件的公正审理。自审自鉴、多头鉴定、鉴定缺乏统一标准的问题突出，妨碍了司法鉴定的客观性、独立性和公正性；而由于鉴定活动的不规范和缺乏有效的监督，鉴定意见模糊，一个案件多个鉴定意见，甚至鉴定意见截然相反的情况时有发生，案件久拖不决，当事人频频上诉上访，无论是对法院还是对司法鉴定机构的公信力都是一种打击和破坏。所以，《决定》首先解决了鉴定机构独立性的问题。独立是公正的前提，有效的司法鉴定应该建立在尊重科学、尊重事实、不受外界干扰的基础上，任何一种可能来自相关部门的预设结论都是对司法鉴定权威性的损害。为此，《决定》排除了侦查机关对社会接受委托从事有偿鉴定服务与法院和司法行政部门自设鉴定机构的情况，把司法鉴定机构放在一个不依附于任何司法机关、更为中立的立场上。法律规定，“侦查机关根据侦查工作的需要设立的鉴定机构，不得面向社会接受委托从事司法鉴定业务”，“人民法院和司法行政部门不得设立鉴定机构”。这对保障鉴定意见的中立性和公正性具有重要的意义。

4. 鉴定意见的客观真实性

鉴定意见必须是鉴定人在诉讼活动中接受公安司法机关指派或聘请及当事人的委托后，运用科学技术或专门知识对诉讼涉及的专门性问题，进行实际的鉴别和判断活动后提供的客观真实的鉴定意见，而不是应某人的要求故意作虚假错误的鉴定；或者多人参加的鉴定，对鉴定意见有不同意见的，故意隐瞒实情。《决定》规定，多人参加的鉴定，对鉴定意见有不同意见的，应当注明。鉴定人故意作虚假鉴定，构成犯罪的，依法追究刑事责任；尚不构成犯罪的，依照有关规定处罚。

5. 鉴定意见的主观性

鉴定意见是各行业的专家借助必要的仪器和设备，对案件中的专门性问题进行鉴定后所出具的专门性分析和判断的意见，具有相对的客观性。但是，鉴定意见毕竟是各行业的专家个人依赖自己的知识技能所作出的判断，它反映了鉴定人的个人见解和看法，带有深深的鉴定人个性化特征，有一定程度的主观性色彩。所以，英美法将鉴定意见称为“意见证据”是正确的。

6. 鉴定意见的事实限定性

鉴定意见是鉴定人在对鉴定对象进行分析研究的基础上，仅对鉴定对象有关的事实发表检测与判断的意见，而不对案件中的法律问题发表看法。鉴定人的职责限定在对案件中的专门性问题进行鉴定后对案件事实发表自己的分析、判断意见；而对案件中的法律适用问题则属于司法机关的职责，鉴定人不能越俎代庖。过去曾经出现过某鉴定人对案件的性质鉴定为贪污罪，其超越了鉴定的职责和范围是错误的。今后鉴定人应当明确自己的职责限定在事实方面，司法机关也不得以任何理由要求鉴定人回答案件中所涉及的法律问题。

7. 鉴定意见的书面性

鉴定意见作为诉讼证据，必然要求其必须采取法定要式——书面形式，而不能只是口头的陈述。《决定》第 10 条规定，“鉴定人应当独立进行鉴定，对鉴定意见负责并在鉴定书上签名或者盖章”。2012 年刑事诉讼法第 145 条规定，“ 鉴定人进行鉴定后，应当写出鉴定意见，并且签名”。这些规定说明鉴定意见应当采取书面形式，因为鉴定意见中往往涉及许多专门性问题、专业术语、技术符号和相关数字，很难口头表达清楚。书面鉴定意见有利于详细记载有关鉴定的事项，以备存查。

三、鉴定意见的作用和意义

（1）鉴定意见是正确认识和处理案件的“科学”根据。在公安司法机关办理案件的过程中，无论是对犯罪嫌疑人的确定，还是案件事实的认定，甚至是一些经济、民事案件中双方当事人之间争议的解决，无不依赖科学的技术鉴定，揭开事实真相，鉴定意见的作用是显而易见的。它在查明整个案件事实情节中，都能起到其他证据不可代替的作用。

（2）鉴定意见作为一项法定证据，具有很高的证明力，是查明案件事实，确定案件性质，明确责任的重要根据。现实生活中发生的刑事案件，经济往来中出现的民事、经济纠纷及行政管理中发生的行政争议及其引发的行政诉讼等，往往都会涉及查清有争议案件事实，认定案件性质，以便分清责任的问题。而这些问题的解决往往有赖于各种专门知识。公安司法人员不可能通晓专门知识。当案件中某些专门性问题不能解决时，就需要有关专家运用专门知识和科技手段进行鉴定。司法人员就可以根据鉴定意见查明案件事实，分清案件性质和责任。例如，亲子鉴定，可确定是否亲子关系，应否承担抚养义务。

（3）鉴定意见直接或间接地影响法官对其他证据的判断，是审查判断其他证据的一面“明镜”。由于鉴定意见是对案件中的专门性问题进行检测、分析、鉴别的结果，具有科学性的特点，因而成为审查案件其他证据真实性的重要手段。例如，物证或者书证的真伪，有时需要鉴定手段来鉴别；刑事案件的被告人口供、被害人的陈述、民事和行政诉讼中当事人的陈述以及证人证言的真实性，通常要结合鉴定意见分析判断作出取舍的决定。

第二节 鉴定人和鉴定机构

一、鉴定人和鉴定机构的资格

（一）鉴定人的资格

鉴定人的资格是指鉴定人从事司法鉴定业务应当具备的条件。鉴定人的资质条件是司法鉴定科学性、准确性的保障。《决定》第4条的规定，从鉴定人员的专业技术职称、学历、从业年限等方面将鉴定人的资格条件分为准许从事条件和禁止从事条件两种。其中，准许从事的条件如下：凡是“具备下列条件之一的人员，可以申请登记从事司法鉴定业务：①具有与所申请从事的司法鉴定业务相关的高级专业技术职称；②具有与所申请从事的司法鉴定业务相关的专业执业资格或者高等院校相关专业本科以上学历，从事相关工作五年以上；③具有与所申请从事的司法鉴定业务相关工作十年以上经历，具有较强的专业技能”。而禁止从事的条件有“因故意犯罪或者职务过失犯罪受过刑事处罚的，受过开除公职处分的，以及被撤销鉴定人登记的人员，不得从事司法鉴定业务”。

（二）鉴定机构的资格

鉴定机构的资格是指鉴定机构从事司法鉴定业务应当具备的条件。《决定》第5条和第7条的规定，从鉴定机构的业务范围、规模、技术设备、认证许可等方面对从业单位的资格条件进行规定，并将鉴定机构的资格条件分为准许从事条件、限制从事条件和禁止从事条件三种。其中，法人或者其他组织申请从事司法鉴定业务的，应当具备下列条件：①有明确的业务范围；②有在业务范围内进行司法鉴定所必需的仪器、设备；③有在业务范围内进行司法鉴定所必需的依法通过计量认证或者实验室认可的检测实验室；④每项司法鉴定业务有三名以上鉴定人。

限制从事的条件：“侦查机关根据侦查工作的需要设立的鉴定机构，不得面向社会接受委托从事司法鉴定业务。”这就是说，允许公安机关、人民检察院、国家安全机关等负有侦查任务的机关，根据侦查工作的需要设立的鉴定机构，在从事司法鉴定业务方面要给予限制，只能为本单位提供服务，而不得面向社会接受委托从事司法鉴定业务。

禁止从事的条件：“人民法院和司法行政部门不得设立鉴定机构。”这是因为人民法院是国家的审判机关，应从事公益事业，不得设立营利性的鉴定机构，从事营利活动；而司法行政部门不得设立鉴定机构，是因为司法行政部门本身是鉴定人和鉴定机构的监督和管理机关，如果设立鉴定机构，就变成既当裁判员又当运动员，造成角色错位，影响了必要的监督和管理。

二、鉴定人和鉴定机构的权利

（一）鉴定人的权利

（1）鉴定人享有独立的鉴定权。《决定》规定，鉴定人应当独立进行鉴定，对鉴定意见负责并在鉴定书上签名或者盖章。

（2）列入司法鉴定人名册的鉴定人对司法鉴定业务享有优先的鉴定权。《决定》规定，在诉讼中，对本决定第二条所规定的鉴定事项发生争议，需要鉴定的，应当委托列入鉴定人名册的鉴定人进行鉴定。

（3）鉴定人有权了解鉴定对象（如送检材料）的来源。必要时可以查阅勘验、检查笔录和其他有关材料。

（4）鉴定人根据鉴定的需要，经公安司法人员许可，可以询问证人、当事人。

（5）鉴定人有权要求提供鉴定所必需的充足的材料。当送检的材料不足，难以进行鉴定时，鉴定人有权要求送检的单位提供充足的材料。

（6）鉴定人有发表独立见解的权利。《决定》规定，“多人参加的鉴定，对鉴定意见有不同意见的，应当注明”。也就是说，多人参加的鉴定，每个鉴定人都有发表独立见解的权利。在意见一致时，可以共同给出鉴定意见；意见不一致时，每个鉴定人都可发表自己独立的见解，并应当注明。

（7）鉴定人有权拒绝鉴定。鉴定人由于自身的原因，如工作繁忙、身体不适、专门知识有限，或者技术设备条件差难以进行鉴定，或要求鉴定的单位提供鉴定的材料不足，无法进行鉴定时，鉴定人有权拒绝鉴定。

（8）鉴定人有权获得必要的劳动报酬和费用补偿的权利。尽管有些鉴定人受指派进行鉴定，鉴定也是其本职工作，但也应当依法有权取得必要的费用补偿，如尸体鉴定费等。受公安司法机关聘请参加鉴定的人有权取得必要的劳务报酬。

（9）鉴定人人身财产安全不受侵犯的权利。由于鉴定意见对定案处理有着至关重要的作用，因而在司法实践中，如同对证人一样，对鉴定人的威胁、引诱及打击报复现象也时有发生，因此西方许多国家都为鉴定人制定了严密的人身保护制度。我国最高人民法院关于民事诉讼与行政诉讼证据的司法解释就明确规定对鉴定人的合法权益依法予以保护，这些合法权益包括鉴定人的人身和财产安全。

（二）鉴定机构的权利

（1）鉴定机构享有独立自主的从业经营权。《决定》规定，“各鉴定机构之间没有隶属关系；鉴定机构接受委托从事司法鉴定业务，不受地域范围的限制”。

（2）鉴定机构享有业务收费权。《决定》规定，司法鉴定的收费项目和收费标准由国务院司法行政部门商国务院价格主管部门确定。《司法鉴定程序通则》第 8 条规定，司法鉴定机构应当统一收取司法鉴定费用，收费的项目和标准执行国家的有关规定。

三、鉴定人和鉴定机构的义务

（一）鉴定人的义务

（1）鉴定人从事鉴定，应当遵规守法。《决定》规定，鉴定人从事司法鉴定业务，应当遵守法律、法规，遵守职业道德和职业纪律，尊重科学，遵守技术操作规范。

（2）鉴定人不得在两个以上的鉴定机构中从事司法鉴定业务。《决定》规定，鉴定人应当在一个鉴定机构中从事司法鉴定业务。

（3）鉴定人应当依法出庭作证，接受询问和发问。《决定》规定，在诉讼中，当事人对鉴定意见有异议的，经人民法院依法通知，鉴定人应当出庭作证。这是鉴定人出庭作证制度的法律规定。鉴定人根据法官要求出庭作证、接受质证是保障鉴定意见客观性、公正性，避免暗箱操作带来的种种疑点和猜忌的一项重要制度。在实践中我们可以看到，由于鉴定人不出庭作证，当事人对鉴定结论有疑问却无从解决，只能再找其他鉴定机构重复鉴定，客观上也加重了司法成本和当事人的负担，也容易引起当事人及社会对鉴定乃至司法公正性的质疑。为此，法律规定“在诉讼中，当事人对意见有异议的，经人民法院依法通知，鉴定人应当出庭作证”。这是正确的。

（4）鉴定人不得私自接受鉴定业务。《决定》规定，鉴定人从事司法鉴定业务，由所在的鉴定机构统一接受委托。

（5）鉴定人从事司法鉴定业务不得超过法定的范围。《决定》规定，鉴定人应当在鉴定人名册注明的业务范围内从事司法鉴定业务。

（6）鉴定人应当遵守回避的规定。《决定》规定，鉴定人应当依照诉讼法律规定实行回避。司法鉴定人本人或者其近亲属与委托人、委托的鉴定事项或者鉴定事项涉及的案件有利害关系，可能影响其独立、客观、公正进行鉴定的，应当回避。司法鉴定人自行提出回避的，由其所属的司法鉴定机构决定；委托人要求司法鉴定人回避的，应当向该鉴定人所属的司法鉴定机构提出，由司法鉴定机构决定。委托人对司法鉴定机构是否实行回避的决定有异议的，可以撤销鉴定委托。

（7）鉴定人应当遵守保密的规定。《司法鉴定程序通则》第 5 条规定，司法鉴定人应当保守在执业活动中知悉的国家秘密、商业秘密，不得泄露个人隐私。未经委托人的同意，不得向其他人或者组织提供与鉴定事项有关的信息，但法律、法规另有规定的除外。

（二）鉴定机构的义务

（1）鉴定机构应当依法依规开展鉴定业务。《决定》规定，鉴定机构从事司法鉴定业务，应当遵守法律、法规，遵守职业道德和职业纪律，尊重科学，遵守技术操作规范。

（2）鉴定机构从事司法鉴定业务不得超过法定的范围。《决定》规定，鉴定机构应当在鉴定机构名册注明的业务范围内从事司法鉴定业务。

（3）鉴定机构应当注意保密。《司法鉴定程序通则》第 5 条规定，司法鉴定机构应当保守在执业活动中知悉的国家秘密、商业秘密，不得泄露个人隐私。未经委托人的同意，不得向其他人或者组织提供与鉴定事项有关的信息，但法律、法规另有规定的除外。

四、鉴定人和鉴定机构的监督管理措施和法律责任

司法鉴定的独立性和公正性必须以有效的监督和相关的法律责任为基础，否则就会产生权力的滥用与任性。司法鉴定人由于种种原因出具错误的鉴定，甚至故意做虚假鉴定而不受追究的现实，是司法鉴定活动混乱、“鉴”而不定的一个主要原因。因此，《司法鉴定程序通则》规定，司法鉴定机构和司法鉴定人进行司法鉴定活动应当依法接受监督。对于有违反有关法律规定行为的，由司法行政机关依法给予相应的行政处罚；有违反司法鉴定行业规范行为的，由司法鉴定行业组织给予相应的行业处分。司法鉴定机构应当加强对司法鉴定人进行司法鉴定活动的管理和监督。司法鉴定人有违反本通则或者所属司法鉴定机构管理规定行为的，司法鉴定机构应当予以纠正。《决定》规定了有关的监督管理的措施和法律责任。

（一）监督管理措施

（1）贯彻统一管理、分工负责的原则。《决定》规定，国务院司法行政部门主管全国鉴定人和鉴定机构的登记管理工作。省级人民政府司法行政部门依照规定，负责对鉴定人和鉴定机构的登记、名册编制和公告。

（2）建立鉴定资格的行政审核、登记制度。《决定》规定，申请从事司法鉴定业务的个人、法人或者其他组织，由省级人民政府司法行政部门审核，对符合条件的予以登记，编入鉴定人和鉴定机构名册并公告。省级人民政府司法行政部门应当根据鉴定人或者鉴定机构的增加和撤销登记情况，定期更新所编制的鉴定人和鉴定机构名册并公告。

（3）建立鉴定事项的行政登记管理制度。《决定》规定，国家对从事下列司法鉴定业务的鉴定人和鉴定机构实行登记管理制度：法医类鉴定；物证类鉴定；声像资料鉴定；根据诉讼需要由国务院司法行政部门商最高人民法院、最高人民检察院确定的其他应当对鉴定人和鉴定机构实行登记管理的鉴定事项。

（4）建立行政管理的监督制度。《决定》规定，司法行政部门在鉴定人和鉴定机构的登记管理工作中，应当严格依法办事，积极推进司法鉴定的规范化、法制化。对于滥用职权、玩忽职守，造成严重后果的直接责任人员，应当追究相应的法律责任。

（5）建立鉴定人负责制度。为了确保鉴定意见具有科学性、客观性、权威性和中立性，成为公民合法权益的保护神，和捍卫司法公正的“科学卫士”。《决定》规定，司法鉴定实行鉴定人负责制度。鉴定人应当独立进行鉴定，对鉴定意见负责并在鉴定书上签名或者盖章。

（二）法律责任

《决定》规定的法律责任分为两种，即行政责任和刑事责任。

（1）行政责任。行政责任的处理方式又分为三种，即警告、限期停业和撤销登记。警告适用于一般的违法违规情形，在予以警告的同时，还要责令其改正，给予纠错的机会。《决定》规定，鉴定人或者鉴定机构有违反本决定规定行为的，由省级人民政府司法行政部门予以警告，责令改正。限期停业适用于较重的违法违规情形，并给予停业的行政处罚，停业期限由司法行政部门在法定范围里酌情掌握。但停业处罚最多不超过一年，最少要三个月。撤销登记是最重的一种行政处罚，撤销登记意味着出局，今后不得再从事司法鉴定业务，故其只适用于严重的违法违规情形。《决定》规定，鉴定人或者鉴定机构有下列情形之一的，由省级人民政府司法行政部门给予停止从事司法鉴定业务三个月以上一年以下的处罚；情节严重的，撤销登记，因严重不负责任给当事人合法权益造成重大损失的；提供虚假证明文件或者采取其他欺诈手段，骗取登记的；经人民法院依法通知，拒绝出庭作证的；法律、行政法规规定的其他情形。

（2）刑事责任。《决定》规定，鉴定人故意作虚假鉴定，构成犯罪的，依法追究刑事责任；尚不构成犯罪的，依照前款规定处罚。

第三节 鉴定意见的分类

一、鉴定意见的理论分类

鉴定意见从其鉴定人、鉴定机构和鉴定业务范围是否属于司法鉴定的角度来划分，可分为司法鉴定意见和非司法鉴定意见。

司法鉴定意见，是指从事司法鉴定业务的鉴定机构接受聘请或委托后，指派其鉴定人对该司法鉴定事项进行鉴定后所出具的分析判断意见。其主要有法医类鉴定意见、物证类鉴定意见、声像资料鉴定意见等。

非司法鉴定意见，是指非从事司法鉴定业务的鉴定机构或者鉴定人接受聘请或委托后，对没有列入司法鉴定范围的鉴定事项进行鉴定后所出具的分析判断意见。非司法鉴定意见主要如下。

（1）劳动能力鉴定委员会出具的劳动能力鉴定意见。因市级劳动能力鉴定委员会不是从事司法鉴定业务的鉴定机构，故其出具的劳动能力鉴定意见是非司法鉴定意见。所谓劳动能力鉴定，是指劳动者因工或非因工负伤及患病后，劳动鉴定机构根据国家鉴定标准，运用有关政策和医学科学技术的方法、手段确定劳动者伤残程度和丧失劳动能力程度的一种综合评定。劳动能力鉴定包括劳动功能障碍程度和生活自理障碍程度的等级鉴定。其中，劳动功能障碍分为 10 个伤残等级，最重的为 1 级，最轻的为 10 级；生活自理障碍分为 3 个等级，即生活完全不能自理、生活大部分不能自理和生活部分不能自理。职工发生工伤，经治疗伤情相对稳定后存在残疾、影响劳动能力的，应当及时进行劳动能力鉴定。劳动能力鉴定标准由国务院社会保险行政部门会同国务院卫生行政部门等部门制定。职工发生工伤，需要劳动能力鉴定的，应由参保单位、工伤职工或其亲属向所在地区的市级劳动能力鉴定委员会提出申请，并提供工伤认定决定和职工工伤医疗的有关资料。

（2）医学会专家组出具的医疗事故技术鉴定意见。医学会专家组进行的医疗事故技术鉴定，是指由医学会组织有关临床医学专家或与法医学专家组成的专家组，运用医学、法医学等科学知识和技术，对涉及医疗事故行政处理的有关专门性问题进行检验、鉴别和判断并提供鉴定意见的活动。由于医学会不是从事司法鉴定业务的鉴定机构，其组织的专家组也不是从事司法鉴定业务的鉴定人，故医学会专家组出具的医疗事故技术鉴定意见是非司法鉴定意见。但是，医疗事故技术鉴定已列入司法鉴定业务的范围，如果经过从事司法鉴定业务的鉴定机构和从事司法鉴定业务的鉴定人进行鉴定后出具的医疗事故技术鉴定意见则是司法鉴定意见。

（3）公安司法机关特聘的专家出具的检验报告。2012 年《最高人民法院关于适用〈中华人民共和国刑事诉讼法〉的解释》第 87 条规定，对案件中的专门性问题需要鉴定，但没有法定司法鉴定机构，或者法律、司法解释规定可以进行检验的，可以指派、聘请有专门知识的人进行检验，检验报告可以作为定罪量刑的参考。

在理论上将鉴定意见分为司法鉴定意见和非司法鉴定意见具有重要的意义。例如，某甲在工厂被机器损伤，经司法鉴定评为伤残 10 级，但厂家及保险公司不认可此鉴定，只好再去人力资源和社会保障局做劳动能力鉴定，结果却是劳动能力障碍程度和伤残未达等级。这种情况下因不符合工伤保险赔偿规定要求，厂家不愿意赔偿，那么，该如何维权？如果诉诸法院，法官应选择司法鉴定意见还是劳动能力鉴定意见确实让人困惑。笔者认为，劳动能力鉴定意见属于非司法鉴定意见，实质是一种行政认定，属于行政证据，在非诉讼的行政处理纠纷和行政劳动仲裁的场合具有优先使用权，优先作为工伤保险赔偿和劳动仲裁裁决的依据。当该案诉诸法院之后，在证据的选择权方面就会发生变化，法院是司法机关不是行政机关，在劳动能力鉴定意见和司法鉴定意见并存的情况下，应当优先选择具有客观性的司法鉴定意见作为诉讼证据进行判决。原因如下：其一，司法鉴定意见是专门服务于司法活动，是一种诉讼证据；其二，司法鉴定意见是司法鉴定人对《决定》规定的鉴定事项进行鉴定后所出具的鉴定意见，比劳动能力鉴定意见更具有权威性和客观性。司法鉴定的事项，多数是根据诉讼需要由国务院司法行政部门商最高人民法院、最高人民检察院确定的鉴定事项，体现了最高司法机关的意志。

但是，我们不是排斥非司法鉴定意见作为诉讼证据，而是在没有司法鉴定意见或者司法鉴定意见不客观的情况下，非司法鉴定意见也可以作为诉讼证据。

二、司法鉴定意见的类型

（一）法医类鉴定意见

法医类鉴定意见包括法医病理鉴定意见、法医临床鉴定意见、法医精神病鉴定意见、法医物证鉴定意见和法医毒物鉴定意见。

1. 法医病理鉴定意见

法医病理鉴定（forensic pathology identification），俗称尸体鉴定。法医病理鉴定意见，是指运用法医病理学的理论和技术，通过尸体外表检查、尸体解剖检验、组织切片观察、毒物分析和书证审查等，对涉及与法律有关的医学问题进行鉴定或推断后出具的判断意见。

2. 法医临床鉴定意见

法医临床鉴定意见，是指运用法医临床学的理论和技术，对涉及与法律有关的医学问题进行鉴定和评定后出具的判断意见。法医临床鉴定的主要内容包括：人身损伤程度鉴定、损伤与疾病关系评定、道路交通事故受伤人员伤残程度评定、劳动能力评定、活体年龄鉴定、性功能鉴定、医疗纠纷鉴定、诈病（伤）及造作病（伤）鉴定、致伤物和致伤方式推断等。

3. 法医精神病鉴定意见

法医精神病鉴定意见，是指运用司法精神病学的理论和方法，对涉及与法律有关的精神状态、法定能力（如刑事责任能力、受审能力、服刑能力、民事行为能力、监护能力、被害人自我防卫能力、作证能力等）、精神损伤程度、智能障碍等问题进行鉴定后出具的判断意见。民法通则第 13 条规定：“不能辨认自己行为的精神病人是无民事行为能力人，由他的法定代理人代理民事活动。不能完全辨认自己行为的精神病人是限制民事行为能力人，可以进行与他的精神健康状况相适应的民事活动；其他民事活动由他的法定代理人代理，或者征得他的法定代理人的同意。”刑法第 18 条规定：“精神病人在不能辨认或者不能控制自己行为的时候造成危害结果，经法定程序鉴定确认的，不负刑事责任，但是应当责令他的家属或者监护人严加看管和医疗；在必要的时候，由政府强制医疗。间歇性的精神病人在精神正常的时候犯罪，应当负刑事责任。尚未完全丧失辨认或者控制自己行为能力的精神病人犯罪的，应当负刑事责任，但是可以从轻或者减轻处罚。”

刑事诉讼法第 48 条规定：“凡是知道案件情况的人，都有作证的义务。生理上、精神上有缺陷或者年幼，不能辨别是非、不能正确表达的人，不能作证人。”行政处罚法第 26 条规定：“精神病人在不能辨认或者不能控制自己行为时有违法行为的，不予行政处罚，但应当责令其监护人严加看管和治疗。间歇性精神病人在精神正常时有违法行为的，应当给予行政处罚。”

治安管理处罚条例第 10 条规定：“精神病人在不能辨认或者不能控制自己行为的时候违反治安管理的，不予处罚，但是应当责令其监护人严加看管和治疗。间歇性的精神病人在精神正常的时候违反治安管理的，应予处罚。”

精神病鉴定的目的在于确定行为人是否具有刑事责任能力和民事行为能力，判断有无责任能力。

4. 法医物证鉴定意见

法医物证鉴定意见，是指运用免疫学、生物学、生物化学、分子生物学等理论和方法，利用遗传学标记系统的多态性对生物学检材的种类、种属及个体来源进行鉴定后出具的判断意见。“法医物证鉴定”（Forensic evidence identification），俗称人体物证鉴定。内容包括亲子鉴定、个体识别、父系鉴定、母系鉴定、种属鉴定、精斑及混合斑鉴定等。其中，亲子鉴定，主要用于离婚案中孩子的抚养权和遗产继承权的确定、移民公证中血缘关系的认定、户口申报、寻亲认祖、非婚生子女身份的确认、失散儿童及失散亲属的确认、妊娠胎儿生父确认、人工授精及试管婴儿的生父母确认、超生子女的血缘鉴定、无名尸认领和灾难性事故遇难人员身份确认等。个体识别，主要用于交通事故中驾驶员和受害者的认定、失踪人员和无名氏的认定、重大灾难事故中遇难者的认定、民事和刑事案件中嫌疑人的认定、性伴侣的认定、骨髓移植和克隆器官认定等。父系鉴定，主要用于曾祖父、祖父与曾孙子之间，同胞兄弟之间、叔侄之间等同一父系的亲缘关系鉴定。母系鉴定，主要用于祖母与孙女之间，同胞姐妹之间等同一母系的亲缘关系鉴定。种属鉴定，主要用于对可疑血斑、血痕和组织等，确定为人血或其他动物的血及组织等。精斑及混合斑鉴定，主要用于附着于男女的衣裤上，女性的外阴部、大腿内侧或外阴道擦拭物，现场的被褥、毛巾、纸张、草席、沙石、泥土等可疑精斑或混合斑。

5. 法医毒物鉴定意见

法医毒物鉴定意见，是指运用法医毒物学的理论和方法，结合现代仪器分析技术，对体内外未知毒（药）物、毒品及代谢物进行定性、定量分析，并通过对毒物毒性、中毒机理、代谢功能的分析，结合中毒表现、尸检所见，综合作出毒（药）物中毒的鉴定意见。毒物是在一定条件下，以较小剂量给予时，可与生物体相互作用，引起生物体功能性或器质性损害的化学物。毒物鉴定的意义在于澄清死亡案件的性质，在法医检案工作中，常遇到突然死亡、死因不明的案件，通过法医毒化分析，区分是中毒死亡还是因病猝死。毒物，广泛地说还包括毒品，是指某些物质，其少量进入人体或者动物体后，被体内消化产生物理反应或化学反应，侵害机体的组织和器官，破坏机体正常的生理功能，引起功能障碍、组织损伤，甚至危及生命造成死亡的那些物质。

（二）物证类鉴定意见

物证类鉴定意见，包括文书鉴定意见、痕迹鉴定意见和微量物证鉴定意见。

1. 文书鉴定意见

文书鉴定意见，是指运用文件检验学的原理和技术，对文书的笔迹、印章、印文、文书的制作及工具、文书形成时间等问题进行鉴定后出具的判断意见。文书，是指公文和书信，但在实际办案中作为证据的文书往往超出了公文和书信的范围，如车票、船票、飞机票、发票、收据、人民币等，其内容的真伪及制作方法都需要进行鉴别。文书鉴定是对案件中涉及的文字书写、文字制作、文书物证反映的具体内容、文书的制作方法、文书的真假等有关问题的分析、鉴别、认定等活动。文书鉴定在分析案情、缩小调查范围、明确案件的调查方向、认定犯罪嫌疑人等方面可以提供证据。文书鉴定包括笔迹鉴定，伪造、变造文书鉴定，打印、复印、印刷文书鉴定，文书物质材料鉴定，文书制作时间鉴定。笔迹鉴定的主要目的是确定遗留在文书物证上的字迹是否为某人所留，以及确认遗留在不同地方的字迹是否为一人所写。伪造、变造文书是指按照一定真实的样本，或者根据个人的特殊需要，利用各种技术方法设计、制造的文书，或者采用挖补、擦刮、改写、填写、消退、改换、拼接等手段，对真实文书进行的伪造。在司法鉴定中，经常遇到的伪造文书有伪造护照、身份证、有价证券、人民币、外币、介绍信、票据等。对文书的鉴定主要通过对检材与真样的比照检验进行，要比较制作版型，还要从版面内容，如图案、文字、印文、底纹、印刷油墨、纸张及防伪材料等方面进行鉴别。为了更好地观察和比较文书中的一些细小特征，检验人员需要借助显微镜、比对投影仪、紫外线灯或其他专门鉴别仪器进行鉴别。随着办公现代化的发展，电脑、打印机、复印机等已广泛运用于人们的日常学习、工作和生活中。目前，在案件侦查过程中，已开始对制作文书的打印机、复印机进行认定。在案件调查中，对文书物质材料的鉴定，对确定侦查方向，缩小侦查范围，查缉犯罪嫌疑人具有重要意义。文书物质材料是指制作文书所使用的纸张、墨水、油墨、印油等材料。

2. 痕迹鉴定意见

痕迹鉴定意见，是指运用痕迹学的原理和技术，对有关人体、物体形成痕迹的同一性及分离痕迹与原整体相关性等问题进行鉴定后出具的判断意见。痕迹，是指由于人、动物或者其他物体的运动，在物质性客体上形成的物体的移动、物质增减、形态结构改变等物质性变化。在诉讼活动中，最常见的痕迹鉴定主要有指纹鉴定、足迹鉴定、工具痕迹鉴定和枪弹痕迹鉴定等。指纹，是指手指上的乳突线花纹。指纹具有人各不同，触物留痕、排列规律和终身不变的特征。由于指纹上布满了汗腺并不断分泌汗液，往往还从其他物体上沾有油脂、油漆、灰尘、血迹等，当其接触物体时，就必然留下指纹，而且指纹的稳定性非常突出，一旦形成，终身都不会改变。指纹在诉讼中有“证据之王”的誉称，通过指纹鉴定可以直接认定遗留指纹的个人。近些年来，虽然一些作案人反侦查意识增强，但随着计算机、激光等高科技仪器的发展和运用，指纹发现、显现、提取及比对技术也有了飞跃，大大提高了指纹在司法活动中的证据作用。在刑事诉讼中，通过对指纹的分析和识别，可以为分析案情、串并联案件，以及认定犯罪嫌疑人提供方向和证据。足迹是人们在站立和行走时，与地面或其他承受面接触形成的脚掌或鞋、袜等形象痕迹。足迹是刑事案件调查中经常使用的一种重要物证。足迹有两大类特征：一是足迹的形象特征，即单个足迹所反映的赤脚、鞋或袜外表结构特征；二是足迹的步伐特征，即单个或成趟足迹，反映人的行走习惯规律的特征，这些特征经过长期练习和反复实践形成并固定下来，由于性别、年龄、身高、体重、职业、步行姿势等各种因素的不同，每个人所反映出的步伐特征也不一样。通过对足迹的分析鉴定，可以判断人的身高、年龄、体重、走路姿势等，还可以分析遗留的时间、作案人逃跑的方向等，在条件较好时，通过足迹循迹追踪，或将足迹作为警犬嗅源，直接抓获或认定犯罪嫌疑人。工具痕迹，是指利用工具破坏物体或者打击人体时，在物体或人体上形成的痕迹。工具痕迹是犯罪现场上最常见的一种痕迹，作案人使用改锥、钳子撬门压锁、剪切障碍物都会留下工具痕迹。通过对工具痕迹的分析、鉴定，可以确定作案手段，分析作案人的个人行为特征，为案件性质的确定、侦查方向的确立提供证据。枪弹痕迹是指枪支在发射子弹的过程中形成的痕迹。它包括留在弹头、弹壳上的痕迹及射击附带痕迹。子弹在击发时，通常要经过装弹、射击和排壳 3 个过程。在机械作用和弹药燃烧后产生的强大压力之下，弹头、弹壳与枪支机件会产生强烈摩擦，从而在弹头、弹壳上形成反映枪管内壁、弹匣口、击针等形象痕迹。在子弹被击发时，伴随着弹头穿射目的物，从枪管喷出的枪油、未燃尽火药、烟垢等微量物质，往往会附着在弹壳壁内部和目的物的弹头入射口表面，这些微量物质就会形成痕迹。通过对枪弹痕迹的分析，可以判断发射枪支的种类，认定发射枪支；还可以判断作案人的射击距离、射击角度、射击顺序，确定案件的性质，为侦查提供方向。

3. 微量物证鉴定意见

微量物证鉴定意见，是指在现场或其他与案件有关地点，提取到的各种量小体微的物质，通过运用物理学、化学和仪器分析等方法，对有关物质材料的成分及其结构进行定性、定量分析，对检材的种类、检材和嫌疑样本的同类性和同一性进行鉴定后出具的判断意见。在当今刑事犯罪中，作案人作案手段和方法日益狡猾，事前精心策划、事中处处伪装、事后极力破坏，在犯罪现场很难提取到明显的痕迹物证，微量物证具有体小量微但不易被注意的特点，往往使作案人不能破坏或伪装。随着现场勘查技术和微量物证分析技术的快速发展，微量物证的范围及作用正在不断扩大。在司法实践中，常见的微量物证鉴定有爆炸残留物、射击残留物、纵火物证、泥土、灰尘、粉尘、玻璃或金属残渣等物证的鉴定，还有纤维、纺织品、塑料、橡胶、油脂、涂料等物证的鉴定。

（三）声像资料鉴定意见

声像资料鉴定意见，是指运用物理学和计算机学的原理和技术，对录音带、录像带、磁盘、光盘、图片等载体上记录的声音、图像信息的真实性、完整性及其所反映的情况过程进行鉴定；并对记录的声音、图像中的语言、人体、物体作出种类或同一认定后出具的判断意见。声像资料以其记载的信息起证明作用，但在很多情况下，需要通过鉴定才能揭示声像资料记载的信息与待证事实的联系并使之发挥证明作用。

声像资料鉴定的内容有以下几点。

（1）声像资料的完整性检验。确认声像资料是否有开始、结束、删除、添加、篡改、编辑等特征，声像资料是否完整的专门性工作。

（2）语音人身分析。根据录音中的言语内容对未知说话人的性别、年龄、身高、体态、生活地域、文化水平、职业特点进行的分析推断，为侦查破案提供线索和方向。

（3）噪音分析。它是对录音中语音之外声音的声源或声源类型的分析。同一人的检验活动，进行话者确认的案件，要有案件发生过程中作案人的说话录音（检材录音）与案件提供的嫌疑人的说话录音（样本录音）。

（4）噪音降除。通过应用软硬件对含有噪音的语音文件进行技术处理，提高语音的信噪比，消除噪音对语音的掩盖。

（5）微弱语音增强。对遇到的语音信号较弱而言语内容听辨不清的声像资料，可以采用技术手段对录音进行处理，以提高语音的信噪比，从而听辨清楚言语内容。

（6）图像鉴定。对录像带、光盘（如 VCD、DVD）等载体所记录的人体、物体图像特征进行分析、比较和判断，确定其真实性、完整性及其所反映的情况过程，并对记录的人体、物体作出种类或同一认定的鉴定。

（7）声像器材的鉴定。它是指对声像资料的种类、牌号、厂家、产地的检验及声像资料是否某台录音机或摄像机录制等。

（8）音像制品检验鉴定。确认音像制品是否盗版。

（9）语音内容整理。对录音资料通过处理、听辨整理话者语音文字内容。

（10）动态特征、质量、数量的检验鉴定。通过图像测量比对技术确定图像中的人像身高和物体质量、数量；通过图像中特征比对确定人与物的同一；在视频图像内容的检验鉴定中，还可利用每秒 25 帧的特点，利用专业软件进行逐帧分析。

（11）声纹鉴定。声纹，也称语图，它是由专用的电声转换仪器（语图仪）将声波特征绘制成的波谱图形。声纹鉴定就是把未知人的语声和已知人的语声，通过语图仪分别制成声纹图谱，再依据声纹图上的特征进行分析、比较和判断，确定二者是否为同一人。

（12）录音资料内容整理。对录音带、录像带、光盘、软盘等资料的声音进行降噪、放大、文字整理、语音识别、话者识别。

（13）录音资料真实性检验。录音资料中是否有停顿、编辑、剪辑、背景噪音是否一致的鉴定。

（14）图像辨认。即对录像带、光盘（如 VCD、DVD）等载体所记录的人体、物体图像特征进行分析、比较和判断，确定其真实性、完整性及其所反映的情况过程，并对记录的人体、物体作出种类或同一认定的鉴定。

（四）其他鉴定意见

根据诉讼需要由国务院司法行政部门商最高人民法院、最高人民检察院确定的其他应当对鉴定人和鉴定机构实行登记管理的鉴定事项进行鉴定后所出具的鉴定意见。其他鉴定意见，主要有车辆技术性能鉴定意见、工程造价鉴定意见、工程技术鉴定意见、司法会计鉴定意见、物价鉴定意见等。

第四节 鉴定意见的收集

鉴定意见的收集过程是从鉴定机构接受鉴定开始到鉴定人作出司法鉴定文书为

止，收集鉴定意见的整个过程可以分为以下几个阶段。

一、鉴定机构接受鉴定

（一）鉴定机构接受鉴定的方式

鉴定的发生起始于鉴定机构接受鉴定工作，此后与公安司法机关产生诉讼法律关系。鉴定机构接受鉴定的方式主要有三种。

（1）鉴定机构接受“指派”完成鉴定任务。这是指侦查机关根据侦查工作的需要设立的鉴定机构，简称“直属鉴定机构”，其有义务接受主管机关的指派开展无偿的鉴定工作，其他鉴定机构即“社会鉴定机构”有权拒绝指派无偿的服务。

（2）鉴定机构接受“聘请”完成鉴定任务。这不是指直属鉴定机构，而是指社会鉴定机构接受公安司法机关的聘请开展鉴定工作。

（3）鉴定机构接受“委托”完成鉴定任务。这是指社会鉴定机构接受公安、检察、法院、律师、单位、个人等委托开展鉴定工作。而直属鉴定机构“不得面向社会接受委托从事司法鉴定业务”。

上述“聘请”与“委托”既有相似之处，又有区别。二者均需签订合同和缴纳鉴定费；“委托”是临时的雇用，而“聘请”则是较长时间的合作与联系。

（二）司法鉴定的委托与受理

《决定》规定：“鉴定人从事司法鉴定业务，由所在的鉴定机构统一接受委托。”因此，司法鉴定机构应当统一受理司法鉴定的委托。司法鉴定机构接受鉴定委托，应当要求委托人出具鉴定委托书，提供委托人的身份证明，并提供委托鉴定事项所需的鉴定材料。委托人委托他人代理的，应当要求出具委托书。鉴定委托书应当载明委托人的名称或者姓名、拟委托的司法鉴定机构的名称、委托鉴定的事项、鉴定事项的用途及鉴定要求等内容。委托鉴定事项属于重新鉴定的，应当在委托书中注明。司法鉴定机构收到委托，应当对委托的鉴定事项进行审查，对属于本机构司法鉴定业务范围，委托鉴定事项的用途及鉴定要求合法，提供的鉴定材料真实、完整、充分的鉴定委托，应当予以受理。对提供的鉴定材料不完整、不充分的，司法鉴定机构可以要求委托人补充；委托人补充齐全的，可以受理。司法鉴定机构对符合受理条件的鉴定委托，应当即时作出受理的决定；不能即时决定受理的，应当在七个工作日内作出是否受理的决定，并通知委托人；对通过信函提出鉴定委托的，应当在十个工作日内作出是否受理的决定，并通知委托人；对疑难、复杂或者特殊鉴定事项的委托，可以与委托人协商确定受理的时间。

但是，具有下列情形之一的鉴定委托，司法鉴定机构不得受理：①委托事项超出本机构司法鉴定业务范围的；②鉴定材料不真实、不完整、不充分或者取得方式不合法的；③鉴定事项的用途不合法或者违背社会公德的；④鉴定要求不符合司法鉴定执业规则或者相关鉴定技术规范的；⑤鉴定要求超出本机构技术条件和鉴定能力的；⑥接受重新鉴定委托的司法鉴定机构的资质条件，不能高于原委托的司法鉴定机构的；⑦其他不符合法律、法规、规章规定情形的。对不予受理的，应当向委托人说明理由，退还其提供的鉴定材料。

司法鉴定机构决定受理鉴定委托的，应当与委托人在协商一致的基础上签订司法鉴定协议书。司法鉴定协议书应当载明下列事项：①委托人和司法鉴定机构的基本情况；②委托鉴定的事项及用途；③委托鉴定的要求；④委托鉴定事项涉及的案件的简要情况；⑤委托人提供的鉴定材料的目录和数量；⑥鉴定过程中双方的权利、义务；⑦鉴定费用及收取方式；⑧其他需要载明的事项。因鉴定需要耗尽或者可能损坏检材的，或者在鉴定完成后无法完整退还检材的，应当事先向委托人讲明，征得其同意或认可，并在协议书中载明。在进行司法鉴定过程中需要变更协议书内容的，应当由协议双方协商确定。

二、鉴定机构指定鉴定人进行鉴定

司法鉴定机构受理鉴定委托后，应当指定本机构中具有该鉴定事项执业资格的司法鉴定人进行鉴定。委托人有特殊要求的，经双方协商一致，也可以从本机构中选择符合条件的司法鉴定人进行鉴定。司法鉴定机构对同一鉴定事项，应当指定或者选择2名司法鉴定人共同进行鉴定；对疑难、复杂或者特殊的鉴定事项，可以指定或者选择多名司法鉴定人进行鉴定。对于涉及重大案件或者遇有特别复杂、疑难、特殊的技术问题的鉴定事项，根据司法机关的委托或者经其同意，司法鉴定主管部门或者司法鉴定行业组织可以组织多个司法鉴定机构进行鉴定。

鉴定人进行鉴定工作，一般有如下几个步骤。

（1）依法采集鉴定材料或要求送检鉴定材料。司法鉴定人在进行鉴定的过程中，需要对女性作妇科检查的，应当由女性司法鉴定人进行；无女性司法鉴定人的，应当有女性工作人员在场。在鉴定过程中需要对未成年人的身体进行检查的，应当通知其监护人到场。对被鉴定人进行法医精神病鉴定的，应当通知委托人或者被鉴定人的近亲属或者监护人到场。对需要到现场提取检材的，应当由不少于2名司法鉴定人提取，并通知委托人到场见证。对需要进行尸体解剖的，应当通知委托人或者死者的近亲属或者监护人到场见证。

要求送检鉴定材料，也要依法和科学进行。例如，法医物证鉴定，一般要求委托人到鉴定机构采集，有特殊情况的，可要求自行采集并及时、科学送检。送检样品的具体要求如下：①在医院或家中采集指尖或耳垂血四滴以上放置在干净的纱布或棉球上，自然晾干。②送检的毛发必须带毛囊，即拔下的毛发（五根以上），五天内送到或冰冻送检。③羊水、胚胎组织要冰冻送检。④送检血痕、精斑及混合斑、唾液、烟蒂、口香糖等检材要自然晾干，用包装袋密封放置-20℃冰箱保存。⑤其他组织提取、保存和送检情况请来电咨询。⑥邮寄的样品要分装并标签注明，做亲子鉴定的样品要写明父、母、子关系。

司法鉴定机构应当严格依照有关技术规范保管和使用鉴定材料，严格监控鉴定材料的接收、传递、检验、保存和处置，建立科学、严密的管理制度。司法鉴定机构和司法鉴定人因严重不负责任造成鉴定材料损毁、遗失的，应当依法承担责任。

（2）要求补充提供鉴定材料。鉴定材料包括检材和鉴定资料。检材是指与鉴定事项有关的生物检材和非生物检材；鉴定资料是指存在于各种载体上与鉴定事项有关的记录。《司法鉴定程序通则》规定，委托人应当向司法鉴定机构提供真实、完整、充分的鉴定材料，并对鉴定材料的真实性、合法性负责。鉴定人如果发现送检样品材料不足时可以要求委托人或者送检单位补充提供鉴定材料。

（3）查阅案件卷宗材料和询问当事人、证人。鉴定人根据鉴定的需要，经公安司法机关的许可，可以查阅案件卷宗材料和询问当事人、证人。

（4）对鉴定材料的分析判断。鉴定人根据鉴定的要求，依照鉴定程序，运用自己的专门知识和必要仪器、设备对鉴定材料进行分析判断。司法鉴定人对鉴定材料进行分析判断时，应当依下列顺序遵守和采用该专业领域的技术标准和技术规范：①国家标准和技术规范；②司法鉴定主管部门、司法鉴定行业组织或者相关行业主管部门制定的行业标准和技术规范；③该专业领域多数专家认可的技术标准和技术规范。不具备前款规定的技术标准和技术规范的，可以采用所属司法鉴定机构自行制定的有关技术规范。鉴定人分析判断鉴定资料的目的，在于说明根据鉴定资料能够直接证明哪些事实，哪些事实只能与调查中发现的其他情况共同证明。

（5）记录和保全鉴定的过程。司法鉴定人进行鉴定，应当对鉴定过程进行实时记录并签名。记录可以采取笔记、录音、录像、拍照等方式。记录的内容应当真实、客观、准确、完整、清晰，记录的文本或者音像载体应当妥善保存。

三、鉴定人出具司法鉴定文书

司法鉴定机构和司法鉴定人在完成委托的鉴定事项后，应当向委托人出具司法鉴定文书。《司法鉴定程序通则》规定，委托人不得要求或者暗示司法鉴定机构和司法鉴定人按其意图或特定目的提供鉴定意见。司法鉴定文书包括司法鉴定意见书和司法鉴定检验报告书。司法鉴定文书的制作应当符合统一规定的司法鉴定文书格式。司法鉴定文书应当由司法鉴定人签名或者盖章。多人参加司法鉴定，对鉴定意见有不同意见的，应当注明。司法鉴定文书应当加盖司法鉴定机构的司法鉴定专用章。司法鉴定机构出具的司法鉴定文书一般应当一式三份，两份交委托人收执，一份由本机构存档。司法鉴定机构应当按照有关规定或者与委托人约定的方式，向委托人发送司法鉴定文书。委托人对司法鉴定机构的鉴定过程或者所出具的鉴定意见提出询问的，司法鉴定人应当给予解释和说明。司法鉴定机构完成委托的鉴定事项后，应当按照规定将司法鉴定文书及在鉴定过程中形成的有关材料整理立卷，归档保管。

司法鉴定机构应当在与委托人签订司法鉴定协议书之日起 30 个工作日内完成委托事项的鉴定。鉴定事项涉及复杂、疑难、特殊的技术问题或者检验过程需要较长时间的，经本机构负责人批准，完成鉴定的时间可以延长，延长时间一般不得超过 30 个工作日。司法鉴定机构与委托人对完成鉴定的时限另有约定的，从其约定。在鉴定过程中补充或者重新提取鉴定材料所需的时间，不计入鉴定时限。

四、终止鉴定、补充鉴定与重新鉴定

1. 终止鉴定

司法鉴定机构在进行鉴定过程中，遇有下列情形之一的，可以终止鉴定：①发现委托鉴定事项的用途不合法或者违背社会公德的；②委托人提供的鉴定材料不真实或者取得方式不合法的；③因鉴定材料不完整、不充分或者因鉴定材料耗尽、损坏，委托人不能或者拒绝补充提供符合要求的鉴定材料的；④委托人的鉴定要求或者完成鉴定所需的技术要求超出本机构技术条件和鉴定能力的；⑤委托人不履行司法鉴定协议书规定的义务或者被鉴定人不予配合，致使鉴定无法继续进行的；⑥因不可抗力致使鉴定无法继续进行的；⑦委托人撤销鉴定委托或者主动要求终止鉴定的；⑧委托人拒绝支付鉴定费用的；⑨司法鉴定协议书约定的其他终止鉴定的情形。终止鉴定的，司法鉴定机构应当书面通知委托人，说明理由，并退还鉴定材料。终止鉴定的，司法鉴定机构应当根据终止的原因及责任，酌情退还有关鉴定费用。

2. 补充鉴定

有下列情形之一的，司法鉴定机构可以根据委托人的请求进行补充鉴定：①委托人增加新的鉴定要求的；②委托人发现委托的鉴定事项有遗漏的；③委托人在鉴定过程中又提供或者补充新的鉴定材料的；④其他需要补充鉴定的情形。补充鉴定是原委托鉴定的组成部分。

3. 重新鉴定

有下列情形之一的，司法鉴定机构可以接受委托进行重新鉴定：①原司法鉴定人不具有从事原委托事项鉴定执业资格的；②原司法鉴定机构超出登记的业务范围组织鉴定的；③原司法鉴定人按规定应当回避没有回避的；④委托人或者其他诉讼当事人对原鉴定意见有异议，并能提出合法依据和合理理由的；⑤法律规定或者人民法院认为需要重新鉴定的其他情形。接受重新鉴定委托的司法鉴定机构的资质条件，一般应当高于原委托的司法鉴定机构。重新鉴定，应当委托原鉴定机构以外的列入司法鉴定机构名册的其他司法鉴定机构进行；委托人同意的，也可以委托原司法鉴定机构，由其指定原司法鉴定人以外的其他符合条件的司法鉴定人进行。进行重新鉴定，有下列情形之一的，司法鉴定人应当回避：①司法鉴定人本人或者其近亲属与委托人、委托的鉴定事项或者鉴定事项涉及的案件有利害关系，可能影响其独立、客观、公正进行鉴定的，应当回避；②参加过同一鉴定事项的初次鉴定的；③在同一鉴定事项的初次鉴定过程中作为专家提供过咨询意见的。

第五节 鉴定意见的审查判断和排除

一、鉴定意见的审查判断

对于一个证据的审查判断，首先要解决的是证据的证据能力和证据的证明力问题。鉴定意见作为法定证据的一种，同样也必须解决这两个问题。2012 年刑事诉讼法关于鉴定意见的审查判断比较粗，所以根据 2012 年《最高人民法院关于适用〈中华人民共和国刑事诉讼法〉的解释》第 84 条的规定，对鉴定意见应当着重审查以下内容。

（1）要审查鉴定机构和鉴定人是否具有法定资质与是否存在应当回避的情形。这是 2012 年《最高人民法院关于适用〈中华人民共和国刑事诉讼法〉的解释》第 84 条规定内容，《死刑案件证据规定》第 24 条第 1、2 项也规定：鉴定机构不具备法定的资格和条件，或者鉴定事项超出鉴定机构项目范围或者鉴定能力，鉴定人不具备法定的资格和条件、鉴定人不具有相关专业技术或者职称、鉴定人违反回避规定的，不能作为定案的根据。也就是说鉴定机构的资质和鉴定人的专业水准以及是否有需要回避的情形都是我们在审查判断鉴定意见时要关注的。如果鉴定机构或者鉴定人不具备法定资格和条件而作出鉴定意见，或者存在应当回避的情形而没有自行回避，则无论该鉴定意见是否科学、可靠和权威，都要排除于定案证据之外。

（2）对鉴定过程的审查判断。主要包括：①鉴定材料来源可靠性的审查，即“检材的来源、取得、保管、送检是否符合法律、有关规定，与相关提取笔录、扣押物品清单等记载的内容是否相符，检材是否充足、可靠”；②鉴定程序合法性的审查，即“鉴定程序是否符合法律、有关规定”；③鉴定的过程和方法科学性的审查，即“鉴定的过程和方法是否符合相关专业的规范要求”；④履行告知义务的审查，即“鉴定意见是否依法及时告知相关人员，当事人对鉴定意见有无异议”。2012 年刑事诉讼法第 146 条规定，“侦查机关应当将用作证据的鉴定意见告知犯罪嫌疑人、被害人。如果犯罪嫌疑人、被害人提出申请，可以补充鉴定或者重新鉴定”。实践中，鉴定意见的很大程度的问题不是鉴定意见本身，而是作为鉴定对象的“检材”的真实性和同一性存在疑问，检材如存在来源不明或者受到污染而不具备鉴定条件，又或者因为鉴定的对象与委托机关所提供的材料存在不一致，那么无论鉴定人如何遵循科学的程序和方法，鉴定人所作的鉴定意见也将失去意义。鉴定方法的科学性则要看鉴定人在鉴定过程中是否采用符合本专业相关标准和规程，分析的过程是否全面、符合逻辑，是否采用可重复验证的方法得出检验结果，一旦鉴定方法受到质疑并被查证落实为错误，则必然导致鉴定意见不具有证据能力。

（3）对鉴定意见形式要件的审查。2012 年《最高人民法院关于适用〈中华人民共和国刑事诉讼法〉的解释》第 84 条规定，“鉴定意见的形式要件是否完备，是否注明提起鉴定的事由、鉴定委托人、鉴定机构、鉴定要求、鉴定过程、鉴定方法、鉴定日期等相关内容，是否由鉴定机构加盖司法鉴定专用章并由鉴定人签名、盖章”是对鉴定意见应当着重审查的内容之一。《死刑案件证据规定》对此也作了类似的规定，总结起来就是要审查鉴定意见的载体鉴定文书是否符合规范性的要求，鉴定人一旦违背了这些技术要求，如缺少鉴定机构的盖章或者鉴定人的签名盖章只有一个，这就等于这些鉴定意见的形式不完备，失去了作为证据的资格。

（4）审查鉴定意见是否明确。这是 2012 年《最高人民法院关于适用〈中华人民共和国刑事诉讼法〉的解释》第 84 条的内容。审查鉴定意见是否明确，其实质是对鉴定意见证明力的审查，即审查鉴定意见对案件事实是否存在一定的证明效果。鉴定意见之所以能作为定案的根据，成为法定证据的一类，是因为鉴定意见是鉴定人依据科学知识，借助各种专门性设备，遵循严格的程序所作出的一种符合逻辑的明确性的意见，其中，明确性便成为很重要的一个条件。如果一份鉴定意见没有肯定、明确的意见，有“倾向”“有可能”之类的字眼存在，则仅可能作为其他证据的参考，补强其他证据的证明力，没有其自己独立的证明力。

（5）审查鉴定意见是否具有关联性。2012 年《最高人民法院关于适用〈中华人民共和国刑事诉讼法〉的解释》第 84 条规定，“鉴定意见与案件待证事实有无关联”是对鉴定意见应当着重审查的内容之一。一般来说，司法机关委托进行鉴定，是因为有需要证明的事实存在，因此，鉴定人在鉴定时，必须针对委托的事项，根据委托机关提供的检材，利用专门知识进行分析、检验，从而形成相关鉴定意见，不得脱离委托机关的委托和提供的检材，答非所问。通过审查，如果鉴定意见与案件待证事实之间的关系是直接，必然的，则证明力越强，反之则越弱，甚至不得作为定案的根据。

（6）审查鉴定意见与其他证据是否具有矛盾性。2012 年《最高人民法院关于适用〈中华人民共和国刑事诉讼法〉的解释》第 84 条规定，“鉴定意见与勘验、检查笔录及相关照片等其他证据是否矛盾”是对鉴定意见应当着重审查的内容之一。这是因为证明一个案件事实的证据是纷繁复杂的，有被告人供述、被害人陈述、证人证言、现场勘查笔录等，这些证据材料最终能否成为定案的根据，需要司法工作人员在办案过程中去伪存真，去粗取精。审查鉴定意见时与其他证据进行比对，与其他证据的相互印证性是非常重要的。通过这种比对和印证，能够有效发现鉴定意见自身存在的缺陷与问题，进一步查明鉴定意见的真实性和可靠性，避免将错误的鉴定意见作为定案的证据。

二、鉴定意见的排除

鉴定意见的排除是指经过对鉴定意见的审查判断后，发现鉴定意见不具有证据的证据能力和证据的证明力的，应当依法予以排除。2012 年《最高人民法院关于适用〈中华人民共和国刑事诉讼法〉的解释》第 85 条规定：“鉴定意见具有下列情形之一的，不得作为定案的根据：鉴定机构不具备法定资质，或者鉴定事项超出该鉴定机构业务范围、技术条件的；鉴定人不具备法定资质，不具有相关专业技术或者职称，或者违反回避规定的；送检材料、样本来源不明，或者因污染不具备鉴定条件的；鉴定对象与送检材料、样本不一致的；鉴定程序违反规定的；鉴定过程和方法不符合相关专业的规范要求的；鉴定文书缺少签名、盖章的；鉴定意见与案件待证事实没有关联的；违反有关规定的其他情形。”第86条规定：“经人民法院通知，鉴定人拒不出庭作证的，鉴定意见不得作为定案的根据。鉴定人由于不能抗拒的原因或者有其他正当理由无法出庭的，人民法院可以根据情况决定延期审理或者重新鉴定。对没有正当理由拒不出庭作证的鉴定人，人民法院应当通报司法行政机关或者有关部门。”第87条规定：“对案件中的专门性问题需要鉴定，但没有法定司法鉴定机构，或者法律、司法解释规定可以进行检验的，可以指派、聘请有专门知识的人进行检验，检验报告可以作为定罪量刑的参考。对检验报告的审查与认定，参照适用本节的有关规定。经人民法院通知，检验人拒不出庭作证的，检验报告不得作为定罪量刑的参考。”

上述规定说明依法排除的鉴定意见包括司法鉴定意见和非司法鉴定意见，而且要求鉴定人和检验人必须出庭作证，如果拒不出庭作证的和不具有合法性、相关性和客观性的鉴定意见，毫不客气地予以排除。

【课堂讨论】

一审判决认定，被告人方某碧，男，52周岁，浙江省义乌市人，个体商贩，某年某月某日，以每支枪配50发子弹、单价180元的价格批发一批发令枪式土制手枪，以每支枪配50发子弹、单价200元的价格卖给福建晋江人赵某梁24支及配小口径手枪子弹（没装弹头）1 200发。过了一个月左右，被告人赵某梁又来购买，方某碧不在，其妻子被告人方某华按照被告人方某碧的吩咐以同样价格卖给被告人赵某梁45支及配小口径手枪子弹（没装弹头）2 250发。后被告人赵某梁将小口径手枪子弹，装上钢珠弹头，以每支枪配50发子弹单价550元的价格卖给被告人蔡某韩。该案有证人证言；福建省公安厅、泉州市公安局关于枪支杀伤力鉴定意见；扣押清单、照片；各被告人供述为证。

一审判处被告人赵某梁死刑；被告人蔡某韩死刑；被告人方某碧死刑；被告人方某华有期徒刑13年。各被告人均不服提出上诉。被告人方某碧告诉二审辩护律师：该土制手枪是玩具发令枪，不是管制枪支，他以每支枪配50发子弹、单价180元的价格批发进一批发令枪，以每支枪配50发子弹单价200元的价格卖给福建晋江人赵某梁，每支只盈利20元，这种枪支在义乌市地摊上随便可买到；二审辩护律师在阅卷时发现卷宗里福建省公安厅、泉州市公安局关于枪支杀伤力鉴定意见是一份复印件。

本案证据存在何问题？被告人方某碧构成何罪？一审法院对被告人方某碧量刑正确否？本案哪些证据是定罪的证据？哪些证据是量刑的证据？

【司法考试真题链接】

1. 甲因琐事与乙发生争执，甲被乙打成轻伤。甲向法院提起自诉需要对伤情进行鉴定。对此，应当由下列哪类鉴定机构进行鉴定？（　）（2006年卷二单选第29题）

A. 公安机关设立的鉴定机构

B. 省级人民政府指定的医院

C. 司法行政部门设立的鉴定机构

D. 司法行政部门登记设立的鉴定机构

2. 关于司法鉴定，下列哪些选项是正确的？（　）（2010年卷二多选第67题）

A. 某鉴定机构的三名鉴定人共同对某杀人案进行法医类鉴定，这三名鉴定人依照诉讼法律规定实行回避

B. 某鉴定机构的鉴定人钱某对某盗窃案进行了声像资料鉴定，该司法鉴定应由钱某负责

C. 当事人对鉴定人胡某的鉴定意见有异议，经法院通知，胡某应当出庭作证

D. 鉴定人刘某、廖某、徐某共同对被告人的精神状况进行了鉴定，刘某和廖某意见一致，但徐某有不同意见，应当按照刘某和廖某的意见作出结论

3. 关于证人与鉴定人的共同特征，下列哪些选项是正确的？（　）（2009 年卷二多选第 69 题）

A. 是当事人以外的人

B. 与案件或案件当事人没有利害关系

C. 具有不可替代性

D. 有义务出席法庭接受控辩双方询问

4. 在刑事诉讼中，下列哪些材料不得作为鉴定结论使用？（　）（2005 年卷二多选第 70 题）

A. 材料甲，系被害人到医院就诊时医生出具的诊断证明

B. 材料乙，盖有某鉴定机构公章，但签名人系被撤销鉴定人登记的人员

C. 材料丙，由具有专门知识但因职务过失犯罪受过刑事处罚的张某作出

D. 材料丁，经依法登记的司法鉴定机构指定的鉴定人王某作出

5. 某伤害案，提取的血迹经 DNA 鉴定，系来自被害人身上的血。对于这一鉴定结论，侦查机关应当告知哪些诉讼参与人？（　）（2004 年卷二多选第 68 题）

A. 犯罪嫌疑人　　B. 被害人

C. 犯罪嫌疑人聘请的律师　　D. 被害人的近亲属

6. 根据我国刑事诉讼法的规定，下列哪些情况需要省级人民政府指定的医院进行鉴定或者出具证明文件？（　）（2003 年卷二多选第 51 题）

A. 某被害人对公安机关的轻伤鉴定不服，要求重新鉴定

B. 犯罪嫌疑人的父亲提出犯罪嫌疑人患有精神病要求进行鉴定

C. 已被逮捕的犯罪嫌疑人提出自己患有严重疾病要求取保候审

D. 正在服刑的罪犯提出自己患有严重疾病，要求监外执行

7. 关于证人证言与鉴定意见，下列哪一选项是正确的？（　）（2015 年卷二单选第 23 题）

A. 证人证言只能由自然人提供，鉴定意见可由单位出具

B. 生理上、精神上有缺陷的人有时可以提供证人证言，但不能出具鉴定意见

C. 如控辩双方对证人证言和鉴定意见有异议的，相应证人和鉴定人均应出庭

D. 证人应出庭而不出庭的，其庭前证言仍可能作为证据；鉴定人应出庭而不出庭的，鉴定意见不得作为定案根据

第十三章　现场笔录、勘验笔录和检查、辨认、侦查实验等笔录

【案例导入】被告人王国某（男 26 周岁），在连江县某乡镇的一山上，看见陈某为已逝岳父刘某建造的坟墓十分气派，料定是个有钱的，便产生勒索动机，当晚乘天黑无人看管之际，将陈某岳父刘某尚未入葬的骨灰盒盗走，藏匿于附近的草丛中，并留下手机电话号码。第二天上午，陈某与工人来施工时发现骨灰盒被盗，就按被告人王国某留下的手机号码打了电话，被告人王国某索要 15 万元才还骨灰盒，经被害人陈某讨价还价，最后商定 5 万元成交，在交付赎金时，被告人王国某被预先埋伏的警察抓获归案。经现场勘验，发现被告人王国某在现场留下一双鞋印。

被告人王国某在现场留下的一双鞋印能不能作为证据使用？侦查机关应当如何收集被告人王国某在现场留下的这双鞋印？

第一节　现场笔录、勘验笔录和检查、辨认、侦查实验等笔录的概念、特点和意义

一、现场笔录、勘验笔录和检查、辨认、侦查实验等笔录的概念

三大诉讼法对现场笔录和勘验、检查等笔录都有规定。2012 年刑事诉讼法第 48 条规定“勘验、检查、辨认、侦查实验等笔录”；2012 年民事诉讼法第 63 条规定为“勘验笔录”；2014 年行政诉讼法第 33 条规定为“勘验笔录、现场笔录”。但通过比较发现，“勘验笔录”是三大诉讼法的相同称谓，而“现场笔录”与“检查、辨认、侦查实验等笔录”分别是行政诉讼法和刑事诉讼法的特有称谓。

现场笔录，是指国家行政机关及其工作人员在进行当场处罚或其他紧急处理时，对有关事项当场所作的记录。行政执法经常需要作现场笔录，如公安机关对违反治安管理处罚条例的人进行讯问所作的笔录、价格管理机关对违反价格法的有关单位或公民进行查处时所作的笔录等。《渔业水域污染事故调查处理程序规定》第 14 条的规定。行政机关制作现场笔录，旨在克服再取证的困难并防止行政相对人事后翻供情况的发生。因此，现场笔录通常成为行政机关当场处罚或及时处理的依据，同时在行政诉讼

中提出现场笔录这种证据形式的主体只能是行政诉讼中的被告。

现场笔录的属性是行政诉讼所特有的一种独立的证据形式，以其记录内容来证明案件事实，从这个意义上说，它和书证相同；但它必须是行政诉讼开始前存在于行政执法过程中的书面证据，属于国家行政机关工作人员制作的证据，因此，它又不同于一般的书证。

勘验笔录，是指在公安司法机关的人员或者行政机关的工作人员主持下对刑事案件、民事案件及行政案件的现场进行勘察、检验所作的记录。勘验笔录的属性是三大诉讼共有的一种独立的证据形式，它主要是用文字形式固定勘验工作情况和现场状况。勘验笔录及时固定了现场原貌，是证明案件现场状况的重要证据材料，经查证属实，可作为定案的根据。由于勘验笔录以书面形式反映现场或物品的客观情况，而不是以物品本身的形状、特征直接证明案件事实，所以它既非书证，也不是物证，而是一种独立的诉讼证据。

检查、辨认、侦查实验等笔录，是指公安司法机关的人员在办理刑事案件时，对与犯罪案件有关的物品、人身或其他事物进行检查、搜查、辨认、扣押、提取等活动时所作的记录，或者为了查明案情，在必要的时候，经公安机关负责人批准，进行侦查实验时所作的记录。检查、辨认、侦查实验等笔录的属性是刑事诉讼所特有的一种独立的证据形式，它与勘验笔录一样都是公安司法机关依法制作的反映现场状况和实地检查、搜查、辨认、扣押、提取过程与结果的法律文书。

二、现场笔录、勘验笔录和检查、辨认、侦查实验等笔录的特点

1. 笔录具有多功能性

现场笔录、勘验笔录和检查、辨认、侦查实验等笔录既是一种证据，也是一种保全证据事实的方法。苏联民事诉讼法就明确规定，勘验是一种固定保全证据的方法。我国刑事诉讼中较多地运用检查手段，与犯罪有关的人身场所物品都涉及检查，甚至还存在强制检查。因此，检查笔录是一种证据，但其所记录的内容保全了检查时所发现的证据事实。我国刑事诉讼中的尸体检验运用得也很普遍，而英国还有专门的验尸官，尸体必须经过验尸官的检查后才能火化。我国的尸体检验笔录应当作为一种证据，而且是记录和保全尸体检验所发现事实的方法。

2. 记录的事实限定性

现场笔录、勘验笔录和检查、辨认、侦查实验等笔录只能记录所发现的事实，而不能包括对事实的分析、判断等。从证据学上来说，现场笔录、勘验笔录和检查、辨认、侦查实验等笔录与鉴定意见有明显区别。鉴定意见是一种分析判断，是意见证据规则的例外，现场笔录、勘验笔录和检查、辨认、侦查实验等笔录则是忠实地记录案件现场情况。但过去在司法实践中的做法曾经有偏差。例如，某案中的勘验检查笔录直接作出死者系坠楼身亡的结论，要么是意外，要么是自杀。对于现场情况则没有足够的反映，如楼有多高、死者躺卧位置、身上的创伤呈现什么特点等。这是错误的。

因为是否是坠楼身亡应该由鉴定意见作出判断，勘验检查笔录不应当有任何分析的成分，只需把当时的现场固定下来，以利于日后作出判断。因此，侦查人员制作勘验检查笔录不在于当时能作出什么结论，而在于固定保全现场。勘验检查等笔录应该尽力固定检材，信息记录得越充分越好，此后才需要专家作出鉴定。

3. 记录的目的性

现场笔录、勘验笔录和检查、辨认、侦查实验等笔录是目的证据，不是偶然证据。现场笔录、勘验笔录和检查、辨认、侦查实验等笔录与其他证据不同的地方在于它是在诉讼内制作的，而很多证据，如视听资料都是在诉讼外制作的。因此，现场笔录、勘验笔录和检查、辨认、侦查实验等笔录是目的证据，视听资料是偶然证据。民事诉讼中目的证据居多，如当事人订立的要式合同，就是一种目的证据，就是说当事人双方都知道这份合同将是用作证据的。

4. 记录的内容具有真实与虚假的双重性

现场笔录、勘验笔录和检查、辨认、侦查实验等笔录是公安司法机关或者行政机关依照法定程序制作的，它又是现场物证、书证等的固定和保全，因此，它的证明力相对比较客观，作为证据表现形式的笔录，具有很强的证明力。但是，由于笔录是对诉讼活动的记载，而诉讼活动的对象，如物品、痕迹可能被人为地更换、损坏或伪造等，如果公安司法人员未发现这些情况，则诉讼活动是在假象下进行的，这样的笔录也难以真实。公安司法人员的业务素质、工作责任心和采用的工作方法是否科学等都影响诉讼行为的质量，从而影响笔录的质量，因为这些都在笔录中得到记载和体现。此外，笔录制作者的工作责任心和业务水平也影响笔录的质量。由此可知，这种证据在有些情形下，也可能具有虚假性的特点。

三、现场笔录、勘验笔录和检查、辨认、侦查实验等笔录的意义

（1）有利于认定案件事实和解决纠纷。在民事诉讼、行政诉讼中，常常会遇到与案件有关的物证或者现场，由于某种原因不便于或根本不可能提交法庭，为了弄清事实真相，就要求审判人员必须到现场勘验，如房屋纠纷、宅基地纠纷、相邻关系纠纷、土地山林纠纷、责任事故现场等。通过勘验以便对现场情况进行了解，并将现场情况制成笔录，使与案件有关的现场和物品得以再现。这对案件事实的认定和纠纷的解决，有着重要的意义。

（2）有利于解决物证、书证的鉴真（鉴别真伪）问题。所谓物证、书证的鉴真，是指在实际办案中，物证、书证要有充分的证据证明它的来源是可靠的。司法实践中有几种证据可证明它的来源：勘验检查笔录，其最大的证据价值是证明物证、书证的来源；证据提取笔录，其最大的证据价值是证明物证、书证的来源和提取经过；搜查笔录，是国家强制性的搜查手段所作的一个记载，搜查笔录里往往记载了搜查的经过、搜查的对象和所得来的相关物证、书证，具有证明物证、书证来源的证据价值；扣押清单，是在搜查完毕之后，扣押物证、书证的一个清单，它能够证明某个物证、书证

的来源。辨认笔录，有庭前辨认、当庭辨认，这种辨认的过程是对物证、书证的鉴真过程，鉴别真伪，证明它与原来那个证据是否是同一个证据等。《死刑证据规定》第9条规定：物证、书证来源不明的，没有附有勘验检查笔录、证据提取笔录、搜查笔录、扣押清单不能证明物证、书证来源的，不能作为定案根据；对物证、书证的来源和搜集过程有疑问不能作出合理解释的，该物证、书证不能作为定案的根据。可见，鉴真高于鉴定，鉴真在前鉴定在后。如果从物证、书证的证明力判断来看，须先解决真伪问题，再解决鉴定问题。鉴真解决的是样本、检材来源的可靠性、真实性；鉴定解决的是真实的检材、样本的证明力、相关性问题。总之，现场笔录、勘验笔录和检查、辨认、侦查实验等笔录对于解决物证、书证的鉴别真伪问题具有重要的作用。

第二节　现场笔录、勘验笔录和检查、辨认、侦查实验等笔录的分类和内容

一、现场笔录、勘验笔录和检查、辨认、侦查实验等笔录的分类

现场笔录、勘验笔录和检查、辨认、侦查实验等笔录，可依据法律的明确规定进行分类。

1. 现场笔录

现场笔录只适用于行政诉讼，是国家行政机关在作出具体行政行为前，对有关事项当场作的笔录，其直接目的是为行政机关的具体行政行为提供依据，只有当事人对该具体行政行为不服，向人民法院提起诉讼后，它才具有行政诉讼证据的意义。现场笔录还可以包含行政机关对违反行政法规的当事人讯问所作的笔录。

2. 勘验笔录

刑事、民事和行政诉讼中的勘验笔录是审判人员或侦查人员在诉讼过程中，为查明一定的案件事实，对于与案件有关的场所、物品、尸体进行的勘查、检测、测量、拍照、绘图等行为所作的记录。勘验笔录分为现场勘验笔录（包含远程勘验笔录）、物证检验笔录、尸体检验笔录等。现场勘验笔录是审判人员或侦查人员在诉讼过程中对案件发生的现场进行勘验后所作的记录。远程勘验笔录，是指为提取、固定远程目标系统的状态和存留的电子数据，通过网络对远程目标系统实施勘验时，所制作的如实记录。物证检验笔录是审判人员或侦查人员在诉讼过程中到物品所在地行勘验后所作的记录。尸体检验笔录是验尸人员就检验尸体所见和提取何物而作的如实记录。

3. 检查笔录

检查笔录只适用于刑事诉讼中，包括人身检查笔录和电子证据检查笔录。检查笔录与勘验笔录的区别如下：一是对象不同。检查的对象是“活的”，如对人身进行检查；

勘验的对象是“死的”，如对场所、物品、尸体进行的勘验。二是分类不同。勘验笔录包括现场勘验笔录、物证检验笔录、尸体检验笔录；检查笔录仅包括人身检查笔录和电子证据检查笔录。有人认为，检查笔录还包括搜查笔录。笔者不同意此观点，因为2012年刑事诉讼法规定搜查是一种独立的侦查行为，其笔录也应保持独立性。故检查笔录只能包括人身检查笔录和电子证据检查笔录。人身检查笔录，是指公安司法机关对犯罪案件有关的人身进行检查时，制作的如实记录。2012年刑事诉讼法第130条规定：“为了确定被害人、犯罪嫌疑人的某些特征、伤害情况或者生理状态，可以对人身进行检查，可以提取指纹信息，采集血液、尿液等生物样本。”电子证据检查笔录，是指为发现和提取与案件相关的线索和证据，对已扣押、封存、固定的电子证据进行检查时，制作的如实记录。

4. 搜查笔录

搜查笔录是指侦查人员为了收集犯罪证据、查获罪犯，对被告人及可能隐藏罪犯或者犯罪证据的人的身体、物品、住所等进行搜查时所作的文字记录。其结构包括标题、案由、搜查的简要情况、签署四项。标题写为“搜查笔录”，标题右下方写年、月、日。案由写明公安局工作人员根据搜查证在见证人见证下，对居住在何处的何人进行了人身、住处及其他有关方面的搜查。搜查情况，简要写明在被搜查人的身体、住所等处搜出了什么。住所搜查，应说明除搜查物品外，其他物品未动，未损坏任何物品，并写明被搜查人对搜查的意见，笔录附件《扣押物品清单》副本已交给被搜查人或者其家属收执。结尾签署依次由被搜查人、见证人、搜查人签字，凡属女性者要注明。

附件《扣押物品清单》，应会同在场见证人与被扣押物品持有人查点清楚扣押物后，当场开列一式两份，写明扣押物品名称、规格、样式、质量、数量及发现地点、扣押日期，并由侦查人员、见证人和持有人签名或者盖章。正本存入卷内，副本交给被搜查人或其家属收留。

5. 辨认笔录

辨认笔录是刑事诉讼法规定的一种诉讼证据，民事诉讼法和行政诉讼法没有将辨认笔录列为证据形式。辨认笔录是指公安司法机关安排被告人和被害人、证人对犯罪案件有关的人身、物品、场所、地点等进行辨认时所制作的如实记录。

6. 侦查实验笔录

侦查实验笔录也只适用于刑事诉讼中，2012年刑事诉讼法第133条规定：“为了查明案情，在必要的时候，经公安机关负责人批准，可以进行侦查实验。侦查实验的情况应当写成笔录，由参加实验的人签名或者盖章。”可见，侦查实验笔录是对侦查实验的情况所写成的如实记录。

二、现场笔录、勘验笔录和检查、辨认、侦查实验等笔录的内容

现场笔录、勘验笔录和检查、辨认、侦查实验等笔录在内容上具有如下的相同点：

①从法律依据方面来看，它们都有一定的规则和范文。其规则，有的来自法律和司法解释，有的来自行业规范。例如，对现场勘验笔录，《最高人民法院关于民事诉讼证据的若干规定》《最高人民法院关于行政诉讼证据若干问题的规定》《公安部刑事案件现场勘查规则》都规定了人民法院和侦查机关进行现场勘查必须拍摄现场照片、制作现场文字记录和现场图三个内容。②在组成结构方面，现场笔录、勘验笔录和检查、辨认、侦查实验等笔录一般都包含文字记录，大部分都还附上所拍摄的照片。

现场笔录、勘验笔录和检查、辨认、侦查实验等笔录在内容上的不同点，主要是：现场勘验笔录在组成结构方面，除了拍摄现场照片、制作现场文字记录外，还有现场图；搜查笔录除了文字记录外，还有附件《扣押物品清单》和扣押物品照片。在此仅重点介绍现场勘验笔录在组成结构方面的三个内容，即现场文字记录、现场照相和现场绘图。

（一）现场文字记录

1. 现场文字记录的内容和结构

现场文字记录是现场勘查结果的文字材料，属于法定的诉讼证据之一。根据《最高人民法院关于民事诉讼证据的若干规定》《最高人民法院关于行政诉讼证据若干问题的规定》《公安部刑事案件现场勘查规则》的规定，现场文字记录的结构分为标题、前言、叙述事实和结尾四个部分。

（1）标题部分。其应写明“现场勘验笔录”。

（2）前言部分。其内容应详细记载：报案的时间，发案的时间、地点，报案人、当事人的姓名、职业、住址及其陈述；保护现场人员的姓名、职业，到达现场的时间和保护现场时发现的情况；现场勘查指挥人员和勘查人员的姓名、职务；见证人的姓名、职业和住址；勘查的起止时间，勘查的程序，当时的气候和光线条件等。

（3）叙述事实部分。其内容应详细记载：现场的地点、位置、周围环境；现场中心和有关场所的情况，现场变动和变化的情况及反常现象；发现和提取痕迹、物证和罪犯遗留物的情况。

（4）结尾部分。其内容应详细记载：拍照的内容、数量及绘制现场图的种类和数量；现场指挥人员、勘查人员、笔录制作人员及见证人签名；尸体检验笔录应由法医单独制作；再次勘查现场和检验尸体时，应制作补充笔录。

2. 制作现场勘验笔录应当注意的几个事项

（1）笔录记载的顺序应当与现场勘验的实际顺序一致。

（2）现场勘查笔录应详细记载，笔录记载的内容要客观准确。

（3）笔录应当当场制作定稿，一经有关人员特别是见证人签字后不能改动。如果发现笔录中有错误或遗漏之处，可另作更正或补充笔录。

（4）制作现场勘验笔录的用词要精确，不能使用模糊的语言。

（二）现场绘图

现场绘图是运用制图学的原理和方法，固定和反映犯罪现场情况的一种记录方式。《公安部刑事案件现场勘查规则》规定：现场图必须反映现场的位置、范围，与犯罪活动有关的主要物体、痕迹、遗留物、作案工具、尸体的具体位置以及它们之间的距离和关系。

（三）现场照相

《公安部刑事案件现场勘查规则》规定：现场照相必须反映现场的原始状态和勘查过程中发现的各种痕迹、物证。要拍摄方位、概览、中心、细目照片。照片必须影像清晰真实，主题突出。有录像设备的，可以同时进行录像。对无名尸体，必须拍摄整容照片。

第三节　现场笔录、勘验笔录和检查、辨认、侦查实验等笔录的收集和补正

一、现场笔录、勘验笔录和检查、辨认、侦查实验等笔录的收集

现场笔录、勘验笔录和检查、辨认、侦查实验等笔录的收集，主要是指制作现场笔录、勘验笔录和检查、辨认、侦查实验等笔录。

（一）现场笔录的制作

根据2014年行政诉讼法的有关规定，制作现场笔录的程序如下。

（1）由行政执法机关的工作人员主持制作。制作现场笔录必须注意制作主体的合格性。现场笔录是行政执法机关及其工作人员为实施具体行政行为，在证据难以保全或者事后难以取证的情况下，或者不可能取得其他证据或者其他证据难以证明案件事实时制作的，它是行政执法机关实施具体行政行为与进行行政处罚的重要依据，自然要在行政执法机关工作人员的主持下制作。

（2）必须在现场当场制作，不能事后补作。制作现场笔录必须注意制作的当场性。现场笔录是具体行政行为的真实记录，它反映行政执法活动的事实根据和程序档案，既包括被处理、处罚事件的客观真实情况，也包括处理或者处罚的具体行政程序，因此，应当当场制作现场笔录。

（3）由行政执法人员和当事人签名。当事人拒绝签名或者当事人不能签名的，应当注明原因。有其他人在场的，也可由其他人签名。没有当事人签名或者其他人签名的现场笔录，不能起到证明作用。现场笔录以文字记录为主，必要时也可以附有拍照、画图等内容。

（二）勘验笔录和检查、辨认、侦查实验等笔录的制作

根据2012年刑事诉讼法、2012年民事诉讼法和2014年行政诉讼法及相关司法解

释的有关规定，制作勘验笔录和检查、辨认、侦查实验等笔录的程序如下。

1. 由行政执法人员、侦查人员或者审判人员主持制作

制作勘验笔录和检查、辨认、侦查实验等笔录特别需要注意制作主体的合格性。勘验笔录是三大诉讼法均规定的一种证据形式，其制作的主体可分别由行政执法人员、侦查人员或者审判人员主持。行政执法人员在办理行政执法案件时有权进行勘验，主持制作勘验笔录；侦查人员在侦查刑事案件时有权进行勘验，主持制作勘验笔录；审判人员在办理行政、刑事和民事案件时均有权依当事人申请或依职权勘验现场，主持制作勘验笔录。而检查、辨认、侦查实验等笔录仅是刑事诉讼法规定的一种证据形式，故其制作的主体只能由侦查人员或者审判人员主持制作。

2. 邀请见证人见证，通知当事人或者其家属到场

为了确保客观、公正地进行勘验、检查和笔录的制作，应当邀请与案件无关的公民作见证人见证勘验、检查的过程。2012 年民事诉讼法第 80 条明确规定，勘验物证或者现场，勘验人必须“邀请当地基层组织或者当事人所在单位派人参加”。这些被邀请参加的人实际上就是见证人。同时本条还规定“当事人或者当事人的成年家属应当到场，拒不到场的，不影响勘验的进行”。这条规定说明在勘验物证或者现场时，当事人或者当事人的成年家属享有在场权，司法机关有义务应当事先通知他们在规定的时间和地点到场参加勘验，对于拒不到场的，视为放弃在场权，不影响司法机关进行勘验。虽然 2014 年行政诉讼法没有明确的规定，但《最高人民法院关于行政诉讼证据若干问题的规定》有类似的规定，第 33 条规定：“人民法院可以依当事人申请或者依职权勘验现场。勘验现场时，勘验人必须出示人民法院的证件，并邀请当地基层组织或者当事人所在单位派人参加。当事人或其成年亲属应当到场，拒不到场的，不影响勘验的进行，但应当在勘验笔录中说明情况。”2012 年刑事诉讼法第 137 条规定：“在搜查的时候，应当有被搜查人或者他的家属，邻居或者其他见证人在场。”可见，三大诉讼法均规定司法机关在进行勘验、检查等时应邀请见证人见证，通知当事人或者其家属到场。

3. 应由参加勘验、检查、搜查的人和见证人、当事人签名或者盖章

2012 年刑事诉讼法第 131 条规定：“ 勘验、检查的情况应当写成笔录，由参加勘验、检查的人和见证人签名或者盖章。”第 138 条规定：“搜查的情况应当写成笔录，由侦查人员和被搜查人或者他的家属，邻居或者其他见证人签名或者盖章。如果被搜查人或者他的家属在逃或者拒绝签名、盖章，应当在笔录上注明。”2012 年民事诉讼法第 80 条明确规定：“勘验人应当将勘验情况和结果制作笔录，由勘验人、当事人和被邀参加人签名或者盖章。”《最高人民法院关于民事诉讼证据的若干规定》第 30 条规定：“人民法院勘验物证或者现场，应当制作笔录，记录勘验的时间、地点、勘验人、在场人、勘验的经过、结果由勘验人、在场人签名或者盖章。对于绘制的现场图应当注明绘制的时间、方位、测绘人姓名、身份等内容。”《最高人民法院关于行政诉讼证据若干问题的规定》第 34 条规定：“审判人员应当制作勘验笔录，记载勘验的时间、地点、勘验人、在场人、勘验的经过和结果，由勘验人、当事人、在场人签名。勘验现场时绘制的现场图，应当注明绘制的时间、方位、绘制人姓名和身份等内容。当事人对勘验结论有异议的，可以在举证期限内申请重新勘验，是否准许由人民法院决定。”

二、勘验笔录和检查笔录的补正

一般来说，现场勘验、检查笔录是司法机关依照法定程序制作的一种诉讼证据，又是固定和保全现场物证、书证的重要方法，具有很强的证明力。但在司法实践中可发现现场勘验、检查笔录主要存在以下两个问题。

（1）制作过程存在明显不符合法律规定的程序，使证据缺乏合法性。根据《公安机关刑事案件现场勘验检查规则》第 28 条的规定，公安机关对刑事案件现场进行勘验、检查不得少于 2 人。勘验、检查现场时，应当邀请 1~2 名与案件无关的公民作见证人。同时，根据 2012 年刑事诉讼法第 131 条规定：“勘验、检查的情况应当写成笔录，由参加勘验、检查的人和见证人签名或者盖章。”依照上述相关规定，侦查人员或者审判人员主持制作的现场勘验、检查笔录，需由参加勘验、检查的人和见证人签名或盖章。法律规定要邀请与案件无关的公民作见证人，是为了确保勘验、检查及其笔录制作的客观公正。由勘验人与见证人等签字或者盖章，是为了确保勘验、检查笔录的客观准确，提高证据的证明力。这就要求，现场勘验、检查笔录必须要在勘验的当场制作定稿，而不能事后追忆再补做。同时，笔录的内容一经有关人员特别是见证人签字后就不能再改动。现实中，很多办案人员违反了上述法定程序，使勘验笔录缺乏合法性，从而导致证据瑕疵。

（2）制作内容存在明显不符合有关的行业规定，勘验人员在笔录中加入了主观臆断，使之缺乏客观性。根据《公安机关刑事案件现场勘验检查规则》第 9 条规定“现场勘验、检查工作应当以事实为依据，防止主观臆断”。此立法的目的是追求客观真实。勘验人在制作现场勘验笔录时要注意以下三点：①没有亲眼看到的不能记；②分析判断的不能记；③推测可能的不能记。也就是说，只能记录那些侦查员在现场看到和实际做的事情，而其他由侦查员依据现场材料所作出的结论、推断等都是不可以写在现场检查笔录中。应该用纪实、叙述的写作手法来记录检查的情况。在某些勘验笔录中，我们看到勘验人员有时使用“大约”“大概”“估计”“差不多”“左右”等不确定的词语，甚至还会加上自己的主观推测，这都是违背证据客观性原则的。

鉴于在实践中出现的上述问题，笔者认为要提高勘验、检查笔录的质量，须采取以下措施。

首先，制定现场勘验、检查笔录制卷统一标准，使勘验、检查笔录更加规范化。勘验、检查笔录的格式统一，用词规范，要精确表述勘查现场的客观情况，特别是对于现场的方位、地点、物品、周围环境、天气情况、破坏程度以及勘查的时间、参与人员要有明确的记载，避免遗漏。

其次，建立勘验笔录和检查笔录的补正制度。2012 年《最高人民法院关于适用〈中华人民共和国刑事诉讼法〉的解释》第 89 条规定：“勘验、检查笔录存在明显不符合法律、有关规定的情形，不能作出合理解释或者说明的，不得作为定案的根据。”这条规定说明我国已建立了勘验笔录和检查笔录的补正制度。但具体实施时需要注意以下三点：一是勘验笔录和检查笔录依法是可以补正的，而现场笔录和搜查、辨认、侦查实验等是不能补正的；二是对勘验笔录和检查笔录的补正是指由制作人对勘验笔录和检查笔录作出合理的解释或者说明，如果其解释或者说明能够符合合理合法的标准，那么经补正后的勘验笔录和检查笔录可作为定案的根据；三是需要补正的勘验笔录和检查笔录是那些在现实中碰到、存在明显不符合法律规定和有关规定的。

第四节　现场笔录、勘验笔录和检查、辨认、侦查实验等笔录的审查判断和排除

一、现场笔录、勘验笔录和检查、辨认、侦查实验等笔录的审查判断

根据2012年刑事诉讼法、2012年《最高人民法院关于适用〈中华人民共和国刑事诉讼法〉的解释》第88条、第90条、第91条的规定和《关于办理死刑案件审查判断证据若干问题的规定》及2012年民事诉讼法、2015年《民事诉讼法的解释》和《最高人民法院关于民事诉讼证据的若干规定》、《最高人民法院关于行政诉讼证据若干问题的规定》可以看出，对现场笔录、勘验笔录和检查、辨认、侦查实验等笔录的审查判断，应从以下几个方面进行审查判断。

（一）审查判断现场笔录、勘验笔录和检查、辨认、侦查实验等笔录的合法性

现场笔录的合法性审查，主要是审查现场笔录是否由行政执法机关的工作人员主持制作的与有无行政执法人员和当事人签名等。勘验笔录和检查笔录的合法性审查，根据2012年最高人民法院《关于适用〈中华人民共和国刑事诉讼法〉的解释》第88条的规定：应当着重审查“勘验、检查是否依法进行，笔录的制作是否符合法律、有关规定，勘验、检查人员和见证人是否签名或者盖章”。2015年《民事诉讼法的解释》第124条规定：“人民法院认为有必要的，可以根据当事人的申请或者依职权对物证或者现场进行勘验。勘验时应当保护他人的隐私和尊严。”《最高人民法院关于民事诉讼证据的若干规定》第30条“人民法院勘验物证或者现场，应当制作笔录，记录勘验的时间、地点、勘验人、在场人、勘验的经过、结果由勘验人、在场人签名或者盖章。对于绘制的现场图应当注明绘制的时间、方位、测绘人姓名、身份等内容”。辨认笔录的合法性审查，根据2012年《最高人民法院关于适用〈中华人民共和国刑事诉讼法〉的解释》第90条规定：“对辨认笔录应当着重审查辨认的过程、方法，以及辨认笔录的制作是否符合有关规定。”侦查实验笔录的合法性审查，根据2012年《最高人民法院关于适用〈中华人民共和国刑事诉讼法〉的解释》第91条规定：“对侦查实验笔录应当着重审查实验的过程、方法，以及笔录的制作是否符合有关规定。”

（二）审查判断现场笔录、勘验笔录和检查、辨认、侦查实验等笔录记载内容的真实性和关联性

审查判断现场笔录记载内容的真实性和关联性，主要是审查现场笔录是在现场当场制作的，还是事后补作的，内容是否是真实记录的客观真实情况。审查判断勘验笔录和检查、辨认、侦查实验等笔录记载内容的真实性和关联性，根据 2012 年《最高人民法院关于适用〈中华人民共和国刑事诉讼法〉的解释》第 88 条的规定：应当着重审查“勘验、检查笔录是否记录了提起勘验、检查的事由，勘验、检查的时间、地点，在场人员、现场方位、周围环境等，现场的物品、人身、尸体等的位置、特征等情况，以及勘验、检查、搜查的过程；文字记录与实物或者绘图、照片、录像是否相符；现场、物品、痕迹等是否伪造、有无破坏；人身特征、伤害情况、生理状态有无伪装或者变化等”。《关于办理死刑案件审查判断证据若干问题的规定》规定，应当着重审查勘验、检查笔录的内容是否全面、详细、准确、规范：是否准确记录了提起勘验、检查的事由，勘验、检查的时间、地点，在场人员、现场方位、周围环境等情况；是否准确记载了现场、物品、人身、尸体等的位置、特征等详细情况以及勘验、检查、搜查的过程；文字记载与实物或者绘图、录像、照片是否相符；固定证据的形式、方法是否科学、规范；现场、物品、痕迹等是否被破坏或者伪造，是否是原始现场；人身特征、伤害情况、生理状况有无伪装或者变化等。

（三）审查判断现场笔录、勘验笔录和检查、辨认、侦查实验等笔录与其他证据能否相互印证，有无矛盾

审查判断现场笔录、勘验笔录和检查、辨认、侦查实验等笔录的重要方法，应当结合全案与其他证据进行比对，分析它们之间能否相互印证，有无矛盾。《关于办理死刑案件审查判断证据若干问题的规定》规定，应当着重审查勘验、检查笔录中记载的情况与被告人供述、被害人陈述、鉴定意见等其他证据能否印证，有无矛盾；补充进行勘验、检查的，前后勘验、检查的情况是否有矛盾，是否说明了再次勘验、检查的缘由；勘验、检查笔录存在勘验、检查没有见证人的，勘验、检查人员和见证人没有签名、盖章的，勘验、检查人员违反回避规定的等情形，应当结合案件其他证据，审查其真实性和关联性。2012 年《最高人民法院关于适用〈中华人民共和国刑事诉讼法〉的解释》第 88 条的规定：“补充进行勘验、检查的，是否说明了再次勘验、检查的缘由，前后勘验、检查的情况是否矛盾。”

二、现场笔录、勘验笔录和检查、辨认、侦查实验等笔录的排除

一般来说，现场笔录、勘验笔录和检查、辨认、侦查实验等笔录应当真实客观并与案件事实具有相关性，如果这些笔录所记载的内容不具有真实性和相关性，该笔录应当予以排除；如果仅是违反法定程序收集，虽然存在明显不符合法律、有关规定的情形，但应当允许给予补正，只有经过补正仍不具备证据资格的，才予以排除。2012

年《最高人民法院关于适用〈中华人民共和国刑事诉讼法〉的解释》第89条规定："勘验、检查笔录存在明显不符合法律、有关规定的情形，不能作出合理解释或者说明的，不得作为定案的根据。"第90条规定，"辨认笔录具有下列情形之一的，不得作为定案的根据：辨认不是在侦查人员主持下进行的；辨认前使辨认人见到辨认对象的；辨认活动没有个别进行的；辨认对象没有混杂在具有类似特征的其他对象中，或者供辨认的对象数量不符合规定的；辨认中给辨认人明显暗示或者明显有指认嫌疑的；违反有关规定、不能确定辨认笔录真实性的其他情形。"第91条规定："侦查实验的条件与事件发生时的条件有明显差异，或者存在影响实验结论科学性的其他情形的，侦查实验笔录不得作为定案的根据。"

【课堂讨论】

被告陈某亨，男，52岁，在自家庭院里饲养动物——一只俄罗斯高加索犬，为了安全防范便用一条铁链将它系在庭院里的一棵树上，活动范围不超过门口。该犬是禁止饲养的烈性犬，曾经咬过人。

原告谢某妃，女，35岁，本性怕狗。2014年8月6日傍晚18点左右，原告没有戴安全帽且采取不恰当的坐姿侧坐在其夫陈某接没有行车证和驾驶证违规驾驶的摩托车上。当摩托车行驶到被告门口时，原告看见一头高大的俄罗斯高加索犬，受到惊吓，便指使其夫"有狗快走"，陈某接便加大油门快速驶离，由于超速将原告摔倒在距被告门口有20米远的一小学学校门口的左边，其夫陈某接行驶到该校门口的右边才发觉并停车。

原告因摔倒造成颅骨受损鉴定为十级伤残，经济损失合计24万元，被告预支了42 000元，经过当地派出所的调解无效，原告诉诸法院请求被告赔偿全部经济损失。《中华人民共和国侵权责任法》第十章饲养动物损害责任，第78条规定饲养的动物造成他人损害的，动物饲养人或者管理人应当承担侵权责任，但能够证明损害是因被侵权人故意或者重大过失造成的，可以不承担或者减轻责任。第80条规定禁止饲养的烈性犬等危险动物造成他人损害的，动物饲养人或者管理人应当承担侵权责任。

法院应当重点查明哪些内容？被告如何举证证明原告有过错，从而不承担或者减轻赔偿责任？法院应当如何判决？

【司法考试真题链接】

1. 关于辨认规则，下列哪一说法是正确的？（　）（2010年卷二单选第29题）

A. 检察院侦查的案件，对犯罪嫌疑人辨认由侦查部门负责人决定

B. 为了辨认需要，可以让辨认人在辨认前见到被辨认对象

C. 有多个辨认人时，根据需要可以集体进行辨认

D. 为了进行辨认，必要时证人可以在场

2. 关于侦查中的检查与搜查，下列哪一说法是正确的？（　）（2009年卷二单选第27题）

A. 搜查的对象可以是活人的身体，检查只能对现场、物品、尸体进行

B. 搜查只能由侦查人员进行，检查可以由具有专门知识的人在侦查人员主持下进行

C. 搜查应当出示搜查证，检查不需要任何证件

D. 搜查和检查对任何对象都可以强制进行

3. 甲公司向公安机关报案，称高某利用职务便利侵占本公司公款 320 万元。侦查机关在侦查中发现，高某有存款 380 万元，利用侵占的公款购买的汽车 1 部和住房 1 套，还发现高某私藏军用子弹 120 发。公安机关对于上述财物、物品所做的下列哪种处理是错误的？（　）（2006 年卷二单选第 32 题）

A. 扣押汽车 1 部　　B. 查封住房 1 套

C. 扣押子弹 1 发　　D. 冻结存款 380 万元

4. 公安机关抓获一起抢夺案犯罪嫌疑人黄某、王某。王某声称被错抓，公安机关决定组织对王某进行辨认。关于公安机关的做法，下列哪些选项是正确的？（　）（2011 年卷二多选第 69 题）

A. 让两名被害人一同对王某进行辨认

B. 让黄某单独对王某进行辨认

C. 在辨认时没有安排见证人在场

D. 将王某混在其他 5 名被辨认人当中

5. 关于扣押物证、书证，下列哪些做法是正确的？（　）（2009 年卷二多选第 68 题）

A. 侦查人员在搜查钱某住宅时，发现一份能够证明钱某无罪的证据，对此证据予以扣押

B. 在杜某故意杀人案中，侦查机关依法扣押杜某一些物品和文件。对与案件无关的物品和文件，侦查机关应当在五日内解除扣押、冻结，退还杜某

C. 公安机关在侦查刘某盗窃案中，可以依照规定查询、冻结刘某的存款、汇款

D. 在对周某盗窃罪审查起诉中，周某死亡，检察院决定将依法冻结的周某赃款的一部分上缴国库，其余部分返还给被害人

6. 关于勘验、检查，下列哪些说法是正确的？（　）（2008 年 · 四川卷二多选第 73 题）

A. 侦查人员执行勘验、检查，必须持有检察院或者公安机关的证明文件

B. 为了发现犯罪的证据，如果犯罪嫌疑人、被害人拒绝检查的，可以强制检查

C. 在必要的时候，可以指派或者聘请具有专门知识的人，在侦查人员的主持下进行勘验、检查

D. 勘验和检查的对象是相同的

7. 县烟草专卖局发现刘某销售某品牌外国香烟，执法人员表明自己的身份，并制作了现场笔录。因刘某拒绝签名，随行电视台记者张某作为见证人在笔录上签名，该局当场制作《行政处罚决定书》，没收 15 条外国香烟。刘某不服该决定，提起行政诉讼。诉讼中，县烟草专卖局向法院提交了现场笔录、县电视台拍摄的现场录像、张某的证词。下列哪些选项是正确的？（　）（2007 年卷二多选第 84 题）

A. 现场录像应当提供原始载体

B. 张某的证词有张某的签字后，即可作为证人证言使用
C. 现场笔录必须有执法人员和刘某的签名
D. 法院收到县烟草专卖局提供的证据应当出具收据，由经办人员签名或盖章

第十四章　视 听 资 料

【案例导入】原告吕某，女，28 岁，因准备结婚想整容，于某日找白某进行美容手术。白某收取吕某 45 000 元手术费（没有开具票据）。手术一周后，吕某发现自己的脸上出现了疤痕，不仅没有美容，反而毁容，便找白某继续治疗但无济于事，结果造成了损害后果，留下了终身的遗憾。吕某唯恐白某不认账便请律师在调查时随身带录音笔录取与白某对话的录音资料作为证据使用，经与白某调解赔偿未果后，直接起诉到法院，请求：依法判令被告白某赔偿原告吕某经济损失 176 757 元；保留待相应司法鉴定机构对原告的伤情等级进行鉴定后追加残疾赔偿金、住院伙食补助费、营养费、护理费及后续治疗费的权利；本案诉讼费、鉴定费等由被告负担。

本案的案由属于何种纠纷？举证责任如何分担？律师调查时随身所带的录音笔录取的与白某对话的录音资料是否属于视听资料？

第一节　视听资料的概念、特点和意义

一、视听资料的概念

视听资料是用录音、录像磁带或者其他科学方法，真实再现案件原始图像、音响，证明案件事实情况的资料。视听资料的本质特征是能够“真实再现案件原始图像、音响”。例如，银行的自动监控装置拍摄的录像，某些宾馆、超级市场的摄像镜头拍摄的录像带等。

在我国，视听资料是一种独立的证据种类，最早是由 1982 年试行的民事诉讼法所创设的法定证据形式之一，如今我国三大诉讼法中都已使用了“视听资料”的概念。这与世界大多数国家将视听资料纳入书证之列的分类法相比可谓独树一帜。从外部表象来看，视听资料兼有物证和书证的特征，同时又具有其他证据种类无与能及的特性。物证是凭物的外部特征证明案件，而视听资料是以声音、图像等再现案件的发生过程，它不仅可以记录物证的外部特征也能再现该物证运动的过程。书证虽是以载体上的文字、符号、图案说明案件事实，但是以静态的方式来证明案件事实，而视听资料则是以“流动”的声音和画面反映案件的情况，是以动态方式呈现案件事实的发生过程。由此，可以说视听资料是集书证、物证之优点于一身的独立的证据形式。如果它是合法取得且内容客观真实，能直观、生动、形象地再现案件

事实的运行过程，其高度的证明力有助于法院发现案件真实和提高审判效率。这一点是其他证据形式所难以比拟的。

然而，在外国的诉讼立法或证据立法中，很少有将视听资料作为一种独立的种类，要么将其作为书证，要么将其作为物证。例如，美国的《联邦证据规则》和英国的《民事诉讼证据法》都把唱片、磁带、声迹、相片或者看不见的图像资料等，一律列为书证的范畴。德国刑事诉讼法中没有明确规定视听资料属于何种证据形式，但根据联邦法院的判例和大部分学者的意见，认为视听资料属于物证。

通过比较，笔者认为，我国三大诉讼法将视听资料作为一种独立的证据种类是科学的。

（1）视听资料不同于书证。书证是以文字、符号、图画所表示的内容来证明案情的。而视听资料是通过声音、影像、储存的信息资料所表现的内容来证明案件事实情况的，并非单纯运用文字和符号来表达思想内容，而是独立地反映了部分或全部案件事实。因此，视听资料不属于书证的范畴。

（2）视听资料不同于物证。视听资料以其记录的声音和形象对刑事案件起证明作用，这使音像资料不同于物证。这就说明并不是所有的音像制品都能以视听资料的形式出现。有些音像制品不是以其记录的声音和形象对刑事案件起证明作用，而是以其存放的地点或外部特征对刑事案件起证明作用，那么，这样的音像制品就是物证，而不是视听资料。

（3）视听资料不同于人证。视听资料形成于案件发生前或发生过程中，它客观地记录案件事实情况，不存在人的主观因素。而证人证言、被害人陈述及犯罪嫌疑人、被告人供述和辩解等形成于案件发生后的诉讼过程中，是在诉讼过程中向司法人员所作的语言叙述，因而包含叙述人的主观因素。

此外，在理解视听资料的概念时，还要注意将其与实践中的一些采用多媒体出示的证据形式区别开。近年来，在有些法院的法庭审判中，出现了采用多媒体方式出示视听资料之外的其他证据的现象。这种做法是否合适还有待进一步探讨，即使合适，也必须明确，它只是证据的出示方式的改变，而没有改变证据的形式，因此不能将其归为视听资料。具体应算做何种证据应以其具体内容确定：如果演示的是物品或者物质痕迹，属于物证；如果演示的是现场照片或者现场绘图，属于勘验、检查笔录；如果演示的是证人的陈述笔录，则应属于证人证言。总之，这些证据虽然也采用了多媒体演示的形式，但不是视听资料，而是其他证据种类。

二、视听资料的特点

视听资料除了其上述的能够“真实再现案件原始图像、音响”的本质特征外，还具有如下几个特点。

（1）物质依赖性。视听资料既然以声音、形象等反映案件的真实情况，那它也就不能单独存在，而必须依存一定的物质载体（如录音带、录像带、电影胶片等）。

（2）便利高效性。视听资料信息量大，内容丰富，而且储存这些信息的录音带、录像带、电影胶片本身体积小，重量轻，易于保存，还可反复使用，有利于提高司法机关的办案效率。

（3）形象直观性。借助于高精技术设备的视听资料不仅能够准确地记录案件的事实，还可以直观地展示与案件有关客体的声音特征和图像特征，能连续、生动地再现案件事实的发生过程，这有利于审判人员准确地判断是非。

（4）视听资料具有高度的准确性。视听资料属于实物证据。一般来说，这种证据具有客观性，在形成过程中一般不受录制人主观因素的影响而造成对案件事实的歪曲。只要录制对象正确、录制方法得当、录制设备正常，视听资料就能准确地记录案件事实。借助相应的技术设备，视听资料就能够直接再现一定的案件事实或法律行为。通过对有关案件事实的声音、图像等的视听感知，案件事实的发生过程能再一次直观、生动、形象地展现在人们的眼前，谁是谁非一清二楚。这一特性是视听资料生来具有的，它对实行陪审制审判模式的国家来说，其优越性不言而喻。

（5）视听资料的收集和审查具有科学性。视听资料是科技发展的产物，它的形成是借助录音机、录像机等设备，人们可以使用一定的设备来制作视听资料，同样，人们也可以借助一定的设备对其进行伪造或篡改。因此，对其真实性的检测也要依赖相应的科学技术和设备。特别是对有疑点的视听资料的审查，不借助先进的科技手段是难以辨别的。因此，随着视听资料录制技术的提高，对其审查的相应技术也必须同步提高，否则，将来我们面对高科技形成的视听资料时将一筹莫展。当然，对视听资料的真伪还可以通过证据的关联性加以鉴别。

三、视听资料的意义

（1）视听资料为查明案件真实情况提供了直观、动态的证明手段。作为一种证明手段，视听资料的优点是直观性和动态性，它既能提供一定时间内的声音内容及声音的变化情况，也能够提供具有一定空间感的活动或者静止的影像。在缺乏相应的技术手段的情况下，人们只能用语言将发生的事实重现出来，但这种重现不可能像实际发生的案件事实那样生动、具体和直观。一旦有了专门技术手段将案件发生过程的声音和影像记录下来，就为案件事实的生动再现提供了难得的载体，进而为准确揭示案件事实，迫使案件当事人进行如实陈述，提供了有力手段。

（2）视听资料对刑事案件侦查工作起着重要的作用。完整的视听资料对侦查人员研究案情有很重要的作用，这些资料使办案人员能够在浏览视听资料后对犯罪现场有身临其境的感觉。同时，视听材料能为案件的侦查和专业技术人员提供调查依据，使分析人员能大致确定案件侦查的方向，为相关人员提供破案线索。所以，完整的视听资料能够产生复原现场的作用。此外，办案人员对视听资料进行分析和鉴定，通过一系列的过程可以锁定犯罪嫌疑人的目标。例如，在一次绑架案件中，绑匪打电话向被害人家属索要 30 万元，办案人员在他们进行通话的时候，利用高科技获得聊天内容，再对聊天内容进行技术分析，锁定了绑匪的身份信息。当侦查人员将嫌疑人抓获审讯的时候，嫌疑人拒不承认自己做过此事。办案人员立马将视听资料呈现在犯罪嫌疑人面前，迫使其不得不承认自己的犯罪事实。由此可知，视听资料在帮助侦查人员锁定犯罪嫌疑人的时候有重要作用。

第二节 视听资料的分类、收集和补正

一、视听资料的分类

2015 年《民事诉讼法的解释》第 116 条规定：“视听资料包括录音资料和影像资料。存储在电子介质中的录音资料和影像资料，适用电子数据的规定。”可见，视听资料主要包括存储在模拟信号介质中、而非存储在电子介质中的录音资料、录像资料、电影资料和其他音像资料。

（一）录音资料

录音资料，是指运用录音设备，将正在进行的谈话、演说、歌唱、呼叫、电话中的对讲及爆炸、机械摩擦等声响录制下来，然而通过播放设备将其在诉讼中进行播放，再现这些声响，并证明案件中的某种事实的一种证据材料，其物质形式是录音磁带。

由于录音可以弥补人的记忆能力不足与记录速度慢于谈话速度的弱点，人们在日常生活中，有时会使用录音这种手段达到记录某个事件的目的，而一旦这些录音资料与诉讼中处理的案件事实有关，就成为一种重要的诉讼证据。

录音资料对案件的证明方式有两种：一种是以录音资料的内容证明案件事实，如有关遗嘱的录音、有关犯罪计划的谈话等；另一种不是以录音资料的内容对案件起证明作用，而是以录音中所反映的语音、语调、音质、音素等特点对案件起证明作用，在这种情况下，其内容可能与案件事实毫无关系，但是其声音特点可以说明发声人的某些特征，通过科学鉴定可以确定发声人的真实身份。

（二）录像资料

录像资料，是指利用录像设备将某件事情的过程或者某个片断摄制下来，然后通过放像设备将其在诉讼中演示，再现原始的形象，并证明案件事实的一种材料，其物质形式是录像磁带或者音像光盘。

录像资料有时与录音资料有重叠现象，即录像中既有形象又有声音，且两者都对案件事实起证明作用，这种情况下应当认定为录像资料，因为声音同发声者是不可分的。

录像资料具有生动形象的特点，有连续运动着的人物和运动着的背景，因此具有很高的证明价值，被广泛运用于诉讼过程中。银行、机场、车站、码头、宾馆等场所安装的监控设施所录制的录像对于侦查犯罪具有重要的意义；预审过程中的全程录像，既可全面准确地收集预审中的所有信息和情况，弥补预审笔录择要而记、忽略细节、遗漏某些重要线索的情节的缺陷，又可以对预审过程实行程序性控制，防止出现刑讯

逼供等违反诉讼程序的现象；庭审中运用录像资料这种证据，可以原声原貌地再现案件的事实，使参加诉讼的各方对案件事实形成一致或相近的认识，也有利于促使犯罪分子认罪伏法。此外，对一审过程进行摄录，对于二审的顺利进行也具有重要价值。不少上诉和抗诉案件都是以一审违背诉讼程序或侵害了被告人的合法权益为由提起的。二审法院在审理这类案件时只需当场播放一审的录像资料，即可轻易查明一审的活动是否合法。

录像资料对案件的证明方式也有两种：一种是以主图像对案件事实起证明作用，即录像中的主画面本身就属于案件事实的一部分或者与案件事实有直接的联系，如银行监控设备提供的有关抢劫过程的录像、当事人提供的有关合同签字仪式的录像等就属于这种情况；另一种是以背景图像对案件事实起证明作用。例如，在摄制某一录像过程中无意拍摄到的与犯罪有关的事实，主图像可能与案件事实毫无关系，背景图像则对证明案件事实具有重要意义。对于这样的视听资料，在实践中要通过定格、放大、剪辑等技术进行处理，然后作为证据使用。

（三）电影资料

电影资料是通过电影摄影机摄录的储存各种影像和声音的电影胶片。电影的制作和播放主要根据的是视觉存留原理，当使用照相和录音手段把外界事物的影像及声音摄录在胶片上后，人们可以通过放映和还音，在银幕上造成活动影像并发出声音。

（四）其他音像资料

随着科学技术的发展，还可运用其他专门的技术设备得到其他音像资料。例如，人们在机场、海关所通过的安全检查，当犯罪分子携带走私物品、违禁品，通过“安全门”时，检测装置就会发出报警和图像显示，以此为根据，即可查获和证实犯罪。这种音像资料属于一种视听资料。

二、视听资料的收集和补正

视听资料的收集，是指公安司法人员、行政执法人员或者律师等按照法定程序和方法制作或者依法向有关单位或者个人调取视听资料的专门活动。收集视听资料要采取恰当的方式，遵循一定的工作原则，具体如下。

（一）收集视听资料的方式

根据2012年刑事诉讼法和2012年《公安机关办理刑事案件程序规定》《最高人民法院关于民事诉讼证据的若干规定》《最高人民法院关于行政诉讼证据若干问题的规定》《工商行政管理机关行政处罚程序规定》等规定，收集视听资料的方式有两种，即公开收集与秘密收集。

（1）公开收集，是指公安司法人员、行政执法人员或者律师等按照法定程序和方法制作或者依法公开向有关单位或者个人调取视听资料。公开收集视听资料与调取物证、书证一样，公安司法人员主要通过勘验、搜查、扣押或者向有关单位或个人调取视听资料。行政执法人员按照行政法定程序和方法制作或者依法公开向有关单位或个人调取视听资料。律师则按照民事诉讼程序在经过他人同意的情况下进行录音录像，或者依法公开向有关单位或者个人调取视听资料。

（2）秘密收集是指侦查人员按照刑事诉讼法定程序，通过技术侦查措施制作视听资料的专门活动或者律师及其当事人未经他人同意私自录音录像的“偷录”行为。其中，技术侦查措施，是指由设区的市一级以上公安机关负责技术侦查的部门实施的记录监控、行踪监控、通信监控、场所监控等措施。

（二）收集视听资料必须遵守的工作原则

1. 收集视听资料必须遵守合法性原则

收集视听资料必须依法进行，必须遵守法律规定的对象、范围、程序和方法，不得侵害公民的合法权益。例如，采取技术侦查措施收集视听资料，只能适用于法定的对象，即犯罪嫌疑人、被告人及与犯罪活动直接关联的人员。其只能适用于法定的范围，即只能对下列严重危害社会的犯罪案件采取技术侦查措施：①危害国家安全犯罪、恐怖活动犯罪、黑社会性质的组织犯罪、重大毒品犯罪案件；②故意杀人、故意伤害致人重伤或者死亡、强奸、抢劫、绑架、放火、爆炸、投放危险物质等严重暴力犯罪案件；③集团性、系列性、跨区域性重大犯罪案件；④利用电信、计算机网络、寄递渠道等实施的重大犯罪案件，以及针对计算机网络实施的重大犯罪案件；⑤其他严重危害社会的犯罪案件，依法可能判处 7 年以上有期徒刑的。公安机关追捕被通缉或者批准、决定逮捕的在逃的犯罪嫌疑人、被告人，可以采取追捕所必需的技术侦查措施。此外，采取技术侦查措施收集视听资料须办理批准手续和严格按照批准的措施种类、适用对象和期限执行。采取技术侦查措施收集的材料作为证据使用的，采取技术侦查措施决定书应当附卷。采取技术侦查措施收集的材料，应当严格依照有关规定存放，只能用于对犯罪的侦查、起诉和审判，不得用于其他用途。

2. 收集视听资料必须遵守原始证据优先原则

收集视听资料必须要求被调查人优先提供视听资料的原始载体，只有在提供原始载体确有困难时，才可以提供复制件。《最高人民法院关于民事诉讼证据的若干规定》第 22 条规定：“调查人员调查收集计算机数据或者录音、录像等视听资料的，应当要求被调查人提供有关资料的原始载体。提供原始载体确有困难的，可以提供复制件。提供复制件的，调查人员应当在调查笔录中说明其来源和制作经过。”

《最高人民法院关于行政诉讼证据若干问题的规定》第 12 条规定：“当事人向人民法院提供计算机数据或者录音、录像等视听资料的，应当符合下列要求：提供有关资料的原始载体。提供原始载体确有困难的，可以提供复制件；注明制作方法、制作时间、制作人和证明对象等；声音资料应当附有该声音内容的文字记录。”

《工商行政管理机关行政处罚程序规定》第 28 条规定：“对于视听资料、计算机数据，办案人员应当收集有关资料的原始载体。收集原始载体有困难的，可以收集复制件，并注明制作方法、制作时间、制作人等情况。声音资料应当附有该声音内容的文字记录。”

（三）视听资料的补正

根据2012年《最高人民法院关于适用〈中华人民共和国刑事诉讼法〉的解释》第94条的规定，对视听资料是允许补正的，即对视听资料的制作、取得的时间、地点、方式等有疑问，能够提供必要的证明或者作出合理解释的，可以作为定案的根据。

第三节 视听资料的审查判断和排除

一、视听资料的审查判断

视听资料虽然具有前述的一些特点，但其自身也包含易被篡改、伪造等缺陷。因此，对视听资料的采信必须持谨慎态度，应综合、全面地对其“三性”进行审查。2012年民事诉讼法第71条规定：“人民法院对视听资料，应当辨别真伪，并结合本案的其他证据，审查确定能否作为认定事实的根据。”因此，如果对视听资料发现有疑问的，应当依法进行鉴定。根据2012年《最高人民法院关于适用〈中华人民共和国刑事诉讼法〉的解释》第92条规定，我们对视听资料应当着重审查以下内容。

（1）是否附有提取过程的说明，来源是否合法。在证据的采信过程中，对视听资料来源的审查主要包括两个方面：第一，查明证据的来源必须是客观存在的，排除臆造出来的可能性，即要有客观的制作主体存在；第二，确定证据来源的真实可靠性，根据视听资料的形成时间、地点、制作人等情况，明确视听资料反映的情况是否真实可靠，有无伪造和篡改的可能。在审查视听资料来源之际，要弄清楚其制作主体，因为不同的制作主体的制作目的和动机各不相同；其次要弄清视听资料的形成时间。以诉讼为时界，一般而言，诉讼前形成的视听资料的可信度要高于诉讼后形成的。因为，在当事人间未发生纠纷前所录制的视听资料，其目的是预防或证明。而诉讼之后所形成的视听资料其目的是获得“诉讼战争”的胜利。因此，诉讼后形成的视听资料中诱导性内容或断章取义的情况较多。因而，弄清视听资料的形成时间对其判断、采信具有很强的现实意义。

（2）是否为原件，有无复制及复制份数；是复制件的，是否附有无法调取原件的原因、复制件制作过程和原件存放地点的说明，制作人、原视听资料持有人是否签名或者盖章。

（3）制作过程中是否存在威胁、引诱当事人等违反法律、有关规定的情形。违反法定程序收集的证据，其虚假的可能性比合法收集的证据要大得多。因此，在审查判断视听证据时，要弄清证据资料是以何种手段、在什么情况下取得的，是否违背了法定的程序、是否采用了法律明确禁止的手段、方法等，这在判断视听资料是否拥有证据能力是非常重要的。如果向法庭提交的视听资料是明显采用不正当手段或通过约束证人精神、人身自由等侵害其人格权方法而获得，其行为本身就系违法，否定其证据能力是无可非议的。

（4）是否写明制作人、持有人的身份，制作的时间、地点、条件和方法。根据公众场合无隐私的原则，一般而言，未经对方当事人同意私录其在公众场合的言行，所形成的视听资料是可以作为证据使用的。而在私人场所，如在他人家中私录的视听资料的证据能力远不及在公众场所所形成的。因此，视听资料的形成地等也是判断视听资料是否可以采信的重要因素。

（5）内容和制作过程是否真实，有无剪辑、增加、删改等情形。由于视听资料生来就具有易被伪造和篡改的缺陷，在对视听资料的合法性进行审查之后，对其内容的真实性即客观性的审查也是必不可少的环节。调查人员在审查视听资料内容是否真实之际，应借助现代科学技术或专家的力量，查明该资料的载体是否有被裁剪、拼凑、篡改等情形，一旦发现视听资料的载体有被裁剪、篡改的，应当即取消其证据资格。

（6）内容与案件事实有无关联。基于证据“三性”之一的关联性的要求，应结合本案的其他证据查明视听资料所反映的事实和行为同案件有无关联，如审查视听资料所反映的事实同相关书证、物证、证人证言等是否吻合，有无矛盾之处。对于与本案其他证据有不一致或载体内容前后自相矛盾的视听资料，应严格审查。只有与案件相关的事实或逻辑上是相关的事实才有可能转化为证据。

二、视听资料审查判断后的处理

视听资料经过审查判断后，如果发现有疑问的，应当依法进行鉴定。2012 年《最高人民法院关于适用〈中华人民共和国刑事诉讼法〉的解释》第 92 条规定：“对视听资料有疑问的，应当进行鉴定。”2012 年《人民检察院刑事诉讼规则（试行）》第 370 条规定：“人民检察院对物证、书证、视听资料、电子数据及勘验、检查、辨认、侦查实验等笔录存在疑问的，可以要求侦查人员提供获取、制作的有关情况。必要时也可以询问提供物证、书证、视听资料、电子数据及勘验、检查、辨认、侦查实验等笔录的人员和见证人并制作笔录附卷，对物证、书证、视听资料、电子数据进行技术鉴定。”对视听资料的鉴定，有助于确认视听资料的真实性、合法性和相关性，从而进一步确认其证据资格和证明力。

三、视听资料的排除

视听资料的排除，根据 2012 年《最高人民法院关于适用〈中华人民共和国刑事诉讼法〉的解释》《最高人民法院关于民事诉讼证据的若干规定》《最高人民法院关于行政诉讼证据若干问题的规定》可分为三种情况：一是对不具有真实性的视听资料予以排除；二是对不能补正的视听资料予以排除；三是对非法的视听资料予以排除。

前面两种情况是 2012 年《最高人民法院关于适用〈中华人民共和国刑事诉讼法〉的解释》第 94 条规定的，即“视听资料具有下列情形之一的，不得作为定案的根据：

经审查无法确定真伪的；制作、取得的时间、地点、方式等有疑问，不能提供必要证明或者作出合理解释的”。这条规定说明，对经审查无法确定真伪的或者制作、取得的时间、地点、方式等有疑问，不能提供必要证明的视听资料是不具有真实性的视听资料应当予以排除；对存在瑕疵的视听资料，如制作、取得的时间、地点、方式等有疑问，经过补正但仍不能作出合理解释的，也应当予以排除。

而第三种情况即对非法的视听资料予以排除，其依据是《最高人民法院关于民事诉讼证据的若干规定》和《最高人民法院关于行政诉讼证据若干问题的规定》。其中，《最高人民法院关于民事诉讼证据的若干规定》第 68 条规定：“以侵害他人合法权益或者违反法律禁止性规定的方法取得的证据，不能作为认定案件事实的依据。”《最高人民法院关于行政诉讼证据若干问题的规定》第 58 条规定：“以违反法律禁止性规定或者侵犯他人合法权益的方法取得的证据，不能作为认定案件事实的依据。”第 57 条第 2 项进一步明确：“以偷拍、偷录、窃听等手段获取侵害他人合法权益的证据材料”不能作为定案的依据。可见，上述两个司法解释规定了非法视听资料的判断标准有两类：一是以侵害他人合法权益的方法取得的视听资料；二是违反法律禁止性规定的方法取得的视听资料。明确了非法视听资料的排除规则，即以侵害他人合法权益或者违反法律禁止性规定的方法取得的视听资料，不能作为认定案件事实的依据。

【课堂讨论】

被告人张某达，男，1988 年 9 月 9 日出生于广东省惠州市，汉族，中专文化，羁押于泉州市看守所。被告人许某沙，男，1982 年 12 月 7 日出生于福建省晋江市，汉族，初中文化，羁押于泉州市看守所。同案还有被告人李某、杨某、饶某。

公诉机关指控被告人张某达贩卖毒品事实如下：

（1）2014 年 9 月初，被告人张某达在广东省惠州市惠阳县淡水镇淡水牌坊车站以每千克 17 000 元的价格贩卖给被告人许某沙 1 千克氯胺酮（俗称“K 粉”）。

（2）2014 年 11 月中旬，被告人张某达在广东省惠州市惠阳县淡水镇淡水牌坊车站以每千克 17 000 元的价格贩卖给被告人许某沙 5 千克氯胺酮。

（3）2014 年 12 月 30 日，被告人张某达在广东省惠州市惠阳县淡水镇淡水牌坊车站以每千克 17 000 元的价格贩卖给被告人许某沙 5 千克氯胺酮，以每包 150 元的价格贩卖给被告人许某沙 100 包毒品“奶茶”，后被告人许某沙因质量问题将该 100 包毒品“奶茶”退回被告人张某达。

（4）2015 年 3 月 10 日，被告人张某达和被告人许某沙约定以每千克 17 000 元的价格贩卖给被告人许某沙 20 千克氯胺酮。次日，被告人张某达携带 20 千克氯胺酮及前次交易的 133 包毒品“奶茶”，与被告人许某沙在广东省惠州市惠阳县淡水镇淡水牌坊车站对面路段的轿车上交易时被公安机关当场抓获，现场查获 19 680 克氯胺酮（经鉴定，氯胺酮含量为 36.5%~85.8%）、查获 2 409.5 克毒品“奶茶”（经鉴定，含氯胺酮甲基苯丙胺、3，4-亚甲二氧基甲基苯丙胺），以及现金 52 100 元人民币等。

被告人张某达提出被公安诱供，那公安在泉州市看守所讯问被告人张某达的录音录像能不能作为证据？本案如何辩护？如何量刑？

【司法考试真题链接】

1. 市城管执法局委托镇政府负责对一风景区域进行城管执法。镇政府接到举报并经现场勘验，认定刘某擅自建房并组织强制拆除。刘某父亲和嫂子称房屋系二人共建，拆除行为侵犯合法权益，向法院起诉，法院予以受理。关于此案，下列哪些说法是正确的？（ ）（2010 年卷二多选第 89 题）

A. 此案的被告是镇政府

B. 刘某父亲和嫂子应当提供证据证明房屋为二人共建或与拆除行为有利害关系

C. 如法院对拆除房屋进行现场勘验，应当邀请当地基层组织或当事人所在单位派人参加

D. 被告应当提供证据和依据证明有拆除房屋的决定权和强制执行的权力

2. 许某与汤某系夫妻，婚后许某精神失常。二人提出离婚，某县民政局准予离婚。许某之兄认为许某为无民事行为能力人，县民政局准予离婚行为违法，遂提起行政诉讼。县民政局向法院提交了县医院对许某作出的间歇性精神病的鉴定结论。许某之兄申请法院重新进行鉴定。下列哪些选项是正确的？（ ）（2009 年卷二多选第 87 题）

A. 原告需对县民政局准予离婚行为违法承担举证责任

B. 鉴定结论应有鉴定人的签名和鉴定部门的盖章

C. 当事人申请法院重新鉴定可以口头提出

D. 当事人申请法院重新鉴定应当在举证期限内提出

3. 周某与某书店因十几本工具书损毁发生纠纷，书店向法院起诉，并向法院提交了被损毁图书以证明遭受的损失。关于本案被损毁图书，属于下列哪些类型的证据？（ ）（2010 年卷三多选第 83 题）

A. 直接证据 B. 间接证据

C. 书证 D. 物证

4. 公安机关发现一具被焚烧过的尸体，因地处偏僻且天气恶劣，无法找到见证人，于是对勘验过程进行了全程录像，并在笔录中注明原因。法庭审理时，辩护人以勘验时没有见证人在场为由，申请排除勘验现场收集的物证。关于本案证据，下列哪一选项是正确的？（ ）（2016 年卷二单选第 29 题）

A. 因违反取证程序的一般规定，应当排除

B. 应予以补正或者作出合理解释，否则予以排除

C. 不仅物证应当排除，对物证的鉴定意见等衍生证据也应排除

D. 有勘验过程全程录像并在笔录中已注明理由，不予排除

5. 下列哪些选项属于刑事诉讼中的证明对象？（ ）（2016 年卷二多选第 69 题）

A. 行贿案中，被告人知晓其谋取的系不正当利益的事实

B. 盗窃案中，被告人的亲友代为退赃的事实

C. 强奸案中，用于鉴定的体液检材是否被污染的事实

D. 侵占案中，自诉人申请期间恢复而提出的其突遭车祸的事实，且被告人和法官均无异议

第十五章　电 子 数 据

【案例导入】某年，被告人李某，女，为冒充男性军人便实施伪造武装部队证件印章的行为，并通过世纪佳缘网站认识了被害人旭某（女），因旭某没有识破李某女扮男装的诈骗伎俩替在国外工作的女儿与李某恋爱，造成旭某被骗 157 000 元。此外，还有韩某（女）被骗 16 300 元、黄某（男）被骗 30 000 元及其他几个人的钱财合计被骗 38 万元，构成了诈骗罪与伪造武装部队证件印章罪应数罪并罚。

李某与被害人旭某在网络上的聊天记录是否可以作为认定构成诈骗罪与伪造武装部队证件印章罪的证据？网络上的聊天记录是属于电子数据？

第一节　电子数据的概念和特点

一、电子数据的概念

电子数据，是指产生于计算机系统或其他类似的电子记录系统，是人为输入计算机系统或者类似设备，或者计算机系统自动生成的数据或者信息，这些信息必须借助电子、光学、磁或者其他类似手段生成、发送、接收或者存储，能够反映案件真实情况的材料。

电子数据在诉讼中作为证据使用，称为“电子证据”。但从国外立法实践看，没有几个国家对电子证据作出单独完整的定义。例如，美国《统一电子交易法》《国际国内电子签章法》等都只是对“电子”“电子记录”“电子签名”等概念作了界定；加拿大《统一电子证据法》也是通过对“数据”“电子记录”“电子记录系统”三个术语的定义对电子证据进行界定；澳大利亚《电子交易法》通过对电子通讯、信息、信息系统的定义对电子证据作出类似的规定。

在我国，“电子证据”这一用语早已见诸报端，在我国法律体系中也能找到“电子证据”这个词语。例如，2010 年公布的《关于办理死刑案件审查判断证据若干问题的规定》第 29 条规定：“对于电子邮件、电子数据交换、网上聊天记录、网络博客、手机短信、电子签名、域名等电子证据”，用词为“电子证据”。但是，“电子证据”作为我国法律体系正式的法律用语并不科学，容易与法定的证据形式重复和混淆，故我国三大诉讼法仅将“电子数据”规定为证据形式，而没有将“电子证据”规定为证据种类。

目前我国有关电子数据的立法，主要有以下几种。

（1）《中华人民共和国电子签名法》。该法于 2005 年 4 月 1 日生效，迄今已经生效多年。《电子签名法》是我国首部对数据电文有确切描述的法律，是一部针对电子商务发展的立法。近年来随着我国信息化的发展，不断涌现出与电子证据有关的法律案件。例如，人们普遍使用手机短信进行相互联系，对于手机短信能否作为证据产生了很多争议，一些法院已经根据电子签名法认定了手机短信可以作为电子证据，并且作了相关判决。但是我们应当看到，电子签名法毕竟不是专门的证据立法，其对证据制度的作用有限，电子签名法不能作为证据法的替代。

（2）《中华人民共和国合同法》。1999 年《中华人民共和国合同法》第 11 条规定："书面形式是指合同书、信件和数据电文（包括电报、电传、传真、电子数据交换和电子邮件）等可以有形地表现所载内容的形式。"该法条的规定，前者承认了电子合同的合法性，肯定了在我国民商法体系中电子证据满足书面形式的要求。第 33 条还规定当事人采用数据电文订立合同可以"要求签定确认书"。此外，第 16 条、第 26 条、第 34 条规定了电子合同要约的生效时间、承诺的生效时间及合同成立地点。这些条文都涉及电子合同生效的要件，是对电子合同效力的一种探索。但是这样的规定也只能局限在民商事领域，承认了法律列举的电子证据形式可以适用书证的效力。

（3）2012 年以前的三大诉讼法对于视听资料的规定。从原理上，电子证据不能划入视听资料的范畴。由于三大诉讼法当时历史条件的限制，视听资料被作为单独的证据类型，但是从原理上，视听资料不是电子证据，因而三大诉讼法对于视听资料的规定也可以被看做我国现有法律对电子证据的一些不成熟的规定。

（4）某些司法解释。2001 年《最高人民法院关于民事诉讼证据的若干规定》和 2002 年《最高人民法院关于行政诉讼证据的若干规定》对证据问题进行专门规定，承认电子数据交换、电子邮件及其他数据资料的证据效力，对计算机证据予以肯定，起到一定的作用。《最高人民法院关于民事诉讼证据的若干规定》第 22 条规定："调查人员调查收集计算机数据或者录音、录像等视听资料的，应当要求被调查人提供有关资料的原始载体。提供原始载体确有困难的，可以提供复制件。提供复制件的，调查人员应当在调查笔录中说明其来源和制作经过。"《最高人民法院关于行政诉讼证据的若干规定》第 64 条规定："以有形载体固定或者显示的电子数据交换、电子邮件以及其他数据资料，其制作情况和真实性经对方当事人确认，或者以公证等其他有效方式予以证明的，与原件具有同等的证明效力。"

但是，《最高人民法院关于民事诉讼证据的若干规定》第 22 条规定："调查人员调查收集计算机数据或者录音、录像等视听资料的，应当要求被调查人提供有关资料的原始载体。"从中我们可以看出，在民事诉讼中，最高人民法院是把视听资料作了扩大化解释，把电子证据涵盖其中，以解决司法实践中出现的立法空白。

（5）其他部门规章和地方性法规。我国一些部门规章和地方性法规也对电子证据有所规定，交通部于 1997 年 5 月 4 日发布并实施了《海上国际集装箱运输电子数据交换管理办法》，该规章第 23 条规定："符合规范要求的电子报文具有与书面单证同等的效力。"当然，这些规定的效力有限，不会对我国证据法律体系构成实质性的影响。

现在，我国的 2012 年刑事诉讼法、2012 年民事诉讼法和 2014 年行政诉讼法均将电子数据作为一种独立的证据种类。

笔者认为，我国三大诉讼法将电子数据规定为一种独立的证据种类是科学的。

（1）电子数据不同于书证。书证是以文字、符号、图形等所表达的思想或记载的内容对案件起证明作用的，而且书证必须借助纸张等载体书写成为书面材料后，才能为人们所感知与运用；而电子数据不一定要借助纸张等载体，如视频材料和音频材料就可以进行当庭播放，根本无须打印。书证和电子证据的特征悬殊太大，书证并不具备电子证据拥有的易受破坏性、高科技性、外在形式多样性等特点。显然，把电子数据归入书证是非常牵强的。

（2）电子数据不同于物证。物证以物品的存在、形状、质量和特征证明案件事实的证据。而电子数据主要的存在方式是一定的数字信息分布于电子介质上，并且需要一定的硬件设备才能读取这些信息。显然这属于两种不同的证据类型，两者不能归为一类。

（3）电子数据不同于视听资料。虽然从我国证据学上看，电子数据是从视听资料中分离出来的，难免带有视听资料的一些共同特征。例如，电子数据除了具备视听资料的便利高效性、形象直观性和物质的依赖性外，还有两者的读取形式相似、正本与复本均不易区分、电子数据与视听资料一样且比一般传统证据更能表达客观真实性，具有较强的证明力。通常情况下，视听资料与电子数据不会像物证一样会因周围环境的改变而改变自身的某种属性，不会像书证一样容易损毁和出现笔误，也不像证人证言一样容易被误传、误导、误记或带有主观性。但是，电子数据仍明显不同于视听资料。主要如下：①电子数据具有易受破坏性，又称为“脆弱性”，即电子证据容易被删改且不留痕迹。传统的视听资料与电子数据不同。传统的视听资料，如录音、录像资料，依靠模拟信号的连续性形成，所以当原件发生变化后，可以采用特定的技术手段查明。而电子数据则会被不着痕迹地删改，删改者既可能是形成电子数据的计算机的使用者，也可能是穿越防火墙的黑客，还可能是来自无法预料的计算机病毒。此外，电子数据储存方便、体积小，持有人往往只需具备一定的知识技能就可以变更电子证据的内容，甚至销毁证据。②外在的输出形式不同。传统的视听资料，其外在的输出形式为图像或音频，具有局限性；而电子数据外在的输出形式具有多样性。电子数据在计算机内部的存在形式是简单电磁形式，但其外在表现输出形式是多种多样的，它可以输出在计算机屏幕上成为图像、动画等视频形式，在打印纸上成为传统纸介文件，在音箱中成为音频信息，在缩微胶卷上成为视听资料，计算机程序的执行操作更是以不同的动作指令为表现形式，这都显示了它的外在形式多样性。多媒体技术的出现，更使电子数据综合了文本、图形、图像、动画、音频及视频等多种媒体信息，这种以多媒体形式存在的电子数据几乎涵盖了所有传统的证据类型。③高科技含量不同。传统的视听资料，已不具备较强的高科技性；而电子数据具有较强的高科技性，即电子数据的产生、储存和传输，都必须借助计算机技术、存储技术、网络技术等，离不开高科技的技术设备。因而，对电子数据的收集与审查判断必须依赖一定的技术手段乃至尖端科技。

总之，由于电子数据自身的属性有其特殊性，与传统的证据类型大相径庭，同时立法者对于电子数据也有着特殊的需求。随着信息化进程的加快，电子数据在电子商务等人类活动领域的重要性不断凸显出来。例如，我国2005年4月1日生效的《中华人民共和国电子签名法》，就承认了数据电文中的电子签名具有法律效力。电子数据在产生、存储、复制、转移、读取应该遵从特殊的规则，这些规则是现有证据立法没有提供的。因而有必要把电子数据作为一种新的证据类型。2012年3月14日通过修改的《中华人民共和国刑事诉讼法》已率先给予电子数据正确、科学的法律定位，随后的2012年民事诉讼法和2014年行政诉讼法也确认了电子数据是一种独立的证据类型。

二、电子数据的特点

（1）高科技性。电子证据的产生、储存相传输，都必须以计算机技术，存储技术、多媒体技术、网络技术等高技术为依托，并使其能在没有外界蓄意篡改或差错的影响下准确地储存和反映有关案件的真实情况。

（2）无形性。在计算机内部，所有信息都被数字化。信息在进行存储、处理的过程中，必须用特定的二进制编码表示。计算机通过把二进制编码转换为一系列的电脉冲实现某种功能。在进行电子商务交易的过程中，一切信息都由这些不可见的无形的编码来传递。因此电子证据也具有这样的无形性。

（3）单一性与多样性并存。电子数据和其他传统证据不同，大多与电子计算机相关联。所以电子数据经过数字化的过程处理，都是由0、1组成的二进制码转化而成，这就是电子数据的单一性。无论在信道中的数据代表的内容是什么，最终抽象出来的就只是0和1。但电子数据同时又是多样和不确定的：二进制码经过排列组合出来的形式可以在内部代表不同的内容，相应的外在表现也可多种多样，如文字、图像、声音或三方的组合等。电子数据的单一性与多样性并存不矛盾，这也是它区别于其他证据的最显著特征。

（4）与载体的不可分割性。电子数据的外在表现形式可以是多种多样的，但无论证据形式如何，电子数据都离不开与之相连的介质，具有与载体不可分割性。其内在记录的信息只有通过各种载体外化后才能为人们直接感知。其载体可以不同，包括电子计算机、外部终端存储器或者其他电子记录存储文件夹等，但没有任何一种电子数据能够脱离载体而单独存在直接证明案件事实。这是电子数据的一个主要特征。

（5）易被复制和破坏，具有脆弱性。与传统的物证、书证不同，电子数据脱胎于现代科学技术，极容易被复制。电子数据的复件可以存在于不同的载体中，并且人们很难分辨出原件或复件。另外，电子数据既可使用物理介质也可使用电磁介质进行存储。对数据修改简单且不易留下痕迹，一旦黑客入侵系统、盗用密码，操作人员出现差错，供电系统和网络出现病毒、故障等，电子数据均有可能被轻易地盗取、篡改甚至破坏，面临难以事后追踪的困境。这是电子数据的另一个重要特征。为了保护计算机信息系统的安全，《中华人民共和国刑法》和最高人民法院、最高人民检察院《关于办理危害计算机信息系统安全刑事案件应用法律若干问题的解释》规定，依法惩治危害计算机信息系统安全的犯罪活动。

第二节 电子数据的分类和作用

一、电子数据的分类

2015 年《民事诉讼法的解释》第 116 条规定："电子数据是指通过电子邮件、电子数据交换、网上聊天记录、博客、微博客、手机短信、电子签名、域名等形成或者存储在电子介质中的信息。存储在电子介质中的录音资料和影像资料，适用电子数据的规定。"可见，电子数据包括如下九个种类。

（1）电子邮件（electronic mail，简称 E-mail，标志@，也被大家昵称为"伊妹儿"）又称电子信箱、电子邮政，它是一种用电子手段提供信息交换的通信方式，是 Internet 应用最广的服务，通过网络的电子邮件系统，用户可以以非常低廉的价格（不管发送到哪里，都只需负担电话费和网费即可），以非常快速的方式（几秒钟之内可以发送到世界上任何你指定的目的地），与世界上任何一个角落的网络用户联系，这些电子邮件可以是文字、图像、声音等各种方式。同时，用户可以得到大量免费的新闻、专题邮件，并实现轻松的信息搜索。据《互联网周刊》报道，世界上的第一封电子邮件是由计算机科学家 Leonard K.教授发给他的同事的一条简短消息（时间应该是 1969 年 10 月），这条消息只有两个字母："LO"（意思是你好）。Leonard K.教授因此被称为"电子邮件之父"。

（2）电子数据交换（electronic data interchange，EDI），是指按照同一规定的一套通用标准格式，将标准的经济信息（也可用于行政事务处理），通过通信网络传输，在贸易伙伴的电子计算机系统之间进行数据交换和自动处理。由于使用 EDI 能有效地减少直到最终消除贸易过程中的纸面单证，因而 EDI 也被俗称为"无纸交易"。它是一种利用计算机进行商务处理的新方法。EDI 是将贸易、运输、保险、银行和海关等行业的信息，以一种国际公认的标准格式，通过计算机通信网络，各有关部门、公司与企业之间进行数据交换与处理，并完成以贸易为中心的全部业务过程。

（3）网上聊天记录。现在最普及的网上聊天方式主要有两种：一种是进入 WEB（互联网）页面聊天室；另一种是使用即时聊天工具，如 QQ、MSN、ICQ（I Seek You 我找你）、E 话通、飞信等，MSN（Microsoft Service Network，微软网络服务），是微软公司推出的即时消息软件，可以与亲人、朋友、工作伙伴进行文字聊天、语音对话、视频会议等即时交流，还可以通过此软件查看联系人是否联机。ICQ 是即时聊天工具，是一家以色列公司开发出来的免费软件。E 话通是语音视频聊天的工具，由北京亿泰利丰网络科技有限公司开发的一款新型网络电话，提供基于互联网的多媒体通信服务。飞信是中国移动的综合通信服务，即融合语音、短信等多种通信方式，实现互联网和移动网间的无缝通信服务。

（4）博客（Blog 或 Weblog）是以网络作为载体，简易迅速便捷地发布自己的心得，及时有效轻松地与他人进行交流，再集丰富多彩的个性化展示于一体的综合性平台。不同的博客可能使用不同的编码，所以相互之间也不一定兼容。而且，很多博客都提供丰富多彩的模板等功能，这使不同的博客各具特色。Blog 是继 Email、BBS、ICQ 之后出现的第四种网络交流方式，至今已十分受大家的欢迎，是网络时代的个人“读者文摘”，以超级链接为武器的网络日记，代表新的生活方式和新的工作方式，代表新的学习方式。具体说来，博客这个概念解释为使用特定的软件，在网络上出版，发表和张贴个人文章的人。

（5）微博客，即微博（MicroBlog），是一个基于用户关系信息分享、传播及获取平台，用户可以通过 WEB、WAP 等各种客户端组建个人社区，以 140 字左右的文字更新信息，并实现即时分享。最早也是最著名的微博是美国 Twitter。2009 年 8 月中国门户网站新浪推出“新浪微博”内测版，成为门户网站中第一家提供微博服务的网站，微博正式进入中文上网主流人群视野。2011 年 10 月，中国微博用户总数达到 2.498 亿。随着微博在网民中的日益火热，与之相关的词汇，如“微夫妻”也迅速走红网络，微博效应正在逐渐形成。

（6）手机短信和手机微信。手机短信分为两种：一种短信是用户通过手机或其他电信终端直接发送或接收的文字或数字信息，用户每次能接收和发送短信的字符数，是 160 个英文或数字字符或者 70 个中文字符。另一种是彩信，其最大的特色就是支持多媒体功能，能够传递功能全面的内容和信息，这些信息包括文字、图像、声音、数据等各种多媒体格式的信息。手机微信（WeChat）是腾讯公司于 2011 年初推出的一款快速发送文字和照片、支持多人语音对讲的手机聊天软件。用户可以通过手机或平板快速发送语音、视频、图片和文字。微信提供公众平台、朋友圈、消息推送等功能，用户可以通过“摇一摇”、“搜索号码”、“附近的人”、扫二维码方式添加好友和关注公众平台，同时微信将内容分享给好友，以及将用户看到的精彩内容分享到微信朋友圈。

（7）电子签名是指数据电文中以电子形式所含、所附用于识别签名人身份并表明签名人认可其中内容的数据。通俗地说，电子签名就是通过密码技术对电子文档的电子形式的签名，并非是书面签名的数字图像化，它类似于手写签名或印章，也可以说它就是电子印章。

（8）域名（Domain Name），由若干部分组成，各部分之间用小数点分开，如“威海龙盟因特网服务中心”主机的域名是龙盟公司的拼音，就是“longmeng.com”，显然域名比 IP 地址好记多了。域名前加上传输协议信息及主机类型信息就构成了网址（URL）。例如，“威海龙盟因特网服务中心”的 www 主机的 URL 就是“http://www.longmeng.com”。人们习惯记忆域名，但机器间互相只认 IP 地址，域名与 IP 地址之间是一一对应的，它们之间的转换工作称为域名解析，域名解析需要由专门的域名解析服务器完成，整个过程是自动进行的。由于 Internet 最初是在美国发源，因此最早的域名并无国家标识，人们按用途把它们分为几个大类，它们分别以不同的后缀结尾：.com 用于商业公司，.org 用于组织、协会等，.net 用于网络服务，.edu 用于教育机构，.gov

用于政府部门，.mil 用于军事领域。随着 Internet 向全世界的发展，除了 edu、gov、mil 一般只在美国专用外，com、org、net 则成为全世界通用，因此这三大类域名通常称为国际域名。由于国际域名资源有限，各个国家、地区在域名最后加上了国家标识段，由此形成了各个国家、地区的域名，如.com.cn 用于中国的商业、.org.hk 用于香港的组织、.net.jp 用于日本的网络，显然国际域名具有比国内域名更高的级别，有利于企业的形象。

（9）其他电子数据。2015 年《民事诉讼法的解释》第 116 条规定“存储在电子介质中的录音资料和影像资料，适用电子数据的规定”。还有，BBS 上的留言、IP 地址。BBS 是英文 bulletin board system 的缩写，翻译成中文为“电子布告栏系统”或“电子公告牌系统”。BBS 是一种电子信息服务系统。它向用户提供了一块公共电子白板，每个用户都可以在上面发布信息或提出看法，早期的 BBS 由教育机构或研究机构管理，现在多数网站上都建立了自己的 BBS 系统，供网民通过网络结交更多的朋友，表达更多的想法。目前国内的 BBS 已经十分普遍，可以说是不计其数，其中 BBS 大致可以分为 5 类：①校园 BBS，CERNET 建立以来，校园 BBS 很快地发展了起来，目前很多大学都有了 BBS，几乎遍及全国上下，如清华大学、北京大学等都建立了自己的 BBS 系统，清华大学的水木清华很受学生和网民们的喜爱。大多数 BBS 是由各校的网络中心建立的，也有私人性质的 BBS。②商业 BBS 站，主要是进行有关商业的商业宣传，产品推荐等，目前手机的商业站、电脑的商业站、房地产的商业站比比皆是。③专业 BBS 站，是指部委和公司的 BBS，主要用于建立地域性的文件传输和信息发布系统。④情感 BBS，主要用于交流情感，是许多娱乐网站的首选。⑤个人 BBS，有些个人主页的制作者在自己的个人主页上建设了 BBS，用于接受别人的想法，更有利于与好友进行沟通。

在 Internet 上有千百万台主机，为了区分这些主机，人们给每台主机都分配了一个专门的地址，称为 IP 地址。通过 IP 地址就可以访问每一台主机。IP 地址由 4 部分数字组成，每部分都不大于 256，各部分之间用小数点分开。例如，“威海企业热线”主机的 IP 地址就是“207.153.242.77”，在您的浏览器上输入这个 IP 地址，就可以访问到主页。我们的每个虚拟主机用户都分配一个永久的 IP 地址。

二、电子数据的作用

电子数据是现代社会科技发展的产物，继人证、物证后，电子数据已经成为一种重要的诉讼证据，在现代刑事诉讼中的地位和作用越来越明显。首先，电子数据容量大，内容丰富，为办案人员的侦查破案和定罪量刑等司法活动提供了必要信息。其次，电子数据的高度智能性在一定程度上实现了取证自动化，弥补了传统侦查取证活动的不足，增强了办案人员的侦查能力。最后，电子数据的表现形式具有较强的直观性，使用方便、快捷，有利于提高诉讼效率。

第三节 电子数据的收集和补正

一、电子数据的收集

（一）电子数据的收集主体和原则

1. 收集主体

电子数据本身的高科技性要求收集电子数据的人员必须熟练掌握计算机与网络的知识和技能，否则很难收集到有利证据，甚至会因为操作不当而破坏证据。

2. 收集原则

（1）及时性原则。作为电子证据的数据和信息极易被篡改，如不及时收集极有可能在很短的时间之内遭到毁灭或破坏，而且电子数据被删除、复制、修改后，除非通过特殊技术手段加以分析认定，否则不容易为人所察觉，因此及时性为电子数据收集的首要原则。

（2）全面性原则。电子数据往往离不开计算机和其他电子设备，如果没有专门的电子设备主件，没有相应的播放、检索、显现设备，无论多么形象、真实可靠的内容，都只能停留在各种电子存储介质中，而不能被人们感知，也不能为法庭所认可和采信。此外，电子数据的感知离不开特定的系统软件环境。如果软件环境发生变化，则存储在电子介质上的信息可能显现不出来，或者难以正确地显现。这一特点要求在收集电子证据时，既要收集存在于计算机软硬件上的电子数据，也要收集其他相关外围设备的电子数据；既收集文本，也收集图形、图像、动画、音频、视频等媒体信息。同时，还应保存相应的硬件软件以保全该证据的运行环境，使之能够在必要的时候以打印、屏显等方式显示出来。

（3）潜在证人协助原则。潜在证人一般包括：用计算机及外设记录其营业管理活动状况的人；监视数据输入的管理人；对计算机及外设的硬件和程序编制的负责人；等等。在收集电子证据的过程中，司法人员可以取得这些潜在证人的协助。

（4）持证调取原则。侦查机关调取电子数据，应当经由办案部门负责人批准，开具调取证据通知书。由提供电子数据的有关单位和个人在通知书上盖章或者签名。持证调取电子数据显示了侦查程序的合法性，提供证据方的签名盖章则显示了自愿配合的意愿，有利于说明证据来源，加强证据效力。

（二）电子数据的收集方式

收集电子数据的方式，与收集物证、书证一样，主要有勘验、搜查、查封与扣押等。

1. 勘验电子数据的规范与要求

勘验是收集电子数据的重要方式，是获取犯罪现场及其他与犯罪现场直接相关地点存留的电子数据的重要手段。鉴于电子数据的特殊性及其证明力依赖于人们对其的认识，关于电子数据的勘验对于查明案件事实、准确认定案件具有难以替代的价值。客观、及时、全面地进行勘验可以及时发现、收集和固定电子数据。勘验是典型的科学证据的获取方式，对于促进侦查模式由依赖言词证据向依赖实物证据的转化，提高侦查破案的科学性与现代化程度，具有不容低估的意义。

综合刑事诉讼法和相关司法解释的规定，有关通过勘验收集电子数据的要求如下。

（1）对勘验主持人的要求。根据刑事诉讼法的要求，勘验的主持人员应为侦查人员，对案件现场勘查不得少于 2 人。

（2）对勘验参加人员的要求。由于电子数据证据的收集涉及较强的专业性，在必要的时候，侦查机关可以指派或者聘请具有专门知识的人在侦查人员的主持下参加勘查。

（3）对勘查笔录的要求。侦查机关应如实记载勘查到的电子数据种类、数量、内容等，可以用于证明勘查程序、过程的合法性。

（4）对勘查中发现的电子数据的提取固定。勘查中发现有能够证明犯罪嫌疑人有罪或者无罪、罪轻或者罪重及可以证明案件有关事实的电子数据的，勘查人员有权予以提取并通过现场图、拍照、录像等方式固定，该电子数据的种类、数量等情况也应记入勘查笔录，用作侦查、起诉、审判的定案根据。对于其中不具备直接扣押条件但需要及时对证据进行固定的，可以对其进行电子数据现场勘验。现场数据勘验的主要方式包括制作存储介质的复制件、现场提取固定与案件有关的数据、对数据进行初步检验等方式。对于计算机犯罪案件的现场勘查，应当立即停止应用计算机，保护计算机及相关设备，并复制电子数据。

2. 搜查电子数据的规范与要求

搜查也是找寻电子数据的重要方式。综合刑事诉讼法及相关解释的具体规定，对搜查主要有以下几个方面的要求。

（1）对搜查工作人员的要求。刑事诉讼法要求搜查由侦查人员进行。在实践中，电子数据可能藏匿于人的身体，刑事诉讼法规定，搜查妇女的身体，应当由女性工作人员进行。

（2）对见证人在场的要求。刑事诉讼法规定，在搜查的时候，必须有“被搜查人或者他的家属，邻居或者其他见证人在场”。

（3）对搜查笔录的要求。对于搜查中发现的电子数据种类、数量等，必须如实予以记载，必要时可以拍照、录像。

（4）对搜查中发现的电子数据的处理。搜查中发现有能够证明犯罪嫌疑人有罪或者无罪、罪轻或者罪重，以及可以证明案件有关事实的电子数据时，侦查人员有权要求有关单位或者个人交出，未获得配合的，可以强制收集。搜查过程及发现的电子数据记载人搜查笔录，用作侦查、起诉、审判的定案根据。

3. 查封与扣押电子数据的规范与要求

对相关设备或载体的查封、扣押是收集电子数据的重要方式，查封、扣押是侦查机关依法强行提取、留置和封存与案件有关的电子数据的一种侦查行为。查封、扣押与勘验、搜查等侦查行为一同构成了侦查机关获取电子数据的证据方法，而电子数据的及时获取与固定是查封、扣押等侦查行为的重要意义所在。有鉴于此，刑事诉讼法及相关部门的规定对查封、扣押作了相应的规定。综合刑事诉讼法及相关部门的规定，关于查封、扣押电子数据的要求有以下几个方面。

1）对扣押通信类电子数据的要求

侦查机关在案件侦查过程中，可以扣押犯罪嫌疑人的电子邮件等通信载体。此时的扣押程序除遵循扣押的一般程序要求外，还应经县级以上侦查机关负责人批准，签发扣押通知书，通知网络服务单位检交扣押；不再需要继续扣押上述通信载体时，应当经县级以上侦查机关负责人批准，签发解除扣押通知书，立即通知邮电部门或者网络服务单位。

2）对已扣押电子数据证据予以固定、保管的要求

第一，对于扣押的电子数据相关物品、电子邮件，应当指派专人妥善保管，不得使用、调换、损毁或者自行处理。经查确实与案件无关的，应当在 3 日以内解除扣押，退还原主或者原持有部门、网络服务单位。

第二，对不能随案移送的电子数据存储设备，应当拍成照片；容易损坏的电子数据设备，应当用笔录、绘图、拍照、录像、制作模型等方法加以保全。对于可以作为证据使用的录音、录像带、电子数据存储介质，应当记明案由、对象、内容，录取、复制的时间、地点、规格、类别、应用长度、文件格式等，并妥为保管。

第三，对查获的不宜随案移送的电子数据设备、物品，原物不随卷保存，但应当拍成照片存入卷内，原物由公安机关妥为保管或者按照国家有关规定分别移送主管部门处理或者销毁，不宜随案移送的物品包括记载了危害国家安全的信件和其他宣传品、秘密文件、图表资料的电子数据证据设备。凡是已经送交财政部门处理的电子数据证据，属于赃物的，如果失主前来认领，并经查证属实，由原没收机关从财政部门提回，予以归还。原物已经卖掉的，应当退还价款。

第四，对作为犯罪嫌疑人违法所得的电子数据设备等财物，应当依法追缴；对属于被害人的合法财产的存储电子数据的设备，应当在登记、拍照或者录像、估价后及时返还，并在案卷中注明返还的理由，将原物照片、清单和被害人的领取手续存卷备查。对扣押的犯罪嫌疑人的存储电子数据的设备，应当妥善保管，以供核查。任何单位和个人不得挪用、损毁或者自行处理。

第五，对扣押的犯罪嫌疑人的电子数据设备财物中，作为证据使用的实物应当随案移送；对不宜移送的，应当将其清单、照片或者其他证明文件随案移送。待人民法院作出生效判决后，由扣押的公安机关按照人民法院的通知，上缴国库或者返还被害人，并向人民法院送交执行回单。案件变更管辖时，与案件有关的财物应当随案移交。移交财物时，由接收人、移交人当面查点清楚，并在交接单据上共同签名或者盖章。

（三）收集电子数据应当注意的事项

（1）服务商或供应商的协助义务。在电子数据的收集方面，软硬件系统供应商和运行服务商作为重要的“中间人”，有义务协助司法机关进行工作。所以，司法人员为收集电子数据，可以要求信息服务商提供有关信息和证明材料。

（2）保守国家秘密和商业秘密，保障公民隐私权。电子数据收集中的保密和权利保障是人们高度关注的重要问题。司法机关在收集电子证据时，必须对保守国家秘密、商业秘密和保障公民隐私权问题给予特别关注。首先，收集电子数据时必须严格遵守法定的程序和严格依据有关技术规范进行，注意保护有关单位和有关公民的合法权益。其次，对于在收集电子数据过程中知晓的国家秘密、商业秘密和个人隐私应当严格保密。

（3）必要时固定证据。采用录音或者录像等方式固定电子数据内容及取证过程，有利于对电子数据内容的及时固定，并有利于证明侦查的合法性。

（4）加强刑事司法与行政执法相衔接。对于行政机关在行政执法和查办案件过程中收集的电子数据，侦查机关可以作为证据使用。由于涉及不同机关之间的证据移送，行政机关应当以本机关名义移送，侦查机关应当对证据的真实性、合法性、关联性进行审查，符合法定要求的方可作为证据使用。

（5）制作有关的文字说明。侦查人员固定电子数据时，应当制作提取、复制电子数据过程的有关文字说明，主要需记载以下内容：本案案由、证明对象、电子数据的内容，提取、复制的时间、地点，电子数据的规格、类别、文件格式。电子数据提取人、制作人、持有人、见证人必须在文字说明文件上签名或者盖章。如果电子数据持有人未在现场或者拒绝签字盖章，侦查人员应当在文件中说明情况，或者将提取、复制有关电子数据的过程拍照或者录像。该说明文件能够证明证据收集、固定程序的合法性，在审查判断电子数据时具有重要意义和证明价值。

此外，《计算机犯罪现场勘验与电子证据检查规则》第五章规定了远程勘验应注意如下事项：①远程勘验过程中提取的目标系统状态信息、目标网站内容及勘验过程中生成的其他电子数据，应当计算其完整性校验值并制作《固定电子证据清单》。②应当采用录像、照相、截获计算机屏幕内容等方式记录远程勘验过程中提取、生成电子证据等关键步骤。③远程勘验结束后，应当及时制作《远程勘验工作记录》。《远程勘验工作记录》由《远程勘验笔录》《固定电子证据清单》《勘验检查照片记录表》及截获的屏幕截图等内容组成。④通过网络监听获取特定主机通信内容以提取电子证据时，应当遵循与远程勘验相同的规定。

二、电子数据的补正

根据 2012 年《最高人民法院关于适用〈中华人民共和国刑事诉讼法〉的解释》第 94 条规定，电子数据在“制作、取得的时间、地点、方式等有疑问”时，可允许对该电子数据进行补正，能够提供必要的证明或者作出合理解释的，可将该电子数据作为定案的根据。

第四节 电子数据的审查判断和排除

一、电子数据的审查判断

电子数据所具有的脆弱性特点决定了其容易被计算机网络入侵或是被用户篡改、伪造。所以，司法机关在运用电子数据定案时应加强审查判断。根据2012年《最高人民法院关于适用〈中华人民共和国刑事诉讼法〉的解释》第93条规定，对电子邮件、电子数据交换、网上聊天记录、博客、微博客、手机短信、电子签名、域名等电子数据，应当着重审查以下内容。

（一）审查电子数据的来源

电子数据的来源是否可靠是决定电子数据是否具有证据资格的前提条件。所以，2012年《最高人民法院关于适用〈中华人民共和国刑事诉讼法〉的解释》第93条规定，应当着重审查电子数据“是否随原始存储介质移送；在原始存储介质无法封存、不便移动或者依法应当由有关部门保管、处理、返还时，提取、复制电子数据是否由二人以上进行，是否足以保证电子数据的完整性，有无提取、复制过程及原始存储介质存放地点的文字说明和签名。”

（二）审查电子数据的合法性

审查在收集电子数据的过程中是否遵守有关法律的规定，是否违背了法定的程序和要求，是否符合法律规定的形式要件。2012年《最高人民法院关于适用〈中华人民共和国刑事诉讼法〉的解释》第93条规定，应当着重审查电子数据的“收集程序、方式是否符合法律及有关技术规范；经勘验、检查、搜查等侦查活动收集的电子数据，是否附有笔录、清单，并经侦查人员、电子数据持有人、见证人签名；没有持有人签名的，是否注明原因；远程调取境外或者异地的电子数据的，是否注明相关情况；对电子数据的规格、类别、文件格式等注明是否清楚”。

（三）审查电子数据的真实性

一般来说，电子数据的真实性主要表现在形式和内容两方面。就形式来说，电子证据以光学、电磁等形式储存在各种存储器中，虽然不能直接为人所感知，但可借助一定的设备使其为人所认识，因而电子数据的存在形式无疑是客观真实的。对电子证据内容的审查，通常从以下四个方面进行。

（1）电子数据的生成。要考虑作为证据的电子数据是怎样生成的，电子数据是否在正常的活动中按常规程序自动生成或人工录入的；生成或录入电子数据的系统是否被非法人员控制，系统维护和调试是否处于正常控制下；由人工录入电子数据时，录入者是否在严格的控制下，按照严格的操作规程，采取可靠的操作方法合法录入；等等。

（2）电子数据的传递与接收。电子数据通常要经过网络的传递、输送，任何一个环节都可能受到干扰而降低其证明力。所以要考虑传递、接收电子数据时所用的技术手段或方法是否科学、可靠，传递电子数据的“中间机构”，如网络运营商等是否公正、独立，电子数据在传递过程中有无加密措施，有无被非法截获的情形存在。电子数据的内容是否真实、有无剪裁、拼凑、伪造、篡改等，对于自相矛盾、内容前后不一致或不符合情理的电子证据，谨慎对待，一般不予采信。

（3）电子证据的存储。要考虑作为证据的电子数据是怎样存储的，存储电子数据的方法是否科学，存储电子数据的介质是否可靠，存储电子数据的实施者是否公正、独立，存储电子数据的环境是否具备防静电、防磁场干扰、防高温、防湿和除尘等条件，存储电子数据时是否加密，所存储的数据电文是否被改动等。

（4）电子证据的收集。法官会重点审查收集者在收集电子证据的过程中是否遵守了有关的技术操作规程。例如，收集者在决定对电子证据进行重组、取舍时，所依据的标准是什么，所采用的方法是否会影响证据的真实性；收集电子数据的方法（如备份、打印输出等）是否科学可靠，是否会对原始数据造成删改；等等。

（四）审查电子数据的关联性

对电子数据关联性的判断不是法律问题，而是事实问题，只能交由法官根据经验法则、生活常识和逻辑推理标准，予以判断。司法实践中要正确判定电子数据与案件事实的联系程度，一般从三个方面入手：一是所提出的电子证据欲证明什么样的待证事实；二是该事实是否是案件中的实质问题；三是所提出的电子证据对解决案件中的争议问题有多大实质意义。一般说来，某一电子证据对案件争议问题具有实质性意义，即能确定或否定某一案件事实存在，则法庭会认定该证据具有足够的关联性。

（五）审查电子数据的全面性

电子数据的特点决定了在收集电子证据时，既要收集存在于计算机软硬件上的电子数据，也要收集其他相关外围设备中的电子数据；既收集文本，也收集图形、图像、动画、音频、视频等媒体信息，做到全面收集与案件事实有关联的电子数据。此外，在全面收集各种证据的前提下，审查电子数据的真实性还要结合其他证据，考察电子数据的内容与其他证据之间是否有矛盾，如果有矛盾，矛盾是否能够得到合理的排除。在通常情况下，单个电子数据无法证明其自身的真实性，只有与其他证据相结合，加以综合分析、判断才能确认其真伪。在电子数据与其他证据相比较确定其真假的过程中，应遵循以下规律：两证矛盾，必有一假：与众证矛盾，多属假证；与已查明的案件事实矛盾，慎重判断其真假；自相矛盾，应属假证。

二、电子数据审查判断后的处理

电子数据经过审查判断后，发现有疑问的，应当依法进行鉴定或者检验。2012 年《最高人民法院关于适用〈中华人民共和国刑事诉讼法〉的解释》第 93 条规定：“对电子数据有疑问的，应当进行鉴定或者检验。”2012 年《人民检察院刑事诉讼规则（试行）》第 370 条规定：“人民检察院对物证、书证、视听资料、电子数据及勘验、检查、辨认、侦查实验等笔录存在疑问的，可以要求侦查人员提供获取、制作的有关情况。必要时也可以询问提供物证、书证、视听资料、电子数据及勘验、检查、辨认、侦查实验等笔录的人员和见证人并制作笔录附卷，对物证、书证、视听资料、电子数据进行技术鉴定。”最高人民检察院自 2009 年开始开展电子数据检验鉴定工作，并于 2009 年 4 月下发《人民检察院电子证据鉴定程序规则（试行）》。电子数据检验鉴定是近年来司法实践中新兴的取证方式，在检察实践中发挥着重要的作用，为案件的侦查提供了重要的线索，对案件的成功侦破起到了积极作用，通过电子数据检验鉴定得出的鉴定意见作为我国法律明确规定的证据形式之一，在诉讼活动尤其是审判活动中被广泛使用，成为认定案件事实的重要依据。

三、电子数据的排除

根据 2012 年刑事诉讼法和 2012 年《最高人民法院关于适用〈中华人民共和国刑事诉讼法〉的解释》第 94 条规定“电子数据具有下列情形之一的，不得作为定案的根据：经审查无法确定真伪的；制作、取得的时间、地点、方式等有疑问，不能提供必要证明或者作出合理解释的”。这些规定说明电子数据的排除，有如下几种情况：其一，由于电子数据本身不真实，未符合对证据客观性的要求而被排除；其二，由于对收集程序即制作、取得的时间、地点、方式等有疑问，经过补正仍不能提供必要证明或者作出合理解释的而被排除；其三，由于电子数据与案件有关事实没有关联性而被排除；其四，由于电子数据的收集程序不合法而被排除。

【课堂讨论】

原告郑某因系温州人，2003 年不能在上海买车落户，故借上海籍的被告李某名义向银行按揭贷款购买一辆别克轿车，并以被告李某名义在车辆管理所办理了产权登记和行驶证。为预防发生纠纷，原告要求被告出具一份《确认书》以确认该车的产权属于原告所有，银行按揭贷款与被告无关。原告安排其员工郁某替他负责办理还贷每月 7 000 元的手续。2004 年，上海政策变动允许外籍人在上海买车落户，故要求被告将该车产权和行驶证更名过户为原告，但被告百般推脱，企图侵占。

原告便设计停还贷 3 个月，造成银行向被告催还剩余贷款 14 万元并依据抵押合同扣押该车，以为被告拿不出钱还贷也不会去还贷，从而迫使被告及时协助原告办理更名过户手续。没想到被告竟借钱还清剩余贷款 14 万元并解除抵押占有该车。原告只好将该车“偷”回并向黄浦区法院起诉，要求确认：该车的产权归原告所有；判令被告及时协助原告将该车产权和行驶证更名过户为原告。

被告答辩该车产权和行驶证是他的名字应归他所有，该《确认书》已作废，并且原被告已改成租赁关系每月租车费 9 000 元，由原告代还贷每月 7 000 元，剩余贷款 14 万元也是他还清的，故要求驳回原告的诉请。黄浦区法院确认原告的证据属实，而被告主张的租赁关系无证据佐证，故判决：该车的产权归原告所有；被告在判决生效之日起十日内协助原告办理该车产权和行驶证更名过户手续。被告不服提出上诉，二审维持原判。

证人郁某仅出具书面证言，没有出庭作证，是否合法？《确认书》的证据效力和被告的答辩是否成立？原告偿还被告为他还清的剩余贷款 14 万元是否正确？被告的救济渠道和诉讼技巧？借名买车有何法律风险？

【司法考试真题链接】

1. 根据《最高人民法院关于行政诉讼证据若干问题的规定》，在二审程序中，对当事人依法提供的新证据，法庭应当进行质证。这里新证据是指（　）（2005 年卷二多选第 81 题）

A. 在一审程序中应当准予延期提供而未获准许的证据

B. 当事人在一审程序中依法申请调取而未获准许，人民法院在二审程序中调取的证据

C. 原告或者第三人提供的在举证期限届满后发现的证据

D. 原告或第三人在诉讼过程中提出的其在被告实施行政行为过程中所没有反驳的证据

2. 三个小孩在公路边玩耍，此时，一辆轿车急速驶过，三小孩捡起石子向轿车扔去，坐在后排座位的刘某被一石子击中。刘某将三小孩起诉至法院。关于本案举证责任分配，下列哪些选项是正确的？（　）（2008 年卷三多选第 80 题）

A. 刘某应对三被告向轿车投掷石子的事实承担举证责任

B. 刘某应对其所受到损失承担举证责任

C. 三被告应对投掷石子与刘某所受损害之间不存在因果关系承担举证责任

D. 三被告应对其主观没有过错承担举证责任

3. 关于证据的种类，下列哪些选项是正确的？（　）（2008 年·四川卷三多选第 83 题）

A. 患者王某以误诊为由起诉某医院。王某提交的医院病历和 X 光片均属于鉴定结论

B. 李某在某杂志上发表了一篇披露黄某隐私的文章。黄某诉至法院并提交了该杂志，该杂志属于书证

C. 张某认为徐某伪造遗嘱侵犯其继承权，向法院起诉徐某。张某提供了该份遗嘱，该遗嘱属于书证

D. 周某驾车回家途中将行人吴某撞伤，交警冯某当时正处在事故现场，于是按照双方责任开具了事故认定书。吴某诉至法院要求周某赔偿，并提供了事故认定书，该事故认定书属于勘验笔录

4. 甲驾车将昏迷的乙送往医院，并垫付了医疗费用。随后赶来的乙的家属报警称甲驾车撞倒乙。急救中，乙曾短暂清醒并告诉医生自己系被车辆撞倒。医生将此话告知警察，并称从甲送乙入院时的神态看，甲应该就是肇事者。关于本案证据，下列哪些选项是正确的？（　）（2016 年卷二多选第 67 题）

A. 甲垫付医疗费的行为与交通肇事不具有关联性

B. 乙告知医生“自己系被车辆撞倒”属于直接证据

C. 医生基于之前乙的陈述，告知警察乙系被车辆撞倒，属于传来证据

D. 医生认为甲是肇事者的证词属于符合一般生活经验的推断性证言，可作为定案依据

5. 辩护律师在庭审中对控方证据提出异议，主张这些证据不得作为定案依据。对下列哪些证据的异议，法院应当予以支持？（ ）（2016 年卷二多选第 68 题）

A. 因证人拒不到庭而无法当庭询问的证人证言

B. 被告人提供了有关刑讯逼供的线索及材料，但公诉人不能证明讯问合法的被告人庭前供述

C. 工商行政管理部门关于查处被告人非法交易行为时的询问笔录

D. 侦查人员在办案场所以外的地点询问被害人所获得的被害人陈述

第三编　证　明　论

第十六章　证 明 概 述

【案例导入】被告人章某，某日，在宁德市蕉城区林业局附近的一银行门口，看见刘某提一黑色提包从银行出来，即尾随其后，乘其不备，用力一拽夺得提包便跑。该被害人刘某大呼“抢劫啊抓抢劫啊”，一个热情的摩托车司机主动载着刘某追赶，将被告人章某逼进蕉城区林业局的大院，被当场抓获并扭送蕉城区公安分局的刑警大队，经清点刘某的黑色提包里有现金 8 900 元。后其辩护律师在会见被告人章某时他告诉律师“他只有 17 周岁”。但是，起诉书指控，被告人章某，已满 18 周岁。

对刑事责任年龄出现分歧，辩护律师应当如何证明?

第一节　证明制度概述

一、证明的概念

在现代汉语中，证明是指“用可靠的材料来表明或断定人或事物的真实性”。也就是说，它是由已知推出未知的活动，由论题、论据和论证方式三个部分组成。在日常生活中，当我们提出的一项主张遭到其他人反对时，就需要借助“摆事实”“讲道理”等方式说服他人，而说服活动即属于证明。其中，所提“主张”是论题，所摆“事实”是论据，“讲道理”的说服方式就是论证方式。

在证据法或诉讼领域中研究的证明，又称为诉讼证明，是指诉讼主体依照法律的程序和要求，运用已知的证据和事实，阐明系争事实及论证自己的诉讼主张，以期查明和认定案件事实的活动。诉讼证明有以下几个特征。

第一，诉讼证明的主体是国家公诉机关和诉讼当事人。

第二，诉讼证明的对象是诉讼中的争议事实。

第三，诉讼证明的目的是论证己方的诉讼主张。

第四，诉讼证明只在审判阶段发生，法庭审理前的收集提取证据只是为在法庭上进行诉讼证明奠定基础，创造条件。正如我国台湾学者所言：“提出证据，而使法官获得完全之确信者，即为证明。”

第五，诉讼证明受证明责任影响或支配。法律对诉讼中的证明责任分配有明确规定，如果依法承担证明责任的诉讼主体未能按照法律的要求实施证明行为、履行证明责任，将要承担相应的法律后果，最直接的不利后果就是可能面临败诉的风险。

二、证明的分类

证明根据不同的标准可作出多角度的划分，具体如下。

（一）他明与自明

以证明的目的和指向的对象为标准，可以将证明分为他明与自明。所谓他明，是指证明主体进行证明的目的和指向的对象是要他人明白或相信自己的诉讼主张成立，为达到此目的，必须运用一定的诉讼证据，通过一定的论证方式向他人证明。例如，李四要证明自己无罪，张三要证明王五向他的借款是真实的，都属于他明。所谓自明，是指证明主体进行证明的目的和指向的对象是要自己明白或相信他人的诉讼主张是否成立，为达到此目的，必须收集一定的诉讼证据，通过一定的论证方式向自己证明。例如，侦查机关要证明犯罪人是谁，是他杀还是自杀，就都属于自明。自明是他明的前提，只有自明，才有能力向他人证明。当侦查机关破了案，达到自明，才能将案件移送检察院向它证明，只有检察院自明，才能将案件起诉法院向它证明。

（二）信明与释明

按照是否要求法官获得完全之确信的不同，可以将证明分为信明与释明。所谓信明，又称为狭义的证明，是指证明主体提出证据进行证明的程度是要法官对某一事实达到“内心确信”，即深信不疑的程度。所谓释明，是指证明主体提出证据进行证明的程度仅使法官对某一事实形成较为薄弱之心证，内心仅仅达到“大概可信”的程度。通常，对于诉讼程序上的特定事实，可以适用释明，在日本刑事诉讼中，检察官由于不得已的事由未能在法定期限内请求羁押被逮捕的嫌疑人时，可以向法官说明理由，请求羁押嫌疑人。我国2012年刑事诉讼法第107条规定：“公安机关或者人民检察院发现犯罪事实或者犯罪嫌疑人，应当按照管辖范围，立案侦查。”对于实体法事实，必须适用信明。我国2012年刑事诉讼法第195条规定，对被告人作出有罪判决必须达到“案件事实清楚，证据确实、充分”的证明程度。

（三）严格证明与自由证明

按照证明是否必须使用具有证据能力并经合法调查这一要求的不同，可以将证明分为严格证明与自由证明。严格证明，是指使用具有证据能力并经正式、合法调查的证据进行的证明。自由证明，是指使用不具有法定证据能力或者没有经正式、合法调查的证据进行的证明，又称为任意证明。其中凡有关实体权利的有无和范围大小的事实，必须进行严格证明；而法律规定可以“酌情”考虑的事实和程序法事实，可以进行自由证明。一般来说，作为严格证明对象的事实包括以被告人的罪责为基础的实体法上的事实和倾向于加重被告人刑罚的情节事实；作为自由证明的事实，除了量刑事实之外，主要是程序法事实。

（四）实质证明与形式证明

按照证明性质的不同，可以将证明分为实质证明与形式证明。在英美法系国家，诉讼采用当事人主义，程序高于实体，所追求的是形式真实，因而它们的证明称为形式证明。这种证明中，经常出现法与事实的反差，即在法律上看来是证明了的，事实上的情况并非如此，尽管两者有所差别，但仍然要采用法律上的结论。当然这只是个别现象，不能因此认为形式证明就不可靠。实质证明是大陆法系国家的诉讼追求实质真实的结果，它们在职权主义思想的支配下，追求客观真实，要求达到视听真实的程度。如果程序与实体矛盾，往往牺牲程序而服从实体。

（五）控诉机关的证明与当事人的证明

在刑事诉讼中，按照证明主体的不同，可以将证明分为控诉机关的证明与当事人的证明。控诉机关的证明，是指公诉机关对被告人提出刑事指控，必须提出确实充分的证据证明被告人的行为确已构成犯罪并依法需要追究刑事责任。当事人的证明是指原告、被告、第三人等提出证据，阐明其主张的事实。无论何种诉讼，都离不开当事人证明，既是刑事证明的组成部分，也是刑事证明的基本形式。

三、证明的要素

证明的要素，又称为证明的结构或证明的体系，它包括证明对象、证明主体、证明责任、证明标准和证明方法。

（1）证明对象，又称证明的客体，是指要证事实或待证事实，它是法律规定的司法人员为正确处理案件必须查明的案件事实，如犯罪的时间、地点、经过等。

（2）证明主体是依法承担证明义务、享受证明权利的主体，包括刑事诉讼中的公诉人、自诉人和民事、行政诉讼的当事人和律师等。法院作为中立的裁判一方，在诉讼证明过程中只是收受证明的主体，而不是证明主体。在刑事诉讼中，侦查机关不是审判阶段证明责任的承担者，故其不是诉讼证明的主体。刑事被告人基于无罪推定原则的特殊保护机制，一般都不负证明责任。但刑事被告人对下列事实应当承担一定的证明责任：①特定的犯罪，负有法定的证明责任，如刑法 395 条规定的巨额财产来源不明罪。②阻却违法性及有责性的事实，如正当防卫、紧急避险等一般应当由被告方承担证明责任。③被告方的某些积极抗辩主张，如不在犯罪现场的抗辩。④被告方主张的程序性事实，如排除非法口供、法官的回避等事实，应当由被告人承担证明责任。

（3）证明责任是指控诉机关或者当事人对自己提出的主张有收集或提供证据进行证明的义务，并有运用该证据证明主张的案件事实成立或有利于自己的主张的责任，否则将承担其主张不能成立的危险。

（4）证明标准，是指司法人员查明案件事实、当事人证明案件事实需要达到的程度。这种程度一般被称作“案件事实清楚”“排除合理怀疑”“占优势的盖然性”等。

（5）证明方法，是指法律职业共同体在长期实践和研究中逐步形成的具有一般证据法意义的事实认定方法，包括逻辑推理、推定、经验、实验等。

四、证明的过程

证明的过程，又称为证明的环节，包括证据的收集与提取，证据的质询、审查与判断，证据的认定与证据间组建事实三个环节。这三个环节分别处于证明过程的三个阶段，即证明的初始阶段、中间阶段和终结阶段。

（1）证明的初始阶段。这一阶段的证明环节是证据的收集与提取。所谓证据的收集，是指当事人为揭示案件事实或证明事实主张，依法展开的收集与保全证据的专门活动。所谓证据的提取，主要是指诉讼当事人在审判中向法庭提出证据证明其主张的事实的行为。它包括讯问被告人，询问被害人、证人、鉴定人，宣读未到庭的证人证言、被害人陈述、鉴定人的鉴定意见，出示有关的物证、书证，播放视听资料等内容。

（2）证明的中间阶段。这一阶段的证明环节是证据的质询、审查与判断。所谓证据的质询，是指诉讼当事人及其代理人在审判过程中针对对方举出的证据进行质疑和询问。质询的主体是当事人及其代理人，质询的对象是针对证据的关联性、合法性、客观性及证明力提出质疑。法官不是质询的主体，而是审查判断证据的主体。在当事人及其代理人质询之后，法官还需对证据进行审查判断，鉴别其真伪，判断其与案件的联系，确定其证明力。

（3）证明的终结阶段。这一阶段的证明环节是证据的认定与证据间组建事实。证据的认定是指法官在审判过程中对诉讼双方提供的证据或者法官自行收集的证据，进行审查评断，确认其证据能力和证明力的活动。证据间组建事实是指法官对已经确认证据能力和证明力的证据进行分析建构，将各种证据组合成内心确信的事实的活动。这两个环节是证明过程的重要阶段，也是审判活动的中心内容。

五、证明的作用

证明对诉讼任务的顺利完成有着不可估量的作用，具体表现在以下几个方面：第一，证明是获取案件事实的正当途径；第二，证明是诉讼活动的最关键的环节；第三，证明是适用法律的前提和基础；第四，证明是证据发挥作用的终极手段；第五，证明是体现诉讼价值的重要方式；第六，证明是确认事实的重要方法；第七，证明是确立司法权威的必然要求。

第二节 证明对象

一、证明对象的概念和意义

关于证明对象的概念，我国学理上存在不同的观点，主要有狭义说、广义说和折中说等。笔者认为，证明对象是指诉讼证明活动中需要证明的事实，又称为待证事实或者要证事实。

在证明制度中，证明对象是首要的证明环节。只有明确了证明对象，才能进一步明确由谁负责证明（证明责任），证明到何种程度为止（证明标准），以及如何进行证明（证明程序）；也只有明确了证明的对象，取证、举证、质证和认证等证明活动才能有的放矢地进行。

在理解证明对象时，需要注意把握证明对象的以下几个特征。

（1）证明对象所具有的共性——法定性。对所有案件来说，证明对象是法律规定的要件事实，具有普遍性。这里的法律包括实体法和程序法。所谓要件事实，是指司法人员处理案件所必须查明的事实，如有关犯罪行为构成要件和量刑情节的实体法要件事实，以及程序法要件事实。

（2）证明对象所具有的个性——争议性。对个案来说，证明对象是当事人主张或者争议并且应当举证证明的待证事实，具有特殊性。也就是说，证明对象的具体内容是因当事人的争议或者主张的不同而有差异的，如离婚案件和损害赔偿案件的证明对象是不一样的。

（3）证明对象所具有的待证性。证明对象是未知的事实或者不确定的事实，需要证据来加以证明。一般来说，证据是已知、确定的事实材料，而证明对象是未知的事实或者不确定的事实。在通常的情况下，司法人员是运用已知、确定的事实材料来证明未知、不确定的证明对象。但在特定情况下，一些证明对象不需要当事人举证证明，可以由执法机构直接认定，此即为免证事实，如众所周知的事实；自然科学定律；国家机关公报的事实；生效裁判、公证文书和行政行为确认的事实；当事人承认的事实和推定的事实；执法人员熟知的事实和诉讼上已知的事实。

研究证明对象具有如下理论意义：第一，证明对象是诉讼证明的出发点和归宿。第二，证明对象有助于确定起诉范围或诉讼对象。第三，证明对象是司法机关正确处理案件的前提和基础。第四，有助于明确取证、举证、质证和认证等证明活动的目标，提高执法的效率。第五，有助于认识证据法与实体法、程序法之间的关系，推动证据法学的发展。

二、证明对象的内容

证明对象分为常态对象和特殊对象，具体的内容包括实体法事实、程序法事实和证据事实。常态对象是指在通常情况下，所有诉讼案件都必须证明的对象，即实体法事实。所谓实体法事实是指实体法规定的行为构成要件事实，是证明对象中最主要的内容，是司法机关进行判决的依据和前提。特殊对象是指在特殊情况下，个别诉讼案件需要证明的对象，包括程序法事实和证据事实。

在证明对象的内容问题上，存在争议的是程序法事实和证据事实。程序法事实，如回避的事实、管辖的事实、审判组织的事实、期限是否延长的事实、采取强制措施的事实、申请财产保全和先予执行的事实等，能否成为证明对象，学理上有不同的观点。笔者持肯定的态度，第一，诉讼法是实体法的实施法，查明程序法事实有利于监督司法机关遵守法定程序，保证实体法正确、公正地实施；第二，当事人可能对程序法事实发生争议，从而使程序法事实可能构成系争事实；第三，诉讼中有争议的程序法事实，有关司法机关也要在查清的基础上作出裁决，对其中裁决不服的，可以申诉或者申请复议，对有的裁定甚至可以上诉或者申请再审。

证据事实，也就是证据本身所记载和反映的事实能否成为证明对象，也是一个有争议的问题，学理上也有不同的观点。笔者也持肯定态度，认为证据事实应属于证明对象，理由是：任何证据的真实性都需要其他证据确证，而当某个证据成为其他证据验证的客体时，便成为证明对象。2012 年民事诉讼法第 63 条规定："证据必须查证属实，才能作为认定事实的根据。"这条规定说明证据事实也是证明对象之一。

三、刑事诉讼中的证明对象

刑事诉讼中的证明对象应当包括刑事实体法事实、刑事程序法事实和刑事证据事实。

（一）法律规定的刑事实体法事实

2012 年刑事诉讼法第 50 条规定："审判人员、检察人员、侦查人员必须依照法定程序，收集能够证实犯罪嫌疑人、被告人有罪或者无罪、犯罪情节轻重的各种证据。"2012 年《最高人民法院关于适用〈中华人民共和国刑事诉讼法〉的解释》第 64 条规定，"应当运用证据证明的案件事实包括：被告人、被害人的身份；被指控的犯罪是否存在；被指控的犯罪是否为被告人所实施；被告人有无刑事责任能力，有无罪过，实施犯罪的动机、目的；实施犯罪的时间、地点、手段、后果以及案件起因等；被告人在共同犯罪中的地位、作用；被告人有无从重、从轻、减轻、免除处罚情节；有关附带民事诉讼、涉案财物处理的事实；有关管辖、回避、延期审理等的程序事实；与定罪量刑有关的其他事实。认定被告人有罪和对被告人从重处罚，应当适用证据确实、充分的证明标准"。这两条规定的是刑事诉讼证明对象中的刑事实体法事实。根据上述法律规定，可以将刑事实体法事实分为以下几个方面。

（1）被指控犯罪行为构成要件的事实。学理认为犯罪行为的构成要件有四，即犯罪客体、犯罪主体、犯罪的客观方面和犯罪的主观方面。在司法实践中，有人将之分解为"七个何"：①何人——犯罪的主体要件；②何种动机与目的——犯罪的主观方面要件；③何时——犯罪的时间，属于客观方面的要件；④何地——犯罪的地点；⑤何种手段——犯罪方法，属于客观方面的要件；⑥何行为——犯罪行为的表现形式，如杀人、盗窃；⑦何种危害结果——犯罪行为造成的损害，属于客观方面的要件。如上七个方面连贯起来就是：何人基于何种动机与目的，在何时、何地，用何种方法实施了何种行为，产生了何种危害结果。

（2）与犯罪行为轻重有关的各种量刑情节的事实。主要包括：从重处罚的事实，如累犯；从轻、减轻或者免除处罚的事实，如自首、未遂等。

（3）排除行为的违法性、可罚性的事实。主要包括：排除行为违法性的事实，如正当防卫、紧急避险；排除可罚性的事实，如超出追诉时效、被告人死亡。

（4）排除或减轻刑事责任的事实，如责任年龄、精神状态等。

（二）法律规定的刑事程序法事实

法律规定的刑事程序法事实，根据2012年刑事诉讼法的规定，主要有有关管辖的事实、回避的事实、辩护与代理的事实、强制措施的事实、附带民事诉讼的事实、期间的事实、送达的事实、立案的事实、侦查的事实和提起公诉的事实、审判组织的事实、审判程序的事实、执行程序的事实、特别程序的事实等。2012年刑事诉讼法第227条规定，“第二审人民法院发现第一审人民法院的审理有下列违反法律规定的诉讼程序的情形之一的，应当裁定撤销原判，发回原审人民法院重新审判：违反本法有关公开审判的规定的；违反回避制度的；剥夺或者限制了当事人的法定诉讼权利，可能影响公正审判的；审判组织的组成不合法的；其他违反法律规定的诉讼程序，可能影响公正审判的”。

这条规定了证明对象中的刑事程序法事实，主要有违反公开审判制度的事实、违反回避制度的事实、审判组织组成不合法的事实、违反管辖制度的事实、违反期限规定的事实、违反强制措施制度的事实等。

（三）法律规定的刑事证据事实

（1）行政证据转换的事实。2012年刑事诉讼法第65条规定：“行政机关在行政执法和查办案件过程中收集的物证、书证、视听资料、电子数据等证据材料，在刑事诉讼中可以作为证据使用；经法庭查证属实，且收集程序符合有关法律、行政法规规定的，可以作为定案的根据。”

（2）需要审查判断的证据事实和依法认定的证据事实。2012年《最高人民法院关于适用〈中华人民共和国刑事诉讼法〉的解释》第69~94条规定了物证、书证等八类证据的审查判断的事实与如何认定的事实。

（3）非法证据排除的事实和非法证据进行补正的事实。2012年刑事诉讼法第54条规定：“采用刑讯逼供等非法方法收集的犯罪嫌疑人、被告人供述和采用暴力、威胁等非法方法收集的证人证言、被害人陈述，应当予以排除。收集物证、书证不符合法定程序，可能严重影响司法公正的，应当予以补正或者作出合理解释；不能补正或者作出合理解释的，对该证据应当予以排除。在侦查、审查起诉、审判时发现有应当排除的证据的，应当依法予以排除，不得作为起诉意见、起诉决定和判决的依据。”2012年《最高人民法院关于适用〈中华人民共和国刑事诉讼法〉的解释》第96条规定：“当事人及其辩护人、诉讼代理人申请人民法院排除以非法方法收集的证据的，应当提供涉嫌非法取证的人员、时间、地点、方式、内容等相关线索或者材料。”这两条规定了刑事诉讼证明对象中的刑事证据事实，主要有非法口供的事实、非法证人证言的事实、非法被害人陈述的事实、非法物证和书证的补正与解释的事实。

四、民事诉讼中的证明对象

民事诉讼中的证明对象应当包括民事实体法事实、民事程序法事实和民事证据事实。

（一）法律规定的民事实体法事实

在民事诉讼中，不同的实体法规定的证明对象不同，婚姻法、继承法、专利法、商标法、反不正当竞争法、合同法等实体法各自对相应案件的证明对象作了不同的规定。即使同一个实体法，因诉的类型不同，证明对象也存在一定的差异，表现为给付之诉的证明对象、变更之诉的证明对象和确认之诉的证明对象的区别。因此，有的学者主张从诉的类型来研究民事诉讼的证明对象。

在学术界，关于民事诉讼证明对象的讨论，可谓众说纷纭，莫衷一是。例如，英美法系学者通常根据所要证明的事实与案件主要事实之间的联系程度，确定民事诉讼证明对象的构成。而大陆法系国家的学者采用的做法是把证明对象与证明责任的分担原则联系起来，研究民事诉讼证明对象的构成。这种方法从两个不同的角度来研究民事诉讼证明对象的构成。

（1）以事实本身的性质为标准，把主张事实分为积极事实和消极事实或者外界事实和内界事实两大类，积极事实或者外界事实比消极事实或者内界事实容易证明，因此前者属于证明对象，而后者则不列为证明对象。

（2）以实体法律规范的性质为标准，将民事诉讼证明对象分为如下几部分：①权利发生事实，即民事权利发生或者成立的事实，又称“基本事实”“请求权事实”“通常事实”，如合同的订立；②权利妨害事实，即导致权利不能成立的事实，如缺乏相应的民事行为能力；③权利消灭事实，使现有的民事权利消灭的事实，如债的履行、免除等；④权利受制事实，即限制当事人行使其民事权利的事实，如重大误解、诉讼时效等。我国学者比较普遍的观点是根据诉讼理由即原告提起诉讼所根据的事实和理由，将证明对象分为两个部分：一是民事法律关系变动的事实；二是权利受害或者发生争议的事实。

笔者认为，作为民事诉讼证明对象之一的民事实体法事实，必须根据其具体的诉讼请求确定，并且必须是民事实体法规定的事实。根据《民法总则》的规定，作为民事诉讼证明对象之一的民事实体法事实应当包括如下几个。

（1）民事主体资格的事实。包括公民（自然人）资格的事实和法人资格的事实。

其中，公民资格的事实又包括公民的民事权利能力和民事行为能力的事实、监护人资格的事实、宣告失踪和宣告死亡的事实、个体工商户和农村承包经营户的事实、个人合伙的事实；法人资格的事实又包括企业法人资格的事实，机关、事业单位和社会团体法人资格的事实，法人联营的事实。

（2）民事法律行为和民事代理的发生、变更和撤销的事实。

（3）民事权利的发生、变更和消灭的事实。这包括财产所有权和与财产所有权有关的财产权发生、变更和消灭的事实，债权发生、变更和消灭的事实，知识产权发生、变更和消灭的事实，人身权的事。

（4）承担民事责任的事实，包括违反合同民事责任的事实、侵权民事责任的事实和承担民事责任方式的事实。

（5）有关诉讼时效的事实。《民法总则》第188条规定："向人民法院请求保护民事权利的诉讼时效期间为三年。法律另有规定的，依照其规定。诉讼时效期间自权利人知道或者应当知道权利受到损害以及义务人之日起计算。法律另有规定的，依照其规定。但是自权利受到损害之日起超过二十年的，人民法院不予保护；有特殊情况的，人民法院可以根据权利人的申请决定延长。"

（6）民事争议发生过程的事实。当事人之间因民事权利义务的享有、履行发生纠纷，解决纠纷最后诉诸人民法院的事实。

（7）适用涉外民事关系法律的事实。外国的法律法规是否存在和有效，对我国人民法院来说首先是一个事实问题，而不是法律问题。在涉外民事诉讼中，当事人主张适用外国的法律法规的，应当举证证明外国法律法规的存在和效力。

（二）法律规定的民事程序法事实

根据2012年民事诉讼法的规定，在我国可作为民事诉讼证明对象之一的民事程序法事实由下述几个方面的事实构成。

（1）有关诉讼主体资格的事实，包括当事人主体资格的事实和诉讼代理人资格的事实。

（2）有关管辖的事实，即当事人之间因民事权利义务的享有、履行发生纠纷而诉诸人民法院，是否受诉人民法院管辖的事实，包括级别管辖、地域管辖、移送管辖和指定管辖的事实。

（3）有关审判组织的事实和回避的事实，即审判组织的组成是否合法的事实与是否具备回避条件的事实。

（4）其他民事诉讼程序事实，具体包括有关审判程序的事实、有关强制措施的事实、有关诉讼期间的事实、有关送达的事实、有关调解的事实、有关保全的事实、有关先予执行的事实、有关诉讼费用的事实、有关执行程序的事实、涉外民事诉讼程序的事实等。

（三）法律规定的民事证据事实

（1）有关证明文书的事实。2012年民事诉讼法第67条的规定："人民法院对有关单位和个人提出的证明文书，应当辨别真伪，审查确定其效力。”

（2）有关视听资料的事实。2012 年民事诉讼法第 71 条规定：“人民法院对视听资料，应当辨别真伪，并结合本案的其他证据，审查确定能否作为认定事实的根据。”

（3）有关当事人陈述的事实。2012 年民事诉讼法第 75 条规定：“人民法院对当事人的陈述，应当结合本案的其他证据，审查确定能否作为认定事实的根据。”

（4）非法证据的事实。2015 年《民事诉讼法的解释》第 106 条规定：“对以严重侵害他人合法权益、违反法律禁止性规定或者严重违背公序良俗的方法形成或者获取的证据，不得作为认定案件事实的根据。”

五、行政诉讼中的证明对象

行政诉讼中的证明对象应当包括行政实体法事实、行政程序法事实和行政证据事实。

（一）法律规定的行政实体法事实

根据 2014 年行政诉讼法第 6 条“人民法院审理行政案件，对具体行政行为是否合法进行审查”。第 34 条“被告对作出的具体行政行为负有举证责任，应当提供作出该具体行政行为的证据和所依据的规范性文件”。《国家赔偿法》、《行政复议法》和其他行政法规的规定，行政诉讼证明对象之一的行政实体法事实，包括有与被诉行政行为合法性和合理性有关的事实和与行政赔偿构成要件有关的事实。

1. 与被诉行政行为合法性和合理性有关的事实

（1）与被诉具体行政行为合法性和合理性有关的事实，包括：被告行政主体资格和权限的事实；原告是否实施了被处理行为或者是否符合法定条件的事实；被诉具体行政行为是否符合法定程序的事实；被告作出被诉具体行政行为的目的是否正当的事实；被诉具体行政行为的处理与案件的事实、情节和性质是否相适应。

（2）有关抽象行政行为合法性的事实，包括：主体是否享有制定该抽象行政行为的行政职权；制定抽象行政行为的程序是否合法；抽象行政行为的适用范围和效力。

2. 行政赔偿构成要件的事实

（1）侵权行为是否由作为被告的行政机关及其工作人员实施。

（2）侵权行为是否在行使行政职权的过程中实施（职务行为、职务相关行为、职务无关行为）。

（3）侵权行为是否违法。

（4）侵权行为是否给作为原告的受害人造成人身权或者财产权的损害；如果造成了损害，损害的大小如何。

（5）侵权行为与损害之间是否具有直接的因果关系。

（二）法律规定的行政程序法事实

根据 2014 年行政诉讼法的规定，行政诉讼程序法事实。例如，有关当事人资格的事实；有关主管即受案范围的事实和管辖的事实；有关审判组织的事实；有关审判程序的事实；有关起诉和受理的事实；有关审理和判决的事实，有关执行程序的事实，有关涉外行政诉讼程序的事实；等等。

（三）法律规定的行政证据事实

根据《最高人民法院关于行政诉讼证据若干问题的规定》第 55~58 条的规定，作为行政诉讼证明对象之一的行政证据事实，包括如下几个方面。

（1）有关证据的合法性的事实。

（2）有关证据的真实性的事实。

（3）非法证据的事实，即以违反法律禁止性规定或者侵犯他人合法权益的方法取得的证据，不能作为认定案件事实的依据。

（4）瑕疵证据的事实。主要如下：①严重违反法定程序收集的证据材料；②以偷拍、偷录、窃听等手段获取侵害他人合法权益的证据材料；③以利诱、欺诈、胁迫、暴力等不正当手段获取的证据材料；④当事人无正当事由超出举证期限提供的证据材料；⑤在中华人民共和国领域以外或者在中华人民共和国香港特别行政区、澳门特别行政区和中国台湾地区形成的未办理法定证明手续的证据材料；⑥当事人无正当理由拒不提供原件、原物，又无其他证据印证，且对方当事人不予认可的证据的复制件或者复制品；⑦被当事人或者他人进行技术处理而无法辨明真伪的证据材料；⑧不能正确表达意志的证人提供的证言；⑨不具备合法性和真实性的其他证据材料。

第三节　证 明 责 任

一、证明责任的概念

证明责任的概念在学术界主要有行为责任说、结果责任说和双重含义说三种观点。笔者认为，证明责任，是指诉讼当事人在审判中向法庭提供证据证明其主张的案件事实成立或者有利于自己主张的责任，否则，将承担败诉的风险。证明责任是证明制度的重要组成部分。我们在理解证明责任时，必须注意如下几点。

（1）证明责任是就他向证明而言的，自向证明不存在证明责任的问题。因此，在诉讼活动中承担证明责任的主体只能是诉讼当事人，不包括法官。这里的当事人是指诉讼中处于争议地位的双方或一方。

（2）证明责任以审判为中心，主要表现在诉讼的审判阶段。在审判以前的诉讼活动中不存在证明责任的问题。换言之，侦查人员不是刑事诉讼中承担证明责任的主体。

（3）证明责任与事实主张具有密切关系。没有事实主张，就没有证明责任。换言之，证明责任要以一定的事实主张为基础。但是，提出事实主张是承担证明责任的前提，不是证明责任的内容，这两者不应混为一谈。

（4）证明责任的内涵应该包括五个层面：①主张责任，即当事人对自己提出的主张，有提供证据的责任。2012 年民事诉讼法第 64 条规定："当事人对自己提出的主张，有责任提供证据。"②抗辩责任，即当事人反驳对方诉讼请求所依据的事实，有提供证据的责任。2015 年《民事诉讼法的解释》第 90 条规定："当事人对自己提出的诉讼请求所依据的事实或者反驳对方诉讼请求所依据的事实，应当提供证据加以证明，但法律另有规定的除外。"③举证责任，即诉讼当事人就其事实主张有向法庭提供证据的行为责任。④说服责任，即诉讼当事人使用符合法律要求的证据说服事实裁判者相信其事实主张的责任。⑤承担不利后果的责任，即诉讼当事人在不能提供证据或者不能说服事实裁判者，而且案件事实处于不清状态时承担不利诉讼后果的责任。2015 年《民事诉讼法的解释》第 90 条规定："在作出判决前，当事人未能提供证据或者证据不足以证明其事实主张的，由负有举证证明责任的当事人承担不利的后果。"

（5）在学术著作中，人们较多地使用证明责任的概念；而在司法实践中，人们则更多地使用举证责任的概念。实际上，举证责任和证明责任是两个密切相关的同一概念。从字面上看，举证责任只是举出证据的责任；证明责任则是运用证据证明案件事实的责任，二者的实质内涵是一致的，因为举证的目的是要用证据来证明案件事实，而证明也包含举出证据的意思。离开证明案件事实的目的，举证便成了毫无意义的行为；没有举出证据的行为，证明也成了一句空话。由此可见，证明离不开举证，举证也离不开证明。证明必须以举出证据作为基础，而举证的目的是证明案件事实。因此，举证责任和证明责任完全可以混同混用。

二、刑事诉讼中的证明责任

（一）刑事诉讼中证明责任的分配

2012 年刑事诉讼法第 49 条："公诉案件中被告人有罪的举证责任由人民检察院承担，自诉案件中被告人有罪的举证责任由自诉人承担。"根据本条规定，在刑事诉讼中的证明责任依法分配如下。

（1）公诉案件中被告人有罪的举证责任由人民检察院承担。在公诉案件中，证明责任一般由代表人民检察院出庭的公诉人承担，辩方享有证明被告人无罪或罪轻的权利。

（2）自诉案件中被告人有罪的举证责任由自诉人承担。这是司法活动中"谁主张谁举证"基本原则的体现。2012 年刑事诉讼法规定，自诉人向法院提出控诉，必须提供证据。对于缺乏罪证的自诉案件，如果自诉人提不出补充证据，应当说服自诉人撤回自诉，或者裁定驳回。自诉案件的被告人在诉讼过程中，可以对自诉人提起反诉。反诉适用自诉的规定，即由反诉者承担证明责任。

（3）人民法院不承担被告人有罪的举证责任。由于人民法院处于中立裁判者的地位，因而无论在公诉案件中还是自诉案件中，均不承担被告人有罪的举证责任。

（4）被告人不承担自己有罪的举证责任。根据无罪推定原则，被告人无论在公诉案件还是自诉案件中，均不承担自己有罪的举证责任。2012 年刑事诉讼法第 50 条还规定："不得强迫任何人证实自己有罪。"因此，在刑事诉讼中，无罪推定原则是解决证明责任分配或分担的首要原则。按照无罪推定原则的要求，在刑事诉讼中控方承担证明责任，被告人不承担自己有罪的举证责任，若控方举出的证据未能达到法定证明标准，则被告人应该被宣判无罪。

（二）刑事诉讼证明责任分配的特殊情形

（1）有罪举证责任的转移。在刑事诉讼中，有罪的举证责任本来由控方承担，但基于举证便利和诉讼效率的考虑，法律明确规定被告人承担无罪的举证责任，实际上将部分有罪的举证责任转移到犯罪嫌疑人或被告人身上。刑法第 395 条规定："国家工作人员的财产或者支出明显超过合法收入、差额巨大的，可以责令说明来源。本人不能说明其来源是合法的，差额部分以非法所得论，处五年以下有期徒刑或者拘役，财产的差额部分予以追缴。"根据这一规定，对于此类案件，首先承担有罪举证责任的仍然是控诉方，当控诉方收集到足够的证据证明国家工作人员的财产或支出明显超过合法收入、差额巨大时，有罪的举证责任即转移到犯罪嫌疑人或者被告人身上，他必须说明或证明差额部分的来源是合法的，若不能说明或证明，差额部分即以非法所得论。这样规定，是为了加大打击贪污贿赂犯罪，在国际上是一种惯例。

（2）程序法事实的证明责任由犯罪嫌疑人或者被告人承担。2012 年《最高人民法院关于适用〈中华人民共和国刑事诉讼法〉的解释》第 28 条规定："当事人及其法定代理人依照刑事诉讼法第二十九条和本解释第二十四条规定申请回避，应当提供证明材料。"第 96 条规定："当事人及其辩护人、诉讼代理人申请人民法院排除以非法方法收集的证据的，应当提供涉嫌非法取证的人员、时间、地点、方式、内容等相关线索或者材料。"

三、民事诉讼中的证明责任

（一）民事诉讼中证明责任的分配

2015 年《民事诉讼法的解释》第 91 条规定"人民法院应当依照下列原则确定举证证明责任的承担，但法律另有规定的除外：主张法律关系存在的当事人，应当对产生该法律关系的基本事实承担举证证明责任；主张法律关系变更、消灭或者权利受到妨害的当事人，应当对该法律关系变更、消灭或者权利受到妨害的基本事实承担举证证明责任"。根据这条规定说明了民事诉讼中的证明责任分配存在如下几个问题。

（1）民事诉讼中证明责任分配的一般规则是"谁主张、谁举证"。民事诉讼证明责任的分配原则产生于古罗马法时代。当时的原则有两个：第一原则为"原告应负举证之义务"；第二原则为"举证义务存在于主张之人，不存在于否认之人"，或者说"为主张之人有证明义务，为否定之人无之”。近现代各国学者阐发了罗马法学家的观点，提出了许多证明责任学说，这些学说大体上可以分为三种类型，即待证事实分类说、法律要件分类说和新学说。但是，我国民事诉讼证明责任分配贯彻“谁主张，谁举证”原则。所谓“谁主张、谁举证”，即主张者负证明义务，否认者不负证明义务。原告就其诉讼原因的事实进行证明，被告就其抗辩的要件事实进行证明。很多学者均提出要正确理解“主张”这个特定概念的含义。这里所说的主张，是指民事诉讼中的事实主张，不包括法律主张，具体是指具有实体或程序意义的法律事实，而不能被理解为一种主观态度或意见。一般来说，一方当事人提出某种事实声明后，往往构成一种主张。而对方当事人若单纯否认，则不构成新的主张；若作出积极抗辩，则又构成新的主张。所以，这里的主张应被理解为积极主张、肯定性主张。最高人民法院 2001 年 12 月 21 日颁布的《关于民事诉讼证据的若干规定》第 2 条“当事人对自己提出的诉讼请求所依据的事实或者反驳对方诉讼请求所依据的事实有责任提供证据加以证明”。“没有证据或者证据不足以证明当事人的事实主张的，由负有举证责任的当事人承担不利后果。”第 5~7 条对“谁主张，谁举证”原则作了注解。在司法实践中，法官在合理分配民事诉讼证明责任的时候，必须将程序法、证据法、民事实体法的规定结合起来考虑。

（2）民事诉讼中的证明责任分配的具体情形如下：①主张法律关系存在的当事人，应当对产生该法律关系的基本事实承担举证证明责任；②主张法律关系变更、消灭或者权利受到妨害的当事人，应当对该法律关系变更、消灭或者权利受到妨害的基本事实承担举证证明责任。《最高人民法院关于民事诉讼证据的若干规定》第 5 条规定：“在合同纠纷案件中，主张合同关系成立并生效的一方当事人对合同订立和生效的事实承担举证责任；主张合同关系变更、解除、终止、撤销的一方当事人对引起合同关系变动的事实承担举证责任。对合同是否履行发生争议的，由负有履行义务的当事人承担举证责任。对代理权发生争议的，由主张有代理权一方当事人承担举证责任。”

（二）民事诉讼证明责任分配的特殊情形

1. 举证责任分配的倒置规则

民事诉讼证明责任倒置，是指在一定的情形下，不按照“谁主张，谁举证”的分配原则决定某个案件的证明责任分配，而实行与该原则相反的分配：谁否认（抗辩）、谁证明，即否认者负证明义务，主张者不负证明义务。举证责任“倒置”必须有法律的明确规定，而不是理论探讨。立法上规定民事诉讼证明责任倒置主要是基于举证难易、保护弱者等考量。

虽然 2012 年民事诉讼法和 2015 年《民事诉讼法的解释》中没有举证责任倒置的规定。但是，在我国，实行民事诉讼证明责任倒置的规定以前主要体现在民法通则、专利法等实体法中。这需要法官在决定具体案件的证明责任的分配时予以注意和分析使用。因为它们分散在各个不同领域的实体法中，给司法造成了一定的难度。为此，最高人民法院通过的关于民事诉讼证据的若干规定的司法解释作了汇总和补充。根据最高人民法院的司法解释，我国民事诉讼中实行证明责任的倒置主要有两大类：一是特殊侵权诉讼实现证明责任的倒置，见关于民事诉讼证据的若干规定第 4 条；二是劳动争议案件实行证明责任的倒置，见关于民事诉讼证据的若干规定第 6 条。《最高人民法院关于民事诉讼证据的若干规定》第 4 条规定，“下列侵权诉讼，按照以下规定承担举证责任：因新产品制造方法发明专利引起的专利侵权诉讼，由制造同样产品的单位或者个人对其产品制造方法不同于专利方法承担举证责任；高度危险作业致人损害的侵权诉讼，由加害人就受害人故意造成损害的事实承担举证责任；因环境污染引起的损害赔偿诉讼，由加害人就法律规定的免责事由及其行为与损害结果之间不存在因果关系承担举证责任；建筑物或者其他设施以及建筑物上的搁置物、悬挂物发生倒塌、脱落、坠落致人损害的侵权诉讼，由所有人或者管理人对其无过错承担举证责任；饲养动物致人损害的侵权诉讼，由动物饲养人或者管理人就受害人有过错或者第三人有过错承担举证责任；因缺陷产品致人损害的侵权诉讼，由产品的生产者就法律规定的免责事由承担举证责任；因共同危险行为致人损害的侵权诉讼，由实施危险行为的人就其行为与损害结果之间不存在因果关系承担举证责任；因医疗行为引起的侵权诉讼，由医疗机构就医疗行为与损害结果之间不存在因果关系及不存在医疗过错承担举证责任。有关法律对侵权诉讼的举证责任有特殊规定的，从其规定”。第 6 条规定：“在劳动争议纠纷案件中，因用人单位作出开除、除名、辞退、解除劳动合同、减少劳动报酬、计算劳动者工作年限等决定而发生劳动争议的，由用人单位负举证责任。”

2. 关于特殊情况下举证责任分配的规则（证明责任的司法裁量）

从学理上讲，举证证明责任分配应由民事实体法和民事诉讼法共同决定，司法解释可以用作必要的补充。但法律制定的滞后性和立法者认识能力的局限性往往导致立法不能满足司法实践中案件多样性与复杂性的要求。在“准据法”缺位的情况下，法官不得拒绝裁判。于是，他的合理选择就是像立法者那样为本案当事人创设一种“准据法”。也就是说，法官在特定情况下拥有裁量确定证明责任分配的权力。根据《最高人民法院关于民事诉讼证据的若干规定》第 7 条的要求，在对民事诉讼证明责任分配进行司法裁量时，法官必须遵守公平原则、诚实信用原则，考虑当事人举证能力、对危险领域的控制能力及待证事实发生的盖然性等因素。《最高人民法院关于民事诉讼证据的若干规定》第 7 条规定：“在法律没有具体规定，依本规定及其他司法解释无法确定举证责任承担时，人民法院可以根据公平原则和诚实信用原则，综合当事人举证能力等因素确定举证责任的承担。”

3. 举证责任的免除

2015 年《民事诉讼法的解释》第 91 条规定“法律另有规定的除外”。这说明民事诉讼中存在举证责任的免除情形，主要有以下几种。

（1）自认免除对方的举证责任。2015 年《民事诉讼法的解释》第 92 条规定：“一方当事人在法庭审理中，或者在起诉状、答辩状、代理词等书面材料中，对于己不利的事实明确表示承认的，另一方当事人无需举证证明。对于涉及身份关系、国家利益、社会公共利益等应当由人民法院依职权调查的事实，不适用前款自认的规定。”

（2）免证的事实可免除举证责任。2015 年《民事诉讼法的解释》第 93 条规定，“下列事实，当事人无须举证证明：自然规律以及定理、定律；众所周知的事实；根据法律规定推定的事实；根据已知的事实和日常生活经验法则推定出的另一事实；已为人民法院发生法律效力的裁判所确认的事实；已为仲裁机构生效裁决所确认的事实；已为有效公证文书所证明的事实。前款第二项至第四项规定的事实，当事人有相反证据足以反驳的除外；第五项至第七项规定的事实，当事人有相反证据足以推翻的除外”。

（3）书面申请人民法院责令对方当事人提交在对方当事人控制之下的书证，可免除举证责任。2015 年《民事诉讼法的解释》第 112 条，书证在对方当事人控制之下的，承担举证证明责任的当事人可以在举证期限届满前书面申请人民法院责令对方当事人提交。申请理由成立的，人民法院应当责令对方当事人提交，因提交书证所产生的费用，由申请人负担。对方当事人无正当理由拒不提交的，人民法院可以认定申请人所主张的书证内容为真实。

四、行政诉讼中的证明责任

（一）行政诉讼中的证明责任与刑、民诉讼中的证明责任之比较研究

行政诉讼中的证明责任在承担的主体上与刑事诉讼和民事诉讼中的证明责任都不同，它既不是由双方当事人分担，也不是由原告负担，而是由被告承担，这被称为证明责任倒置。但与民事诉讼中作为例外的证明责任倒置不同，在行政诉讼范围内，它是原则，而非例外。

行政诉讼中实行证明责任倒置原则，有如下几个方面的原因：①被诉的具体行政行为由作为被告的行政机关作出，被告应对该具体行政行为的合法性负证明责任。②作为被告的行政机关掌握着行政管理职权，比原告更具有举证的能力，由被告负证明责任，是比较公平的。③由行政机关承担证明责任，能够有效地保证行政机关依法行政。

（二）行政诉讼中证明责任的分配

行政诉讼中的证明责任分为被告的举证责任和原告的举证责任两种情形。

1. 被告的举证责任

2014 年行政诉讼法第 34 条规定：“被告对作出的行政行为负有举证责任，应当提供作出该行政行为的证据和所依据的规范性文件。”最高人民法院关于执行《中华人民共和国行政诉讼法》若干问题的解释第 26 条规定：“在行政诉讼中，被告对其作出的具体行政行为承担举证责任。被告应当在收到起诉状副本之日起 10 日内提交答辩状，并提供作出具体行政行为时的证据、依据；被告不提供或者无正当理由逾期提供的，应当认定该具体行政行为没有证据、依据。”《最高人民法院关于行政诉讼证据若干问题的规定》第 1~8 条进一步明确对行政诉讼的举证责任问题进行了规定。

上述规定说明在行政诉讼中，举证责任分配的一般规则是被告对其作出的具体行政行为承担举证责任。这与刑事诉讼和民事诉讼的举证责任由原告承担的一般规则相比，是一种倒置。但是，这种举证责任倒置的情形，对行政诉讼来说是一种一般规则。

2. 原告的举证责任

尽管在行政诉讼中由被告承担举证责任，但并不等于原告就不向法院提供任何证据。《最高人民法院关于执行中华人民共和国行政诉讼法》若干问题的解释第 27 条规定，“原告对下列事项承担举证责任：证明起诉符合法定条件，但被告认为原告起诉超过起诉期限的除外；在起诉被告不作为的案件中，证明其提出申请的事实；在一并提起的行政赔偿诉讼中，证明因受被诉行为侵害而造成损失的事实；其他应当由原告承担举证责任的事项”。

具体来说，原告的举证责任包括以下几个方面。

（1）原告对程序法事实的举证责任，即证明原告起诉符合法定条件的事实与在起诉被告不作为的案件中，证明其提出申请的事实。《最高人民法院关于行政诉讼证据若干问题的规定》第 4 条规定，“公民、法人或者其他组织向人民法院起诉时，应当提供其符合起诉条件的相应的证据材料。在起诉被告不作为的案件中，原告应当提供其在行政程序中曾经提出申请的证据材料。但有下列情形的除外：被告应当依职权主动履行法定职责的；原告因被告受理申请的登记制度不完备等正当事由不能提供相关证据材料并能够作出合理说明的。被告认为原告起诉超过法定期限的，由被告承担举证责任。”所谓“起诉条件”，在 2014 年行政诉讼法第 49 条已作了规定，“提起诉讼应当符合下列条件：原告是符合本法第二十五条规定的公民、法人或者其他组织；有明确的被告；有具体的诉讼请求和事实根据；属于人民法院受案范围和受诉人民法院管辖。”第 25 条规定：“行政行为的相对人以及其他与行政行为有利害关系的公民、法人或者其他组织，有权提起诉讼。”

（2）原告对实体法事实的举证责任，即在一并提起的行政赔偿诉讼中，证明因受被诉行为侵害而造成损失的事实。《最高人民法院关于行政诉讼证据若干问题的规定》第 5 条规定：“在行政赔偿诉讼中，原告应当对被诉具体行政行为造成损害的事实提供证据。”

（3）其他应当由原告承担举证责任的事项。《最高人民法院关于行政诉讼证据若干问题的规定》第 9 条规定：“根据行政诉讼法第三十四条第一款的规定，人民法院有权要求当事人提供或者补充证据。对当事人无争议，但涉及国家利益、公共利益或者他人合法权益的事实，人民法院可以责令当事人提供或者补充有关证据。”第 6 条规定：“原告可以提供证明被诉具体行政行为违法的证据。原告提供的证据不成立的，不免除被告对被诉具体行政行为合法性的举证责任。”

第四节 证明标准

一、证明标准的概念和意义

证明标准又称证明要求、证明任务，是指承担证明责任的人提供证据对案件事实加以证明必须达到的程度和水平。但是，理论界对于案件事实能够证明到什么程度，有三种不同的观点，即客观真实说、主观真实说和法律真实说。但是，学者们一直未能达成共识。

在国外，刑事诉讼与民事诉讼中的证明标准不同。关于刑事诉讼的证明标准，英美法上的表述是“排除合理怀疑”，大陆法系国家立法的表述是“内心确信”“高度的盖然性”等。一般认为，两大法系对证明标准的措辞尽管不同，但基本内容相同。对于民事诉讼中的证明标准，两大法系差别并不大，表述方式也基本相同，一般都使用“盖然性的优势”这一词汇，还使用“盖然性的平衡”“优势证据”“优势证明”等表述方法。用百分比来表达的话，就是双方当事人证据的分量或者可信度形成了51%和49%的对比关系，那么，证明责任承担者便完成了他的证明责任；相反，如果双方当事人提供的证据分量或者可信度相等，甚至反证者的证据分量更重或者可信度更高，那么，证明责任承担者便要承受败诉的结果。所以，“盖然性的优势”就是看哪一方的证据在总体上对案件事实的证明程度更高，也就是质量更高。

对于证明标准的理解，无论大陆法系国家还是英美法系国家都体现为层次性的多元化标准。在大陆法系的德国，证明标准被确定为三级：第一级为原则性证明标准，要求法官对真相形成全面心证，达到很高的盖然性，适用于通常的实体事实的证明；第二级为降低的证明标准，要求达到令人相信的程度，相当于英美法系国家盖然性占优的标准，适用于程序性事实的证明；第三级为提高的证明标准，要求达到显而易见的程度，适用于如显失公平的证明等特殊场合。在英美法系的美国，证明程度分为九等：第一等是绝对确定，由于认识论的限制，这一标准无法达到；第二等为排除合理怀疑，是诉讼证明的最高标准，适用于刑事案件有罪裁决的事实认定；第三等为清楚和有说服力的证据，某些司法区的某些民事判决有此种要求；第四等为优势证据，是作出民事判决以及肯定刑事辩护时的要求；第五等为可能的原因，适用于签发令状、无证逮捕、搜查和扣押，提起大陪审团起诉书和检察官起诉书、撤销缓刑假释等情况；第六等为有理由相信，适用于拦截和搜身；第七等为有理由怀疑，足以将被告人宣布无罪；第八等为怀疑，可以开始侦查；第九等为无线索，不足以采取任何法律行为。

总之，证明标准是各国都比较重视的问题，具有如下重大意义：①证明标准是衡量负举证责任的一方是否切实履行举证责任的准则。②证明标准是审判机关在认定案件事实、作出判决时，在证据方面必须达到的程度的要求。③恰当地确定证明标准，有利于保证诉讼程序的公平与公正，实现诉讼构造的平衡。

二、我国的证明标准

（一）我国刑事诉讼的证明标准

我国刑事诉讼的证明标准是“案件事实清楚，证据确实、充分”和“排除合理怀疑”。2012年刑事诉讼法第195条第1款第（1）项规定：“案件事实清楚，证据确实、充分，依据法律认定被告人有罪的，应当作出有罪判决”，从这条规定来看，我国认定被告人有罪的证明标准一直是“案件事实清楚，证据确实、充分”。但是，为了便于司法人员在实践中准确把握“证据确实、充分”的证明标准，最高人民法院等部门早已作了一定的努力，在2010年《关于办理死刑案件审查判断证据若干问题的规定》第5条将之细化为五项内容：“定罪量刑的事实都有证据证明；每一个定案的证据均已经法定程序查证属实；证据与证据之间、证据与案件事实之间不存在矛盾或者矛盾得以合理排除；共同犯罪案件中，被告人的地位、作用均已查清；根据证据认定案件事实的过程符合逻辑和经验规则，由证据得出的结论为唯一结论。”

对此规定，有的学者将之概括为“结论唯一”标准或“唯一性”标准。还有学者援引1984年联合国《关于保护死刑犯权利的保障措施》第4条的规定，即“只有在对被告的罪行根据明确和令人信服的证据而对事实没有其他解释余地的情况下，才能判处死刑”，据此认为，这里的“没有其他解释余地”与“唯一结论”的标准在本质上是一致的。因此，为了进一步明确“证据确实、充分”的证明标准的内涵，便于司法人员在实践中准确把握，2012年刑事诉讼法第53条吸收了《关于办理死刑案件审查判断证据若干问题的规定》第5条的规定后，对这一标准的内涵作了新的规定，“证据确实、充分，应当符合以下条件：定罪量刑的事实都有证据证明；据以定案的证据均经法定程序查证属实；综合全案证据，对所认定事实已排除合理怀疑。”

笔者认为，前两项规定属于“证据标准”，是对证据本身的要求，其中“定罪量刑的事实都有证据证明”是对证据量的要求，“据以定案的证据均经法定程序查证属实”是对证据质的要求；第三项关于“排除合理怀疑”的规定，是对运用证据认定案件事实所要达到的程度的要求，是关于证明标准的新解释。

所谓“排除合理怀疑”，是指排除对案件事实真实性产生的合理怀疑。正确掌握这一新的证明标准，应当注意以下几个方面：①合理怀疑的内容，是指符合常理，也就是符合理性或者逻辑和经验规则的否定性认识。②合理怀疑的对象，是案件事实。③提出合理怀疑的主体，可以是任何一方诉讼主体。④排除合理怀疑的主体，是承担证明责任的诉讼一方，如果不能排除合理怀疑则承担指控事实不能成立的后果。⑤排除合理怀疑的方式如下，一是进一步收集证据，证明案件事实的真实性，从而消除怀疑；二是认真审查证据和案件事实，对推理认识过程和结论进行合理解释，从而消除怀疑。

（二）我国民事诉讼的证明标准

在美国的民事诉讼中，证明标准分为两个层级：优势证据标准适用于大部分民事案件实体事实的证明；清楚和有说服力的证明标准用于特定事实如欺诈的证明，“许多司法区要求，民事欺诈案或可能涉及刑事行为的民事案件的主张，要用清晰且令人信服的证据加以证明”。

在我国，根据2015年《民事诉讼法的解释》第108条的规定：“对负有举证证明责任的当事人提供的证据，人民法院经审查并结合相关事实，确信待证事实的存在具有高度可能性的，应当认定该事实存在。对一方当事人为反驳负有举证证明责任的当事人所主张事实而提供的证据，人民法院经审查并结合相关事实，认为待证事实真伪不明的，应当认定该事实不存在。法律对于待证事实所应达到的证明标准另有规定的，从其规定。”可以看出，我国民事诉讼的证明标准以“高度的盖然性”的一般原则为主，以“法律另有规定的”证明标准，包括“排除合理怀疑”和优势证明标准为补充，而建立起来的具有内在的层次性，明显分为三个等级的证明标准体系。这种层次性体现在针对不同的证明对象和待证事实，需要满足不同程度的盖然性要求。这三个等级分别如下：第一个等级为原则性证明标准，即“高度的盖然性”；第二个等级为提高的证明标准，即“排除合理怀疑”；第三个等级为降低的证明标准，即优势证明标准。

1. 高度盖然性的证明标准

高度盖然性（可能性）证明标准的理论源自西方自由心证制度，主张民事案件的证明标准只需达到特定高度的盖然性即可，即这种高度达到“法官基于盖然性认定案件事实时，应该能够从证据中获得待证事实极有可能如此的心证，法官虽然还不能排除其他可能性，但已经能够得出待证事实十之八九是如此的结论”的程度即可。在我国，它是指对负有举证证明责任的当事人提供的证据，人民法院经审查并结合相关事实，确信待证事实的存在具有高度可能性的，应当认定该事实存在。但是，高度盖然性毕竟是一个抽象的标准。为了能够相对清晰地说明高度盖然性标准，德国学者埃格罗夫、马森等提出了刻度盘理论。刻度盘从0%~100%，按25%分为四级，认为民事诉讼中的事实证明标准应定在第四级，即在穷尽了可以获得的所有证据后，如果仍然达不到75%的证明程度，法官就应当认定待证事实不存在。我国也有学者主张将盖然性程度区分为初级盖然性，心证程度为51%~74%，表明事实大致如此；中级盖然性，心证程度为75%~84%，表明事实一般情况下如此；高级盖然性，心证程度为85%~99%，表明事实几乎如此。对于民事案件中一般待证事实，适用盖然性标准；对于特殊待证事实，如果证明要求较高的适用高级证明标准，证明要求较低的适用初级证明标准。“如果以高度盖然性的证明标准为参照，特殊类型的民事诉讼所适用的证明标准大致可以分为两种情况，一种应低于高度盖然性的证明标准，另一种标准则应高于高度盖然性的证明标准，直至接近或达到排除合理怀疑的程度。”

上述刻度盘理论的优点在于将证据证明的程度进行了数学上的量化，但问题也恰恰出在这里。数学上的量化是理想化的设想，诉讼中无法精确地对某个事实的主张作出数学上的量的比重，同时也无法将每一证据的证明力一一进行量化设值比对，更不可能将证据的证明力的比值相加得出一个综合证明值。所以，在审判实务中，运用高度盖然性证明标准时要注意以下几点：①运用时不能违背法定的证据规则。②反对法官的主观臆断。③运用高度盖然性证明标准定案的依据必须达到确信的程度。④依据高度盖然性证明标准认定案件，不允许仅凭微弱的证据优势认定案件事实。⑤高度盖然性原理证明标准仍然要求最终认定的证据能够相互印证，形成一条完整的证据链，得出唯一的证明结论。

2. “排除合理怀疑”的证明标准

这是诉讼证明的最高标准。民事诉讼中“排除合理怀疑”的证明标准与刑事诉讼中“排除合理怀疑”的证明标准有所不同。刑事诉讼中“排除合理怀疑”的证明标准，只适用于刑事案件有罪裁决的事实认定；而民事诉讼中“排除合理怀疑”的证明标准，则适用于当事人对欺诈、胁迫、恶意串通事实的证明，以及对口头遗嘱或者赠与事实的证明。2015 年《民事诉讼法的解释》第 109 条规定："当事人对欺诈、胁迫、恶意串通事实的证明，以及对口头遗嘱或者赠与事实的证明，人民法院确信该待证事实存在的可能性能够排除合理怀疑的，应当认定该事实存在。"这条规定是针对特定的证明对象和特殊的待证事实，给予排除合理怀疑的证明标准。"排除合理怀疑"与"高度的盖然性"相比提高了证明标准。

3. 优势证明标准

这是"法律另有规定的"证明标准之一。《最高人民法院关于民事诉讼证据的若干规定》第 73 条规定："双方当事人对同一事实分别举出相反的证据，但都没有足够的依据否定对方证据的，人民法院应当结合案件情况，判断一方提供证据的证明力是否明显大于另一方提供证据的证明力，并对证明力较大的证据予以确认。因证据的证明力无法判断导致争议事实难以认定的，人民法院应当依据举证责任分配的规则作出裁判。"

该条规定实际上确立了我国民事诉讼的另一个证明标准，即优势证明标准。所谓优势证明标准，也称为盖然性占优的证明标准，就是在民事诉讼中，双方当事人对同一案件事实的证明都达不到最高证明标准时，法院应当认定证明程度较高的一方当事人主张的事实成立。优势证明标准与"高度的盖然性"相比降低了证明标准。

（三）我国行政诉讼的证明标准

在国外，对行政诉讼证明标准的适用不尽相同。普通法系的美国，行政诉讼分为法律审和事实审。对事实问题的审查，又区分为三种不同情况，分别适用不同的标准：实质性标准；专横、任性、滥用自由裁量标准；法院重新审理标准。在德国，行政诉讼的一般证明标准是排除合理怀疑的标准，但在特定情形下，通过法律的特别规定或行政法院的解释，该证明标准被修正，主要是被降低。降低证明标准的情形主要存在证明困难的案件中。

在我国，由于长期以来行政诉讼法及相关司法解释未对行政诉讼证明标准作出明文的规定，因而给理论界留下很大的探讨空间。笔者认为，我国应当设计一种包含一般标准和特殊标准的多元化、层次性的证明标准体系。

1. 一般标准

一般标准是我国行政诉讼的实务中一直奉行的"案件事实清楚，证据确实充分"的证明标准。其依据是 2014 年行政诉讼法第 69 条规定："行政行为证据确凿，适用法律、法规正确，符合法定程序的，或者原告申请被告履行法定职责或者给付义务理由不成立的，人民法院判决驳回原告的诉讼请求。"第 89 条规定："人民法院审上诉案件，按照下列情形，分别处理：原判决、裁定认定事实清楚，适用法律、法规正确的，判决或者裁定驳回上诉，维持原判决、裁定；原判决、裁定认定事实错误或者适用法律、法规错误的，依法改判、撤销或者变更；原判决认定基本事实不清、证据不足的，发回原审人民法院重审，或者查清事实后改判；原判决遗漏当事人或者违法缺席判决等严重违反法定程序的，裁定撤销原判决，发回原审人民法院重审。原审人民法院对发回重审的案件作出判决后，当事人提起上诉的，第二审人民法院不得再次发回重审。人民法院审理上诉案件，需要改变原审判决的，应当同时对被诉行政行为作出判决。”

从这两条规定可推导出其立法的本意是我国行政诉讼应奉行“案件事实清楚，证据确实充分”的证明标准，这是所有行政诉讼案件通用的标准。

2. 特殊标准

特殊标准是排除合理怀疑的标准。由于我国行政诉讼中涉及类似于西方刑法调控的措施，如行政拘留、劳动教养等制度。这些限制人身自由的行政案件，就不能适用民事诉讼中的“占优势盖然性标准”，而应适用刑事诉讼中的“排除合理怀疑标准”。

第五节　证明的方法

一、证明方法概述

证明方法是指诉讼主体在三大诉讼活动中运用证据认定案件事实的方法。证明方法的历史发展过程，大致经历了“神证”“人证”“物证”三个阶段。其中，以神证为主的证明方法，是古代奴隶制社会神明裁判制度的标志性特征；以人证为主的证明方法，是封建社会法定证据制度的特色和反映；以物证为主的证明方法，是近现代证据法逐步发展起来的。

证明方法的主要类型有逻辑推理、推定、经验、实验等。本书仅重点介绍逻辑推理和推定。

二、逻辑推理

《最高人民法院关于民事诉讼证据的若干规定》第 64 条规定：“审判人员应当依照法定程序全面、客观地审核证据，依据法律的规定，遵循法官职业道德，运用逻辑推理和日常生活经验，对证据有无证明力和证明力大小独立进行判断，并公开判断的理由和结果。”

《最高人民法院关于行政诉讼证据若干问题的规定》第 54 条规定：“法庭应当对经过庭审质证的证据和无需质证的证据进行逐一审查和对全部证据综合审查，遵循法官职业道德，运用逻辑推理和生活经验，进行全面、客观和公正地分析判断，确定证据材料与案件事实之间的证明关系，排除不具有关联性的证据材料，准确认定案件事实。”

这两条规定的“逻辑推理”，是指由一个或几个已知的证据，推导出一个未知的案件事实的思维过程。它都是由前提、结论和推理形式三个部分组成。其中，前提是推理所根据的判断，即已知的证据；结论是由前提推出的另一个新判断，即案件事实。推理形式是以概念变项或判断变项去代替具体推理中的具体概念或具体判断的结果。例如，在“打架现场拿钳子的人是致死被害人的人，陈某是打架现场拿钳子的人，所以，陈某是致死被害人的人”这个推理中，有两个前提，一个结论，通过“所以”而联结。其中，“打架现场拿钳子的人是致死被害人的人”为大前提，“陈某是打架现场拿钳子的人”为小前提，“陈某是致死被害人的人”为结论。这个推理包含三个变项，其中“打架现场拿钳子的人”是中项，“致死被害人的人”是大项，“陈某”是小项。

逻辑推理的种类，按推理过程的思维方向划分，主要分为演绎推理、归纳推理和类比推理三种。

1. 演绎推理

演绎推理是按照“从一般到特殊”的思维过程进行推理的。它主要解决的是个别证据的认定与案件个别事实的审核等问题。其推理的方法主要有三大类，即综合法、分析法和反证法。综合法是一种由因导果的逻辑推理方法。这是庭审举证证明的常用方法。分析法是一种从果索因的逻辑推理方法。这是侦查活动收集证据的常用方法。在侦查刑事案件时有时使用“连锁推导法”，即在一个证明过程或一个比较复杂的推理过程中，将前一个推理的结论作为后一个推理的前提，一步接一步地推导，直到把需要的结论推导出来。分析法的证明路径与综合法恰恰相反。反证法是在证明待证事实有困难或无法证明时，可以考虑证明它的反面事实，通过正确推理如果能够否定反面事实，就证明了待证事实的结论是正确的。反证法在刑事诉讼中的适用应有所限制，如不能单独通过反证来确认被告人有罪或者罪重的事实。反证法又分为两种：①归谬法。若待证事实的反面只有一种情况，那么把这种情况推翻就达到了证明的目的。②排除法或穷举法。若待证事实的反面不止一种情况，则必须将所有反面事实驳倒，才能达到证明的目的。在遇到案件事实存在多种可能性时，可以采取排除法，通过排除其他可能性使真相得到确认。排除法的适用范围有限，在刑事诉讼中一般用于缩小侦查范围，而不能用于证明被告人有罪。总之，综合法、分析法、反证法这三种方法也称为演绎法，都是按照“从一般到特殊”的思维过程进行推理的。

2. 归纳推理

归纳推理有时称为归纳法或归纳逻辑，是从个别证据事实，引导出全案事实的推理，是由已知的真前提引出可能的真结论。它解决的是全案证据的认定与综合全案证据来组建案件全部事实的问题。归纳法有如下几类：①不完全归纳法，即通过选择已形成同一认定和相互印证的大部分证据来组建案件的全部事实，对有矛盾的证据予以排除。②完全归纳法，即在全案所有证据都不存在矛盾的情况下通过对所有形成同一认定和相互印证的证据来组建案件的全部事实。

3. 类比推理

类比推理，也叫类比法或“比较类推法”，根据两个证据或两类证据有部分事实相同，从而推出相同待证事实的推理。它解决了两个证据间的比较认定与案件个别事实的互相印证问题。类比法的特点是“先比后推”。“比”是类比的基础，既要“比”共同点也要“比”不同点。对象之间的共同点是类比法是否能够施行的前提条件，没有共同点的对象之间无法进行类比推理。

逻辑推理必须遵守逻辑的基本规律。逻辑的基本规律包括同一律、矛盾律、排中律和充足理由律。同一律是指在同一思维过程中，概念和判断必须具有确定性和前后一致性，不能模棱两可、前后矛盾或偷换概念。矛盾律是指在同一思维过程中，人们的思想不能自相矛盾，两个相互矛盾的判断不能同真，必有一假；两个相互对立的判断，不能同真，至少一假。排中律是指在同一思维过程中，不能同时否定两个相互矛盾的判断。也就是说，两个相互矛盾的判断不能同时虚假，其中必有一真。排中律和矛盾律的主要区别在于矛盾律认定两个矛盾的判断不能同时真实，其中必有一假；排中律则反其道而行之，认定两个矛盾判断不能同假，必有一真。充足理由律是指任何判断必须有充足的理由。充足理由律的提法源于 17 世纪末 18 世纪初的德国哲学家莱布尼茨。他在《单子论》中说："我们的推理是建立在两个大原则上，即矛盾原则，……充足理由原则，凭着这个原则，我们认为，任何一件事如果是真实的，或实在的，任何一个陈述如果是真的，就必须有一个为什么这样而不那样的充足理由，虽然这些理由常常总是不能为我们所知道的。"

三、推定

推定，是指依照法律规定或者由法院按照经验法则，从已知的基础事实推断未知的推定事实存在，并允许当事人提出反证推翻的一种证据法则。推定可分为法律推定和事实推定。

事实推定是指法律没有规定，但在司法过程中法官依据某一已知事实，根据经验法则，推论与之相关的诉讼中需要证明的另一事实是否存在。例如，某人若占有最近失窃的物品即被推定为其具有盗窃的故意。事实推定虽然来源于执法人员的逻辑推理过程，但是经过理论和实践的长期总结，变成了某种结论性的规则，即推定规则。

法律推定是指通过法律明文规定的推定。法律推定按照是否需要前提事实为标准，可分为直接推定和推论推定。所谓直接推定，乃指不需要证明前提事实所产生的推定。最著名的直接推定是无罪推定和民事法律中的"过错推定"。推论推定是法律推定中最典型、最标准的推定，是依据法律从已知事实推论未知事实、从前提事实推论推定事实的结果。例如，失踪达一定期限的人被推定为死亡，夫妻关系存续期间出生的子女推定为婚生子女等。适用这种推定可将举证责任从一方转换给另一方，完全符合推定的本质特征，因而大陆法系学者称之为"真正的法律上的推定"。

事实推定与法律推定有以下区别：一是法律效果不同。凡法律推定，司法者必须适用；而事实推定，司法者可以裁量决定是否适用。二是产生的方式不同。法律推定是由法律明文规定的；而事实推定来自司法人员的逻辑推理。三是适用的范围不同。法律推定主要适用于非刑事诉讼；事实推定则存在于任何诉讼形式之中。

推定具有如下的意义：第一，推定是接近案件事实的便捷手段；第二，推定可以缓解某些事实证明上的困难；第三，推定有利于贯彻立法者所希冀的一定社会政策。我国继承法关于"互有继承关系的几个人在同一事件中死亡，如果不能确定死亡先后时间的，推定为没有继承人的人先死"的规定，表明立法者的社会政策是：尽量使死者的财产由他的合法继承人继承，而不是作为无主财产收归国有或集体所有。

【课堂讨论】

胡某与黄某相互勾结贩卖毒品，一次，二人得赃款30余万元，后双方因分赃产生矛盾。11月23日晚7时许，黄某去找胡某讲理，胡某假意与黄某喝酒，称有话好说。在黄某喝酒时，胡某趁黄某未注意之机，抄起身边一把板斧砍向黄某，黄某一闪，斧头砍在肩上，黄某痛叫一声后又被胡某砍中头部后死去。此时恰逢邻居一8岁小孩因风筝落到胡某房子的屋檐上，便爬到胡某房屋窗台上，想把风筝取下来，看见了倒在地上的黄某血流不止，心里害怕，急忙跳下窗台跑回家中。胡某将黄某尸体用袋子装好，绑在自行车后座上，用自行车推到桥上，扔到江心。后因黄某失踪，家属报案后，某区公安局派侦查人员侦查时，先对胡某家进行现场勘查，在地板缝隙里采集到血迹，经鉴定与被害人血型同一。在进行调查取证时，由于证人数量众多，便由侦查人员对几名证人共同询问。经询问收集到下列证人证言。

（1）居民乔某（男，43岁，与胡某家隔一条小路。患青光眼，晚上视物不清，但听力灵敏。与胡某无亲属或其他共同的利害关系）证明：秋季的一天晚上，他看到黄某进了胡某院内，不久听到二人大声吵叫，其中一句是黄某说胡某太贪心的话，具体什么内容没有听清，又经一个小时黄某从胡家屋内出来骑车走了。好像车上带着一个很大的袋子。时间是11月23日，因为那天家中买电视机，发票上是11月23日。

（2）居民王某（男，35岁，感官正常，与胡某住同一小区，认识但无特别关系）证明：某天晚上，出门办事遇见胡某骑车带一沉重的袋子往江桥方向骑去，王某问话时，胡某说去卖西瓜。并且证实那天他准备送孩子去学钢琴，应是11月23日。

（3）胡某邻居8岁小孩（智力发育、感官机能、辨别能力、表达能力均达同年龄儿童平均标准）证明：一天晚上，在胡某家屋外玩风筝，听到过屋内有人喊叫，后来在窗台上看到一个人躺在胡某屋地上，流了好多血。

（4）黄某之妻原某证实黄某最后离家是11月23日晚上，走前没说去哪里。以后一直没有回家。

（5）胡某的父亲胡强（对胡某自幼便溺爱有加，与胡某感情深厚）证明：胡某当天晚上一直在家看电视，是一部武打片，中间有一个剧中人惨叫一声，晚上没有任何外人到家里来。

（6）詹某（男，31岁，感官正常，是胡某的邻居，平素关系很好，经常往来）证明：11月23日那天晚上，他下班回来路过江桥时，看见胡某往江心扔东西。问胡某时，胡某说是扔垃圾。

询问证人乔某、王某、詹某时，他们要求对自己的姓名保密，被侦查人员拒绝。后来侦查人员又讯问了犯罪嫌疑人胡某，胡某否认犯罪，称自己当晚一直在家，未见过被害人黄某。本案经市检察院审查起诉，又向市法院提起公诉，法院受理后，依法公开审理。在审理过程中，证人胡强在旁听法庭审判时，在法庭大吵大闹，审判长决定对其处以1 500元罚款。证人詹某提出申请审判员刘安回避，审判长宣布休庭，由院长作了回避决定。审判结束后，经合议庭评议，判决被告人胡某犯故意杀人罪，判处死刑，立即执行。

本案诉讼程序有何不当之处？并说明理由。试分析本案中证人证言的可信度。

【司法考试真题链接】

1. 甲以乙诽谤自己向法院提起自诉，法庭审理中，甲、乙都向法庭申请调取新的证据。根据乙的申请，法院依法向证人丙调取了证据。下列哪一主体在该案中负有提出证据证明案件事实的责任？（ ）（2008 年·四川卷二单选第 37 题）

A. 甲　B. 乙　C. 丙　D. 法院

2. 关于死刑案件的证明对象的表述，下列哪些选项是正确的？（ ）（2011 年卷二多选第 74 题）

A. 被指控的犯罪事实的发生

B. 被告人实施犯罪的时间、地点、手段、后果及其他情节

C. 被害人有无过错及过错程度

D. 被告人的近亲属是否协助抓获被告人

3. 关于刑事诉讼中的证明责任，下列哪些选项是正确的？（ ）（2009 年卷二多选第 70 题）

A. 总是与一定的积极诉讼主张相联系，否认一方不负证明责任

B. 总是与一定的不利诉讼后果相联系，受到不利裁判的不一定承担证明责任

C. 是提出证据责任与说服责任的统一，提出证据并非完全履行了证明责任

D. 是专属于控诉方独自承担的责任，具有一定的责任排他性

4. 关于吴某涉嫌故意泄露国家秘密罪，下列哪些选项属于需要运用证据加以证明的事实？（ ）（2009 年卷二多选第 71 题）

A. 吴某是否为国家机关工作人员

B. 是否存在为吴某所实施的被指控事实

C. 被指控事实是否情节严重

D. 是否具有法定或酌定从重、从轻、减轻及免除处罚的情节

5. 某市人民检察院接到举报后，对张某的受贿行为进行立案侦查，经过侦查和审查起诉后，发现指控其受贿罪的证据不足。但是该检察院发现张某拥有小别墅一栋、私家宝马车一部、另有近百万元银行存款，犯罪嫌疑很大。如果检察机关要追究张某的刑事责任，对张某提起公诉，需要证明下列哪些事项？（ ）（2003 年卷二多选第 52 题）

A. 张某是国家机关工作人员

B. 张某是国家工作人员

C. 张某的合法收入数、实际财产数及二者之间的差距为 30 万元以上

D. 上述 C 项中所指差距部分的来源情况

6. 小刚是一名 17 岁的职业高中学生，在 2000 年 10 月 5 日国庆节放假期间，他潜入某单位办公室，窃得手提电话 3 部。在公安机关对此案进行侦查时，下列哪些内容属于刑事诉讼的证明对象？（ ）（2002 年卷二多选第 54 题）

A. 小刚盗窃的事实

B. 小刚的年龄

C. 2000 年国庆节期间放长假的事实

D. 小刚犯罪后的表现

7. 关于证明责任，下列哪些说法是正确的？（ ）（2011 年卷三多选第 84 题）

A. 只有在待证事实处于真伪不明情况下，证明责任的后果才会出现

B. 对案件中的同一事实，只有一方当事人负有证明责任

C. 当事人对其主张的某一事实没有提供证据证明，必将承担败诉的后果

D. 证明责任的结果责任不会在原、被告间相互转移

第十七章　证明的过程

【案例导入】被告人许某与女青年朱某英于去年起确立自由恋爱关系，但今年 6 月朱某英向许某提出分手，许某不同意。今年 7 月 22 日上午，双方在某镇政府民政办公室商量双方关系问题，许某要求朱某英回心转意继续与自己相好，朱某英不同意和好，双方发生争执，许某遂从衣服口袋里拿出事先准备好的小刀架在朱某英脖子上威胁朱某英，迫使朱某英向其表示："我不想死，你不要杀我，不要把刀架在我脖子上，我俩领结婚证，我跟你过得了。"当地民政部门为缓解势态，现场为双方开具了结婚证书，经过两个多小时公安及有关部门进行法律政策教育，许某放开朱某英，将刀交给公安干警归案。

本案朱某英起诉许某暴力干涉婚姻自由罪，其举证的证明过程是怎样的？

第一节　证据的收集与保全

一、收集证据概述

（一）证据收集的概念和意义

收集证据是查明案件事实的前提，也是办案的必经阶段，是完成证明任务、实现证明过程的基础，只有确实发生了犯罪行为、民事纠纷或行政争议，司法机关才会立案查处。因此，侦查、检察、审判等人员在立案时必须对案件涉及的犯罪事实、民事纠纷及行政争议事实进行调查，收集与案件有关的各种证据。收集证据是正确办理刑事、民事和行政诉讼案件及非诉讼法律事务的首要工作。

1. 收集证据的概念

收集证据，是指在诉讼或非诉讼法律事务中证明的主体（包括侦查、检察、审判人员、当事人及其诉讼代理人）运用法律许可的方法和手段，发现、采集、提取证据和固定与案件有关的各种证据材料的活动。

1）收集证据的主体

在我国，收集证据是司法机关运用证据、认定案件事实的基础工作。在刑事诉讼中，公安机关、人民检察院、人民法院有责任收集证据、查明案情。根据 2012 年刑事诉讼法第 50 条规定："审判人员、检察人员、侦查人员必须依照法定程序，收集能够证实犯罪嫌疑人、被告人有罪或者无罪、犯罪情节轻重的各种证据。"

而民事诉讼法第 64 条规定："当事人及其诉讼代理人因客观原因不能自行收集的证据，或者人民法院认为审理案件需要的证据，人民法院应当调查收集。" 1998 年 6 月 19 日，最高人民法院审判委员会通过的《关于民事经济审判方式改革问题的若干规定》"关于当事人举证和法院调查收集证据问题"中规定，人民法院可以制定各类案件举证须知，明确举证内容及其范围和要求。人民法院在送达受理案件通知书和应诉通知书时，应当告知当事人围绕自己的主张提供证据。下列证据由人民法院调查收集：①当事人及其诉讼代理人因客观原因不能自行收集并已提出调取证据的申请和该证据线索的；②应当由人民法院勘验或者委托签订的；③当事人双方提出的影响查明案件主要事实的证据材料相互矛盾，经过庭审质证无法认定其效力的；④人民法院认为需要自行调查收集的其他证据。上述证据经人民法院调查，未能收集到的，仍由负举证责任的当事人承担举证不能的后果。可见在民事诉讼中，全面收集、调查证据不再只是司法机关及司法人员的职责，只有在当事人及其代理人因客观上确实无法提供证据时，或者对当事人提供的证据存在疑问时，以及双方当事人所举证据相互矛盾需要进一步查实时，司法人员才主动调查、收集证据。

而在行政诉讼中，行政诉讼法第 32 条、第 33 条规定，作为被告的行政机关有责任对争议的具体行政行为的合法性提出证据，举证不能，则承担败诉结果；并且，作为被告的行政机关在诉讼中不得自行向原告及证人收集证据。而人民法院只有在认为必要的情况下，才收集证据。行政诉讼法第 34 条第 2 款规定："人民法院有权向有关行政机关以及其他组织、公民调查证据。"由此可见，收集证据是法律赋予司法机关的职权。

收集证据也是法律赋予律师的权利。律师法第 33~35 条规定，律师参加诉讼活动，有权会见犯罪嫌疑人、被告人并了解有关案件情况；有权查阅、摘抄和复制与案件有关的诉讼文书及案卷材料；可以向有关单位或个人调查与承办法律事务有关的情况。此外，诉讼法也对律师收集证据的权利作了规定。1996 年刑事诉讼法第 37 条规定："辩护律师经证人或者其他有关单位和个人同意，可以向他们收集与本案有关的材料，也可以申请人民检察院、人民法院收集、调查证据，或者申请人民法院通知证人出庭作证。辩护律师经人民检察院或者人民法院许可，并且经被害人或者其近亲属、被害人提供的证人同意，可以向他们收集与本案有关的材料。"

2012 年刑事诉讼法第 41 条也重复了这一表述。民事诉讼法第 61 条规定："代理诉讼的律师和其他诉讼代理人有权调查收集证据，可以查阅本案有关材料。查阅本案有关材料的范围和办法由是高人民法院规定。"

行政诉讼法第 30 条规定："代理诉讼的律师，可以依照规定查阅本案有关材料，可以向有关组织和公民调查，收集证据。"

这些法律及相关的司法解释为参与诉讼的律师享有收集证据的权利提供了法律依据和保障。律师收集证据与司法机关收集证据相比较，具有以下明显的特征：①时间受限。②条件受限。③权利有限。④由于律师行使阅卷权始于案件移送审查起诉之日，因此律师收集证据必然会与分析、审查、判断和运用证据在短时间内穿插进行。⑤依照民事诉讼法的规定，律师作为代理人，在案件起诉前，应积极收集证据，促使法院及时立案。受理后应承担举证责任，支持委托人的主张。⑥我国民事、行政证据制度规定了当事人举证与人民法院调查取证相结合的制度。因此，密切注视法院的收集证据工作，随时阅卷，随时就证据的分析、判断和运用与审判员交换意见是律师工作的重点。⑦律师外出调查收集证据，应持律师调查介绍信、律师执照，并由两名律师人员进行。一名律师单独进行调查的，应有一名见证人在场见证并由他在有关笔录上签名。

关于当事人及其诉讼代理人收集证据的权利，民事诉讼法第 50 条、第 61 条作了明确规定，以便于他们履行举证责任。同样，2012 年刑事诉讼法第 204 条规定了刑事自诉案件中自诉人负举证责任，因此，其有收集证据的权利。根据 2012 年刑事诉讼法第 50 条规定，“必须保证一切与案件有关或者了解案情的公民，有客观地充分地提供证据的条件，除特殊情况外，并且可以吸收他们协助调查”。这说明，我国刑事诉讼法并不限制公民在同犯罪作斗争的过程中采取有效措施截获有关证据。

2）收集证据的方法

刑事证据的收集可使用各种合法侦查和调查手段，民事、行政证据只能通过调查的方法取得。根据行政诉讼法第 34 条第 2 款的规定，有下列情形之一的，人民法院有权向有关行政机关以及其他组织、公民调取证据：①涉及国家利益、公共利益或者他人合法权益的事实认定的。②涉及依职权追加当事人、中止诉讼、终结诉讼、回避等程序性事项的。原告或者第三人不能自行收集，但能够提供确切线索的，可以申请人民法院调取下列证据材料：①由国家有关部门保存而须由人民法院调取的证据材料；②涉及国家秘密、商业秘密、个人隐私的证据材料；③确因客观原因不能自行收集的其他证据材料。人民法院不得为证明被诉具体行政行为的合法性，调取被告在作出具体行政行为时未收集的证据。民事诉讼法第 64 条规定的“人民法院认为审理案件需要的证据”，是指以下情形：①涉及可能有损国家利益、社会公共利益或者他人合法权益的事实；②涉及依职权追加当事人、中止诉讼、终结诉讼、回避等实体争议无关的程序事项。除上述的情形外，人民法院调查收集证据，应当依当事人的申请进行。

此外，在民事诉讼中，符合下列条件之一的，当事人及其诉讼代理人可以申请人民法院调查收集证据：①申请调查收集的证据属于国家有关部门保存并须人民法院依职权调取的档案材料；②涉及国家秘密、商业秘密、个人隐私的材料；③当事人及其诉讼代理人确因客观原因不能自行收集的其他材料。

3）定案的根据

证据材料只有在经过了法庭查证，通过了审查判断，核实了真伪之后，才能作为定案的证据。2012 年刑事诉讼法第 59 条就规定，“证人证言必须在法庭上经过公诉人、被害人和被告人、辩护人双方质证并且查实以后，才能作为定案的根据”。

2. 收集证据的意义

首先，为正确适用法律提供可靠的事实基础。收集证据，对于查明案件事实、正确处理案件具有十分重要的意义。从法律规定的角度看，证明主体依照法律积极主动采取相应措施、运用各种方法，深入、细致地调查研究，以发现和取得与案件相关的各种证据，是正确处理案件的必经阶段和基本前提。只有这样才能查明案件，认定案件，使刑事、民事、行政案件依法得到公正处理，使犯罪分子受到应得的惩罚，使无罪的人不受刑事追究，使民事和行政诉讼当事人的合法权益得到切实保护，并有效地保障国家、集体和个人的利益，维护社会主义秩序，保护社会主义市场经济的健康发展。同时，这也是一个国家法制健全与否的重要标志。从司法实践的角度看，相当一部分冤假错案是由于没有依法正确、合理、全面收集证据造成的。收集证据的不合法（如刑讯逼供、诱供等）、不充分、不确实而认定案件事实没有必要的根据，势必导致认定案件错误，酿成冤假错案。

其次，规范执法程序，制约和保障执法机关履行职责，保护公民合法权益。执法人员在获取证据时，需要公民、法人和其他经济组织的配合。但由于这种职责行为具有直接强制性，容易对公民、法人和其他经济组织的合法权益造成伤害。所以，加强这方面的调查，找出其中的规律，有利于揭示调查取证的一般原理和方法，使之上升为法律，从而更有利于指导司法实践。

（二）收集证据的范围和渠道

证据的收据范围因各个案件的情况和性质不同而有所区别。总的来说，凡是同案件事实存在联系、可以证明案情的客观事实都属于收集的范围，大致有如下几方面：①有关能证明案件的证明对象的事实；②肯定案件事实方面的证据材料（有罪方面）；③否定案件事实方面的证据材料（无罪方面）；④与案件处理有关的一切证据材料。

收集证据的渠道也是多方面的，因刑事案件和民事案件的不同而有所区别。一般来说有以下主要渠道。

（1）现场勘查或勘验。在刑事案件中，这是普遍收集证据的渠道，在民事案件中有时也采用此渠道。大部分物证或书证都通过此渠道而获得。

（2）搜查和侦查方法。搜查、扣押及现代科学技术手段是获得证据的重要渠道。随着现代科学技术在侦查中的广泛运用，这个渠道的威力越来越大，开辟了收集证据的广阔前景。但是，民事证据的收集一般不能采用侦查手段。

（3）深入群众调查。这是传统、最广泛的取得证据的渠道。因为案件发生在特定的场合，必然为群众所了解，群众提供证据的事例几乎在每个案件的侦破过程中都存在。

（4）审讯被告人或询问当事人。这也是取得证据的渠道之一。因为被告人或当事人大多是案件的亲身经历者，提供证据当然不能离开他们。

（5）单位或公民主动提供证据。这是常见的证据来源，是我们不可忽视的渠道。

（三）收集证据的原则和要求

收集证据是一项重要的诉讼活动，是正确处理案件的前提。因此，收集证据必须遵循正确的原则和要求。

1. 收集证据的原则

1）必须依照法律规定的程序和权限进行

我国刑事诉讼法、民事诉讼法、行政诉讼法对收集证据的法定程序作了明确规定，甚至还就收集证据的具体行为规定了方式、方法等。这些规定都是为了确保与案件有关或了解案情的一切公民有客观、充分地提供证据的条件，防止可能出现的偏差和错误，使收集证据工作能够有效地进行。例如，根据2012年刑事诉讼法第二编第二章第二节、第三节规定，在侦查阶段，讯问犯罪嫌疑人必须由人民检察院或公安机关的侦查人员负责进行。讯问的时候，侦查人员不得少于2人；而侦查人员询问证人，可以到现场、证人的所在单位、住处或者证人提供的地点进行，但是必须出示人民检察院或者公安机关的证明文件。必要时，也可以通知证人到人民检察院或公安机关提供证言。询问证人应当个别进行，应当告知他应当如实地提供证据、证言和作伪证、隐匿罪证要负的法律责任等。又如，根据民事诉讼法第一编第六章规定，勘验物证或者现场，勘验人必须出示人民法院的证件，并邀请当地基层组织或者当事人所在单位派人参加。当事人或者当事人的成年家属应当到场，拒不到场的，不影响勘验的进行。有关单位和个人根据人民法院的通知，有义务保护现场，协助勘验的工作。勘验人应当将勘验情况和结果制作笔录，由勘验人、当事人和被邀参加人签名或者盖章。此外，根据行政诉讼法第五章规定，被告对作出的具体行政行为负有举证责任，应当提供作出该具体行政行为的证据和所依据的规范性文件。在诉讼过程中，被告不得自行向原告和证人收集证据。而在诉讼过程中，人民法院认为对专门性问题需要鉴定的，应当交由法定鉴定部门鉴定；没有法定鉴定部门的，由人民法院指定的鉴定部门鉴定。

为确保收集证据工作有效进行，法律还对非法收集证据的行为规定了制裁措施。例如，2012年刑事诉讼法第50条规定："审判人员、检察人员、侦查人员必须依照法定程序，收集能够证实犯罪嫌疑人、被告人有罪或者无罪、犯罪情节轻重的各种证据。严禁刑讯逼供和以威胁、引诱、欺骗以及其他非法方法收集证据……"而刑法第247条则规定了刑讯逼供罪和暴力取证罪："司法工作人员对犯罪嫌疑人、被告人实行刑讯逼供或者使用暴力逼取证人证言的，处三年以下有期徒刑或者拘役。致人伤残、死亡的，依照本法第二百三十四条、第二百三十二条的规定定罪从重处罚。"司法人员若不依法收集证据，而采用非法甚至刑讯逼供的方法收集证据，不仅该司法人员应受到刑事制裁，而且非法收集的口供无效，不能作为证据使用。因此，只有依照法定程序收集证据，才能保证收集证据的诉讼活动客观、公正、有效。

2）收集证据必须依靠群众

我国刑事诉讼法、民事诉讼法、行政诉讼法都有依靠群众的规定。例如，2012年刑事诉讼法第6条规定确立了"必须依靠群众"的基本原则，并在第50条规定，"必须保证一切与案件有关或者了解案情的公民，有客观地充分地提供证据的条件，除特殊情况外，并且可以吸收他们协助调查"。除此之外，2012年刑事诉讼法第52条、民事诉讼法第65条、行政诉讼法第34条均规定了人民法院（刑事诉讼中还包括人民检察院和公安机关）有权向有关的机关、团体、企业事业单位、公民个人调取证据。这些规定，一方面说明法律赋予了这些收集证据的主体一定的权力；另一方面也说明收集证据的活动只有依靠群众才能顺利进行。从刑事诉讼角度看，所查办的任何犯罪都发生在一定的时间、空间，人民群众最了解犯罪发生的有关情况。犯罪分子就隐藏在人民群众中，他们的犯罪给国家、集体、人民的利益造成的危害是人民群众所痛恨的。因此，人民群众最具有同犯罪作斗争的积极性，会将有关犯罪分子及其犯罪行为等有关情况揭发出来。依靠群众才会顺利收集证据、及时侦破、处理案件。从民事诉讼、行政诉讼角度看，民事纠纷发生于群众之中，行政行为引发的争议发生于作出行政行为的行政机关与公民、法人和其他组织之间。民事纠纷、行政争议均会在人民群众中产生一定的影响，有关群众十分关心这些诉讼的进行及处理结果。因此，群众不但了解案情，而且能够提供有关纠纷、争议的具体情况的证据。只有依靠群众收集有关民事纠纷、行政争议的证据，才能正确认定、解决民事纠纷和行政争议，确保诉讼活动顺利进行。依靠群众收集证据，要求司法人员认真做到三点：其一，深入群众、虚心听取群众看法，取得群众的信任和支持。其二，不怕困难、知难而进。依靠群众，广泛调查访问，详尽地收集一切与案件有关的证据。这是一项基础性很强的工作。其三，广泛开展法制宣传，耐心细致地做好群众的思想工作，使广大群众提高认识，如实反映案件真实情况。

3）司法人员收集证据和要求当事人履行举证责任相结合

这一原则在刑事诉讼、民事诉讼和行政诉讼中均有体现。在刑事诉讼中，进行侦查的公安机关和人民检察院都应当收集证据。公诉案件中，人民检察院认为应当追究犯罪嫌疑人刑事责任的，在向人民法院提起公诉时，应向人民法院提供充分的证据。在自诉案件中，自诉人提起自诉时负有举证责任。在民事诉讼中，根据民事诉讼法第64条的规定，当事人对自己提出的主张，有责任提供证据。当事人及其诉讼代理人因客观原因不能自行收集的证据，或者人民法院认为审理案件需要收集的证据，人民法院应当调查收集。这一规定体现了审判人员收集证据和当事人举证相结合的收集证据原则。在行政诉讼中，被告对作出的具体行政行为负有举证责任，应当提供作出该具体行政行为的证据和所依据的规范性文件。人民法院有权要求当事人提供或者补充证据。人民法院有权向有关行政机关及其他组织、公民调取证据。

这一原则，既符合三种诉讼案件的特点，又能充分发挥当事人提供证据的积极作用与调动法院收集证据的主动性，查明案件事实，保证办案质量，提高办案效率。

2. 收集证据的要求

收集证据是一项重要的诉讼活动。为了保证其顺利实施，除了必须遵守法律的有关规定外，还应符合以下基本要求。

（1）必须依照法律的要求收集证据，保证收集证据的合法性。证据由谁收集，收集证据要遵守什么程序等，法律都有明确规定。法律上作出具体规定的目的是保证证据的客观真实，为正确认定案件事实提供可靠的依据。

法律规定了收集证据的行为规范。2012年刑事诉讼法第122条规定：“询问证人应当个别进行。”这是一种法定程序，必须遵守，不能采取集体座谈或同时询问两个证人等非法方法。因为只有个别询问证人，才能保证证人按自己的意愿提供证言，不受他人影响，从而保证证言的客观性。

法律对证据除了程序上的要求，还有质量上的要求。民事诉讼法第 68 条规定："书证应当提交原件。物证应当提交原物。"这对保证证据的质量是有意义的。民事诉讼法第 65 条还规定，对证据"应当辨别真伪，审查确定其效力"。这是为了保证证据的确实性而规定的，遵守该规定就能从法律上确保证据的真实性。

在收集证据时，法律对于公民人身权利、民主权利和其他权利给予充分的保障。1996 年刑事诉讼法第 43 条规定，严禁刑讯逼供和以威胁、引诱、欺骗及其他非法的方法收集证据。2012 年刑事诉讼法第 50 条进一步规定，审判人员、检察人员、侦查人员必须依照法定程序，收集能够证实犯罪嫌疑人、被告人有罪或者无罪、犯罪情节轻重的各种证据。严禁刑讯逼供和以威胁、引诱、欺骗及其他非法方法收集证据，不得强迫任何人证实自己有罪。必须保证一切与案件有关或者了解案情的公民有客观地充分地提供证据的条件，除特殊情况外，可以吸收他们协助调查。可见，刑讯逼供的严重后果已为历史所证明。为了使案件得到正确处理，维护人的尊严和合法权益，严禁采用刑讯逼供等非法手段获取证据。司法人员应当自觉遵守法律规定，认清采用非法手段收集证据的危害性。

（2）收集证据必须主动、及时。所谓主动、及时，是指案件发生后，赶赴现场要快，立即着手收集证据，快速进行深入调查，以免失去收集证据的机会。

如前所述，证据的内容会随着时间推移而发生变化甚至消失，所以调查人员必须迅速及时地收集证据。刑事案件的犯罪分子，民事案件的当事人，为了逃避惩罚或承担民事责任，往往千方百计毁坏、隐匿和伪证证据。同时因为自然因素和其他客观情况的变化，某些证据会自然灭失或变形，有些当事人的记忆也会因为时间的推移而失真。强调迅速、及时地收集证据有两方面的意义：其一，离案件发生的时间越近，与案件有关的痕迹、物品就越容易被发现和提取，了解案件的人也就越容易查找；其二，离案件发生的时间越近，证据内容的变化就越小，因而收集到的证据也就越可靠。

由此可见，迅速及时地收集证据既可以提高收集证据的容易程度，也可以提高收集证据的可靠程度。所以刑事案件发生后，司法人员主动、及时、迅速地收集证据才能抓住有利时机。例如，犯罪现场还未遭到破坏；罪犯尚未来得及串供；犯罪分子遗留下来的各种痕迹还比较明显；知情人的印象、记忆还比较清楚。这样能够收集各种有价值的证据或线索，为迅速侦破案件提供有利条件。民事或行政案件也同样，司法人员及时地收集证据，证人才便于寻找，书证、物证、音像证据等才容易取得。否则，拖拖拉拉、时过境迁，由于自然条件变化、人为因素的影响或其他原因，有些证据可能灭失或者难以寻找，势必对收集证据的工作带来困难，甚至有些关系案件定性的重要证据根本无法再取得。所以不管刑事案件还是民事案件，收集证据都必须主动、及时。特别是对刑事证据，因为现场易遭受破坏，所以更要及时、主动地收集证据掌握破案的主动权，案件的侦结就有较大的可能性。

及时收集证据，既包括从正面收集证据，也包括及时从反面、排除其他可能性方面收集证据。刑事被告人翻供、变供、当事人改变陈述后，要及时查证。发现新证人还要及时询问、及时收集。

（3）收集证据必须客观、全面。所谓客观地收集证据，就是要从客观实际情况出发去收集客观存在的证据材料，既不能用主观猜想代替客观事实，也不能按主观需要收集证据，更不能弄虚作假伪造证据。所谓全面地收集证据，就是要从不同的角度去收集能证明所有案件事实要素的证据，既不能只收集支持某事实主张的证据而不收集否定该事实的证据，也不能只收集证明案件主要事实的证据而不收集证明案件次要事实的证据。也就是说，司法人员在收集证据时应注意收集的范围和内容，对于能够反映案件真实情况的一切证据材料都应收集。需要注意的如下：一是注意围绕证明对象、基本事实全面收集证据，不要有遗漏。二是本证、反证都要收集，对证明有罪的证据要收集，对证明无罪的证据也要收集；对当事人有利的证据要收集，对当事人不利的证据也要收集。三是要注意收集排除其他可能性方面的证据。这样司法人员才能从不同种类、正反方面、多种角度的证据上，综合判断、真正了解案件的真实情况，为进一步确定案件性质，正确处理案件奠定基础。

收集证据是为了查明和证明案件事实。无论调查人员在诉讼中处于何种地位，都应当采取实事求是的科学态度，客观全面地收集证据。无论刑事案件还是民事案件，无论经济纠纷还是行政诉讼案件，只有客观全面地收集证据才能正确认识案件事实，为正确处理案件奠定基础。为符合这一要求，司法人员必须从不同种类证据的收集入手，具体问题具体分析。对收集到的书证、物证、音像证据等，一定要保持原状；勘验笔录一定要忠实于现场实际；对刑事被害人的控诉，犯罪嫌疑人、被告人的供述和辩解及证人证言一定要如实记录；等等。司法人员不能只凭主观想象，先入为主，更不能弄虚作假，歪曲事实真相，这事关收集的证据是否真实、准确的问题。

（4）收集证据必须深入、细致。收集证据本身是一项深入、细致的调查研究工作。与案件有关的痕迹物品隐存于大千世界，了解案情的证人混藏于芸芸众生，再加上某些当事人故意隐匿证据并制造假象，调查人员若不深入、细致地进行调查研究，恐怕很难完成收集证据的任务。在刑事案件中，大多数犯罪分子在犯罪后都要伪造、破坏现场或毁灭、转移罪证。有的刑事案件随着时间的推移、自然条件的变化或其他原因，现场可能出现复杂的情况，影响侦查和定性。在民事、行政案件中，也往往由于自然条件的变化、时间推移及人为破坏等原因，而给收集证据的工作带来很大困难。此外，证据的存在形式一般比较隐蔽。无论是物证还是书证，往往都被隐藏、覆盖，有的甚至埋在地下。有的证据十分细小，肉眼看不见。即使是言词证据，证人也往往不肯轻易讲出来。要把这些不易发现而在证明案件中具有重要作用的证据收集起来，没有严密细致、不畏艰难的工作作风，没有深入、细致的思想工作是无法办到的。因此，要做到深入、细致必须注意如下几点：第一，凡是与案情有关的地方都要认真检查勘验，凡是与案情有关的物品和痕迹都要提取，凡是与案情有关的一切单位和个人都要应调查、询问，不放过任何细微的情况和线索。第二，避免粗枝大叶，不求甚解。而应对每一个证据认真弄清来龙去脉，既要知道它的现在，又要了解它的过去；既要看清它的表象，又要认清它的本质，做到既不遗漏证据，又不盲目收集。第三，收集证据要深入、细致，不仅指实物证据的收集，也包括言词证据的收集。收集言词证据时，问得要深，问到要害处、实质处；问得要细，具体到时间、地点、行为、对象、情节、后果等，尤其是关键情况更要细致，包括正反两方面的证据，这样可以防止伪造证据。去伪存真，有利于证据的查证。反之则会导致收集证据不全面甚至错误，不利于查明案情甚至产生冤假错案。

（5）收集证据必须充分运用现代科学技术手段。现代科学技术的发展日新月异，这既使人类社会得以繁荣、发展，又带来了一些负面影响，违法和犯罪分子可以利用高科技手段违法、犯罪和逃避侦查。许多证据单靠传统的方法是无法收集的，必须将科学技术的最新成果运用到收集证据中，用现代科学手段提取证据。例如，利用计算机网络犯罪，利用高科技手段逃避侦查和反侦查。间谍分子及其他刑事犯罪分子采用窃听、缩微拍照、远距离摄影等技术窃取国家机密等。这些犯罪分子实施犯罪的证据，采用一般的方法难以发现和收集，必须注意运用技术手段。例如，运用紫外线检验法判断被检查物的发光性能，恢复被掩盖或消退的文字和血迹，辨别伪造的钞票、证券、票证，鉴别肉眼看不清的印迹、被洗掉或刮掉的文字，辨别商品的真伪，纸张、墨水、胶水等的种类，还可以用紫外线摄影收集固定这些证据；红外线检验法，是利用不可见的长光波的反射、吸收、透射、散透等特性，显示被涂污、掩盖的字迹和模糊不清的印文、看不见的字迹，辨别添写、改写的文字，暗色纺织品上的斑点等；利用红外线热成像法，还可以根据人留存的体热或某些物体留下的余温拍摄出已经移去的人或物的形象。例如，X 射线拍照、激光拍照、缩微拍照、全息拍照等方法，对各种毒物、物品的检验方法，对血型、指纹、唇纹、声纹的同一性鉴定方法，利用 DNA 手段鉴定等，这些科学方法都有助于我们收集和识别证据，无论是在刑事证据还是在民事证据的收集上都具有极其广泛的作用。

（6）收集证据要抓住本质，分清主次，并要注意保密。证据虽然能对案件起到一定的证明作用，但也有主次之分。我们要注意收集那些对案件有决定作用的关键证据。在收集证据的过程中要注意保密，通常包括保守国家秘密和保守个人秘密。收集证据要保守国家秘密可分为两个方面；其一，所收集的证据本身是涉及保守国家秘密法规定的文件、事项、物品，司法人员必须遵守保守国家秘密法的规定，不得扩散。其二，按照国家保密法第 8 条规定，追查刑事犯罪中的秘密事项也属于保守国家秘密法中规定的国家秘密。办理刑事案件中，在收集证据时必须保守国家秘密，否则不利于侦破案件。在办理民事、行政案件中，凡收集到涉及公民的个人隐私的证据材料，司法人员应注意保密。泄露证据不但会产生不良社会影响，更重要的是会影响案件的查明。

（7）收集证据的过程中要做到高效率。在收集证据时应讲求经济效益，提高工作效率并降低成本消耗，特别是在民事案件和经济纠纷案件中。调查人员在收集证据时应该努力提高效率并降低消耗，尽量减少不太必要的支出，并严守诉讼时效。在实行社会主义市场经济的今天，调查人员也应自觉地把高效率低消耗作为收集证据的一项基本要求。

（四）收集证据的方法

虽然我们在理论上和实践中都有区分发现证据和提取证据的必要，但二者在调查措施或方法上很难截然分开。换言之，各种证据调查措施或方法往往同时具有发现证据的功能和收集证据的功能。因此，我们将其统称为收集证据的措施和方法。其常用者有以下几种。

1. 询问

询问是任何案件中都经常使用的证据收集措施和方法。无论刑事案件还是民事案件，无论经济纠纷还是行政诉讼案件，收集证据的其他措施和方法都可以不用，唯独询问是必不可少的。因此，有人称询问是收集证据的“常规武器”，也有人称询问是调查人员的“基本功”。询问的对象一般为案件中的证人和当事人（刑事案件的被告人除外）。

2. 讯问

讯问是指执法机关要求违法行为人、犯罪嫌疑人或者刑事被告人如实交代案情的方法。讯问是刑事案件中必不可少的证据收集措施和方法，其对象只能是刑事案件中的犯罪嫌疑人和被告人。讯问所收集的证据，既包括犯罪嫌疑人或被告人的有罪供述，也包括他们的无罪辩解。

3. 辨认

辨认是要求当事人或证人在若干类似的物品、场所或人中，挑选出自己曾经所见所闻的部分。辨认是很多案件中都可采用的证据收集措施和方法，因为辨认结论及其相关的证言和笔录都可以成为案件的证据。辨认的主体可以是案件中的当事人和证人；辨认的对象可以是案件中的当事人或者与案件有某种关联的人，也可以是与案件有关的物品或场所。

4. 勘验

勘验是执法人员亲临现场，发现和提取证据的专门活动。勘验的主体仅限于执法机关，律师无权进行勘验。勘验也是很多案件中都可采用的证据收集措施和方法。勘验的对象一般为与案件有关的场所、物品和尸体。从收集证据的角度来讲，勘验具有双重意义。一方面，勘验是发现和提取各种物证的重要途径；另一方面，勘验笔录本身也是一种形式的证据。

5. 检查

检查是指执法机关依法对与案件有关的人身进行检查的专门活动。检查是在与人体状况有关的案件中使用的证据收集措施和方法，如人身伤害案件和造成人体损伤的责任事故案件等。检查的对象一般为活人的身体，所以又称为人身检查。人身检查笔录是其主要的证据形式。

6. 搜查

搜查是指执法机关依法对与案件有关的场所或人身进行强制性的寻查、寻找和提取证据材料的专门活动。搜查主要是在刑事案件中使用的证据收集措施和方法。搜查的对象可以是场所，也可以是人身，还可以是车、船等物体。搜查也具有双重的证据收集功能：一方面，搜查是发现和提取各种物证书证的重要途径；另一方面，搜查笔录本身也是一种形式的证据。

7. 侦查实验

侦查实验是执法机关模拟再现犯罪现场、犯罪过程或案件发生过程的专门活动。实验多用于刑事案件的侦查过程中，所以又称为侦查实验。但在其他种类的案件中，也可能需要以这种再现性实验方法来查明事故的原因或验证当事人或证人的陈述。实验笔录是其主要的证据形式。

8. 鉴定

鉴定是指专门的机构或者人员利用其专业技术知识和科学技术设备，对有关问题进行检测并作出鉴定结论的活动。鉴定也是很多案件都可以采用的证据收集措施和方法。鉴定的对象多种多样，既可以是物证，也可以是书证；既可以是活人，也可以是尸体。鉴定的主体是各学科或专门领域内的专家。证据调查中常用的鉴定有物证技术鉴定、法医鉴定、司法精神鉴定、司法会计鉴定等。鉴定意见是其主要的证据形式。

9. 技术侦查

技术侦查是采取一定科学技术手段获取案件信息、证据和缉拿犯罪嫌疑人等侦查行为的总称。当前技术侦查措施主要有监听、窃听、秘密录像、秘密搜查、邮件检查等多种形式。各种侦查措施可以单独使用，也可以根据案情组合使用。2012 年刑事诉讼法第 148 条规定："公安机关在立案后，对于危害国家安全犯罪、恐怖活动犯罪、黑社会性质的组织犯罪、重大毒品犯罪或者其他严重危害社会的犯罪案件，根据侦查犯罪的需要，经过严格的批准手续，可以采取技术侦查措施。人民检察院在立案后，对于重大的贪污、贿赂犯罪案件以及利用职权实施的严重侵犯公民人身权利的重大犯罪案件，根据侦查犯罪的需要，经过严格的批准手续，可以采取技术侦查措施，按照规定交有关机关执行。追捕被通缉或者批准、决定逮捕的在逃的犯罪嫌疑人、被告人，经过批准，可以采取追捕所必需的技术侦查措施。"

同时，侦查权作为国家打击犯罪、实现刑罚权的一项重要公权力，其行使往往与公民享有的生命、财产和人身自由等发生冲突，特别是特殊侦查措施常常成为刑事诉讼惩罚犯罪与保障人权冲突的焦点。侦查权进行法治化，则是缓解冲突、寻求平衡的有效途径。法律既要考虑特殊侦查措施在打击犯罪中的特殊作用而予以保护，又需要对特殊侦查措施加以适当规制，因此在侦查主体、对象、审批程序、有效期限、适用范围、保密规定、证据使用等方面都要有明确规定，防止技术侦查手段侵犯公民隐私权。例如，对特殊侦查措施进行授权，刑事诉讼法规定，批准决定应当根据侦查犯罪的需要，确定采取技术侦查措施的种类和适用对象；批准决定自签发之日起三个月以内有效；采取技术侦查措施，必须严格按照批准的措施种类、适用对象和期限执行；侦查人员对采取技术侦查措施过程中知悉的国家机密、商业秘密和个人隐私，应当保密；对采取技术侦查措施获取的与案件无关的材料，必须及时销毁；采取技术侦查措施获取的材料，只能用于对犯罪的侦查、起诉和审判、不得用于其他用途。

10. 秘密侦查

秘密侦查是指侦查机关基于侦查的必要性，经过侦查机关负责人批准，派出有关人员隐瞒身份进行的侦查活动。秘密侦查体现在身份保密，以虚构的身份骗取对方信任，或使对方产生误解，从而进行收集证据、了解案情、保护被害人、抓捕犯罪嫌疑人、控制犯罪活动等侦查行为。秘密侦查的方式主要有三种：一是化装侦查，诱使对方上钩；二是卧底侦查，虚构身份，打入犯罪团伙内部；三是诱惑侦查，设下圈套，诱使犯罪嫌疑人实施犯罪行为。对于这种侦查方式，理论和实践中一直存在争议。我国 2012 年刑事诉讼法第 151 条规定，为了查明案情，必要时，经公安机关负责人决定，可以由有关人员隐匿其身份实施侦查。但是，不得诱使他人犯罪，不得采用可能危害公共安全或者发生重大人身危险的方法。对涉及给付毒品等违禁品或者财物的犯罪活动，公安机关根据侦查犯罪的需要，可以依照规定实施控制下交付。可见，为了规范秘密侦查行为，一方面要对侦查机关实施秘密侦查行为进行明确授权；另一方面需要对秘密侦查行为加以程序限制，即只有为了查明案情，必要时，经公安机关负责人决定，可以由有关人员隐匿其身份实施侦查，同时实施秘密侦查不得诱使他人犯罪，不得采用可能危害公共安全或者发生重大人身危险的方法。

上述措施和方法不仅可以用以收集证据，还可以用来查明案情事实和审查判断证据。从某种意义上讲，它们也可以说是证据调查的措施和方法。

不同的主体，收集证据的方法也是不同的。在刑事诉讼中，司法人员收集证据的方法主要是现场勘验、尸体检验、活体检验、询问证人、讯问犯罪嫌疑人、被告人、询问被害人、检查、搜查、扣押和鉴定。在民事和行政诉讼中，则主要是询问当事人和证人、调取书证、物证和音像证据、进行勘验和鉴定等。律师在诉讼中收集证据的基本方法是调查研究。调查应采取有效的手段，一般有以下几种。

（1）通过会见、访问、座谈，进行谈话，制作记录。

（2）复印、抄录资料。对可用作证据的书面材料，如文件、函电、账簿、图表等，律师虽无权调取、扣押，但可以在征得持有人同意的情况下加以复制。

（3）拍照。它主要适用于书证、物证的收集。

（4）录音、录像。音像证据比谈话记录更能真实地反映谈话内容，尤其能如实反映谈话的具体环境和全过程。

（5）鉴定。对于应当鉴定但未予鉴定的问题，或者对鉴定结论的正确性有疑问的，除了申请重新鉴定、补充鉴定外，还可以向有关专家进行咨询，请专家作出说明，这种说明制作成笔录可以作为证据提请法庭审查。

二、证据保全的概述

（一）证据保全的概念和意义

1. 证据保全的概念和特征

证据保全即证据的固定和保管，是指为了防止特定证据的自然泯灭、人为的毁灭或者以后难以取得，在收集时、诉讼前或诉讼中用一定的形式将证据固定下来，加以妥善保管，以便公安司法人员或律师在分析、认定案件事实时使用。由此可见，证据保全是在证据可能灭失或者以后难以取得的情况下，执法机关根据当事人的请求或者依照职权主动采取一定措施加以固定的调查取证措施。民事诉讼法第 74 条规定："在证据可能灭失或者以后难以取得的情况下，诉讼参加人可以向人民法院申请保全证据，人民法院也可以主动采取保全措施。"《最高人民法院关于民事诉讼证据的若干规定》第 24 条规定："人民法院进行证据保全，可以根据具体情况，采取查封、扣押、拍照、录音、录像、复制、鉴定、勘验、制作笔录等方法。"行政诉讼法第 36 条规定："在证据可能灭失或者以后难以取得的情况下，诉讼参加人可以向人民法院申请保全证据，人民法院也可以主动采取保全措施。"行政处罚法第 37 条第 2 款规定："行政机关在收集证据时，可以采取抽样取证的方法；在证据可能灭失或者以后难以取得的情况下，经行政机关负责人批准，可以先行登记保存，并应当在七日内及时作出处理决定，在此期间，当事人或者有关人员不得销毁或者转移证据。"该条规定的"先行登记保存"实际上就是证据保全。按照 2002 年《最高人民法院关于行政诉讼证据若干问题的规定》的要求，当事人根据行政诉讼法第 36 条的规定向人民法院申请保全证据的，应当在举证期限届满前以书面形式提出，并说明证据的名称和地点、保全的内容和范围、申请保全的理由等事项。当事人申请保全证据的，人民法院可以要求其提供相应的担保。法律、司法解释规定诉前保全证据的，依照其规定办理。人民法院按照行政诉讼法第 36 条规定保全证据的，可以根据具体情况，采取查封、扣押、拍照、录音、录像、复制、鉴定、勘验、制作询问笔录等保全措施。人民法院保全证据时，可以要求当事人或者其诉讼代理人到场。这些规定是证据保全的法律依据。

证据保全的特征有以下几点。

（1）证据的保全是一项保证证据完整和真实，不被破坏或灭失的保护性措施，是在诉讼过程中或诉讼前采取，因而必须具备一定条件。

（2）保全措施采取的条件一般是：只有在证据可能灭失或者以后难以取得的情况下，行政机关或者司法机关才能采取证据保全措施。如果不存在上述情况，行政机关或者人民法院应当按照法律规定的一般调查取证措施。具体来说，主要条件如下：①证据有可能灭失，如证人年事已高、有疾病可能死亡的，应及时取证。有的物证易于腐败、变质，必须先行固定或采取特殊措施保存。②证据以后难以取得，如证人可能出国、在国外定居或留学等。③证据可能会被故意毁损、灭失，犯罪嫌疑人或其同伴可能毁灭证据。

（3）证据保全的主体是行政机关和司法机关。在行政执法过程序中，行政机关认为证据可能灭失或者以后难以取得的，可以依职权或者应申请采取先行登记保存措施。行政机关在采取先行登记保存措施的，必须填写先行登记保存通知书或者其他书面手续，并且送达有关的当事人或者证人。在民事诉讼和行政诉讼中，人民法院可以采取证据保全，以固定证明一定案情的证据，确保诉讼的顺利进行，但是其他任何机关和个人不能采取证据保全措施，否则会妨害公民的人身权或财产权，而且可能构成妨害诉讼的行为。在刑事诉讼中，公诉案件都是经过公安机关或者检察机关的侦查、检察机关的审查起诉，才由法院进行审判，如果证据可能灭失或者以后难以取得，公安机关或者检察机关就应当行使职权，采取侦查措施予以保全，至于刑事自诉案件，刑事诉讼法没有规定人民法院是否可以采取证据保全措施。我们认为，人民法院受理刑事自诉以后，认为必要的，可以依职权或者应申请采取证据保全。

（4）证据保全可以依职权实施或者应申请采取。在符合法定条件时，行政机关和司法机关可以依职权采取证据保全。当事人认为具有采取证据保全措施必要性的，可以向行政机关或者司法机关提出申请，但该申请对行政机关或者司法机关没有约束力。是否采取证据保全措施，仍然由行政机关或者司法机关依职权单方面决定。许多国家的法律对证据保全均作了专门的程序规定。例如，日本刑事诉讼法第 179 条规定："被害人、犯罪嫌疑人或辩护人如预先未保全证据致使使用证据发生困难时，只要在第一次审判日期之前，即可向裁判官请求没收、搜查、检查证据以及询问证人或者鉴定处置等。"我国刑事诉讼法、民事诉讼法、行政诉讼法对证据保全有一系列具体的规定。对刑事案件而言，证据保全主要由公安、检察机关主动进行；当然，自诉案件中自诉人负有举证的责任，其证据保全不需要由公安机关、检察机关或人民法院进行。在刑事诉讼中主要是证据的固定和保管问题。对民事、行政案件而言，根据法律规定，符合法定条件并经当事人申请，人民法院应采取证据保全措施，这些法律规定有利于保障收集证据工作的顺利进行。例如，2012 年刑事诉讼法第二编第二章，对讯问犯罪嫌疑人、勘验、检查、搜查、扣押物证、书证、鉴定等涉及收集证据工作的规定，均针对不同的证据性质作了不同的保全规定。民事诉讼法第 74 条和行政诉讼法第 36 条规定，在证据可能灭失或者以后难以取得的情况下，诉讼参加人可以向人民法院申请保全证据，人民法院也可以主动采取保全措施。此外，最高人民法院《关于民事经济审判方式改革问题的若干规定》第 4 项明确规定："审判人员收到当事人或者其他诉讼代理人递交的证据材料应当出具收据。"

2. 证据保全的意义

证据保全是取证制度的重要环节，是收集证据工作不可分割的一部分。发现证据后应妥善保管，及时提取、固定，否则一旦被毁坏、灭失就无法达到收集证据的目的。证据材料的保全实际上是要保护证据在诉讼活动中的价值，具体包括三层含义：第一，保护证据的特定价值，即防止证据材料遗失或被替换；第二，保护证据的证明价值，即防止证据材料变质或被损坏；第三，保护证据的法律价值，即防止证据材料因保管手续不健全而失去法律效力。所以证据的固定保全是证据收集过程中的重要方面。只注重收集证据，而忽略证据的及时固定和妥善保管，其工作是不全面的。可见，证据保全直接关系证据的收集及收集到的证据的客观真实性。所以无论是刑事诉讼、民事诉讼还是行政诉讼中的证据，均应由司法机关按一定的法律程序去收集和调查，在诉讼没有提起或未调查时，就应采取保护性措施，即证据保全程序，以便收集和固定证据。证据的固定和保全，是证据收集过程中应普遍关注的问题。

（二）证据保全的种类

从时间来看，证据保全可以分为诉讼前的证据保全和诉讼过程中的证据保全。

诉讼前的证据保全包括行政机关采取的证据保全、公证机关采取的证据保全和人民法院应申请采取的证据保全。公证暂行条例第 4 条规定，保全证据是国家公证机关的一项业务。公证机关保全证据在诉讼开始前进行，以当事人的申请为前提。因此，当事人为了以后诉讼的需要，可以向公证处提出申请，请求公证处通过公证的方式预先把某项证据确定下来，以备以后发生诉讼时向法院提供。人民法院对于经公证保全的证据，除有相反证据足以将其推翻外，应当确认其真实性。至于其证明力的大小，则由法院依据具体情况判定。

关于人民法院能否采取诉讼前证据保全措施，法律没有明确规定，学术界的认识也不一致。有人认为，当事人在起诉之前提出证据保全申请的，人民法院可以采取证据保全措施，但在采取证据保全措施后应当通知申请人在一定期限内提起诉讼。也有人认为，诉讼前保全证据，既然可由公证机关进行，人民法院就没有必要承担这一工作。这既有利于明确两者的职权，又可减少法院的工作量，有利于其做好审判工作。笔者认为，采取证据保全是为了确保以后诉讼的顺利进行，在诉讼开始前，人民法院采取证据保全措施，如果当事人事后不起诉，可能陷入被动的局面，因此人民法院不宜采取诉讼前的证据保全措施；当事人认为需要在诉讼前采取证据保全措施的，可以申请公证机关采取，没有必要向人民法院提出申请。

诉讼中的证据保全包括刑事自诉中的证据保全、民事诉讼中的证据保全和行政诉讼中的证据保全。在诉讼过程中，人民法院认为必要的，可以依职权或者应申请采取证据保全措施。公证机关采取证据保全，以当事人的申请为前提，不得直接采取保全措施。行政机关和人民法院采取证据保全措施，既可以根据当事人的申请，也可以依职权主动进行。当事人申请证据保全，必须向行政机关、公证机关和人民法院递交申请书。

（三）证据保全的程序和要求

1. 证据保全程序

（1）申请。证据保全程序一般是从当事人提起申请开始，任何一方当事人均有权提出证据保全的申请。申请一般应采用书面形式。申请书应写明下列内容：①申请保全证据的名称、质量、规格和特征及处所。②申请保全证据在案件中的作用和证明的内容，即需要保全的证据的内容、种类和范围；需要保全的证据与案件事实的关系；需要采取保全措施的理由等。③申请保全的理由、事实和法律方面的根据。

（2）审批。由于证据保全有诉讼前保全和诉讼后保全之分，其审批程序也不同。诉前保全一般由公证机关审批，提起诉讼后保全由法院审批。我国民事诉讼法规定，人民法院接到当事人证据保全的申请后，先进行审查，然后作出裁定。情况紧急的，也必须在裁定开始执行前作出必要的调查，以免发生错误。此外，起诉受理后除当事人申请外，法院也可以主动依职权实施保全措施，依法予以证据保全。

2. 证据保全措施和要求

1）证据保全措施

证据保全措施是执法机关进行证据保全的具体方法。证据保全措施必须与证据的种类和特征一致，即特定的证据种类只能采取特定的证据保全措施。对“证人证言”进行保全的，可以采取询问、录音、录像的方法。对物证采取保全措施，可以通过勘验并制作勘验笔录或者拍照、录像的方法，也可以提取原物。对书证，可以进行拍照和复制。证据保全的措施，法律未作明确规定，应根据不同情况采取相应的措施。

根据诉讼法的规定，证据有许多种类，在证据保全上必须依据诉讼法的规定，针对不同的证据，采取不同的方法。总的来说，应注意以下几点：①对证人证言、被害人陈述、犯罪嫌疑人或被告人供述一类的证据，应当采用笔录的方法固定，笔录必须如实地记载陈述内容，并且应经陈述人仔细核对无误后由其本人签名或盖章。对没有阅读能力的陈述人应当向其宣读，对记载有遗漏或差错的还应当予以补充或改正，并对改正、补充处由陈述人签名和盖章。司法人员对收集到的笔录应附卷妥善保管，不得损坏或者随意销毁。②对物证，可以通过勘验并制作勘验笔录、绘图、拍照或录像的具体措施，当某些物证或书证有可能被毁损时，就应尽快采取强制方法，加以扣押。2012 年刑事诉讼法第 139 条规定，在侦查活动中发现的可用以证明犯罪嫌疑人有罪或者无罪的各种财物、文件，应当查封、扣押；与案件无关的财物、文件，不得查封、扣押。如系银行存款，可以通知银行冻结。2012 年刑事诉讼法第 142 条规定，人民检察院、公安机关根据侦查犯罪的需要，可以依照规定查询、冻结犯罪嫌疑人的存款、汇款、债券、股票、基金份额等财产。有关单位和个人应当配合。如果会因自然原因而灭失，就设法予以固定；如系因病或即将远行出国等，就可以提前询问，取得证言。当诉讼标的物很快可能发生变更时就可以依法接管。总之，根据不同情况采取必要措施，尽可能保护证据，不使其失去证据价值。物证予以保全，也可以提取原物妥善保管。③对书证，可以进行拍照和复制。

要做好证据保全工作，要有健全的证据移交和证据保管手续，形成完整的证据保全程序。这一程序应包括该证据材料从现场收集到接触的时间和方式等内容。为此，调查人员在提取证据材料时便应为其制作证据保全的标签。标签上一般应写明下列情况：①案件的名称或编号；②提取该证据的日期和场所；③证据的编号；④提取证据人的姓名；⑤证据的主要特征等。当该证据材料移交时，每位接管人应将自己的姓名和接管日期写在标签上。此外，证据材料的有关情况应在诉讼文书或案卷中写明，必要时应附证据材料的照片。在司法实践中，这一制度还不完善，需要在总结经验的基础上不断加以完善。

2）证据保全的要求

提取了证据材料并不等于收集证据的工作就结束了。收集证据的目的是用这些证据来证明案件事实。提取证据与最后使用证据之间都有一定的距离，因此应该妥善保管那些已经提取的证据材料。如果最后保管不当而使提取的证据材料受到损坏乃至遗失，那么收集证据的任务等于没有完成，而且很可能再也无法完成。需要保管的证据材料主要是各种物证、书证和音像证据。诚然，对于人证来说也有个“保管”问题，那就是要替证人保密并保障证人的安全，特别是在集团犯罪、暴力犯罪等重大刑事案件中。因此，调查人员有义务为证人保密，并且在可能的情况下向证人提供必要的安全保障。不管采取何种措施，对于已经保护起来的证据注意保存管理，列出清单写好标签，妥善保存，按档案管理办法作出妥当的处置，不得随意损坏或使用，或调换、变卖等，由专人负责，按规定落实各项具体的措施，其中主要的要求如下。

首先，各种物证均应在可能的情况下提取原物。只是在原物灭失或无法搬动等情况下，才提取照片或副本。

其次，对提取到的原物应妥善封存保管，防止其受潮或变质，以免措施不当而影响物证的客观真实性。

再次，提取、固定物证的过程应当制作笔录，笔录中应当载明发现物证、提取物证、固定物证的时间、地点，物证的主要特征及如何被发现等翔实内容。

最后，物证在收集后任何人不得使用、调换、损毁或自行处理。对于那些关系国家秘密的物证，有关司法人员更应妥善保管，不得泄密。在诉讼结束后应由司法机关负责对物证进行处理。对于司法人员的不负责的行为，将承担相应的法律责任。

第二节　证据的开示和交换

一、刑事证据开示制度

（一）刑事证据开示制度的概念

刑事证据开示，又称为刑事证据展示，是指在刑事诉讼过程中控辩双方依照法定的程序向对方公开已掌握的有关案件信息情况，以达到案件信息交流共享的目的。英国是证据开示制度的发源地。证据开示制度被认为是英国对抗制诉讼审前程序中的一个核心问题。《布莱克法律辞典》对于证据开示的解释：“了解原先所不知道的，揭露和展示原先隐藏起来的东西。”在审判制度中，“它是一种审判前的程序和机制，用于诉讼一方从另一方获得与案件有关的事实情况和其他信息，从而为审判作准备”。可见，证据开示的诉讼阶段是在审前。无论是英美法系各国还是在我国都发生在审前阶段。这是因为只有在审判前控辩双方互相知悉对方有关证据的情况下，控辩双方才能为审判做好充足的准备工作，确定各自的诉讼目的和策略。

（二）我国刑事证据开示制度的内容

我国刑事证据开示制度，主要包括如下几个方面的内容。

1. 开示的主体

我国刑事证据开示的主体应当包括侦查机关和控辩双方。2012 年《公安机关办理刑事案件程序规定》第 47 条规定：“辩护律师向公安机关了解案件有关情况的，公安机关应当依法将犯罪嫌疑人涉嫌的罪名以及当时已查明的该罪的主要事实，犯罪嫌疑人被采取、变更、解除强制措施，延长侦查羁押期限等案件有关情况，告知接受委托或者指派的辩护律师，并记录在案。”这说明侦查机关是我国刑事证据开示的主体。而控辩双方主要是指检察官和辩护律师，此处的检察官应作广义上的理解，包括主诉检察官、检察官、检察官助理、书记员。在特定情形下，被害人的委托人可成为控方证据开示的主体，特定情形是指被害人的决定能够有效影响诉讼进程的情况，如以被害人同意为刑事和解条件的情形。辩方主要是辩护律师。非律师辩护人也是开示的主体，不过其承担的开示义务小于辩护律师。被告人在没有辩护人帮助时，可以参与证据开示，其享有获得相关信息的权利，但不承担开示的义务。此外，被告人和检察官之间的证据开示不同于检察官和辩护人之间的证据开示。

2. 开示的时间和阶段

根据进行证据开示的时间，可将证据开示制度分解为诉前的证据开示和诉后的证据开示。

（1）诉前开示。诉前证据开示，是指侦查机关和控辩双方在侦查和审查起诉阶段相互开示各自掌握或控制的证据资料和有关信息。我国诉前证据开示，发生在侦查和审查起诉两个阶段。其一，侦查阶段。2012 年刑事诉讼法第 36 条规定：“辩护律师在侦查期间可以为犯罪嫌疑人提供法律帮助；代理申诉、控告；申请变更强制措施；向侦查机关了解犯罪嫌疑人涉嫌的罪名和案件有关情况，提出意见。”根据这条规定和 2012 年《公安机关办理刑事案件程序规定》第 47 条规定说明，侦查机关应向辩护律师开示犯罪嫌疑人的口供、涉嫌罪名的证据和强制措施的文书等。其二，起诉阶段。2012 年刑事诉讼法第 38 条规定：“辩护律师自人民检察院对案件审查起诉之日起，可以查阅、摘抄、复制本案的案卷材料。其他辩护人经人民法院、人民检察院许可，也可以查阅、摘抄、复制上述材料。”这条规定说明人民检察院应向辩护律师开示本案所有的证据材料。

（2）诉后开示。诉后的证据开示可分为两种情形，一种是辩护人在审判阶段才介入的证据开示；另一种是已进行过诉前证据开示，但在审判阶段又进一步开示需要而进行的诉后证据开示。我国 1996 年刑事诉讼法第 36 条规定：“辩护律师自人民法院受理案件之日起，可以查阅、摘抄、复制本案所指控的犯罪事实的材料，可以同在押的被告人会见和通信。”2012 年刑事诉讼法虽然未规定，但审判实践已约定俗成，而且起诉阶段已许可辩护律师可以查阅、摘抄、复制本案所有的案卷材料，审判阶段就不必重复规定了。

3. 证据开示的种类

我国刑事证据开示的种类分为部分证据开示和全部证据开示。部分证据开示有如下两种情况：一是辩护律师在侦查期间只能向侦查机关了解犯罪嫌疑人涉嫌的罪名和案件有关情况。也就是说，侦查机关向辩护律师开示证据的范围是有限的，甚至仅仅是口头告知。二是辩护律师向侦查机关、人民检察院开示证据的范围也仅限于辩护人收集的有关犯罪嫌疑人不在犯罪现场、未达到刑事责任年龄、属于依法不负刑事责任的精神病人的证据，依法应当及时告知公安机关、人民检察院，其他证据可以不向侦查机关开示。全部证据开示是指在起诉阶段，辩护律师自人民检察院对案件审查起诉之日起，可以查阅、摘抄、复制本案的所有案卷材料。

4. 开示的范围

侦查机关和控辩双方应当依法及时地开示证据材料和信息，但其开示的范围是不同的。

（1）侦查机关开示的范围。侦查机关依照 2012 年刑事诉讼法第 36 条的规定和 2012 年《公安机关办理刑事案件程序规定》第 47 条的规定，侦查机关只能向辩护律师开示犯罪嫌疑人的口供、涉嫌罪名的证据和强制措施的文书等。这是由侦查工作的保密性所决定的。所以，侦查机关依法不能向辩护律师全面开示其掌握或控制的与案件有关的所有的案卷材料。

（2）控方开示的范围。人民检察院依照 2012 年刑事诉讼法第 38 条的规定，应当全面开示其掌握或控制的与案件有关的诉讼文书和案卷材料，但开示的例外是“公共利益豁免”的材料，即那些具有敏感性进行开示将有损公共利益的材料。主要包括以下材料：第一，有关国家安全和有关国家机密的材料；第二，秘密提供的材料；第三，与告密者或是卧底的身份有关的材料；第四，显露侦查中所依赖的技术和方法的材料；第五，开示可能会为其他犯罪提供便利或对制止和侦查犯罪产生妨碍的证据材料；第六，有关特情侦查的材料。

（3）辩方开示的范围。2012 年刑事诉讼法第 40 条规定：“辩护人收集的有关犯罪嫌疑人不在犯罪现场、未达到刑事责任年龄、属于依法不负刑事责任的精神病人的证据，应当及时告知公安机关、人民检察院。”可见，辩护人依法不能向侦查机关和人民检察院全面开示其掌握或控制的与案件有关的证据材料，辩方开示的范围仅限于如下三部分的证据材料：第一，辩护人收集的有关犯罪嫌疑人不在犯罪现场的证据；第二，辩护人收集的有关犯罪嫌疑人未达到刑事责任年龄的证据；第三，辩护人收集的有关犯罪嫌疑人属于依法不负刑事责任的精神病人的证据。除此之外，辩护人收集的有关犯罪嫌疑人的其他证据，辩护人依法可以不向侦查机关和人民检察院开示。

5. 证据开示制度应遵循的原则

（1）依法开示原则。控辩双方进行证据开示，必须严格遵守法律关于开示的规定，禁止违背法律自行决定开示内容和程序等，不得利用证据开示互相串通，损害国家利益、公共利益和其他诉讼参与人的合法权益。

（2）双方开示原则。不仅要求控方将掌握的证据向辩方开示，辩护人就所收集调查的证据也要向控方开示。实行双向开示原则，有利于保障诉讼公正进行，提高诉讼效率，符合国际刑事诉讼证据开示制度发展的趋势。英美国家证据开示制度经历了从控方单向开示向控辩双方双向开示的发展历程，我国借鉴其经验，取其捷径，直接规定实行双向开示的原则。2012 年刑事诉讼法第 40 条规定：“辩护人收集的有关犯罪嫌疑人不在犯罪现场、未达到刑事责任年龄、属于依法不负刑事责任的精神病人的证据，应当及时告知公安机关、人民检察院。”结合第 38 条的规定可知，公安机关、人民检察院需要向辩护律师开示证据，辩护律师也需要向公安机关、人民检察院开示证据，这是贯彻双方开示的原则。

（3）非对等开示原则。2012 年刑事诉讼法第 38 条和第 40 条的规定说明，我国刑事诉讼中的证据开示实行非对等原则，这是由控辩双方的职能和我国的诉讼环境所决定的。我国的检察机关作为法律监督机关，不仅具有查清指控犯罪事实的控诉职责，也具有查明被告人不被无辜追究即维护被告人合法权益的职责，故其应该全面开示所有的证据。而辩护人的职责只可能是维护被告人的合法权益，不可能向控方出示不利于被告人的证据；我国虽然引进对抗制，但职权主义色彩在一定时间内还会非常浓厚，我国检察官具有国家提供的物质基础及优越的法律地位和权利，其取证能力具有绝对优势。所以，根据权利义务相一致原则和程序公正要求，相对于辩护方的开示义务而言，法律应加重检控方的证据开示义务。

6. 证据开示的司法救济

2012 年刑事诉讼法第 39 条规定：“辩护人认为在侦查、审查起诉期间公安机关、人民检察院收集的证明犯罪嫌疑人、被告人无罪或者罪轻的证据材料未提交的，有权申请人民检察院、人民法院调取。”这对公安机关、人民检察院未向辩护人履行证据开示义务的，制定了司法救济措施，即可申请人民检察院、人民法院调取。

7. 证据开示纠纷的裁断

法官在证据开示过程中，扮演监督者和制裁者的角色。法官对证据开示中控辩双方的纠纷进行裁断，如判断某一证据材料是否属于“公共利益豁免”的材料、控辩双方是否违反了开示义务等。法官经过对各方利益的衡量，考虑开示主体违反义务的原因、动机、过错程度及造成的损害等因素和使用其他救济方式的可能性，作出以下的裁断。

（1）强制开示。控辩双方认为对方未按照开示范围的要求开示有关证据材料，可以向法院提出开示申请，法官将对申请的正当性和合理性进行审查，裁定强制开示有关证据材料或予以驳回。

（2）决定延期审理。控辩双方有正当理由未在庭前开示有关证据材料，法院可依申请或是依职权决定延期审理，给控辩双方一定的准备时间，但应严格解释正当理由的范围。如果因为控辩双方的疏忽、过失，未能在庭前开示有关证据材料，法院可以作出延期审理的决定，但应由过错方承担因此产生的费用。

（3）排除证据的适用。因控辩双方的故意或是重大过失未对有关证据材料进行开示，法院可以根据情况排除有关证据的适用。但排除证据的制裁措施应谨慎使用。如果未开示的证据是因为刚刚获取到而来不及开示，则不应当排除，但应当给予对方必要的准备时间，但对方认为不需要准备的除外。法院应当在审判中寻求那些尽可能较小影响证据和案件正确结果的方法，并排除控方提出的证据可能对公众利益造成损害的情况。

（4）撤销原判、发回重审。如果被告人的辩护由于控方没有开示重要证据或者开示不当而受到损害，以至于定罪是不恰当的，第二审法院应当依法裁定撤销原判，发回原审人民法院重新审判。

二、民事诉讼证据交换制度

民事诉讼证据交换制度，又称为民事证据开示制度，根据证据规定的精神及法院审判的实践，可以给民事诉讼证据交换下定义：民事诉讼证据交换是人民法院在审理民事案件时，根据当事人的申请或对于证据较多及复杂疑难案件，于答辩期满后，开庭审理前在审判人员的主持下，双方当事人将能够证明各自主张的所有证据进行交换。在期限内不提出相关证据的，则被视为放弃举证权利，从而固定、限制或撤销部分证据，明确案件争议焦点的诉讼活动的总称。

我国民事诉讼证据交换制度与美国的证据开示制度不同，最大的区别有两点：其一，中国的证据交换在人民法院的主持下进行，美国证据开示制度主要内容之一是当事人之间的证据交换，但该证据交换一般不是在法院主持下进行；其二，美国的证据开示制度包括当事人在一定条件下的强制性开示，即通过某种方式要求对方提供证据信息，而中国的证据交换不包括强制性开示。

我国民事诉讼证据交换制度的作用和意义主要体现在四个方面。

（1）有助于诉讼争点的整理，明确争点所在。在诉讼实践中，仅仅通过起诉状和答辩状的内容往往难以明确争点，对争点进行整理。因为争点明确需要借助当事人双方的证据，在没有较充分地交换证据的情况下，也就无法较全面地了解争点，不能把握诉讼当事人双方的争点，便不能集中进行审理。

（2）有助于进行证据整理。证据整理是当事人和法院三方对能够了解证据资料的种类、证据的证明对象、证据的来源等，以便当事人实施证据抗辩，便于法院组织质证和进行认证。

（3）有利于防止诉讼上的“突然袭击”。诉讼上的“突然袭击”因为有违诚实信用而被认为有损程序正义。证据交换可以使当事人能够充分了解对方的证据，更好地进行证据抗辩准备。

（4）有助于促进当事人在开庭前进行和解以提高纠纷解决的效率和减少成本。证据交换能够使当事人清楚了解请求和抗辩依据的事实，在事实明确的情况下当事人自然估量胜诉的可能性及时进行和解，进行诉讼必然要消耗双方当事人的资源。

我国民事诉讼证据交换制度主要包括如下几个方面的内容。

（1）证据交换的前提。证据规定第37条规定：“经当事人申请，人民法院可以组织当事人在开庭审理前交换证据。人民法院对于证据较多或者复杂疑难的案件，应当组织当事人在答辩期届满后、开庭审理前交换证据。”这条规定说明证据交换的前提如下。一是证据交换的适用范围。主要包括两种情况：①经当事人申请，人民法院可以组织庭前证据交换。这充分体现了对当事人处分权的尊重。有些案件尽管法院认为无须证据交换，或者人民法院忽略了证据交换，经当事人申请，人民法院可以组织庭前证据交换。②证据较多或者复杂疑难的案件，人民法院应当组织证据交换。对于案情不太复杂、证据不多，通过指定举证期限能够固定争点和证据的案件，以及不必经过庭前准备程序的简单案件，一般不必采取证据交换的方式。对于当事人申请，人民法院认为有必要进行证据交换的，可以组织证据交换；对于证据较多或者复杂疑难的案件，人民法院应当采取证据交换的方式。根据本条的规定，这是人民法院的一项义务。二是交换证据的期间是当事人在答辩期届满后、开庭审理前进行证据交换。三是证据交换的程序适用范围。主要包括两种情况：①庭前证据交换的案件应当是适用普通程序受理的案件，适用简易程序审理的案件不适用庭前证据交换。②庭前证据交换原则上适用于一审民事、经济案件，在二审民事、经济案件中，如果出现当事人提交新证据的现象，则可以采取庭前证据交换制度。

（2）证据交换的时间。它是指证据交换的具体时日。证据规定第 38 条规定："交换证据的时间可以由当事人协商一致并经人民法院认可，也可以由人民法院指定。人民法院组织当事人交换证据的，交换证据之日举证期限届满。当事人申请延期举证经人民法院准许的，证据交换日相应顺延。"

（3）证据交换的主持人。证据规定第 39 条规定："证据交换应当在审判人员的主持下进行。在证据交换的过程中，审判人员对当事人无异议的事实、证据应当记录在卷；对有异议的证据，按照需要证明的事实分类记录在卷，并记载异议的理由。通过证据交换，确定双方当事人争议的主要问题。"

（4）证据交换的次数。证据规定第 40 条规定："当事人收到对方交换的证据后提出反驳并提出新证据的，人民法院应当通知当事人在指定的时间进行交换。证据交换一般不超过两次。但重大、疑难和案情特别复杂的案件，人民法院认为确有必要再次进行证据交换的除外。"

三、行政证据交换制度

行政证据交换制度，又称行政诉讼证据开示制度，根据《最高人民法院关于行政诉讼证据若干问题的规定》的精神及法院审判的实践，可以给行政诉讼证据交换下定义：行政诉讼证据交换是人民法院在审理行政案件时，当事人应当在开庭审理前或者人民法院指定的交换证据之日进行证据交换的诉讼活动的总称，如在期限内不提出相关证据，则被视为放弃举证权利或者视为被诉具体行政行为没有相应的证据。这一制度在法律上有以下特点。

（1）证据交换的目的，是审查被告之具体行政行为或不作为在行政程序上有无瑕疵。由于程序上的任何问题都可能导致被告的行政行为丧失法律基础，而在对具体行政行为的实体审查上，法院与行政机关相比并无优势，因此审查程序是行政司法实践的重点。在证据交换过程中，被告应就行政行为发展的每一阶段、每一环节提出其程序合法的证据。

（2）证据交换程序的提起，只能是审判组织，排除原被告双方。从行政审判实践中来看，被告行政机关一般不会主动要求对自己的行政行为予以程序审查，许多行政行为之瑕疵恰恰出在程序上，而如果放任原告随意提起这一程序，又容易导致冗长诉讼，浪费诉讼资源。因此，证据交换程序作为行政诉讼中的一个审判环节，并不能成为每案必需的程序，而仅仅在审判组织认为确有必要时，才可能被提起。

（3）证据交换程序的施行，具有阶段性，其位于被告答辩之后开庭审理之前。其理由是提起证据交换程序过早，不利于审判组织根据具体案情判明提起这一程序的必要性，而在庭审之后施行这一程序，则造成庭审中质证与证据交换重复，导致不必要的诉讼资源浪费。因此，在适当的时机提起证据交换程序，既可以有效查明行政行为的合法性，又可提高审判效率。

行政诉讼证据交换制度具有如下重要的意义。

（1）有利于证据的清理，明确争论的焦点。从司法实践来看，通过对庭前证据的交换和固定，能够促使当事人双方积极举证，将所持有的证据进行整理和完善，精简不必要的证据，便于将最能证明案件事实真相的证据凸显出来。在这个基础上更加明确争论的焦点，使双方当事人在参与诉讼的过程中能够针对争论的焦点进行诉讼。这样可以有效地防止某些诉讼当事人在法庭上使所谓的诉讼技巧，提高法院审判的透明度。

（2）有利于司法的公正，可以防止当事人进行证据上的突然袭击。公正是所有诉讼制度所追求的首要和最高的价值和目标，行政诉讼也不例外。美国大法官特雷勒曾说过："真实最可能发现在诉讼一方合理地了解另一方时，而不是在突袭中。"因此，证据随时提出主义有显而易见的弊端，所有证据制度都在努力变证据随时提出主义为证据适时提出主义。行政诉讼证据交换制度为当事人提供了充分收集和提出证据的机会，使每一方当事人都能够掌握对方所拥有的证据材料，在信息的占有上达到对称。从而使当事人公平地进行诉讼，体现了司法的公正。

第三节　证据的审查判断

一、证据审查判断的概念和意义

证据的审查判断，是指司法人员鉴别、分析和研究现有收集的证据和证据材料与案件事实的客观联系及其证据能力和证明力，并据此认定案件事实的一种诉讼活动。其具有如下几个特点：第一，证据的审查判断与运用是司法人员为履行责任运用职权进行的一项重要诉讼活动。当事人及其代理人包括律师可以对已知的证据或者证据材料进行审查判断，但是这种判断没有法律效果和约束力，只是事实行为而不是法律行为。第二，审查判断证据的目的是鉴别证据真伪，查明事实真相，认定案件事实。第三，证据的审查判断是司法人员的一种思维活动，是司法人员通过科学的鉴别、分析和判断而完成的。

审查判断证据是证明过程中的关键环节，是证据制度的基础和核心部分。它具有如下的重要意义：首先，通过审查判断证据，可以鉴别证据的真伪，去伪存真，保证采用的证据具有客观真实性。其次，可以确定证据的相关性及其证明力的大小，排除无关的证据，发挥与案情有关的证据的证明作用。最后，有利于根据确实、充分的证据定案，为正确适用法律奠定坚实基础，从而顺利完成诉讼任务。

二、审查判断证据的基本步骤

审查判断证据，可以在逐个审查判断证据基础上，对所有证据进行综合审查判断，并认定证据的证明力。

（1）单一证据的审查判断。单一证据的审查判断，可以认识某个证据与案件事实之间是否存在联系，存在何种客观联系，由此判断其是否具有证据能力与是否具有证明力及证明力的大小。证据规定第65条规定，“审判人员对单一证据可以从下列方面进行审核认定：①证据是否原件、原物，复印件、复制品与原件、原物是否相符；②证据与本案事实是否相关；③证据的形式、来源是否符合法律规定；④证据的内容是否真实；⑤证人或者提供证据的人，与当事人有无利害关系”。

（2）全案证据的综合审查判断。一个案件往往有多个证据，而且相互之间可能相互印证，也可能互有矛盾，所以有必要通过当事人庭审质证与法官核实判断证据，结合全案证据，对所有证据之间存在的客观联系，以及各个证据证明力的大小进行判断，并就案件事实作出符合客观实际的结论，这就是综合判断证据。它要求审判人员对证据材料进行分析、研究和判断，以鉴别其真伪，确定其是否有证明力以及证明力大小。证据规定第66条规定：“审判人员对案件的全部证据，应当从各证据与案件事实的关联程度、各证据之间的联系等方面进行综合审查判断。”

三、证据审查判断的标准

证据审查判断的标准，又称证据审查判断的任务，是指司法人员审查判断每一个证据与整个案件所有证据，从而得出事实认定结论的准则。它包括个别证据审查判断的标准和全案证据审查判断的标准。个别证据审查判断的标准如下：①定案证据必须客观真实，具有客观真实性。②定案证据必须与本案相关，具有相关性。③定案证据必须符合法律规定，具有合法性。④定案证据必须经当事人质证，由法庭予以认定。全案证据审查判断的标准是衡量司法人员认定案件事实应当达到的程度，其内容与证明标准基本一致。全案证据审查判断的标准如下：①案件事实清楚、证据确实充分，即客观真实的标准。②优势证据标准，即司法人员认定案件事实成立的可能性大于其不成立的可能性的标准。③合理可能性标准，即司法人员认定的案件事实符合情理，具有成立的一般的可能性。

四、审查判断证据的常用方法

（1）甄别法，又称鉴别法，是指根据客观事物发生、发展、变化的一般规律和常识去辨别证据的真伪，辨别其是否具有证明力的方法。甄别法主要用于对单一证据的审查判断。例如，法医根据被害人“胃内溶物已消化成乳糜状，大部分排空，没有食物残渣”的情况，作出“被害人被杀死时间距最后一餐6小时以上”的结论。这一结论不符合人体的消化规律。因为有关法医学知识表明，胃、十二指肠均已空虚，其死亡时间应为餐后6小时以上。而该案中被害人胃内尚有乳糜状溶物，因而其死亡的时间距最后一餐不可能超过6小时。

（2）比对法，又称比较法或对比法，是指证明同一案件事实的两个或两个以上的证据进行比较或对照以判断其是否具有证据能力和证明力的方法。比对法主要用于对两个或两个以上证据的审查判断。例如，将现场所留指纹与犯罪嫌疑人的指纹进行比对，如果同一，就可以得出现场的指纹系犯罪嫌疑人所留的结论，否则就应当予以排除。

（3）印证法，是指将全案所有证据所证明的同一案件事实联系起来考察，以判明各个证据之间是否互相呼应、互相印证、协调一致的方法。印证法主要用于对全案所有证据的综合审查判断。如果能够互相印证，就说明全案所有证据是真实的；反之，就说明全案所有证据中有的是虚假的或有问题的，不能作为定案的根据。

（4）验证法，又称实验法，是指通过重演或再现等方式查验单一证据的内容是否属实的方法。验证法主要用于查验当事人陈述或证人证言的内容是否属实。在刑事诉讼中常用侦查实验的方法查验口供或证人证言的内容。

（5）鉴定法，是指对于案件中的某些专门性问题，由具有专门知识的人进行鉴别判断后作出结论性意见的方法。

（6）辨认法，是指在司法人员的主持下，由当事人、证人对于案件有关的物证、书证或犯罪嫌疑人进行辨别和确认的方法。常用的辨认法有列队辨认、单独辨认、照片辨认和取样化验等。

（7）对质法，是指在司法人员的主持下，组织就某一案件事实提出相反陈述的两个或者多个证人、犯罪嫌疑人、被告人进行互相质询和盘诘，以判明其陈述真伪的方法。

（8）质证法，是指在庭审调查中，司法人员组织双方当事人对证据进行交叉审查的方法。

第四节　审判中的举证和质证

一、审判中的举证

（一）举证的概念和特点

举证，又称提出证据，是指证明主体将自己收集并已经过审查判断的证据提交法院或法庭，以论证其诉讼主张或阐明案件事实的活动。它具有以下几个显著特点。

（1）举证是证明活动的重要环节。证明主体收集和审查判断证据，其目的是向法院或法庭提出证据，以论证自己的诉讼主张或阐明案件事实。因此，收集和审查判断证据，这只是证明主体为提出证据而进行的两项准备工作，证明主体只有在此基础上提出证据并使法院或法庭获得确信，才能完成证明任务，达到证明目的。如果证明主体不向法院或法庭提出证据，那么所收集和审查判断的证据就变得毫无意义，其诉讼请求也就不可能得到实现。

（2）举证是法院受到案件的必备条件。我国刑事诉讼法规定，人民法院对提起公诉的案件进行审查后，对于起诉中有明确指挥犯罪事实并且附有证据目录、证人名单和主要证据复印件或照片的，应当决定开庭审判；人民法院对于自诉案件进行审查后，认为犯罪事实清楚，有足够证据的，应当开庭审判；对于缺乏罪证的自诉案件，自诉人提不出补充证据的，应当说服自诉人撤回自诉或者裁定驳回。我国民事诉讼法规定，民事起诉除应当记明当事人的基本情况，以及诉讼请求和所根据的事实与理由外，还应记明证据和证据来源、证人姓名和住所，否则人民法院裁定不予受理。由此可见，无论是刑事案件还是民事案件，起诉人提起诉讼都必须依法提出相应的证据，否则人民法院不予受理。当然，行政诉讼实行由被告负举证责任的原则，起诉人在起诉时一般可不提出证明其诉讼主张的证据①。

（3）举证是人民法院审判案件的前提和基础。只有证明主体提出证据阐明案件事实或论证自己的诉讼主张，人民法院才能顺利地进行审判活动，并据以查明案件事实，作出裁判。如果缺乏证据，审判活动就可能被迫推迟或中断，或者根本就无法查明案件事实并作出相应的裁判。

（4）举证必须符合法律规定。证明主体必须在法律规定的时间、地点，以法律规定的方式向法定的机关或人员提出证据，否则其所提出的证据不会被法院或法庭所采纳。

（二）举证的程序

我国三大诉讼法对举证的程序作了具体的规定。

1. 举证的主体

举证的主体分为两类。

（1）举证的义务主体。在诉讼中，负有举证责任的一方应当提出证据以证明自己的诉讼主张，若提不出证据，就应承担败诉的风险和后果。这类主体具体包括刑事公诉案件的起诉机关、刑事自诉案件的自诉人、民事案件的原告、提起反诉的被告和行政案件的被告及其委托的诉讼代理人等。

（2）举证的权利主体。在诉讼中不负有举证责任的一方则有权利提出证据，换言之，他们举证不是履行义务，而是行使权利，因此他们可以提出证据，也可以不提出证据，若不提出证据，也不会因此承担败诉的风险和后果。这类主体具体包括刑事案件中的犯罪嫌疑人、被告人（法定情况下除外）、民事案件中不提出诉讼主张的被告、

① 根据最高人民法院《关于执行（中华人民共和国行政诉讼法）若干问题的解释》第 27 条的规定，原告仅对下列事项承担举证责任：证明起诉符合法定条件，但被告认为原告起诉超过起诉期限的除外；在起诉被告不作为的案件中，证明其提出申请的事实；在一并提起的行政赔偿诉讼中，证明因受被诉行为侵害而造成损失事实；其他应当由原告承担举证责任的事项。

行政诉讼原告及其委托的辩护人或诉讼代理人等。

2. 举证的对象

举证的主体应当向人民法院或其审判组织提出证据，具体而言，就是应当向人民法院的立案庭、合议庭、独任庭或申告庭及其工作人员（包括审判员、书记员）提出证据。

3. 举证的时间

举证的主体一般应在以下时间向人民法院或其审判组织提出证据：①在提起诉讼时或提交答辩状时一并提出证据；②按照人民法院的要求在开庭前提出补充证据；③在法庭审理过程中提出证据；④在提出上诉时或者二审过程中提出证据；⑤在提出再审申请、申诉或再审过程中提出证据。如果法律规定了举证时效，则举证应当受到举证时效的限制。

4. 举证的期限

举证的期限可分为刑事诉讼举证期限、民事诉讼举证期限和行政诉讼举证期限。由于刑事诉讼对举证期限未作具体规定，故在此仅介绍民事诉讼举证期限制度和行政诉讼举证期限制度。

民事诉讼举证期限制度，是指负有举证责任的当事人应当在法律规定和法院指定的期限内提出证明其主张的相应证据，逾期不举证则承担证据失效法律后果的一项民事诉讼期限制度。具体地讲，举证时限制度包括以下两个方面的内容：一是期限，即法律规定和法院指定的诉讼法上的期间，当事人应当在此期间内尽最大能力提供支持其主张的证据；二是后果，当事人若在此期间内不提供或者不能提供相关的证据，则产生诉讼程序上的法律后果，即该证据不为法院所采纳，失去其证据的证明效力，当事人将因此承担对己不利的法律后果。

举证期限制度的特征。举证期限制度是一种诉讼期间制度，与其他诉讼期间一样，必然具有民事诉讼法对期间的规定效力，必须遵守民事诉讼法对期间的有关规定。举证期限一经指定或协商确定，非有正当理由，当事人和法官都不应任意改变；期间开始的时日不计算在期间内，即从送达举证通知书的次日起计算。最后一日是节假日的，应以节假日后的第一日为期限届满的日期；证据在期限届满前交邮的，不算过期。

设立举证期限制度的意义主要体现在以下两个方面：一是有利于实现程序公正，通过设置提供证据的期间，为双方当事人创设进行诉讼行为的平等机会，防止诉讼中的证据突袭，防止故意不提供证据，滥用诉讼权利，随时提出新证据来拖延诉讼的行为，以实现诉讼过程的平等。二是有利于诉讼效率的提高，即提高一次开庭的成功率，使案件能及时审结，既节省了司法资源，又避免了当事人的讼累，降低当事人的诉讼成本。

举证期限制度的主要包括以下几个方面的内容。

（1）举证期限的确定。确定举证期限有两种形式，一是当事人协商，二是人民法院确定。2015 年《民事诉讼法的解释》第 99 条规定：“人民法院应当在审理前的准备阶段确定当事人的举证期限。举证期限可以由当事人协商，并经人民法院准许。人民法院确定举证期限，第一审普通程序案件不得少于十五日，当事人提供新的证据的第二审案件不得少于十日。举证期限届满后，当事人对已经提供的证据，申请提供反驳证据或者对证据来源、形式等方面的瑕疵进行补正的，人民法院可以酌情再次确定举证期限，该期限不受前款规定的限制。”第 266 条规定：“适用简易程序案件的举证期限由人民法院确定，也可以由当事人协商一致并经人民法院准许，但不得超过十五日。被告要求书面答辩的，人民法院可在征得其同意的基础上，合理确定答辩期间。人民法院应当将举证期限和开庭日期告知双方当事人，并向当事人说明逾期举证以及拒不到庭的法律后果，由双方当事人在笔录和开庭传票的送达回证上签名或者按印。当事人双方均表示不需要举证期限、答辩期间的，人民法院可以立即开庭审理或者确定开庭日期。”第 277 条规定：“小额诉讼案件的举证期限由人民法院确定，也可以由当事人协商一致并经人民法院准许，但一般不超过七日。被告要求书面答辩的，人民法院可以在征得其同意的基础上合理确定答辩期间，但最长不得超过十五日。当事人到庭后表示不需要举证期限和答辩期间的，人民法院可立即开庭审理。”本解释与证据规定第 33 条规定的“指定的期限不得少于三十日”不一致，应以本解释为准。

（2）举证期限的计算。由人民法院指定举证期限的，自当事人收到案件受理通知书和应诉通知书的次日起计算。举证期限由当事人协商，并经人民法院准许的，其举证期限的计算由当事人协商确定并经人民法院认可。证据规定第 33 条规定：“人民法院应当在送达案件受理通知书和应诉通知书的同时向当事人送达举证通知书。举证通知书应当载明举证责任的分配原则与要求、可以向人民法院申请调查取证的情形、人民法院根据案件情况指定的举证期限以及逾期提供证据的法律后果。举证期限可以由当事人协商一致，并经人民法院认可。由人民法院指定举证期限的，……自当事人收到案件受理通知书和应诉通知书的次日起计算。”

（3）申请延长举证期限。2015 年《民事诉讼法的解释》第 100 条规定：“当事人申请延长举证期限的，应当在举证期限届满前向人民法院提出书面申请。申请理由成立的，人民法院应当准许，适当延长举证期限，并通知其他当事人。延长的举证期限适用于其他当事人。申请理由不成立的，人民法院不予准许，并通知申请人。”证据规定第 36 条还规定：“当事人在延长的举证期限内提交证据材料仍有困难的，可以再次提出延期申请，是否准许，由人民法院确定。”根据这两条规定，我们举证时限制度是采用法院指定举证期限、当事人约定举证期限为主，申请延长举证期限为补充的形式。这两条规定有三个特点：①采用“当事人主义”和“职权主义”相结合，既保护当事人申请延期的权利，同时又规定是否延期由人民法院依职权确定。②申请延期次数具有任意性，即当事人申请延期举证不受任何限制。③申请延期理由的法定性和不确定性。

（4）申请调查收集证据、证据保全和证人出庭作证与举证期限的关系。2015 年《民事诉讼法的解释》第 94 条规定：“当事人及其诉讼代理人因客观原因不能自行收集的证据，可以在举证期限届满前书面申请人民法院调查收集。”第 98 条规定：“当事人根据民事诉讼法第八十一条第一款规定申请证据保全的，可以在举证期限届满前书面提出。”第 117 条规定：“当事人申请证人出庭作证的，应当在举证期限届满前提出。”

本解释与证据规定第 19 条、第 23 条规定的申请人民法院调查收集证据、申请保全证据均“不得迟于举证期限届满前七日。”第 54 条规定：“当事人申请证人出庭作证，应当在举证期限届满十日前提出，并经人民法院许可。”不一致的，应以本解释为准。本解释仅规定在举证期限届满前提出，而未限定具体的期间比较方便当事人诉讼。

（5）申请鉴定和增加、变更诉讼请求或者提起反诉与举证期限的关系。证据规定第 25 条规定：“当事人申请鉴定，应当在举证期限内提出。”第 34 条规定：“当事人增加、变更诉讼请求或者提起反诉的，应当在举证期限届满前提出。”第 35 条规定：“当事人变更诉讼请求的，人民法院应当重新指定举证期限。”

（6）逾期举证的后果。逾期提供证据的，应当承担如下法律后果：第一，视为放弃举证权利。证据规定第 34 条规定：“当事人应当在举证期限内向人民法院提交证据材料，当事人在举证期限内不提交的，视为放弃举证权利。”第二，不组织质证。证据规定第 34 条规定：“对于当事人逾期提交的证据材料，人民法院审理时不组织质证。但对方当事人同意质证的除外。”第三，有理由的，视为未逾期。2015 年《民事诉讼法的解释》第 101 条规定：“当事人逾期提供证据的，人民法院应当责令其说明理由，必要时可以要求其提供相应的证据。当事人因客观原因逾期提供证据，或者对方当事人对逾期提供证据未提出异议的，视为未逾期。”第四，无理由的，不予采纳。2015 年《民事诉讼法的解释》第 102 条规定：“当事人因故意或者重大过失逾期提供的证据，人民法院不予采纳。”第五，处罚性采纳。2015 年《民事诉讼法的解释》第 102 条规定：“当事人因故意或者重大过失逾期提供的证据，人民法院不予采纳。但该证据与案件基本事实有关的，人民法院应当采纳，并依照民事诉讼法第六十五条、第一百一十五条第一款的规定予以训诫、罚款。当事人非因故意或者重大过失逾期提供的证据，人民法院应当采纳，并对当事人予以训诫。”第六，赔偿损失。2015 年《民事诉讼法的解释》第 102 条规定：“当事人一方要求另一方赔偿因逾期提供证据致使其增加的交通、住宿、就餐、误工、证人出庭作证等必要费用的，人民法院可予支持。”

（7）举证期限的例外情形。具体如下：第一，新证据不受举证期限的限制。证据规定第 41 条规定：第一审新的证据包括当事人收到对方交换的证据后提出的反驳证据；当事人在举证期满后新发现的证据；当事人确因客观原因无法在举证期限内提供，经人民法院准许，在延长的期限内仍无法提供的证据；当事人经人民法院准许延期举证，但因客观原因未能在准许的期限内提供，且不审理该证据可能导致明显裁判不公的，其提供的证据视为新证据。第二，证据规定第 35 条规定，当事人主张的法律关系的性质或民事行为的效力与人民法院根据案件事实作出的认定不一致的，经法官释明后，当事人变更诉讼请求的，不受原确定的举证期限限制，人民法院应重新指定举证期限。例如，双方当事人均认为合同有效，为履行发生争议，但法院审理中认为合同无效，必然会涉及当事人如何证明和法院认定合同无效所带来的损失问题，就应当重新确定举证期限让当事人进行这方面的举证。第三，证据规定第 34 条规定，一方当事人逾期提供的证据，对方当事人同意质证的，不受举证期限限制，人民法院应作证据采纳。因为当事人的民事诉讼权利是一种私权，当事人享有处分权、意思自治权。一方对另一方逾期提供的证据同意质证，是对抗辩权的一种放弃，只要不违背社会公共利益，人民法院就不应干涉，而应尊重当事人的意思自治权。因此，在审判实践中，对于当事人逾期提供的证据（包括涉及举证内容的申请事项），法官不应首先主动排除，而应在征求对方当事人意见后作出取舍及准许与否。

（8）举证期限存在的问题及其解决办法。根据法发〔2008〕42号最高人民法院关于适用《关于民事诉讼证据的若干规定》中有关举证时限规定的通知和2015年《民事诉讼法的解释》，举证期限存在如下几个具体的问题：第一，关于当事人提出管辖权异议后的举证期限问题。当事人在一审答辩期内提出管辖权异议的，人民法院应当在驳回当事人管辖权异议的裁定生效后，依照2015年《民事诉讼法的解释》第99条的规定，重新指定不少于15日的举证期限。但在征得当事人同意后，人民法院可以指定少于15日的举证期限。第二，关于对人民法院依职权调查收集的证据提出相反证据的举证期限问题。人民法院依照证据规定第15条调查收集的证据在庭审中出示后，当事人要求提供相反证据的，人民法院可以酌情确定相应的举证期限。第三，关于增加当事人时的举证期限问题。人民法院在追加当事人或者有独立请求权的第三人参加诉讼的情况下，应当依照2015年《民事诉讼法的解释》第99条的规定，为新参加诉讼的当事人指定举证期限。该举证期限适用于其他当事人。第四，关于二审新的证据举证期限的问题。在第二审人民法院审理中，当事人申请提供新的证据的，人民法院指定的举证期限，依照2015年《民事诉讼法的解释》第99条的规定，不得少于10日。第五，关于发回重审案件举证期限问题。发回重审的案件，第一审人民法院在重新审理时，可以结合案件的具体情况和发回重审的原因等情况，酌情确定举证期限。案件是因违反法定程序被发回重审的，人民法院在征求当事人的意见后，可以不再指定举证期限或者酌情指定举证期限。但案件因遗漏当事人被发回重审的，应为新参加诉讼的当事人指定举证期限。该举证期限适用于其他当事人。案件是因认定事实不清、证据不足发回重审的，人民法院可以要求当事人协商确定举证期限，或者酌情指定举证期限。

行政诉讼举证期限制度，是指在行政诉讼中负有举证责任的当事人应当在法律规定或法院依法指定的，就其作出的具体行政行为提出相应证据的诉讼期间制度。行政诉讼举证期限制度，对于实现程序公正和提高诉讼效益具有重要意义。

行政诉讼举证期限制度的主要包括以下几个方面的内容。

（1）举证期限的确定。行政诉讼举证期限的确定有两种情形，一是被告的举证期限依照法定，即《最高人民法院关于行政诉讼证据若干问题的规定》第1条规定："根据行政诉讼法第三十二条和第四十三条的规定，被告对作出的具体行政行为负有举证责任，应当在收到起诉状副本之日起十日内，提供据以作出被诉具体行政行为的全部证据和所依据的规范性文件。"二是原告或者第三人的举证期限由人民法院指定，即《最高人民法院关于行政诉讼证据若干问题的规定》第7条规定，原告或者第三人提供证据应当在开庭审理前或者人民法院指定的交换证据之日。

（2）延期举证。《最高人民法院关于行政诉讼证据若干问题的规定》第1条规定："被告因不可抗力或者客观上不能控制的其他正当事由，不能在前款规定的期限内提供证据的，应当在收到起诉状副本之日起十日内向人民法院提出延期提供证据的书面申请。人民法院准许延期提供的，被告应当在正当事由消除后十日内提供证据。"其第

7 条规定：原告或者第三人“因正当事由申请延期提供证据的，经人民法院准许，可以在法庭调查中提供”。

（3）逾期举证的后果。逾期举证需要承担的法律后果如下：第一，视为被诉具体行政行为没有相应的证据。《最高人民法院关于行政诉讼证据若干问题的规定》第 1 条规定：“被告不提供或者无正当理由逾期提供证据的，视为被诉具体行政行为没有相应的证据。人民法院准许延期提供的，被告应当在正当事由消除后十日内提供证据。逾期提供的，视为被诉具体行政行为没有相应的证据。”第二，视为放弃举证权利，即证据失权。其第 7 条规定：原告或者第三人“逾期提供证据的，视为放弃举证权利”。张卫平教授指出：“证据失权，有的称为举证时效、举证时限等，证据失权即当事人丧失提出证据的权利，实质是丧失证明权。”第三，证据不予接纳。其第 7 条规定：“原告或者第三人在第一审程序中无正当事由未提供而在第二审程序中提供的证据，人民法院不予接纳。”

5. 举证的方式

（1）随案移送。这种方式主要是在人民检察院提起公诉时使用。按照刑事诉讼法第 150 条的规定，人民检察院提起公诉时，其起诉书中应附有证据目录、证人名单和主要证据复印件或者照片。

（2）随案提交。刑事自诉案件的自诉人、民事案件的原告向人民法院提起诉讼时，应在提出起诉状的同时提交有关证据。人民法院在审查立案时要求其提出补充证据的，还应当补交。

（3）讯问、发问或询问。根据刑事诉讼法的规定，公诉人在宣读起诉书和被告人、被害人就起诉书指挥的犯罪进行陈述后，可以讯问被告人；被害人、附带民事诉讼的原告和辩护人、诉讼代理人，经审判长许可，可以向被告人发问；公诉人、当事人和辩护人、诉讼代理人经审判长许可，可以对证人、鉴定人发问。根据民事诉讼法的规定，当事人经法庭许可，可以向证人、鉴定人、勘验人发问。公诉人、当事人及其委托的辩护人、诉讼代理人通过讯问、发问或询问活动，即可向法庭提出被告人供述和辩解、证人证言、鉴定结论、勘验笔录等证据。

（4）当庭出示、播放或宣读。无论是刑事案件，还是民事、行政案件。当事人及其委托的辩护人、诉讼代理人均有权向法庭出示物证、书证，播放视听资料，宣读未到庭的证人的证言笔录、鉴定人的鉴定结论和勘验、检查笔录或现场笔录。

（5）申请调取。按照刑事诉讼法的规定，法庭审理过程中，当事人和辩护人、诉讼代理人有权申请通知新的证人到庭，调取新的物证，申请重新鉴定或者勘验。按照民事诉讼法的规定，当事人有权要求重新进行调查、鉴定或者勘验。

二、审判中的质证

（一）质证的概念

（1）广义概念。质证是指在诉讼过程中，由法律允许的质证主体借助采取各种证据方法，旨在对包括当事人提供的证据在内的各种证据采取询问、辨认、质疑、说明、解释、咨询、辩驳等形式，从而对法官的内心确信形成特定证明力的一种诉讼活动。

（2）狭义概念（我国立法和司法实践中采用）。质证是指在庭审过程中，由诉讼当事人就法庭上所出示的证据进行的对质、核实等活动。

（二）质证的作用

（1）质证是证据法上的重要内容，是证明过程的必要环节。

（2）质证是当事人的一项重要诉讼权利，是当事人为实现胜诉目的而采取的必要手段（对对方证据的异议权，为了维护自己的诉讼利益和职责所系）。

（3）质证是法院审查、认定证据效力（要素）的必要前提。

（三）质证程序的模式选择

虽然各国在庭审活动中都把当庭质证作为庭审活动的主要内容之一，但是，由于受法律传统、文化背景、立法者的价值选择等因素的影响，产生了不同的质证程序模式。

1. 英美法系国家的质证模式

在以当事人主义为主要特征的英美法系国家，质证程序完全在当事人之间进行并为当事人所控制，法官在质证过程中始终处于消极地位，仅作为质证程序的组织者。作为当代英美法系的典型代表，美国的民事诉讼是以证人证言为中心的审判体制。对证人的交叉询问，成为美国对证据进行质证的一种常规的方式。

在美国的民事诉讼中，质证阶段和程序分别在证据开示程序（证据交换——证据的形式上的提交）、审前会议（部分涉及证据的实质性问题，确定案件争执点）以及庭审（建立证据优势）这三个阶段中解决的。

2. 大陆法系国家的质证模式

在以职权主义为主要特征的大陆法系国家诉讼程序中，法官主持质证活动并始终指挥质证活动的进行，当事人在质证过程中的诉讼行为受法官的控制，当事人始终处于一种消极、被动的地位。

在庭审过程中，证据质证一般实行职权式询问，即以法官为主，以当事人为辅的询问方式，是否实际采取交叉询问的方式完全听凭法官的自由裁量。因此，大陆法系的质证方式明显缺乏应有的活力和程序效果。

3. 我国质证模式的选择

在质证的程序模式选择上，我国应当结合两大诉讼模式的各自长处和优点，采取兼收并蓄、趋利避害的现实做法，实行审判长指挥下的交叉质询方式。在具体操作上，可按原告、被告或控辩双方的先后顺序就相对一方出示的证据，以及法院收集、调查的证据进行质疑和辩论。质证时，法官应当处于主持质证活动的开展和最后裁决的地位，引导当事人或控辩双方围绕事实争执点，出示各自证据，互相质证，开展辩论，直接对抗。法官则居中听取、观察、判断、鉴别证据真伪，在认定证据和查明事实的基础上，依法作出判决。

《最高人民法院关于民事诉讼证据的若干规定》第 51 条：“质证按下列顺序进行：原告出示证据，被告、第三人与原告进行质证；被告出示证据，原告、第三人与被告进行质证；第三人出示证据，原告、被告与第三人进行质证。人民法院依照当事人申请调查收集的证据，作为提出申请的一方当事人提供的证据。人民法院依照职权调查收集的证据应当在庭审时出示，听取当事人意见，并可就调查收集该证据的情况予以说明。”本条是对质证顺序的规定。

（四）对证人证言的质证

《最高人民法院关于民事诉讼证据的若干规定》第 55 条：“证人应当出庭作证，接受当事人的质询。证人在人民法院组织双方当事人交换证据时出席陈述证言的，可视为出庭作证。”本条规定了证人到庭、接受询问的义务。证人到庭接受双方当事人的询问与质证，可以增加透明度和真实性，也有利于法院对证言的审查采信。证人到庭后的询问，在程序上主要如下：主询问（直接询问）—反询问（交叉询问）—再（主）询问—再反询问等反复循环过程。

1. 主询问

主询问（examination-in-chief）又称直接询问（direct examination），作为英美法的传统，它是开庭审理询问证人的第一阶段。主询问通常由提供证人的一方当事人通过其律师进行。当事人将通过询问自己提供的证人，借助证人所了解的案件事实情况，把己方主张的理由及信息、材料来源明确地反映出来，以取得事实审理者的理解和同情。在许多方面，主询问比反询问有更多的限制。在进行主询问后，进行主询问的一方可以就对方进行反询问中所涉及的新的事项进行再主询问。也就是说，在交叉询问结束后，进行主询问的一方根据情况需要，可以决定再次询问其传唤的证人，要求该证人就同一主题所涉及的相关事项，作必要的补充说明。其目的在于恢复证人证言中被对方反询问所削弱的有关内容，从而有利于澄清证人在交叉询问中所暴露出的矛盾之处以及仍被质疑的部分。

为了使直接询问获得最佳的效果，律师应预先设计好如何组织询问，并安排妥当询问的次序。同时，对于在主询问中传唤证人出庭作证的一方而言，对于己方证人的直接询问中，应严格遵循这样一些规则：①直接询问应仅限于与案件具有关联性的事实；②当事人不得以反询问或其他方式质疑或攻击自己的证人；③不得进行诱导性询问；④询问不得以导致答复的问题为依据等。再主询问采用的方式与主询问基本相同，只是较为放宽了对诱导性询问的限制，其规则如下：①凡未进行交叉询问的，不得进行再询问。未经法官许可，当事人或律师不得在再询问中提起在主询问或交叉询问中遗漏的问题。②再询问应限于反询问中出现的事项。未经法官的许可，不得引进新的事项，除非由于对方的反询问引出了新的事项。③不得提出诱导性问题，但就同一事项，在主询问中已允许提出诱导性问题的，不在此限。

设置主询问与反询问规则是从本质上改变我国传统职权主义审判模式的必要前提，是引入英美法当事人主义对抗辩论式的必然要求。设置与反询问相对应的主询问规则，在我国有以下必要性：①有助于贯彻“谁主张谁举证”的举证责任原则；②有助于贯彻诉讼法上的直接、言词原则；③有助于克服法定证据主义的弊端，积极制定和采取正当程序下的证据规则。

2. 反询问

反询问（cross examination）亦称交叉询问，它是开庭审理询问证人的第二个阶段，即在提供证人的一方对该证人进行主询问后，再由对方当事人或律师对该证人进行的询问。在英美法中，设立反询问主要基于两个目的：其一，暴露对方证人的证言矛盾、错误或不实之处，降低其证据的证明效力，或者证明这个证人是不可信的。其二，使对方证人承认那些对本方有利的有关事实。一方的律师若能在交叉询问中证实为另一方所主张的相反的事实，即对方所诉不是事实或者不真实，这就等于对方承认了某些有利于本方的事实，则该种观点就会被裁定为最终答复，对方不能反驳。

交叉询问是英美法中最具诉讼特色的程序。作为一种通例规则，反询问人比主询问人享有更广泛的自由。他可以提出诱导性问题，他可以就前后不一致的陈述进行发问并证实那些被否认的事实的存在，他可以就证人的不良品格、先前的确信、不可靠性或抱有偏见进行发问，并且当这些被否定时，证人应将对这种确信、不可靠性在身体上或精神状态上的成因或者偏见予以证实。

尽可能短地完成对证人的交叉询问是律师努力争取的目标。时间过长的交叉询问有可能使事实审理者产生这样一种印象：这位证人的证言具有可信性。因此，从诉讼技巧上，律师不宜给对方证人提供过多的时间和机会，使他能够趁机对自己已提供的证言作详尽的说明，从而增大证据的可信度。有鉴于此，律师要在庭审前对所要提问的对方每一个证人的历史及背景情况进行调查。

在英美法国家的庭审中，律师对出庭作证的证人进行交叉询问所采用的质疑方法，主要涉及六个方面：其一为感觉缺陷；其二为证人的品格；其三为证人的精神状态；其四为证人的重罪前科与劣迹；其五为该证人以前的自相矛盾的陈述；其六为证人一方的利益或偏见。交叉询问是一种比主询问更具灵活性、对抗性的问答形式，法律上一般对其所作的限制要比对主询问少。除在成文法上制定了一些相关规则外，英美法系的一些判例中也体现了如下规则：①对一方当事人不利的证据，除非他有在反询问中予以考验其真实性的机会，否则不可采纳；②反询问不限于在主询问中证明的事实，它可以针对一切争执中的事实或有关联性的事实，以及尽管没有关联性，但可以用以质疑证人信用或可靠性的事实，如他过去所作的不一致的陈述；③导致答复的问题可以提出，证人必须答复；④反询问应针对事实，而不是针对论据；⑤如果认为本来属于不可采纳的文书，但因是在反询问中提出的，而予以采纳，那将是错误的；⑥不反询问证人可能等于接受他对某一事实的陈述；⑦除仅为提出书面申请证人出庭外，所有证人都能受到反询问；⑧法官可以在反询问中不准许提出他认为是强人所难或无关联的问题。

（五）质证的主体

质证的主体，即有权在审判中对证据提出质疑和进行质问的人。从法律规定和法理推导来看，很容易得出诉讼当事人及其法律代理人是当然的质证主体。具体来说，在刑事诉讼中，质证的主体包括检察官、辩护律师、被告人、被害人、附带民事诉讼原告、被告、第三人及其代理律师。在民事诉讼、行政诉讼中，质证的主体包括原告、被告、第三人及其代理律师。法官是否属于质证的主体，学术界有两种观点，一般认为法官不是质证的主体，他在法庭审理中的任务主要是“听证”，主要职责是保障质证的公正和有序。

（六）质证的对象

质证的对象，又称为质证的客体，即在审判中由一方提出并由对方进行质疑或质问的证据。在这个问题上，学术界有两种观点：一种观点认为，质证的对象包括诉讼法规定的各种证据，既包括言词证据又包括实物证据；另一种观点认为，质证的对象仅限于言词证据，不包括实物证据。因为，实物证据是“哑巴证据”，质证主体不可能对它进行“询问”。

笔者认为，质证的对象应当包括所有在法庭上出示的证据。第一，我国的诉讼法律并没有把质证局限在言词证据。《最高人民法院关于执行〈刑事诉讼法〉若干问题的解释》第 58 条规定，“证据必须经过当庭出示、辨认、质证等法庭调查程序查证属实，否则不能作为定案的根据”。《最高人民法院关于民事诉讼证据的若干规定》第 47 条、《最高人民法院关于行政诉讼证据若干问题的规定》第 35 条也有类似规定。第二，质证活动的开展并非是单一的询问，还有质疑、评价、批判等方式方法。固然对言词证据主要是采取询问或交叉询问的质证方式，但是，对实物证据也可以进行，如质疑、评价等活动，还可以对持有人、提取人、保管人等进行询问。质证的对象除了当事人提交的证据外，还包括法院调查收集的证据。《最高人民法院关于民事诉讼证据的若干规定》第 47 条：“证据应当在法庭上出示，由当事人质证。未经质证的证据，不能作为认定案件事实的依据。”当事人在证据交换过程中认可并记录在卷的证据，经审判人员在庭审中说明后，可以作为认定案件事实的依据。

广义上的质证，是指在诉讼过程中，由法律允许的质证主体借助采取各种证据方法，旨在通过对包括当事人提供的证据在内的各种证据采取询问、辨认、质疑、说明、解释、咨询、辩驳等形式，从而对法官的内心确信形成特定证明力量的一种诉讼活动。目前我国立法例及司法实践上均采用狭义的“质证”，主要是指在庭审过程中，由诉讼当事人就法庭上所出示的证据（材料）进行的对质、核实等活动。质证是证据法的重要内容之一（证据运用过程的一个环节）；是当事人的一项诉讼权利，是其为实现胜诉目的而采取的必要手段；是法院审查、认定证据效力，采信证据作出裁判的必要前提。

（七）质证的内容

证据资格和证明力是质证的两项内容。

《最高人民法院关于民事诉讼证据的若干规定》第 50 条："质证时，当事人应当围绕证据的真实性、关联性、合法性，针对证据证明力有无以及证明力大小进行质疑、说明与辩驳。"这是对质证内容的规定。

质证是对法庭上出示的证据材料进行"质疑、说明与辩驳"，那么，从什么方面（或者说哪些内容）进行质疑、说明与辩驳呢？一般认为主要从证据的三大要素（或者说采用标准）来进行。而这三大要素又决定、体现了证据的资格和证明价值两个方面。

证据资格，又称"证据能力、容许性、可采性"，是指证据被采用而必须具备的条件，即被法律所容许为证据的资格。这个问题是国家意志的表现、是法定的。

证明价值，又称"证明力、证据力、关联性"，是指证据在证明、证实待证事实（证明对象）存在或不存在上体现出来的价值，包括价值的有无、大小强弱等程度。这个问题离不开法官的内心确信、自由裁量。

证据的三大要素如下：①合法性。要求表现形式符合法定（法定证据之种类）；事实证据提取主体、过程合法；材料证据形成主体、过程、内容、形式合法。②客观性。亦称真实性。要求形式客观能感知；内容客观非臆测、虚造。③关联性。形式关联在环境；实质关联在证明力。

证据资格主要体现在合法性上，客观性和形式关联也有决定作用。而证明价值主要体现在客观性和实质关联上。当然，证据资格是第一位的；证明价值是第二位的。

（八）质证的原则

在职权主义诉讼模式的长期影响下，我国的司法人员缺乏当事人质证的意识观念，质证制度也存在不少缺陷：①质证的规则不完善；②质证的机制不健全；③证人、鉴定人很少出庭；④书面证言和各种笔录充斥庭审过程；⑤法官对质证的干预太多；⑥当事人的质证往往流于形式；等等。因此，加强和完善我国质证制度是我国司法改革的重要任务之一。

要完善我国的质证制度，必须确立当庭质证、直接质证和公开质证等原则。所谓当庭质证，是指所有质证活动都必须在法庭审判过程中当庭进行。民事诉讼法第 66 条有此要求。所谓直接质证，是指一切证据都必须经过当事人在法庭上的直接质疑和质问，才能作为定案的根据，如刑事诉讼法第 156、160 条。所谓公开质证，是指质证活动应当在开庭审判时公开进行。

（九）质证的程序

质证的程序属于具体的操作规程，即在具体诉讼活动中，质证应该按照什么顺序、以什么方式进行。

（1）质证的顺序，是指质证的时间顺序或先后顺序。一般是先控方后辩方。

（2）质证的程式，是指质证的具体操作方式。一般有单个质证（一证一质）、分段质证（一组一质）、单方质证（一方全部证据举完后对方质证）、综合质证（全案一质）。

（3）质证的基本方法，交叉询问。

【课堂讨论】

一审判决认定，被告人陈某挺，在安溪县交通运输局工程股和安溪县运输管理所任职时，受单位指派到安溪县德苑片区河滨西路市政工程延伸段项目协助工作，作为安溪县新跃南街市政工程、省道307线安溪魁斗至湖头路面加宽工程A标段、B标段的业主代表，期间利用职务便利收受工程承建商谢某惠、林某龙、许某利赠送的现金共计人民币16万元，为工程承建商在施工协调管理、工程进度款拨付审核、工程竣工验收结算等方面提供帮助。具体如下。

（1）2007年春节前的一天，被告人陈某挺在家中收受安溪县德苑片区河滨西路市政工程延伸段项目承建商谢某惠赠送的人民币5 000元。2008年春节前的一天及2013年4月的一天，被告人陈某挺在家中两次收受安溪县新跃南街市政工程承建商谢某惠先后赠送的人民币10 000元和20 000元。

（2）2010年9月或10月的一天以及同年12月的一天，被告人陈某挺在家中两次收受省道307线安溪魁斗至湖头路面加宽工程A标段承建商林某龙赠送的各人民币10 000元，合计人民币20 000元。

（3）2010年10月底11月初的一天及2012年12月的一天，被告人陈某挺在家中两次收受省道307线安溪魁斗至湖头路面加宽工程B标段承建商许某利以聘请其整理该工程内业资料为名而赠送的各人民币50 000元，合计人民币100 000元。2011年1月的一天，被告人陈某挺还收受许某利赠送的人民币5 000元。

一审认为，被告人陈某挺的行为已构成受贿罪。其家属代为退出部分赃款，可酌情从轻处罚。据此判决如下。

（1）被告人陈某挺犯受贿罪，判处有期徒刑10年6个月，并处没收财产人民币1万元。

（2）扣押在泉州市泉港区人民检察院的赃款人民币30 000元，予以追缴，由扣押单位上缴国库。继续追缴被告人陈某挺的违法所得人民币130 000元，限本判决生效后10日内缴纳。

一审判决后，被告人陈某挺不服提出上诉，认为许某利给其的10万元系其兼职的劳动报酬，不能认定为受贿犯罪，请求改判。但对赠送的其余60 000元构成受贿罪不持异议。

后委托律师做二审辩护人。然而，上诉人陈某挺向二审律师反映：一审律师将被告人陈某挺编制整理的内业资料500页的书证，提供给检察院，但公诉人不提交法庭质证。还有，一审律师认为被告人陈某挺的《评估师技术证书》与本案无关，故不将被告人陈某挺《评估师技术证书》提交法庭质证。

二审律师到法院重点查阅了有关许某利送10万元之定性的证言。具体如下。

（1）10月30日的许某利证言。侦查人员问："你为何要叫陈某挺做内业资料？答：因为陈某挺比较有经验，懂得做内业资料，我花10万元包给他做内业资料"。"问：你为何不叫（你雇用的员工）小伟和玉桃做内业资料？答：他们不懂得做。"

（2）2014年1月5日许某利的证言。侦查员问："你工程的内业资料是否必须由陈某挺才能完成？”证人许某利答：“这个当然不是，陈某挺是现场的业主代表，按规定是不能给我做该工程的内业资料的。”

（3）永忠（安溪县交通运输局副局长）的证言说：“内业资料需由施工单位编制，交由业主代表接收后逐级报。”

（4）2014 年 9 月 25 日和 2015 年 1 月 6 日的两次庭审笔录中许某利均出庭作证说：“其承包该项目后，原想请一个叫韦小宝做内业资料，韦小宝开价要 12 万元的劳务报酬，其认为太贵，才先后两次请陈某挺帮他做内业资料，第一次陈某挺没答应，第二次才答应，当时说好由陈某挺完成内业资料的编制整理，给付报酬 10 万元。”

公诉人不提交内业资料 500 页的书证给法庭质证是否正确？一审律师不将被告人陈某挺《评估师技术证书》提交法庭质证是否正确？被告人陈某挺因编制整理内业资料所得的 10 万元是否构成受贿犯罪？

【司法考试真题链接】

1. 关于证据的审查判断，下列哪一说法是正确的？（　）（2011 年卷二单选第 27 题）

A. 被害人有生理缺陷，对案件事实的认知和表达存在一定困难，故其陈述在任何情况下都不得采信

B. 与被告人有利害冲突的证人提供的对被告人不利的证言，在任何情况下都不得采信

C. 公安机关制作的放火案的勘验、检查笔录没有见证人签名，一律不得采信

D. 搜查获得的杀人案凶器，未附搜查笔录，不能证明该凶器来源，一律不得采信

2. 关于在行政诉讼中法庭对证据的审查，下列哪一说法是正确的？（　）（2010 年卷二单选第 49 题）

A. 从证据形成的原因方面审查证据的合法性

B. 从证人与当事人是否具有利害关系方面审查证据的关联性

C. 从发现证据时的客观环境审查证据的真实性

D. 从复制件与原件是否相符审查证据的合法性

3. 依据行政诉讼的有关规定，下列哪一证据材料在原告不能自行收集，但能够提供确切线索时，可以申请人民法院调取？（　）（2004 年卷二单选第 46 题）

A. 涉及公共利益的证据材料

B. 涉及个人隐私的证据材料

C. 涉及中止诉讼事项的证据材料

D. 涉及回避事项的证据材料

4. 关于行政诉讼证据，下列哪一说法是正确的？（　）

A. 人民法院依职权调取的证据，应当在法庭出示，由当事人质证

B. 涉及商业秘密的证据，可以不公开质证

C. 第二审程序中，所有第一审认定的证据无须再质证

D. 生效的人民法院判决书认定的事实无须质证，可以作为定案的证据

5. 关于举证时限和证据交换的表述，下列哪一选项是正确的？（ ）（2009 年卷二单选第 41 题）

A. 证据交换可以依当事人的申请而进行，也可以由法院依职权决定而实施

B. 民事诉讼案件在开庭审理前，法院必须组织进行证据交换

C. 当事人在举证期限内提交证据确有困难的，可以在举证期限届满之后申请延长，但只能申请延长一次

D. 当事人在举证期限内未向法院提交证据材料的，在法庭审理过程中无权再提交证据

6. 关于民事诉讼中的证据收集，下列哪些选项是正确的？（ ）（2008 年卷三多选第 90 题）

A. 在王某诉齐某合同纠纷一案中，该合同可能存在损害第三人利益的事实，在此情况下法院可以主动收集证据

B. 在胡某诉黄某侵权一案中，因客观原因胡某未能提供一项关键证据，在此情况下胡某可以申请法院收集证据

C. 在周某诉贺某借款纠纷一案中，周某因自己没有时间收集证据，于是申请法院调查收集证据，在此情况下法院应当进行调查收集

D. 在武某诉赵某一案中，武某申请法院调查收集证据，但未获法院准许，武某可以向受案法院申请复议一次

7. 关于举证责任分配，下列哪些选项是正确的？（ ）（2008 年·四川卷三多选第 81 题）

A. 县供电局安装的高压线电死了刘某的牛，刘某诉请损害赔偿，县供电局应就其对刘某的牛的死不存在过错承担举证责任

B. 张某因被李某养的狗咬伤诉至法院，要求李某赔偿。李某应就其对张某被狗咬伤不存在过错承担举证责任

C. 陈某委托黄某去广州购买一批牛仔裤，后因牛仔裤滞销，陈某不承认黄某是代理自己去购买牛仔裤。黄某应就自己是否有代理权的事实承担举证责任

D. 王某因被 A 公司辞退不服而诉至法院，A 公司应对辞退王某的事实承担举证责任

8. 根据刑事诉讼法的规定，辩护律师收集到的下列哪一证据应及时告知公安机关、检察院？（ ）（2016 年卷二单选第 27 题）

A. 强奸案中被害人系精神病人的证据

B. 故意伤害案中犯罪嫌疑人系正当防卫的证据

C. 投放危险物质案中犯罪嫌疑人案发时在外地出差的证据

D. 制造毒品案中犯罪嫌疑人犯罪时刚满 16 周岁的证据

9. 关于刑事诉讼法规定的证明责任分担，下列哪一选项是正确的？（ ）（2016 年卷二单选第 30 题）

A. 公诉案件中检察院负有证明被告人有罪的责任，证明被告人无罪的责任由

被告方承担

B. 自诉案件的证明责任分配依据“谁主张，谁举证”的法则确定

C. 巨额财产来源不明案中，被告人承担说服责任

D. 非法持有枪支案中，被告人负有提出证据的责任

10. 关于网络犯罪案件证据的收集与审查，下列哪一选项是正确的？（　）（2015年卷二单选第24题）

A. 询问异地证人、被害人的，应由办案地公安机关通过远程网络视频等方式进行

B. 收集、提取电子数据，能够获取原始存储介质的应封存原始存储介质，并对相关活动录像

C. 远程提取电子数据的，应说明原因，并对相关活动录像

D. 对电子数据涉及的专门性问题难以确定的，可由公安部指定的机构出具检验报告

第十八章　证明的结果

【案例导入】原告刘某妹，女，37 岁，与广东省佛山市某实业有限公司（集体企业）签订劳动合同，担任机械工人，某年某日在使用机器生产时因困乏，其手臂不小心被机器卷入碾压致伤住院治疗（住院 47 天，休息 3 个月）后仍留下残疾，丧失了部分劳动能力。刘某妹便委托律师向广东省佛山市某实业有限公司进行工伤索赔。

问：刘某妹构成工伤？刘某妹应当如何进行工伤索赔？刘某妹证明的结果是什么？

第一节　认　　证

一、认证的概念和特征

所谓认证，即证据的审核认定，是指审判人员在证明主体举证的基础上，行使审判权力，依据法律规定、专业知识和日常生活经验，对证据是否具有证据可采性、有无证明力及其大小予以审核和确定的活动。《最高人民法院关于民事诉讼证据的若干规定》第 64 条规定，审判人员应当依照法定程序，全面、客观地审核证据，依照法律的规定、遵循法官职业道德，运用逻辑推理和日常生活经验，对证据有无证明力和证明力大小独立进行判断，并公开判断的理由和结果。因此，认证是司法证明活动的最初结果之一，也是人民法院依法裁判的前提。《最高人民法院关于民事诉讼证据的若干规定》第 63 条规定，人民法院应当以证据能够证明的案件事实为依据依法作出裁判。

认证活动在民事诉讼中成为常态，但目前在刑事诉讼中做得不够，有待加强。一般来说，认证活动具有以下几个特征。

（1）认证的主体是对诉讼案件负有审理责任的审判人员，即基于审判案件需要而组成合议庭或独任庭的人员，包括组成合议庭的审判长、审判员或陪审员和组成独任庭的审判员。除此之外，其他任何人员（包括法院未参与案件审理工作的其他审判人员）都无权对证据进行认定。

（2）认证的前提是经过举证和质证。审判人员只有在经过当事人举证和质证的基础上，才能对证据进行分析判断，进而对其是否具备证据资格，有无证明力及其大小，是否具有证据可采性予以认定。如果没有证明主体的举证和法庭组织的质证，审判人员的认证活动便无法进行。

（3）认证的内容是审核确定证据是否具有证据能力，判明其证明力的有无和大小，以及证据是否具有证据可采性。具体地说，就是审判人员通过庭审活动，对控诉方或当事人所提出的证据进行审查、核实及分析、判断，以确定其是否具有客观性、相关性和合法性，进而对其能否作为诉讼证据采纳，对系争事实能否起到证明作用及证明作用的大小作出确认。

（4）认证的依据是法律规定、法官职业道德和日常生活经验。案件的审判人员对证据是否具有证据能力和证明力的有无及大小作出认定，其依据是法律规定、法官职业道德和自己所具有的知识及日常生活经验。因此，审判人员必须按照法律规定和法官职业道德进行认证，违反法律规定和法官职业道德进行的认证自然无效。同时，审判人员必须具备丰富的法律专业知识、自然科学知识和日常生活经验，才能对证据证明力的有无和大小作出正确的认定。

（5）认证的效力及于判决和裁定。审判人员对证据是否具有证据能力，对认定诉讼系争事实有无证明力及其大小进行审核并确定后，对判决和裁定产生拘束力，即判决和裁定所依据的证据受到认证的限制，只能在认证范围内作出。未经认定的证据，审判人员不得作为定案的依据。

二、认证的前期准备工作

合议庭或独任庭的审判人员对证据作出认定之前，按照三大诉讼法的有关规定，认证的前期需要进行以下各项准备工作，以保证认证的正确性和有效性。

（1）讯问被告人。根据刑事诉讼法的规定，审判人员在公诉人讯问被告人，以及被害人、附带民事诉讼的原告和辩护人、诉讼代理人向被告人发问后，认为需要审查核实有关证据或查明某些事实的，可以讯问被告人。

（2）询问证人、鉴定人。根据刑事诉讼法的规定，审判人员在公诉人、当事人和辩护人、诉讼代理人对证人、鉴定人发问后，认为需要审查核实有关证据或查明某些事实的，也可以询问证人、鉴定人。在民事、行政审判中，审判人员亦可以对证人、鉴定人进行询问。

（3）听取当事人等对证据的意见。根据刑事诉讼法的规定，审判人员在公诉人、辩护人向法庭出示物证或当庭宣读未到庭的证人的证言笔录、鉴定人的鉴定结论、勘验笔录和其他作为证据的文书后，应当听取公诉人、当事人和辩护人、诉讼代理人对证据的意见。根据民事诉讼法的规定，法庭辩论终结，审判长应按照原告、被告、第三人的先后顺序征询各方最后意见（包括对证据的意见）。此外，在公诉人、被害人及其诉讼代理人和被告人及其辩护人之间和民事当事人或行政诉讼当事人之间对证据进行互相辩论时，审判人员亦应认真听取。

（4）调查核实证据。根据刑事诉讼法的规定，法庭审理过程中，合议庭对证据有疑问的，可以宣布休庭，对证据进行调查核实；人民法院调查核实证据，可以进行勘验、检查、扣押、鉴定和查询、冻结。根据民事诉讼法的规定，当事人及其诉讼代理人因客观原因不能自行收集的证据，或者人民法院认为审理案件需要的证据，人民法院应当调查收集；人民法院应当按照法定程序，全面、客观地审查核实证据；人民法院有权向有关单位和个人调查取证。同时，在法庭审理过程中，经当事人要求，人民法院有权决定重新进行调查、鉴定或者勘验。

三、认证的具体要求和内容

（一）认证的具体要求

根据《最高人民法院关于民事诉讼证据的若干规定》第 65~79 条的规定，审判人员对证据的审核认定应当遵循以下具体要求。

（1）审判人员对单一证据可以从以下几个方面进行审核认定：①证据是否原件原物，复印件、复制品与原件原物是否相符；②证据与本案事实是否相关；③证据的形式、来源是否符合法律规定；④证据的内容是否真实；⑤证人或者提供证据的人，与当事人有无利害关系。

（2）审判人员对案件的全部证据，应当从各证据与案件事实的关联程度、各证据之间的联系等方面进行综合审查判断。人民法院认定证人证言，可以通过对证人的智力状况、品德、知识、经验、法律意识和专业技能等的综合分析作出判断。在民事审判中，双方当事人对同一事实分别列出相反的证据，但都没有足够的依据否定对方证据的，人民法院应当结合案件情况，判断一方提供证据的证明力是否明显大于另一方提供证据的证明力，并对证明力较大的证据予以确认；证据的证明力无法判断导致争议事实难以认定的，人民法院应当依据举证责任分配的规则作出裁判。

（3）在诉讼中，当事人为达成调解协议或者和解的目的作出妥协所涉及的对案件事实的认可，不得在其后的诉讼中作为对其不利的证据；以侵害他人合法权益或者违反法律禁止性规定的方法取得的证据，不能作为认定案件事实的依据。

（4）下列证据不能单独作为认定案件事实的依据：①未成年人所作的与其年龄和智力状况不相当的证言；②与一方当事人或者其代理人有利害关系的证人出具的证言；③存有疑点的视听资料；④无法与原件、原物核对的复印件、复制品；⑤无正当理由未出庭作证的证人证言。此外，以侵害他人合法权益或者违反法律禁止性规定的方法取得的证据，不能作为认定案件事实的根据；在诉讼中，当事人为达成调解协议或者和解的目的作出妥协所涉及的对案件事实的认可，不得在其后的诉讼中作为对其不利的证据。

（5）人民法院认定证人证言，可以通过对证人的智力状况、品德、知识、经验、法律意识和专业技能等的综合分析作出判断。

（6）人民法院应当在裁判文书中阐明证据是否采纳的理由，但对当事人无争议的证据，是否采纳的理由可以不在裁判文书中表述。

（二）认证的内容

（1）当事人一方提出的下列证据，对方当事人提出异议但没有足以反驳的相反证据的，人民法院应当确认其证明力：①书证原件或者与书证原件核对无误的复印件、照片、副本、节录本；②物证原物或者与物证原物核对无误的复制件、照片、录像资料等；③有其他证据佐证并以合法手段取得的、无疑点的视听资料或者与视听资料核对无误的复制件；④一方当事人申请人民法院依照法定程序制作的对物证或现场的勘验笔录。此外，诉讼过程中，当事人在起诉状、答辩状、陈述及其委托代理人的代理词中承认的对己方不利的事实和认可的证据，人民法院应当予以确认，但当事人反悔并有相反证据足以推翻的除外。

（2）下列证据，审判人员可以确认其证明力：①人民法院委托鉴定部门作出的鉴定结论，当事人没有足以反驳的相反证据和理由的；②一方当事人提出的证据，另一方当事人认可或者提出的相反证据不足以反驳的；③一方当事人提出证据后，另一方当事人提出异议并提出反驳证据，对方当事人予以认可该反驳证据。

（3）双方当事人对同一事实分别举出相反的证据，但都没有足够的依据否定对方证据的，人民法院应当结合案件情况，判断一方提供证据的证明力是否明显大于另一方提供证据的证明力，并对证明力较大的证据予以确认。证据的证明力无法判断导致争议事实难以认定的，人民法院应当依据举证责任分配的规则作出裁判。

（4）人民法院就数个证据对同一事实的证明力，可以依照下列原则认定：①国家机关、社会团体依职权制作的公文书证的证明力一般大于其他书证；②物证、档案、鉴定结论、勘验笔录或者经过公证、登记的书证，其证明力一般大于其他书证、视听资料和证人证言；③原始证据的证明力一般大于传来证据；④直接证据的证明力一般大于间接证据；⑤证人提供的对与其有亲属或者其他密切关系的当事人有利的证言，其证明力一般小于其他证人证言。

四、认证的方式

根据审判实践经验，认证的方式主要有以下几种。

（1）一证一认。所谓一证一认，顾名思义，就是对每一个证据经当事人双方举证和质证后，由审判人员对该证据作出认定并说明理由。这种认证方式简捷、明晰、脉络清楚，让人一目了然。但由于是以每一个证据为一个单元，割断了证据之间的相互联系，因而难以纵览全局、融会贯通，匆忙之下作出认定极有可能导致认证错误。同时，这种认证方式对审判人员的应变能力要求较高，一般较难掌握。因此，一般只对案情简单、证据特征明显、真假易辨的案件，采用这种认定方式。

（2）一组一认。所谓一组一认，就是对一组证据进行统一认定，具体是指将证明某一事实的有一定关联的几个证据归纳为一组，在其举证和质证完毕之后，由审判人员对该组中的各个证据同时进行认定，并说明理由。这种认证方式需要审判人员按其证明的事实进行分类、归纳，然后一并作出认定，虽然有一定的难度，但由于审判人员对一组中各个证据及其相互之间的关系有比较全面的了解，因而不易出现认定错误或认定后出现各个证据相互之间仍有矛盾的现象。因此，对案情不太复杂、法律关系比较明确、证据对待证事实的证明作用比较明显的案件，一般采用这种认证方式。

（3）综合认证。所谓综合认证，是指待全案所有的证据全部举证和质证完毕后，审判人员再对其进行分析判断，一并加以确认，并说明理由。由于综合认证是在全部证据均已举证和质证完毕之后进行的，审判人员对全部证据及其相互之间的关系有了全面、系统的认识，因而能够避免一证一认、一组一认可能发生的错误。因此，对于案情比较复杂、证据比较多、证据对待证事实的证明作用不太明显的案件、原则上应采用这种认证方式。

五、认证的时间

审判人员对于证据的认定，根据审理的具体情况和认证方式的不同，可以分别在以下时间进行。

（1）在举证和质证后立即认证。这种认证需求审判人员有很强的分析、判断能力和反应能力，且仓促之中容易发生错误，因而一般适用于对少数的单个证据或一组证据的认定。

（2）在法庭调查结束时进行认证。由于法庭调查已经结束，全部证据均已举证和质证完毕，审判人员对全案证据有了比较清楚的认识，此时对证据作出认定一般不容易发生错误，因此对部分单个证据或一组证据可以在此时进行认定。

（3）在法庭辩论结束时进行认证。经过控辩双方或双方当事人及其诉讼代理人的辩论和反驳，证据的真假已经清楚，疑点已经消除，此时对证据作出认定不容易发生错误。因此，多数的单个证据或一组证据可以在此时进行认定。

（4）在合议庭评议时进行认证。合议庭进行评议时，应对案内所有证据作出认定，然后在当庭或定期宣告判决时，审判长或审判员应当对证据进行公开认定，并说明理由。

第二节　司 法 认 知

一、司法认知概述

（一）司法认知的概念

司法认知（judicial notice），亦称“审判上的认知”或“审判上知悉”，是指法院在审判过程中以裁定的形式直接认定特定事实的真实性，及时排除没有合理根据的争议，确保审理顺利进行，从而提高诉讼效率的一种证明方式。最高人民法院《关于行政诉讼证据若干问题的规定》第68条规定：“下列事实法庭可以直接认定：（一）众所周知的事实；（二）自然规律及定理；（三）按照法律规定推定的事实；（四）已经依法证明的事实；（五）根据日常生活经验法则推定的事实。前款（一）、（三）、（四）、（五）项，当事人有相反证据足以推翻的除外。”

司法认知只适用于在法院管辖权限内，人所共知的事实或当事人就其准确性不能提出合理争辩的事项，且当事人应有充分的反驳机会。简言之，司法认知，是指法院对某些事实，可以无须证明就认为存在。

在英美法系国家，司法认知是法院经常应用的一种证明方式。但我国对司法认知的研究处于起步的阶段。它仍是一个崭新的理论与实践问题。有关司法认知的理论依据非常薄弱。但是在司法实践中，我国也应用司法认知，最高人民法院《关于适用〈民事诉讼法〉若干问题的意见》第 75 条、《最高人民法院关于民事诉讼证据的若干规定》第 9 条、《最高人民法院关于行政诉讼证据若干问题的规定》第 68 条和 2015 年《民事诉讼法的解释》第 93 条都规定了司法认知。例如，2015 年《民事诉讼法的解释》第 93 条规定："下列事实，当事人无须举证证明：（一）自然规律以及定理、定律；（二）众所周知的事实；（三）根据法律规定推定的事实；（四）根据已知的事实和日常生活经验法则推定出的另一事实；（五）已为人民法院发生法律效力的裁判所确认的事实；（六）已为仲裁机构生效裁决所确认的事实；（七）已为有效公证文书所证明的事实。前款第二项至第四项规定的事实，当事人有相反证据足以反驳的除外；第五项至第七项规定的事实，当事人有相反证据足以推翻的除外。"这些规定虽然没有使用"司法认知"一词，但就其"自然规律以及定理、定律"和"众所周知的事实"及预决事实、公证事实规定法院可以直接认定，而无须当事人举证是一个比较典型的规定。因此，我国司法实践的发展迫切要求司法认知的研究。

（二）司法认知的特征

（1）司法认知的主体限于法院。这是因为司法认知具有直接的法律约束力，直接影响案件的处理结论，所以只能由人民法院采取，当事人没有自行采取司法认知的权利和资格。

（2）司法认知的客体是特定的事实。这里所说的事实包括证据事实和案件事实。案件事实是法律规定的事实要件，即证明对象；证据事实是用来证明特定案件事实的事实材料。案件事实由法律规定，凡同类案件的案件事实均相同，具有普遍性；而证据事实是公安司法机关在办理案件过程中调查收集和审查判断的事实材料，因个案而异，具有特殊性。司法认知的客体并非所有的事实，只能是特定的事实。所谓"特定"，是指司法认知的范围有限制，法院对明显的事实或者当事人不能提出合理争议的事实须采取司法认知，而不得对需要进一步证明、存在合理争议的事实采取司法认知。

（3）司法认知具有可反驳性。在判决生效之前，司法认知只具有形式上的证明力，并未最终确定。为了保证司法认知的确定性和正确性，保护当事人的知情权和质辩权，法院在采取司法认知的前后都应当给当事人提供反驳的机会。

（三）司法认知的种类

司法认知可以在刑事诉讼、民事诉讼和行政诉讼中应用。根据不同的标准，可以对司法认知作如下分类。

（1）判决事实的司法认知、立法事实的司法认知和法律的司法认知。这是美国著名证据法学家华尔兹关于司法认知的分类。

（2）对证据事实的司法认知与对案件事实的司法认知。这是以司法认知的客体为标准所作的分类。

（3）任意司法认知与强制司法认知。所谓的强制司法认知就是无论当事人是否申请，法庭必须实行司法认知。它适用于以下情况：①无可争议的事实，如太阳从东方升起；②法律和法规，如宪法和法律；③语言和法律用语，如判决、逮捕等。所谓任意的司法认知是指在某些情况下，必须经当事人申请，法庭才能进行司法认知。

（4）依职权的司法认知与依申请的司法认知。

（5）口头司法认知与书面司法认知。

（6）对事实的司法认知与对法律的司法认知。

（四）司法认知的作用

（1）司法认知是迅速结案的一条捷径，它有利于明确案件争议要点，减少当事人的讼累，从而提高诉讼效率。

（2）司法认知有利于诉讼证明的规范化。

（3）司法认知影响证明责任的分配。司法认知在本质上属于证据法的内容，因其所包含的规则，决定何种事实，为法院所认知而无须举证等，都与证据法有密切关系。因此，司法认知在证据上的效力有以下几点。

（1）无须举证，即免除当事人的举证责任。

（2）凡是法律规定必须认知的事项，当事人及其诉讼代理人可请求认知，此为请求认知权。

（3）对于一般性常识的事项，法院可予以认知。

（4）法院认知事实，对于证明其他事实可以构成证明的逻辑链条。

（5）在判例上，法院就常识、自然规则和一般性经验，以及众所周知的事实予以认知，即使存在与之相冲突的意见（如当事人的自认、专家意见等），法院也必须维持认知而不采信这些意见。

二、司法认知的范围与基本规则

（一）司法认知的范围

1. 司法认知范围的含义

司法认知的范围是指法院可以采取司法认知的事实的范围，具体表现为可以采取司法认知的案件事实或者证据事实的种类。确立司法认知范围的一个方面的意义在于使法院能够正确应用司法认知，既不盲目扩大司法认知的范围，也不一味地限制司法认知的范围。司法认知的对象包括法律和事实。这里的“法律”是从广义上而言的，包括本国法、国际条约及外国法。这里的“事实”包括：众所周知的事实；行政事项；司法事项；其他相关知识和易于获得的事项。其对象又可分为必须认知的与可予认知的两类。必须认知的事项有宪法、法律、国际条约、众所周知的事实等。可予认知的事项，包括经验定理、习惯、行业惯例、地方性法规及外国的现行法等。

2. 司法认知的范围

英美法国家司法认知的范围。在美国，司法认知的范围包括：事实问题的司法认知；本国法律和外国法律的司法认知。

中国台湾地区司法认知的范围，包括：公知事实，如麻将的胜负出于偶然；裁判上显著的事实，如历史地理知识、科学原理等；职务上已知的事实，如法令、裁判程序、司法事项等。

我国大陆地区的司法认知范围。有学者认为，根据我国三大诉讼法的规定，在中国司法认知的范围应当确定如下：①公众周知的事实；②裁判上显著的事实；③职务上已知的事实；④自然科学定律；⑤国家机关公报的事实；⑥生效裁判、公证文书和行政行为确认的事实；⑦其他明显的、当事人不能提出合理争议的事实。

（二）司法认知的规则

司法认知规则，是指人民法院在采取司法认知时应当遵守的程序规则。具体包括：①人民法院可以依据职权或者应申请采取司法认知。②人民法院采取司法认知之前应当进行必要的调查。③人民法院采取司法认知时应当为当事人提供反驳的机会。④司法认知应当采取裁定的方式。

第三节 运用证据认定案情

一、运用证据认定案情的概念和意义

（一）运用证据认定案情的概念和特点

运用证据认定案情，是指审判人员依据业已核实的证据认识并确定案件事实的活动。其特点有以下几点。

（1）运用证据认定案情的主体是审判人员。在刑事、民事、行政诉讼中，有权运用证据认定案情的人员只能是审判人员。除此之外，其他任何机关、组织和个人都无权运用证据认定案情。

（2）运用证据认定案情的基础是审判人员对证据的认定。运用证据认定案情与认证密切相关，而且往往与认证同时进行，但两者并不是一回事。认证是审查证据的客观性和判断证据的关联性，也就是审查证据的真伪和判断证据对案件事实的证明力，而运用证据认定案情则是在认证的基础上，依据已经审查核实的证据对案件事实作出的判断和确定。

（3）运用证据认定的案情依案件性质的不同而有差异。所谓案情，是指证明对象中的实体法事实。在刑事案件中，它主要是指犯罪事实是否发生，犯罪人是谁，以及犯罪的时间、地点、目的、动机、手段、过程、结果等和从重、从轻、减轻或免除处罚的情节等。在民事案件中，它主要是指民事法律关系发生、变更和消灭的事实，以及民事争议发生的时间、地点、原因、结果等事实；在行政案件中，它主要是指行政机关的具体行政行为是否合法的事实，具体包括行为的主体、时间、地点、内容和程序等事实。此外，同是刑事、民事或行政案件，但每个案件的案情也是不相同的。

（4）运用证据认定案情的责任主要由审判人员承担。我国人民法院审判各类案件由合议庭或独任庭进行，其中重大、疑难或复杂的案件还应提交审判委员会讨论决定。但司法实践中，审判委员会一般只对案件的法律适用问题进行讨论并作出决定，而案件事实的认定则由办案人员负责。为此，审判人员必须严格依照法定程序调查核实证据并用以认定案件事实，如果事实的认定发生错误，则一般由审判人员承担相应的责任（如错案责任）。

（二）运用证据认定案情的意义

运用证据认定案情具有十分重要的意义。主要表现在以下两个方面。

（1）运用证据认定案情是查明案件事实的唯一方法和审查核实证据的根本目的。对证据进行审查核实，其直接目的是运用查证属实的证据对案件事实作出认定。离开了认定案情这一环节，举证和认证便没有任何实际意义。由此，运用证据认定案情既是查明案件事实的唯一方法，也是审查核实证据的根本目的。

（2）运用证据认定案情是适用法律对案件作出正确处理的前提和基础。人民法院对案件的处理是否正确主要表现在认定事实是否清楚，适用法律是否准确，程序是否合法。其中，认定事实是基础，适用法律是关键，程序合法是保障。只有认定事实清楚，证据确实充分，才能在此基础上准确地适用法律，进而对案件作出正确的处理。如果运用证据认定的案件发生错误，则在此基础上适用法律必然发生错误，从而也不可能对案件作出正确的处理。

二、运用证据认定案情的基本原则

运用证据认定案情是查明案件事实的唯一方法，也是审查核实证据的根本目的，对于正确处理案件，实现诉讼法规定的任务具有至关重要的作用。为此，必须确定一些基本原则由审判人员遵守和执行，以确保审判人员正确地运用证据认定案情。

（一）证据确实和达到一定量的原则

我国三大诉讼法均规定，证据必须经过查证属实才能作为定案的根据。因此，用以认定案情的所有证据都必须经过查证属实，即达到确实的要求。所谓查证属实，应包括两个方面：①已经依照法定程序予以审查核实。如在审判阶段，证人应当出庭作证，证人证言必须在法庭上经过当事人双方询问、质证和查实；物证应当当庭出示，由当事人辨认；对未到庭的证人的证言笔录、鉴定人的鉴定结论、勘验笔录、现场笔录和其他作为证据的文书，应当当庭宣读并听取双方当事人及其辩护人或诉讼代理人的意见。②排除证据中的所有矛盾。包括证据自身的矛盾，证据与证据之间的矛盾，证据与案件事实的矛盾。如果证据自身、证据与证据之间，证据与案件事实之间还存在矛盾，则说明证据尚未查证属实，应当收集新的证据予以排除，否则不能用作定案的根据。

我国刑事诉讼法规定，只有被告人供述，没有其他证据的，不能认定被告人有罪和处以刑罚；没有被告人供述，证据确实、充分的、可以认定被告人有罪和处以刑罚。这表明，在刑事诉讼中运用证据认定案情必须符合证据充分的原则。实际上，无论是刑事诉讼，还是民事诉讼和行政诉讼，用以定案的证据都必须达到一定的量。如果只有一个证据，则无法判断该证据是否真实，因为该证据不能自己说明自己是真实的，而且一个证据也无法对案件的全部事实一一加以证明。例如，在合同纠纷案件中，虽然当事人提交的由双方当事人签订的书面合同是一个非常重要的证据，但仅有该证据尚无法定案，还必须有当事人陈述、物证、书证等其他证明一方当事人违反了合同约定，由此使另一方的合法权益受到了损害。因此，证据要达到一定的量，这是运用证据认定案情所必须遵循的原则。

（二）事实清楚和完整的原则

案件事实作为过去发生的情况，由审判人员运用证据予以认定，以重现案件发生时的实际情况。要保证案件的正确处理，审判人员运用证据所认定的事实必须清楚和完整。所谓事实清楚，是指运用证据认定的事实是清晰和确定的，而不是含糊不清、抽象笼统的，也就是事实发生的前因后果、来龙去脉是清楚的，事实本身的“是与否”是确定的。所谓事实完整，是指实体法规定的与定罪量刑或权利义务有关的一切事实均已查清。具体地说，刑事案件的事实，是指刑法规定的与定罪量刑有关的一切事实，包括犯罪人是谁，犯罪的时间、地点，犯罪的目的、动机，犯罪的手段、方法，犯罪造成的危害后果，犯罪人是否达到刑事责任年龄、有无刑事责任能力，是否追究刑事责任以及是否具有从重、从轻、减轻或免除处罚情节等；民事案件的事实，是指民法、商法、经济法规定的与民事权利义务有关的一切事实，包括当事人是否具有民事权利能力和行为能力，民事法律关系发生、变更和消灭的情况（包括时间、地点、方式等），民事争议发生的原因，民事违法行为造成的后果等。行政案件的事实，是指行政法规定的与行政行为是否合法与合理有关的一切事实，包括被诉的行政机关有无行政权，其实施行政行为的时间、地点、方式、条件、程序和结果，行政争议发生的原因及违法行政行为造成的后果等。对于上述各类诉讼案件的事实，审判人员必须全部查清。有遗漏的，则不能定案。只有这样，才能做到事实清楚和完整，才能在此基础上适用法律对案件作出正确处理，有效地防止假案和错案的发生。

（三）认定公开和合法的原则

审判人员运用证据认定案情是诉讼活动的重要组成部分，必须贯彻公开和合法的原则。首先，所有用作定案的证据必须向当事人公开，听取当事人的意见，或由当事人互相质证。例如，刑事诉讼法规定，证人证言必须在法庭上经过公诉人、被害人、被告人、辩护人双方询问、质证，听取各方证人的证言并且经过查实后，才能作为定案的根据；公诉人、辩护人应当向法庭出示物证，让当事人辨认，对未到庭的证人的证言笔录、鉴定人的鉴定结论、勘验笔录和其他作为证据的文书，应当当庭宣读，审判人员应当听取公诉人、当事人和辩护人、诉讼代理人的意见。民事诉讼法规定，证据应当在法庭上出示并由当事人互相质证；在法庭调查中，应当出示书证、物证和视听资料，宣读鉴定结论和勘验笔录。基准，运用证据认定案情必须说明理由并在裁判文书上体现出来。刑事诉讼法规定，人民法院的判决书必须忠于事实真相。而案件的事实真相由审判人员通过运用证据进行认定的方式予以重现。那么，在某个特定的案件中，用以定案的证据有哪些？这些证据是否都具有证据能力和证明力？对当事人双方或一方对证据提出的意见是否采纳，其理由是什么？现有证据是否已达到确实、充分的程度，能否构成完整的证明体系，对案件事实能否一一加以证明，能否据以作出结论？对此，审判人员必须进行全面的分析研究，如果运用证据对案情作出认定，则必须公开说明理由，使当事人能够了解其运用证据认定案情的过程、内容和方法，并接受社会监督。同时，审判人员运用证据认定案情的理由还必须在裁判文书上体现出来，使其对案件事实的认定建立在充分的证据和说理之上，进而有利于获得当事人和社会的认同，树立审判的权威。

（四）结论唯一和排他的原则

审判人员运用证据认定案情必须作出结论性意见，如犯罪事实是否发生，若已发生，是否为被告人所实施？民事侵权行为是否发生，如已发生，是否为民事被告所实施？行政行为是否合法或者行政处罚是否显失公正，该行政行为是否由被诉行政机关实施？只有明确作出上述肯定或否定的结论，才能据以确定案件被告是否应承担相应的法律责任，进而保证案件或纠纷的正确处理。特别是在刑事案件中，被告人有罪无罪、罪轻罪重的结论必须是唯一和排他的，二者必居其一，否则就不利于对人权进行有效的保护，并可能放纵犯罪。但是对于经过努力（如继续收集证据或深入分析研究），在有罪与无罪、罪重与罪轻仍然不明的情况下，按照有利于被告人的原则，就应当分别作出无罪或者罪轻的结论。同样，在行政案件中，审判人员运用证据认定案情也必须作出唯一和排他的结论，保证案件的正确处理，因为行政行为是否合法、行政处罚是否显失公正，是截然不同的两个结论，不可能同时成立。在民事案件中，尽管情况要更为复杂一些。例如，在侵权赔偿案件中就经常存在混合过错或无过错的情况，但审判人员在运用证据认定案件事实时仍然必须对民事违法行为是否发生，以及由谁实施或由双方共同实施作出唯一和排他的结论，而不允许有两个或两个以上的结论，也不允许在未排除其他可能性的情况下仓促地作出认定，从而导致错案发生。

（五）符合逻辑规则的原则

审判人员运用证据认定案情的过程实际上是一个分析、判断和推理的过程，由此必须遵守思维的一般规则，包括概念要明确，判断要恰当，推理要正确。这就要求审判人员在运用证据认定案情时，必须做到概念的内涵和外延明确，不出现生歧义；遵守直言判断、模态判断或联言判断、选言判断、假言判断的条件和要求，防止判断中的错误；正确运用演绎推理、归纳推理和类比推理。同时，还必须遵守形式逻辑的基本规律，即同一律，不矛盾律和排中律。只有这样，才能做到概念明确，判断恰当，推理有逻辑性和认定有说服力。

三、运用证据认定案情的步骤和方法

运用证据认定案情一般分为以下几个步骤：①运用某个证据或若干个证据证明案件的某个事实；②运用若干个证据证明案件的部分事实；③运用所有证据证明案件的全部事实。当然，在审判过程中，审判人员不经过第一和第二个步骤而直接进行第三个步骤也是可以的。

运用证据认定案情除了必须遵守有关的基本原则外，还必须采用正确的方法。由于审判人员在各类审判活动中的任务不同，他们运用证据认定案情的角度也就不同。例如，在刑事案件中，审判人员是从被告人的行为是否构成犯罪和情节轻重角度来运用证据；在民事案件中，审判人员是从民事法律关系发生、变更、消灭和民事责任的有无、大小的角度运用证据；在行政诉讼中，审判人员是从行政机关的具体行政行为是否合法的角度来运用证据。尽管角度不同，但运用证据的方法基本一致，这是由运用证据认定案情的一般规律所决定的，也是由人类认识活动的一般规律所决定的。

运用证据认定案情的方法可以有多种。例如，根据认定方法的简繁不同，可以分为简单认定法和复杂认定法；根据认定的过程形态不同，可以分为要素认定法和系统认定法；根据认定要求和侧重点的不同，可以分为科学认定法和艺术认定法。

（一）简单认定法和复杂认定法

简单认定法，是指可以运用证据对案件事实直观地作出认定的方法。其特点是证据事实与案件事实部分或全部重合，无须进行推理、分析即可对案件事实作出认定。例如，在刑事案件中，被告人供述必然含有自己实施犯罪及犯罪的时间、地点、目的、动机、手段、过程和结果的内容，一旦查证属实即可认定全案事实；被害人和目击证人关于被告人犯罪的时间、地点、手段、过程和结果的陈述，一经查证属实，亦可以认定案件的部分或全部事实；根据尸体、被烧毁的房屋等物证即可认定犯罪的地点、手段、结果等部分事实。在民事案件中，当事人陈述往往也有关于民事法律关系发生、变更或消灭的内容，一经查证属实，即可对民事案件事实（包括纠纷发生的原因、经过、结果等）作出认定；根据双方当事人签订的合同这一书证即可对双方的权利义务关系作出认定；根据播放的视听资料亦可对双方争议发生的原因、经过、结果等予以直接认定。

复杂认定法，是指运用证据只有经过推理、分析等逻辑思维活动，才能对案件事实作出认定的方法。其特点是证据事实与案件事实在内容上有所不同或者两者之间有一定距离，需要进行推理、分析等复杂的思维活动才能对案件事实作出认定。它与简单认定法的根本区别在于：运用简单认定法，只要审查核实了证据事实，也就知道了案件事实，两者具有同一性；运用复杂认定法，除审查核实证据事实外，还必须进行推理、分析才能查明案件事实，即证据事实和案件事实不具有同一性。

在案件中，由于证据事实与案件事实既具有同一性又具有差异性，由此审判人员在运用证据认定案情时往往既需要使用简单认定法，又需要使用复杂认定法，两者缺一不可。

（二）要素认定法和系统认定法

要素认定法，是指通过运用证据证明构成案件事实的每一项要素进而达到认定全案事实目的的方法。由于其认定过程是从单项到综合，从部分到整体，所以有人称之为“自下而上”的认定方法。

系统认定法，是指先从整体上证明案件事实的基本结构，然后再认定具体的构成要素的方法。由于其认定过程是先综合后单项，从整体到部分，所以有人称之为“自上而下”的认定方法。

虽然这两种认定方法的区别表现为认定的过程形态不同，但它们实质上反映了认定重心的不同。在有些情况下，认定了每一个要素就等于认定了整体事实；在另外一些情况下，认定每一个要素与认定整体事实并不能简单的等同。有时候，某个要素的认定几乎是不可能的，但包括该要素的整体事实的认定具有最大的可能性，或者说在认定了除该要素以外的其他全部事实以后，原本不可能认定的该要素也就不认自定或迎刃而解了。

在审判实践中运用要素认定法和系统认定法，应注意以下几点。

（1）要掌握两种认定方法的适用标准。一般地说，要查明的问题可以用简单的“是”或“否”来回答或者可以用再现法验证的，应使用要素认定法；否则应使用系统认定法。只有案件的个别事实或问题才能用“是”或“否”来回答或用再现法进行验证；而对于案件的全部事实和复杂问题是不可能用“是”或“否”来回答或者用再现法进行验证的。

（2）要区分两种认定方法的适用范围。例如，在产品责任案和医疗事故案中，要素证明法可能比较适合，因为案件中的问题可以用“是”或“不是”来回答，而且在必要时也可以用再现法验证；但是在诈骗案、杀人案等大多数涉及行为人主观心理状态的案件中，系统认定法往往更合适，因为回答这些案件中的问题既需要系统的框架结构，也需要认定者的推理分析。

（3）要重视系统认定法的运用。从实践的角度来看，系统认定法有着更为广泛的用途。因为案件的事实都不是孤立和缺乏联系的，这需要审判人员从案件事实的客观联系中去发现问题，判断某些不是很明显的事实。而系统认定法可以为审判人员达到这一目的提供保障。同时，系统认定法也比较符合人们在日常生活中形成的思维习惯，因为人们会自然而然地对生活中的认识活动进行条理化和简单化的处理。例如，一个人会记住自己昨天去了一趟商店，而不一定能记住出门、锁门、下楼、骑车、存车、购物等一系列具体动作；当人们看到一辆汽车从身边驶过时，会毫不犹豫地推定那辆汽车具有车身、轮胎、发电机、方向盘、车灯等一系列组成部件，而不必一一查核这些部件之后才断定这是一辆汽车。诚然，认定案件事实，绝不像上述事例那么简单，但其中有些道理是相通的，有助于我们重视系统认定方法的运用。

（三）科学认定法和艺术认定法

审判人员在运用证据认定案件事实时，既坚持科学性，又讲究艺术性，亦既要注意运用科学认定法，又要注意运用艺术认定法。

所谓科学认定法，是指审判人员应根据每一个证据的证明对象和证明力来合理地安排和使用证据，既不要使用一个证据去认定其本不能认定的事项，也不要使用一个证据去单独认定其不足以认定的事项。据此，运用科学认定法，应注意以下几点：①要客观准确地了解每一个证据，知道它能认定什么以及能在多大程度上认定，从而减少运用证据中的盲目性；②要尊重认定活动中的客观规律，严格按照认定规则使用证据，减少运用证据的随意性；③在认定中要注意做到思维清晰，逻辑严密，表达准确，合乎法理。

所谓艺术认定法，是指审判人员应根据每一个证据的特点和证明优势巧妙地安排和使用证据，而且应尽量提高证据组合的证明效力。据此，运用艺术证明法，应注意以下几点：①了解案件事实证明中的难点和要点，以便准确地选择认定案情的切入点和途径；②了解每一个证据的长处和短处，从而在使用证据时做到扬长避短；③仔细研究认定的顺序和证据的组合方式，充分发挥证据的综合功能，并尽量使两个或多个证据的组合证明力大于这些证据证明力的简单相加，从而取得最佳的认定效果；④在认定中注意运用语言艺术，心理艺术和权威艺术，做到口头表达通俗易懂，抓住要害，紧扣主题，主次分明，语言流畅；对待当事人动之以情，晓之以理，判之以法；审判人员则要廉洁奉公，刚直不阿，从而使证据运用富有说服力和感染力。

科学认定法和艺术认定法是相辅相成的，二者的完美结合标志着运用证据的最高境界。不过，案件情况是复杂多变的，证据的情况也是多种多样的，各种案件的认定任务和要求不尽相同，审判人员的经验和能力也不一样。因此，在审判实践中要想达到运用证据的科学性和艺术性的完美结合实非易事。而且，长期以来，审判人员运用证据认定案件事实往往偏重于科学性而忽视艺术性。只要注意打破这种思维定势和认定习惯，在坚持运用证据的科学性的同时，更加重视运用证据的艺术性，就一定会收到事半功倍的效果。

【课堂讨论】

一审判决认定：2012 年 5 月至 6 月，被告人梁某单独或在被告人韦某华、林某凤、洪某海等的陪同下，多次到广东省惠来县甲子镇，以每克人民币 200 元的价格，购买共计 8 600 克的冰毒带回福州贩卖，其中向被告人李某高购买 4 100 克。其间被告人韦某华、林某凤为从中牟利，多次帮助被告人梁某将冰毒贩卖给被告人洪某海、郑某馨、林某田等，被告人洪某海、郑某馨、林某田又将购买的冰毒加价转手贩卖，牟取非法利益。具体事实如下。

（1）2012 年 5 月初，被告人梁某前往广东省惠来县，以人民币 10 万元的价格购得冰毒 500 克。回到福州后，被告人梁某将 500 克冰毒交给被告人林某凤、韦某华贩卖。后被告人梁某从被告人林某凤、韦某华处收到毒资人民币 1 万余元。

（2）2012 年 5 月中旬某一天，被告人梁某与被告人林某凤、洪某海共同前往广东省惠来县，由被告人梁某以每克人民币 200 元的价格购得 1 000 克冰毒后，三人共同将冰毒运回福州市。后被告人梁某在其暂住处晋安区某花园小区外将 200 克冰毒交给被告人韦某华、林某凤贩卖。并在被告人韦某华、林某凤的介绍下，将 100 克冰毒贩卖给被告人洪某海，将 700 克冰毒贩卖给被告人林某田和郑某馨，并从被告人洪某海处获得毒资人民币 500 元，从林某田处获取毒资人民币 18 万元。被告人洪某海又将购买的冰毒转手贩卖，获利人民币 900 余元。

（3）2012 年 6 月 2 日，被告人梁某携带人民币 20 万元和被告人林某凤、韦某华共同前往广东省惠来县，由被告人梁某以每克人民币 200 元的价格向被告人李某高购得 1 600 克冰毒后，三人共同将冰毒运回福州市。2012 年 6 月 3 日，被告人梁某、林某凤、韦某华在晋安区某花园小区外将 1 600 克冰毒分 3 次卖给被告人林某田，获得毒资人民币 389 000 元。

（4）2012 年 6 月 4 日，被告人梁某携带人民币 32 万元和被告人林某凤、韦某华共同前往广东省惠来县，由被告人梁某以每克人民币 200 元的价格向被告人李某高购得 2 500 克冰毒后，三人共同将冰毒运回福州。2012 年 6 月 5 日 15 时许，被告人梁某、韦某华、林某凤携带 2 500 克冰毒，在鼓楼区二环路体育中心附近与被告人林某田、郑某馨进行毒品交易，其间，由被告人郑某馨验货后，告知被告人林某田，被告人林某田再通知其女儿林某（另案处理），将购毒款人民币 45 万元从上海直接汇入被告人李某高的农行账户，被告人梁某在接到被告人李某高到款通知后，指使被告人韦某华将 2 500 克冰毒交给被告人郑某馨。交易完毕后，被告人梁某交代被告人林某凤，要其从被告人林某田处拿回未付清的毒资款人民币 10 万元。

当晚，被告人林某凤、韦某华、林某田、郑某馨在仓山区绿岛酒店聚集，被告人林某田将被告人郑某馨一张存有人民币 5 万元的农行卡交给被告人林某凤。后被告人林某凤将其中的人民币 38 000 元汇至被告人梁某的农行卡上。2012 年 6 月 7 日凌晨，警方在仓山区某酒店 803 房间抓获被告人韦某华、林某田、郑某馨。2012 年 7 月 25 日，被告人林某凤在仓山区某酒店内被警方抓获。

（5）2012 年 6 月 5 日晚，被告人梁某前往广东省惠来县购得冰毒 3 000 克并随身携带回福州市。2012 年 6 月 7 日凌晨，被告人梁某回到福州市暂住处晋安区三华花园 15 座楼下时被警方抓获，警方当场缴获被告人梁某随身携带的三袋冰毒共计 2 996.33 克。经鉴定，缴获的冰毒中含有甲基苯丙胺成分，甲基苯丙胺含量分别为 55.6%、55.4%、55.2%。同日，被告人李某高在广东省汕尾市陆丰甲子镇某宾馆被警方抓获。

一审以贩毒罪判处被告人李某高、韦某华、郑某馨死刑，判处被告人梁某、林某凤、林某田死缓，判处被告人洪某海无期。

被告人李某高否认参与贩毒，并说其实名制农行卡长期借给李某高使用，其未得分文，故提出上诉。律师发现在李某高被捕后，该农行卡有人（可能是李某高）继续在使用和取款的事实，证明李某高其供述属实和未参与贩毒，律师申请调查，现二审正在退回补充侦查中。

本案二审法院如何处理？怎样运用证据认定案件事实？二审律师如何辩护？

【司法考试真题链接】

1. 甲乙两家曾因宅基地纠纷诉至法院，尽管有法院生效裁判，但甲乙两家关于宅基地的争议未得到根本解决。一日，甲、乙因各自车辆谁先过桥引发争执继而扭打，甲拿起车上的柴刀砍中乙颈部，乙当场死亡。对此，下列哪一选项是不需要用证据证明的免证事实？（　）（2010 年卷二单选第 25 题）

A. 甲的身份状况

B. 甲用柴刀砍乙颈部的时间、地点、手段、后果

C. 甲用柴刀砍乙颈部时精神失常

D. 法院就甲乙两家宅基地纠纷所作出的裁判事项

2. 在某伤害案件的审理过程中，合议庭对控方证据有疑问，遂宣布休庭对证据进行调查核实。在调查核实证据时，合议庭不得实施下列哪一种诉讼活动？（　）（2008 年·四川卷二单选第 24 题）

A. 勘验　　B. 检查　　C. 搜查　　D. 扣押

3. 具有特定情形的下列哪些证据不能作为定案的根据？（　）（2011 年卷二多选第 66 题）

A. 视听资料的制作时间、地点存有异议，不能作出合理解释，也没有提供必要证明的

B. 在做 DNA 检测时送检材料与比对样本属于同一个来源的

C. 证人在犯罪现场听到被告人喊“给他点厉害瞧瞧”的陈述

D. 犯罪嫌疑人拒绝签名、盖章而由侦查人员在笔录上注明情况的讯问笔录

4. 石某杀人后弃尸河中。在法庭审理中，对下列哪些事实不必提出证据证明？（　）（2008 年卷二多选第 69 题）

A. 被弃尸的河流从案发村镇穿过的事实

B. 刑法关于杀人罪的法律规定

C. 检察机关和石某都没有异议的案件基本事实

D. 石某的精神状态

5. 关于刑事诉讼中查封、扣押、冻结在案财物的处理，下列哪些选项是正确的？（　）（2007 年·卷二多选第 72 题）

A. 张三盗窃李四电视机一台，公安机关在侦查过程中将电视机发还李四

B. 王五被控贩卖毒品，作为证据使用的海洛因应当随案移送当庭出示质证

C. 马六被控受贿金条若干，未随案移送，判决生效后，根据法院通知该金条由查封、扣押的检察机关上缴国库

D. 牛七涉嫌受贿罪，在侦查期间自杀身亡，检察机关应当通知金融机构将冻结的牛七的存款、汇款上缴国库

参 考 文 献

艾伦 L J，库恩斯 L B，斯威夫特 E. 2006. 证据法——文本、问题和案例. 张保生，王进喜，赵滢译. 北京：高等教育出版社.

白绿铉. 1998. 美国民事诉讼法. 北京：经济日报出版社.

毕玉谦. 2003. 证据法要义. 北京：法律出版社.

卞建林，刘玫. 2002. 我国刑事诉讼法. 北京：人民法院出版社、中国社会科学出版社.

卞建林，谭世贵. 2010. 证据法学. 第二版. 北京：中国政法大学出版社.

卞建林，谭世贵. 2014. 证据法学. 第三版. 北京：中国政法大学出版社.

陈光中，陈海光，魏晓娜. 2001. 刑事证据制度与认识论——兼与误区论、法律真实论、相对真实论商榷.中国法学，(1)：37-52.

陈浩然. 2002. 证据学原理. 上海：华东理工大学出版社.

陈朴生. 1979. 刑事证据法. 台北：台湾三民书局.

陈瑞华. 2000. 刑事诉讼的前沿问题. 北京：中国人民大学出版社.

陈瑞华. 2012. 刑事证据法学. 北京：北京大学出版社.

陈一云. 1991. 证据学. 北京：中国人民大学出版社.

程春华. 2002. 民事证据法专论. 厦门：厦门大学出版社.

崔敏. 1990. 刑事证据理论研究综述. 北京：中国人民公安大学出版社.

蒂里切夫 H B. 1954. 苏维埃刑事诉讼. 张仲麟译. 北京：法律出版社.

刁荣华. 1977. 刑事诉讼法释论.上册. 台北：汉苑出版社.

樊崇义. 1998. 刑事诉讼法学. 北京：中国政法大学出版社.

樊崇义. 2012. 证据法学. 北京：法律出版社.

何家弘. 1997. 证据调查. 北京：法律出版社.

何家弘. 2001. 当代美国法律. 北京：社会科学文献出版社.

何家弘. 2003. 外国证据法. 北京：法律出版社.

胡锡庆，张少林. 2001. 刑事庭审认证规则研究. 法学研究，(4)：110-131.

华尔兹 J R. 1993. 刑事证据大全. 何家弘，郑崇峰译. 北京：中国人民公安大学出版社.

兼子一. 1995. 民事诉讼法. 北京：法律出版社.

江伟. 1999. 证据法学. 北京：法律出版社.

景汉朝，卢子娟. 1997. 经济审判方式改革若干问题研究. 法学研究，(5)：4-35.

廖永安，李蓉，证据法学. 厦门：厦门大学出版社.

林钰雄. 2005. 刑事诉讼法. 北京：中国人民大学出版社.

铃木茂嗣. 1997. 刑事证据法的若干问题//西原春夫. 日本刑事法的形成与特色. 李海东译. 北京：法律出版社，日本国成文堂.

刘青春，毕玉谦，郑旭. 2000a. 刑事证据规则研究. 北京：中国法制出版社.

刘善春，毕玉谦，郑旭. 2000b. 诉讼证据规则研究. 北京：中国法制出版社.

罗科信 K. 2003. 刑事诉讼法. 第 24 版. 吴丽琪译. 北京：法律出版社.

裴苍龄. 1997. 证据学新论. 北京：法律出版社.

彭勃. 2002. 日本刑事诉讼法通论. 北京：中国政法大学出版社.
沈达明. 1996. 英美证据法. 北京：中信出版社.
沈志先. 2007. 刑事审判证据规则研究. 上海：上海人民出版社.
石井一正. 日本实用刑事证据法. 陈浩然译. 台北：五南图书出版公司.
石英，田国宝. 2002. 论自白. 法商研究，(2)：110.
宋英辉，汤维建. 2006. 我国证据制度的理论与实践. 北京：中国人民公安大学出版社.
宋英辉，魏晓娜. 2001. 自白规则——外国证据规则系列之五. 人民检察，(8)：60-62.
孙长永. 2003. 日本证据法研究//孙长永. 刑事诉讼证据与程序. 北京：中国检察出版社.
谭世贵. 2000. 中国司法改革研究. 北京：法律出版社.
田口守一. 2000. 刑事诉讼法. 刘迪，张凌，穆津译. 北京：法律出版社.
汪建成，刘广仁. 2000. 刑事证据学. 北京：群众出版社.
杨冠宇. 2002. 非法证据排除规则研究. 北京：中国人民大学出版社.
甄贞. 1997. 香港刑事诉讼法. 郑州：河南人民出版社.
中国社会科学院语言研究所词典编辑室. 1996. 现代汉语词典. 北京：商务印书馆.
Oregon V. 2001. Hass，420 U. S. 714（1975）//孙长永. 沉默权制度研究. 北京：法律出版社.
Harris V. 2012. New York 401 U. S. 222（1971）//孙长永. 沉默权制度研究. 北京：法律出版社.